PAULO DE TARSO

Conheça nossos clubes

Conheça nosso site

@editoraquadrante
@editoraquadrante
@quadranteeditora
Quadrante

JOSEF HOLZNER

PAULO DE TARSO

3ª edição

Tradução
Maria Henriques Osswald

São Paulo
2022

Título original
Paulus, sein leben und seine briefe

Copyright 25ª. ed. © 1963 Verlag Herder GmbH & Co. KG, Freiburg im Breisgau

Capa de
Gabriela Haeitmann

Dados Internacionais de Catalogação na Publicação (CIP)
(Câmara Brasileira do Livro, SP, Brasil)

Holzner, Josef, 1875-1947

Paulo de Tarso / Josef Holzner; tradução de Maria Henrique Osswald. – 3ª ed. – São Paulo : Quadrante, 2022.

Título original: *Paulus, sein leben und seine briefe*
ISBN: 978-85-54991-51-7

1. Paulo, Apóstolo, Santo 2. Santos cristãos - Biografia I. Título.

22-103557　　　　　　　　　　　　　　　　　　　　　　CDD-922.22

Índice para catálogo sistemático:
1. Santos : Igreja Católica : Biografia 922.22

Eliete Marques da Silva - Bibliotecária - CRB-8/9380

Todos os direitos reservados a
QUADRANTE EDITORA
Rua Bernardo da Veiga, 47 - Tel.: 3873-2270
CEP 01252-020 - São Paulo - SP
www.quadrante.com.br / atendimento@quadrante.com.br

Sumário

I. Juventude e anos de preparação	9
Formação helênica	9
Educação judaica em Tarso	20
Aos pés de Gamaliel	27
Estêvão e Saulo	33
O perseguidor	39
II. Anos de maturidade. As primeiras tentativas de missão	45
A grande transformação	45
Em Damasco	56
«Sob a nuvem»	60
Junto da Igreja-mãe de Jerusalém	71
Anos de tranquilidade em Tarso	78
Antioquia	89
Paulo e Barnabé	96
A viagem da coleta a Jerusalém	101
III. A primeira viagem de missão	109
A missão no Chipre	109
Na região dos gálatas	118
Em Antioquia da Pisídia	128
Icônio	139
Listra e Derbe	144
IV. A luta pela liberdade	155
Moisés ou Cristo?	155
O Concílio dos Apóstolos	161
O dia crítico de Antioquia	168
O rompimento de uma amizade	175
V. A segunda viagem de missão	181
Ó, Timóteo!	181
Lucas, o «médico muito amado»	187
Lídia, a negociante de púrpura	196

A necromante	201
Na prisão de Filipos	206
Em Tessalônica	214
De Tessalônica a Bereia	221
«Só em Atenas»	227
O Deus desconhecido	234
No Areópago	241
A fundação da Igreja de Corinto	255
Maranatha!	263
Inicia-se o Novo Testamento: a primeira Epístola aos Tessalonicenses	272
O Anticristo	286
Paulo e Galião	297

VI. A terceira viagem de missão 305

Viagem a Éfeso	305
Apolo	315
A solicitude por todas as Igrejas	322
As alturas de Deus e as profundezas de Satanás	330
«Fostes chamados à liberdade!»	340
A sabedoria do mundo e a loucura da Cruz	350
«Diversidade de dons, mas um mesmo espírito»	362
«Grande é a Diana dos efésios!»	381
A fuga de Éfeso e a segunda Epístola aos Coríntios	390
O inverno em Corinto. A Epístola aos Romanos	400
A última viagem a Jerusalém	417

VII. O prisioneiro de Cristo 425

O conselho fatal	425
«Civis romanus sum»	430
Diante do Sinédrio. A aparição noturna	436
Paulo e Félix	442
«Caesarem appello!»	453
O naufrágio	461
«Ecce Roma!»	472
No berço da Igreja romana	480
O ambiente do prisioneiro de Cristo	490

VIII. A palavra de Deus não está acorrentada 497

A obra unificadora de Cristo	497
A obra reconciliadora de Cristo	508
Onésimo, o escravo	517
O «salto de Deus»	527

IX. Últimas viagens e cartas 537

No crepúsculo do mundo	537
«A coluna e o firmamento da verdade»	545
A Igreja de Creta	551

SUMÁRIO

X. O fim 555
    O segundo cativeiro em Roma. O testamento 555
    Na morada celestial 560

Epílogo 565

Quadro cronológico 569

Notas bibliográficas 573
    Fontes 573
    Referências 573

I. Juventude e anos de preparação

Formação helênica

At 21, 39; At 22, 27-28

Uma enorme montanha escarpada, dominando com o seu mistério e encanto a planície vivificada por mil arroios que descem das suas encostas: assim se ergue o Tauro selvagem como pano de fundo da cidade de Tarso. Bem assim surge o mundo espiritual de São Paulo, como pano de fundo da suave piedade cristã, grandioso no seu ímpeto apaixonado, nos seus gigantescos voos de pensamento, na sua profundidade profética.

Quem é este grande homem que se ergue à sombra de um Ser infinitamente maior? Quem é este ousado inovador, o fundador do Ocidente cristão? Duas cidades exerceram influência decisiva na sua formação: Tarso e Jerusalém. «Sou judeu, nascido em Tarso da Cilícia» (At 22, 3): assim descreve Paulo a sua personalidade diante do chefe romano, ao ser preso. Nele se fundem, portanto, duas correntes da cultura antiga: a educação judaica e a formação helênica, adquiridas na cidade universitária e capital provincial de Tarso.

O que era Tarso? Antiquíssimo centro comercial, linha divisória de duas culturas: a civilização greco-romana do Ocidente e a civilização semítico-babilônica do Oriente. A cidade estendia-se aos pés do Tauro, cujos cumes cobertos de neve dominam a planície da Cilícia como o Líbano domina a Galileia. Ao norte, estava ligada ao mundo cultural da Ásia Menor através de um desfiladeiro, as Portas Cilicianas; a oeste, as Portas Sírias, no maciço do Aman, abriam-lhe o mundo oriental semítico; e, ao sul, o seu porto representava a ligação com os países do Mediterrâneo. A pátria do Apóstolo estava, pois, situada na luxuriante paisagem da Cilícia como numa taça de ouro, protegida tanto dos rudes ventos do norte como dos piratas do Levante, e ao mesmo tempo já impelia para longe o espírito do desperto rapaz, convidando-o a procurar aventuras pitorescas no vasto mundo. Com efeito, quantas aventuras não havia ele de experimentar? Mais ainda, não seria a sua existência inteira uma grande aventura?

Tarso era uma cidade comercial livre, centro privilegiado dos negócios mundiais, especialmente pela preciosa madeira de construção que descia do Tauro em jangadas. Atravessava a cidade o rio Cidno, navegável e provido à direita e à esquerda de cais, armazéns e rampas de descarga. Aqui podemos imaginar o jovem Saulo em companhia dos seus colegas de brincadeiras, acenando alegremente aos navios que passavam ou subindo pelos caixotes e fardos de mercadorias, perdido na contemplação dos comerciantes estrangeiros vindos de Éfeso, de Alexandria, de Corinto, de Roma ou da Espanha, envoltos em roupagens bizarras e falando dialetos desconhecidos.

Aquela selvática melodia do mar, que aliás perpassa nos salmos e cânticos de Israel, ressoava assim nos seus sonhos de juventude, e nunca mais deixaria de acompanhá-lo ao longo de toda a sua vida. O mar seria elemento vital no cumprimento da sua missão, e muitas vezes quase viria a ser-lhe fatal. Nas suas cartas, encontramos muitas imagens tiradas da vida do comércio e do tráfego marítimo. Certamente foi intenção da Providência que o homem que durante toda a sua existência haveria de ser missionário em cidades pagãs tivesse sido educado numa metrópole pagã. Ele, para quem não existiria já diferença alguma entre judeus e pagãos, gregos e bárbaros, homens livres

I. JUVENTUDE E ANOS DE PREPARAÇÃO

e escravos (cf. Cl 3, 11; 1 Cor 12, 13), não cresceu nas colinas idílicas da Galileia, mas numa rica cidade comercial para onde convergiam os mais variados povos do Império Romano.

Quem hoje visita a cidade de Tarso experimenta a mesma impressão que o visitante de Ravena: onde há séculos se espraiava o mar, ligado à cidade por uma laguna que servia de porto, onde outrora uma floresta de mastros e velas alegrava os olhos, estende-se hoje uma paisagem pantanosa; rio e foz estão aterrados, e a cidade fica a vinte quilômetros da costa, ligada ao pequeno porto de Mersina por uma estrada de terra. O Cidno, que antigamente passava mesmo pelo meio do núcleo urbano, hoje desliza, entorpecido em sonhos, a um quarto de hora de distância das redondezas, entre bétulas, plátanos e chorões. Mas, rio acima, a vinte minutos da foz, forma-se ainda uma magnífica catarata de cem a cento e vinte metros de largura, em que a água se precipita de altos rochedos por entre nuvens de espuma que se desfazem no ar em finas gotas. Também a fertilidade da planície ciliciana continua a mesma de então: os campos de trigo ondulam a perder de vista e os pomares estendem-se até o horizonte, porque Tarso, tal como Damasco, tem o mais benigno dos climas e inesgotáveis mananciais de água.

O ambiente de Tarso, em que Saulo cresceu e onde passou longos anos antes e depois da sua conversão, explica-nos a influência helenística que sofreu e a que o judaísmo da diáspora não podia subtrair-se nem na vida, nem na cultura. Temos de lançar um rápido olhar sobre esse mundo do helenismo se quisermos entender melhor o autor das Epístolas na escolha das suas expressões e imagens, bem como nas emoções que nelas palpitam. Hoje, todos reconhecem unanimemente que a maneira de pensar e a forma de vida dos gregos teve influência considerável sobre o espírito de Paulo; pensava, falava e escrevia em grego como se fosse a sua língua materna, ao passo que São Pedro tinha de valer-se de um intérprete sempre que se entregava à missão apostólica fora da Palestina, sobretudo para a correspondência epistolar.

A ideia religiosa preponderante em Tarso era a do *poder* divino, a crença num deus *excelso*, diverso do deus *da ação*. Chamava-se Baal-Tarz, «Senhor de Tarso», ou também Zeus. A distinção entre o deus excelso e o da ação era uma transposição do modo de ser dos homens para o mundo dos deuses. Para o espírito do oriental, a dignidade do soberano era inseparável do descanso, da inação e da inacessibilidade, e o governante só podia entrar em relação com o mundo exterior e com os súditos através dos seus ministros. Da mesma forma, acrescentou-se ao Baal de Tarso uma divindade criadora, sempre ativa e muito venerada pelo povo: era o deus local, Sandam, que acabou por fundir-se com o Héracles grego numa divindade única. Tratava-se de um deus campestre que aparecia nos monumentos e moedas vestido de camponês, e constituía obviamente uma variante do gênio protetor dos antigos aldeões rurais.

Como por toda parte no Oriente, tanto Baal como Sandam eram divindades da vegetação, como o provam os símbolos com que se adornavam as suas representações: molhos de espigas, cachos de uvas e flores. Na festa anual das fogueiras, o culto de Sandam-Héracles atingia o apogeu: a imagem do deus era levada em procissão através da cidade, num carro suntuoso, para depois ser queimada; simbolizava-se assim a vegetação que agoniza debaixo dos raios ardentes do sol de estio, para depois reverdecer de novo quando chegam as chuvas, ideia central de quase todas as religiões orientais de mistérios. À festa da morte sucedia a festa da vida, em que se glorificava o triunfo da ressurreição do deus e o povo se entregava aos mais selvagens excessos. Ainda hoje se ergue à entrada de Tarso um monumento majestoso e sombrio, chamado pelo povo «o túmulo de Sardanápalo», em memória daquele que, segundo a lenda, foi o fundador da cidade; outros, porém, veem nele as ruínas de um templo devotado a Zeus, onde provavelmente aconteciam essas orgias pagãs.

Quando se celebravam essas solenidades, por volta do solstício do verão, e as chamas tingiam de vermelho o céu noturno enquanto a multidão selvagem, entre uivos e lamentações, lançava na fogueira crepitante a gigantesca imagem, muitas vezes o jovem Saulo se recolheria, pensativo. E no dia seguinte, quando os camaradas pagãos lhe contassem o que tinham sido aquelas festas, embora cheio de profunda simpatia por aqueles pobres ignorantes, Saulo sentiria no seu íntimo a sublime grandeza do Deus de Israel. Mais tarde, ao meditar em como a natureza humana havia pressentido o mistério da morte e da ressurreição, mistério que se revestia continuamente de novas formas

I. JUVENTUDE E ANOS DE PREPARAÇÃO

nas religiões primitivas, decerto aproveitaria esse ponto de contato para mostrar aos seus amigos pagãos como esses obscuros pressentimentos tinham encontrado uma realização muito mais esplêndida na Morte e Ressurreição de Cristo[1].

Da mesma forma, também passaria vez por outra em frente do túmulo de Sardanápalo, e é possível que tentasse decifrar a inscrição assíria, sem descansar enquanto não achasse alguém que lha traduzisse: «Viajante, come e bebe e goza a vida; o resto não tem qualquer importância» (Estrabão, 19, 5). Nesse caso, as palavras de sentido semelhante – «Comamos e bebamos, que amanhã morreremos» – que introduziria mais tarde na sua primeira Epístola aos Coríntios (15, 32), extraídas do poeta grego Menandro (com

---

(1) Para apreciarmos com justeza a situação histórico-religiosa da Antiguidade cristã, temos de distinguir duas correntes da tradição religiosa:

1. Determinadas tradições antiquíssimas do gênero humano, comumente designadas pelo nome de revelação primitiva, que encontramos de forma mais ou menos confusa em todos os povos e religiões da Antiguidade, entre egípcios e persas, gregos e romanos, no mazdeísmo de Zoroastro e no parsismo, entre os órficos e pitagóricos, em Platão e nos mistérios pagãos. A este acervo de tradições pertencem as lendas e recordações acerca da origem do homem e do pecado original, bem como a esperança de um redentor, conservadas pelos mais diversos povos; a doutrina da existência de um reino de luz e outro de trevas, de anjos e demônios, difundida entre os persas; as doutrinas órfico-platônicas acerca da afinidade entre a natureza humana e a divina, sobre a imortalidade e a ressurreição, sobre a necessidade de redenção e expiação, sobre um «deus próximo» do homem, sobre a possibilidade de união com este deus e de participação na vida divina, sobre um deus que sofre e morre e toma parte no destino dos homens etc.

2. A Revelação sobrenatural recebida pelo povo de Israel que, pelo seu prolongado contato com os babilônios e persas e com a civilização helenística, incorporou e absorveu o que havia de mais precioso no tesouro da tradição desses povos, embora o purificasse e lhe imprimisse a tendência monoteísta.

São Paulo afirma que o Verbo ou *Logos* eterno é a Palavra divina criadora, que «nada despreza de tudo aquilo que pôs no coração dos homens» (cf. Sl 137, 8), quer sob a forma de intuições, quer de anelos e impulsos místicos. Assim, é natural que algumas expressões das suas Epístolas procedam da linguagem dos mistérios pagãos do seu tempo.

Quem é versado em história das religiões sabe perfeitamente que o fundo doutrinal da revelação primitiva é praticamente o mesmo por toda parte. Mas, com o correr do tempo, formou-se em torno deste tema uma impenetrável crosta de preconceitos e falsidades. O autor empenhou-se de maneira especial em deslindar a natureza desse fundo doutrinal e a influência que pode ter exercido sobre a obra de São Paulo, valendo-se dos estudos de Lagrange, Festugière, Lebreton, Grandmaison e Prümm.

certo sabor a Isaías 22, 13), poderiam constituir uma reminiscência da juventude.

Nas suas Epístolas, Paulo demonstra frequentemente conhecer os mistérios pagãos. Em Tarso, ainda rapaz, teve ocasião de ver como os iniciados no culto de Ísis se apresentavam ao povo revestidos de túnicas azul-celeste. Era comum que os místicos que ansiavam pela deificação se envolvessem nas vestes representativas da divindade, por exemplo numa roupagem com escamas de peixes, se o deus era representado sob o símbolo do peixe. Talvez essa expressão aparentemente estranha – «revestir-se de Cristo» – que o Apóstolo utiliza nos seus escritos e que nunca conseguiu aclimatar-se na nossa linguagem religiosa, porque teve origem num mundo cultural alheio ao nosso, recorde essa mística das vestes. Do mesmo modo, quando mais tarde tentar repetidamente tornar compreensível aos catecúmenos a salvação através de Cristo, Paulo empregará a imagem da libertação de um escravo, e também neste ponto devia apoiar-se nas suas lembranças de juventude, nas cerimónias de alforria a que tantas vezes assistira. Com as suas economias, o escravo ia juntando o preço fixado para a sua libertação e depositava-o num templo; quando alcançava a quantia necessária, o senhor dirigia-se com ele ao templo, recebia a soma e vendia-o por esse valor ao deus, que o punha em liberdade. O escravo tornava-se assim um «liberto de Deus» (cf. 1 Cor 7, 21-25)[2]. Paulo

---

(2) Deissmann (*Licht vom Osten*) selecionou um bom número de inscrições antigas de Delfos que permitem compreender a situação histórico-cultural em que se formou o conceito cristão de Redenção, isto é, do «resgate da escravidão de Satanás». A expressão «preço de compra» (*apolytrosis* ou *timê*), corrente nos documentos de manumissão dos escravos, aparece umas sete vezes nos escritos de São Paulo, relacionada precisamente com esta ideia.

Quando se abandonou a antiga fé platónica na providência divina, a ânsia de redenção que os pagãos da época helenística experimentavam passou a estar centrada principalmente na necessidade de libertar-se da escravidão do inexorável destino (*moira, heimarmene*), do cego acaso (*tychê*), da ineludível fatalidade da natureza ou da tirania dos demónios e dos astros (*anangkê*). Somente quem conhece a terrível opressão espiritual que a superstição e o medo dos demónios exercem sobre o homem antigo – presente ainda nas atuais religiões do Extremo Oriente, como o budismo e o xintoísmo –, ou a tremenda escravidão produzida em nossos tempos pelos sistemas de pensamento mecanicistas, desprovidos de espiritualidade, pode chegar a compreender a jubilosa sensação de liberdade que os primeiros cristãos experimentaram.

I. JUVENTUDE E ANOS DE PREPARAÇÃO

tinha de servir-se destes recursos de linguagem para ser compreendido pelos pagãos.

«Eu na verdade sou judeu, natural de Tarso na Cilícia, cidadão dessa ilustre cidade.» Nestas palavras de São Paulo ressoa um orgulho genuinamente grego: a sua cidade natal, Tarso, rivalizava em importância cultural com Alexandria e Atenas, e era lá que se iam buscar os preceptores dos príncipes imperiais de Roma. A formação da personalidade espiritual do Apóstolo não podia, pois, deixar de refletir essas características dominantes da cidade: o espírito grego e a língua grega, o direito romano e o rigor das sinagogas judias, a concepção helenística da vida, com as suas atividades desportivas, e a magia oriental com os seus mistérios e vagas aspirações de redenção.

Quando Saulo ainda era criança, podia-se ver todos os dias pelas ruas da cidade um venerável e velho mestre, à passagem do qual as pessoas murmuravam ao ouvido umas das outras: «Olhem, é o célebre Atenodoro, professor e amigo do nosso imperador Augusto». Este Atenodoro era filho de uns camponeses dos arredores de Tarso e tinha sido aluno do grande Posidônio. Em Apolônia, no Épiro, o jovem imperador sentara-se aos seus pés a fim de escutá-lo, e até a morte foi amigo fiel do velho mestre, que no entanto nunca deixou de lhe dizer a verdade com o maior desassombro, exortando-o à moderação e à temperança, e mesmo preservando-o certa vez, segundo se afirma, de um grave escândalo conjugal. Atenodoro passou os últimos anos da sua existência em Tarso, onde estabeleceu um governo municipal extremamente austero e suscitou à sua volta um verdadeiro entusiasmo pela cultura e pela educação. Os seus concidadãos ergueram um templo à sua memória e todos os anos celebravam o aniversário da sua morte com um banquete funerário sobre o seu túmulo.

Os princípios éticos do velho mestre honrariam qualquer moralista cristão: «Aprende que não te libertarás das tuas paixões até o dia em que só pedires a Deus o que possas pedir publicamente»; «Para cada

---

Este pano de fundo histórico-religioso transparece em todos os escritos de São Paulo, sempre que o Apóstolo louva a Redenção como libertação da força condicionante da lei, dos «elementos» – os invisíveis governantes demoníacos deste mundo –, ou ainda como resgate da escravidão produzida pela culpa (cf. Ef 2, 2; 6, 12; Cl 2, 14; 1 Cor 15, 24. Ver também: Festugière e Prümm, *Christentum*).

criatura, a sua consciência é Deus»; «Comporta-te com o próximo como se Deus te visse, e fala com Deus como se os outros te ouvissem». Será por obra do acaso que aparece tantas vezes nas Epístolas do Apóstolo a palavra *consciência*, que Atenodoro havia introduzido nas normas da sua ética? Infelizmente, só conhecemos os pensamentos desse mestre através de Sêneca, seu grande admirador, que dele recolheu esse respeito pela consciência ao escrever: «Habita em nós um espírito santo, observador vigilante dos nossos bons e maus pensamentos»; «Quando cometes atos que te honram, a todos é lícito sabê-lo; se, porém, procedes indignamente, de que te serve ninguém o saber, se tu próprio o sabes?»

Saulo não teve necessidade de fazer altos estudos literários para conhecer os princípios de Atenodoro. Nas ruas e praças públicas, nas umbrosas alamedas ao longo do Cidno, oradores ambulantes estoicos ou cínicos discursavam sobre filosofia, ética e religião, e o jovem Saulo, no caminho para a escola ou para a sinagoga, deve ter-se detido mais de uma vez a fim de escutar esses debates. Mais tarde, quando retornou a Tarso após a conversão, é provável que ele próprio tenha discutido ocasionalmente com esses filósofos, e com certeza tomou dos pregadores cínicos certas frases de efeito e modos peculiares de falar.

Um estudo mais aprofundado da sua maneira de escrever leva-nos a concluir que dominava a língua grega de suas variantes mais elevadas à linguagem mais vulgar, sem no entanto filiar-se a nenhuma escola[3]. Com toda a unção e respeito pela colorida sonoridade dos *Setenta* (a tradução grega do Velho Testamento), Paulo toma de empréstimo, com simplicidade, qualquer elemento da linguagem familiar dos judeus helenistas que o rodeavam, bem como dos mais cultos escritores gregos, desde que a expressão lhe sirva para exprimir com maior nitidez os seus próprios pensamentos.

Na sua juventude, Saulo parece ter-se interessado vivamente por desafios esportivos e paradas militares, segundo nos mostram as ima-

---

(3) Bonhöffer, depois de laboriosos estudos, nega a tese de Bultmann segundo a qual a doutrina de São Paulo dependeria diretamente da filosofia popular grega (*diatribe*). O mesmo afirma Grandmaison: «Deve ser-nos permitido alimentar uma discreta dúvida quando nos dizem que nas cartas de São Paulo se encontram elementos técnicos da escola estoica».

I. JUVENTUDE E ANOS DE PREPARAÇÃO

gens que utiliza: a do corredor no estádio e do prêmio ao vencedor, a do cortejo triunfal, a dos combates com animais na arena, a das sentinelas romanas. Também as imagens da vida jurídica que utiliza nos revelam que foi criado numa grande cidade, ao passo que os Evangelhos refletem mais a vida campestre e aldeã da Palestina.

Sob muitos aspectos, Tarso era uma cidade séria e conservadora, onde reinava uma serena e rigorosa disciplina moral. Nas cidades libertinas da Jônia, «as mulheres passeavam semidespidas pelas ruas, de olhar provocador. Em Tarso, pelo contrário, só saíam à rua veladas» (*Tichelen*). Este costume de as mulheres casadas nunca se deixarem ver sem véu era originário dos persas que, no Oriente, ditavam tudo o que dizia respeito aos costumes. Furtando a mulher a olhares estranhos, o véu erguia à sua volta uma muralha de segurança, pois era símbolo de que vivia sob o poder e a proteção de um homem, e tinha assim garantida a sua dignidade. Só a mulher velada tinha o direito de ser respeitada. Em sua pátria, Paulo habituou-se a esse costume, e é por isso que escreve às mulheres coríntias que não usavam véu: «Nós não temos tal costume» (cf. 1 Cor 11, 10-16).

Não faltavam em Tarso as recordações românticas, e é natural que também estas tivessem impressionado o espírito da criança. Ao pé da grande catarata mostrava-se o lugar onde, segundo a lenda, Alexandre Magno teria acampado depois de passar o desfiladeiro em perseguição de Dario, rei dos persas. Cheio de calor, o general teria querido banhar-se nas águas geladas do Cidno, tal como mais tarde havia de fazer o imperador Barba-Roxa noutro rio de montanha da Cilícia. Pouco depois, caía doente, atacado de febre violenta, sem que nenhum médico soubesse como debelar o mal. Só um, Filipos, aluno do célebre Hipócrates, ofereceu-se para salvar o rei por meio de uma poção. Quando ia bebê-la, Alexandre recebeu uma carta do seu general Parmênio, avisando-o que a bebida podia conter veneno, pois Filipos talvez tivesse sido subornado por Dario. Homem decidido, o rei empunhou a taça com uma das mãos, esvaziando-a de um só trago, enquanto com a outra entregava o bilhete ao médico. Essa confiança, sinal de rara grandeza de alma, salvou-lhe a vida. Acontecera isto em Tarso, e em Tarso nasceu o homem que, salvo graças a uma igual ousadia na fé, havia de percorrer o mundo como

Apóstolo, anunciando aos homens o grande e único meio de salvação: a confiança em Deus.

O ambiente em que Saulo cresceu era, pois, o da civilização grega, da língua universal grega, mas também da *pólis* grega, esse instrumento colonizador de valor único, em que Alexandre havia baseado as suas esperanças de conquistar o Oriente e de embebê-lo do espírito grego. Ao sopro do seu gênio, e devido ao talento organizador dos seus sucessores Ptolomeus e Selêucidas, floresceram grandes cidades e academias de estudo de fama mundial, como Rhodes e Tarso, Antioquia e Alexandria, Ptolemaida e Tiro, Ascalão e Gaza, Gadara e Gerasa. Pululavam ali os professores, conferencistas e sofistas que – como mais tarde, na Idade Média, haviam de fazer os mestres ambulantes – iam de lugar em lugar proferindo as suas palestras. Esse mundo espiritual, moral e artístico existia por toda parte, e ninguém podia subtrair-se à sua influência. O homem que havia de escrever: «Examinai tudo e abraçai o que for bom» (1 Ts 5, 21), com toda a certeza examinou bem cedo todas as doutrinas que se difundiam à sua volta.

Essas cidades helenísticas, dotadas de pujante vida intelectual, haviam-se tornado aliadas de Roma, a «Imperatriz do mundo», desde a época dos Cipiões. Esta, por sua vez, procurava romanizar o Oriente helênico, estendendo a determinadas comunidades o direito de cidadania romana e formando por toda parte uma elite nacional que simpatizasse com os romanos. «Sou cidadão romano de nascimento», dirá Paulo; com efeito, a sua família certamente tinha ambas as cidadanias – a de Tarso e a de Roma. A primeira era condição obrigatória para se receber a segunda.

Hoje sabemos que a burguesia de Tarso se compunha de tribos e corporações que, tal como aconteceria nas cidades medievais, tinham os seus próprios templos e cultos religiosos. Os judeus mais influentes, que podiam pagar pelo menos 500 dracmas de tributo, recebiam o direito de cidadania e tomavam parte na administração da cidade. Não havia separação marcada entre judeus e pagãos; as duas populações estavam unidas pelos interesses comuns do Estado e da cidade, e, embora separadamente, ambas oravam pelo bem da cidade e do imperador. Paulo não nasceu num gueto. Assim se explica o seu espírito tão generosamente aberto, a sua compreensão para com os gentios e a sua lealdade para com o Estado, lealdade que lhe inspirou palavras

I. JUVENTUDE E ANOS DE PREPARAÇÃO

tão cálidas sobre a necessidade de rezar pelos detentores da autoridade pública.

Todo aquele que recebia o título de cidadão romano passava a pertencer à baixa nobreza e usava o sobrenome do protetor a quem devia o direito de cidadania. O fato de Lucas não mencionar os nomes próprios de Paulo só nos prova a sua veracidade histórica, porque nas cidades gregas os cidadãos romanos eram sempre designados pelo sobrenome. Para os seus concidadãos de Tarso, Paulo sempre foi Paulo; em casa da família, porém, usava, como qualquer outro judeu, o nome hebraico sagrado: *Saulo*, isto é, filho obtido de Deus pela prece.

As cidades gregas distinguiam-se das romanas por concederem maiores facilidades ao desenvolvimento da livre personalidade, propiciando maior franqueza no relacionamento dos cidadãos e abrindo-se a todas as influências estrangeiras em matéria de cultura. Paulo teve assim ocasião de ampliar o seu horizonte espiritual e pôde mesmo observar que nem tudo era condenável ou merecia desaparecer no paganismo. O futuro pregador da liberdade cristã, aquele que emociona todos os que leem as suas Epístolas quando anuncia «a liberdade com que Cristo nos libertou» (Gl 4, 31), tinha de desenvolver-se ao ar livre. Foi em Tarso que Paulo cultivou essas características do seu ser, que na verdade o predestinavam para apóstolo de uma religião acima de todas as raças e classes. Mas todas essas qualidades ainda se encontravam nele em estado latente. Alguém maior do que ele tinha de aparecer-lhe, e seria necessário um segundo nascimento mais elevado para libertá-lo do seio da Sinagoga e da sua estreiteza nacional-judaica. Em todo o caso, estava excepcionalmente preparado para a tarefa de toda a sua existência, isto é, para derrubar a parede divisória entre judeus e pagãos. «Fiz-me judeu com os judeus, para ganhar os judeus.» Fez-se grego com os gregos. «Fiz-me tudo para todos, para salvar a todos» (cf. 1 Cor 9, 19-23).

Tentamos destacar alguns dos traços mais característicos da vida cultural helênica de Tarso para melhor compreendermos a influência grega na formação do futuro Apóstolo. Tudo o que Deus concede ao homem em dotes naturais, e tudo o que este tiver conquistado pela educação e pelo ambiente, pode tornar-se elemento construtivo de um conjunto de ideias superior, sobrenatural, se for elevado e purificado pela graça e pela inspiração divinas. Não precisamos supor que Paulo tenha ido buscar conscientemente alguma doutrina ao helenismo. Um espírito tão vivo, de tão múltiplas facetas, absorveu e assimilou na sua primeira juventude inúmeros elementos de que mais tarde não podia sequer ter consciência. O homem que, na Epístola aos Romanos, traçou um quadro tão drástico do paganismo, e que registra as suas agudas observações a esse propósito sempre que se lhe oferece ocasião para isso, demonstrando um extraordinário espírito de análise, não atravessou o mundo com uma venda nos olhos.

Diante do prodígio desta vida verdadeiramente grande, só podemos encher-nos de assombro pelo modo como a natureza e a graça se entrelaçaram a fim de tecer um dos mais impressionantes destinos humanos. O próprio Paulo reconhecerá mais tarde, num ímpeto de adoração, que toda a sua vida foi obra miraculosa da divina Providência (cf. Gl 1, 15). Olhando para trás, podemos dizer que Tarso se ergue diante dos nossos olhos como que predestinada a dar vida ao homem que devia tornar realidade o testamento de Alexandre Magno, unindo espiritualmente o Oriente e o Ocidente e tornando verdadeira aquela visão do Senhor: «Muitos virão do nascente e do poente para tomar parte no festim do reino dos céus com Abraão, Isaac e Jacó» (Mt 8, 11).

Educação judaica em Tarso

Fl 3, 5

Até aqui, na formação cultural do Apóstolo Paulo, só observamos uma raiz do seu ser espiritual: a influência helênica. Mais importante, porém, é a outra, que mergulha numa tradição milenar, na hereditariedade e nos laços do sangue: a sua ascendência judaica e a sua educação à sombra do Velho Testamento.

As comunidades judaicas espalhadas por todo o mundo eram muito superiores em número, riqueza e cultura geral às comunidades da Palestina. Desde os dias do rei Antíoco Epifânio (171 a.C.), que falhara na tentativa de helenizar o judaísmo, como referem os livros dos Macabeus, as famílias hebraicas de Tarso formavam uma corpo-

I. JUVENTUDE E ANOS DE PREPARAÇÃO

ração política ou «colônia». Constituíam um pequeno Estado dentro do Estado, unidas umas às outras por laços sagrados e rigorosos. Na Antiguidade, ninguém podia tornar-se cidadão de qualquer pólis se não fosse membro de uma tribo ou clã, o que torna provável que a família de Paulo pudesse orgulhar-se de uma certa tradição patrícia. Na carta aos Romanos, quando saúda Andrônico, Júnia e Heródion como membros do seu clã (cf. Rm 16, 7 e 11), Paulo certamente o faz porque pertenciam à comunidade judaica de Tarso, e talvez tenhamos diante de nós três companheiros de escola e de jogos, ou até parentes afastados do Apóstolo[4].

---

(4) A diáspora começou já no século VII a.C., quando um grande número de judeus emigrou para o Egito, e voltou a crescer quando a população judaica foi conduzida em massa à Babilônia e ao Império Persa, onde a maior parte se estabeleceu definitivamente. Trezentos e vinte anos depois da ocupação de Jerusalém pelos gregos, Ptolomeu estabeleceu novas colônias, formadas por militares desmobilizados, no Egito (Alexandria), em Cirene e na Líbia, e Antíoco III levou duas mil famílias à Frígia e à Lídia. Mais tarde, encontramos colonos judeus em toda a Ásia Menor, em Chipre, Creta e nas demais ilhas do Mar Egeu, bem como na Grécia, Itália e Espanha. Além disso, devemos ter em conta também os inúmeros judeus cativos deportados por Pompeu, que logo recuperaram a liberdade e receberam a cidadania romana; é provável que entre eles figurassem os avós ou os pais de Paulo. Estima-se que os judeus da diáspora chegaram a constituir cerca de 7% da população do Império.

Houve dois tipos de judeus da diáspora: os helenistas e os do Talmude. Foi no seio do judaísmo helenístico, amplamente aberto à cultura grega, que se levou a cabo a tradução do Antigo Testamento para o grego, a assim chamada «versão dos Setenta» ou Septuaginta; também foi ali que nasceu parte da literatura sapiencial (os livros da Sabedoria e dos Provérbios), bem como, e não em último lugar, as ideias do *Logos* (Verbo de Deus) e do *Pneuma* (Espírito ou «hálito» de Deus), às quais os Apóstolos João e Paulo conferiram o seu pleno significado. Esta elevada forma cultural, que, como vimos, influiu decisivamente na formação de Paulo, seria substituída mais tarde pelo judaísmo do Talmude.

Os judeus da diáspora mantinham estreita relação com a comunidade-mãe de Jerusalém por meio das peregrinações anuais e da contribuição para o Templo, por intermédio dos pregadores ambulantes fariseus (cf. Jo 7, 35) e das cartas circulares enviadas pelo Sinédrio, e sobretudo pela concentração exclusiva do culto de Javé em Jerusalém, decretada em 621 a.C. Para assombro dos gentios, celebravam somente um serviço divino doutrinal, desprovido de imagens, templos e sacrifícios, nas sinagogas e casas de oração espalhadas como uma rede por todo o Império. Esse judaísmo adquiriu grande influência no mundo pagão através da propaganda literária, que mediante hábeis ficções procurava demonstrar a cultura superior de Israel, e também graças a uma incansável atividade proselitista, de que nos informa o próprio Senhor (cf. Mt 23, 15).

Por outro lado, nas doutrinas da diáspora misturavam-se os mais nobres ideais com as aberrações mais vulgares. Não sabemos se o judaísmo granjeou mais adeptos entre

«Sou da tribo de Benjamim». Santo Agostinho aplica com grande beleza o simbolismo deste nome ao Apóstolo, ao comentar a profecia proferida pelo patriarca Jacó em seu leito de morte: «Benjamim é um lobo devorador: de manhã sai à caça e à noite distribui a presa» (Gn 49, 27).

Como fariseu, o pai de Saulo era homem da mais estrita observância em assuntos nacionais e religiosos. Foi ele quem iniciou o filho na linguagem sagrada da Bíblia (que aliás também conheceria na escola) através da tradução grega dos «Setenta», a *Septuaginta*. Em casa, devia falar-se habitualmente o grego. Os judeus dispunham de um excelente sistema de educação doméstica, que constituía o segredo da sua força. Aos cinco anos, os rapazes aprendiam a parte essencial da Lei no quinto e sexto capítulos do Deuteronômio, o grande *Hallel* (Sl 113--118) – que se cantava nas grandes festas –, bem como o sentido das principais datas do ano religioso.

Aos seis, Saulo passou a frequentar a chamada «vinha» (hoje diríamos «o jardim de infância»), a escola da sinagoga, anexa à mesma. Era acompanhado por um escravo, o *pedagogo*, que lhe levava a mochila e os apetrechos de escrita, conduzindo-o todas as manhãs através das ruas movimentadas da cidade. Ali, sentado no chão, com a tabuinha de cera sobre os joelhos e o estilete de ferro na mão, misturado com as outras crianças, Saulo aprendeu a história do seu povo.

Os primeiros anos de escola eram reservados exclusivamente à História Sagrada. Foi lá que a criança compreendeu como era excepcional a situação do seu povo entre as outras nações, e a sua imaginação infantil pôde exaltar-se com os triunfos e comover-se com as desgraças dos seus ancestrais. Todos os dias trazia para casa uma nova história, que lhe fornecia matéria para abundantes reflexões, e ressoavam

---

as pessoas de natureza mais nobre, graças aos sublimes textos da Sagrada Escritura, ou entre os tipos superficiais, com as suas superstições, a feitiçaria, a prática da adivinhação e o insidioso atrativo das doutrinas gnósticas, contra as quais Paulo teve de lutar tantas vezes (cf. Ef, Cl e as Epístolas Pastorais).

O orgulho racial com que os judeus procuravam manter-se à parte, bem como a usura que praticavam com os pagãos, levantavam muitas vezes contra eles a ironia (cf. Horácio), a calúnia – eram acusados de assassinato ritual ou de adorarem um deus com cabeça de asno – e o ódio, que com frequência desencadeava matanças populares e desterros em massa. Sêneca chama-lhes «raça abominável que, ao ser vencida, dita leis aos vencedores».

I. JUVENTUDE E ANOS DE PREPARAÇÃO

aos seus ouvidos os Cânticos de louvor a Sião e as Lamentações da Babilônia. Mas os professores falavam-lhe também do futuro do seu povo: um dia haveria de chegar o Rei-Messias, que tomaria de assalto o mundo com a sua espada miraculosa, mais forte e refulgente do que a lança de Apolo, o tesouro mais precioso e mais religiosamente guardado da cidade de Tarso. E então o mundo inteiro se voltaria para o Senhor Deus de Israel em Jerusalém, e o próprio Imperador viria de Roma adorar o grande Rei.

Os camaradas gregos de Saulo, seus companheiros de brincadeiras, talvez olhassem com certo desprezo para aquele hebreu, mas o pequeno sabia muito bem que pertencia a um povo que já podia orgulhar-se da sua longa história quando Roma e Atenas não passavam de pastagens por onde vagueavam os carneiros. Enquanto aqueles rapazes pagãos brincavam de «Cipião e Aníbal», ou sonhavam com Alexandre e César, a ardente fantasia do jovem judeu dirigia-se para os patriarcas Abraão e Jacó à frente das suas caravanas de camelos, ou acompanhava José junto das pirâmides do Nilo, ou ainda despedaçava com Davi e Sansão o gigante e os milhares de filisteus. Enquanto os companheiros compunham trabalhos escolares sobre as aventuras pouco edificantes de Júpiter ou lamentavam os desgostos de Dido, Saulo estremecia de sagrada emoção diante do Deus do seu povo, cujo Nome é santo e inefável.

Aos dez anos, começou a segunda fase da sua educação, menos feliz do que a primeira. Nessa altura, o jovem hebreu foi introduzido na chamada «lei oral». Todos os dias travava conhecimento com inúmeros pecados novos, pois os rabinos tinham erguido, ao longo do tempo, uma espantosa muralha de tradições orais, de preceitos de purificação e de distinções sutis em torno da Lei de Deus, uma rede de leis humanas que consideravam tão importantes para a consciência como o Decálogo. Numa alma infantil delicada e sensível como a de Saulo, este ensino certamente suscitaria sensações perigosas, pelo vivo contraste que oferecia com um mundo cultural tão brilhante e que vivia de maneira tão diferente. Acerca desta época, que o tirou do seu inocente paraíso de criança, Paulo consignou mais tarde, na Epístola aos Romanos (7, 9-11), esta impressionante vivência, típica do homem ainda não resgatado: «Eu outrora vivi sem lei [era a inocência infantil], mas depois veio a Lei, e o pecado reviveu em mim. E eu morri. O mandamento que deveria ter sido para a vida, foi para a morte. Porque o pecado, servindo-se do mandamento, seduziu-me e por ele me matou». Até então, a criança contemplara de longe, cheia de respeito e curiosidade, os mudos rolos da Lei, guardados na sinagoga em capas bordadas com cores vivas. Agora, a cada passo, a cada momento, ressoavam-lhe aos ouvidos expressões como estas: «Não deves! Não faças! Não toques!».

A sua alma juvenil e demasiado sensível revoltou-se ao contato com o rigorismo. Sentia-se ludibriado na sua consciência natural, parecendo-lhe que experimentava a morte: «E eu morri». Que pesada e insuportável experiência de criança não se ocultaria por trás dessas palavras? Hoje compreendemos melhor essa experiência do que podia fazê-lo a psicologia primitiva dos antigos tempos, sem que seja necessário falar de uma «queda de Paulo» como algo sensacional, nem pensar, como fazem alguns autores, que o Apóstolo não teve uma juventude sã e alegre. Pelo contrário, conseguimos conhecer melhor o Paulo dos anos posteriores se o virmos imbuído da profunda amargura do homem «nascido sob o império da Lei», e precisamente por isso mais capaz de experimentar a enorme alegria da Redenção, tal como a manifestou ao descrever essas duas atitudes na Epístola aos Romanos. Também o jovem Lutero viria a ser vítima desse complexo de infância, devido a uma educação repressiva, e imaginaria assim um Deus severo e arbitrário; o fundador do protestantismo pressentiu com razão que a solução do seu problema se encontrava na Epístola aos Romanos, mas, faltando-lhe uma direção espiritual esclarecida, procurou a solução pelo caminho errado, por uma violenta autossugestão cujos efeitos perduram até hoje.

A atmosfera que Saulo respirava em sua casa paterna era, pois, bem religiosa, embora um tanto asfixiante. Nesse ambiente desenvolviam-se com facilidade o orgulho de casta e o nacionalismo próprios dos judeus em terra estranha, vinculando-os fortemente à sua pátria, a Palestina. Podemos muito bem imaginar o pai de Saulo como um homem sério, íntegro, de poucas palavras, hermético, absorto em si mesmo, dirigindo-se à sinagoga carregado de amplos filactérios em que se escreviam orações. Parecer-se-ia a um velho puritano escocês. Não seria de admirar que fizesse descer generosamente a vara sobre o pequeno Saulo, que por sua vez não deixaria de lhe dar motivos

I. JUVENTUDE E ANOS DE PREPARAÇÃO

para isso: basta pensarmos no espírito feroz e contumaz do futuro perseguidor de cristãos, antes de que a graça viesse transformá-lo. É natural que Saulo fosse uma criança voluntariosa e difícil de educar. Não teria ele pensado no pai ao registrar mais tarde, na Epístola aos Efésios (6, 4), esta exortação pedagógica: «Pais, não provoqueis à ira os vossos filhos»? Certamente já existia nessa época a velha oposição entre pais tirânicos e filhos revoltados, pais «antiquados» e juventude «moderna».

Nada sabemos acerca dos irmãos de Saulo; só conhecemos uma irmã, que encontramos mais tarde, casada, em Jerusalém (cf. At 23, 16). É pena também que não saibamos nada da sua mãe, pois é sempre com proveito e prazer que conhecemos as mães e a herança materna dos grandes homens. O Apóstolo nunca se refere à sua mãe; possivelmente morreu muito cedo, e o rapaz teve de crescer sem conhecer o seu amor. Talvez se explique assim o fato de mostrar-se tão sensível e grato à maneira feminina e materna com que foi tratado pela mãe de Rufo (cf. Rm 16, 13).

Nas famílias dos fariseus, reinava outrora este princípio saudável e de sabor tão moderno: «É belo o estudo da Torá – da Lei –, unido a uma ocupação profana». Segundo todas as aparências, o pai de Saulo era um abastado mercador de tecidos e fabricante de tendas, e, se é verdade que a tecelagem manual, bem como a atividade de curtidor de peles, eram consideradas desprezíveis pelos rabinos, na realidade ambas as profissões sempre encontravam adeptos; assim, em Jope, Pedro morou na casa de um curtidor judeu (cf. At 9, 43).

Na oficina do pai, o jovem Saulo aprendeu com os operários e escravos a tecer o pano para tendas, feito com o célebre pelo de cabra da Cilícia; e sabia também coser os pedaços para o fabrico de tendas. Ainda hoje os pastores da Cilícia usam capotes de pelo de cabra impermeáveis à chuva, tão espessos e rígidos que se conservam de pé como se fossem uma tenda, e decerto foi de um manto assim que Paulo se serviu mais tarde em suas viagens através do Tauro (cf. 2 Tm 4, 13).

Bendito pelo de cabra, o da Cilícia! Quantas vezes o rapaz não terá ferido as mãos ao tecer! Para que exercer um ofício tão duro, se mais tarde – segundo se podia prever – não necessitaria dele para nada, já que estava chamado a ser um célebre rabino? Nessa altura, Saulo não podia antever o dia em que teria de recorrer a esse ofício manual, e que havia de ser precisamente esse trabalho que lhe permitiria conhecer Áquila e Priscila, seus futuros colaboradores, em cuja oficina viria a trabalhar. Nem de longe podia animá-lo o pressentimento dessas noites maravilhosas em Éfeso, em que as suas mãos deslizariam mecanicamente sobre o pano pousado nos joelhos, enquanto falaria cheio de entusiasmo com Apolo sobre a ação do Espírito Santo, que vai tecendo a sua obra nas almas, ou aludiria alegremente ao *Logos* eterno, que «se fez carne e levantou a sua tenda entre os homens» (cf. Jo 1, 14). Assim se dão as mãos a natureza e a graça, o livre-arbítrio e a divina Providência, bordando a trama divina sobre a talagarça humana com a celeridade da lançadeira do tecelão. Ao voltar mais tarde o olhar sobre a sua existência e a do seu povo, Paulo escreverá trêmulo de emoção estas palavras: «Ó insondável profundidade da riqueza e da sabedoria e da ciência de Deus! Quão insondáveis são as suas decisões e impenetráveis os seus caminhos!» (Rm 11, 23).

À tardezinha, sentado junto da irmã no terraço plano da casa, devia contemplar ao longe a neve reluzente do Tauro, enquanto o pai lhe contaria que, por trás daquelas montanhas, habitavam os licaônios e os gálatas lendários, todos votados à perdição, pois não conheciam o Deus de Israel. O juvenil espírito de Saulo ignorava ainda a grande ideia arrebatadora do reino de Deus em que todos encontrariam acolhida. De tempos em tempos, atravessavam o Tauro caravanas de camelos e mulos, aproveitando as antiquíssimas passagens através das montanhas; à frente marchava, como ainda hoje acontece, um velho burrico, tateando o terreno com toda a cautela. Os mercadores, falando um dialeto horrível entremeado de palavras célticas, entravam na loja do pai para lhe venderem fardos de lã de carneiro e de pelo de cabra, e o rapaz escutava-os pasmado, sem pressentir que um dia esses rudes gálatas haviam de ocupar-lhe o coração.

Não esqueçamos que, enquanto o jovem tecelão trabalhava na oficina do pai, lavando à noite as mãos fatigadas e sonhando com povos distantes, ao longe, numa pequena aldeia da Palestina, um outro rapaz, alguns anos mais velho, guardava também àquela hora os seus utensílios de trabalho. O jovem de Tarso não sabia da existência do carpinteiro de Nazaré. Todavia, quando este se estendia sobre o leito para descansar, talvez os seus lábios já formulassem uma oração ao Pai pelo seu futuro Apóstolo...

I. JUVENTUDE E ANOS DE PREPARAÇÃO

Aos pés de Gamaliel
At 22, 3; At 26, 4-5; Gl 1, 13-14

Segundo uma antiga máxima dos rabinos, todo judeu devia ser introduzido, aos cinco anos, na leitura da Torá (Lei), aos quinze, no *Talmude* (doutrina), e aos dezoito, na *Chuppa* (câmara nupcial). Fariseu de princípios severos, o pai de Saulo tê-lo-á levado consigo uma ou outra vez a Jerusalém, pela Páscoa; mas por fim chegou o dia, quando o rapaz completou quinze anos, em que, como futuro rabino, teve de mudar-se definitivamente para Jerusalém, para frequentar a escola do Templo[5].

Não nos é possível imaginar o que significaria para um jovem israelita com a formação religiosa de Saulo a primeira visão de Jerusalém, a cidade dos mais ardentes sonhos do seu povo. Ao aproximar-se de Sião vindo do norte, pôde descortinar um panorama impressionante: à direita do Monte das Oliveiras, erguia-se acima do profundo entalhe do Cedron o templo de Herodes, como uma autêntica montanha de

---

(5) A Lei judaica, contida no Pentateuco que, em sua essência, é obra de Moisés, foi-se desenvolvendo mais tarde entre os Profetas e adquiriu uma importância histórica mundial quando Esdras, no ano de 445 a.C., por ordem do rei dos persas, a tornou obrigatória para os judeus que tinham regressado do cativeiro na Babilônia.

Privado de autonomia política e de qualquer política exterior, o povo judeu concentrou todas as suas apaixonadas energias em si próprio. Os dois polos em torno dos quais girava toda a vida nacional de Israel passaram a ser a Lei, que regulava até os menores detalhes da vida humana, tinha os olhos fixos no passado e estava vinculada à tradição, e a esperança messiânica, que anelava pelo estabelecimento definitivo do «reino de Deus» e da soberania judaica sobre as nações pagãs. Este foi o começo daquilo que entendemos propriamente por «judaísmo». A soberania da Lei conferiu ao povo hebreu uma inaudita coesão interna sob a direção dos sacerdotes, bem como um exclusivismo radical, oposto a tudo o que viesse de fora; estas duas características tornaram o Povo Eleito um enigma histórico indecifrável até os nossos dias.

Juntamente com esse processo de «divinização» da Lei, o estudo e a exposição da Torá passaram a constituir um trabalho sumamente importante, e a piedade com que se devia estudá-la converteu-se num virtuosismo técnico. Este trabalho estava encomendado aos escribas, casta imediatamente inferior à sacerdotal, mas que na prática superava os sacerdotes em importância: «O punção dos escribas acabou por suplantar a profecia». Entre os escribas, existiam duas tendências distintas: a dos fariseus e a dos saduceus. O direito consuetudinário dos fariseus (*halakha*) foi compilado no século II na Mishná e no V na Gemara, que, juntas, passaram a constituir o novo código dos judeus, o Talmude.

mármore cintilante, iluminada pelos reflexos do seu telhado de ouro. A leste, estendia-se a cidade com os seus palácios, entre os quais ressaltava com arrogante imponência o novo palácio de Herodes.

Outro grande dia para Saulo terá sido aquele em que, pela primeira vez, dirigiu-se à escola, um pouco intimidado por tantos rostos desconhecidos e sobretudo porque o venerando reitor da escola era o rabi Gamaliel, «respeitado por todo o povo» (At 5, 34), membro do Sinédrio – o Conselho supremo da nação – e homem de grande coração, dotado de um espírito tão vasto e compreensivo que mais tarde chegaria a tomar a defesa dos Apóstolos junto dos seus concidadãos. Jerusalém transbordava de estudantes. A escola dos rabinos imprimia à cidade o seu cunho peculiar, tal como a Universidade de Paris – a Sorbonne – marcaria a Paris medieval. Os rabinos que ali lecionavam não eram, no entanto, sábios escritores pagos pelo Estado; viviam pobremente e, além da profissão de mestres, exerciam um ofício manual. O grande Hillel era operário que trabalhava por horas, e o rabi Jehoshua, carvoeiro; deste último é a célebre frase: «Desconheces as necessidades dos aprendizes da sabedoria, ignoras como vivem e de que se sustentam». É provável que Saulo se encontrasse nas mesmas condições, dado o espírito severamente econômico do pai: compreende-se assim a austera conduta apostólica que haveria de seguir mais tarde, ao recusar-se a viver à custa das comunidades cristãs.

Os teólogos de então dividiam-se em duas escolas: a de *Hillel*, de caráter conciliador e flexível, que sempre conhecia o meio de suavizar a rigidez sufocante da Lei, e a de *Schammai*, fanaticamente apegada à letra. Gamaliel, neto de Hillel, era digno do seu grande antepassado. Saulo tornou-se o seu mais fervoroso aluno e avançou no judaísmo «mais do que muitos dos seus coetâneos» (Gl 1, 14). Os interesses literários e estéticos que adquirira em Tarso devem ter-se esfumado pouco a pouco neste ambiente religioso, embora Gamaliel animasse os seus discípulos a estudar a literatura grega.

Os estudantes sentavam-se no chão ou em bancos baixos, em semicírculo em torno do mestre, que os dominava do alto da cátedra, exatamente como acontece ainda hoje na mesquita-escola de El-Azhar, do Cairo. Saulo sentava-se, pois, literalmente «aos pés» de Gamaliel. O método de ensino era também o mesmo que se emprega nos nossos dias: escolhia-se uma passagem da Sagrada Escritura, que era lida em

I. JUVENTUDE E ANOS DE PREPARAÇÃO

hebraico e depois traduzida para a língua aramaica; a seguir, o mestre expunha as diversas explicações que a tradição havia acumulado sobre esse texto e as novas interpretações que se poderiam fazer; por fim, convidava os discípulos a uma discussão por meio de perguntas e respostas, como se costuma fazer nos seminários das Universidades atuais. A palestra terminava geralmente com uma chuvarada de possíveis soluções mais ou menos engenhosas e com disputas acaloradas e, por vezes, bastante veementes.

Os estudos teológicos abrangiam então duas disciplinas: a *Halakhá*, isto é, a grande massa de tradições e prescrições da Lei, e a *Haggadá*, ou seja, as verdades religiosas, extraídas da história do Antigo Testamento e das lendas tecidas à sua volta. Segundo o modo de falar de hoje, diríamos: por um lado, o Direito Canônico e a Teologia Moral, e por outro a Teologia Dogmática e a História da Igreja. Um rápido exame das Epístolas demonstra-nos que Saulo estudou a fundo ambas as coisas, pois nelas encontramos diversos exemplos da *Haggadá*, da explicação simbólica dos fatos históricos (cf. Fl 3, 6 e Gl 1, 14). Na Antiguidade, não se estudava a História no sentido atual da palavra; os rabinos estavam menos interessados na história dos homens do que na história do gênero humano, na relação da criatura com Deus tal como se manifesta nas personagens e nos acontecimentos típicos do passado[6].

Já conhecíamos dois elementos da formação do futuro Apóstolo: a sua educação religiosa e a sua formação helênica em Tarso. Devemos acrescentar agora um terceiro: a sua cultura bíblica e a sua habilida-

---

(6) Estêvão, que provavelmente frequentou a mesma escola que Paulo e talvez tenha sido seu concorrente, fornece-nos no seu discurso diante do Sinédrio um exemplo vivo de como se tratavam os dados históricos. As suas alusões à educação e aos milagres de Moisés, à intervenção dos anjos quando da vocação deste junto à sarça ardente, e depois à promulgação do Decálogo no Monte Sinai, toda essa ciência é extraída da tradição judaica (cf. At 7, 2-53). São da mesma origem a referência paulina a Janes e a Mambres, que «resistiram a Moisés» (2 Tm 3, 8), bem como a lenda do arcanjo Miguel, que teria lutado com o diabo pela posse do corpo de Moisés (Jud 9). Este é o método de trabalho de Paulo: para ilustrar determinado ponto, vai buscar ao Antigo Testamento um grande número de fatos particulares simbólicos. Não recebeu o seu Evangelho do Antigo Testamento, mas, depois de tê-lo recebido por revelação direta, procura ali a sua confirmação à luz do Espírito Santo, interpretando as Sagradas Escrituras de maneira espiritual e independente.

de em manejar o triplo sentido da Escritura, de acordo com os conhecimentos adquiridos na escola de Gamaliel. Ser-nos-ia impossível compreender bem as cartas do Apóstolo sem termos em conta essa tripla interpretação da Escritura: a *típico-simbólica*, a *acomodatícia* e a *alegórica*.

O sentido *típico* é o sentido espiritual, profético e misterioso oculto sob a letra da Sagrada Escritura. Como obra do Espírito Santo, a Sagrada Escritura é toda ela um único livro profético. Segundo Paulo, o primeiro homem, Adão, é o *tipo* de Cristo, do «homem novo»; Adão e Jesus Cristo constituem as duas grandes figuras em torno das quais gravita a história da humanidade. Da mesma forma, a Lei de Moisés, o cordeiro pascal, o rochedo no deserto, a Sinagoga, o casamento, tudo isso tem aos olhos do Apóstolo um caráter simbólico.

Mas a Sagrada Escritura é um livro destinado a todos os tempos, e por isso deve e pode adaptar-se às necessidades de todas as épocas. Este sentido *acomodatício* é o que todo pregador, todo leitor que tenha fé e abra a Bíblia com intenção reta pode encontrar segundo os talentos que Deus lhe tenha concedido. Paulo dá-nos um exemplo desta interpretação quando recomenda aos coríntios a coleta para os irmãos indigentes de Jerusalém, em nome da igualdade de destinos e da justiça que reinava no tempo em que o Povo Eleito recolhia o maná no deserto (2 Cor 8, 15). Trata-se, aqui, da aplicação de um texto da Escritura a uma situação análoga.

Como forma de ilustrar uma verdade, existe ainda, e é lícita, a aplicação oratória ou *alegórica* do texto bíblico, de que tantos grandes pregadores – um São Bernardo, um Bossuet, um Segneri – lançariam mão com tanto brilho, e que constituiria precisamente o segredo da espantosa eficácia dos seus sermões. Na Epístola aos Romanos, Paulo fornece-nos um impressionante exemplo desta interpretação, evocando a passagem, hoje proverbial, da derradeira mensagem de Moisés: «Este mandamento [o do amor de Deus] que hoje te dou não está acima de ti, nem fora do teu alcance, nem está posto no céu, de sorte que possas dizer: Quem de nós poderá subir ao céu e no-lo trazer, para que o ouçamos e o ponhamos em prática? Nem está do outro lado do mar, para que digas: Quem atravessará o mar e no-lo trará, para que possamos ouvi-lo e cumprir o que nos é mandado? Mas este mandamento está perto de ti, na tua boca e no teu coração, para que

I. JUVENTUDE E ANOS DE PREPARAÇÃO

o cumpras» (Dt 30, 11). E Paulo afirma que a adesão a Cristo pela fé, com vistas à justificação, é tanto mais fácil quanto está ao alcance de todos nós. Que ninguém diga: «Quem subirá ao céu para nos ir buscar Cristo?», se Ele está vivo, presente no meio de nós, se se fez homem. Que ninguém diga: «Quem descerá aos abismos para ir buscar Cristo de entre os mortos?», se Cristo ressuscitou e está conosco. Que a nossa fé seja viva, e logo saberemos confessar que Cristo se tornou homem e ressuscitou (cf. Rm 10, 6-9). Não escutamos apenas uma citação extraída da Escritura, mas um desafio oratório de extraordinária eficácia, como só os voltaremos a encontrar nos mestres da eloquência como São Bernardo e São Boaventura. O espírito de Paulo estava totalmente impregnado da essência e da linguagem simbólica da Bíblia, que ainda hoje, para quem a medita, é um poço inexaurível ao qual «nenhum balde desce sem subir à tona carregado de ouro» (Nietzsche).

Para um adolescente que fazia os seus estudos em Jerusalém, longe da casa paterna, a vida social da capital judaica não deixava de oferecer perigos. Os círculos mais distintos, nos quais em breve Saulo penetrou graças às suas brilhantes qualidades intelectuais, sabiam muito bem como aliar o mais extremo fanatismo ao luxo mais refinado. Nos meios mais elegantes de Jerusalém, falava-se um aramaico muito seleto com um acento delicioso; era-se espirituoso, delicado, e praticava-se a mais generosa hospitalidade, mantendo-se abertas as casas aos hóspedes em trânsito. As judias, tão sedutoras, perfumadas com nardo, trazendo aros de ouro nos pulsos e tornozelos – como Berenice, que soube cativar o próprio Tito –, exibiam para deleite dos forasteiros tudo quanto a moda oferecia de mais moderno em adornos de toda a ordem.

Mas Saulo só se movia por um único interesse, que devorava todos os outros: o interesse religioso. Explica-se assim que tenha ficado solteiro, embora o casamento fosse considerado obrigatório entre os rabinos. Certamente isso teria o seu quê de insólito, mas o caso tinha precedentes entre os grandes vultos da história, como Elias e Jeremias. Um célebre rabino, que também permanecera solteiro, justificava o seu celibato com esta frase: «Que posso fazer? Toda a minha alma pertence à Torá. Que os outros perpetuem a raça humana!» É possível que Saulo pensasse assim; mais tarde, já cristão, pôde fundamentar o seu celibato em motivos mais profundos, baseando-se na mística da «esposa de Cristo».

O que lhe tomava todas as energias era a Bíblia e nada mais que a Bíblia! Aprendeu-a de cor em duas línguas, pois já em Tarso conhecia na sua maior parte a versão grega dos *Setenta*. Mais tarde, nas suas longas peregrinações, não podia levar consigo os volumosos e preciosos rolos da Escritura, que aliás certamente se teriam perdido em algum dos seus repetidos naufrágios. Ora, as suas Epístolas estão cheias de alusões e citações – contaram-se cerca de duzentas – tiradas de quase todos os livros do Antigo Testamento; como duvidar, pois, de que a Sagrada Escritura formou em profundidade o seu espírito e fez dele o grande homem que conhecemos? Não admira esta preferência, porque o Apóstolo considerava a Bíblia como o maior tesouro do mundo. «Qual será a enorme vantagem dos judeus sobre os pagãos?», pergunta-se, na Epístola aos Romanos (cf. Rm 3, 1); e a seguir responde: «Antes de mais nada, é a eles que foram confiados os oráculos de Deus!»

Há qualquer coisa de impressionante, de ímpar e único, no amor deste povo pela sua Bíblia. Duzentos anos antes da destruição de Jerusalém, um sábio judeu resumira numa pequena coleção de frases lapidares o pensamento da sua época, que também latejou na alma de Saulo: «Tudo isto compõe o livro da aliança concluída com o Altíssimo Deus. Dele jorra a Sabedoria como a água corre no Pison quando está caudaloso, ou a água do Tigre quando transborda na primavera. Deste livro brota o entendimento, como acontece ao Eufrates no momento das grandes cheias e ao Jordão na altura da ceifa. Deste livro nasce a disciplina como a luz da manhã sobre a terra, e a água do Nilo no outono. Nunca ninguém foi capaz de apreender por completo todo o conteúdo da sua ciência, nunca existirá alguém que possa esgotá-lo. Porque o seu significado é mais rico que o mar, e as suas palavras mais profundas que o abismo».

Por ocasião da destruição do Templo de Jerusalém por Tito, os judeus, que entendem de preciosidades, desprezaram os vasos sagrados de ouro e prata dos holocaustos, as lâmpadas e candelabros, e até o peitoral do sumo-sacerdote, cravejado de grandes pedras preciosas – só para salvar a Bíblia. Este era o verdadeiro tesouro do Templo, e as chamas não o devoraram.

I. JUVENTUDE E ANOS DE PREPARAÇÃO

Estêvão e Saulo

At 6, 8; 7, 57-60; 8, 1

Tinham-se passado uns dez anos desde que Saulo deixara a universidade e se despedira do seu venerando mestre Gamaliel. Mas ainda jovem, por volta dos trinta anos, retornou a Jerusalém (At 7, 58). Não sabemos com certeza onde esteve, e só nos resta fazer conjecturas. É provável que regressasse à diáspora a fim de exercer as suas funções de rabino, talvez até na sinagoga de Tarso. Lá poderia aprofundar no conhecimento desse mundo espiritual grego que desempenha um papel tão grande nas suas cartas. Como mais tarde o vemos estritamente ligado ao Sinédrio de Jerusalém, é possível que tivesse sido encarregado de visitar as comunidades judaicas dispersas em regiões distantes, e que nesse meio-tempo voltasse algumas vezes a Jerusalém.

Seja como for, a sua permanência na Cidade Santa nunca deve ter sido tão longa que lhe permitisse entrar em contato pessoal com Cristo; Paulo não alude em nenhum momento a um encontro com o Mestre, e certamente não teria deixado de fazê-lo, pelo menos na ocasião em que se contestou o seu direito de chamar-se Apóstolo. Além disso, um homem com o seu temperamento apaixonado não teria podido manter-se neutro: ou se teria oposto frontalmente a Jesus, ou se teria tornado seu discípulo. Ao escrever mais tarde: «Muito embora tenhamos considerado Cristo segundo a carne, agora já não o conhecemos assim» (2 Cor 5, 16), quer simplesmente dizer que já não olhava para Cristo através dos preconceitos «da carne», nacionalistas e judaicos, mas sim com os olhos da fé sobrenatural. Para explicitarmos com suficiente clareza o sentido desta passagem, bastará admitir que Paulo só ouvira falar de Cristo e da sua atividade através de terceiros; o mais verossímil é, pois, que nunca tenha chegado a conhecer pessoalmente o Senhor.

Enquanto andava por terras longínquas, deu-se o acontecimento mais importante e mais extraordinário a que o mundo jamais assistiu desde o seu começo: a Redenção, levada a cabo sobre o cume do Gólgota. No seu orgulho judaico, o rabino não deve ter-se interessado muito pelas perturbações dos galileus: sem dúvida, esse carpinteiro da Galileia teria o mesmo fim que os outros sonhadores exaltados, os Teudas e os Judas, que haviam sido mortos com os seus adeptos (At 5, 36 e segs.). Na realidade, porém, a coisa era mais séria: desta vez, o próprio Leão de Judá erguera a sua voz e o universo escutara-o admirado (Am 1, 2).

Saulo ouviu de longe o seu rugido. Três dos seus concidadãos da Cilícia, Andrônico, Júnia e Heródion, que tinham estado em Jerusalém por altura do Pentecostes e possivelmente se haviam convertido (Rm 16, 7), contaram-lhe os terríveis acontecimentos da Sexta-feira Santa, enquanto outros anunciavam que a agitação provocada pelo Nazareno estava longe de se acalmar. Morto, tornara-se muito mais perigoso do que vivo: crescia assustadoramente o número dos seus adeptos. Diversos israelitas piedosos, na maioria vindos dos bairros pobres de Ofel, encontravam-se todas as manhãs e tardes com os seus chefes, no pátio interior do Templo ou debaixo do pórtico de Salomão, e nos últimos tempos tinham-se juntado a eles muitos sacerdotes das classes inferiores (At 6, 7); eram gente estimada em toda a cidade (At 4, 21), e as pessoas olhavam-nos com certo respeito. Tornara-se também nazareno o levita José de Chipre, homem muito considerado, que usava agora o nome de Barnabé e que tinha oferecido aos chefes da seita o preço da venda de um seu terreno (At 4, 36). Podemos supor que, ao ouvir falar da defecção do seu antigo camarada de estudos, Saulo não pudesse conter-se por mais tempo; mas também é possível que lhe chegasse às mãos o convite do Sinédrio ou da comunidade de Jerusalém para encarregar-se da repressão da nova seita.

Os judeus helênicos da diáspora formavam comunidades especiais em Jerusalém; tinham sinagogas próprias, espalhadas por toda parte: contavam-se 480 desses lugares de oração, de pregação e de ensino da doutrina na cidade, alguns providos até de instalações de banho para forasteiros, bem como de um cárcere subterrâneo onde se dava cumprimento aos castigos decretados pela sinagoga, por exemplo o da flagelação. Lucas apresenta como uma das mais importantes a dos «Libertos», isto é, a dos descendentes dos antigos prisioneiros de guerra judeus deportados para Roma por Pompeu e mais tarde postos em liberdade. Havia também a dos judeus de Cirene e de Alexandria, a da Ásia Menor e a da Cilícia (At 6, 9). Em todas estas comunidades – especialmente na dos cilicianos, aonde Saulo se dirigia todos os

I. JUVENTUDE E ANOS DE PREPARAÇÃO

sábados –, travavam-se, após o serviço divino, rijas discussões sobre a pessoa de Jesus.

Se aceitarmos o ano 30 como o ano da morte de Jesus, de acordo com um dos cálculos possíveis, e acrescentarmos mais algum tempo para a evolução da nova Igreja até a morte de Estêvão, podemos considerar o ano 33 como a data provável do retorno de Saulo a Jerusalém. Em primeiro lugar, certamente visitou o seu venerando mestre Gamaliel, que nesses anos havia envelhecido e se tornara meditabundo, já não evidenciando a segurança de outrora (At 5, 35). A cidade também já não era a mesma após a tragédia do Gólgota, pois sobre a consciência do povo e dos sacerdotes recaía a sombra do Crucificado, que só os seus adeptos conseguiam contemplar de frente. Com efeito, eram sobretudo os judeus cultos da diáspora, de formação mental mais livre, que acorriam ansiosos a iniciar-se em massa na nova doutrina, introduzindo assim na jovem Igreja um elemento progressista que em breve adquiriria uma importância renovadora. Os helenistas Estêvão, profundo conhecedor da Bíblia, e Filipe, honesto pai de família cujas quatro filhas estavam como ele dotadas do dom de profecia (At 21, 9), tinham sido eleitos para o «Colégio dos Sete», e em breve seriam conhecidos como pregadores e taumaturgos.

Seria um erro considerar a nova Igreja como uma entidade independente e autônoma, com organização própria e separada do judaísmo. Por enquanto, apresentava-se unicamente sob a forma bastante livre de uma sinagoga, embora não contasse com um edifício próprio para o culto. Distinguia-se apenas por uma crença impressionantemente fervorosa no Messias, pela caridade fraterna que unia os seus adeptos, pelas refeições em comum e pelo culto místico e eucarístico a Jesus, aliás envolto num certo mistério (At 2, 42-46). Estêvão era um dos seus principais representantes, e aparentemente foi ele o primeiro a manifestar com clareza o valor definitivo e universal da Igreja, contrapondo-o ao significado preparatório e limitado da Lei mosaica. Saulo encontrava-se, pois, diante de um inimigo respeitável.

Dirijamo-nos por um momento a uma sinagoga de Jerusalém. Sobre o pórtico de entrada, lê-se em aramaico e grego: «Sinagoga dos Cilicianos». Gente de todas as comunidades da diáspora acotovela-se à porta, porque hoje é dia de grande luta. A casa está repleta; terminaram já a leitura da Escritura e o sermão, e começa a controvérsia. Por detrás de um pilar, Pedro e João observam a cena. No centro, sobre um estrado mais alto, vemos Estêvão, e na sua frente destaca-se um vulto esguio, consumido por um fogo interior: é o jovem rabino de Tarso, que vai cruzar a espada com um dos maiores espíritos da jovem Igreja.

Estêvão odiava as habilidades e subterfúgios da Lei, era genial e magnânimo, e atacou o ponto central da controvérsia pelo lado histórico: baseando-se nos Profetas, provou primeiro que o Messias devia sofrer e morrer, e a seguir demonstrou que Jesus Crucificado era justamente o servo sofredor de Javé descrito por Isaías. Mas para Saulo tal pensamento era inconcebível: como poderia uma criatura votada ao sofrimento, condenada à morte como escravo sobre o lenho infamante da Cruz, ser o Messias? O jovem rabino depara aqui com o «escândalo da cruz», que se ergue como uma ameaça diante dele. Mais tarde, haverá de servir-se dessa mesma ideia para defender a fé (cf. Gl 3, 13), aproveitando-a com ousadia na sua acepção cristã: «Cristo remiu-nos da maldição da Lei, fazendo-se por nós Maldição, pois está escrito: "Maldito todo aquele que pende do madeiro"» (Deut 21, 23); por ora, porém, essa era justamente a mais forte arma de ataque dos fariseus contra o cristianismo. Compreendemos, pois, com que violência Estêvão e Saulo, os defensores de duas concepções absolutamente opostas acerca da vinda do Messias, tinham de enfrentar-se.

Saulo era um contendor de forte talento oratório, mas Estêvão demonstrou ser-lhe amplamente superior. Ninguém podia resistir «à sabedoria e ao Espírito que o inspiravam» (At 6, 10), ao passo que o fariseu só podia opor-lhe as áridas palavras da Lei: «Maldito todo o que pende do madeiro».

No entanto, Estêvão viu-se forçado por esse argumento a atacar toda a interpretação judaica da Lei: a Lei e o Templo, os pilares da nação hebraica, não passavam de simples etapas passageiras na História da Salvação, que se estende com força pelo passado e pelo futuro, ultrapassando-os de longe; e o enorme erro histórico do judaísmo consistia precisamente em dificultar todo o acesso a essa perspectiva geral da história da humanidade mediante o pesadíssimo rochedo constituído pela Lei e pelo Templo, numa vã pretensão de assim deter a irradiação da graça divina.

I. JUVENTUDE E ANOS DE PREPARAÇÃO

Quando ressoaram essas palavras sobre o caráter provisório do Templo e da Lei, toda a assembleia reunida na sinagoga se ergueu dos bancos, como se fosse impelida por uma mola; todos se sentiram atingidos no ponto mais vulnerável. A controvérsia transformou-se em tribunal. Levantaram-se no ar punhos cerrados, e a toda a pressa arrastaram Estêvão através das ruas estreitas, apinhadas de lojas de mercadores, até a sala do conselho do Sinédrio, no pátio interior do Templo, onde estavam reunidos em semicírculo os anciãos de Israel.

Não era difícil falsificar o sentido do discurso de Estêvão. E, quando lhe deram a palavra, voltou a vincular a ideia messiânica à História da Salvação, terminando o seu discurso com a tremenda acusação: «Vós vos tornastes traidores e assassinastes o Justo» (cf. At 7, 52-53). Ecoaram pela sala gritos de fúria e ranger de dentes; Estêvão, porém, alheio à gritaria, ergueu-se como em êxtase, de olhos fitos no céu. O Sumo Sacerdote, o sinistro Caifás (16-32 d.C.), decidiu passar à votação: culpado ou inocente? Saulo, que tinha direito de voto (cf. At 26, 10) e era membro do Sinédrio na qualidade de perito na Escritura, preparava-se já para lançar a sua pedrinha na urna, mas não teve tempo: judeus de todas as sinagogas arrastavam o jovem herói para fora da sala, em direção à porta de Damasco.

O lugar da lapidação era um fosso com o dobro da altura de um homem. Saulo correu atrás da multidão e assistiu ao homicídio; era o único escriba presente. A primeira testemunha empurrou Estêvão para dentro da cova e, vendo que caíra de bruços, virou-o de rosto para cima; a seguir, a segunda testemunha tomou uma grande pedra e lançou-a com toda a força sobre o seu peito. Mas o golpe não foi mortal.

Segundo a Lei (Deut 17, 7), cabia agora ao povo atirar pedras. Os homens estenderam os mantos brancos aos pés de Saulo, para que nada os estorvasse na sua criminosa tarefa. Num derradeiro esforço, o diácono conseguira erguer-se e, de braços abertos, os olhos fixos no céu, rezava: «Senhor Jesus, recebei o meu espírito!» Zumbiram no ar as primeiras pedras. O jovem caiu de joelhos e, procurando Saulo com o olhar moribundo, exclamou: «Senhor, não lhes imputeis este pecado». Terminara a obra. Estêvão jazia morto, coberto de sangue. Quanto a Saulo, estava contente: tinha conquistado as suas esporas.

Os próprios sacerdotes tinham medo dessa espécie de justiça sumária popular. Prudentemente, o Sinédrio mantivera-se na sombra, para não entrar em conflito com o procurador romano. Saulo, porém, nunca seria capaz de esquecer este dia, e durante toda a sua vida o remorso haveria de torturar-lhe a consciência. Na memória, surgir-lhe-á sempre a cena da lapidação de Estêvão (cf. At 22, 20; 26, 10; Gl 1, 13; 1 Cor 15, 9): «Não sou digno de ser chamado apóstolo, porque persegui a Igreja de Deus!» Ao evocar esse dia, anos mais tarde, com certeza reconheceria nele a hora mais decisiva de toda a sua existência. Dificilmente terá conseguido conciliar o sono naquela noite trágica; talvez tentasse escutar, no silêncio da sombra impenetrável, o ruído dos passos dos fiéis que transportavam o morto à luz dos archotes, ou ouvisse os lamentos das mulheres que choravam em torno da mãe do mártir. Ou talvez reprimisse violentamente os remorsos, considerando-os tentação do demônio. Ainda não havia aprendido a discernir os espíritos.

A morte de Estêvão foi o preço que a Igreja primitiva teve de pagar para despedaçar o invólucro nacional judaico e abrir o caminho determinado por Deus para se tornar Igreja universal; e também o preço pelo qual ia conquistar o seu maior Apóstolo, aquele que devia realizar essa cisão histórica. *Non sine sanguine* (Hb 9, 23), não há vitória sem derramamento de sangue: este é o princípio fundamental do Reino de Deus. Estêvão ofereceu-se em holocausto e tornou-se desta maneira o pioneiro da futura universalidade da Igreja; foi o herói em cujo peito convergiram as lanças de todos os adversários. A Igreja tem necessidade destes lutadores para completar «o que ainda falta aos sofrimentos de Cristo pelo seu corpo, que é a Igreja» (Cl 1, 24).

Deus às vezes faz morrer os seus colaboradores, mas a obra continua; morreu Estêvão, a grande esperança da Igreja, mas a Verdade não podia morrer, uma vez que por trás dela se ergue o próprio Deus. Quem poderia pensar, no momento em que Estêvão caía, que dentro de um ano o seu assassino lhe ocuparia o lugar para levar a sua causa à mais completa vitória? Santo Agostinho diz que Paulo guardou os mantos dos lapidadores para assim colaborar no crime através das mãos de todos, e que por isso a oração do moribundo se ergueu ao céu sobretudo em seu favor: *Si martyr Stephanus non sic orasset, Ecclesia Paulum non haberet* – «Se Estêvão não tivesse orado assim, a Igreja não teria tido Paulo» (*Sermão 382*).

I. JUVENTUDE E ANOS DE PREPARAÇÃO

O perseguidor

At 8, 1-4; 26, 9-12; cf. também At 22, 4-5; 9, 21; 1 Cor 15, 9; Gl 1, 13; Fl 3, 6; 1 Tm 1, 13

São diversos os caminhos para a verdade. A uns, Deus concede a luz sem lutas nem crises; outros, como Agostinho e Dante, só a alcançam através de terríveis catástrofes interiores. Na vivência da sua conversão, Agostinho via um símbolo da marcha da humanidade pecadora, e no seu imortal cântico pascal, em ousada hipérbole, considera o pecado de Adão e Eva como uma felicidade – *felix culpa* –, pois através da queda se abriu o caminho que traria o Redentor. Também Paulo chegou a Cristo através da escuridão da noite e do pecado. A energia com que se empenhou no seu ódio a Cristo – a mesma, aliás, com que se empenharia na sua conversão – marcou-o profundamente, e nos seus discursos e epístolas distinguimo-la a todo o momento.

Depois de uma ruptura radical com o passado, todo homem sente-se inclinado a examiná-lo a uma luz mais crua. Torna-se muito difícil para ele ser justo consigo próprio e com os outros, e assim aconteceu com Paulo, Agostinho e Lutero. Agostinho evidencia um excessivo sentimento de culpa, Lutero exagera as censuras contra a Igreja e Paulo acusa-se igualmente com extremos de violência. Quando chegar à velhice, porém, o Apóstolo há de julgar-se com menos severidade, e dirá que procedeu «por ignorância». Todos os pormenores acabarão por diluir-se na sua memória, ficando-lhe tão somente a visão de um pesadelo horrível.

A morte de Estêvão marcou o ponto de partida de uma nova onda de provações e anunciou a mais sangrenta perseguição que a Igreja nascente já havia experimentado. O sofrimento, porém, só serviu para acelerar a sua marcha, pois a própria experiência nos ensina que a perseguição injusta sempre desperta compaixão e simpatia pela causa do perseguido. Nesse contexto, qual seria o estado de espírito de Saulo? O autor dos Atos dos Apóstolos observa como que por acaso: «Saulo, porém, consentia na morte de Estêvão», mas temos o direito de colocar um leve ponto de interrogação no final dessa frase. Saulo era um homem cultivado e de sentimentos profundos; vira Estêvão morrer em toda a glória do martírio e observara a sua face, iluminada pelo reflexo de um mundo mais alto; vira-o expirar com uma oração nos lábios, uma oração por ele. Será, pois, admissível que esse espetáculo não o tivesse impressionado? No seu íntimo, devia agitar-se qualquer coisa que não ousaria confessar nem a si próprio, mas, fosse como fosse, não podia haver nele simples consentimento. Penetrara na sua alma um primeiro «aguilhão», e, se levarmos em conta a delicadeza de sentimentos que tantas vezes demonstrará mais tarde, compreenderemos que não deve ter sofrido pouco com a tortura dos remorsos.

Mas, no meio desse sofrimento, pensava que padecia por Deus (At 22, 3) e intimamente gloriava-se nele. O homem consciente da sua culpa procura justificar-se aos seus próprios olhos e perante o mundo, convencendo-se de que procede por zelo, e, levado por essa falsa ideia, mais e mais se enleia no seu pecado. Saulo procurou, pois, superar a sua angústia empenhando-se em completar a obra que tinha começado, extirpando pela raiz a maldita heresia. Coube-lhe, por isso, o principal papel no processo contra os cristãos. O método seguido pelo Sinédrio, que novamente procurou manter-se na sombra, foi muito hábil: estimulou-se o fanatismo das massas por meio de calúnias, de canções populares impregnadas de ódio, de discursos que exasperavam as paixões nacionalistas, e, quando a opinião pública se mostrou bem preparada, Saulo entrou em campo.

Organizou-se uma espécie de inquisição, e Saulo foi nomeado inquisidor-geral. Espiões, soldados do Templo, plenos poderes, tudo se encontrava à sua disposição. As agressões noturnas, as revistas a domicílio, as confissões arrancadas à força e as blasfêmias contra Cristo obtidas graças aos meios de tortura disponíveis no subsolo das sinagogas, como a flagelação de trinta e nove chicotadas que ele próprio tantas vezes havia de suportar mais tarde, todas essas violências estavam na ordem do dia. As prisões regurgitavam de vítimas. Os que podiam salvar-se refugiavam-se nas aldeias do interior com mulher e filhos e uns poucos bens de primeira necessidade, mas nem ali estavam seguros; eram perseguidos em toda a parte por Saulo e sua gente.

Levanta-se aqui uma interrogação: como é que os Apóstolos conseguiram ficar em Jerusalém, e como lhes foi possível conservar junto de si muitos judeus-cristãos, sem os quais naturalmente não se justificaria a sua permanência na cidade? Nesse momento, segundo parece, ain-

I. JUVENTUDE E ANOS DE PREPARAÇÃO

da não existia uma nítida linha de separação entre judeus e cristãos, mas apenas entre os judeus-cristãos da Palestina, mais aferrados à lei mosaica, e os judeus-cristãos helenistas, mais liberais; havia, pois, uma diferença muito clara entre o «partido conservador» a que pertenciam os Apóstolos e a «ala extremista» de Estêvão. Esboça-se já aqui o dilema que há de dominar toda a vida de Paulo: ou a Igreja judaica, acorrentada à Lei, ou a Igreja universal, liberta da Lei. Os fariseus que tinham reconhecido Jesus sem se despojarem das vestes hebraicas da obediência à Lei podiam muito bem ficar tranquilos em Jerusalém; e assim também os Apóstolos, que gozavam da proteção de Tiago, fiel seguidor da Lei e homem de enorme reputação entre os fariseus, puderam permanecer na cidade.

«Saulo respirava ainda ameaças e morte contra os discípulos do Senhor» (At 9, 1): que estranha atitude para um futuro Apóstolo! Como conciliar essa maneira de proceder com o seu caráter? Na realidade, Saulo sempre será um mistério para os psicólogos, mas mesmo assim devemos tentar penetrar, ainda que furtivamente, no seu estado de alma. Já vimos e observamos que o primeiro contato com a Lei israelita provocara uma profunda perturbação no seu espírito adolescente; desde então, toda a sua vida estivera dominada por um poder tremendo, o poder do «pecado», ou antes o medo ao pecado, e essa obsessão tirânica tinha-se incrustado em todos os seus descaminhos de homem «carnal» e «psíquico», imprimindo-lhe a deprimente consciência da sua escravidão. E percebemos com que agudeza sentiu essa sujeição ao escutarmos esta frase, que revela plenamente a situação espiritual do homem que vive sob a Lei e ainda não está resgatado: «Quem me livrará deste corpo de morte?» Sobre a sua vida estava suspensa uma espada: a insegurança do «dia vindouro».

Na verdade, toda a piedade judaica dessa época estava inteiramente dominada pela Lei e pelo Juízo final. A vida de cada homem era regulada até nos mais ínfimos pormenores pelas 248 prescrições e 346 proibições da Lei que, com as suas inúmeras interpretações orais, formavam uma rede à qual nada escapava: previam-se todos os casos possíveis, e nada era deixado à responsabilidade pessoal. Quanto mais decepcionante era o presente, tanto maior a segurança que essa muralha legal oferecia, pois assim se tornava possível esperar com confiança o dia do Juízo, que aliás se imaginava revestido das mais extravagantes cores apocalípticas. Quem ousasse tocar nesses pilares da vida judaica tinha fatalmente de ser exterminado, por mais leve que fosse a crítica. Exigia-se a entrega total da personalidade ao legalismo – e Saulo estava pronto a fazê-la.

Ou seja, o judaísmo dessa época tecera com a Lei, que originariamente «devia servir a vida» (Rm 7, 10), uma fatídica túnica de Nessus que abrasava por dentro todos os que a vestiam. Todos os mandamentos, tanto os relativos ao culto como os que diziam respeito à moral, gozavam de igual dignidade divina; quem infringisse um deles pecava contra todos. A inviolabilidade da Lei era um dogma. No entanto, a realidade dos esforços pessoais ficava necessariamente aquém dessas exigências, e Paulo percebeu-o com tanta força como São Pedro, que exclamaria no Concílio dos Apóstolos: «Por que tentais a Deus impondo sobre a cerviz dos discípulos um jugo que nem os nossos pais nem nós pudemos suportar?» (At 15, 10). Quando Paulo fala da sua «conduta irrepreensível» (Fl 3, 6), na verdade alude apenas à sua conduta externa, plenamente conforme com a Lei se comparada com a dos seus camaradas; mas, no íntimo, era atormentado pelo desacordo entre a sua vontade e a sua ação, e, para uma criatura como ele, de tão nobre e apurada sensibilidade, tal contraste era insuportável.

O pessimismo moral do Quarto Livro de Esdras, escrito apócrifo elaborado um pouco mais tarde, revela-nos a desoladora tristeza de que estavam impregnados os corações dos homens mais piedosos dessa época: «A todo o momento o meu coração sangra, porque desejo ir ao encontro do Altíssimo e perscrutar o seu juízo a meu respeito» (3, 34); «Ai, Adão! Que fizeste? Pecaste. Todavia, o teu pecado não recaiu só sobre ti, mas também sobre nós, teus filhos. De que nos serve a promessa da eternidade, se as nossas obras são de morte?» (5, 118). Na breve análise psicológica que esboça na Epístola aos Romanos, Paulo, o porta-voz desse judaísmo não redimido, oferece-nos um grandioso quadro da sua própria impotência e da sensação de infidelidade que daí resultava. Chamaram-na com razão «uma confissão impressionante, uma autêntica pérola, como só a tormenta das lutas mais íntimas e pessoais, das tentações vividas no maior desespero, poderia ter lançado sobre a terra» (Weinel).

Mas ninguém pode viver por muito tempo em semelhante vazio psicológico, nem permanecer sempre dominado por um sentido da

I. JUVENTUDE E ANOS DE PREPARAÇÃO

existência puramente negativo. Fazendo da necessidade virtude, alguns contemporâneos do Apóstolo tentavam enganar-se a si próprios mediante o árido culto da letra, entregando-se à arte cabalística das interpretações, invocando o título de membros por nascimento do Povo Eleito etc. Para um homem da têmpera de Saulo, esse recurso à hipocrisia era insuportável. As suas cartas revelam-nos o fundo do seu ser – um desejo verdadeiramente apaixonado de perfeição, que só podia encontrar satisfação na entrega total ao ideal entrevisto, no cumprimento fervoroso da missão estabelecida por Deus; o Apóstolo era um inimigo declarado de toda a mediocridade, um representante daquela classe de homens que só se contentam com o Absoluto. E foi por causa desse sentimento devorador de íntimo desassossego que se lançou na perseguição: pretendia compensar as deficiências do seu comportamento moral por meio de esforços extraordinários ao serviço da Lei, por meio de uma intolerância feroz. Era uma forma de «supercompensação», mecanismo interior bem conhecido dos psicólogos, mediante o qual procurava justificar os seus eventuais malogros na conduta pessoal e os seus sentimentos de inferioridade diante da onipotência esmagadora da Lei.

Mas foi também nesse momento que observou nos cristãos que iam morrer qualquer coisa de novo, uma doçura, uma íntima felicidade, a expressão de uma vida mais alta, uma união com Jesus ressuscitado que nada podia abalar, um íntimo convívio com Aquele que lhes comunicava a certeza de que se dirigiam, não para a morte, mas para a vida. Assim resplandeceu diante dele o primeiro vislumbre de um outro mundo, muito mais belo do que tudo o que conhecera até então, do que tudo o que a Lei podia oferecer-lhe. Este foi o segundo «aguilhão» que veio cravar-se na sua alma; Saulo revoltou-se contra ele, sim, mas apenas conseguiu fazer com que penetrasse mais fundo na sua consciência.

Só mais tarde é que haveria de compreender a tática mentirosa do «pecado» e os ardis demoníacos. Quantos sofrimentos não derivam de uma falsa educação religiosa, de uma posição errada, da desconfiança de Deus! Na Epístola aos Romanos, Paulo mostrar-nos-á o caminho da salvação: uma relação nova, positiva, da criatura para com o seu Criador. Resolvida a tensão da alma, diminui a atitude agressiva, já não se procura compensar os defeitos próprios mediante falsos valores superiores, e já não se força a consciência. Estabelece-se na pessoa uma nova orientação fundamental, e as relações com Deus passam a ser as de um filho com seu Pai, relações de absoluta confiança. Instalam-se na alma a alegria de orar e uma elevada disposição de ânimo, que nenhuma desconfiança pode perturbar e que levam a alma a exclamar cheia de gozo: «Abba, Pai!». Paulo, convertendo-se ao cristianismo, elimina o passado e aprende assim a dominar a vida. Não se nota nele nenhum dos sentimentos doentios próprios do renegado, nenhum ódio do passado, esse ódio do amor frustrado. O Apóstolo não nega os valores antigos nem os ataca; pelo contrário, reconhece o seu significado providencial e proclama-se «da geração de Israel, da tribo de Benjamim, hebreu de pais hebreus, fariseu segundo a lei», ou afirma: «A Lei é boa», «nós restabelecemos a Lei». Pode enfrentar o seu passado com absoluta tranquilidade, porque agora percebe que toda a sua existência é um conjunto de fatos intimamente relacionados.

II. Anos de maturidade.
As primeiras tentativas de missão

A grande transformação

At 9, 1-9; cf. também At 22, 5-11; 26, 12-18;
1 Cor 9, 1; 15, 8; 2 Cor 4, 6; Gl 1, 12-16; Ef 3, 3;
Fl 3, 12; 2 Tm 1, 8-11

Quando Paulo lança um olhar retrospectivo sobre a sua existência, distingue nela dois períodos: o tempo «sem Cristo» e o tempo «em Cristo». Aproximamo-nos do grande acontecimento que os separa. Essa vida tumultuosa, que vimos precipitar-se em duas enormes cataratas sucessivas – o martírio de Santo Estêvão e a perseguição na Judeia – lança-se agora na direção da grande mudança que haverá de dirigi-la para um novo canal, em que as suas gigantescas energias já não serão utilizadas para destruir, mas para amparar, fertilizar e abençoar a humanidade.

A maneira como se deu esta transformação e o estado emocional que provocou são e continuarão a ser um mistério. Paulo sempre acreditou firmemente no caráter sobrenatural da sua conversão, quando Cristo glorioso interveio poderosamente na sua existência, e certamente seria insensato querer acusá-lo de erro neste ponto central do seu conhecimento próprio. Tendo em conta a sua convicção, e também o aspecto milagroso inerente a qualquer favor divino de natureza extraordinária, aproximamo-nos desse acontecimento cheios de respeito, mas também com o propósito de fazer ao menos uma débil tentativa para esclarecer o fato do ponto de vista psicológico e histórico. Não é razoável que a visão de Damasco constitua uma espécie de fenômeno isolado, um imenso bloco errático que nos impeça de ter acesso à vida interior do Apóstolo e à sua surpreendente irradiação.

Jerusalém tinha sido expurgada dos cristãos helenistas. Uns tinham fugido para Jope, onde eram doutrinados por Pedro; outros para a Samaria, onde Filipe era o seu mestre; e outros haviam sido lançados pela tormenta até Damasco, no coração da Síria oriental, e mesmo até a Fenícia, Chipre e Antioquia. A torrente dos fugitivos espraiava-se sobretudo por Damasco, uma das mais importantes colônias israelitas, onde os judeus tinham o direito de estabelecer bazares desde o tempo do rei Acab. Esses fugitivos estavam interiormente inflamados pelo espírito e pelo amor de Cristo, e sentiam-se impelidos a comunicar aos outros o segredo que os tornava ricos e felizes. Portanto, milhares de israelitas fiéis viram-se de repente expostos ao perigo de contágio, e o Sinédrio percebeu que era urgente intervir. E assim vemos Saulo, à frente de um grupo bem armado, sair cavalgando certa manhã, através da porta de Damasco, perto do túmulo de Estêvão, rumo ao Norte.

Nessa época, a viagem de Jerusalém a Damasco durava cerca de uma semana. Havia três caminhos diferentes, todos de uns 250 quilômetros. Saulo escolheu com certeza o trajeto mais curto, que avançava através do planalto pedregoso e árido da Judeia, passando por Betel, no território de Benjamim, e depois cruzava os trigais louros da Samaria, que o Salvador percorrera poucos anos antes, anunciando profeticamente: «Levantai os olhos e vede os campos que estão maduros para a colheita» (Jo 4, 35); «rogai, pois, ao dono da messe que mande operários para a sua messe» (Mt 9, 38). Com a sua perseguição, Saulo tornava realidade essas palavras do Senhor. Talvez se tivesse sentado, como outrora o Messias, à beira do poço de Jacó, onde os samaritanos o olhariam cheios de ódio, temendo que quisesse perseguir ali os cristãos em fuga, mas depois respirariam aliviados ao vê-lo descer com a sua escolta em direção à verde planície de Esdrelon, batida por uma suave brisa marítima. Deixando de lado os Montes de Gelboé, onde o seu antepassado, o rei Saul, tinha perdido reino e coroa, Saulo dirigiu-se para leste, a caminho do Jordão, e

II. ANOS DE MATURIDADE. AS PRIMEIRAS TENTATIVAS DE MISSÃO

atravessou o rio perto de Citópolis, a antiga Beth-Sean, onde os filisteus tinham pendurado outrora os cadáveres de Saul e Jônatas. Dali já podia enxergar ao longe o alongado cume do Hermon, coberto de neve, e sob as suas vistas enveredou para o norte, atravessando o deserto de Gadara pela antiga *via maris*, por onde um dia tinham passado Abraão, Eleazar e Jacó com Raquel.

Noutras circunstâncias, como poderia ter sido deliciosa esta viagem, com as suas frescas noites passadas em tendas de campanha, o crepitar da fogueira do bivaque e o cintilar das estrelas! Mas Saulo era um verdadeiro citadino e nunca prestou muita atenção à paisagem. Nas suas cartas, não se encontra o menor frêmito de emoção perante o encanto da natureza; graças ao seu temperamento introvertido, todo o seu interesse se concentrava em problemas de ordem religiosa e psicológica. O ser humano atraía-o muito mais do que a natureza, e Deus era o eixo em torno do qual giravam todos os seus pensamentos.

Saulo lembra um caçador dominado pela paixão indomável da caça. Mas não era o único caçador naqueles dias: um Outro, o Senhor dos discípulos que ele caçava, estava na sua pista. Saulo pensa que persegue, mas na verdade é perseguido. O poeta inglês Thompson descreve, na sua obra *O galgo do céu*, essa infatigável persistência com que Deus acossa as almas que fogem dEle; e quem de nós não percebeu alguma vez essa fuga da sua própria consciência? Mas desta vez os galgos do caçador divino acuaram a peça, uma peça de mais valor do que todas as que jamais haviam caçado. Desta vez, Saulo não poderia escapar à graça: encontrava-se longe do torvelinho das grandes cidades, onde é mais fácil fugir de Deus, e não tinha consigo nenhum dos seus colegas, ninguém com quem pudesse conversar. Seis dias de cavalgada solitária e seis noites de meditação. Quer quisesse, quer não, tinha de comparecer perante o tribunal secreto da sua consciência.

Os críticos adversos ao sobrenatural tentam explicar a conversão de Saulo e a sua nova concepção de Cristo de uma forma puramente psicológica, atribuindo-a à influência da mística helenística e à ideia mitológica de um «homem celeste», ao espiritualismo estoico, ao judaísmo liberal da escola de Gamaliel ou aos dons proféticos do Apóstolo e à sua capacidade de integrar as impressões recebidas em sínteses geniais, tudo unido a uma vivência especial de Deus. Falam até de um «cristianismo pré-cristão» de Saulo. Diante disso, não será descabido perguntarmo-nos: qual era a concepção do Messias dos judeus de então, e portanto a de Saulo?

Havia, sem dúvida, algumas almas profundamente religiosas e dotadas de uma vida interior autêntica, verdadeiros israelitas «em quem não havia engano» (Jo 1, 47); influenciados pelo genuíno significado dos legítimos Profetas do Messias, estes homens esperavam uma transformação religiosa, a reconciliação com Deus pelos padecimentos expiatórios do seu Enviado, e, iluminados pelo Espírito Santo, tinham chegado à fé em Cristo. Assim eram por exemplo Maria e Isabel, Zacarias e Simeão, de cujas almas brotaram hinos eternos como o *Magnificat*, o *Benedictus* ou o *Nunc dimittis*. Mas a imagem humana e rabínica do Messias tinha sido totalmente deturpada por fantasias políticas extraídas da tradição davídica, de falsas interpretações da famosa passagem de Daniel (7, 13) sobre o Filho do Homem que haveria de fundar um império indestrutível, e de livros não-bíblicos (apócrifos) como os Salmos de Salomão, o Livro de Enoch, o Quarto Livro de Esdras ou o Apocalipse de Baruch. Quando um povo vive na escravidão durante séculos, começa a sonhar como um prisioneiro na sua cela e cultiva um messianismo político que lhe dá novas forças para resistir.

O judaísmo desenvolveu-se, pois, num sentido absolutamente falso, deixando de lado a religião dos Profetas; a política pervertera a religião judaica, arrebatando-lhe a sua mais preciosa herança espiritual, a fé nos padecimentos expiatórios do Messias. Quando se falava dos «tormentos da era messiânica», tinham-se presentes apenas as opressões políticas daquela época. O Messias do judaísmo tardio já não era o *Homem das dores* profetizado por Isaías, mas um ser de indescritível majestade, ao mesmo tempo celeste e terreno, guerreiro e homem de Estado, muito superior a todas as fraquezas humanas, à impotência e à morte. Semelhante herói, semelhante super-homem, não podia ser vencido pelos seus inimigos nem deixar-se crucificar. A sua missão consistia em dominar, julgar, aniquilar os inimigos, edificar um governo eterno do mundo e criar a paz universal. «Não é possível imaginar o terrível efeito que a sua aparição exerce sobre os seus inimigos»; «para onde quer que volte o seu rosto, tudo estreme-

II. ANOS DE MATURIDADE. AS PRIMEIRAS TENTATIVAS DE MISSÃO

ce à sua vista; tudo o que se encontra ao alcance do seu olhar, todos os que ouvem a sua voz, sentem-se derreter como a cera ao fogo» (Enoch 46; 4 Esdr 13).

A grande massa do povo judaico, mas especialmente os *chaberim* ou guardiães oficiais da religião, os escribas e fariseus, não estavam de maneira alguma preparados para aceitar a ideia do sofrimento propiciatório do Messias; somente os *am-ha-arez*, os atribulados e oprimidos, acolheram-na, comovidos. Nem mesmo o círculo dos Apóstolos estava completamente livre dos sonhos terrenos, pois também eles aspiravam a ocupar lugares de ministros à direita e à esquerda do Messias (cf. Mc 10, 37), e Pedro repreendera Jesus quando Ele lhe tinha anunciado os seus sofrimentos (cf. Mt 16, 22; Mc 8, 33). Mesmo depois de ressuscitado, o Senhor tivera dificuldade em abrir os olhos dos discípulos de Emaús: «Porventura não era necessário que o Cristo padecesse todas estas coisas para assim entrar na sua glória?» (Lc 24, 26).

Essa era, pois, a imagem messiânica que dominava o espírito de Saulo. A morte de Cristo na cruz provava aos seus olhos a falsidade do Messias e constituía o sinal mais seguro da hipocrisia dos seus adeptos. E a ideia de que os judeus e os membros de outras raças deviam ser irmãos num mesmo reino, que poderia ser senão uma monstruosidade intolerável? É preciso termos em conta tudo isto para podermos avaliar o que significou a invasão do Espírito Santo na estrutura consciente de um homem como Saulo, no momento da sua conversão em Damasco.

Havia seis dias que estava a caminho de Damasco, levando no bolso a ordem de prisão contra os cristãos de lá. Acodem-lhe uma e outra vez à memória as palavras do Profeta repetidas pelos nazarenos martirizados: a imagem do «Cordeiro levado ao matadouro», do Messias crucificado e morto que salvaria o povo da sua miséria religiosa e moral. Foi o terceiro «aguilhão». Saulo revoltava-se contra essa imagem messiânica com a fúria de um fanático: como poderia ele, tão orgulhoso do sangue judaico dos seus antepassados, tornar-se um apóstata? No entanto, percebia que alguma influência invisível o vinha perseguindo, e por isso redobrava o seu ódio ardente contra essa seita, da qual já sabia que, se vencesse, poria fim à religião judaica e aos seus planos de domínio universal. O fariseu compreendia muito bem que, se os nazarenos tivessem razão nesse único ponto, a sua causa estaria perdida: estava em jogo a sua própria existência espiritual, era caso de vida ou morte, de ser ou não ser. Mas não suspeitava sequer, naquele momento, até que ponto tinha razão. Na realidade, um novo «ser» lutava dentro dele para atingir a luz do dia. Até então, essa nova realidade permanecera no «não-ser», mas em breve haveria de tornar-se um dos eixos centrais da sua doutrina: o novo «ser em Cristo».

Essa era a situação histórica e psíquica em que Saulo se debatia: uma poderosa fermentação interior, derivada não somente da tensão intelectual, mas de uma verdadeira tempestade no seu íntimo, cada vez mais forte à medida que se aproximava do lugar onde deveria cometer novas violências. Semelhante estado de alma, porém, não conduz necessariamente a Cristo; teria podido igualmente precipitá-lo no abismo. Mas a sua hora estava próxima.

Finalmente, estendeu-se diante dele o verde oásis formado pela planície de Damasco, irrigada pelas águas cristalinas do Barada e do Farfar. A bela cidade, com o seu colar de romãs, palmeiras e mirtos, jazia adormecida sob os raios ardentes do sol do meio-dia. Os olhos de Saulo começavam a doer-lhe, apesar do véu colorido que lhe cobria a cabeça. Não fora assim que Moisés vira estremecer o ar sobre a sarça ardente, para só depois perceber que toda a sarça estava queimando? Foi então que se deu o inaudito, o que ninguém poderá explicar. No céu relampejou um súbito clarão de luz. Os cavalos empinaram-se, desviando-se para o lado. Ouviu-se um ruído metálico, e Saulo jazia com a face por terra. O círculo de chamas fechou-se sobre ele, e na fulgurante aparição pôde vislumbrar um rosto como de um «homem celeste» (1 Cor 15, 48), enquanto um olhar grave e sério, nobre e terno, pousava sobre ele. Sob esse olhar deslumbrante, percebeu que toda a sua resistência se desfazia. A seguir, uma voz falou-lhe na sagrada língua dos seus antepassados (At 26, 14), com tanta suavidade como o «brando murmúrio do vento» que Elias, o «fervoroso adepto de Javé», ouvira no Monte Horeb, quando Deus lhe ordenara que partisse para Damasco (1 Re 19, 12-15). Com um doloroso lamento, Saulo ouviu chamá-lo duas vezes pelo seu nome: «Saulo, Saulo, por que me persegues?» De repente, num relâmpago de compreensão superior, a verdade se lhe impôs: «A minha causa está perdida! Estêvão tinha razão! Cristo vive!»

II. ANOS DE MATURIDADE. AS PRIMEIRAS TENTATIVAS DE MISSÃO

É de admirar que vacilasse ao choque de tal revelação? Não sabemos quanto tempo demorou a formular a sua pergunta, que não revela dúvida, mas um assombro sem limites: «Quem és tu, Senhor?» E recebeu a resposta salvadora: «Eu sou Jesus...», seguida da delicada censura: «... a quem tu persegues». Nesse momento, a face transfigurada de Cristo apareceu-lhe coberta de sangue e feridas e sulcada por linhas rubras; o sangue dos mártires, que Saulo havia derramado, corria dessa face gota a gota. Foi o momento de uma nova revelação, a do misterioso corpo místico de Cristo, que sofre nos seus membros.

Brotou então das ocultas profundezas do seu ser uma fonte cujas águas inundaram a sua alma de uma torrente de luz na qual resplandecia «o conhecimento da glória de Deus na face de Cristo» (2 Cor 4, 6). Nascera para a luz da fé! Era a vitória das forças misteriosas que lhe corroíam o ser, a irrupção de uma nova vida, a entrada num mundo superior, a ruptura da crosta seca que lhe recobria o coração. Era a capitulação total do espírito e da vontade, da terrível cidadela que se erguera contra Deus; doravante, todos os seus pensamentos estarão submetidos a um único desejo: a obediência a Jesus Cristo. Saulo nunca duvidará desse milagre que acabava de inflamar a sua alma, infundindo nela a inabalável certeza de ter realmente contemplado o Ressuscitado e falado com Ele.

Mas Saulo renasce igual a si mesmo, com as mesmas qualidades que sempre possuíra: não é um sonhador, não é um pálido Hamlet desprovido de ideias vigorosas, mas um homem de ação. «Senhor, que queres que eu faça?» Tinha defendido a sua fortaleza como um herói, mas agora, ao reconhecer que o seu zelo estivera baseado no erro, decide-se imediatamente a entrar ao serviço do vencedor. Nem um lamento acerca da sua vida fracassada, nem um grito de desespero, mas somente ação, o desejo de aprender desde o começo o contrário do que tinha aprendido. Aquilo que Inácio de Loyola só ousará exigir dos seus discípulos depois de trinta dias de exercícios espirituais, a generosa entrega de si mesmo no enérgico *Suscipe* – «Recebe, Senhor, toda a minha liberdade» –, essa entrega consuma-a de um momento para o outro este homem de vontade de ferro. «Senhor, arranca-me de mim próprio e entrega-me a Ti: quero ser teu servo e teu escravo». «Servo» e «escravo», assim assinará, no futuro, todas as suas cartas. O caçador celeste prendera-o e sujeitara-o, como se domam os cavalos selvagens das pradarias que de repente se tornam definitivamente dóceis à menor pressão do cavaleiro. Quando Saulo se levantou do chão, era fiel vassalo de Cristo para sempre.

Da bondade com que Cristo se compadeceu dele, Paulo recebeu a maior lição da teologia cristã: de nada valem o querer e o correr do homem; a única coisa que importa é a misericórdia de Deus (cf. Rm 9, 16). A aparição de Cristo ressuscitado não foi somente a revelação externa de que Jesus era o Messias; mostrou-lhe também o erro em que estivera, a sua enorme impotência moral e o seu extravio religioso, e permitiu-lhe compreender que Cristo é o Salvador dos pecadores, Aquele que nos livra do mal e do afastamento de Deus, o Reconciliador que nos aproxima de Deus pelo seu Sangue (Ef 2, 13). Se o Ressuscitado não lhe tivesse aparecido, Saulo nunca teria conseguido entender o «escândalo da cruz», de tal forma o seu espírito se impregnara do preconceito judaico sobre a ignomínia do madeiro. Só a Ressurreição podia vencer esse escândalo, como acontecera com os outros discípulos. O fato de Cristo ressuscitado lhe ter aparecido, não como imagem do castigo e da vingança, mas com a face iluminada pela bondade e pela misericórdia (Tt 3, 5), provou-lhe de maneira ineludível que a cólera de Deus se transformara em amor graças ao Crucificado, que verdadeiramente Ele era o «Cordeiro de Deus» anunciado pelos Profetas.

Da hora de Damasco até a ardente profissão de fé que proclama a glória da Cruz na Epístola aos Gálatas (6, 14) e ao hino à Cruz que encontramos na Epístola aos Filipenses (2, 8), vai apenas um passo. A Cruz torna-se agora sinal de salvação, o escândalo transforma-se em «força divina», a lamentável derrota no mais significativo ato de obediência, do qual nasce a glória definitiva. Surge um mundo novo: tudo o que o judeu negava passa a ser afirmado, tudo o que tinha valor para ele passa a ser considerado esterco (Fl 3, 7). A Cruz faz-se símbolo da união entre o céu e a terra, e o ponto de contato é o centro no qual se encontra Cristo.

Diante de um processo de conversão tão repentino, fracassa toda a psicologia. É impossível iluminar por dentro este grande acontecimento; é uma «morte mística» que se dá numa mística noite da alma,

II. ANOS DE MATURIDADE. AS PRIMEIRAS TENTATIVAS DE MISSÃO

tão misteriosa como uma vida nova no seio materno, e que é realmente, no mais verdadeiro sentido, um segundo nascimento. Assim o sentiu o próprio Paulo. Aludem ao caráter súbito deste acontecimento as suas estranhas palavras: «Por fim, apareceu-me também a mim, como a um aborto» (1 Cor 15, 8). Não se pode dizer mais em menos palavras. Com grande acerto diz a este respeito um autor dramático: «Pode o homem falar do seu próprio nascimento?»

A crítica fez os mais desesperados esforços para explicar o acontecimento de Damasco como mera visão de um homem débil e histérico. Admitia que essa visão fosse misteriosa, mas negava que fosse milagrosa. Como resposta, basta lembrar que Paulo, certamente a pessoa mais autorizada a informar-nos sobre essa experiência, se refere a ela cinco vezes nas suas cartas, afirmando que foi «realizada por Deus», que foi uma «revelação de Cristo vivo», uma «tomada de posse» da sua pessoa por Cristo, uma «aparição» e, até, a última manifestação visível do Ressuscitado, claramente distinta das visões que ele mesmo haveria de experimentar mais tarde (cf. 1 Cor 15, 5-8 e 2 Cor 12, 1-6).

Além disso, Paulo não era um neurótico, como o prova a incrível atividade que exerceu durante trinta anos. Se alguma vez um homem esteve dotado de bom senso e espírito prático, esse homem foi Paulo. Se alguma vez um homem esteve seguro da sua causa e por ela ofereceu a vida, esse homem foi Paulo. Se no plano natural tudo se desenvolve segundo determinadas leis psíquicas, se toda a iniciativa pressupõe um determinado estado de alma, sem o qual só há ímpetos sem duração nem persistência, então a espontaneidade e a inquebrantável continuidade da conversão de Paulo constituem as provas mais ineludíveis da origem sobrenatural dessa transformação. Quanto ao mais, temos de conformar-nos com que os segredos de Deus pertençam somente a Ele e ao agraciado.

Aliás, seria falso pretender fazer derivar toda a vida interior de São Paulo da experiência de Damasco, como se esta não tivesse tido outra finalidade senão despertar a enorme potência espiritual da qual nasceria mais tarde toda a teologia paulina. Paulo também adquiriu grandes conhecimentos nas suas disputas com Estêvão e com os helenistas, nos interrogatórios a que submeteu os perseguidos e na sua posterior convivência com a comunidade de Damasco e com os discípulos de

Jerusalém. O próprio Jesus recomendou-lhe que estudasse a tradição por intermédio de Ananias, e mais tarde concedeu-lhe novas comunicações sobrenaturais (cf. At 26, 16).

Com efeito, Paulo teve diversas revelações em forma de visão, nas quais lhe foram comunicadas verdades como a Ressurreição dos mortos e a Parusia de Cristo, bem como os acontecimentos relacionados com essa vinda (cf. 1 Ts 4, 15-17; 1 Cor 15, 51-53). Em todo caso, há quatro grandes temas na teologia paulina que evidentemente estão ligados ao acontecimento da estrada de Damasco:

1. O Ressuscitado é o Messias, e todas as profecias se realizaram na sua pessoa.

2. Cristo é Deus, certeza absolutamente alheia aos judeus da época, que não conseguiam identificar a imagem que formavam do Messias com Jesus de Nazaré, nem admitir que o Crucificado fosse o Filho do Deus eterno, glorificado e preexistente.

3. A união mística de Cristo com os seus fiéis, como num corpo visível e terreno, expressa por Paulo na fórmula «em Jesus Cristo», e que constitui o seu ponto de partida para a compreensão da Igreja (cf. At 9, 5; 1 Cor 12, 13; Ef 5, 30).

4. A sua vocação para o apostolado com os gentios. A aparição de Damasco foi a visão do seu chamamento, e pode ser comparada às visões da vocação dos grandes Profetas. De agora em diante, Paulo não é livre para escolher calar-se ou anunciar Cristo: «Porquanto, se eu evangelizar, não tenho de que me gloriar, pois me é imposta esta obrigação; ai de mim se não anunciar o Evangelho» (1 Cor 9, 16).

Há sobretudo uma certeza, um sentimento que tomou conta da sua alma: Paulo está inteiramente possuído pelo inefável *amor de Cristo*, que tudo compreende e tudo perdoa. Era lógico que o Senhor, depois da sua Ressurreição, aparecesse aos seus amados discípulos; mas que aparecesse a ele, um «aborto», o seu pior inimigo (Cor 15, 7); mais ainda, que esse terno amor do Senhor, que o havia «amado primeiro» e «entregado a sua vida por Ele» (cf. Gl 2, 20), o tivesse cercado com o seu olhar amoroso durante todos aqueles anos, «desde o ventre da sua mãe» (cf. Gl 1, 13), isso era o que verdadeiramente o subjugava. Esse amor tornou-se desde então a medula e o norte do seu Evangelho.

II. ANOS DE MATURIDADE. AS PRIMEIRAS TENTATIVAS DE MISSÃO

Esta foi a experiência pascal de Saulo. Foi um impressionante combate entre o Criador e a sua criatura. Deus é um grande caçador, e aprecia sobretudo as presas mais fortes. Os temperamentos de gigante, como São Cristóvão, parecem ser os que mais o atraem. Diante de Deus, não há possibilidade de fuga; só resta a angustiosa escolha: ou entregar-se ou esvair-se em sangue. Os mesmos acontecimentos e debates anímicos podem muito bem terminar num desastre definitivo; a conversão de Saulo não resultou, pois, de fatores históricos ou psicológicos, mas unicamente do impenetrável mistério da graça e da liberdade.

Num outro caso, o orgulho humano conduziu esta luta ao desenlace trágico:

> *Ó Inexplicável, Velado, Terrível!*
> *Caçador por detrás das nuvens!*
> *Fulminado por ti,*
> *olho irônico, que me fitas nas sombras,*
> *estou esgotado, vergado, retorcido.*
> *Atormentado por todas as torturas eternas,*
> *ferido por ti, crudelíssimo caçador,*
> *desconhecido... Deus!*
> *Vai-te embora!*
> *E então Ele fugiu, Ele próprio,*
> *o meu último, meu único companheiro,*
> *meu grande inimigo,*
> *meu desconhecido,*
> *meu carrasco... Deus!*

(Nietzsche, *Assim falou Zaratustra*)

Santo Agostinho, que tinha grande experiência destes combates da alma, alude ao duelo entre Paulo e a graça dizendo que esta, «ferindo-o, o curava, e matando-o, o vivificava» (*percutiens eum et sanans, occidens et vivificans*; Sermão 14), como a lança sagrada de que nos fala a lenda, que curava as feridas que ela própria abria.

Em Damasco

At 9, 10-22; 22, 11-16

Toda conversão sincera passa por duas fases, que podem estar separadas por um longo intervalo de tempo, como aconteceu no caso de Santo Agostinho: a *conversão da razão* e a *conversão do coração*. Sem o conhecimento, torna-se impossível vencer a teimosia do coração humano e a sua recusa em conformar-se com a vontade divina; mas, por outro lado, é necessária certa emoção, um abalo de toda a alma, para dar início à conversão da vontade. No entanto, se não se passasse depois por um longo período de purificação, de «noite dos sentidos», a embriaguez mística poderia trazer como consequência um grave desengano.

Quando Saulo se ergueu do chão, cumprindo a ordem do Senhor, e abriu os olhos que até então conservara fechados para defender-se da luz, não viu nada: estava cego. O homem que até então fora tão terrível agora estendia impotente as mãos aos seus companheiros. Com suavidade e tomando todos os cuidados, estes conduziram-no, despedaçado e silencioso, pelo bosque de mirtos que ainda hoje existe, através da porta que traz o seu nome, em direção à rua chamada Direita, uma magnífica avenida com cerca de um quilômetro de comprimento, orlada de uma colunata coríntia cujos restos se podem ver nos nossos dias entre o labirinto das casas modernas. Entraram numa hospedaria judaica pertencente a um certo Judas, no local onde hoje se ergue uma pequena mesquita.

Enquanto os seus subordinados, sem pressentirem o mistério que se realizara na alma do seu chefe, espalhavam no bairro judaico, com ar arrogante, a notícia da sua chegada e o objetivo da sua vinda, Saulo encerrou-se em seu quarto e recusou todas as ofertas do hospedeiro ansioso por agradar a um hóspede tão ilustre. Durante três dias, não comeu nem bebeu nada; estava morto para o mundo exterior. Estes três dias que decorreram entre a sua morte mística e a ressurreição espiritual por meio do batismo constituem uma nítida analogia com os três dias que Jesus passou no túmulo. Que esperava? Cristo havia-lhe dito que na cidade indicariam o que devia fazer; também os Apóstolos tiveram de esperar pelo dia de Pentecostes. Antes, ai de quem ousas-

II. ANOS DE MATURIDADE. AS PRIMEIRAS TENTATIVAS DE MISSÃO

se dizer-lhe que teria de aguardar; agora, porém, teve de permanecer tranquilamente sentado na sala de espera de Deus. Saber esperar é uma grande virtude, às vezes muito difícil de praticar; mas a graça tem o seu ritmo próprio, que confirma o dito: «Esperar e receber é todo o meu fazer».

Quando uma alma é arrancada pela raiz às suas antigas condições de vida, quando lhe é infundido um novo princípio de vida, esse novo nascimento só pode dar-se na dor e na penitência. Nenhuma psicologia poderá explicar completamente como se efetuou a demolição e a nova edificação do mundo religioso de Saulo; nesses dias, o Apóstolo teve de submeter-se a um processo de reeducação em que o orgulho humano se despedaçou e o metal nobre se acrisolou, para com ele se forjar um «vaso de eleição». Segundo uma velha lenda, as imagens dos deuses do Egito teriam caído dos seus pedestais à chegada de Jesus-Menino; bem assim, na alma de Saulo, todo um mundo teve de ruir para que ele ressuscitasse como uma «nova criatura» em Cristo.

Mas no seu íntimo brotavam agora novas fontes, e no leito seco da sua alma apareceram as pedras preciosas escondidas entre o cascalho. Sob a mão de Deus, nada de valioso se perde: as características do seu temperamento, a agudeza da sua dialética, a sua cultura de homem do mundo, nenhuma dessas qualidades desapareceria com a graça; a mão do Médico divino pouparia sabiamente tudo o que era sadio, integrando-o na nova criatura. «O velho céu e a velha terra desapareceram, e Aquele que estava sentado no trono disse: Eis que renovo todas as coisas» (Ap 21, 1-5).

Sob o olhar inflamado do Ressuscitado funde-se tudo aquilo que estava endurecido, libertam-se de modo inaudito todos os sentimentos recalcados, surgem novas forças espirituais; o fanatismo transforma-se numa ardente potência de amor, que mais tarde se manifestará com delicadeza e doçura maternais, unidas a uma resolução dura como o diamante. Saulo precisou de três dias para se libertar das ruínas da sua antiga visão do mundo, mas a sua alma não permaneceu vazia, porque Damasco não foi a desolação de um incêndio. Qualquer coisa de novo irrompeu no seu espírito, germinou e cresceu, e agora tudo é plenitude e vida intensa. É a *nova vida em Cristo*. Quem lê as suas cartas, documentos vivos da alma humana que não têm par na literatura universal, ouve ressoar o mesmo grito em todas as páginas: «Alcancei, porém, a misericórdia de Deus!» (1 Tm 1, 13).

No plano da salvação de Deus existe um princípio básico: a criatura deve ser conduzida a Deus por meio de outra criatura. No domínio da graça como no reino da natureza, Deus serve-se das causas segundas, sempre que não se trate de criações novas. É possível que, na casa de Judas, Saulo, cego e prostrado, tivesse ouvido falar do poder que tinham os fiéis cristãos de operar milagres, e talvez tenha sido este o motivo pelo qual despertou nele o desejo de encontrar-se com um desses homens... Foi então que Deus manifestou ao simples e fiel Ananias o estado de espírito e o futuro daquele adversário tão temido e agora tão gravemente provado, ao mesmo tempo que mostrava a Saulo, numa visão paralela, a incumbência que acabava de confiar a Ananias.

A escolha recaiu sobre um homem bastante tímido, que, como outrora Moisés, teve medo da tarefa. Segundo uma tradição síria, era um dos setenta discípulos do Senhor, e havia fugido para Damasco por ocasião da primeira perseguição organizada por Saulo. Mas as suas apreensões acalmaram-se quando o Senhor lhe disse: «Eis que está orando». Um homem que ora não é perigoso, deve ter pensado o discípulo, mas mesmo assim o ancião precisaria de toda a sua confiança em Deus para arriscar-se a entrar na cova do leão. Naquele momento, bateram-lhe à porta para pedir que fosse à casa de Judas, e Ananias pôs-se a caminho. Entrou timidamente no quarto, mas a confiança de Saulo logo lhe devolveu a própria, e as mãos calosas do homem do povo pousaram sobre a cabeça do rabino. Imposição das mãos e oração: não era isso o que o Mestre ensinara? Como antigo discípulo, Ananias possuía o dom de curar (cf. Lc 10, 9); caíram as escamas do orgulho. «Saulo, meu irmão, crês que Jesus é o Messias, o Filho de Deus?» «Meu irmão»: com que profunda emoção o antigo perseguidor não terá escutado pela primeira vez essas palavras, vindas da boca de um fiel cristão!

E Saulo, o terrível, senta-se agora como uma criança aos pés do humilde Ananias, contra quem talvez trouxesse uma ordem de prisão, e recebe a primeira catequese. É provável que evocasse precisamente esta cena ao escrever, anos mais tarde: «Onde está o sábio, onde o

II. ANOS DE MATURIDADE. AS PRIMEIRAS TENTATIVAS DE MISSÃO

escriba, onde o indagador deste século? [...] As coisas loucas segundo o mundo, escolheu-as Deus para confundir os sábios, e as coisas fracas segundo o mundo, escolheu-as Deus para confundir os fortes» (cf. 1 Cor 1, 20-27).

Recebido o batismo espiritual, devia agora integrar-se na comunidade dos cristãos por meio do batismo sacramental. Ainda antes de tomar o mais leve alimento, desceu com Ananias e alguns irmãos até o Barada, rio que irriga todos os jardins de Damasco com centenas de regos e canais, e cujas águas alimentam as fontes que gorgolejam nos pátios interiores das casas, levando a sua bênção ao palácio do rei e às cabanas dos pobres. Assim o solitário se tornou membro da comunidade dos «santos», conforme a expressão que ouvira de Ananias; assim tinha de ser, pois até a máxima grandeza individual permanece estéril se não estiver inserida numa comunidade. Os fiéis de Cristo costumavam usar essa expressão baseando-se numa passagem do profeta Daniel que alude aos adeptos do reino messiânico: «Os santos do Altíssimo receberão a realeza e a conservarão por toda a eternidade» (Dn 7, 18). Percebemos por esse detalhe como os antigos cristãos estudavam diligentemente os Profetas (Isaías, Joel, Zacarias, Daniel), e por essa via chegavam a um conhecimento cada vez mais profundo de Cristo.

Não nos deve estranhar que o Apóstolo tivesse sido batizado imediatamente. Nessa época, só era necessária para o Batismo a fé penitente em Cristo (cf. At 2, 41; 8, 37; 16, 31; 19, 5), o reconhecimento do seu caráter de Messias e Filho de Deus, da força salvífica da sua morte na Cruz, da sua Ressurreição e da vinda do Espírito Santo, ou seja, o conhecimento das principais realidades da Salvação. A instrução histórica sobre a vida de Jesus e a doutrina moral e sacramental seriam acrescentadas mais tarde, ainda na época apostólica: essas quatro partes formariam o conjunto da catequese primitiva.

Saulo não sabia explicar o que estava acontecendo com ele. Num assombro sem limites, observava como na sua alma se iam formando novos tecidos delicados, e como os seus antigos preconceitos se desprendiam como «escamas» mortas. Mais tarde, descreverá esse processo de renascimento como uma morte mística, e dirá que esteve no túmulo e «ressuscitou com Cristo» (cf. Rm 6, 3-7). Não lhe ficou, por sinal, nenhuma fraqueza física na vista, pois São Lucas alude duas vezes ao olhar agudo e penetrante do Apóstolo (cf. At 13, 10; 14, 9).

No sábado seguinte, julgou-se obrigado a prestar contas na sinagoga da grande mudança que se dera na sua maneira de pensar; desejava anunciar em voz bem sonora que Cristo viera realizar todas as esperanças de Israel, que era Aquele que modificaria toda a vida humana e que os anelos de todos os povos e de todos os tempos encontrariam cumprimento nEle. Mas a jovem comunidade de Damasco, composta especialmente de fugitivos que queriam evitar todos os conflitos e viver em paz com a Sinagoga, sentiu-se seriamente embaraçada perante o caráter pessoal, firme e decidido dessa pregação. Saulo começava a ser um «irmão perigoso». A nascente hostilidade dos seus compatriotas judeus, que já pressentiam nele o futuro inimigo da sua religião, e sobretudo a atitude receosa dos que compartilhavam a sua fé, bem como a necessidade de recolhimento e de tranquilidade que certamente experimentaria, obrigaram-no a deixar a cidade a toda a pressa. Era a sua primeira fuga. Desde então, a sua existência seria uma constante sucessão de despedidas e fugas, como a vida do seu Mestre.

«Sob a nuvem»

Gl 1, 15-19; cf. At 9, 12-25; 2 Cor 11, 32-33

Houve um tempo – e esperamos que tenha passado de uma vez por todas – em que se contemplou o passado cristão sob uma falsa luz artificial. Dos santos, fizeram-se figuras de cera na galeria de Deus. O realismo moderno rompeu essas lendas de santos inventadas com a finalidade de edificar, mas à custa da verdade. Também Saulo era representado nessas fábulas como se tivesse passado de criminoso a santo de um momento para o outro; num instante, sem qualquer preparação, teria reconhecido toda a verdade cristã e passado a ser o Apóstolo que conhecemos. Semelhantes «milagres» da graça são pura fantasia e só servem para criar uma imagem inteiramente falsa da ação da graça divina. Os santos não são figuras de cera, mas seres vivos em evolução crescente.

Sobre os acontecimentos dos anos seguintes, existem divergências aparentes entre a narração de São Lucas e as indicações fornecidas pelo Apóstolo na carta aos Gálatas. Há, evidentemente, uma lacuna

II. ANOS DE MATURIDADE. AS PRIMEIRAS TENTATIVAS DE MISSÃO

nos Atos. «Alguns dias» (At 9, 20) não são suficientes para preparar uma atividade missionária duradoura, e também não é provável que Paulo tivesse começado a pregar logo após a sua conversão: não combina com o que sabemos das grandes almas que transfiguraram o mundo depois de se terem convertido. Basta que pensemos em Santo Agostinho, que teve necessidade de recolher-se durante muito tempo para aprender a ordenar as suas novas impressões e pensamentos, para deixar que se acalmasse o tumulto dos seus sentimentos e para unir a sua alma a Deus na solidão e no silêncio. «Quem algum dia tiver de anunciar uma grande mensagem, deve primeiro permanecer calado. Quem algum dia tiver de produzir um relâmpago, deve primeiro ser nuvem durante muito tempo» (Nietzsche).

Um homem introvertido não gosta de falar dos mistérios da sua alma. Como era difícil levar Santo Inácio a falar de si, e com que sobriedade de palavras o fazia! Da mesma forma, Lucas também não faz qualquer alusão ao espaço de tempo que mediava entre a primeira e a segunda permanência de Saulo em Damasco, ou porque não teve conhecimento do que se passou, ou porque Paulo só falou com ele em discreta intimidade. A expressão «alguns dias» parece aludir aos três anos referidos na Epístola aos Gálatas, em que felizmente o Apóstolo se viu obrigado, pelos ataques dos seus inimigos, a levantar um pouco o véu. Diz nessa passagem que partiu para a Arábia «sem consultar nem a carne nem o sangue» (cf. Gl 1, 16-17), isto é, nem a prudência natural, nem os amigos, e «sem subir a Jerusalém». Com efeito, que havia de fazer lá? A recordação da sua antiga fúria era ainda demasiado viva, o seu relacionamento com os Doze teria sido muito difícil e um contato com o Sinédrio poderia simplesmente custar-lhe a vida.

«Parti para a Arábia». O termo «Arábia» era então um conceito muito amplo: aplicava-se a toda a península arábica até Damasco, e mesmo até o Eufrates. O núcleo era formado pelo reino dos nabateus, a «Arábia Pétrea» ou pedregosa, com as suas célebres encruzilhadas de caravanas: Petra, encravada na montanha selvagem e romântica; Gerasa (hoje Djeraz), cujas ruínas greco-romanas ainda hoje nos inspiram grande respeito; Amman Filadélfia, atual capital da Transjordânia; Basra, no Hauran, e Homs (Emesa). O *sheikh* nabateu, Aretas, estava em guerra com o tetrarca Herodes Antipas, porque este lhe repudiara a filha para desposar Herodíades. Aqui, Paulo estaria protegido contra os emissários judeus, e talvez tenha sido essa a razão pela qual se dirigiu para lá.

Carregado de acontecimentos da mais espantosa realidade, recordando experiências e entusiasmos colhidos no círculo dos fiéis de Damasco, e decerto também na Bíblia, que ainda devia levar consigo para toda a parte, assim nos aparece agora este homem solitário, vestido como um beduíno, com as amplas vestes brancas, o cinto de couro e o véu de cor na cabeça, em peregrinação através dos montes ermos e sem árvores, de um colorido castanho avermelhado, mais tarde lugar de predileção de tantos eremitas e estilitas. O deserto sempre foi e seria o lugar de predileção dos grandes profetas e dos grandes pregadores, como São Gregório Nazianzeno e São João Crisóstomo.

Nesta região, Paulo não teve necessidade de recorrer aos corvos que traziam alimento ao profeta Elias. Era-lhe fácil ganhar a vida, «pois nestas paragens – como escreve um conhecedor da terra – floresce muito particularmente o ofício de tecelão de pano de tenda. Milhares de nômades do deserto vizinho vêm abastecer-se aqui, e os beduínos vendem o seu negro pelo de cabra aos tecelões. Estes trabalham-no primeiro em grossos cordões e fitas, com os quais tecem depois essa tela impermeável ao sol e à chuva com que os nômades constroem há milênios as suas casas móveis. À beira do deserto ergue-se um tear rústico; os longos fios estão presos a estacas de madeira, e diante deles senta-se o artesão, fazendo voar a lançadeira entre as cordas» (Schneller).

Certa vez, durante a viagem que fiz com alguns companheiros através desse deserto nu, surgiu aos nossos olhos um terebinto gigantesco, e foi à sombra dos seus imensos ramos que descansamos. Logo vieram juntar-se a nós beduínos vindos de todos os lados. É provável que também Paulo se entregasse às suas meditações à sombra de um desses patriarcas do deserto, e conversasse com os habitantes sobre aquilo que lhe cumulava o coração até fazê-lo transbordar.

Esse retiro de quase três anos foi o tempo mais contemplativo e mais feliz de toda a sua vida. Aqui começou, sob a direção do Espírito de Cristo, o grande processo de transformação interior a que ele próprio se refere na Epístola aos Filipenses (3, 7-11): «Todas aquelas coisas que outrora considerava como lucro, considerei-as como perda

II. ANOS DE MATURIDADE. AS PRIMEIRAS TENTATIVAS DE MISSÃO

por amor de Cristo. E na verdade tudo isso tenho por perda em comparação com o eminente conhecimento de Jesus Cristo, meu Senhor, pelo qual renunciei a todas as coisas e as considerei como esterco, para ganhar Cristo e ser encontrado nEle». Não é que tenha propriamente descoberto novidades, mas, devido à extraordinária comoção do seu espírito, estava especialmente atento às mais tênues impressões e pronto para ser moldado por Cristo até os últimos extremos. Essa refundição, de acordo com a natureza da alma humana, deve ter-se verificado tanto no plano *emotivo* como no *intelectual*.

Paulo chama a essa reorientação da sua vida afetiva «revestir-se do Senhor Jesus Cristo» (Rm 13, 14) ou «ter em si os mesmos sentimentos que Jesus Cristo» (cf. Fl 2, 5). O seu estado espiritual mais elevado trouxe consigo uma suprema clareza. À segurança, que lhe era inata por temperamento, vieram acrescentar-se a segurança sobrenatural da fé e a certeza da sua vocação, que lhe fora confirmada por Ananias. Pouco a pouco, foi sendo invadido por uma calma e uma doçura serenas (Fl 4, 5), totalmente diferentes da frieza e da reserva dos fariseus. Nenhum dos seus dotes naturais, nenhuma das virtudes do caráter que havia adquirido se perdeu: nem a amplitude e a profundidade profética do seu espírito, nem a agudeza da sua inteligência formada no estudo da Lei, nem a sua rica sensibilidade, nem a incomovível integridade do seu caráter, nem a sua espantosa força de vontade, herança de tantas gerações. Mas todos os interesses meramente terrenos desapareceram diante do novo ideal, tornando-se pálidas imagens sem substância, e o seu amor ardente passou a excluir como indigno tudo o que não fosse um serviço direto e abnegado a Deus: os verdadeiros interesses da sua alma religiosa despertavam purificados na grande chama.

Ao mesmo tempo, modificou-se todo o seu mundo espiritual, no qual passaram a delinear-se com uma nitidez crescente os perfis daquilo que os especialistas chamam, um tanto esquematicamente, *paulinismo* ou teologia paulina. Ele próprio preferia chamar-lhe «o meu evangelho», «que não recebi nem aprendi de homem, mas por revelação de Jesus Cristo» (Gl 1, 12; cf. Ef 3, 4-5), ou seja, o seu conhecimento do plano de salvação universal anunciado por Deus. Isto não quer dizer que possuísse um evangelho diferente do dos outros Apóstolos; nesse caso, teria sido expulso da Igreja nascente. Mas anunciava-o com uma energia, uma coerência e uma força de palavra sem igual, e imprimia-lhe um cunho tão pessoal e inigualável, introduzindo nele o mundo intelectual helênico, que bem podia dizer: «o meu evangelho».

Neste processo de metamorfose da sua consciência religiosa, sobressaem principalmente dois pontos: o seu *novo conceito de Cristo* e a sua *nova concepção da fé*.

A *nova compreensão de Cristo* que o Apóstolo ganhou funde-se intimamente com a experiência de Damasco. Desde a sua época de fariseu, Paulo possuía um conhecimento histórico bastante preciso de Jesus e da sua condição. «Eu sou Cristo, a quem tu persegues»: como poderia perseguir alguém que não conhecesse? «Dura coisa te é recalcitrar contra o aguilhão». Este aguilhão não poderia ser a visão celestial, pois nessa altura Saulo cedera inteiramente; devia, portanto, trazer em si o aguilhão havia muito tempo. Quanto? O ódio gosta de acumular material contra a pessoa odiada, e assim tinham feito os fariseus durante a vida de Jesus. No caso de um homem como Saulo, não é lógico supor que agisse por ignorância; aliás, Feine, um dos melhores conhecedores do Apóstolo, chega a supor – não se sabe se com ou sem razão – que Saulo se encontrava ao pé da Cruz, juntamente com os outros sacerdotes judaicos, e que, mesmo aparentando satisfação, teria recebido uma impressão indelével da morte de Jesus. Neste caso, o aguilhão teria penetrado no seu coração já naquela altura, como aconteceu com o centurião romano que, no momento da morte de Cristo, declarou: «Verdadeiramente este homem era Filho de Deus» (Mc 15, 39), conceito aliás bastante difundido no mundo pagão da época. Se for verdadeira esta hipótese, ficaria inteiramente esclarecida a passagem da Epístola aos Gálatas (3, 1) em que Paulo afirma ter descrito aos irmãos a cena da crucifixão de Jesus.

Seja como for, o certo é que a imagem do aguilhão constitui um exemplo especialmente vivo do modo como a graça vai abrindo caminho na alma. Evidentemente, havia no espírito de Saulo uma série de elementos históricos e do Antigo Testamento, mas em estado fragmentário e desordenado, deixados de lado como «pedra angular que os construtores rejeitaram». Mas de que servem os fragmentos sem um fator de união, sem um critério ordenador que os subordine a uma meta nova e mais alta? Este fator, que haveria de pôr ordem

II. ANOS DE MATURIDADE. AS PRIMEIRAS TENTATIVAS DE MISSÃO

no caos da sua alma sob a ação do campo de força divino, seria a força criadora da graça, o novo «princípio vital», como ele lhe chama: «Passaram as coisas velhas; eis que tudo se fez novo» (2 Cor 5, 17). Foi o *pneuma* sagrado, o resplendor da maravilhosa claridade (em grego, *doxa*) da face de Cristo, que lhe iluminou o coração (cf. 2 Cor 4, 6).

Compreendemos agora por que, após a sua conversão, Saulo não se apressou a conferir com os Apóstolos de Jerusalém as bases históricas da sua imagem do Messias; para o começo da sua nova vida, bastava-lhe o que sabia. Mas só o próprio Senhor podia dar-lhe um conhecimento mais profundo acerca do seu ser. Não atribuíra Cristo a profissão de fé de Pedro, em Cesareia de Filipe, a uma iluminação vinda diretamente do alto? «Não foram a carne nem o sangue que te revelaram estas coisas, mas meu Pai que está nos céus» (Mt 16, 17). Portanto, a nova concepção de Cristo que a essa altura começava a desabrochar no coração de Paulo não foi o resultado de uma elaboração intelectual ou uma criação da sua fantasia, como afirmaram alguns autores modernos, como se o Apóstolo tivesse falsificado a imagem pura dos Evangelhos, interpretando-a em sentido judaico. Feine diz magistralmente: «Seria não só a primeira, mas a única vez na História, que um homem se teria transformado radicalmente em virtude da sua própria força e por meio das suas próprias ideias, e criado em si essa vida que, desde há centenas e até milhares de anos, vem atraindo as almas sequiosas de Deus».

Pois bem, como é que o novo Apóstolo viu o seu Cristo? Neste ponto, temos de basear-nos em conjecturas e deduções extraídas *a posteriori* das suas cartas. A ideia fundamental que lhe foi revelada em Damasco era que Deus, através de Cristo, interviera poderosamente na história dos homens para salvá-los, e que Jesus era o plenipotenciário de Deus, o seu Enviado e o mensageiro da Boa-nova, isto é, o *Messias*. Com a morte expiatória de Jesus abrira-se, portanto, uma nova era no mundo, e a sua Ressurreição constituía o sinal de que Ele era o *Filho de Deus*, não por adoção, como os judeus estavam prontos a admitir, mas por natureza, como Jesus o afirmara diante de Caifás. Este Cristo divino interviera, pois, cheio de misericórdia na vida de Saulo, aplicando-lhe pessoalmente aquilo que havia feito para a salvação de toda a humanidade e permitindo-lhe contemplar na sua face divina o esplendor de Deus. Pouco a pouco, o estudo dos Profetas revelou-lhe com intensidade crescente que Cristo era o *Salvador dos pecadores* e o *Salvador do mundo*, e assim o Apóstolo foi ganhando clara consciência de que, por vontade de Deus, era preciso deitar abaixo as barreiras que o judaísmo erguera entre si e os outros povos. Se o pecado do mundo tinha sido a razão pela qual Deus permitira que o seu próprio Filho morresse na Cruz como vítima propiciatória, tornava-se evidente que os pagãos deviam pôr-se igualmente sob a bênção do «Salvador dos delinquentes».

Mas à imagem paulina de Cristo não faltavam tampouco os *traços terrenos*, embora o Apóstolo ainda não se tivesse abeirado da caudalosa corrente da Tradição. O que mais o impressiona em Cristo, o que mais lhe comove o coração, é a Cruz, «a obra-prima do amor divino», que pintará com cores ardentes aos gálatas e pregará aos coríntios: «Julguei não dever saber coisa alguma entre vós senão Jesus Cristo, e este crucificado» (cf. 1 Cor 2, 2). Entusiasma-o a pobreza de Jesus, a sua renúncia total, o seu amor pelos homens e a forma como cumpre a sua missão divina (cf. Fl 2, 6-10). O amor de Cristo fascina-o, e ele nunca mais se libertará dessa doce loucura (cf. 2 Cor 5, 14). Agora sabe o que significa ser cristão: uma criatura a quem Cristo conquistou o coração a tal ponto que, como o Ressuscitado, se desprende de todas as prisões estreitas, da nação e até da terra, pois «traz em si a força do mundo celeste».

Paulo conhecia Jesus como personalidade histórica, as suas relações humanas, a sua ascendência segundo a carne, o seu nascimento, os seus parentes, em resumo, tudo o que era terreno e passageiro, e refere-o muitas vezes nas suas cartas; mas não é o lado humano de Cristo que lhe interessa. Menciona-o por causa da sua realidade, sem se extasiar com isso; para ele, esses aspectos são apenas o vaso humano em que se encerra um conteúdo infinitamente mais precioso, e esse vaso tinha de ser quebrado – como o vaso de alabastro de Maria de Betânia – para que se espalhasse por toda a parte «o perfume do conhecimento de Cristo» (2 Cor 2, 15). Na sua morte, Cristo despojou-se de toda a condição humana e passou a viver uma vida celestial. Em resumo, para Paulo, o Jesus histórico constitui o fundo transparente através do qual se enxerga a imagem transcendente de Cristo.

II. ANOS DE MATURIDADE. AS PRIMEIRAS TENTATIVAS DE MISSÃO

Não podemos dizer exatamente quanto tempo foi necessário para que o Apóstolo alcançasse esse conhecimento de Cristo, que na verdade não chegou a atingir o ápice durante os primeiros anos de luta. De ano para ano, a ideia que tinha de Cristo foi-se tornando mais rica, até atingir a plenitude de visão própria do homem maduro (cf. Ef 4, 13), tal como a descreve nas Epístolas do cativeiro. Mas tinha já presente todo o essencial.

Alguns críticos afirmaram que, neste período de solidão, Paulo concebeu no seu íntimo uma imagem idealizada, gigantesca e sublimada de Cristo. Se fosse assim, nem mesmo os seus contemporâneos o teriam compreendido. Se é verdade que o Apóstolo surge «com uma solitária grandeza entre os da sua raça» (Feine), os pensadores atuais, mesmo os descrentes, reconhecem com uma unanimidade cada vez maior que ele não tinha de Cristo uma imagem essencialmente diferente da dos outros Apóstolos, e que tudo o que ele e João desenvolveram na sua mística de Cristo já existia em germe nas palavras do Evangelho. O próprio Jesus já havia interpretado a expressão «Filho do Homem», empregada por Daniel, como designando uma personagem divina, e aplicara a si próprio as palavras do Profeta. Ou seja, foi Jesus quem fundou o cristianismo, não o pensador solitário do deserto da Arábia...

A imagem de Jesus só podia existir em toda a sua perfeição na alma de Jesus; cada um dos seus discípulos, porém, tinha a sua maneira peculiar de anunciar o Evangelho, segundo a graça que havia recebido. O ponto de vista paulino é a contemplação de Cristo no seu significado de Salvador, sob a ótica da Redenção de todos os homens em Cristo e por Cristo, que é o novo Adão e o chefe espiritual da raça humana; Paulo tem, pois, uma concepção *soteriológica* da humanidade. João, em contrapartida, orienta-se pelo prisma do Logos eterno e preexistente. Ora, a noção de Cristo e de Deus exposta por João pressupõe a de Paulo; não é razoável contrapô-los. Paulo, como João, não considera a sua imagem de Cristo como produto de uma especulação religiosa, mas como revelação do «Espírito», dom e obra do Espírito Santo (cf. 1 Cor 2, 10-16). Diante dessa revelação, o Apóstolo não pode ter outra atitude interior que não a adesão absoluta e incondicional à realidade da salvação encarnada em Cristo; e a essa atitude confere um nome que será tão decisivo para a cultura ocidental: *fé*.

Como agora estavam longe o Templo e os seus átrios e o fumo dos holocaustos! Paulo compreendeu por fim que nunca tinha sido um verdadeiro crente nem soubera orar de verdade; tinha apenas vagueado pelas antecâmaras da religião. Aquilo a que ele chamava «zelo pelas tradições paternas» (Gl 1, 14) e pela glória de Javé não passava de um árido culto da letra, de uma entrega fanática e cega ao serviço de uma Lei abstrata e divinizada, a uma vontade estranha e transcendente. Agora, porém, experimenta aquela inebriante sensação de força que passará a chamar *pistis*, fé, que lhe serena o coração inquieto, elimina todas as incertezas, resolve todas as dúvidas, extrai todos os espinhos da sua consciência e lhe inunda o espírito e a alma de luz e calor.

Já não se trata da sutil dialética que procurava dissecar a vontade divina, tal como a aprendera na escola de Gamaliel, nem da fria e dissolvente análise racional, tão própria do temperamento do seu povo, nem tampouco da aceitação seca e intelectual de uma doutrina isolada. Era uma gozosa adesão do homem inteiro, na sua realidade concreta, aos caminhos de Deus e aos meios de salvação que Ele vinha oferecer-nos por intermédio do seu Filho.

A profundidade e a riqueza daquilo que Paulo entende pela palavra «fé» não cabem dentro da expressão «considerar como verdadeiro». Esta fórmula suscitaria facilmente a ideia de uma afirmação verbal, ou poderia ser entendida como simples discurso mental, quando na verdade é a entrega total da criatura. Acreditar não é filosofar sobre a essência da Revelação; não é intuição, contemplação interior, presciência da alma, que no entanto pode acompanhar e até preparar o caminho para a fé; não é o profundo conhecimento das ocultas riquezas de Deus, a que Paulo chama *gnose* ou *epignose*, conhecimento de Deus. A fé de Paulo é igualmente acessível – ou é sobretudo acessível – à simplicidade dos pequenos, dos humildes deste mundo, como Jesus nos ensina na sua oração de agradecimento: «Pai, eu te bendigo, porque ocultaste estas coisas aos sábios e prudentes, e as revelaste aos pequeninos» (Mt 11-25).

Essa fé enxerga com nitidez e realismo as coisas invisíveis, dando-lhes substância e trazendo-as da sua distância metafísica para a realidade concreta (cf. Hb 11, 1). Essa fé não é uma viagem pelo azul, não é excitação de nervos desgastados, mas sim a força das grandes almas, a luz dos corações fiéis. A sã grandeza de Paulo fica bem clara no fato

II. ANOS DE MATURIDADE. AS PRIMEIRAS TENTATIVAS DE MISSÃO

de o Apóstolo nunca ter resvalado para um misticismo mórbido nesses anos de solidão, de nunca se ter deixado alucinar pelas suas imaginações. Ele sabia muito bem que o Espírito de Cristo o preservava da exaltação doentia: não tinha sido totalmente inundado por esse Espírito? (cf. Rm 5, 5).

Pela primeira vez, invocou a Deus chamando-o pelo seu doce nome: «Abba, Pai» (Rm 8, 16). A claridade interior invade-lhe a alma, e ele murmura: «Em Jesus Cristo». Sente despertar dentro de si um calor muito íntimo, que faz desabrochar em seu coração todas as sementes boas e o arrasta para uma existência sublime de união com Cristo através da oração (cf. Rm 8, 26). A esta luz chama *pneuma*. E a esse dom espiritual, a essa nova relação com o Pai e o Filho animada pela fé e pelo mais puro amor, chamar-lhe-á mais tarde *justificação*.

Quem poderá aprofundar jamais no mistério dessa fé, em que se fundem o divino e o humano? Paulo só sabe uma coisa: trata-se de um dom de Deus, de uma escolha desde o seio materno (cf. Gl 1, 15), do fruto do Espírito de Cristo na sua glória. Se, após a sua permanência de três anos no deserto, alguém lhe perguntasse como é que isso acontecera, teria dito simplesmente: «Se alguém está em Cristo, já é uma criatura nova» (2 Cor 5, 17). Quando, pela meditação e pelo estudo das Escrituras, evocava na alma inundada de puro júbilo a imagem de Cristo, já trazia em germe todo o conteúdo essencial da fé católica, mas o desenvolvimento dos pormenores ainda lhe custaria muito tempo. Entretanto, ardia na ânsia de ser o feliz mensageiro de Jesus, aquele que «levaria o Seu nome aos pagãos, aos reis e aos filhos de Israel», com a felicidade de ser uma testemunha viva da maravilhosa emoção «de ter sido apreendido por Cristo» (Fl 3, 12). Sentiria já a mão de Deus pesar sobre si e impeli-lo? «Ai de mim se eu não evangelizar» (1 Cor 9, 16).

Certo dia, reapareceu subitamente em Damasco o homem pálido com fronte de pensador e feições de asceta, com olhos que pareciam vir de muito longe, imersos em visões maravilhosas. Em Damasco, as coisas haviam mudado; a cidade já não estava sob a alçada da administração romana, e o duro regime a que estivera submetida no governo de Tibério terminara. Os primeiros anos de Calígula tinham correspondido a um período de enfraquecimento geral do poder romano na Síria; a política deste imperador, antes de enlouquecer, consistira em restituir aos povos do Oriente a sua autonomia e os seus príncipes autóctones. Assim, tinha restabelecido o reino de Herodes Agripa, entregando-lhe sem qualquer motivo premente imensos territórios e ricas cidades. Da mesma forma, o legado imperial, Vitélio, acabava de entregar Damasco ao rei dos beduínos nabateus, Aretas de Petra, sem qualquer luta, e um *sheikh* de Aretas instalara-se ali na qualidade de comandante, com um grande séquito de beduínos descidos do Hauran. Encantados com a liberdade, os judeus desenvolviam agora um ativo proselitismo, especialmente entre as mulheres. Para cativá-los, o novo governo fizera concessões à sua autonomia, e essas concessões logo lhes dariam pretexto para cometer atos de violência em nome da religião.

Saulo voltou a morar na casa do seu antigo hospedeiro Judas; certamente devia querer começar a sua carreira de apóstolo no lugar onde havia recebido a maior alegria de toda a sua existência. Quando, no sábado seguinte, se apresentou na sinagoga e, para grande pasmo dos judeus, pediu a palavra para demonstrar com o testemunho dos Profetas que Jesus era o Messias, centenas de punhos cerrados se ergueram contra ele. Uns gritavam: «Não é este o mesmo que em Jerusalém perseguia os cristãos e que foi enviado pelo Sinédrio para prendê-los?» Outros vociferavam: «Fora com ele! É um apóstata!» Saulo só pôde escapar dali com grande esforço. Em breve apareceram homens que se declararam prontos a assassinar o renegado em alguma viela da cidade, logo que se mostrasse. Também foi fácil subornar o etnarca árabe, que mandou postar sentinelas em todas as portas da cidade com ordem de prender o fugitivo. Mas Saulo sentia-se seguro da sua causa: por acaso podia deixar de cumprir-se a palavra do Senhor?

Impunha-se sair da cidade. Os irmãos elaboraram um plano de fuga, a que não faltava um certo romantismo, e Paulo deve ter-se divertido com ele. Participou com todos, pela última vez, de um banquete eucarístico, indo mais uma vez buscar forças no alimento sagrado; depois despediu-se, abraçando aquela gente tão boa que lhe havia demonstrado tanta amizade. Alguns irmãos conduziram-no pela calada da noite, disfarçado de camponês ou de condutor de camelos, através das ruelas estreitas, em direção a uma das casas construídas sobre o muro da cidade; do último andar pendia uma cesta, dentro da qual o Apóstolo se acomodou, encolhendo-se com dificuldade; depois de bem amarrado, foi descido por meio de fortes cordas. Atravessando hortas, cemitérios e lugares solitários, logo encontrou a estrada que o conduziria até a *Via maris*, rumo ao sul. Na noite escura, qual seria o estado da sua alma ao passar pelo lugar onde o Senhor lhe aparecera, e com que emoção não lhe daria graças bem do fundo do coração?

Junto da Igreja-mãe de Jerusalém

At 9, 26-30; At 22, 17-21; cf. Gl 1, 18-24

Foi provavelmente com um suspiro de alívio que os irmãos de Damasco souberam da partida de Saulo. Até os melhores dentre esses espíritos apoucados não podiam deixar de sentir certo embaraço em face da soberana grandeza de um homem tão ardentemente apaixonado como ele. «Que fazer agora?», perguntava-se o Apóstolo. Era um homem de sangue frio, e o perigo nunca conseguira perturbar-lhe a clareza das ideias, antes o estimulava a novos empreendimentos.

Diante dele abriam-se dois caminhos. Um conduzia para o norte, para Tarso, sua terra natal. Se enveredasse por ele, perderia o contato com os primeiros Apóstolos e, dado o seu temperamento naturalmente inclinado à rigidez e ao gosto de mandar, correria o perigo de isolar-se numa estéril solidão. Poderiam também acusá-lo de orgulho se não consultasse as testemunhas vivas da figura de Jesus e não procurasse conhecer a tradição da Igreja-mãe. Assim despertou nele o desejo de procurar Pedro, para estabelecer um vínculo com a primitiva Igreja. Sabia certamente o essencial sobre a atividade de Jesus na terra, mas só em Jerusalém poderia conhecer os pormenores, as recordações vivas, o verdadeiro texto dos ensinamentos do Senhor.

Também lhe faltava outra coisa: tinha de informar-se sobre o ordenamento litúrgico da comunidade de Jerusalém e sobre a tradição relativa ao batismo, à instrução dos catecúmenos e à celebração da ceia eucarística. Ou seja, tinha de aprender justamente aquilo que Jesus só revelara aos seus nas conversas mais íntimas: as revelações que havia feito durante a Última Ceia, as aparições e as palavras do Ressuscitado, os acontecimentos que haviam precedido a festa de

Pentecostes, coisas que a essa altura ainda não podia conhecer. Além disso, no interesse da unidade cristã, também não podia instituir a seu bel-prazer novos ritos sacramentais. Assim o Espírito de Jesus, a quem já se tinha confiado por inteiro, acabou por encaminhá-lo para o sul, para Jerusalém.

Tinha diante de si um percurso de mais de oito dias, mas o seu estado de alma era muito diferente daquele que o dominava três anos antes. Naquela altura, o fanatismo do ódio dirigira o seu olhar unicamente para dentro. Agora, com os olhos transfigurados pelo amor, contemplava as paisagens que o Senhor havia atravessado um dia. Talvez se tenha desviado para a direita da *Via maris*, dirigindo-se para Cesareia de Filipe, onde o Senhor falara da «rocha» e da Igreja que edificaria sobre ela. É natural que entrasse na sinagoga de Cafarnaum, depois de seguir pela margem norte do lago de Genesaré, e que passasse ao pé do monte Tabor. Por fim, pôde contemplar novamente, do alto do Escopo, a cidade onde residia o mestre Gamaliel com os seus discípulos, que agora olhariam com desprezo para o renegado. Podemos adivinhar os seus sentimentos ao passar junto do lugar onde o jovem Estêvão tinha sido lapidado: «Estêvão, aqui me tens de volta! Quero reparar o mal que te fiz». Partira perseguidor; voltava perseguido.

Também na Cidade Santa muitas coisas tinham mudado. Desde que o Sinédrio, havia três anos, começara a esperar em vão o seu regresso, a perseguição fora-se acalmando pouco a pouco e o cristianismo tinha coberto toda a Judeia de uma rede de comunidades.

A posição de Saulo em Jerusalém era extremamente difícil, tanto em relação aos judeus como aos cristãos. Estes desconfiavam dele; muitos consideravam a sua conversão como um mero ardil e mantiveram-se à distância. Só um o entendeu, um helenista recém-convertido, talvez seu antigo companheiro de estudos, que por isso podia compreendê-lo melhor do que ninguém. Chamava-se *Barnabé*, «filho da consolação», nome que recebera pela sua doçura, caridade e poder de insinuar-se na alma dos outros. Foi uma das personalidades mais encantadoras da Igreja primitiva. O seu olhar iluminado descobriu naquele irmão repelido por todos a grande alma de apóstolo, e a sua mão de amigo interveio pela primeira vez naquela vida. Aproximou-se afetuosamente do solitário e apresentou-o aos dois Apóstolos mais

II. ANOS DE MATURIDADE. AS PRIMEIRAS TENTATIVAS DE MISSÃO

considerados, Pedro e Tiago. Foi assim que Saulo se integrou na comunidade dos discípulos, e foi também em virtude deste serviço de amor que se desenvolveu uma das mais belas e fecundas amizades que a história da Igreja conhece.

Nessa ocasião, Saulo não travou conhecimento com os outros Apóstolos, que provavelmente estariam em outras comunidades fora da cidade. Mas viera principalmente visitar *Cefas*, como gostava de chamá-lo, para ser por ele iniciado na tradição viva da Igreja primitiva. Durante uns quinze dias, ambos puderam ver-se com frequência; sempre nobre, amável e de uma simplicidade consoladora, tal como o vemos no Evangelho, Pedro certamente convidou Saulo a morar com ele na hospitaleira casa de Maria, mãe do evangelista Marcos, de quem Barnabé era tio.

A Bíblia é um livro extraordinário, que às vezes nos atormenta submetendo a nossa curiosidade a uma rude prova. Com muita frequência, passa em silêncio precisamente o que mais nos interessaria conhecer. Como devem ter sido maravilhosas as conversas entre esses dois discípulos de Cristo, ambos ardendo no mais puro amor pelo Senhor! Esse amor comum uniu desde o primeiro instante os dois homens de cultura tão oposta, o pescador da Galileia, simples e iletrado, e o erudito académico, nascido e criado na cidade grande. Parece que os vemos fisicamente: Paulo escuta como Nicodemos, enquanto Pedro vai desfiando noite afora a história daqueles três anos maravilhosos.

Paulo deve ter-se mostrado insaciável; devia querer saber tudo, até os pormenores mais ínfimos. Ouvimo-lo interromper a narrativa de vez em quando com impetuosas perguntas ou exclamações. Imaginamo-lo abrindo ao amigo, certa noite, o seu coração ardente de amor: «Cefas», exclamaria, «o que mais me impressiona é o milagre do seu amor. Como é possível que o Mestre quisesse amar-me a mim, perdoar-me a mim, revelar-se a mim, seu perseguidor, a mim que mandei prender e assassinar tantos membros do seu Corpo Místico!» «Saulo», responderia Pedro, «repara bem: mais uma vez isso é muito característico dEle. Ele sempre foi assim. Tu não conheces a minha história; eu era muito pior do que tu». Paulo protesta, mas Pedro não o deixa prosseguir:

«Não, não, irmão Saulo, tu pelo menos nunca foste covarde. Mas eu, que Ele escolheu entre tantos para amigo, que Ele distinguiu tantas vezes, dando-me provas da sua preferência, eu que vivi três anos junto dEle, comi e bebi com Ele e fui testemunha da sua glória no monte santo (cf. 2 Pe 1, 17-18), eu fui o único a afastar-me dEle na noite da sua Paixão, jurando que não o conhecia, que nunca o conhecera, e abandonando-o às mãos dos seus inimigos, sem defesa alguma. Durante três dias de horror estive submergido na dor e na aflição. O Mestre, que tanto amor me tivera, jazia frio e morto na sepultura, e as últimas palavras que ouvira da minha boca tinham sido de blasfêmia e repúdio. Depois chegou o dia seguinte à Páscoa. O Senhor ressuscitou. E naquela mesma manhã transmitiu-me uma mensagem por intermédio das mulheres: "Ide, dizei aos meus discípulos e a Pedro" (Mc 16, 7). A Pedro. A mim, que já não ousava contar-me entre os seus discípulos! Compreendes agora como o amo? Pode admirar-te que o meu maior desejo seja morrer por Ele?»

Os quinze dias devem ter-se passado com diálogos desse tipo. Desde essa hora, os dois homens ficaram ligados um ao outro por uma santa amizade, e essa união, apesar de algumas divergências passageiras, manteve-se firme até a morte de ambos pelo martírio. Não há nada mais belo do que a santa amizade dos homens em Cristo. E assim começou para Paulo uma nova série de impressões e experiências comoventes, quando os dois percorreram os santos lugares; Saulo certamente desejava visitar no monte Sião o lugar onde Cristo instituíra o memorial do seu amor, e receber a Sagrada Eucaristia das mãos de Pedro na sala em que se celebrara a Última Ceia. «Aqui o Mestre ajoelhou-se para me lavar os pés».

Se não tivesse sido assim, como é que Paulo teria sido capaz de repetir as palavras da instituição do Santo Sacramento, tal como as relembra depois aos coríntios? Com certeza informou-se exatamente e não descansou enquanto não obteve um relato preciso de todos os acontecimentos, relato que só Pedro lhe podia fornecer. Parece-me ser esta a explicação para as palavras: «Recebi do Senhor o que também vos ensinei» (1 Cor 11, 23); ou seja, estamos em presença de um ensinamento autêntico da tradição primitiva.

Ambos se terão dirigido depois, sob a pálida luz do luar, ao Horto das Oliveiras, pelo caminho que um dia o Senhor seguira com os seus discípulos. Na Epístola aos Hebreus, que foi escrita segundo a mente do Apóstolo e contém boa parte do tesouro das suas ideias, alude-se

II. ANOS DE MATURIDADE. AS PRIMEIRAS TENTATIVAS DE MISSÃO

precisamente à oração do Senhor na sua angústia mortal: «O qual, nos dias da sua carne, ofereceu preces e súplicas, com grandes brados e com lágrimas, Àquele que o podia salvar da morte» (Hb 5, 7).

Sobre a pequena elevação rochosa do Gólgota, junto ao ângulo nordeste das muralhas da cidade, Pedro ajoelha-se e os seus dedos apalpam a pedra, como se estivesse à procura de alguma coisa. «É aqui!», exclama, e Saulo também insere a mão trêmula na fenda em que se havia introduzido o pé da cruz. A seguir, ambos descem, entram no horto contíguo à penha e, com grande custo, conseguem insinuar-se pela entrada muito baixa de uma gruta que mal era capaz de conter alguns homens: «Foi aqui que encontramos no chão os lençóis mortuários, dobrados como um invólucro vazio».

A visão de Cristo que Saulo havia alcançado na experiência sobrenatural que tivera do Senhor adquire agora, nesta comunicação de quinze dias com Pedro, o seu forte embasamento na tradição. Não esqueçamos, além disso, que o Apóstolo manteve estreito contato com alguns discípulos íntimos do Senhor, com Barnabé, que seria seu colaborador durante longos anos, com Silas, seu companheiro de viagens, com Marcos, futuro biógrafo de Jesus, com Tiago, João e o diácono Filipe. Podemos deduzir das suas cartas de que natureza teriam sido as suas conversas com todos eles. Na primeira Epístola aos Coríntios, revela claramente que recolheu informações muito cuidadosas sobre a Ressurreição e as aparições do Ressuscitado; somente as menciona quando se trata de testemunhas seguras e não alude, por exemplo, a qualquer aparição às mulheres. A expressão «o que eu mesmo aprendi» (1 Cor 15, 3) volta a indicar que se trata de uma tradição firme.

Se reunirmos as pinceladas soltas que Paulo traça nas suas Epístolas e discursos, obteremos um perfil da vida de Cristo que revela um conhecimento exato de todas as passagens da existência terrena do Salvador, de sua genealogia à Ascensão. Conhece Cristo como Modelo e Mestre, como Amigo e Senhor, e no centro da sua meditação ergue-se a Cruz histórica, o drama do Gólgota. A partir das suas Epístolas, pode-se reconstruir quase todo o Símbolo dos Apóstolos, e é bem provável que, na sua origem, essa fórmula remonte a ele.

Além disso, Paulo transmite-nos também, com toda a fidelidade, inúmeras palavras de Jesus: a fórmula da consagração, que recolhe mais literalmente do que Mateus e Marcos; alguns comentários sobre a missão evangelizadora dos discípulos (1 Tm 5, 18); a doutrina de Cristo sobre a indissolubilidade do casamento; ou ainda estas palavras do Senhor: «É maior ventura dar do que receber», que os Evangelhos não mencionam, e que foram salvas do esquecimento graças a ele (At 20, 35).

Paulo não precisava descrever em detalhe, nas suas cartas, as cenas da vida de Jesus, pois os seus correspondentes as conheciam tão bem como ele. Se não fosse assim, as inúmeras alusões que faz não teriam razão de ser. Podemos, pois, dizer em resumo: as referências explícitas ou implícitas à vida terrena de Cristo são nele mais numerosas do que no conjunto dos outros escritos do Novo Testamento, com exceção dos Evangelhos, e revelam um conhecimento exato e a existência de um panorama comum de recordações históricas, às quais bastava aludir para ser entendido por todos. Paulo estava, assim, ligado à comunidade primitiva pela ampla corrente da tradição; bem podia gloriar-se de estar unido ao Jesus histórico e de possuir, ele também, «o espírito do Senhor» (Cor 7, 40).

Mais tarde, quando tiver de defender-se dos que lhe negavam o título de Apóstolo, insistirá com frequência na independência e na originalidade da sua doutrina (cf. Gl 1), mas essas afirmações só dizem respeito ao seu profundo conhecimento do mistério oculto do plano de Redenção, que recebera por revelação particular, e à sua mística da salvação universal; não significam de forma alguma que toda a doutrina da Redenção tivesse «caído do céu» unicamente para ele. Nem mesmo o sentido salvador da Morte, Sepultura e Ressurreição do Senhor, parte tão notável da pregação paulina, constituiu uma surpresa para os outros Apóstolos.

De outra forma, Paulo não teria podido pressupor que os romanos e colossenses, que não eram seus discípulos diretos, tinham conhecimento do simbolismo da morte e da ressurreição mística pelo batismo (cf. Rm 6, 4; Cl 2, 12). A densidade intelectual, a profundidade e a concisão das suas cartas só se tornam compreensíveis se soubermos que se dirigem a pessoas já instruídas oralmente nos elementos da fé cristã. É mesmo possível reconstituir a partir das suas cartas as quatro partes essenciais do primeiro catecismo apostólico, que se designa pelo nome de *tipo* (nós diríamos: catecismo básico), o qual era idêntico em todas as comunidades e talvez remontasse ao Evangelho aramaico ou

II. ANOS DE MATURIDADE. AS PRIMEIRAS TENTATIVAS DE MISSÃO

a uma outra coleção de *logia*, de palavras do Senhor (cf. Rm 6, 17; Gl 6, 6; 1 Cor 15, 1-11; 4, 17; 2 Ts 2, 15).

Como é evidente, Paulo não passou todo o tempo da sua estada em Jerusalém com Pedro. Possuía um temperamento de lutador, e sentia a urgência de dar testemunho da verdade que se tornara o seu bem mais sagrado. A «Sinagoga dos libertos» tornou-se assim teatro dos mais violentos debates entre ele e os seus antigos correligionários. Ansiaria o Apóstolo pelo martírio, a fim de expiar os seus erros? Não faltou muito para que tivesse o mesmo destino que Estêvão.

Os discípulos temiam por ele, mas também por si próprios; até então, tinham evitado cuidadosamente todo e qualquer atrito com os fariseus, e por outro lado muitos destes se tinham feito cristãos. Havia-se formado pouco a pouco um cristianismo judaizante, que evitava cuidadosamente a questão do valor da Lei de Moisés. E eis que surge este intruso indiscreto e intransigente, que punha o dedo na chaga e fazia crisparem-se os nervos de todos, um outro Estêvão que os fazia pressentir uma nova catástrofe, semelhante à anterior, com todas as suas consequências. A época era selvagem e todas as discórdias religiosas se resolviam à base da faca e do punhal. Saulo não encontrara ainda um método missionário para terreno tão escorregadio, e o seu temperamento ainda era demasiado rude. A tentativa terminou num fracasso ainda pior que o de Damasco.

Pedro e Tiago não se cansavam de exortá-lo: «Irmão Saulo, assim não conseguirás nada e só criarás confusão». Saulo sofria. Na apologia que dirigirá aos judeus logo depois de ser feito prisioneiro (cf. At 22, 17), afirmará que se refugiou no Templo e desafogou o coração rezando fervorosamente: «Senhor, ninguém me quer ouvir. Conhecem-me demasiado bem». Para que ele e os irmãos se salvassem de uma nova catástrofe, foi necessário que o Senhor lhe ordenasse categoricamente: «Apressa-te e sai o mais depressa possível de Jerusalém, porque não receberão o testemunho que darás de mim. Vai, porque te enviarei a nações remotas».

Por toda parte, caçadores de recompensa espreitavam os seus passos. Os discípulos ajudaram-no a fugir secretamente para Cesareia, cidade que não estava sob a jurisdição judaica e era o ponto de entroncamento de diversas linhas de navegação. Não pôde parar no caminho para visitar qualquer comunidade, e por isso as igrejas da Judeia não chegaram a conhecê-lo «nem mesmo de vista» (Gl 1, 22). De Cesareia, partiu através de Tiro e Sidon em direção a Selêucia, perto de Antioquia; cruzou a Síria e a Cilícia e, depois de alguns rodeios, chegou a Tarso, sua terra natal.

Os tímidos discípulos de Jerusalém puderam sem dúvida respirar aliviados quando viram longe das suas vistas aquele «irmão perigoso». A Sagrada Escritura é um livro que ama a verdade e por isso regista sem atenuantes as faltas cometidas pelos homens; se Paulo e a comunidade de Jerusalém não chegaram a entender-se, foi por culpa de ambos os lados. Por parte da Igreja, houve uma desconfiança excessiva e um exagerado apego à antiga maneira de viver; por parte de Paulo, um certo exclusivismo inato, bem como um método de ensino especulativo, muito diverso do método tradicional. Até então, todos haviam ensinado de maneira chã, apoiando-se unicamente na Sagrada Escritura e nas palavras de Jesus tomadas em sentido literal; mas Saulo introduzia na discussão muitas ideias doutas e rabínicas, refundidas no cadinho cristão, e algumas vezes era obscuro e difícil de ser entendido pela gente simples. Gostava de abordar problemas novos. É claro que assim sempre havia de dar origem a graves conflitos; mas como poderia desenvolver-se alguma coisa de grande sem que houvesse uma árdua luta entre o antigo e o novo? Não fora o próprio Salvador que dissera: «Não vim trazer a paz, mas a espada»? O tempo ainda não estava maduro para Saulo, nem Saulo maduro para o seu tempo. A espada do Messias, com que o rapaz tanto sonhara em Tarso, tinha de ser forjada na fornalha ardente das humilhações e do sofrimento.

Anos de tranquilidade em Tarso

Gl 1, 21; cf. também At 9, 30-31; 2 Cor 12, 2-5

Estamos aproximadamente no ano 39 depois de Cristo. Saulo encontra-se outra vez em Tarso, sua pátria. Fizeram-se diversas conjecturas acerca da forma como chegou à sua terra natal, se teria ido diretamente ou fazendo um desvio e aproveitando a ocasião para anunciar o Evangelho na Síria e na Cilícia. Não existe, contudo, qualquer vestígio histórico da sua atividade na Síria; as comunidades desta região

II. ANOS DE MATURIDADE. AS PRIMEIRAS TENTATIVAS DE MISSÃO

parecem ter sido fundadas por missionários provenientes de Antioquia. E a fundação das comunidades da Cilícia mencionadas nos Atos dos Apóstolos (15, 41) talvez remonte a esta época, mas também esta suposição continua imersa em sombras.

Há uma intrínseca probabilidade de que Saulo tenha passado os três ou quatro anos seguintes em silêncio, à espera de um novo chamamento de Deus. Por vezes, Deus faz esperar longamente os seus escolhidos. Como o Mestre em Nazaré, também Paulo devia estar preparado para o momento em que fosse chamado. As palavras do profeta (Lam 3, 26): «Esperar em silêncio!», foram o seu programa nestes anos.

Esta espera deve ter sido muito difícil para a vontade indomável, para o impaciente ardor que lhe devorava a alma, especialmente naquele momento em que o mundo parecia correr velozmente para o seu fim, condenado pela loucura imperial de Calígula. Foi uma verdadeira prova para a sua paciência e exigiu dele a força de fé de um Abraão. Deus é um grande rei, e os reis fazem-se esperar; a Sagrada Escritura está cheia de frases como esta: «Espera no Senhor!» Todo o período anterior à vinda de Cristo não foi senão uma longa espera no átrio de Deus, e, visto do ângulo da eternidade, todo o fluir dos séculos não passa de uma espera da criatura pelo «dia do Senhor», Juiz universal.

Mas é necessária uma grande força de alma para esperar pelo chamamento de Deus. Somente o homem pequeno e nervoso não sabe esperar: ou se adianta demasiado ou é demasiado lento. Em contrapartida, o homem santo, que soube exercitar-se na ordem interior, esse sabe aguardar a hora de Deus. Para ele, o momento marcado por Deus é aquilo a que a Sagrada Escritura chama *kairos*, o instante decisivo, que os gregos simbolizam num rapaz de cabelos encaracolados em veloz carreira. É bom lembrarmo-nos de que, na vida dos santos, há épocas de provação, de inatividade aparente e de procura ansiosa, às apalpadelas, em busca da vontade de Deus. Através destas provações, esses homens de Deus tornam-se mais acessíveis e ficam ao alcance da nossa realidade, mais próximos de nós e da terra.

Se tivéssemos algum motivo para admitir que os pais de Paulo ainda viviam, e que nesse meio-tempo se teriam tornado cristãos, acharíamos natural que o extenuado converso, esgotado e profundamente desiludido, procurasse asilo da casa paterna para descansar e preparar-se para a chamada de Deus. Mas, segundo parece, Paulo não teve essa felicidade. Nem mesmo sabemos se eram parentes próximos os da sua linhagem que já se tinham feito cristãos antes dele (Rm 16, 7). Por outro lado, é mais verossímil admitir que, se o pai ainda vivia, deve ter sentido despedaçar-se-lhe o coração ao ter conhecimento da apostasia do filho, que cobrira de opróbrio a gloriosa reputação de fariseus de que gozavam os da sua família, seguindo a desprezível seita dos nazarenos. Possivelmente tratou-o como renegado, deserdou-o e expulsou-o de casa sem um ceitil; talvez seja esta a razão da sua grande pobreza ao longo de toda a vida.

Vinte e cinco anos antes, tinha deixado a sua terra natal como estudante cheio de radiosas esperanças. Só vinha para casa de passagem. Agora que regressava, tudo lhe parecia estranho; sentia-se estrangeiro na própria pátria. Na realidade, fora ele quem mudara, não o mundo. Tal como aconteceria com São Francisco de Assis, que, depois de ter convalescido de uma grave enfermidade, sentiu que tudo à sua volta havia mudado, Saulo sentia-se interiormente arrebatado à vida frívola e não sabia o que fazer. Não há nada tão duro na vida de um homem como ter a sensação, em pleno vigor da mocidade, de que é inútil ou não se ocupa inteiramente das coisas de Deus; mas também não há disciplina tão poderosa como a daquele que tem de concentrar as energias pessoais e os dotes de inteligência numa missão que Deus parece não querer aceitar.

Saulo é forçado a desaparecer, e até se tem a impressão de que tudo corre melhor sem a sua presença. Com efeito, os Atos dos Apóstolos (9, 31), depois de narrarem a sua partida, acentuam claramente que a Igreja «tinha paz por toda a Judeia, Galileia e Samaria, [...] e ia-se multiplicando com a assistência do Espírito Santo». Há muito que Saulo renunciou ao rabinismo e pôs de lado todos os seus sonhos juvenis de glória e de uma carreira brilhante, mas ainda tem de ser aniquilado até o fim. Todas as fortalezas e todos os redutos do egoísmo pessoal têm de ser arrasados antes de que Deus o convide para a tarefa gigantesca. Só quando tiver concluído perfeitamente o processo da sua submissão à vontade de Deus, só quando tiver ocupado o último lugar na Igreja Católica, só então é que virá a ordem: «Amigo, sobe mais para cima!»

II. ANOS DE MATURIDADE. AS PRIMEIRAS TENTATIVAS DE MISSÃO

Nas proximidades de Tarso, mostra-se uma caverna escavada na rocha em que, de acordo com uma velha tradição, Paulo teria passado estes anos vivendo como eremita. Parece-nos mais provável, porém, que vivesse no bairro dos judeus de Tarso, na rua dos tecelões, pois já vimos que, como filho de fariseus, se exercitara quando jovem no trabalho de tecelagem. Como anteriormente na Arábia e depois nas suas viagens missionárias, este ofício tornou-o independente de qualquer auxílio alheio.

Quantas vezes, nas horas de ócio, passearia pela ágora, ao longo do Cidno, onde os oradores gregos ambulantes trocavam por uma pequena moeda a sabedoria dos grandes filósofos! «Os gregos buscam a sabedoria», dirá depois, embora já não se tratasse da verdadeira sabedoria, filha de Zeus, que num momento de clarividência excepcional permitira a Aristóteles vislumbrar as provas da existência de Deus. Mas, mesmo assim, Saulo pôde aprender muita coisa durante este tempo: a eloquência, a arte popular de discutir e o domínio da língua grega. O que não parece ter valorizado muito foi a cultura livresca: por um lado, a Sagrada Escritura era para ele o livro por excelência, e por outro, tal como Sócrates, considerava que os seus livros eram os homens.

Dos seus contatos com os gregos, ficaram-lhe no espírito muitos ditos proverbiais, que nos surpreendem quando os encontramos nos seus discursos e cartas. Assim, ao falar no Areópago de Atenas (At 17, 28), cita uma passagem do seu compatriota Arato, que também encontramos numa oração do poeta Cleanto a Júpiter: «Somos da sua raça», e outra de Epimênides: «Pois nele vivemos, nos movemos e somos». Na primeira Epístola aos Coríntios (15, 32), emprega duas frases tiradas de Menandro: «Comamos e bebamos, porque amanhã morreremos», e esta outra que se transformou em provérbio: «As más companhias corrompem os bons costumes». Finalmente, na Epístola a Tito, a passagem de Epimênides: «Os cretenses são sempre mentirosos, más bestas, ventres preguiçosos» (1, 12). Para a sua futura atividade missionária entre os gregos, foi de grande importância que tivesse permanecido tanto tempo, sem ser observado nem perturbado, num dos centros mais brilhantes da cultura da época.

Mas ainda por outra razão estes anos de silêncio não haviam de ser para Paulo um tempo perdido. Ou poderemos considerar perdido o tempo em que o grão de trigo permanece oculto debaixo da neve durante o inverno e se vai dando nas suas células invisíveis uma morte misteriosa? «Se o grão de trigo que cai na terra não morre, permanece infecundo» (Jo 12, 24). É durante a longa noite do inverno que o pão cresce. Ao lermos as cartas de Paulo, admiramo-nos muitas vezes de ver como este homem podia desenvolver, ao lado de uma atividade tão espantosa, pensamentos tão profundos, por trás dos quais se esconde um imenso trabalho intelectual. O segredo reside nestes silenciosos anos de meditação e recolhimento.

Custa-nos avaliar como a permanência na Arábia e estes anos passados em Tarso foram importantes e decisivos para a evolução interior e o amadurecimento da teologia paulina. Quando Paulo, nas suas cartas, fala tanto do «seu Evangelho», é em Tarso que devemos procurar os princípios desse conhecimento maravilhoso. A pessoa de Jesus, a sua manifestação no mundo, a sua doutrina, a Cruz, a Ressurreição e a sua obra redentora também foram objeto de incansável meditação para os outros Apóstolos, mas, à medida que aumentava a distância no tempo, aquela convivência de três anos com o Mestre devia aparecer-lhes mais e mais como um sonho, como se tivessem estado mergulhados num mágico encantamento. Interrogavam-se: «Quem era, pois, aquele que vimos com os nossos próprios olhos, que tocamos com as nossas mãos, cuja voz ouvimos com os nossos ouvidos?» Também para eles Cristo era Deus-Salvador, o Príncipe da vida, o Cordeiro do sacrifício, a paz e a reconciliação, a Vida e a Ressurreição, o Senhor cujo nome se eleva acima de todo o nome; também eles viviam do mistério de Cristo e conheciam o seu significado de Redentor universal; mas, na sua consciência religiosa, ainda permaneciam por desenvolver as inúmeras conexões e consequências dessas grandes verdades. O antigo rabino, porém, ardia no desejo de explorar até a mais recôndita profundidade aquele mistério «no qual os próprios anjos desejam penetrar com os seus olhares» (1 Pe 1, 12).

Já conhecemos algumas fontes da visão paulina de Cristo e da mística da sua fé: a *experiência de Damasco*, que foi a faísca inicial e que brilhou diante dos seus olhos durante toda a vida com uma intensidade que o tempo não pôde diminuir; a *corrente da tradição*, que o uniu à Igreja primitiva; e o *estudo profundo do Antigo Testamento*, a cuja luz meditou os novos fatos e cuja obscuridade foi por sua vez iluminada

II. ANOS DE MATURIDADE. AS PRIMEIRAS TENTATIVAS DE MISSÃO

pelo novo clarão do Evangelho. Aquilo que Saulo, na sua qualidade de doutor das Sagradas Escrituras, já conhecia do Antigo Testamento acerca da Criação do mundo e da Aliança com Abraão, fundiu-se com a revelação de Jesus num acorde maravilhoso, cumulando-lhe a alma de adoração.

Agora, de tempos a tempos, cada vez mais frequentemente, novas *revelações e visões* vinham enriquecer-lhe o espírito. O Ressuscitado prometera-lhe todas essas comunicações, e Paulo alude a elas nas suas Epístolas (cf. por exemplo 2 Cor 12, 1). Recebia-as sob a forma de inspirações, de impulsos mentais, que lhe sobrevinham quando o seu pensamento chegava a um ponto morto ou corria o risco de desviar-se do bom caminho. Não devemos imaginá-las como intervenções violentas ou surpreendentes de Deus; o Senhor não se comunica na tempestade, mas no murmúrio do vento, e não se sabe de onde sopra. «As ideias mais poderosas são as que vêm a passo de pomba» (Nietzsche). Paulo não recebeu o «seu Evangelho» pronto, caído do céu; foi fruto de uma lenta iluminação interior, da meditação unida à oração ardente e ao profundo e acurado estudo da Bíblia.

As suas cartas manifestam nitidamente essas características. Quando as lemos sucessivamente segundo a sua cronologia, temos oportunidade de reconhecer a evolução do seu pensamento: a princípio, a semente e o caule verdejante (as duas Epístolas aos Tessalonicenses); depois, a espiga que vai amadurecendo (as quatro grandes Epístolas paulinas: Gálatas, 1 e 2 Coríntios e Romanos); em seguida, a espiga madura (as Epístolas do cativeiro); e, finalmente, a colheita (as Epístolas pastorais).

Como devemos imaginar as revelações que teve? Semelhante interrogação equivale a perguntar que caminhos segue o raio. Mesmo assim, atrevemo-nos a formular a questão: Que caminhos segue a *inspiração*? De modo geral, existem duas formas de inspiração: ou a imaginação religiosa, pelo *símbolo*; ou o entendimento, pela contemplação ou *vida espiritual*. Nos Profetas do Antigo Testamento, a revelação divina dava-se sobretudo por meio de símbolos, cujo sentido misterioso se tornava compreensível mediante uma iluminação interior do vidente, ou então permanecia obscuro. A linguagem que empregavam, rica em imagens, revela-nos ainda o rastro indelével que essa claridade divina lhes deixou na alma.

Mas no caso de Paulo essas revelações parecem ter-se dado com mais frequência pelo caminho da contemplação, isto é, da compreensão de todo um complexo de verdades, juntamente com as suas consequências, deduções e ramificações, numa única ideia, que se apresenta ao espírito simultaneamente com a evidência da sua origem divina. A vida dos santos oferece um grande número de exemplos deste gênero; assim, Santo Inácio de Loyola revela-nos que, pouco tempo depois de se ter convertido, teve em Manresa uma aparição da Santíssima Trindade, tão luminosa que, mesmo que não conhecesse o mistério pelos ensinamentos da Igreja, essa vivência teria bastado para convencê-lo da verdade da revelação cristã.

E por que caminhos chegou o Apóstolo a essa contemplação religiosa do mundo, tão característica do seu modo de ser, tal como a encontramos exposta da maneira mais concisa na sua Epístola aos Romanos? Os anos que passou em Tarso permitiram-lhe dar-se conta com toda a nitidez da situação religiosa do mundo e do significado da Morte e da Ressurreição de Cristo na história da Salvação. À luz dessa nova descoberta, pôde percorrer de novo os intrincados e confusos caminhos e desvios da humanidade desde o princípio da Criação, e como cristão pôde contemplar o mundo dos pagãos com mais simpatia do que jamais pudera sentir como fariseu.

Mas, por mais profunda que fosse a sua piedade pelos infiéis, não podia deixar de julgá-los com a mais incorrupta integridade, e o resultado dessa observação de conjunto era desolador. A *ira Dei*, a cólera divina, pesava sobre o gênero humano em toda essa *época sem Cristo*. Deus não deixara de manifestar-se aos pagãos, mas estes não tinham querido extrair as respectivas consequências práticas, e haviam idolatrado o mundo que deveria servir-lhes de espelho de Deus, incorrendo assim na mais grave culpa. A ira divina abatia-se sobre qualquer culto pagão, porque, no fundo, não era outra coisa senão o culto dos demônios.

A situação religiosa dos judeus não se apresentava muito melhor. Além da luz da razão, tinham recebido as revelações, a Lei, os Profetas e a Sagrada Escritura. Mas o que deveria ser um privilégio para eles em relação aos outros povos convertera-se por culpa própria em fatalidade. Assim como os gentios tinham adorado a Criação, eles idolatravam a Lei, a letra. A dura luta de Saulo, antes de converter-se, não passara

II. ANOS DE MATURIDADE. AS PRIMEIRAS TENTATIVAS DE MISSÃO

de uma desesperada tentativa de alcançar por si mesmo o verdadeiro conhecimento de Deus, através da mais severa autodisciplina ao serviço da Lei. Este violento treino da vontade dera origem a duas atitudes interiores que necessariamente tinham de opor-se uma à outra no mais absoluto antagonismo: ora um incomensurável sentimento de orgulho pela própria retidão: «Senhor, dou-te graças por não ser como os outros homens»; ora uma profunda sensação de derrota, um estado agudo de depressão em consequência do pecado, que lhe arrancaria este grito: «Quem me libertará deste corpo de morte?» (Rm 7, 24).

Ora bem, e como é que o homem pode passar do *estado sem Cristo* para a *vida cristã*? Paulo debruça-se em pensamento sobre a experiência da sua própria conversão. Que havia acontecido com ele? Na resposta a esta pergunta, o Apóstolo oferece-nos, graças ao seu profundo conhecimento próprio, uma compreensão muito mais clara da essência do cristianismo do que os próprios Sinóticos, e que só encontra paralelo no Evangelho de São João, centrado no mesmo fenômeno por meio das parábolas do grão de trigo que tem de morrer para dar fruto e da videira e das varas. Esta compreensão culmina nestas palavras: *comunhão com Cristo*.

Pela ação criadora de Deus, operou-se em Saulo uma transformação que atingiu as próprias raízes da sua existência; não foi um simples desenvolvimento das suas «potencialidades religiosas», segundo a expressão tão em voga atualmente, mas uma ruptura de todo o seu ser com o passado, uma mudança de orientação em toda a linha. Houve nele uma transformação existencial que somente pode expressar-se mediante a antítese entre a morte e a vida; o *homem velho* morrera, unindo-se à existência humana de Cristo na sua Morte, Sepultura e Ressurreição (cf. Rm 6, 1-13; Gl 2, 18-20; 6, 14; Cl 3, 3); e *o homem novo* ressuscitara em Cristo, e encontrava-se daí por diante unido sobrenaturalmente a Ele na morte, na vida e no destino. Esta união não anulava a sua individualidade mediante uma espécie de «mistura» da humanidade com a divindade, como pretendia fazê-lo a mística helenística dos mistérios; era uma união que se dava segundo o Espírito de Cristo, isto é, o Espírito Santo, que é a corrente de vida entre Cristo e os cristãos.

Tal como aconteceu com Saulo, assim acontece com todos os cristãos, embora não passem por uma experiência tão arrasadora. Por meio de uma união mística que ultrapassa o tempo e o espaço, realizada pela fé e pelo batismo, todo o fiel encontra-se vinculado a Cristo na sua Morte e Ressurreição e recebe um novo ser em virtude do ato redentor de Cristo, levado a cabo uma só vez e para sempre. O seu ser essencial, embora oculto, encontra-se agora dentro do âmbito da vida de Cristo; foi resgatado do mundo e do poder do pecado; estava longe de Cristo e agora aproximou-se dEle (cf. Ef 2, 13).

Este transplante em Cristo é consequência do poder libertador da sua Morte; não é uma simples declaração da parte de Deus, mas a certeza de um processo real, embora misterioso, que ocorre no íntimo da alma. O cristão «reveste-se de Cristo» (Gl 3, 27), mas não à maneira de um ator, que não se identifica com o papel que representa e pode desempenhar outros diametralmente opostos, e sim à semelhança do sacerdote no altar, através do qual Cristo fala e atua. É uma situação que se exprime com acerto por estas palavras: «O cristão é um homem novo que mudou de residência». Para Paulo, nada disto são metáforas, mas realidades mais reais do que os processos naturais da vida. Porém, como sempre acontece com os fenômenos místicos, são também verdades da alma que escapam à lógica ordinária e só podem ser expressas por meio de afirmações paradoxais que nos recordam a «loucura da cruz».

Diante desta existência essencial cristã, a vida ordinária empalidece aos olhos de Paulo e transforma-se num processo acidental e transitório, embora muito ruidoso e espalhafatoso, mas que não deixa de ter a sua importância, porque é o cenário de graves decisões morais. Paulo penetra, pois, com o seu olhar clarividente toda a envoltura externa da existência humana, até o mais profundo do seu ser, o «homem interior», o oculto coração humano (cf. Ef 3, 16; Cl 3, 1; 1 Pe 3, 4). Encontrar as palavras significativas e os símbolos adequados para exprimir estas realidades fundamentais da vida espiritual foi a grande luta do solitário pensador de Tarso.

Padecer com Cristo, morrer com Ele, ser sepultado com Ele, ressuscitar, viver, ser glorificado e reinar com Ele, participar dEle, incorporar-se nEle, tornar-se semelhante a Ele: são expressões não-lógicas que tornam por vezes a leitura das Epístolas muito difícil para os principiantes, porque estão demasiado cheias de significado e o seu sentido transborda constantemente. Esta piedade cristocêntrica, Paulo a

II. ANOS DE MATURIDADE. AS PRIMEIRAS TENTATIVAS DE MISSÃO

reduz em inúmeras passagens à breve fórmula: «em Jesus Cristo», que poderíamos interpretar como: unido essencialmente a Cristo, íntimo de Cristo, figura de Cristo.

Esta união com Cristo é o nervo vital da teologia e da ética paulinas. Quem não o tiver presente girará em torno da sua doutrina como em volta de um castelo encantado, sem encontrar nem a porta, nem a chave. O sistema dogmático do Apóstolo tem de ser observado a partir deste ponto de vista, que lhe confere unidade, firmeza e coesão. Toda a obra de arte tem de ser considerada de um determinado ângulo para que se percebam adequadamente as suas proporções e perspectivas; na obra de Paulo, esse ponto é Cristo. Para ele, Cristo é o princípio, o meio e o fim; tudo tem nEle o seu alicerce e existe por Ele e para Ele. Paulo não se debruça apenas sobre o Cristo histórico; considera-o juntamente com o Cristo preexistente desde sempre no seio da Trindade, o Cristo na sua glória, no seu significado místico de Salvador da humanidade. Estamos no cerne da doutrina paulina. Este é o significado das profundas palavras da Epístola aos Gálatas: «Estou crucificado com Cristo. Já não sou eu quem vive, é Cristo que vive em mim» (2, 20).

Mas estamos também no coração do cristianismo, pois o aspecto essencial desta religião não é a nova doutrina, a nova ética, o novo culto; tudo isso ocupa um lugar secundário. O que há de novo e de inaudito no cristianismo é a revelação de uma nova vida, conferida através da morte misteriosa de Cristo. A religião de Cristo distingue-se de todas as outras religiões porque é algo de absolutamente novo, impossível de ultrapassar, aquilo que nenhuma religião humana poderia oferecer. Nunca nos será possível, hoje, insistir demasiado neste ponto central da religião cristã, e todos os esforços nesse sentido serão poucos. A própria literatura religiosa raramente penetra neste núcleo essencial; no entanto, temos de concentrar-nos novamente nele para nos tornarmos verdadeiros cristãos[7].

---

(7) Hoje, sabemos já como julgar a opinião segundo a qual Paulo teria sufocado todos os elementos de liberdade e de vida na religião de Cristo, substituindo-os por fantasias suas, por uma terminologia primitiva bárbara, «judaizando» assim o cristianismo. O verdadeiro cristianismo não se encontraria nas Epístolas, mas nos Evangelhos. Urgia abandonar Paulo e regressar a Cristo! Esta crítica deixou-se dominar por uma verdadeira fúria contra Paulo, depois do aparecimento de Renan, Nietzsche e Paul de Lagarde. Ti-

Tudo leva a crer que as reflexões e meditações de Paulo, durante os seus longos anos de tranquilidade, tenham girado em torno deste eixo. Como não se observa, nas obras mais tardias do Apóstolo, nenhuma linha nova de pensamento, podemos concluir que o seu Evangelho já se encontrava amadurecido em todos os pontos decisivos antes de ele ter dado início à sua missão apostólica. Portanto, não é arbitrário supor que a etapa mais intensa da sua formação espiritual tenham sido estes anos de profunda concentração. As grandes ideias que haveria de fixar por escrito nas suas Epístolas foram na sua maior parte pensadas ali, naquela obscura oficina, concebidas pelo cérebro genial do tecelão de Tarso que, sem pretendê-lo, acabou por dirigir as suas cartas à humanidade inteira, como mestre do mundo.

Mal podemos vislumbrar a importância que tiveram as revelações de Tarso e da Arábia para a teologia paulina. Não se tratava de falsas visões ocasionadas pelo «sentimento religioso», mas da ação espiritual da revelação divina na alma de um homem visitado pela graça, infundindo-lhe um ânimo inquebrantável e uma soberana visão da vida. A que grau de profundidade mística chegaram essas revelações, mostram-no as suas próprias confissões, feitas catorze anos mais tarde na segunda Epístola aos Coríntios (12, 2-4), quando os seus adversários o constrangeram a levantar o véu das suas experiências espirituais, que ninguém gosta de desvendar: «Conheço um homem em Cristo, o qual há catorze anos foi arrebatado (não sei se no corpo, se fora do corpo, Deus o sabe) até o terceiro céu. E sei que esse homem (se foi no corpo, se fora do corpo, não o sei, Deus o sabe) foi arrebatado ao paraíso e ouviu palavras inefáveis que não é lícito a um homem proferir».

Entretanto, devorava-o a ânsia de ação, atormentava-o o pensamento de que, para além do Tauro e das montanhas de Aman, existia todo um mundo ainda por conquistar para Cristo. Parece que, de tempos em tempos, quebrava o seu silêncio e empreendia viagens de exploração à Cilícia e à Síria. Até que, um dia, soou finalmente a sua hora.

---

nham razão apenas num ponto – o de que Paulo e, com ele, a nova Igreja, ultrapassaram amplamente a doutrina de Jesus nos Evangelhos. Mas a religião cristã integral não está contida apenas nas palavras de Jesus. Jesus não se limitou a ensinar; agiu. A morte na cruz foi seguida da Ressurreição, da descida do Espírito Santo e da explicação mística e dogmática desses fatos pelos Apóstolos. Nestas realidades é que reside o centro de gravidade do cristianismo, e não somente no Sermão da Montanha ou nas parábolas.

II. ANOS DE MATURIDADE. AS PRIMEIRAS TENTATIVAS DE MISSÃO

Antioquia

At 11, 19-25

Muda o cenário dos Atos dos Apóstolos, mas Saulo não se encontra no palco. Antioquia é uma grande cidade, de mais de meio milhão de habitantes, a terceira cidade do Império Romano depois de Roma e Alexandria, a metrópole do Oriente, a residência do legado imperial da Síria; a história de Paulo conduz-nos sempre de novo a grandes cidades e a multidões de homens. Depois de Jerusalém, Antioquia estava destinada a ser a segunda mãe da Igreja nascente, pois a transformação da comunidade primitiva em Igreja universal se deu segundo as etapas Jerusalém-Antioquia-Roma. Como essa cidade haveria de exercer uma influência tão profunda na vida do Apóstolo, tornando-se durante vinte anos a sua pátria de eleição e o ponto de partida dos seus grandes empreendimentos, convém familiarizarmo-nos um pouco com ela.

Situada a leste do Mediterrâneo, no ponto em que a costa da Síria forma um ângulo reto com a da Ásia Menor, estava edificada a vinte quilômetros do mar, na margem sul do largo rio Oronte, aninhada entre os contrafortes do Aman ao norte e do Cássio ao sul, e apoiada nas encostas verdejantes do Sílpio. Havia sido a capital dos Selêucidas, gloriosos herdeiros de Alexandre Magno, e mantinha contato com todos os centros importantes do Império Romano; era, pois, o lugar ideal para uma Igreja que queria expandir-se entre os pagãos. O que Tarso significava para as regiões adjacentes da Ásia Menor, Antioquia significava-o para a Mesopotâmia e a Arábia.

Sempre que um antioquenho falava da sua cidade, brilhavam-lhe os olhos de orgulho e entusiasmo. Aos forasteiros, descrevia sobretudo a magnífica colunata construída por Herodes o Grande, num assomo de generosidade real. Era uma avenida principal orlada por quatro fileiras de colunas de mármore que formavam três pistas paralelas; a central destinava-se aos veículos pesados, e as da direita e da esquerda aos pedestres, cavaleiros e carruagens de luxo. Atravessava a cidade na direção leste-oeste, numa extensão de vários quilômetros, e terminava no sopé de um morro em cujo cume uma gigantesca estátua de Zeus dominava a avenida e a cidade. Uma outra fileira de colunas partia de uma ilha situada no meio do rio, avançando em direção ao sul, e formava com a primeira uma colossal cruz de mármore no centro da cidade, que assim ficava dividida em quatro bairros. As duas avenidas estavam adornadas com obras-primas da arte grega, obras de tão fina beleza que os séculos vindouros nunca mais haveriam de igualá-las.

Ao norte, o Oronte, com os seus dois braços poderosos, cercava uma ilha onde se erguia o antigo palácio real dos Selêucidas. Era ali que habitava o legado imperial, detentor do poder supremo sobre o Oriente, rodeado de todo o conselho administrativo e do seu estado-maior. A margem norte do Oronte e os flancos do Sílpio estavam pontilhados de casas de campo das famílias ricas. Toda a cidade se achava rodeada por uma muralha fortificada com trezentas ou quatrocentas torres, obra maravilhosa da arte militar de fortificações, que no seu topo oferecia espaço suficiente para uma quadriga. Ao sul, escalava os rochedos escarpados do monte Sílpio, formando uma coroa dentada de efeito grandioso.

Outro motivo de grande orgulho para a cidade eram as instalações hidráulicas, os balneários públicos e particulares, as fontes, as cascatas, a complicada rede de canais e encanamentos que levavam as abundantes águas do Oronte e das cascatas de Dafne a todos os palácios e choupanas; só Tarso e Damasco podiam orgulhar-se de semelhante abundância de água. Além disso, Antioquia era por assim dizer a Paris do Oriente, «cidade-luz», por causa da sua célebre iluminação. Libânio, o orador que com tanto entusiasmo exalta a sua cidade natal, escreve a seu respeito: «Quando a noite cai, a luz do sol é substituída por uma outra claridade; o dia e a noite, para nós, só se distinguem pelo seu gênero diferente de luz. As mãos atarefadas mal percebem a distinção e continuam a trabalhar, e quem o desejar pode também cantar e dançar durante toda a noite, pois entre nós Hefesto e Afrodite repartem entre si as horas da noite». Afrodite era a deusa grega do amor, que em parte alguma recebia um culto tão ardente como em Antioquia, e Hefesto a divindade tutelar da indústria de armamentos. Nessas mesmas forjas se cunhavam as moedas romanas com a efígie do imperador; quando Jesus pergunta aos fariseus: «De quem são esta imagem e esta inscrição?», provavelmente tinha na mão uma moeda cunhada em Antioquia.

II. ANOS DE MATURIDADE. AS PRIMEIRAS TENTATIVAS DE MISSÃO

As diferenças sociais eram muito grandes, como acontecia por toda parte nas grandes cidades da Antiguidade. Dois terços da população eram escravos. Em contrapartida, os negociantes ricos, os industriais, os grandes proprietários, os filhos das ricas casas patrícias de Roma empregados no exército ou na administração, possuíam tudo quanto lhes apetecia. Provam-no os restos bem conservados de uma centena de vilas e palácios, que acompanham o vale de Oronte por umas quarenta horas de caminho. O lugar preferido dos antioquenhos era Dafne (hoje a solitária Bêt-el-Mâ), célebre em todo o mundo, maravilhoso paraíso de bosques verdejantes e alamedas de loureiros, jardins, fontes, cascatas graciosas, jogos de água, frescas grutas e deliciosos caramanchões. À sombra dos antiquíssimos ciprestes, murmurava a lendária fonte Castália. Bandos de gente alegre com vestes festivas dirigiam-se ao templo de Apolo, entoando as melancólicas canções gregas, e a música suave de harpas e flautas atraía-os para os recantos isolados.

A indolência dos sírios, as artes dos faquires hindus e egípcios, todos os embustes do Oriente haviam marcado encontro nesta fronteira entre dois mundos, transformando a cidade do Levante numa cloaca de toda a indignidade. Para exprimir as piores coisas sobre Roma, o poeta Juvenal dizia que as águas do Oronte haviam corrido para o Tibre, ali depositando todo o seu lodo. Orientando-se pelas descrições de Libânio, Pausânias, Filóstrato e Luciano, bem como pelas alusões de São João Crisóstomo, Renan traçou, no seu pitoresco estilo, o seguinte quadro dos costumes de Antioquia: «Era uma mistura jamais vista de charlatães, comediantes, bufões, feiticeiros, sacerdotes impostores, bailarinas, heróis de circo e de teatro; uma cidade de corridas, jogos de gladiadores, bailes, cortejos e bacanais; um luxo desenfreado, toda a loucura do Oriente, as superstições mais doentias e as orgias mais fantásticas. Era o sonho de um fumante de ópio, a embriaguez de Sardanápalo».

O pior, porém, é que a religião pagã, e em geral as religiões de mistérios do Oriente, revestiam essa imoralidade de um glorioso esplendor. As doutrinas orientais daquele tempo exaltavam os instintos naturais e as faculdades procriadoras; os seus deuses eram principalmente deuses da vegetação e da abundância, e costumavam ser venerados sob a forma de homem e mulher; assim encontramos a deusa-

-mãe Cibele da Ásia Menor e o selvagem Átis da Frígia; o casal egípcio Ísis e Osíris; o culto orgíaco de Dionísio Sabásio, importado da Ásia e introduzido em Roma por intermédio da Trácia e da Grécia; e, em Tarso, o de Sandam-Héracles.

Os mais abjetos eram os cultos dos sírios e fenícios, nações vizinhas de Israel. Infelizmente, é verdade o que a Sagrada Escritura nos narra acerca de Moloch e dos sacrifícios humanos que lhe ofereciam: as divindades sírias e os seus cultos faziam do assassinato e da impureza um serviço divino. Sobretudo o culto de Adônis e Astarte não era outra coisa senão a divinização do vício. Até a época do imperador Adriano, isto é, até meados do segundo século cristão, e mais tarde ainda, sacrificavam-se crianças e adultos à deusa fenícia Astarte. Os seus templos eram e continuaram a ser locais de prostituição até o declínio do paganismo. A imoralidade, que paradoxalmente chegava até a renúncia ao sexo e a automutilação, era o resultado da excitação selvagem com que se celebrava, num verdadeiro bacanal, a festa da vegetação na primavera. E era em Antioquia, centro internacional do vício, que o cristianismo devia fazer a sua aparição! Na verdade, esta cidade, mais do que qualquer outra, tinha necessidade da mensagem de Jesus Cristo.

A população de Antioquia era formada por uma mistura de raças e povos variados, em que predominavam quatro tipos principais. Em primeiro lugar, o taciturno romano, orgulhoso do seu domínio universal; depois, o grego ou semigrego, sensual e requintado, que há muito havia perdido a fé nos velhos deuses; a seguir, o sírio nativo, efeminado, adaptável e obsequiosamente servil, que constituía a classe inferior dos arrabaldes da cidade; e por fim, em grupo à parte, o judeu, com a sua orgulhosa pretensão de ser o favorito do Todo-Poderoso. Os hebreus formavam uma colônia numerosa sob o comando de um etnarca, e faziam uma propaganda muito ativa; todos aqueles que aspiravam a uma religião séria, sobretudo mulheres, dirigiam-se no dia de sábado à sinagoga, em cujas paredes estavam suspensos os vasos de cobre e de cujo teto pendiam as lâmpadas de prata que Antíoco Epifânio roubara noutros tempos do Templo de Jerusalém.

Era considerável o número de prosélitos recrutados entre os pagãos. Havia duas espécies: os «prosélitos do santuário», que se submetiam a toda a lei de Moisés, inclusive à circuncisão, e que eram recebidos na

II. ANOS DE MATURIDADE. AS PRIMEIRAS TENTATIVAS DE MISSÃO

Sinagoga por uma espécie de batismo seguido de instrução religiosa; e os «prosélitos da porta», chamados nos Atos dos Apóstolos «tementes a Deus», que mantinham relações de amizade com os judeus e muitas vezes assistiam aos seus atos de culto. Do ponto de vista religioso, podemos, pois, distinguir quatro grupos: os judeus, os prosélitos, os tementes a Deus ou semipagãos e os pagãos.

Enquanto Paulo se concentrava em Tarso na meditação do mistério de Cristo, a semente do Evangelho, «como que levada pelas mãos dos anjos, voava sobre a terra e sobre o mar» (Schneller). Encontramos o cristianismo às portas de Jope – a atual Jafa – e em Cesareia, cidades marítimas; na verdejante ilha de Chipre e no maravilhoso país do Nilo, até a Etiópia, graças ao tesoureiro da rainha Candace; em Cirene, na África do Norte; em Putéoli, perto de Nápoles, e até em Roma, no interior do palácio imperial. Seria falso imaginar que essa primeira expansão do cristianismo se deveu a viagens missionárias organizadas para esse fim. Os grandes instrumentos dessa propagação foram sobretudo os artesãos e comerciantes «helenistas», que a tempestade da perseguição lançara para longe de Jerusalém, ou que já naturalmente levavam uma existência nômade, percorrendo todas as cidades da costa. Os seus conhecimentos linguísticos, o seu zelo e a sua habilidade comercial haviam-lhes aberto muitas portas, e o seu modo de ser benigno e alegre conquistara-lhes muitos corações.

No entanto, havia uma certa parcialidade nesta atividade missionária, pois não se dirigia senão aos judeus. Este exclusivismo não provinha de qualquer má vontade, mas de uma falsa concepção; faltava aos judeus-cristãos uma visão ampla e generosa da realidade. Por isso tinham levado a mal que Pedro quisesse admitir na Igreja, com tanta facilidade, o centurião Cornélio e a sua família, que eram pagãos. Em sua defesa, Pedro invocara a visão que tivera do Espírito Santo descendo sobre os gentios antes de estes serem batizados. Não havia argumentação possível contra essa lógica, mas, mesmo assim, o caso ainda era considerado uma exceção.

Pedro também não ousava tirar conclusões práticas dessa sua decisão devido à resistência do grupo preponderante que estava ligado à Lei. Ora, as declarações teóricas, por si sós, não fazem progredir uma causa; é necessário acrescentar-lhes fatos. E esses fatos, Antioquia ia fornecê-los agora.

Os pioneiros do apostolado entre os gentios foram alguns fiéis de Chipre e de Cirene, entre os quais se contavam possivelmente um certo Lúcio e os dois filhos de Simão Cireneu; na Epístola aos Romanos, Paulo saúda um deles, Rufo, bem como a sua mãe (Rm 16, 13). Em Antioquia, cidadela da civilização, o contraste entre judeus e pagãos não era tão pronunciado; a parede divisória era mais frágil, e isso permitiu a fundação da primeira Igreja mista de judeus e pagãos, a qual, livre da pressão do mosaísmo estrito, iria converter-se no segundo berço do cristianismo. Por outro lado, a calamidade causada pelo tremor de terra do ano 37 continuava a preocupar fortemente os espíritos, despertando o interesse pelas coisas sobrenaturais. Finalmente, até na cidade mais corrompida se encontram almas de nobres disposições, e os helenistas cristãos entabulavam conversa com essas pessoas nos bazares, no mercado ou nos balneários públicos, e contavam alegremente aos gregos e aos sírios que os ouviam a felicidade que o conhecimento de Cristo tinha trazido às suas vidas. A notícia espalhou-se rapidamente pelos bazares.

Tudo isto aconteceu sem qualquer preparação ou objetivo humano preciso. O fato é muito instrutivo: a Igreja não recebeu do seu Fundador fórmulas para todos os casos e para os problemas futuros. Excetuado o domínio da revelação, sempre reconheceu na linguagem dos fatos a vontade de Deus, o sopro anônimo do Espírito Santo na história. Como tantas vezes aconteceria nas maiores crises ocorridas ao longo dos séculos, o estado de coisas simplesmente a compelia a essa decisão. No domínio puramente natural, ocorrem fenômenos análogos: quem poderá explicar como nasce uma canção popular ou uma epopeia? Quem conhece a gênese das lendas eternamente remoçadas? Desabrocharam no mais íntimo da alma do povo e, de súbito, um grande poeta, um sonhador genial lhes deu uma forma e um nome.

Dado o intenso tráfico das caravanas, a notícia daquela fundação chegou rapidamente a Jerusalém. Os Apóstolos resolveram então enviar uma missão a Antioquia para verificar o que se passava, e escolheram *Barnabé* para levá-la a cabo. Seria impossível descobrir alguém mais indicado para uma tarefa tão espinhosa. Como tendemos naturalmente a dar às personagens do passado um aspecto exterior que se adapte ao seu caráter, podemos imaginar Barnabé como um homem grave, de semblante afável, olhos bondosos e maneiras tranquilas, não tão culto como o seu amigo Paulo, mas dotado de um sólido bom-senso, incapaz de confundir o acessório com o essencial, extremamente simpático e, sobretudo, animado de uma religiosidade profunda e simples. Era o homem talhado para inspirar confiança.

Barnabé chegou, pois, a Antioquia e contemplou com admiração a cidade das colunatas e do Júpiter gigantesco. Mas o que mais lhe interessou foi uma rua lateral, no bairro da Epifania, onde viviam os cristãos. Infelizmente, na Antioquia de hoje perderam-se todos os vestígios desta rua, de forma que é impossível descobrir o local onde tiveram origem as primeiras recordações. A Basílica de que falam os Padres gregos Atanásio, Teodoreto e Crisóstomo, designada já no século IV como a «antiga» ou a «apostólica», encontrava-se, segundo a tradição, na rua de Singon, nas imediações do Panteão.

Num rápido golpe de vista, Barnabé compreendeu que se abria diante dele um frutuoso campo de trabalho. Não se ocupou das controvérsias, mas tratou somente do essencial; foi o homem da cura prática de almas. Percebeu imediatamente que entrara em jogo a «mão do Senhor», expressão que indica que provavelmente foi testemunha, durante as primeiras reuniões de culto, de carismas, sinais e milagres, profecias e manifestações do dom de línguas. Dirigiu aos fiéis uma ardente alocução, inflamada de amor a Cristo, que poderia resumir-se numa palavra: «Permanecei fiéis ao Senhor, com o coração firme!» Esta era a sua religião: ganhar os homens para Cristo, e não para si ou para um partido. Depois mandou certamente a Jerusalém um relatório pacificador, aconselhando os Apóstolos a aceitarem a situação tal como era.

É claro que Barnabé percebia que a controvérsia não tinha uma solução tão simples. O problema subsistia, e a cada instante podia exigir uma solução. Jesus não havia regulado a questão do valor da Lei mosaica, e o modo como Ele próprio tinha observado a Lei podia ser interpretado de diversas maneiras[8]. Todavia, o assunto tinha de ser re-

---

(8) Cristo rejeitou em bloco toda a exposição rabínica da Lei, já que mediante as «tradições dos homens» se anulava a palavra de Deus (cf. Mc 7, 8), sobrepondo preceitos que não eram senão vãs aparências à verdade interna das Escrituras. No entanto, submeteu-se voluntariamente à Lei, a fim de, com a sua morte, vencer a Lei por meio da Lei. Ninguém percebeu tudo isto com mais perspicácia, nem soube deduzir de modo mais certeiro as consequências, do que São Paulo, que contrapôs os dois Testamentos como ordenamentos distintos da vida e da existência: o «estar sob a Lei» e o «ser em Cristo».

solvido segundo o que o Mestre teria desejado; era um grave problema cujo encaminhamento deixara em herança à sua Igreja. Barnabé não era o homem certo para dar uma solução dogmática e fundamental a essa dificuldade, mas conhecia aquele que poderia resolvê-la. Bendita a hora em que Cristo lhe pôs nos lábios esse nome.

Paulo e Barnabé

At 11, 25-30

Certo dia – talvez na primavera do ano 42 –, Saulo estava sentado na sua oficina, junto ao tear, ou passeava pelas ruas de Tarso imerso nos seus pensamentos, quando se aproximou dele o seu velho amigo Barnabé e, batendo-lhe no ombro, lhe disse: «Irmão Saulo, Cristo precisa de ti. O Mestre está aqui e chama-te. Vem comigo para Antioquia». Os dois amigos devem ter passado algumas horas esplêndidas sentados no terraço da casa, trocando impressões e experiências depois de uma separação de anos. O caríssimo amigo de juventude surgia agora amadurecido e superior aos olhos de Barnabé. E Saulo, por sua vez, deve ter sentido uma profunda gratidão para com o «Pai de todas as misericórdias» ao saber do triunfo de Cristo entre os pagãos.

Sem Barnabé, Saulo teria continuado a consumir a sua vida no moinho dos seus próprios pensamentos. De tempos a tempos, convém procurar a solidão e o afastamento do mundo, mas como etapa passageira, porque é só mediante a atividade que o homem se apercebe das suas faculdades. Este foi o segundo grande serviço prestado por Barnabé ao seu amigo. Mesmo o gênio mais profundo necessita de amizade; pela segunda vez, pois, Barnabé estendeu a mão a Saulo e o trouxe de volta para a comunidade, longe da qual nem mesmo o homem mais poderoso pode criar qualquer coisa de fértil. A Igreja reconheceu o mérito de Barnabé e deu-lhe o título de Apóstolo, pois pertence ao número dos verdadeiros fundadores da Igreja entre os gentios.

Soara a hora de Saulo: acabava de encontrar o seu lugar na vida. Esperara durante anos por esta hora, e ela vinha com uma simplicidade extraordinária, sem nada de patético ou de sensacional. São as-

II. ANOS DE MATURIDADE. AS PRIMEIRAS TENTATIVAS DE MISSÃO

sim os caminhos de Deus, muitas vezes obscuros aos nossos olhos, mas sempre grandiosos e admiráveis. É assim que Deus conduz pela mão os seus amigos. Não aconteceria o mesmo com Santa Teresa de Ávila, que por tanto tempo andou tateando no escuro? Não aconteceria o mesmo com São Francisco de Assis, que se extenuou carregando tijolos e argamassa a fim de reparar uma pequena capela em ruínas, até o dia em que por fim reconheceu o seu engano ao ouvir as palavras simples de um sacerdote? E com Inácio de Loyola, que se dirigia à Palestina sem pensar sequer nas necessidades da sua época, e só encontrou o verdadeiro caminho quando o impediram de embarcar para lá? Por nós mesmos, somos incapazes de descobrir a nossa vocação. Não é o homem quem escolhe Deus como herança: «Não fostes vós que me escolhestes, mas eu que vos escolhi» (Jo 15, 16).

Podemos supor que os dois amigos optaram pelo caminho mais curto para Antioquia por mar. Desceram o Cidno numa barca, e num dia chegaram a Selêucia num navio mercante. De lá escalaram rapidamente o maciço do Aman, de onde puderam avistar mais uma vez os cumes nevados do Tauro e do Líbano. A seguir, durante perto de cinco horas, atravessaram um terreno acidentado, primeiro através de bosques de faias e sebes de loureiro, oleandro e alcaçuz, depois no meio de vinhedos e, enfim, através dos famosos pomares perfumados de romãzeiras e pessegueiros, laranjeiras e limoeiros. No alto da última colina, Saulo parou, impressionado com a beleza da paisagem. A seus pés estendia-se o vale do Oronte, com a fita de prata do rio guarnecida pelas formosas vilas como por um colar de pérolas, e coberta de uma multidão de veleiros embandeirados. Ouvia-se já o surdo rumor da grande cidade. Os dois amigos elevaram o coração ao Senhor, pedindo-lhe que abençoasse o seu empreendimento missionário. Sobre o Sílpio, defronte deles, erguia-se uma gigantesca estátua de Caronte, o barqueiro do inferno, que fora esculpida na rocha em memória da extinção da peste. O símbolo da morte parecia agora saudar os apóstolos da vida.

Atravessaram a ilha do Oronte, passando em frente do Palácio Real, e entraram na cidade. Em breve se encontraram na praça central, onde acampavam as caravanas que traziam a seda da China pela antiga «estrada da seda», através do Turquestão oriental e da cidade de Ecbátana; viram ali exóticas gentes de pele negra, bem como uma multidão de escravos jovens e velhos, muito procurados em Antioquia. Barnabé conduziu o amigo diretamente à rua de Singon, onde costumavam reunir-se os chefes, os chamados «anciãos» ou «presbíteros». Saulo foi recebido com alegria e grande respeito, pois «tinha visto o Senhor», mas não haveria de ocupar o primeiro lugar em Antioquia. Antes dele, outros tinham merecido o direito à consideração e à autoridade. Por um lado, como delegado apostólico, Barnabé gozava de uma posição excepcional, e, por outro, os Atos dos Apóstolos (13, 1) transmitem-nos uma lista dos homens que se encontravam nesse momento à frente da comunidade de Antioquia, e nela Saulo aparece em último lugar; nomes quase esquecidos hoje são mencionados antes dele.

Chegaram então para Saulo os dias a que, na vida do Apóstolo, podemos chamar os «belos dias de Antioquia». Durante um ano inteiro, os dois amigos trabalharam em paz um ao lado do outro na jovem comunidade sobre a qual ainda cintilava o primeiro orvalho da graça. Talvez tenha sido este o ano mais feliz da vida do Apóstolo; havia nele algo do delicado sopro primaveril do primeiro ano da vida pública de Jesus na Galileia, algo parecido com o fino perfume do primeiro amor, o perfume que se derrama sobre o primeiro campo de ação de um jovem sacerdote cheio de ideais. Nenhum anquilosamento, nenhuma rotina, nenhuma estreiteza de vistas; tudo era grandeza e elevação de espírito. O vivo sopro do Espírito Santo enfunava as velas e empurrava alegremente a barca. Logo pôde ver como aquelas almas pagãs, desprezadas pelos judeus, podiam ser enobrecidas pelo ensinamento da Cruz; ingênuas e confiantes como crianças, mergulhavam as mãos nos tesouros da graça de Cristo, enquanto os judeus calculavam e negociavam com o seu Javé.

Saulo encontrava-se então em plena força da idade. Se os Atos dos Apóstolos falam já «de uma grande multidão» de convertidos ao Senhor sob a influência de Barnabé, é fácil imaginar o impulso que a jovem Igreja recebeu agora. Ao entardecer, quando os ricos elegantes e as jovens luxuosamente vestidas se dirigiam a Dafne, para celebrar as orgias de Adônis e de Atargátis, a boa gente honesta e humilde, os artesãos, comerciantes e escravos que até então nunca tinham encontrado um amor desinteressado nessa cidade de libertinagem desenfreada, ia assistir à instrução dos catecúmenos ou aos atos de culto,

II. ANOS DE MATURIDADE. AS PRIMEIRAS TENTATIVAS DE MISSÃO

que tinham caráter instrutivo. Saulo ensinava e pregava, ora numa residência particular, sobre um terraço ao qual se subia por uma escada exterior, ora no pátio interno de uma casa com a sua fonte cantante, ora debaixo das colunatas da Praça do Mercado, ou ainda à sombra das laranjeiras, enquanto um vento suave levantava ondas de perfume sobre as cabeças dos ouvintes e espalhava pelos arredores o nome de Cristo.

E esses homens, ainda há pouco prisioneiros desesperados de uma cultura pagã, sentavam-se aos pés do Apóstolo e, dominados pela ânsia de um mundo superior, escutavam extasiados, de olhos brilhantes, as notícias que lhes dava do maravilhoso Filho de Deus que tomara a forma de escravo, conhecera uma existência inteiramente votada ao sacrifício e morrera para expiar os pecados dos homens, legando a todos uma nova nobreza e a nova liberdade com que os filhos de Deus caminham neste mundo.

Na noite de sábado para domingo, reuniam-se para celebrar o Santo Sacrifício e para participar da ceia. Segundo o costume judaico e o exemplo dado por Cristo, a reunião começava com um banquete. Nada une tão intimamente os orientais como a refeição em comum. Quando os Apóstolos se gloriavam de terem «comido e bebido com o Senhor» (At 10, 41) durante três anos, era para darem testemunho da íntima amizade que os ligara a Ele. O maior dom que o Senhor podia ter concedido, a Sagrada Eucaristia, concedeu-o depois de uma refeição fraterna; e da mesma forma, Pedro foi investido como pastor dos fiéis depois de uma refeição às margens do lago de Genesaré. O ágape tinha por fim simbolizar a comunidade entre os irmãos, e a Eucaristia representava a comunicação com Cristo glorificado. A comunidade nutria-se espiritualmente desta cerimônia durante toda a semana, e os participantes continuavam a repetir as exclamações litúrgicas – *Maranatha*, «Vem, Senhor!», ou «Oxalá venha a graça e este mundo acabe!» (1 Cor 16, 22; Ap 22, 20; Didaché, 10) – no próprio trabalho cotidiano.

E como Saulo irradiava liberdade! Muitos desses homens tinham frequentado outrora a sinagoga e tinham vivido segundo a lei de Moisés. Que fardo insuportável! Sempre proibições: «Não faças isto! Não toques naquilo!» Tudo era «puro» ou «impuro». Não se podia aceitar nenhum convite porque não se sabia se seria servida carne de porco ou uma gorda enguia pescada no Oronte; não se podia comprar carne nos açougues porque podia provir de algum sacrifício oferecido aos deuses, e o mesmo acontecia com as galinhas, que só era lícito comer depois de bem sangradas. Pelo menos, era assim que diziam os discípulos de Jerusalém. Saulo e Barnabé, esses não aludiam a tais práticas. Saulo costumava dizer que a morte de Jesus os tinha libertado da antiga Lei.

Sob a influência desses dois homens, a Igreja de Antioquia foi a primeira na história a desligar-se do solo materno do judaísmo. Provavelmente, nem mesmo Saulo e Barnabé saberiam explicar como se dera esse fato, e com certeza muitas vezes eles próprios se admirariam da força expansiva do «grão de mostarda» em solo pagão, como se há muito estivesse predestinado para esse clima. Este é precisamente o grande valor dos fatos: fazem surgir à luz ideias ocultas e levam-nas a desabrochar em toda a sua plenitude. Na cidade banhada pelo Oronte, a própria situação impelia a opor uma Igreja universal à cultura mundial do helenismo. E assim a Igreja foi-se desenvolvendo pouco a pouco, dentro das formas do mundo grego.

Confirma-se esta realidade pelo fato de os adeptos de Cristo terem recebido aqui, pela primeira vez, pela voz do povo e mais tarde pela das autoridades, o nome de *christiani*, «cristãos». Este nome não lhes foi dado pelos judeus, que lhes chamavam «nazarenos», como ainda hoje o fazem os povos de língua semítica; e entre si, os cristãos tratavam-se por «irmãos», «discípulos», «santos», «crentes» ou «amigos». O povo simples costuma ter uma rara perspicácia para discernir o essencial, e são as crianças e os rapazes das escolas que melhor sabem exprimir numa só palavra algum traço característico do professor. Certo dia, pois, um nome circulou de boca em boca. Não se sabe quem o forjou, mas exprimia perfeitamente o essencial. O povo é o grande artista, e os cidadãos de Antioquia eram temidos e justamente célebres por causa das suas frases de espírito: «De Antioquia pode sair outra coisa que não um gracejador?», perguntou uma vez o imperador Alexandre Severo. Foi assim que o povo de Antioquia exprimiu com toda a precisão, mediante a palavra *christiani*, o que o caráter universal da Igreja tinha de mais profundo. Negros ou brancos, livres ou escravos, romanos ou judeus, gregos ou citas – só existia um modo de distinguir os adeptos da nova religião: todos eram «escravos de Cristo».

II. ANOS DE MATURIDADE. AS PRIMEIRAS TENTATIVAS DE MISSÃO

Externamente, o nome era devido ao fato de os fiéis cantarem hinos a Cristo durante os ofícios ou em casa, como Paulo indica nas suas cartas; o nome de Cristo era invocado com muito maior frequência do que o nome de Jesus. Se não fosse assim, os bons antioquenhos teriam aplicado esta última designação à nova doutrina, e os padres da Companhia de Jesus teriam tido de contentar-se com o nome de «cristãos»... Como *Christos* era foneticamente semelhante a *chrestos* (homem honesto), era fácil o jogo de palavras: «cristão» tanto podia significar o adorador de Cristo como o homem honesto, com certo sabor a beato. No começo, a palavra era usada com intenção de mofa, como afirma São Tiago: «Não ultrajam eles o bom nome por que sois designados?» (Ti 2, 7); aliás, São Pedro diz a mesma coisa (1 Pe 4, 16): «Se alguém tiver de sofrer por ser cristão, não se envergonhe, antes glorifique a Deus por tal nome».

Um comentador inglês, Mackay, ressalta belamente que nesse nome se exprime com toda a clareza o caráter universal do cristianismo. O sentido do termo «cristão» – «discípulo do Ungido» – é hebreu, a raiz é grega e a desinência latina. Este termo, simultaneamente hebraico, grego e latino, é uma espantosa réplica à inscrição que Pilatos, arauto inconsciente do universalismo cristão, mandara afixar na cruz, em três línguas. Foi solene aquela hora em que uma nova criação recebeu o seu nome, pois é pelo nome que uma pessoa ou uma comunidade se tornam uma realidade distinta das outras. O cristianismo despiu, assim, as vestes aramaicas, começou a falar grego e penetrou definitivamente no mundo cultural greco-romano.

A viagem da coleta a Jerusalém

At 9, 27-30; At 12, 25

A Igreja de Antioquia exultava. «Reinava grande júbilo», observa um velho manuscrito (códice D). O relatório entusiasta que Barnabé havia enviado à Igreja-mãe de Jerusalém logo atraiu a Antioquia diversos missionários ambulantes, que na época se chamavam «profetas». Estes homens inspirados pelo Espírito permaneciam muitas vezes por longo tempo nas comunidades primitivas, mantinham viva a chama dos primeiros anos do movimento cristão e constituíam um certo elemento de liberdade dentro da Igreja. Havia, porém, entre eles algumas aves de arribação um tanto singulares, que às vezes falavam em nome do Espírito sem que este quisesse manifestar-se, e não raro se tornavam um empecilho para os pastores da Igreja. Quanto amor e quanta grandeza de alma não eram então necessários para apaziguar as discórdias e manter a ordem!

Um desses profetas, de nome Agabo, trouxe um dia notícias aflitivas de Jerusalém. A comunidade de bens vivida nos primeiros tempos não se tinha podido sustentar, pois era contrária à natureza humana; não é possível viver sem uma certa dose de previsão do futuro; era bem amarga a lição. A seguir, Agabo anunciou em nome do Espírito que uma grande fome se estenderia sobre a terra, o que realmente se verificou no ano 44, sob o imperador Cláudio. Jerusalém foi duramente atingida pela diminuição do fluxo de peregrinos. Os fiéis de Antioquia comoveram-se profundamente com as necessidades por que passava a Igreja-mãe, e ninguém fez observações maliciosas sobre os ingênuos santos de Jerusalém que não possuíam uma pitada de prudência no que dizia respeito ao futuro.

A fé partira de Jerusalém, e era ali que estavam os Apóstolos do Senhor; nada mais natural, pois, do que retribuir em bens terrenos os bens espirituais que deles tinham recebido. Todos contribuíram com generosidade, e o laço da fé transformou-se em laço de amor; vê-se que, apesar de todo o seu entusiasmo, estes primeiros cristãos eram gente prática e sensata. Barnabé e Saulo foram encarregados de levar o produto da coleta a Jerusalém e, ato contínuo, ataram o dinheiro em cintos de couro e partiram[9].

A desconfiança contra Saulo parecia ter-se desvanecido em Jerusalém; os *santos* estenderam-lhe humildemente as mãos. Os dois amigos encontraram a Cidade Santa numa situação aflitiva, mas

---

(9) Dispomos de um ponto de referência digno de confiança para determinar a data desta viagem e a da prisão e libertação de São Pedro, que ocorreram pouco antes: a cena da apoteose de Herodes Agripa I no teatro de Cesareia, que ocorreu mais ou menos ao mesmo tempo (At 12, 1-24 e Flávio Josefo, Ant. jud., 19, 8, 2). Dion Cássio informa-nos que, durante a primavera do ano 44, organizaram-se festejos extraordinários em todo o Império para celebrar o feliz regresso do imperador Cláudio de sua campanha na Britânia; é muito provável que tenha sido esta a ocasião das festas realizadas em Cesareia. A viagem da coleta pode, portanto, situar-se com certeza no outono de 44 (cf. Wikenhauser, Apostelgeschichte).

II. ANOS DE MATURIDADE. AS PRIMEIRAS TENTATIVAS DE MISSÃO

a miséria e a perseguição pelo menos serviram para acalmar os espíritos. Poucos dias antes, fora arrastado ao suplício o Apóstolo Tiago o Maior, irmão do evangelista João, que tinha sido um dos dois «filhos do trovão», como Jesus gostava de apelidá-los por causa do seu temperamento explosivo, sobretudo depois de terem querido fazer descer fogo do céu sobre as pouco hospitaleiras cidades samaritanas.

A perseguição fora ordenada pelo novo rei, Herodes Agripa I. Mais uma vez, e na verdade pela última vez na história do povo judaico, a realeza herodiana reviveu sob o imperador Cláudio, por um período de três anos (41-44)[10]. Este Herodes era neto do assassino dos inocen-

---

(10) Os herodianos foram a dinastia real mais importante para a história do Novo Testamento. Descendiam do corajoso Antípater, chefe do povo idumeu, tribo semítica próxima dos judeus, que com três mil soldados decidira a vitória de Júlio César no Egito. Em sinal de agradecimento, César passara a favorecer Antípater e os judeus, concedendo-lhes numerosos privilégios.

O filho de Antípater, Herodes o Grande (47-4 a.C.), graças à sua astúcia e audácia, apoderou-se da soberania sobre toda a Palestina e territórios adjacentes e aniquilou a casa reinante dos Hasmoneus, com cuja última herdeira, Mariamne, se casou. Foi confirmado na realeza pelo imperador romano Augusto, e a partir desse momento a sua dinastia sempre se mostrou favorável aos romanos. Os principais monumentos nascidos da sua inclinação pelos edifícios monumentais e do seu amor pelo luxo foram a reconstrução do Templo de Jerusalém, a Fortaleza ou Torre Antônia, o Palácio Real ou Torre de David, onde recebeu os magos do Oriente, e a cidade de Cesareia, à beira-mar.

Segundo o cronista Macróbio, o imperador Augusto, ao ter notícia de que entre as crianças assassinadas em Belém depois do nascimento de Cristo se encontrava o próprio filho de Herodes, teria feito o seguinte comentário sarcástico: «Preferiria ser um dos porcos (*hys*) de Herodes a ser um dos seus filhos (*hyos*)» (2, 4, 11). O comentário não deixa de ser perspicaz, apesar de se basear, aparentemente, numa confusão entre dois acontecimentos diferentes: a matança dos inocentes e a execução de três filhos de Herodes pouco antes da sua morte.

Depois da morte de Herodes o Grande, o seu reino foi dividido em quatro principados reunidos sob o governador romano da Síria. Arquelau (4 a.C.-6 d.C.) recebeu a Judeia, mas, depois de dez anos de um governo marcado por revoltas e repressões cruéis, foi deposto e substituído por um procurador romano; um desses procuradores, nomeados geralmente por períodos curtos, foi Pôncio Pilatos. Herodes Antipas (4 a.C.--39 d.C.), com o título de «tetrarca» (administrador de quatro regiões), recebeu os principados da Galileia e da Pereia; foi o pior dos filhos de Herodes o Grande – o assassino de João Batista e o perseguidor de Cristo –, e construiu a cidade pagã de Tiberíades às margens do lago de Genesaré, na qual Jesus nunca pôs os pés. Deposto por Calígula, morreu exilado na Espanha. Filipe recebeu a Bataneia, a nordeste do lago de Tiberíades; mandou edificar a cidade de Cesareia de Filipe, onde Cristo prometeu a Pedro o poder

tes de Belém; passara os dias da sua juventude em Roma, onde fora educado na corte de Tibério, juntamente com os príncipes da casa real, e tinha sido companheiro de infância de Calígula. Dado aos prazeres, sabia unir maravilhosamente a mais dissoluta vida cortesã com a mais grave aparência de religiosidade e de estrita obediência à Lei. Para reconciliar os judeus com o seu novo governo, o primeiro ato da sua regência foi perseguir os cristãos da capital, procurando atingir os principais chefes.

Assim, Tiago foi decapitado sem processo judicial, por simples capricho do monarca, como outrora o fora João Batista por ordem de Herodes Antipas, instigado por Salomé. João e Tiago, na sua ju-

---

das chaves. O quarto filho de Herodes o Grande, Herodes Filipe, nunca chegou a exercer nenhum cargo público e viveu em Roma como cidadão particular.

Herodes Agripa I (37-44 d.C.), neto de Herodes o Grande e de Mariamne e filho de Herodes Filipe, passou a juventude na corte, como íntimo amigo daquele que havia de ser mais tarde o imperador Caio Calígula. Por ter deixado escapar uns comentários imprudentes acerca de Tibério, foi denunciado ao imperador e preso. Flávio Josefo (Ant. jud., 18, 6, 7) relata um curioso episódio que se teria dado nessa altura: quando Agripa, algemado, foi entregue à guarda pretoriana, apoiou-se em atitude de desespero ao tronco de uma árvore que crescia no pátio do quartel. Naquele momento, uma coruja veio pousar sobre os ramos. Um germano, também prisioneiro, que observava a cena, aproximou-se do rapaz e disse-lhe por meio de um intérprete: «Jovem, tu te afliges pelo rumo que tomou o teu destino, e talvez não me creias se te contar o que a divindade decidiu fazer para salvar-te... Logo serás libertado dessas correntes e gozarás de autoridade e de prestígio, e todos os que agora lamentam a tua desgraça te chamarão bem-aventurado. Mas se tornares a ver esse pássaro, tem por certo que morrerás ao fim de cinco dias». O príncipe judeu achou ridícula a predição do germano, mas em breve teria ocasião de assombrar-se com o seu cumprimento.

Com efeito, Tibério morreu logo depois, e Calígula, proclamado imperador, conferiu a Agripa no ano 37 as tetrarquias de Filipe e de Herodes Antipas, bem como o título de rei. Depois do assassinato de Calígula, no ano 41, Agripa contribuiu para a entronização de Cláudio, burlando o Senado romano graças à sua atividade e astúcia, e Cláudio entregou-lhe, em recompensa, o governo da Judeia e da Samaria; viu-se, pois, na posse de todo o território que pertencera ao seu avô e investido no direito de nomear o sumo-sacerdote. Com a sua habitual argúcia, abraçou imediatamente a causa do judaísmo e mandou pendurar no Templo, a modo de ex-voto, uma corrente de ouro que Calígula lhe dera e que pesava tanto como as algemas de ferro que trouxera no cativeiro. Mas não demorou a perceber que a melhor maneira de agradar aos judeus era reprimir os cristãos e passou a perseguir a Igreja nascente; foi nessa ocasião que Tiago o Maior foi martirizado e Pedro lançado na prisão.

No ano 44, preparou para si mesmo uma apoteose no teatro romano de Cesareia, narrada em At 12, 20-23 e por Flávio Josefo (Ant. jud., 19, 8, 2). Os seus aduladores,

II. ANOS DE MATURIDADE. AS PRIMEIRAS TENTATIVAS DE MISSÃO

venil inocência, tinham outrora disputado os dois lugares de honra, à direita e à esquerda do Senhor, no reino messiânico que, segundo esperavam, em breve seria estabelecido com majestosa solenidade. O bom Mestre, cujo olhar penetrava o fundo secreto de todas as coisas, sorrira e respondera-lhes: «Não sabeis o que pedis» (cf. Mt 20, 22; Mc 10, 35). Não deixara, porém, de reconhecer nesse cândido desejo o heroísmo daquelas duas almas e perguntara-lhes: «Podeis beber o cálice que eu hei de beber?» «Podemos!», responderam eles cheios de brio. Esses sonhos de juventude tinham-se diluído havia muito tempo; a morte de Jesus e a vinda do Paráclito tinham-lhes revelado a sangrenta seriedade da vida apostólica e a natureza espiritual do reino do Messias. Daí em diante, os dois irmãos tinham-se tornado mansos e humildes, mas muito mais corajosos. Agora, Tiago acabava de beber o cálice, pouco depois de ter começado a trabalhar: uma tragédia do ponto de vista humano, mas também uma suave ironia divina. A Sa-

---

devidamente instruídos, aclamavam-no mais ou menos com estas palavras: «Favorece-nos e daqui por diante já não te consideraremos como um simples ser humano, mas te veneraremos como um deus imortal». A certa altura, Agripa ergueu o olhar e viu, pousada sobre uma corda, uma coruja. Lembrou-se então da previsão que lhe fizera o germano e tomou-se de remorsos, enquanto uma dor insuportável lhe revolvia as entranhas. Pálido como um morto, voltou-se para os seus amigos e disse-lhes: «Olhai, o vosso deus deve agora deixar a vida, e a providência confunde num instante as vossas palavras mentirosas». Cinco dias depois, expirava entre dores atrozes, tal como o seu avô, Herodes o Grande.

Deixou quatro filhos: Agripa II (50-100), Berenice, Mariamne e Drusila. A Palestina voltou a ser dividida e a Judeia passou a ser administrada por um governador romano, enquanto Agripa II recebia os territórios de seu tio Filipe e algumas cidades. A sua irmã Drusila, que estava casada com o rei Aziz de Emessa, uniu-se em concubinato com o governador Félix, enquanto Berenice, tal como Mariamne, passava de uma união para outra, mantinha relações ilícitas com o seu próprio irmão e, por fim, com o general romano Tito, comandante das tropas romanas na Guerra Judaica. Este seu último e desventurado amor inspirou uma das grandes tragédias de Racine.

Agripa residia habitualmente no Palácio de Herodes, em Jerusalém, e fazia o possível por escandalizar os judeus; construiu, por exemplo, uma torre da qual se podia observar o que acontecia no Átrio do Templo. Nomeou sumo-sacerdote o cruel Anano, que condenou à morte Tiago o Menor, «irmão de Jesus, a quem chamam Cristo» (nas palavras de Flávio Josefo). Durante esse período (50-66) recrudesceram os desmandos dos nacionalistas sicários, que culminaram na Guerra Judaica (66-73) e na destruição de Jerusalém e do Templo (março-setembro de 70). Tendo assistido a todos esses acontecimentos, Agripa terminou a sua triste vida em fins do século (cf. Lietzmann, Geschichte der alten Kirche; E.Meyer; E.Kalt).

grada Escritura não é nada sentimental; dedica muito poucas palavras à morte de Tiago, provando assim que a Igreja já então se habituara à ideia do testemunho sangrento pela causa de Cristo. Ou seja, a Sagrada Escritura considera o martírio, ou pelo menos a perspectiva do martírio, como parte integrante da vida do apóstolo.

O segundo golpe devia atingir São Pedro, mas errou o alvo. Deus não consente que os seus planos eternos sejam contrariados pela maldade dos homens; realiza-os de um modo ou de outro, mesmo que por vezes tenha de servir-se dos seus anjos; se não fosse assim, como haveriam de cumprir-se as suas promessas? A perseguição contra Pedro foi organizada por volta da Páscoa do ano 44, e como nessa época as notícias se espalhavam lentamente, é provável que Barnabé e Paulo ainda ignorassem tudo o que havia acontecido quando chegaram a Jerusalém com a sua pequena caravana, levando as provisões e o dinheiro. Não encontraram nenhum Apóstolo na cidade, a não ser Tiago o Menor, o «irmão do Senhor», que Herodes receava atacar em virtude da sua santidade, reconhecida pelos próprios judeus. Por fim, na casa de Maria, tiveram notícias pelo jovem Marcos e pela devotada serva Rode dos sobressaltos daquela noite em que Pedro fora preso e depois libertado pelo anjo. Além disso, foram avisados de que não deviam mencionar o lugar onde o Apóstolo estava escondido, e se alguém lhes perguntasse para onde fora deviam responder: «para outra parte» (At 12, 17). O mais provável é que Pedro já tivesse abandonado o reino de Herodes; saíra do país, e talvez se encontrasse entre as comunidades da Síria; é muito improvável que já então tivesse ido para Roma (cf. Eusébio, *História eclesiástica*, II, 14).

Ao saber da fuga de Pedro, Herodes mandou executar todos os dezesseis guardas do cárcere, o que demonstra o pouco caso que fazia da vida humana e também a grande importância que dava à pessoa do Apóstolo (cf. At 12, 1-19). Como Pedro e a jovem Igreja devem ter sofrido por causa desse crime! Mas a verdade é que há problemas que o pensamento não consegue dominar e que não podem ser discutidos nem mesmo com o auxílio da melhor teodiceia. Diante dos enigmas e mistérios deste mundo criado por Deus, só podemos inclinar-nos varonilmente.

Como consequência desses acontecimentos, o centro da Igreja deslocou-se de Jerusalém, que passou a ser uma simples cidade episcopal,

II. ANOS DE MATURIDADE. AS PRIMEIRAS TENTATIVAS DE MISSÃO

para Antioquia e, mais tarde, para Roma. Foi assim que um rei louco, que pretendia ser adorado como divindade (At 12, 20-23) e que seria punido por essa blasfêmia com uma morte súbita, foi a ocasião de que se desse um passo de repercussões históricas mundiais.

Paulo não menciona esta viagem na Epístola aos Gálatas, muito provavelmente porque não lhe foi possível conversar com Pedro sobre os temas que o preocupavam; assim, toda a viagem ganhou mero caráter episódico. Não faz sentido, pois, querer ver neste ponto uma contradição entre os Atos dos Apóstolos e a carta aos Gálatas.

Seja como for, Paulo e Barnabé partiram de Jerusalém levando consigo o jovem João Marcos, filho de Maria de Jerusalém e sobrinho de Barnabé, que deveria ser iniciado em Antioquia na missão entre os gentios. A sua família era o modelo de uma família cristã. Segundo parece, o pai já havia falecido; a mãe era uma das mulheres que haviam sustentado Jesus com os seus bens e que, protegida pela aparência de uma vida rica e fácil, mantinha a casa aberta aos Apóstolos, que nela entravam e saíam sempre que lhes convinha; tinham as suas reuniões numa das salas da casa, que assim deve ter sido a primeira igreja. Muitos autores pensam que o Horto das Oliveiras também pertencia a esta família.

O jovem Marcos havia, pois, crescido num ambiente apostólico, consagrado pela passagem do Senhor e dos seus discípulos. Conhecia todos os atos e milagres de Jesus, sabia de cor muitas das suas palavras e falava e escrevia corretamente o grego, com um leve acento aramaico. Talvez fosse ele o jovem que, na noite da prisão de Jesus, se introduziu no Horto das Oliveiras, angustiado pela sorte do Mestre e dos Apóstolos, e que, quando os soldados quiseram apoderar-se dele, fugiu deixando-lhes nas mãos o lençol em que estava envolvido (cf. Mc 14, 51-52). Foi este o homem escolhido por Deus para escrever mais tarde o Evangelho de Jesus segundo a pregação de Pedro. Barnabé punha toda a sua esperança neste seu jovem sobrinho, e os habitantes de Antioquia viriam a ouvi-lo com toda a devoção quando lhes contasse episódios da vida de Jesus e dos Apóstolos que tinha podido contemplar com os seus próprios olhos!

III. A primeira viagem de missão

A missão no Chipre

At 13, 1-12

Após o seu regresso de Jerusalém a Antioquia, Barnabé e Paulo tiveram a oportunidade de observar a diferença entre as duas comunidades. Antioquia era a cidade do ativismo febril e do espírito de iniciativa, e Jerusalém reconhecia sem inveja e com agradecimento a influência do Espírito Santo naquela comunidade a que dera origem. Antioquia começava a sentir-se cada vez mais como o centro de decisões do apostolado cristão, e com efeito as novas comunidades formadas por ela alinhavam-se já agora, somente quinze anos após a morte do Senhor, como um reluzente colar de pérolas ao longo da costa sírio-fenícia e no vale do Oronte, enquanto Jerusalém continuava a ser a cidade das antigas tradições, marcada pela irradiação de privilégios sagrados e de recordações sem igual. Ao mesmo tempo, porém, Antioquia era a cidade aberta ao mundo, ao passo que Jerusalém, devido à conversão de inúmeros sacerdotes e fariseus, ia aos poucos caindo no isolamento, como herança do judaísmo cioso da sua superioridade.

Passou-se um ano, e estamos agora na primavera do ano 45. Reina há algum tempo na Igreja de Antioquia uma notável agitação, uma efervescência comparável à de um enxame de abelhas antes de formarem uma nova colmeia. Ultimamente, Paulo tinha pregado com mais frequência sobre a necessidade da tarefa evangelizadora que Jesus lhe havia confiado. «Ai de mim se não evangelizar», exclamava (cf. 1 Cor 9, 16). Conta-se do papa São Gregório Magno que, ao ver certa vez no mercado de escravos de Roma uns rapazes oriundos da longínqua Inglaterra, teve a ideia de mandar missionários para lá; bem pode ser que também Saulo, vendo no porto navios com gente de todos os países, até da Ilíria, da Gália e da Espanha, sentisse o súbito e imperioso desejo de fundar missões no estrangeiro.

O certo é que vemos um dia a Igreja de Antioquia reunir-se na rua de Singon para uma cerimônia especial: o primeiro ato religioso de *missão* que conhecemos. O conselho dos anciãos, depois de uma solene deliberação, decretara um jejum geral para conhecer a vontade do Senhor, e agora reunia-se para a cerimônia. No meio da assembleia, encontravam-se os cinco homens mais considerados, profetas e doutores. Raras vezes se havia visto uma mistura semelhante num espaço tão reduzido: três semitas e dois africanos, uma espécie de imagem em miniatura da Igreja das nações.

Examinemo-los por ordem de dignidade. Lá está *Barnabé*, cipriota, que já conhecemos. Junto dele, encontramos *Simão*, apelidado de *Negro*, o que não significa que fosse negro na acepção atual da palavra; os africanos do Norte pertenciam a um outro grupo racial, de pele escura, que também conhecemos por mouros ou berberes. Talvez se tratasse de Simão de Cirene, e neste caso é fácil compreender o seu interesse pela missão cristã. Ao lado dele, vemos o seu compatriota *Lúcio de Cirene*. O quarto era *Manahen*, irmão de leite e camarada de infância do tetrarca Herodes Antipas, o mesmo que mandara assassinar João Batista e escarnecera de Jesus. Os dois rapazes tinham sido aleitados pela mesma mãe e haviam recebido a mesma educação; um deles tornara-se tirano, adúltero, homicida e cúmplice da morte do Senhor, e o outro um mensageiro do Evangelho de Cristo. Como são diversos os caminhos percorridos pelos homens! É o mistério da graça e da liberdade. Acrescentemos a estes *Saulo de Tarso*, e teremos o grupo mais interessante de missionários que jamais existiu.

Terminada a celebração eucarística, mandaram trazer uma urna para a eleição. Mergulhados em oração, os assistentes prostraram-se no chão, e de repente levantou-se entre eles uma voz solene e grave, a voz de alguém que recebeu o dom da profecia: «Separai-me Barnabé e

III. A PRIMEIRA VIAGEM DE MISSÃO

Saulo para a obra a que os destinei». Logo se ergueram uma segunda e uma terceira voz, e pouco depois, com a veemência própria dos povos do Mediterrâneo, a comunidade repetia entusiasticamente os nomes: «Barnabé, Saulo!» A eleição tornara-se supérflua.

Os dois eleitos saíram do círculo e prostraram-se diante do conselho dos anciãos. Os chefes, profetas e mestres, impuseram-lhes as mãos, como ainda hoje se costuma fazer na sagração sacerdotal. Era o reconhecimento formal da missão que Paulo recebera diretamente de Cristo, já que a vocação interior é dada por Deus, enquanto o chamamento externo deve vir da Igreja. Merece admiração a ousadia com que a pequena Igreja de Antioquia, ainda recém-constituída, já alimentava planos de conquista universal e lhes sacrificava as suas melhores forças, os seus mais brilhantes pregadores. Seria razoável que se fizessem ouvir alguns protestos: «Por que havemos de mandar para a missão precisamente os nossos melhores homens?» Mas o Espírito Santo não gosta de cálculos prudentes, e a Igreja de Antioquia curvou-se à sua decisão: «Impuseram-lhes as mãos e deixaram-nos partir».

Se tivéssemos assistido a essa cerimônia da rua de Singon, talvez observássemos um rapaz de uns quinze anos que seguia com olhos brilhantes o serviço sagrado, e que já nessa altura alimentava por São Paulo aquela ardente veneração que admiramos nos seus escritos. Mais tarde, esse rapaz estará sentado aos pés do Apóstolo João e, trinta anos depois desta cena, na época do imperador Trajano, será lançado aos leões no anfiteatro romano. É o célebre bispo *Santo Inácio de Antioquia* (†107 d.C.). O seu martírio é certamente uma das cenas mais comoventes de toda a história da Igreja. O velho bispo – que, como Saulo, era também cidadão romano –, ao ser levado a Roma, aproveitou uma escala do navio em Esmirna para convocar o bispo dessa cidade, Policarpo, o último discípulo do Apóstolo São João, bem como os bispos de Éfeso e Magnésia com os seus presbíteros, pois queria dar-lhes a sua última bênção. De lá também escreveu as suas sete epístolas às comunidades da Ásia Menor e de Roma, nas quais se evidencia como estava impregnado do espírito de São Paulo até nas suas menores expressões. Se Paulo se denomina «prisioneiro por Cristo», Inácio de Antioquia chama «pérolas» às suas cadeias; e quando se refere à sua sé dizendo: «Junto da espada, junto de Deus»

(*Carta aos cristãos de Esmirna*), temos a impressão de ouvir a voz do próprio Apóstolo.

Agora começa a grande história das viagens paulinas de missão, uma verdadeira «expedição de Alexandre Magno em sentido inverso» (H. Weinel), do Oriente até às colunas de Hércules, «até os confins extremos do Ocidente», como diz Clemente de Roma. Abre-se assim uma nova página na história das missões cristãs. Até aquele momento, a Igreja propagara-se unicamente ao longo das costas e das correntes dos rios; agora, começa a penetrar no interior dos países.

Numa bela manhã de primavera, época em que se reiniciava a navegação na Antiguidade, Barnabé e Saulo, acompanhados pelos presbíteros e por uma grande multidão de fiéis, tomaram a avenida das colunas e atravessaram a ponte sobre o Oronte, descendo pelo meio dos hortos até Selêucia. Neste porto, ainda hoje é possível distinguir, em dias claros, abaixo do nível das águas, dois antigos quebra-mares que se dirigem para o mar aberto; um traz o nome de São Paulo, o outro, o de Barnabé. O pequeno grupo ajoelhou-se no cais para dirigir ao céu uma última oração: «Como são belos os pés daqueles que anunciam a Boa-nova!» (Is 52, 7; Rm 10, 15). Os passageiros e marinheiros pagãos nunca tinham visto semelhante espetáculo. Um último abraço, e o navio deslizou pelas ondas.

Como pulsavam de alegria os corações dos dois Apóstolos! Paulo e Barnabé eram amigos íntimos, suficientemente novos para sentirem o natural atrativo de uma aventura pelo desconhecido, e traziam no coração a certeza de uma missão divina; além disso, para Barnabé, acrescentava-se a alegria de levar consigo o seu sobrinho, o jovem João Marcos, que os acompanhava como auxiliar. Muitas expedições audaciosas tinham partido antes e partiriam depois daquele porto: reis poderosos, generais e grandes exércitos de cruzados; mas a História esqueceu-se deles e apagou o seu rastro; só permaneceu, vibrante e forte, a obra desses três pobres missionários que certo dia partiram à conquista do mundo inteiro para Cristo. Esse barco cipriota teria merecido uma reputação pelo menos tão grande como a das naus de Colombo, pois essa sua travessia não teve menos repercussão mundial do que a do navegador genovês.

Como alvo mais próximo da viagem, Barnabé, que era o superior da missão, propôs a ilha de Chipre, sua pátria. Se tivesse dependido

III. A PRIMEIRA VIAGEM DE MISSÃO

de Saulo, a viagem talvez se tivesse orientado noutra direção, porque Chipre não estava situada em nenhuma rota comercial de importância. O cidadão de Tarso via claramente que a semente do Evangelho devia ser lançada nos grandes centros de cruzamento do comércio internacional, mas submeteu-se à ordem do seu chefe, que certamente era apoiado vivamente por Marcos.

A costa oriental do Chipre ergue-se do mar deslumbrante de brancura, como as falésias de Dover. Hoje os navios atracam no porto de Larnica, mas naquela época faziam escala em *Salamina*, o maior porto mercantil do Chipre, situado ao norte de Famagusta. Os Apóstolos desembarcaram ali; era a pátria de Barnabé, e os seus parentes e amigos saudaram-no efusivamente, recebendo de todo o coração também o seu companheiro Saulo, que com a sua perseguição aos cristãos havia dado ensejo a que os fugitivos de Jerusalém levassem o Evangelho até ali (At 11, 19). Umas poucas ruínas recordam hoje a cidade outrora brilhante, na qual a população grega se misturara com os fenícios e os judeus das colônias desde os dias dos Macabeus (cf. 1 Mac 15, 23). Aliás, que a colônia judaica era grande, confirmam-no também as notícias dos grandes massacres de judeus que ali ocorreram no tempo de Trajano.

Passaram algumas semanas até que os nossos missionários pudessem falar nas numerosas sinagogas da cidade. Segundo parece, os judeus da diáspora eram muito tolerantes nesta ilha, pois não nos consta que tivesse havido nenhum conflito, e Barnabé deve ter-se empenhado em evitar todo e qualquer atrito com os seus compatriotas. Entre os judeus, os sermões cristãos sempre exigiam uma digressão histórica que os fundamentasse; era necessário descrever o Messias como realizador da expectativa judaica e das grandes tradições dos profetas. Para os fariseus, a Ressurreição não oferecia dificuldade especial; as dificuldades só surgiam com a atitude em relação à lei mosaica.

Lançara-se a semente, e as pessoas tinham em que meditar; a levedura começara a fermentar, e Barnabé recolheria os seus frutos em futuras viagens de missão. Por ora, os missionários preferiram tomar a velha estrada romana que conduzia a Pafos, onde as montanhas do centro da ilha desciam suavemente até a costa. Lá de cima puderam contemplar, junto ao mar, a antiga e a nova Pafos. Num dos picos do monte Amato, erguia-se o célebre santuário de Afrodite que, segundo a mitologia, aparecera ali pela primeira vez aos mortais e era celebrada como Vênus Amatúsia, rainha universal da Antiguidade. Mas não se tratava da Afrodite de Platão, a ditosa deusa da beleza e da graça dos gregos, e sim da voluptuosa Astarte dos fenícios, com os seus mistérios nefandos, o seu feitiço da fertilidade e a brutal divinização dos instintos mais baixos, cujo culto, em determinados dias, não atraía somente os habitantes da ilha, mas também delegações de outros povos; as sacerdotisas da deusa, geralmente moças muito jovens, exerciam ali o seu triste ofício. Era a horrível e monstruosa perversão do culto siro-fenício de Baal e Astarte, que já conquistara a Grécia e, de Cartago, teria envenenado todo o Ocidente com o seu sopro deletério se Roma não tivesse levado avante o ditame da Providência: *Carthaginem esse delendam*, «Cartago deve ser destruída».

O governador romano escolhera a cidade de Nova Pafos para sua residência. Sérgio Paulo, um nobre romano, é descrito por Plínio como um homem de vasta cultura e uma autoridade em questões de ciências naturais, membro da comissão imperial para a regularização do Tibre, espírito aberto aos problemas filosóficos e religiosos; era um honesto pesquisador da verdade, que lembrava tudo menos o ceticismo enfastiado de Pilatos. São Lucas afirma que era «homem prudente», porque procurava claramente ter acesso às verdades sobrenaturais. A atividade de governador da pequena ilha deixava-lhe muito tempo livre para o trabalho intelectual.

Como todos os outros procônsules, tinha à sua volta uma corte de jovens romanos, filhos de patrícios, que pretendiam formar-se na administração provincial. Para vencer a monotonia da vida de província, parece ter-se rodeado também de uma espécie de corte de musas, com sábios, poetas e teósofos, entre os quais o mais célebre era um sábio judeu chamado Barjesus. Tratava-se de um desses magos judeus ambulantes que, à semelhança dos filósofos cínicos, ia de uma parte a outra ostentando as suas artes mágicas. Não devemos imaginá-lo como um feiticeiro ou curandeiro sem cultura, pois se o fosse não teria conquistado a confiança do governador; era antes um teósofo culto, versado em todas as doutrinas secretas do Egito, da Babilônia e da Pérsia. A magia judaica gozava nessa altura de grande prestígio, baseando a sua autoridade no prestígio

III. A PRIMEIRA VIAGEM DE MISSÃO

dos hierofantes do Egito e mesmo diretamente do próprio Moisés[11]. Nem por isso devemos ter em pouco a cultura de Sérgio Paulo, pois o próprio Santo Agostinho professou durante nove anos o ocultismo maniqueu, e mesmo no nosso século «iluminado» não faltam adeptos da teosofia e de outras doutrinas «filosóficas». Já então se apreciava extraordinariamente, nas casas da aristocracia, um certo sopro de ocultismo oriental.

A pregação dos dois missionários tornou-se assunto de todas as conversas, e por fim o governador convidou-os a ir ao seu palácio para falar com ele de religião. Era a primeira vez que o Evangelho penetrava na sociedade aristocrática romana, e é fácil compreender que, nessa altura, Paulo e Barnabé tenham invertido os papéis; neste caso, quem devia agir era o cidadão romano e não o cipriota. Conhecemos o seu *método de pregação* aos pagãos pelo conteúdo dos seus discursos de Listra, de Tessalônica (cf. 1 Ts 1, 19) e de Atenas. Também diante deste auditório, o Apóstolo deve ter partido do conhecimento natural de Deus, do monoteísmo, do Deus imanente «no qual vivemos, nos movemos e somos», do *Deus em nós*, para chegar ao *Deus acima de*

---

(11) Ser-nos-ia muito difícil compreender o mais importante processo evolutivo da história da religião, isto é, a passagem do paganismo antigo para o modo de vida cristão, se não conhecêssemos o sombrio fundo de ocultismo que permeava toda a sociedade romana. Como já tivemos ocasião de ver, os Atos dos Apóstolos mostram-nos diversos episódios em que o cristianismo teve de combater a magia: Pedro e Simão o Mago, Paulo e Barjesus, Paulo em Éfeso e em Filipos; trata-se, com efeito, de acontecimentos sintomáticos dessa época, que refletem o mundo em que Paulo teve de atuar.

A magia pressupõe um estado de alma que se opõe frontalmente ao religioso. A atitude religiosa consiste em que a criatura toma inteira consciência da sua total dependência com relação ao Criador; em contrapartida, a magia, ao conjurar a divindade mediante a invocação do seu nome, pretende obrigá-la a colocar-se a serviço do homem. O objeto das ciências e práticas ocultas era, na maioria das vezes, obter algum bem material, mas também prometiam o «fluido da imortalidade». E se o caminho da filosofia era longo e penoso, impondo práticas ascéticas e uma vida moralmente elevada, pela magia podia-se comprar um pouco de imortalidade a preços muito acessíveis, pois não faltavam em todas as esquinas uns magos que ofereciam os seus serviços.

Na época de Paulo, também o judaísmo havia contribuído em grande medida para enriquecer a literatura ocultista dos gregos. Moisés e Salomão eram considerados geralmente os «pais» das artes mágicas, e o nome grego Hypsistos, «o Altíssimo», com que os judeus helenistas designavam a Deus, era muito empregado nas práticas de feitiçaria (cf. o episódio da moça espírita de Filipos, mencionada em At 16, 16-18).

nós, ao Deus criador, distinto do mundo, e só depois passar às relações de Deus com os homens e às consequências práticas, isto é, ao culto devido a Deus. Até esse momento, falou com a serenidade de um filósofo; mas inflamou-se ao passar para o item seguinte, isto é, a mensagem de Cristo, e a sua palavra tornou-se uma chama ardente quando começou a relatar a Ressurreição de Cristo e a experiência de Damasco e exaltou o único *Kyrios*, o único Senhor, em quem está encerrada toda a salvação do mundo.

A personalidade vibrante do Apóstolo, inteiramente tomada pela doutrina que pregava, não podia deixar de impressionar vivamente o procurador. Todavia, como homem prudente, como jurista romano, quis ouvir também a parte contrária e deu a palavra ao mago. Iniciou-se então um combate singular entre o reino da luz e o das trevas. O mago, como autêntico judeu, conhecia a fundo a Bíblia, mas Saulo não havia discutido em vão com Estêvão. Não demorou a perceber que as suas palavras tinham causado uma profunda impressão no romano, e viu que era o momento propício para demonstrar que a religião de Cristo não era um pálido sistema ideológico, mas uma força divina, superior a todas as magias. Cravando os olhos no mago, disse-lhe: «Ó homem cheio de todo o engano e maldade [...], agora mesmo a mão do Senhor cairá sobre ti e ficarás cego" [...]. Imediatamente apoderaram-se deste a escuridão e as trevas, e ele dava voltas procurando quem lhe desse a mão» (At 13, 10-11). O episódio abriu inteiramente os olhos ao procurador e fê-lo compreender a inanidade da magia, das suas ilusões e engenhos. O primeiro triunfo do cristianismo nas classes elevadas da sociedade romana foi esta conversão do procônsul.

Pela segunda vez desde o enfrentamento de Pedro com Simão o Mago, o cristianismo travava um duro combate contra a magia do Oriente e saía vitorioso da arena. Com efeito, nunca teria conquistado o mundo cultural da Antiguidade se não tivesse provado com toda a nitidez a sua superioridade sobre os malefícios e encantamentos das religiões de mistérios. A magia imperava então com inteira impunidade, e por isso foi necessário que a nova religião enveredasse por caminhos diversos dos de hoje, para poder ter acesso ao coração humano. Para o mundo de então, só poderia ser aceita como divina uma religião cuja autenticidade fosse provada por fenômenos extraordinários.

III. A PRIMEIRA VIAGEM DE MISSÃO

Assim se explicam os milagres que vemos inseparavelmente unidos à doutrina do Novo Testamento[12].

Neste episódio, a alma do Apóstolo aparece-nos como que despedindo um clarão daquele tremendo ardor semítico que quase nos assusta, a nós ocidentais, quando contemplamos os Profetas do Antigo Testamento, como por exemplo Elias. Paulo é uma natureza profética análoga à de Elias, mas domada e aperfeiçoada pelo influxo da graça. Por outro lado, o embate com o mago foi também um dia de triunfo pessoal para o Apóstolo; a partir desse momento, a personagem principal deixa de ser Barnabé, cujo nome já não será citado em primeiro lugar. Pouco a poucos, irá recuando para um plano secundário, e mais tarde acabará por desaparecer completamente dos Atos dos Apóstolos; segundo nos informa a tradição, terminou com muita felicidade a missão de Chipre.

A partir deste momento, Lucas também passa a designar o Apóstolo unicamente pelo seu nome romano: Paulo. É provável que ele próprio se tenha apresentado assim ao procurador, quando este lhe perguntou o seu nome e origem. Trocava nesse momento um nome de caráter sagrado, mas que lembrava insistentemente a sua origem racial no ambiente grego em que se movia, por um nome romano, no qual vibravam novos acordes: toda a amplitude do Império Romano e a sua vocação para o apostolado entre os gentios. Apresenta-se, pois, ao mundo greco-romano com uma declaração da sua livre cidadania e da sua pertença a essa comunidade. Não deseja ser um estrangeiro ou o arauto de algum culto oriental! O momento foi psicologicamente muito bem escolhido.

---

(12) No tempo de São Paulo, o antigo paganismo estava em vias de extinção. Os filósofos haviam-se transformado em sofistas e os sofistas estavam em vias de transformar-se em magos. A mitologia – a fé cândida do povo – fora esmagada pela ilustração grega, mas o pensamento dos filósofos esterilizara-se numa retórica vazia; por reação, entre os pensadores estoicos da época de Paulo, a primitiva ideia de que o mundo tinha uma origem e um fim últimos, e portanto tinha de ter um autor e uma unidade moral, voltara a ganhar corpo. Mas, nessa atmosfera panteísta, crescera também a magia. Um grande conhecedor desta época, o inglês Ramsay, escreve que Barjesus representa, na corte do procônsul, o influxo das potências das trevas sobre a vontade humana, e que constituía precisamente um representante desse panteísmo mágico que o cristianismo viria a destruir. Paulo teve de sustentar até o fim da vida uma dura luta contra essa falsa mística oriental, como o testemunham as Epístolas aos Colossenses e as pastorais.

O mago não esqueceu a sua derrota. Conta a tradição que Barnabé foi martirizado mais tarde por instigação sua, e que Marcos enterrou o corpo do seu tio num túmulo romano próximo de Salamina. Diz-se também que os seus restos mortais foram descobertos em 489, no tempo do imperador bizantino Zenão, com o Evangelho de São Mateus sobre o peito.

Quanto a Sérgio Paulo, não sabemos ao certo se foi batizado nesta altura. Muitos autores pensam que sim, embora os Atos dos Apóstolos nada digam a este respeito. É possível que os Apóstolos se tenham visto obrigados a retirar-se por receio da vingança do mago, certamente um homem de grande influência; mas é mais provável que tenham partido porque a estação já estava avançada e a navegação ameaçava interromper-se, e ambos desejavam atravessar o Tauro antes da chegada do inverno. Paulo nunca mais voltaria ao Chipre; sempre consideraria essa ilha como fundação de Barnabé, e não desejava construir «em terreno alheio».

Na região dos gálatas

At 13, 13; 2 Cor 11, 26; cf. 2 Cor 6, 4-10; 2 Tm 3, 11

Paulo, cuja autoridade cresceu notavelmente pela conversão do governador Sérgio Paulo, vai realizar agora o plano há tanto acarinhado de se dirigir à Ásia Menor. É provável que desejasse começar por Éfeso, pois preferia as cidades costeiras e os grandes centros comerciais. Mas não havia nenhuma linha marítima regular para essa cidade; só podia ir até a costa sul, ao porto de Atália. Esta contingência provavelmente determinou também o roteiro posterior do Apóstolo, que não havia fixado nenhum plano de viagem, e muitas vezes se deixava guiar pelas dificuldades do caminho, enxergando nelas a mão de Deus.

Sem motivos imperiosos, ninguém teria escolhido nessa altura o caminho, extraordinariamente perigoso e demorado, que conduzia da Panfília contaminada pela malária até as regiões situadas além do Tauro. Esses motivos eram, para o soldado, o sentido do dever, e para o comerciante a ânsia de lucro; mas para o missionário eram a chamada

III. A PRIMEIRA VIAGEM DE MISSÃO

de Deus. No vocabulário de Paulo, não havia lugar para as palavras «difícil» e «perigoso».

Como cidadão de Tarso, alimentava desde a juventude uma certa simpatia e até uma espécie de sentimento de parentesco para com os rudes e incultos povos que habitavam o outro lado das montanhas, onde viviam também numerosos judeus que tinham seguido os colonos romanos. Chipre mantinha boas relações comerciais com a Ásia Menor, e é possível que as jovens comunidades cristãs da ilha sugerissem aos Apóstolos que levassem o Evangelho aos irmãos que lá residiam. No subconsciente de Paulo talvez interviesse também um certo desejo de aventuras, fruto dos seus tempos de adolescente. Não é raro que um explorador, na plenitude da idade viril, se sinta atraído por países que foram objeto dos seus sonhos de juventude. Em todo o grande homem aparece também a criança que, nas suas fantasias, antecipou o futuro.

O outono do ano 45 já ia avançado quando os três companheiros deixaram Pafos em direção à Ásia Menor. Compreende-se que Paulo não começasse a sua ação pela Cilícia, pois ninguém é profeta na sua terra; seja como for, durante a travessia, puderam observar de longe a escarpada cordilheira do Tauro, ameaçadora como uma parede de gelo e encoberta por um pesado manto de nuvens que a fazia parecer ainda mais inacessível.

Paulo era um excelente companheiro de viagem e um narrador de raro espírito. O homem que recomendava aos seus fiéis que nunca lhes faltasse o «sal» nas conversas com certeza dispunha dele em abundância. «Olha, Marcos», exclamaria, «ali, no sopé daquelas montanhas de neve, fica a minha pátria, Tarso; e atrás daquela muralha branca estende-se Antioquia de Pisídia. Era dali que os aldeões e comerciantes traziam a lã que levavam à loja de meu pai. É gente boa; não são tão inacessíveis como parece. E mais à esquerda fica a planície da Panfília, um lugar muito insalubre, onde as pessoas morrem como moscas. Conta-se que um mensageiro de Satanás lhes devora os membros e faz com que se tornem verdes e amarelos, e quase me sinto inclinado a acreditar nisso. Aliás, esse anjo mau também é conhecido na Cilícia; surge à noite dos pântanos com vestes brancas, feitas de nevoeiro, e um dia, quando eu ainda era um rapazinho, pegou-me pela mão. As suas mãos são de fogo, de forma que o sangue começa a ferver nas nossas veias e ficamos com os olhos injetados. Mas passaremos rapidamente por essa terra e o Senhor nos defenderá desse inimigo e do demônio do meio-dia».

Essas notícias devem ter deixado abatido o pobre Marcos. Não pronunciou nem mais uma palavra, imaginando talvez que esse mensageiro de Satanás já se tivesse apoderado dele; é possível também que nutrisse um certo ressentimento por Barnabé ter cedido a chefia a esse terrível Paulo, que, «cheio de louca audácia, não recuava diante de nenhum perigo» e queria atravessar a muralha de gelo para ir ter com os bárbaros. Além disso, o discípulo também ouvira falar dos bandidos da Isáuria, que assaltavam os viajantes solitários e faziam desaparecer os seus cadáveres nos barrancos de montanha. Marcos não conseguia ainda compreender o elevado espírito do Apóstolo; mas haveria de chegar o dia em que o seguiria docilmente (cf. Cl 4, 10).

A Ásia Menor, em cuja costa sul o navio se deteve, era então um mosaico de antigos principados, tribos, províncias, dialetos, costumes supersticiosos e cultos estranhos. Embora o helenismo estivesse já muito espalhado, cada cidade continuava a possuir o seu deus próprio, que não podia negar a sua origem asiática a despeito do nome grego ou latino. Por toda parte, pululavam lugares sagrados, mistérios e cultos estranhos. A Panfília era uma província imperial de caráter militar, governada por um pró-pretor ou comandante geral. Instituíra-se para cada província um grupo de sacerdotes de Augusto, que se regiam por uma espécie de regulamento metropolitano, e os templos dedicados ao imperador e à divina Roma estavam dotados das mais ricas fundações.

O traço mais característico da população da Ásia Menor era a sua *índole religiosa*, fortemente propensa à superstição e aos cultos secretos em formas muito primitivas. Nessa época, Apolônio de Tiana, um taumaturgo pagão, encontrava-se no auge da sua carreira, e um pouco mais tarde fariam sucesso os falsos profetas Peregrino Proteu e Alexandre de Abonoticos, que atrairiam o povo crédulo com os seus perniciosos desvarios.

Os três missionários desembarcaram na baía de Atália (hoje Adália), na foz do Caistro; a cidade, protegida contra os piratas por uma coroa de baluartes, olhava-os orgulhosamente do alto do seu rochedo, refletindo o sol dourado nos seus bosques de laranjeiras e limoeiros.

III. A PRIMEIRA VIAGEM DE MISSÃO

Dali seguiram rio acima numa barca, em direção a *Perge*, situada algumas horas ao norte. Aqui começava a estreita passagem através das gargantas do Tauro. No sopé da montanha, sebes de espinheiros mais altos que uma casa orlavam o caminho; a meia altura, as vertentes estavam cobertas de pinheiros e gigantescas matas de abetos, e mais acima cedros majestosos ondulavam ao vento. Quanto mais alto subiam, mais escabrosos se tornavam os caminhos e mais frio era o vento.

Barnabé deixou-se fascinar pelo zelo do amigo; Marcos, porém, opôs-se com veemência. Que fariam lá em cima, na montanha? Não havia sinagogas, nenhum bairro judeu que lhes oferecesse proteção, os caminhos eram intransitáveis e avançavam à beira de precipícios; as pontes poderiam ter sido arrastadas pela água ou destruídas pela violência humana, e poderia haver salteadores à espreita na sombra. Não, nunca imaginara assim aquela aventura. Nascera numa cidade, nunca estivera em luta com a natureza selvagem, não sentia coragem para seguir avante. Não podia nem queria continuar. O audacioso ímpeto de um chefe como Paulo era demasiado forte para o seu temperamento. Não se sentia à altura das dificuldades e dos perigos, e declarou ao tio que tinha resolvido regressar a Cesareia no primeiro navio que partisse. Barnabé viu-se obrigado a escolher entre abandonar Paulo e a sua missão ou separar-se do sobrinho. Com o coração amargurado, decidiu-se pela segunda alternativa. O dever apostólico assim o exigia.

A deserção do jovem Marcos feriu profundamente o Apóstolo; muitos anos mais tarde, ainda sentia a dor. Considerou Marcos um pusilânime, lembrando-se das palavras do Mestre: «Ninguém que põe a mão no arado e olha para trás é apto para o reino de Deus» (Lc 9, 62). Mas essa decisão talvez se devesse a uma outra causa mais profunda, que Marcos não quis expressar e que Lucas também prefere silenciar. Se se tivesse tratado de uma simples falta de coragem ou de resistência física, Lucas não teria aludido ao incidente, pois era um escritor que sabia calibrar finamente o alcance das palavras. Tudo o que diz ou cala tem uma razão de ser. Marcos crescera em Jerusalém, no meio dos primeiros Apóstolos; fora educado na tradição judaica, que ainda vinculava fortemente a jovem Igreja à Sinagoga, enquanto Paulo estava determinado a separar a Igreja da Sinagoga. Marcos era o mais fiel discípulo de Pedro, seu intérprete para a língua grega, e queria continuar a sê-lo; o velho Apóstolo chega a chamar-lhe «meu filho Marcos» (1 Pe 5, 13).

Esboça-se assim, na vida de Paulo, o grande problema cuja solução devia encontrar e que já lança a sua densa sombra sobre todos os seus caminhos; a esse problema há de sacrificar mais tarde até os seus mais profundos sentimentos de amizade. O chamado da Providência divina para uma grande obra significa realmente a suprema ventura e a suprema bênção, pois é uma altíssima prova da confiança de Deus; mas, para o homem que deve realizá-la, não deixa de ser uma carga pesada e um sofrimento atroz. Este é o destino dos santos e escolhidos do Senhor. A amizade de Deus é ao mesmo tempo o fardo de Deus. A palavra divina é «mais penetrante do que espada de dois gumes, que separa a alma e o espírito, as junturas e a medula» (Hb 4, 12). A grandeza apostólica de Paulo revela-se em boa parte no fato de se ter prestado a esses sacrifícios interiores, nos quais o seu coração muitas vezes chegou a sangrar. Mas se na vida dos santos surgem de vez em quando essas tristezas e desarmonias, nunca são o mais importante e sempre se desvanecem perante os grandes interesses do reino de Deus; mais tarde, Marcos saberá vencer a sua fraqueza juvenil e converter-se-á num precioso colaborador do Apóstolo durante o seu cativeiro em Roma.

Os dois amigos tiveram de continuar o caminho sozinhos. Recebeu-os uma grandiosa paisagem alpina, quase desconhecida e por explorar ainda hoje. Para compreendermos as incomodidades que essa viagem custou aos Apóstolos, basta pensarmos no estado primitivo daquelas estradas e nas bruscas alterações climáticas a que estavam submetidos. Como afirma um explorador que seguiu passo a passo os caminhos percorridos por São Paulo: «Hoje, o viandante passa junto de pessegueiros em flor; amanhã trava luta contra violentas tempestades de neve nas alturas de um desfiladeiro frígio. Enquanto Tarso e Antioquia da Síria se encontram a cerca de 80 metros acima do nível do mar, Antioquia da Pisídia fica a 1200 metros, Icônio a 1027 e Listra a 1230. Acrescente-se a isto que só se podia contar com provisões deficientes: pão duro molhado em água, um punhado de azeitonas e alguma coisa que a natureza eventualmente oferecesse – este era o sustento dos dois missionários» (Deissmann).

Quanto mais subiam, mais bravia e solitária era a região. Parte da ascensão foi feita por um vale rochoso onde o Caistro cavara o seu

III. A PRIMEIRA VIAGEM DE MISSÃO

leito entre duas montanhas escarpadas: de um lado do caminho, paredes a prumo de grande altura e lá em cima, contra o azul do céu, o perfil de um pinheiro isolado; do outro, um abismo em cujo fundo a água do Caistro brama em torrentes espumejantes sobre blocos de rochas. Nesse desfiladeiro, terão encontrado algum bando de selvagens isauros, figuras desgrenhadas de olhos negros e barbas hirsutas, semelhantes aos que Paulo vira na Arábia, cavalgando através do deserto armados com as suas compridas lanças. É possível que alguma seta passasse voando perto da cabeça dos viajantes, antes de os salteadores descobrirem que não se tratava de negociantes ricos que valesse a pena assaltar. Outras vezes, chegavam a um ponto em que era preciso atravessar o rio, e não havia ponte. Teriam de fazer a travessia a nado, no melhor dos casos metidos na água até a cintura, arrastando atrás de si as roupas e os seus poucos haveres sobre um tronco e apoiando-se fortemente sobre um bastão a fim de poderem resistir à correnteza.

Durante três dias subiram a pendente acompanhando o curso do Caistro. Por fim chegaram ao alto do desfiladeiro, a partir do qual teriam de descer pela vertente norte da montanha na direção do planalto da Pisídia, ora através de pinheirais, ora no meio de prados alpinos com rebanhos de carneiros e cabras. Teriam de apressar-se se quisessem chegar antes da noite a um pobre e sujo albergue de condutores de camelos. Naquelas paragens, a noite não é amiga de ninguém: cães ferozes e pastores pouco hospitaleiros vêm atravessar-se no caminho, e os demônios da febre ameaçam os viandantes suados e famintos quando o ar frio começa a soprar dos vales laterais. Por cama, só tinham o chão duro ou o abrigo de uma rocha.

Durante essa longa peregrinação, os dois amigos devem ter-se unido mais intimamente. Nada une tão fortemente os espíritos como avançar em comum pelas grandiosas montanhas de Deus, nada forja laços tão indissolúveis como as alegrias e os perigos vividos lado a lado. Quantas vezes, diante dos rochedos despedaçados, do rumor da água ou do sussurro da floresta, não terão estremecido, sentindo a proximidade de Deus e pensando na grandiosa revelação do Sinai, louvando a Javé, «a Rocha», ou recordando os esplêndidos salmos de Davi que glorificam as montanhas e a natureza!

O rochedo era, na tradição israelita, o símbolo do poder elementar de Deus. Na primeira carta aos Coríntios (cf. 10, 4), Paulo evoca essa «rocha de Deus» que acompanhara o povo através do deserto e dera de beber a mais pura água aos sedentos: «Todos beberam da rocha espiritual que os seguia, e essa rocha era Cristo». Muito provavelmente, essa imagem da rocha de Deus da qual irrompe a água da graça, capaz de vivificar a nossa vida de peregrinos, ganhou aqui a sua forma concreta quando os Apóstolos, cansados e sedentos, foram refrescar-se em alguma torrente que brotava dentre as pedras. Os espíritos religiosos da Antiguidade não se deleitavam com a natureza em si mesma; na obra divina, só procuravam símbolos e revelações dos mistérios de Deus; e assim tudo o que os dois peregrinos viam deve ter-lhes servido para aprofundar e ilustrar os seus conhecimentos cristãos.

Escapou-lhes do fundo do peito um grito de alegria quando, no quarto dia de viagem, deixaram aquele mundo montanhoso e puderam vislumbrar a seus pés, num extenso vale, a maravilhosa superfície azul de um lago alpino, tendo ao fundo o maciço rochoso do poderoso Sultan-Dagh. Este lago é o atual Egherdir-Gheul, situado a 900 metros de altitude, com uns 750 quilômetros quadrados de superfície. Para o norte, estendia-se até o horizonte, cercado de uma paisagem alpina; era uma verdadeira delícia para os olhos, depois da penosa peregrinação pela montanha. Em vez dos raros barcos de fundo chato que atualmente o cruzam, as ondas azuis eram então cortadas por um grande número de embarcações que asseguravam o comércio entre as florescentes cidades das suas margens. Do outro lado, bem em frente do ponto onde os Apóstolos se encontravam, erguia-se a cidade que hoje se chama Egherdir e que deu o seu nome ao lago.

Não sabemos se Paulo e Barnabé atravessaram o lago de barco ou se preferiram escalar os montes escarpados que no lado oriental se erguem atrevidamente à borda da água; por ali, teriam vista contínua do lago e da via romana que liga Éfeso a Tarso, passando por Antioquia. Egherdir é hoje o ponto final de um ramal da estrada de ferro que parte de Éfeso, enquanto a linha principal liga Esmirna a Tarso por Icônio, e passa ao norte de Antioquia até alcançar a estrada de ferro de Bagdá.

No quinto dia da jornada, os dois deixaram Egherdir para trás, e no sexto chegaram a *Antioquia de Pisídia*, ao pé do majestoso maciço do Sultan-Dagh, onde surgiram diante deles os poderosos arcos do aqueduto romano.

III. A PRIMEIRA VIAGEM DE MISSÃO

A região da Pisídia era a mais meridional da Galácia, que abrangia uma área muito extensa e que, na sua origem, devia o nome – derivado de Gália – aos gauleses ou celtas que ali se haviam estabelecido; na época de Paulo, porém, aplicava-se a uma província romana que compreendia diversas tribos de celtas, frígios, pisídios e licaônios, anteriormente unidas sob a soberania do rei gaulês Amintas. A população falava grego, mas era governada por funcionários romanos.

Para reprimir os salteadores daquelas paragens, os imperadores Augusto e Cláudio tinham recorrido a um meio muito eficaz, que era fundar por toda a parte colônias de veteranos romanos; também Antioquia era uma dessas colônias romanas submetidas ao direito itálico. Os principais colonos eram veteranos da legião céltica «Alauda», recrutada outrora na Gália, cuja bandeira ostentava uma cotovia como insígnia[13]. Toda a cidade cheirava a couro curtido, por ser esta a atividade predominante. Atraídos pelas facilidades comerciais, os judeus gozavam aqui de privilégios especiais, como aliás em toda parte desde os tempos de César, seu grande benfeitor e amigo: conta-se que, quando este foi assassinado, os hebreus de Roma choraram noites inteiras junto do seu esquife.

Antioquia era uma cidade santa, consagrada ao culto do deus local, o deus masculino da lua, chamado Men ou, como diziam os romanos, Lunus. A sua imagem elevava-se sobre a porta da cidade: na cabeça usava o gorro frígio, tinha os ombros guarnecidos por dois chifres e apoiava a mão sobre uma lança. Este Men era provavelmente o antigo deus da velha Pérsia, vindo das ásperas montanhas do Irã; era o Mitra da religião persa-mazdeana, adorado na Babilônia sob o nome de Shamash, deus-sol, na Síria como Baal, na Frígia e na Trácia como Átis ou Sabásio, entre os gregos como Hélios; na região dos gálatas, confundiam-no com o antigo deus lunar. O culto de Men e Mitra, na sua ideia básica, formava uma religião única, de origem iraniana, à qual os inconstantes gálatas, vindos das margens do Reno, tinham sacrificado a sua religião e o culto druídico. Para eles, habituados às deusas-mães

---

(13) Ramsay, que em 1912 realizou escavações em Antioquia da Pisídia, reproduz na sua obra *The cities of Saint Paul* umas moedas romanas que trazem estampados os estandartes de diversas legiões, entre eles o de uma legião céltica.

da religião celta, também não haveria nada de extraordinário no culto frígio da mãe dos deuses, Cibele.

Quando o inimigo principal do cristianismo, sob a figura desse Men, os saudou do alto da porta da cidade no outono do ano 45, os dois arautos de Cristo nem de longe tinham conhecimento de todas essas combinações histórico-religiosas. Como em Tarso, iluminada à noite pelas fogueiras, também em Antioquia se desenrolavam selvagens cerimônias orgíacas em que os pagãos faziam subir as suas frenéticas ovações ao sol, à lua e às estrelas e, misturados com as numerosas prostitutas sagradas do templo, entregavam-se a todos os excessos. Paulo refere-se a essas cerimônias ao relembrar na sua Epístola aos Gálatas: «Mas então, não conhecendo a Deus, servíeis aqueles que por natureza não são deuses» (Gl 4, 8). Ainda hoje se observam, nas proximidades da pequena cidade turca de Yayladagi, enormes blocos de mármore e colunas caneladas de grande perfeição artística, que pertenciam a um templo da antiga acrópole de Antioquia.

Como fazem hoje os turcos, estendidos sobre esteiras debaixo dos plátanos às margens do rio de montanha que irriga a cidade, tomando café e fumando o seu narguilé, assim também deviam passar o tempo os bons gálatas, gregos e veteranos romanos, entretidos em observar com curiosidade os dois recém-chegados. Paulo e Barnabé informaram-se acerca dos seus compatriotas e foram conduzidos ao bairro dos judeus, onde encontraram uma amistosa acolhida na casa de algum membro da corporação de fabricantes de tendas e tapetes.

Vem a propósito dedicar aqui algumas palavras ao «método de apostolado» de São Paulo. Embora não levasse no bolso um plano de viagem previamente determinado, não faz sentido pensar que andasse à aventura. Orientava-se geralmente por dois objetivos. Por um lado, costumava seguir o sulco aberto muitos anos antes pela emigração judaica, valendo-se da rede de sinagogas estabelecida em todo o Império Romano pelos judeus helenizados da diáspora. Por outro, escolhia de preferência lugares onde pudesse exercer a sua profissão de tecelão. É verdade que assim demorava mais tempo, mas podia também conhecer melhor as pessoas; além disso, agradava-lhe a independência financeira, embora defendesse o princípio

III. A PRIMEIRA VIAGEM DE MISSÃO

evangélico de que o pregador da fé tem o direito de viver do Evangelho. Ele próprio se orgulhava de declarar que não vivia às expensas da comunidade, e o mesmo pensava Barnabé.

Este «método» imprimiu à vida missionária do Apóstolo uma certa regularidade e uniformidade. Chegava a uma cidade, dirigia-se ao bairro dos judeus, procurava trabalho e, segundo o costume oriental, era recebido na casa de quem o contratava, começando imediatamente a exercer o seu ofício de tecelão. No sábado seguinte, dirigia-se à sinagoga, apresentava-se como doutor da Lei e logo lhe era concedido um lugar de honra. Depois de ter lido um trecho da Escritura, o ajudante da sinagoga aproximava-se dele e convidava-o em nome do presidente a dirigir algumas palavras à assembleia.

Aliás, o Apóstolo não dispunha de outro caminho. Pregar uma nova religião que não quisesse integrar-se na religião do Estado era proibido pela lei imperial sobre a *religio illicita*. Só a Sinagoga tinha o direito de ganhar prosélitos, segundo permissão expressa do Estado. Durante alguns decênios, os pagãos não souberam diferenciar o cristianismo do judaísmo, e esta confusão fez sofrer muitas vezes tanto cristãos como judeus (cf. At 18, 2; 19, 33).

Tudo estava preparado para colher para Cristo a messe que já branqueava nos campos (cf. Jo 4, 35): o Império Romano, com a sua rede de comunicações internacionais; o helenismo, com a sua língua e cultura universais e a sua ânsia de redenção; e o judaísmo, com a sua fé num Deus único, a sua lei moral e a multidão dos seus prosélitos, há muito vinham desempenhando involuntariamente o papel de educadores que guiavam o mundo para Cristo, formando como que o pórtico de entrada no cristianismo.

Assim começou a grande campanha de Paulo e Barnabé na Ásia Menor. Pela audácia dos combatentes, pelos perigos enfrentados, pelas privações e sofrimentos, não fica atrás das façanhas que os «Dez Mil» realizaram em sua caminhada em direção ao Mar Negro. Xenofonte teria composto uma grande epopeia com estes dois heróis, mas Lucas cala-se discretamente. E também Paulo não se abriu nem mesmo com este seu amigo, antes silenciou tudo o que se passou. Se os seus adversários não o tivessem constrangido a falar, nada saberíamos a respeito destas suas aventuras.

Em Antioquia da Pisídia

At 13, 14-52; Gl 4, 13-14; cf. 2 Cor 6, 4-11;
11, 23-25; 2 Tm 3, 11

No bairro dos judeus de Antioquia, é dia de festa. Os bazares estão fechados e numerosos judeus, bem como muitos pagãos «tementes a Deus», dirigem-se à sinagoga envergando trajes domingueiros. A sinagoga fica junto do Antio, de onde se toma a água para as purificações rituais. Por cima da porta, dois ramos de oliveira emolduram a inscrição: «Templo dos Hebreus». No subsolo, há dois locais para as abluções; quem tiver tocado em carne proibida, num cadáver ou num túmulo deve primeiro lavar-se ali. A seguir, sobe-se por uma larga escadaria de pedra até o lugar da oração. Um cortinado verde esconde o altar, sobre o qual se encontram os rolos da Bíblia; na frente, o candelabro de sete braços, emoldurado pelas lâmpadas que pendem do teto. No centro, sobre um tablado, encontra-se o púlpito para a leitura. As mulheres estão todas sentadas a um lado, por trás de umas grades de madeira.

A notícia da chegada de dois escribas tinha-se difundido rapidamente. Para se distinguirem dos prosélitos, Paulo e Barnabé vestem o *Talith*, manto de riscas brancas e castanhas. Todos os olhos estão fixados neles. Paulo apresenta-se como doutor da Lei e Barnabé como levita, mas declinam os lugares de honra junto dos rabinos, recordando-se das palavras do Senhor: «Guardai-vos dos escribas, que gostam de andar com roupas largas, de ser saudados nas praças, de ocupar os primeiros assentos nas sinagogas e os primeiros lugares nos banquetes» (Mc 12, 38-39).

Depois da oração, o acólito toma um dos rolos das Sagradas Escrituras, tira-lhe o invólucro bordado com cores vivas e desenrola-o até o ponto onde se havia terminado a leitura no sábado anterior. Feita a leitura, o presidente envia o ministro a Paulo para convidá-lo a tomar a palavra. Paulo adianta-se e estende o braço, como costumavam fazer os oradores da Antiguidade.

Os discursos apostólicos de Paulo tinham uma forma harmônica, uma estrutura previamente determinada, que era preenchida de acordo com as necessidades do momento. Paulo havia preparado dois

III. A PRIMEIRA VIAGEM DE MISSÃO

esquemas para as suas pregações doutrinais: um para os judeus, outro para os pagãos. Nos Atos dos Apóstolos (13, 16-41), São Lucas conservou-nos as grandes linhas de um desses discursos missionários dirigidos ao público das sinagogas. Consta de três partes, divididas entre si pela apóstrofe: «Homens, irmãos!», três vezes repetida. Os judeus orgulhavam-se dos seus antepassados e jactavam-se de possuir as recordações mais antigas entre todos os povos. Tinham plena consciência de conservarem uma mensagem que deviam transmitir ao mundo, e essa mensagem resumia-se em três pontos: a fé num Deus único, a lei moral transcendente e a esperança da Redenção. Num mundo de idólatras entregues a todas as perversidades, conservavam-se por isso como o único povo sóbrio no meio de um bando de ébrios cambaleantes. Toda a sua história era uma única evocação das *magnalia, mirabilia, terribilia Dei*, das grandes obras, das maravilhas e do poder de Deus (Sl 105).

Para falar a esse povo, era necessário iniciar sempre pela história. Com efeito, Paulo começa evocando o modo como Deus conduzira Israel no Antigo Testamento, preparando-o secretamente para a vinda do Messias. Os ouvintes devem ter-se entreolhado com gosto logo nas primeiras frases: «Escutai! É um sermão messiânico!» Passo a passo, o Apóstolo vai desenvolvendo as promessas divinas, todas orientadas para um mesmo ponto: Cristo. Quando chega a Davi, orienta imperceptivelmente a linha de pensamento para Jesus, sem abandonar o terreno profético, dizendo que descenderia da raça de Davi. Silencia a falsa orientação do judaísmo desde o cativeiro da Babilônia e faz vibrar o auditório recordando-lhe o grande movimento popular que, quinze anos antes, fizera estremecer toda a Palestina e cujas ondas tinham chegado até a Ásia Menor: o batismo no Jordão, a figura profética de João Batista.

Na segunda parte, vai direto ao seu objetivo com uma série de proposições muito fortes: o sentido da história não está em Abraão nem na sua descendência, mas no Reino de Deus! Deus realmente enviou Aquele em quem todas as promessas vinham desaguar, como os rios deságuam no vasto oceano, Aquele em quem se cumpria o decreto amoroso que abrangia todos os povos: Jesus. Está pronunciada a grande palavra, o nome que é como uma linha divisória entre os povos e os tempos. Ardente, generoso, Paulo explica como se tinham cumprido em Cristo as profecias da morte redentora do Messias que os judeus daquele tempo liam todos os sábados, nas suas sinagogas; refere-se precisamente ao Salmo 21, composto mil anos antes e que todos sabiam de cor e reconheciam como um salmo messiânico. É o salmo que Cristo recitou na cruz:

> *Meu Deus, meu Deus, por que me abandonaste? [...]*
> *Eu sou um verme, e não um homem,*
> *O opróbrio de todos e a abjeção da plebe. [...]*
> *Dividiram entre si as minhas vestes,*
> *E sobre a minha túnica lançaram sortes.*

Não ressoa já neste salmo o brado do Gólgota, como se partisse da boca de uma criatura? Na sua ardente loucura nacionalista, o judaísmo oficial aplicava-o às opressões políticas sofridas por esse povo sem nome, despojado, dividido e escravizado, entregue às «dores messiânicas» de que o grande herói nacional deveria libertá-lo. Mas Paulo faz ver aos seus ouvintes como, na mais trágica ignorância, os «habitantes de Jerusalém e os seus chefes» haviam entregue o Messias como inimigo público ao pagão Pilatos, o qual, inconscientemente, numa sangrenta ironia, testemunhara essa cegueira pela inscrição que mandara pôr na cruz.

Em traços ardentes, o Apóstolo explica como esse imbróglio de culpas e erros resultara afinal no cumprimento do plano divino de salvação. Possivelmente, descreveu também aos que o escutavam o que sabia acerca dos protocolos do Sinédrio, e referiu o modo como os sacerdotes judeus haviam zombado do Messias moribundo: «Se és o Messias, desce dessa cruz!» E a resposta dada pelo agonizante, naquela hora, fora precisamente o Salmo 21! Como representante messiânico do povo, como Rei dos judeus, Cristo proclamara em nome do povo o juízo condenatório: «Meu Deus, por que me abandonaste?» Esse povo abandonara o Messias, e continuaria errante e abandonado por Deus até que acabasse por reconhecer o seu Messias, no fim dos tempos. Realmente, se houve na história uma prova do poder divino, foi justamente o povo judeu.

E o segundo significado da resposta do Messias moribundo é este: Ele não realizará o sonho judaico de domínio universal, mas

III. A PRIMEIRA VIAGEM DE MISSÃO

o anseio nostálgico dos Profetas, a conversão e a união de todos os povos sob o signo da Cruz, num Reino de Deus que abrangerá toda a face da terra. O mesmo Salmo 21 conclui com esta radiante visão do futuro:

> *Hão de lembrar-se do Senhor e a Ele converter-se*
> *todos os povos da terra,*
> *e diante dele se prostrarão*
> *todas as famílias das nações.*
> *Porque a realeza pertence ao Senhor,*
> *e Ele impera sobre todas as nações.*

A princípio, o próprio Paulo não soubera interpretar bem essas profecias, mas em Damasco fizera-se a luz. Agora, era sua missão abrir os olhos a todos os povos para que pudessem compreender o plano do amor divino. Será «arauto» desse plano «perante o povo», «anunciar-lhe-á» o cumprimento das promessas de Deus. Testemunha do Ressuscitado, hoje estará aqui, na Ásia Menor, amanhã na Macedônia e na Grécia, depois em Roma, por fim na Espanha, e só descansará quando todos tiverem escutado a sua mensagem. Há qualquer coisa de impressionante na sua fé tão segura, na responsabilidade com que encara a missão que lhe foi confiada, na sua fidelidade absoluta.

Na terceira parte do seu discurso, Paulo dirige-se à experiência íntima de cada um dos ouvintes: «Por Ele vos é anunciada a remissão dos pecados e de tudo aquilo de que não pudestes ser justificados pela lei de Moisés. Por Ele é justificado todo aquele que crê». Aqui se vislumbra mais uma vez o contraste entre a lei e a graça, a garra leonina de São Paulo. As pretensões judaicas à supremacia religiosa foram superadas por uma mensagem mais elevada, pela intervenção direta de Deus na história.

Os chefes da sinagoga permaneciam em silêncio, de olhos fitos no vazio, enquanto os invadia um secreto receio. Quando o Apóstolo terminou, ergueu-se um grande rumor de vozes. Os judeus discutiam entre si acerca das provas tiradas do Antigo Testamento, e os prosélitos e tementes a Deus mostravam-se entusiasmados: «Não estabelece qualquer diferença entre nós e eles!» Não era um mau começo. Do lado de fora da sinagoga, rodearam os dois Apóstolos e pediram-lhes que permanecessem com eles e voltassem a falar no sábado seguinte. A pregação havia emocionado a cidade, e durante toda a semana os missionários receberam visitas em casa. Seria verdade o que dissera Jesus? Paulo vira-o realmente? Os dois amigos mal tiveram tempo de contar em detalhe os acontecimentos de Jerusalém, de que os antioquenhos só tinham tido notícias muito vagas.

No sábado seguinte, a sinagoga transbordava de gente já bem antes da hora, e muitos tiveram que ficar do lado de fora. Os presidentes observavam com irritação que os gentios eram maioria, e sentiam-se ameaçados no seu privilegiado feudo religioso. Para eles, a esperança messiânica era uma exclusiva herança nacional, que lhes fora confiada unicamente a eles. De má vontade, voltaram a conceder a palavra aos dois estranhos, mas, no íntimo, estavam decididos a contradizê-los violentamente.

Barnabé, com as suas maneiras cativantes e afetuosas, foi o primeiro a falar. Quem podia zangar-se com um homem assim, de um natural tão manso, que preferia sublinhar os traços de união e deixar de lado as diferenças? Mas a seguir subiu Paulo ao estrado. Pela frase com que encerrou o seu discurso, traçando nitidamente a linha de separação, podemos concluir que comentou o capítulo 49 de Isaías. Os judeus sabiam, por Isaías 42, que a missão de Israel consistia em levar aos outros povos a Boa-nova, espalhando por todo o mundo a verdade da revelação, mas é precisamente nesse capítulo 49 que Israel toma consciência da sua elevada missão: «Nações, ouvi-me; prestai atenção, ó povos distantes. [...] Disse-me Javé: Não basta que sejas meu servo para restaurar as tribos de Jacó e reconduzir os fugitivos de Israel; Eu te constituí luz das nações para que sejas a salvação até os confins da terra».

Mas como haveriam de realizar-se essas promessas? O Povo Eleito tinha sido desmembrado, a casa de Davi fora humilhada, o Templo manchado pela abominação dos pagãos. Paulo mostrou-lhes o que havia de significativo no contraste entre essas promessas e a triste realidade do presente à luz da Providência: era precisamente a dispersão do povo que marcava um alvorecer radioso. Sem essa dispersão no meio dos gentios, nunca teria brotado entre os pagãos o desejo de um Salvador, como uma estrela de Jacó a brilhar sobre eles. Os servos de Javé, que se encontravam como homens sem pátria em país estrangeiro, eram os anunciadores da vinda do Messias, da grande luz

III. A PRIMEIRA VIAGEM DE MISSÃO

que havia de iluminar o mundo pagão. O plano de salvação universal concebido por Deus não podia dizer respeito somente a Israel; o vaso terreno tinha que se despedaçar para que o seu conteúdo se tornasse um bem comum de todos os homens.

Paulo fala agora sem rodeios de Jesus, e diz que os privilégios de Israel chegaram ao fim: o decisivo não é o fato de se pertencer ou não pelo sangue ao Povo Eleito, mas a fé em Cristo, que viera derrubar o muro de separação entre judeus e pagãos. «Em Cristo não há diferença alguma entre judeu e pagão, senhor e escravo, homem ou mulher. Todos somos um em Cristo» (cf. Gl 3, 28). Os chefes da sinagoga veem desabar com fragor o muro de separação em que trabalhavam havia séculos, e tomados de fúria erguem-se subitamente dos bancos. Uivos e assobios interrompem o orador: «Fora, fora! É um renegado! Não queremos semelhante Messias!»

A inveja e o orgulho nacionalista impedem-nos de chegar à verdade. Mesmo os homens piedosos resistem a receber um ensinamento quando este se opõe frontalmente aos seus preconceitos mais arraigados. Os gentios, pelo contrário, aprovaram os missionários com aclamações de louvor, que contagiaram também os que tinham ficado fora. Sobre o estrado, de pé, Paulo esperava em silêncio, como uma estátua de bronze. O seu olhar estava voltado para dentro, como se falasse com um ser invisível. Mais uma vez, havia soado na sua vida uma hora decisiva.

Não dispunha de muito tempo. Num breve instante, enquanto o tumulto rugia furiosamente ao seu redor, tomou a decisão da sua vida, que significaria uma completa revolução para o futuro da Igreja. É possível que o Senhor lhe tenha feito ver nesse instante o seu futuro: seria perseguido como renegado e o ódio do seu povo haveria de segui-lo aonde quer que fosse. E como esse povo era terrível no seu rancor! Mas Paulo aceitou o seu destino. Logo que pôde, voltou a pedir a atenção do seu auditório e falou com palavras pronunciadas lentamente, vibrantes de emoção e cheias de uma inquebrantável resolução: «Vós éreis os primeiros a quem se devia anunciar a palavra de Deus, mas porque a rejeitais e vos julgais indignos da vida eterna, eis que nos voltamos para os gentios».

A decisão está tomada. Daqui por diante, o sofrimento envolvê-lo--á nas suas ondas como um mar insondável. Barnabé pôs-se corajosamente ao lado do amigo, e ambos desafiaram os chefes da sinagoga, repetindo as palavras do profeta: «Eu te constituí luz das nações para que sejas a salvação até os confins da terra» (Is 49, 6). Estas palavras proféticas desarmaram os judeus.

Naquele dia, Paulo içou por assim dizer a sua bandeira no mastro da barca da Igreja, porque foi ele quem melhor e mais profundamente compreendeu o *espírito universal* do Mestre. A Igreja de Cristo é uma Igreja universal, que acolhe no seu seio todas as nações sem estar vinculada a nenhuma. Para nós, esta verdade é hoje bem evidente, mas para os judeus significava nada menos que uma revolução espiritual. «A carne e o sangue» separam os homens e os povos, e só o Espírito os pode unir. Cristo é o laço de união entre o céu e a terra, entre homem e homem e entre povo e povo.

Desde aquele dia, os dois Apóstolos já não puderam fazer uso da palavra na sinagoga. Instruíam as pessoas que vinham procurá-los no seu domicílio ou em casas particulares, nos terraços e ao ar livre. Cada vez se formavam mais células do misterioso corpo místico de Cristo. Os fiéis reuniam-se todas as noites à volta de Paulo e Barnabé, e mais tarde reunir-se-iam em torno dos presbíteros e catequistas formados por eles. Na Epístola aos Gálatas (6, 6), Paulo refere-se a esses catequistas, dizendo: «Quem é catequizado na palavra compartilhe os seus bens com aquele que catequiza», isto é, em troca dos bens espirituais que recebe, deve dar bens materiais a quem ensina.

Que maravilhoso campo de ação se abria diante dos dois, tal como antes havia acontecido em Antioquia da Síria! Sem receio de serem incomodados pelos judeus, podiam agora evocar aos olhos daqueles ouvintes ávidos de salvação a figura de Cristo crucificado (cf. Gl 3, 1). Não se tratava já das numerosas e minuciosas prescrições legais sobre os alimentos proibidos, as purificações e as luas novas; o Deus anunciado por Paulo e Barnabé não era um homem de negócios pedante e calculista, não era um rico proprietário que discutia com os seus servos acerca de cada centavo, mas um grande rei, que dava a bem-aventurança a todos os pecadores através da sua livre palavra de perdão real.

Quanto aos ouvintes, como lhes pareciam agora insensatos os seus «primeiros elementos fracos e pobres» (cf. Gl 4, 9): as lendas sobre o pai dos deuses, Júpiter, sempre à busca de novas aventuras

III. A PRIMEIRA VIAGEM DE MISSÃO

amorosas, e sobre a mãe dos deuses, Cibele, desfeita em lágrimas por causa do seu amado Átis, que fora despedaçado por um javali e depois ressuscitara, e cuja imagem era banhada no rio pelos sacerdotes e a seguir transportada num carro puxado por burros e mostrada ao povo em troca de umas moedas![14] Como lhes parecia agora ridículo o deus Lunus, que tinha uma cara tão estúpida! Ninguém poderia dizer quando e onde esses deuses tinham vivido. Quanto mais de perto se estudavam essas figuras, mais incríveis se tornavam. Deste maravilho-

---

(14) O principal templo de Cibele, mãe dos deuses, encontrava-se em Pessinunte, ao norte de Antioquia, e os sacerdotes eram em parte frígios e em parte gálatas. Por todos os lados, nas paredes rochosas, nos vales e bosques, havia estatuetas e altares dedicados à deusa-mãe. Hordas inteiras de sacerdotes percorriam os campos e aldeias, carregando aos ombros uma imagem velada da deusa, ao som de címbalos, flautas, tímpanos e tambores. Os seus cultos orgiásticos, as suas danças sagradas, terminavam frequentemente em verdadeiras orgias de sangue e mutilações autoinfligidas num verdadeiro frenesi de fanatismo. Quando Paulo escreve aos gálatas, referindo-se aos judaizantes, partidários da circuncisão: «Oxalá fossem mesmo mutilados os que vos perturbam» (Gl 5, 12), alude sarcasticamente a essas práticas dos sacerdotes de Cibele. Não nos há de estranhar, portanto, que as delirantes seitas dos montanistas e dos derviches se tenham originado precisamente nesta região.

Por toda parte onde a humanidade passou gradualmente da dependência exclusiva de uma economia agrária para uma forma de vida mais civilizada encontramos esse culto primitivo a uma divindade feminina e ao seu favorito, filho ou esposo: são Cibele e Átis na Frígia, Ishtar e Tamuz na Mesopotâmia, Ísis e Osíris no Egito, Astarte e Adônis entre os fenícios. O drama místico da deusa-mãe e do deus da vegetação e do crescimento, que morre e ressuscita todos os anos, costumava celebrar-se na primavera e simbolizava o ciclo agrícola: arar (fecundar a terra), semear e colher. Apesar de aparecer por toda parte deformado e manchado pelo demonismo, esse culto exprimia na sua origem o reconhecimento de um dos grandes mistérios universais: o da fecundidade e do crescimento no seio da natureza. Para o homem que começou a sulcar a terra com o arado e a domesticar e criar animais e plantas, essas ações não constituíam meras atividades técnicas ou econômicas, mas um verdadeiro serviço sacerdotal. Analogamente, todo o progresso humano primitivo, do cultivo da terra até a constituição de estados e colônias e do próprio Império, revestiu-se inicialmente de um caráter sagrado.

Se despojarmos o que há de genuinamente religioso nesse antigo paganismo do seu envoltório de superstições sangrentas, veremos que semelhante atitude não representava um obstáculo à atuação do Apóstolo dos gentios, mas antes uma verdadeira preparação para o Evangelho. Todas essas lendas e mitos não eram, na verdade, mais que imagens turvas e obscuras, pálidos vislumbres e premonições acerca do autêntico Filho de Deus que morreu e ressuscitou, e que falou do grão de trigo que tem de ser enterrado e morrer para ressuscitar e dar fruto. O grande trabalho de Paulo na Ásia Menor – e não foi pequeno, como podemos ver pelo ambiente religioso do seu tempo – foi conduzir esses «elementos tão pobres» até a Verdade plena.

so Cristo, porém, sabia-se que vivera na terra quinze anos antes, que os seus amigos ainda existiam, que aparecera a Paulo e o mandara ter com eles (cf. Gl 4, 4-7). E como sabia libertá-los do pesadelo constante dos demônios e do medo dos fantasmas! Hoje em dia, custa-nos muito fazer a mais pálida ideia da opressão que as superstições exerciam sobre a alma dos antigos. Era na verdade uma tirania satânica, análoga à crença medieval nas bruxas, que por sua vez não seria senão uma sobrevivência do paganismo.

A comunidade unia-se com uma firmeza e um entusiasmo cada vez maiores em torno dos seus Apóstolos. Como eram solenes as horas festivas em que um novo grupo de catecúmenos era recebido entre eles! (cf. Gl 4, 15). Então a comunidade, envergando vestes brancas, descia às sussurrantes ondas do Antio, que baixavam do Sultan-Dagh rumo ao vizinho lago de Egherdir.

O novo movimento cristão não tardou a espalhar-se pelo campo. Os aldeões que vinham ao mercado souberam pelos seus parentes e por comerciantes amigos, agora cristãos, da felicidade que os inundava, e imploraram aos Apóstolos que também fossem pregar entre eles. Foi assim que os dois percorreram as inúmeras vilas e aldeias das vertentes do Sultan-Dagh e das margens do lago. Ainda hoje se encontram, nos arredores de Yayladagi, muitas dessas aldeias encantadoras, rodeadas de jardins e férteis em água, penduradas sobre um vale ou recostadas pitorescamente contra os flancos da montanha.

Uma opinião fidedigna e apoiada em boas razões sustenta que a Epístola de São Paulo aos Gálatas foi dirigida justamente às comunidades do Sul. Se for correta, então a *aflição da carne*, a doença mencionada na Epístola aos Gálatas (4, 13), atacou o Apóstolo pela primeira vez aqui em Antioquia. Aliás, não seria de admirar que tivesse contraído malária na sua passagem pela Panfília, pois os germes dessa doença se desenvolvem mais rapidamente quando o organismo se encontra depauperado. Assim, seria natural que tivesse sido retido no leito por uma febre intensa, como também é provável que já tivesse sido atacado por ela três vezes quando escreveu a segunda Epístola aos Coríntios, pois comenta que tinha suplicado ao Senhor três vezes «que o libertasse daquele espinho na sua carne». Também agora, com tanto trabalho urgente à sua espera, implorou ao Senhor, mas ouviu uma voz interior que lhe dizia: «Basta-te a minha

III. A PRIMEIRA VIAGEM DE MISSÃO

graça, porque é na fraqueza que o poder se manifesta por completo» (2 Cor 12, 9).

Com efeito, desse leito de doente sairia um poder abundante; mais tarde, São Paulo não quererá riscar da sua vida estes dias tão difíceis. A doença revela-lhe agora, da maneira mais comovente, o afeto e a gratidão dos novos convertidos. Um enfermo costuma sentir repugnância por si próprio e julga que os outros alimentam o mesmo sentimento contra ele; feliz dele, se puder refugiar-se na solidão do seu quarto, longe dos olhares dos curiosos. Mas na vida oriental, exposta a todos os olhares, o Apóstolo não dispunha de um quarto para si; jazia no aposento comum, que dava para a rua, sem portas nem paredes que o protegessem.

O arqueólogo inglês Hogarth descobriu diversas inscrições antigas segundo as quais os pagãos consideravam a malária um castigo dos deuses para aqueles que se aproximassem de um santuário sem se terem purificado. Por isso, o oriental costumava cuspir para o lado, a fim de afastar o demônio, quando passava por um doente assim castigado por Deus, bem como por um epilético, acometido pela «santa doença». É provável que Paulo se refira a este costume quando escreve: «O que na minha carne era uma prova para vós, não o desprezastes nem o rejeitastes (literalmente: não "cuspistes diante de mim"), antes me recebestes como um anjo de Deus, como Cristo Jesus» (Gl 4, 14).

No começo, essa gente ingênua e boa ia espreitá-lo à porta, com timidez e curiosidade; depois iam vê-lo todos os dias, trazendo-lhe unguentos, ervas e mesmo amuletos, testemunhando à sua maneira o respeito e a piedade que lhes inspirava esse homem tão gravemente doente, de olhar vítreo e faces ardentes. Também eles conheciam essa febre, e os seus doentes revolviam-se sem descanso, gritavam e punham-se furiosos, ou deliravam e viam espíritos malignos. Mas este Paulo era muito diferente: mesmo ardendo em febre, falava do seu Cristo, conversava com Ele e cantava-lhe salmos. Compreenderam então que o cristão é um ser singular, que até na doença e na morte é um homem totalmente distinto dos outros. Diante do Apóstolo, não podiam cuspir, mas consideravam-no um ser sobre-humano; se pudessem, teriam arrancado os olhos para lhos dar, quando viram os dele tão inflamados (cf. Gl 4, 15). Pela primeira vez, encontraram-se diante da aceitação cristã do sofrimento, da humilde conformidade com Deus no leito de dor.

Esta doença também foi benéfica sob outro aspecto, pois obrigou Paulo a desistir do seu plano de visitar as costas da Jônia e a devotar-se inteiramente a esses distritos da Galácia meridional; sabemos que o Apóstolo sempre se deixava guiar pelo princípio prático da «porta aberta» (1 Cor 16, 9), isto é, sempre se dirigia aos lugares onde se abrisse uma porta ao Evangelho.

Passou-se assim mais de um ano. Estava fundada a primeira Igreja dos gálatas, constituída na maior parte por pagãos convertidos ao cristianismo. Todavia, já se faziam notar os primeiros sintomas da perseguição nascente. Os judeus logo descobriram uma tática segura para lutar contra os seus adversários cristãos. Com o seu faro para os negócios e o dinheiro, mantinham excelentes relações com as classes de maior influência; não era raro o casamento de judias ricas com funcionários gregos e romanos, o que lhes permitia relacionar-se também com as esposas dos governadores e da alta burocracia romana. E foi assim que, através dessas mulheres devotas e piedosas, a sinagoga conseguiu ganhar as boas graças da polícia local. Esta foi informada de que os dois Apóstolos vinham tentando introduzir um novo culto ilícito, que consideravam rei do Oriente um certo Cristo, executado em tempos de Pilatos por fomentar uma insurreição contra a autoridade romana, e que portanto eram réus de alta traição. Subornando alguns indivíduos duvidosos, fingiu-se uma revolta popular, e os magistrados locais declararam que não poderiam garantir a ordem nem responder pela segurança pública se os dois estrangeiros não abandonassem imediatamente a cidade.

Com a mais fatigante regularidade, este método de perseguição haveria de repetir-se durante toda a vida do Apóstolo. Imaginamos o martírio de semelhante existência. Alguns manuscritos antigos acrescentam que Paulo teve de sofrer grandes tormentos e perseguições em Antioquia. Se compararmos esses textos com o que ele próprio escreveu, nas passagens triunfais em que descreve os seus padecimentos na segunda Epístola aos Coríntios (6, 4-10; 11, 23-25), ficamos quase com a certeza de que uma das cinco flagelações que teve de sofrer por parte da Sinagoga, ou uma das três bastonadas que recebeu por ordem dos litores, ocorreu em Antioquia; com efeito, quando os ju-

III. A PRIMEIRA VIAGEM DE MISSÃO

deus não conseguiam ganhar para si as autoridades municipais – que faziam pouco caso dos direitos dos cidadãos romanos, especialmente nas pequenas cidades provinciais onde não havia procônsul romano, como Antioquia, Icônio ou Filipo –, eles próprios aplicavam aos seus inimigos o castigo da flagelação, nos subterrâneos das sinagogas.

A grandeza de alma de Paulo revela-se justamente em que nunca se referiu aos tormentos sofridos, a não ser quando foi forçado pelas circunstâncias. Só no fim da vida, quando jazia no seu cárcere em Roma e todas as horas passadas surgiam em tropel no seu coração, evocará em carta a Timóteo, seu discípulo preferido, os sofrimentos que padeceu nesta viagem (2 Tm 3, 11).

Hoje, tudo é solidão entre as ruínas da velha Antioquia, e apenas os sólidos alicerces do terraço de algum templo e uns poucos arcos fendidos do aqueduto romano nos indicam que aquele foi o lugar em que Paulo selou com sangue o seu testemunho de Cristo.

Icônio

At 14, 1-7; 2 Tm 3, 10-11

Quando abandonaram Antioquia, com as sangrentas cicatrizes da flagelação marcadas nas costas, Paulo e Barnabé tiveram de escolher entre dirigir-se para leste ou para oeste. Para oeste, tinham diante deles o caminho que conduzia a Éfeso, através da Apameia e das montanhas frígias; a leste, encontrava-se Icônio, nas margens de outro lago, por detrás de uns pântanos salinos e brejos difíceis de atravessar. Qual seria o motivo que levou os dois a decidir-se por este caminho? É provável que considerassem o planalto da Galácia meridional uma região apropriada para o apostolado, pensando que lá poderiam estabelecer firmes pontos de apoio. Aliás, o coração de Paulo sentia-se muito atraído por esse povo tão franco e acessível.

Penetraram então num altiplano que se estendia a perder de vista, ladeado por vulcões de formas arrogantes e cumes cobertos de neve, como gigantes dos tempos primitivos; ao norte ficava o Sultan-Dagh, ao sul o Tauro, a sudeste o Kara-Dagh e a leste, à distância, o Karadja-Dagh. Era um território ermo, monótono e sem vida, semelhante aos desertos e às estepes da Ásia Central. No verão, era um tremendo deserto de poeira, sobre o qual pesava a asfixia de um calor sufocante; no inverno, cobria-se durante meses e meses de uma camada de neve de grande espessura; e na primavera, por causa das fortes chuvas, toda essa extensa planície sem drenagem lembrava um imenso pântano, onde os cavalos se enterravam até o peito.

Se admitirmos que Paulo e Barnabé permaneceram em Antioquia pelo menos um ano inteiro, deve ter sido por volta do outono do ano 46 que chegaram ao ponto onde ainda hoje se avista uma poderosa cidadela, meio arruinada. Seria ali que o imperador Barba-Roxa, depois de uma dificílima marcha através do Sultan-Dagh e com o exército sensivelmente dizimado por uma emboscada armada pelo Grão-Senhor dos turcos, ordenaria no dia 18 de maio de 1190 uma marcha forçada sobre Icônio, aos gritos de: «Cristo vence, Cristo reina, Cristo impera»; e depois, no solene *Te Deum* mandado celebrar por ele nessa cidade, ordenaria ao arcebispo de Mogúncia que pregasse sobre o texto dos Atos 13, 51: «Então estes, tendo sacudido contra eles o pó dos seus pés, foram para Icônio».

Enfim, depois de uma caminhada de cento e vinte quilômetros, o florescente oásis de Icônio surgiu diante dos dois Apóstolos. A cidade aninhava-se, como Damasco, na cercadura verde dos seus jardins, com a diferença de que estava a 1130 metros acima do nível do mar. A sua história era motivo de orgulho para os habitantes, que afirmavam ter ela existido antes do dilúvio, vindo a ser reconstruída depois. Diziam que o semideus Prometeu havia substituído os que tinham morrido nesse cataclismo por umas imagens humanas de barro (*ícones*), e faziam derivar o nome de Icônio dessa lenda. O imperador Cláudio também estabelecera aqui uma colônia de veteranos romanos – motivo por que os cidadãos também gostavam de chamar-lhe Claudicônium –, governada por arcontes romanos; Popeia, a esposa de Nero, apareceria mais tarde, cunhada nas moedas, como deusa da cidade. Os habitantes eram na sua maioria gálatas helenizados, funcionários e veteranos romanos, e judeus. Naquela altura, como ainda hoje, Icônio era um centro de tecelagem de lã, e por isso o Apóstolo não teve dificuldade em encontrar asilo e ocupação.

Foi aqui que aconteceu o conhecido episódio de *Santa Tecla*. Só temos notícia da existência desta jovem pagã convertida ao cristianismo

III. A PRIMEIRA VIAGEM DE MISSÃO

por uns Atos apócrifos do Apóstolo (*Acta Pauli et Theclae*[15]) e por uma curta alusão que se encontra num manuscrito de 2 Tm 3, 11: «Lembra-te do que sofri por causa de Tecla». Além disso, Tertuliano afirma que um certo presbítero da Ásia Menor publicou em fins do século II, por devoção a São Paulo e à sua célebre discípula, uma novela sobre Santa Tecla, cheia de pormenores absurdos e de inverdades, e que foi suspenso das suas funções por abusar do nome e da autoridade de São Paulo. Os Padres gregos, como São João Crisóstomo, encarregaram-se de fixar as linhas essenciais da vida da santa, que lhes merecia a mais entusiástica devoção, tal como aconteceu com os Padres latinos com relação a Santa Inês, a jovem mártir romana de 13 anos de idade.

Seja como for, os historiadores inclinam-se a crer que o episódio de Santa Tecla não foi fruto da imaginação e que existiu realmente uma moça com esse nome, a quem Paulo converteu e que muito trabalhou nas missões. Ainda hoje se mencionam nas orações dos moribundos os tormentos horríveis por que passou. A sua história lembra-nos um pouco a de São Francisco e Santa Clara de Assis, e o inglês Ramsay fixa como núcleo histórico desta lenda o seguinte relato:

---

(15) Nos séculos II-IV, diversos autores dotados de fértil imaginação, na qual se misturavam elementos cristãos e gnósticos, produziram escritos centrados de preferência na vida de Jesus (dando origem, assim, aos Evangelhos apócrifos) e na dos principais Apóstolos (*Acta Pauli*, *Acta Petri*). Formou-se assim uma literatura muito rica em episódios adornados de pormenores inteiramente fantasiosos, mas muito cobiçada pelos cristãos desse tempo. Dentre esses escritos, alcançou fama especial a novela intitulada *Atos e viagens de Paulo e Tecla*, escrita por um sacerdote da Ásia Menor, que chegou até nós nas versões grega, copta e latina. Deve ter sido redigida por volta do ano 190, pois Orígenes, Tertuliano e Hipólito mencionam-na nos seus escritos.

O modelo dessa mais ou menos bem-intencionada «literatura de entretenimento» pode encontrar-se nas famosas Fábulas de Mileto ou na obra de Apuleio, *O asno de ouro*. À semelhança do asno falante que protagoniza esta obra, encontramos nos Atos de Pedro um cachorro que fala e nos Atos de Paulo um leão batizado, que se tornaram personagens muito populares.

Os Atos de Paulo chegaram mesmo a gozar de um prestígio quase canônico nas altas esferas eclesiásticas do Oriente nos séculos posteriores. Ao julgar esses escritos, é preciso ter em conta que existem reminiscências da realidade por trás de todas as incongruências ali narradas, tal como ocorre com as *Fioretti* de São Francisco de Assis. Com efeito, os Atos dos Apóstolos não relatam, nem de longe, tudo o que aconteceu: basta pensar na enumeração que Paulo faz dos seus sofrimentos em 2 Cor 11, 23 ou na «luta contra as feras» a que alude em 1 Cor 15, 32. Alguns pesquisadores, como Harnack, Rolffs, Schubart, Ramsay, insistem em que é preciso «vislumbrar o fundo histórico por trás do emaranhado tecido pelas lendas» (C. Schmidt).

Expulsos de Antioquia, os dois Apóstolos seguiam pela via de Sebaste, a estrada imperial que conduzia a Listra. Perto do lago Karalis, desviava-se à esquerda um caminho lateral que conduzia a Icônio. Esperava-os ali um certo Onesíforo (que talvez seja o mesmo a quem se alude em 2 Tm 1, 16), que teria sido avisado em sonhos da chegada dos dois Apóstolos. Olhava atentamente para todos os viajantes, e reconheceu Paulo imediatamente: um homem baixo, de sobrancelhas unidas, nariz adunco, cabelos raros, pernas arqueadas, mas de um rosto arrebatador, semelhante ora ao de um homem, ora ao de um anjo. Conduziu os Apóstolos a Icônio e hospedou-os em sua casa, que se tornou o ponto de reunião da Igreja cristã naquela cidade. Os *Atos de Paulo e Tecla* mencionam expressamente que, no momento da fração do pão, todos dobravam o joelho em sinal de veneração pelo Santíssimo Sacramento.

Da janela de uma casa vizinha, de aparência grandiosa, muito superior à modesta habitação de Onesíforo, uma jovem escutava tudo o que Paulo dizia, e quando o ouviu louvar a virgindade, ficou tão encantada que renunciou ao seu projetado casamento com o filho de uma ilustre e rica família. Tanto os pais dela como os do noivo ficaram profundamente consternados e, julgando a jovem vítima de um feitiço, mandaram vigiar os passos de Paulo. Nessa altura, muitos jovens já frequentavam as suas pregações, mas quando o Apóstolo voltou a elogiar a pureza cristã, alguns interpretaram as suas palavras como uma proibição do casamento. Paulo foi encarcerado sob a acusação de meter-se em assuntos da vida privada e de exercer as artes mágicas.

Tecla, porém, subornou o porteiro da casa paterna, dando-lhe uma pulseira para que a deixasse sair à noite, e ofereceu um espelho de prata ao guarda da prisão para que a deixasse falar com Paulo. O missionário passou a noite inteira a ensinar-lhe a religião cristã, e ainda não terminara de falar quando a mãe e o noivo vieram surpreendê-la ajoelhada aos pés do Apóstolo. O sofrimento e o ulterior destino de Santa Tecla, que os seus Atos descrevem com uma fantasia verdadeiramente oriental, não nos interessam aqui. O certo é que a cidade se dividiu em dois partidos, um a favor e outro contra os Apóstolos. O populacho, devidamente aliciado, entrou em ação, e Paulo teve de sofrer o castigo das bastonadas por ordem dos litores. Por fim, os missionários foram novamente expulsos da cidade.

III. A PRIMEIRA VIAGEM DE MISSÃO

Também São Lucas menciona o grande êxito da pregação missionária e a sedição do povo, e conta que os Apóstolos só a duras penas escaparam da lapidação depois de um longo período de atividade. O seu silêncio acerca de Tecla não é *de per si* uma prova contrária ao conteúdo histórico da lenda; São Lucas é um escritor prudente e não quer dar lugar a mal-entendidos. Diz unicamente: «Refugiaram-se nas cidades da Licaônia, Listra e Derbe, e em toda aquela região ao redor». Em Listra, os Atos dos Apóstolos dão destaque aos vários prodígios e milagres realizados por Paulo e Barnabé; como se tratava precisamente de um território dominado por diversos taumaturgos e charlatães – como por exemplo o contemporâneo de Paulo, Apolônio de Tiana –, que exploravam a boa-fé do povo e perturbavam a cabeça das pessoas com as suas ideias confusas, os Apóstolos tinham de provar a superioridade do Evangelho sobre as feitiçarias pagãs mediante os carismas que tinham recebido.

Podemos supor que ambos trabalharam durante um ou dois anos em Icônio, empreendendo também expedições missionárias pelos arredores, entre as numerosas aldeias situadas nas vertentes do Ala-Dagh e do Loras-Dagh. Essas comunidades rurais poderiam mais tarde ser atendidas pela Igreja de Icônio, depois que esta se estabelecesse solidamente. Junto com Antioquia, Icônio foi durante muitos anos um dos pontos de apoio da Igreja cristã no interior da Ásia Menor e chegou a ser sé patriarcal de catorze cidades. Por essas flutuações da história em que se confundem de forma inextricável o destino e a culpa dos homens, a cidade deixou de ser cristã mais tarde, convertendo-se em residência de uns sultões turcos e capital dos dervixes dançarinos. Os cristãos armênios foram os últimos a abandonar a fé no Redentor, tendo sido cruelmente massacrados pelos turcos durante a primeira Guerra Mundial.

Desta maneira a Igreja da Galácia, fruto dos labores e sofrimentos de Paulo, acabaria por ser completamente destruída. No entanto, a presença do Apóstolo deixou marcas indeléveis na região: a uma hora de distância de Icônio, ainda hoje se avista um convento construído entre rochas a que chamam «cavernas de São Paulo»; mais uma hora de marcha, e encontramos igrejas talhadas na rocha, guarnecidas de afrescos antiquíssimos, num fértil vale habitado antigamente por fabricantes de tapetes gregos.

Listra e Derbe

At 14, 8-26; cf. 2 Cor 11, 25; 2 Tm 1, 5; 3, 11-15

Pela segunda vez, os Apóstolos viram-se forçados a abandonar a sua obra para fugir precipitadamente. O seu caminho levava-os agora para o território inóspito da Licaônia. Logo que deixaram para trás os jardins de Icônio, a paisagem pouco a pouco adquiriu o caráter de estepe; em toda essa região pobre e parcialmente pantanosa, só se veem pastagens para carneiros, cabras e asnos selvagens. Aqui nada havia que interessasse aos judeus.

Cláudio estabelecera um pouco de ordem e segurança nesta terra mal-afamada, fundando nela colônias romanas. O esconderijo dos bandidos mais tenazes da Antiguidade encontrava-se justamente nas vertentes e nos vales laterais do Kara-Dagh, a Montanha Negra, que se erguia ameaçadora e sinistra no centro dessa região. Quando fora procônsul da Cilícia em Icônio, Cícero chefiara uma campanha contra esses bandoleiros, como relata numa carta a Ático: «Cheguei a Laodiceia a 31 de julho [do ano 51 a.C.]. Podes começar neste dia o novo calendário. Encaminhar-me-ei hoje para o acampamento na Licaônia, e de lá partiremos para o Tauro, a fim de combater o capitão dos bandidos meragenos e exterminá-los».

As localidades em que Paulo e Barnabé fundaram as igrejas gálatas permaneceram ignoradas durante séculos, em consequência do domínio turco; graças às investigações do inglês Arundell, conhecemos desde 1883 a localização de Antioquia de Pisídia, e desde 1888 a de Listra e Derbe, devido aos esforços do americano Sitlington Sterret. Por via aérea, a distância entre Icônio e Listra não ultrapassa trinta ou quarenta quilômetros, mas por terra é ainda hoje um trajeto muito difícil. O duplo cume de «Filipe e Tecla» ergue-se com imponência sobre a Montanha Negra, dominando uma terrível estrada que ora se transforma num simples atalho para mulas e camelos, ora se perde em pântanos intransitáveis. Por ela, os dois viajantes chegaram a Kilissé, a atual Bin-bir-Kilissé. Os restos de cerca de cinquenta claustros e pequenas igrejas bizantinas, que deram ao lugar o nome de «Mil e uma igrejas», são o melancólico documento em pedra de uma dessas florescentes Igrejas gálatas cuja fundação remonta com toda a pro-

III. A PRIMEIRA VIAGEM DE MISSÃO

babilidade à época de São Paulo. A algumas horas de distância, nas proximidades da aldeia de Khatyn-Serai, Sterret encontrou uma pedra de altar com o nome de «Lustra», que com toda a certeza indica a situação da antiga colónia militar romana.

Os licaónios eram um povo bom, supersticioso e desprovido de qualquer cultura; usavam um dialeto das montanhas da Anatólia a que já Aristóteles e Cícero se referiam com desprezo, e só numas poucas cidades é que se falava e compreendia o grego. Os gregos instalados na região tinham trazido com eles a lenda frígia de Zeus e Hermes e helenizado as lendas locais ligadas de preferência a fenómenos insólitos da natureza. Diante das portas da cidade, erguiam-se duas antiquíssimas árvores cujos troncos e folhagem tinham crescido entrelaçadas, e os fantasiosos gregos, que em todas as árvores de formas caprichosas e em todas as fontes viam uma manifestação da divindade, diziam: «Estes são Filêmon e Báucis».

Segundo a lenda, certo dia Zeus, pai dos deuses, acompanhado do seu porta-voz Hermes, descera à terra para estudar a maneira de sentir dos homens. Repelidos em toda a parte, os exaustos caminhantes chegaram a uma pequena cabana na orla da floresta nas proximidades de Listra, onde vivia um casal de piedosos e honestos pastores. Foram recebidos e tratados com a mais sincera amabilidade, e no dia seguinte Zeus deu-se a conhecer e convidou os hospedeiros a pedir o que quisessem. Os dois só exprimiram um desejo: o de permanecerem sãos até uma idade avançada e depois morrerem no mesmo dia. Zeus fez-lhes essa vontade, decidindo ainda que deveriam transformar-se em árvores para poderem entrelaçar para sempre os seus destinos.

Nesta bela lenda transparece uma autêntica humanidade e a eterna ânsia do homem por relacionar-se com Deus, o desejo da encarnação e da epifania de Deus e do seu Verbo, do qual Hermes, mensageiro e intérprete da divindade, é a figura. Esta nostalgia de Deus é uma herança dos tempos primitivos e recordação da pátria espiritual perdida, e revela-se em toda a parte, tanto nos mitos populares pagãos como na tradição dos judeus (aparece nas teofanias do Antigo Testamento, como por exemplo na visita de Deus a Abraão debaixo do carvalho). Entre os gregos, porém, a descida de Deus até aos homens é representada e deformada de modo picaresco: Zeus gosta de ocultar-se sob qualquer disfarce, apaixona-se pelas moças bonitas e torna-se adúltero, como na lenda de Anfitrião.

Mas eis que apareciam às portas de Listra os verdadeiros mensageiros dAquele que havia saciado essas ânsias do coração humano enviando aos homens o seu próprio Filho: «Então manifestou-se a bondade de Deus nosso Salvador e o seu amor pelos homens» (Tt 3, 4). De acordo com a lenda, os habitantes de Listra tinham dedicado a sua cidade a Zeus, erguendo-lhe às portas da cidade um pequeno santuário, no qual um sacerdote pagão exercia o culto; e essa lenda foi causa de um tragicômico mal-entendido que quase custou a vida a Paulo, absolutamente ignorante dos costumes locais.

Apesar de a cidade ser quase totalmente pagã, os Apóstolos encontraram provavelmente boa acolhida na casa de uma família judia, graças a uma recomendação dos irmãos de Icônio. Conhecemos três dos seus membros: a avó judia Loide, a sua filha Eunice – cujo marido pagão já devia ter falecido –, e o neto *Timóteo*, rapaz de grande piedade e de uma delicadeza e sensibilidade quase femininas (cf. 2 Tm 1, 4), como por vezes se verifica em jovens que crescem entre mulheres; parece que, em toda a sua vida, Timóteo nunca conseguiu libertar-se de uma certa timidez (cf. 2 Tm 1, 7). O pai deve ter sido um funcionário romano ou grego; aliás, esses casamentos mistos não eram raros na diáspora.

É curioso observar como a piedade do Antigo Testamento se conservava viva no seio dessa família, isolada num tal ambiente. A mãe e a avó viviam na esperança da «salvação de Israel» e tinham instruído o rapaz, desde pequeno, nas Sagradas Escrituras. As mulheres contaram ao Apóstolo que o jovem ainda não tinha sido circuncidado, mas Paulo não deu importância ao caso; o batismo punha tudo em ordem. Concebeu por ele o mais vivo afeto, sem imaginar que um dia lhe imporia as mãos para consagrá-lo sacerdote e bispo. Sobre o fundo sombrio do fanatismo judaico, este doce quadro de vida familiar deixa-nos uma impressão muito grata e prova-nos que a religião do Antigo Testamento era bem diferente do judaísmo de então, dessa falsa evolução e desvio da grande linha de conduta dos Profetas. Esta família tornou-se o centro de reunião da Igreja cristã da cidade.

São Lucas deixa-nos entrever que os Apóstolos estenderam a sua ação também aos arredores. Nessas expedições, é provável que Timó-

III. A PRIMEIRA VIAGEM DE MISSÃO

teo servisse muitas vezes de guia e companheiro por conhecer bem a região; era um bom prelúdio das futuras viagens, em que estará quase sempre ao lado de Paulo. Tudo parecia correr bem quando um acontecimento inesperado pôs fim abruptamente à atividade dos Apóstolos.

A porta de uma cidade oriental era um lugar de reunião público para os dias de feira, para as sessões de tribunal e para as conversas de fim de tarde. Certo dia, realizava-se em Listra uma festa de Zeus por ocasião de uma feira. A cidade estava cheia de camponeses vindos dos arredores; por todos os lados se viam mendigos, que se sentavam de preferência nas escadarias dos templos e das casas particulares (lembremo-nos do coxo de nascença que costumava pedir esmola junto da Porta Formosa do Templo de Jerusalém).

Os Apóstolos aproveitaram a ocasião para pregar diante dessa numerosa assistência. Entre os ouvintes, encontrava-se um pobre paralítico de nascença, que tinha o olhar ansiosamente cravado em Paulo, como se se tratasse de uma aparição celestial. O Apóstolo talvez estivesse falando de Jesus, o Médico dos doentes e Salvador em todas as necessidades, e da profecia messiânica segundo a qual, quando Ele aparecesse, os cegos veriam, os mudos falariam e os coxos poderiam andar. Nos olhos do aleijado, acorda todo um mundo de esperança. O seu olhar fixo e a sua expressão aflita perturbam Paulo, que de repente se vê invadido pelo fogo sagrado; interrompe a pregação, concentra o olhar e toda a sua força de alma sobre o necessitado ávido de cura e exclama com um gesto imperioso: «Levanta-te e põe-te direito sobre os teus pés!» Impelido por uma força imperiosa, o coxo de nascença levanta-se de um pulo e anda de um lado para outro, diante da multidão admirada.

Esta cura assemelha-se muito à do paralítico de nascença operada por São Pedro. A Sagrada Escritura faz notar que nesse episódio se juntam uma poderosa força carismática e a plena confiança em Deus por parte do Apóstolo. Com efeito, não é possível explicar esse acontecimento como pura sugestão; no milagre, Deus serve-se também das forças naturais, até onde estas alcançam, mas a verdade é que não sabemos onde se encontram os limites a partir dos quais é necessária a intervenção da centelha divina para que se produzam os efeitos sobrenaturais.

Estabelece-se uma grande confusão. O paralítico agita no ar as muletas e, na sua alegria, no seu agradecimento, não sabe o que fazer. É um sinal da fidelidade do historiador o fato de São Lucas mencionar que, no seu assombro, aquela gente se serviu do seu dialeto nativo para dar expressão ao inacreditável: «Estes são deuses que desceram até nós em forma de homens». E logo identificaram que deuses eram: Zeus, o eterno peregrino, e o seu mensageiro Hermes, que visitavam o seu povo. O alto e majestoso Barnabé, com a sua barba e o seu cabelo negro, não personificava maravilhosamente bem a figura de Zeus, cuja estátua se erguia à porta da cidade? Aliás, nada mais razoável que guardasse silêncio, pois o silêncio exprime a dignidade do deus. E o pequeno, ágil e eloquente Paulo não podia ser outro senão Hermes! Como vimos, a distinção entre a divindade principal, cheia de dignidade, e a acessória, trabalhadora e produtiva, estava profundamente enraizada no espírito oriental, que aplicava aos deuses as categorias mentais de soberano e servo, e imaginava que a calma, a permanência e a dignidade fossem características próprias do deus supremo, e a atividade e o trabalho tarefas do subordinado, do demiurgo criador do mundo e dos mensageiros dos deuses.

O sacerdote de Zeus foi advertido imediatamente. Organizou-se uma procissão ao som de flautas, e trouxeram um par de touros coroados de grinaldas para oferecê-los em sacrifício aos dois deuses diante do templo de Zeus. A princípio, os Apóstolos não entenderam nada, pois as pessoas falavam no seu dialeto; não demoraram, porém, a compreender o significado dessas homenagens e precipitaram-se indignados sobre a multidão para explicar-lhes o erro em que tinham incorrido: «Ó homens, que ides vós fazer? Nós também somos mortais, homens como vós, que vos pregamos para que vos convertais dessas coisas vãs ao Deus vivo» (At 14, 15).

Um missionário moderno talvez procedesse de forma diferente, explicando com um sorriso àquela gente o engano em que se encontravam, sem lhes falar ainda de um Deus espiritual. Mas Paulo e Barnabé eram judeus e tinham no sangue o horror instintivo a qualquer espécie de idolatria. Naquela altura, havia charlatães que percorriam toda essa região e realizavam pseudomilagres, apresentando-se como deuses e consentindo que lhes oferecessem sacrifícios e homenagens. Mas não descera Cristo à terra para desmascarar todas essas falsidades?

III. A PRIMEIRA VIAGEM DE MISSÃO

Embora Paulo tivesse improvisado um discurso maravilhoso, parece ter-se sentido tão incapaz de compreender a psicologia daquele povo primitivo como nós nos sentiríamos diante de alguma tribo de canibais dos mares do Sul. É perigoso arrancar ao povo, que sempre permanece uma criança grande, os seus brinquedos favoritos, tentando dissuadi-lo de uma ideia pela qual se apaixonou. Os povos primitivos costumam ser bondosos e inofensivos, até que um mal-entendido ou uma instigação vinda de fora lhes desperta os instintos latentes e os faz explodir. É perigoso ridicularizá-los quando, tomados de exaltação supersticiosa, pretendem adorar um homem. O estado de espírito dos licaônios sofreu uma reviravolta completa: «Se não são deuses, são feiticeiros»; estava excluída uma terceira possibilidade. Agora bastava que viessem uns judeus de Icônio e atiçassem o fogo para que a desgraça fosse completa. Com efeito, estes não se fizeram esperar, como que guiados por um faro especial. «Tende cuidado com esses dois», disseram ao povo. «São dois embusteiros perigosos, dois feiticeiros capazes dos maiores crimes. Por toda a parte os têm apedrejado e expulsado. Se os tolerardes, tereis que vos haver com a ira de Zeus». E os crédulos listrianos deram ouvidos àquelas calúnias.

Quando, depois de alguns dias, Paulo tentou de novo falar ao povo, sentiu que a atmosfera havia mudado. Pairava no ar uma hostilidade latente, e ressoaram gritos e assobios estridentes. A multidão avançou contra ele. Voaram pedras em torno da sua cabeça. Um calhau pontiagudo atingiu-o na fronte e um fio de sangue correu pelo seu rosto. Agora, já era impossível escapar daquele tropel de gente. Banhado em sangue, Paulo caiu por terra, foi calcado aos pés e o seu corpo desapareceu sob uma chuva de pedras. Tinha os olhos fechados, mas com a rapidez do relâmpago passou-lhe pela mente a imagem de uma outra lapidação em que tomara parte, e uma face semelhante à de um anjo curvou-se sobre ele. Paulo reconheceu-a e murmurou: «Estêvão, estás contente comigo? Já expiei suficientemente a tua morte?» Esta era a grande dor oculta que lhe roía a alma. Mas teve tempo de escutar uma voz que lhe dizia: «Quero mostrar-te o que ainda terás de sofrer pela minha causa». Foi atingido por mais uma pesada pedra, recebeu mais um pontapé e a aparição esvaiu-se do seu espírito. Alguns rapazes vigorosos arrastaram-no como um animal morto para fora das portas da cidade e atiraram-no à beira da estrada. Ali poderia servir de pasto aos abutres do Kara-Dagh.

Barnabé estivera provavelmente pregando noutro lugar; ao entardecer, ao darem pela falta de Paulo, ele e a família de Timóteo sentiram-se invadidos por horríveis pressentimentos. Em breve souberam o que tinha acontecido, graças a alguns cristãos que, cheios de medo, vieram preveni-los. Forçados a permanecer em casa por causa da fúria do povo, sobretudo dos judeus, que ainda estavam na cidade, só tarde da noite é que puderam dirigir-se ao local do crime para chorar o morto. Trêmulo de dor, Barnabé curvou-se sobre a face lívida e inundada de sangue. Que seria dele sem o seu grande amigo? Os discípulos ergueram o corpo de Paulo e as mulheres lavaram-lhe o rosto. Descobriram então que ainda havia vida nele, que abria os olhos! Paulo não estava morto! Realmente, não era fácil matar aquele que recebera do Senhor uma missão histórica, de transcendência universal, que ainda estava longe de realizar-se.

Há aqui um interessante paralelismo. Dez anos antes, Paulo fora testemunha da lapidação de Estêvão, e a Igreja ganhara nele o seu mais valente lutador. Agora, o adolescente Timóteo é a principal testemunha desta cena noturna em Listra. Como efeito principal da sua lapidação, Paulo ganhará nele o seu mais fiel colaborador, que um dia virá a ser a consolação da sua velhice. Um raio de luz deve ter inundado a alma do jovem, fazendo-o compreender o que significava ser Apóstolo, o que era sofrer por Cristo. Vinte anos mais tarde, quando Timóteo for bispo, Paulo poderá recordar-lhe numa carta as dificuldades desta hora: «Tu acompanhaste de perto [...] as perseguições e sofrimentos que tive de suportar em Antioquia, Icônio e Listra» (2 Tm 3, 11). Um observador superficial teria podido dizer naquela ocasião: a cura do paralítico de Listra não serviu para nada, tal como a do paralítico sentado à porta do Templo só levou à prisão de Pedro. Semelhante juízo manifestaria apenas tacanhice. Deus paga as suas letras de câmbio a longo prazo. Muitas coisas têm de passar primeiro por malogros para poderem sair bem depois, para se manifestarem na sua plenitude.

Os dois amigos já não podiam continuar em Listra. Era urgente deixar Paulo em algum lugar seguro, subtraindo-o à fúria dos judeus que ainda permaneciam na cidade. No dia seguinte, sem ter recebido

III. A PRIMEIRA VIAGEM DE MISSÃO

medicação alguma, o Apóstolo foi estendido na carreta de uns aldeões e levado a Derbe, a umas oito horas de distância, em companhia de Barnabé e talvez também de Timóteo. As cicatrizes dessa lapidação permaneceriam bem visíveis no seu corpo durante toda a sua vida. Eram os seus estigmas, o testemunho dos seus sofrimentos por Cristo. Devido a essas cicatrizes, as palavras que mais tarde endereçará aos seus caríssimos gálatas revestir-se-ão de um significado verdadeiramente comovente, revelando-nos o seu fundamento real: «Daqui por diante, que ninguém me incomode, porque eu trago no meu corpo os estigmas do Senhor Jesus» (Gl 6, 17).

Perante esse sangrento episódio, é lógico que nos perguntemos se Paulo não se teria oposto com demasiada violência aos erros desse povo primitivo, se não deveria ter aproveitado melhor a situação em benefício do Evangelho. Quem raciocina assim desconhece absolutamente a gravidade do assunto, além de ignorar que semelhantes ambiguidades repugnavam profundamente ao Apóstolo. O grande malefício do paganismo consistia precisamente em rebaixar a divindade a uma esfera puramente humana, ao mesmo tempo que pretendia elevar o humano ao divino, diluindo as fronteiras e a distância infinita entre o Criador e a criatura. Esta supressão de limites acabaria por conduzi-lo à ruína de tudo o que era humano, como o provam as figuras de Calígula e Nero. A divinização dos imperadores romanos estava então no seu apogeu, e em parte alguma era tão favorecida como na Ásia Menor. E esse vício principal do paganismo não poderia ser curado se não se anunciasse decidida e firmemente a *majestade divina*.

Como Cristo, Paulo só desejava uma coisa: dar testemunho da glória de Deus, marcando bem o abismo que separava a sua pessoa da do divino Mestre. Todo aquele que estiver familiarizado com o estilo fino e prudente do historiador São Lucas repara imediatamente que este pretende implicitamente estabelecer aqui um paralelo entre a conduta de São Paulo, que repele as homenagens devidas unicamente a Deus, e a de Herodes Agripa, que, na sua vaidade, não só aceita, mas exige honras divinas. Herodes foi castigado por um anjo, e Paulo estava convencido de que um anjo do Senhor o fulminaria se não rendesse a Deus o culto que só a Ele é devido. É ainda essa consciência de não passar de uma simples criatura, essa mesma atitude de humildade diante de Cristo, que mais tarde o fará protestar, em Corinto, contra determinado partido paulino que tentava apresentá-lo como herói: «Está dividido Cristo? Porventura Paulo foi crucificado por vós? Ou fostes batizados em nome de Paulo?» (1 Cor 1, 13). Aqui, o Apóstolo manifesta a mais plena adesão ao espírito de Cristo, revelado na conhecida cena de São Marcos (10, 18), quando o Filho do Homem recusa todas as honras dirigidas à natureza humana independentemente de Deus: à apóstrofe «Bom Mestre!», o Mestre responde: «Por que me chamas bom? Ninguém é bom senão só Deus!»

Nunca admiraremos suficientemente a resistência física e a capacidade de sofrimento do Apóstolo, se tomarmos em consideração que, depois de ter perdido tanto sangue, ainda percorreu quarenta quilômetros de um caminho intransitável através de um deserto salino numa carreta desconjuntada. O fim da viagem era a pequena cidade montanhosa de Derbe, na fronteira extrema da província da Galácia. Ainda pouco antes um perigoso covil de bandidos, tornara-se colônia de veteranos romanos sob o reinado de Cláudio. Um montão de ruínas de granito, mármore, pórfiro e objetos de cerâmica descoberto em 1888 é tudo o que hoje resta dela.

Os adversários judeus, dando Paulo por morto, desistiram da perseguição, e os dois Apóstolos puderam assim fundar em paz uma comunidade cristã nessa pacífica cidade de província. Como mais tarde encontraremos nos Atos (20, 4) um certo Gaio de Derbe, discípulo de Paulo e seu companheiro de viagem, é razoável supormos que tenha encontrado um bom acolhimento em casa deste. Seja como for, o estado lamentável em que se encontrava deve tê-lo retido muito tempo no leito.

Mais uma vez, esse leito transformava-se no ponto de partida de uma extensa atividade. A comunidade cristã de Derbe, como as três outras da Galácia, nasceu entre dores. É possível que o Apóstolo faça alusão a este parto espiritual quando escreve mais tarde aos gálatas, ameaçados na sua fé pelas maquinações judaicas: «Filhinhos meus, por quem sinto de novo as dores de parto, até que Cristo se forme em vós» (Gl 4, 19). Foi sem dúvida um trabalho gigantesco e doloroso arrancar essa gente da superstição, do culto da lua e das estrelas, e conduzi-la à liberdade dos filhos de Deus, um esforço tão doloroso como o da mãe que dá à luz um filho, arrancando-o às trevas do seu seio. Se alguém se sentisse tentado a ver em São Paulo um zelador fanático, deveria reler

III. A PRIMEIRA VIAGEM DE MISSÃO

à luz desta passagem a Epístola aos Gálatas; sentir-se-ia profundamente comovido com a viva luta dessa alma que se entrega com um ardor inflamado e se desfaz em amor, e compreenderia então a profunda dor que irrompe na Epístola aos Gálatas: é o grito da mãe a quem querem arrancar o que tem de mais querido, o filho das suas entranhas!

Em Derbe, a atividade de Paulo prosseguiu pelo menos durante um ano, estendendo-se provavelmente aos vales próximos que rodeiam o lago de Ak-Göl e a antiga Heracleia. As relações com Listra, Icônio e Antioquia não se interromperam, porém, no que dizia respeito ao trabalho apostólico, e Timóteo deve ter sido um mensageiro de grande utilidade nesse serviço, conforme o brilhante testemunho que deram dele as comunidades quando Paulo voltou a passar por lá mais tarde (At 16, 2). Se considerarmos além disso que, desde a Licaônia até as regiões limítrofes da Capadócia e da Isáuria, todos estes povos receberam a luz do Evangelho (São Pedro dirige a estas regiões a sua primeira Epístola), e que daqui sairiam mais tarde alguns dos grandes doutores da Igreja, compreenderemos o valor da pregação e dos sofrimentos do Apóstolo. Ele próprio atribui grande importância a esses sofrimentos, designando-os como um complemento da Paixão de Cristo pelo seu Corpo, a Igreja (Cl 1, 24).

Todavia, o triste destino da Igreja da Galácia constitui um aviso terrivelmente grave para os cristãos de todos os tempos. Onde estão agora aquelas magníficas comunidades fundadas pelo Apóstolo dos gentios à custa de tantos esforços e inenarráveis sofrimentos? Ao viajar por essas regiões, tem-se às vezes a impressão profundamente dolorosa de caminhar sobre o sepulcro de uma Igreja cristã outrora muito grande, mas que não mereceu sequer a homenagem de uma lápide. Qual o motivo da tragédia que arrasou as Igrejas cristãs da Ásia Menor, da Armênia e do norte da África? O principal motivo é, sem dúvida, o fato de se terem desviado do caminho traçado por Cristo e pelo seu grande Apóstolo, lançando ao vento as exortações da Epístola aos Gálatas e fazendo pouco caso das ameaças dirigidas por São João, no Apocalipse, às comunidades da Ásia Menor. Empederniram-se no serviço da letra e das exterioridades e, por fim, totalmente cegos, afastaram-se da única fonte de renovação, a que brota da rocha de São Pedro. «Se o sal perder o sabor, com que se há de salgar?» (Lc 14, 34). Em consequência, os cavaleiros do Apocalipse, empunhando a bandeira verde do Profeta, lançaram-se sobre aquela cristandade que se assemelhava a um deserto salino. Esta advertência aplica-se a todos os tempos e a todas as nações.

Tinham decorrido cerca de quatro anos desde que Barnabé e Paulo haviam deixado a Igreja-mãe da Síria. Nas horas difíceis devem ter suspirado com muita frequência pelos seus irmãos, a quem só raramente poderiam enviar algum sinal de vida por intermédio de um viajante ou condutor de caravanas. Algumas vezes, prostrado na cama, Paulo também deve ter estendido saudosamente o seu olhar para o sul. Para lá do Tauro, a apenas duzentos quilômetros de distância, ficava Tarso, a sua cidade natal, onde tantas vezes tinha olhado para o norte, sonhando com essas aventuras em que agora estava envolvido, enquanto a espada do Messias profetizado cintilava diante do seu espírito.

Quando chegou a hora de partir, percorreram em sentido inverso o mesmo caminho por que tinham vindo. Poderiam ter alcançado as suas pátrias em poucos dias, atravessando as portas cilicianas ou sírias, mas a responsabilidade que sentiam pelas comunidades recém-fundadas levou-os a passar novamente por todas elas. Além disso, muitos perigos haviam sido afastados nesse meio tempo, devido às mudanças na provisão dos cargos públicos. Começava agora um último trabalho de organização e aperfeiçoamento. Por toda parte, ordenaram sacerdotes alguns homens de valor, para que fossem mestres das suas comunidades; certamente procuraram conciliar nessas pessoas a firmeza de caráter com o amor à liberdade próprio dos judeus-cristãos, e sobretudo vincaram bem diante delas o grande princípio evangélico: «É por muitas tribulações que devemos entrar no reino de Deus».

Depois de um último ato religioso de despedida, celebrado em Antioquia, atravessaram de novo as gargantas do Tauro em direção a *Perge*, onde fundaram uma última comunidade. E assim voltaram para casa com os troféus de sete fortalezas conquistadas para Cristo: Salamina, Pafos, Antioquia, Icônio, Listra, Derbe e Perge. Além disso, Paulo trazia desta primeira viagem missionária um outro troféu, também precioso: aprendera a domar o seu coração impetuoso e o seu temperamento de fogo, a sujeitá-lo ao jugo da mansidão de Cristo e a transformar todas as suas energias numa forte e perseverante paciência.

IV. A luta pela liberdade

Moisés ou Cristo?

At 14, 27-15, 2

Ainda com o bramido atroador das cataratas do Tauro nos ouvidos, Paulo e Barnabé regressaram à cidade do Oronte no ano de 48, depois de quase quatro anos de ausência, atravessando Selêucia como dois generais vitoriosos, por entre jardins e bosques de palmeiras. Ambos foram recebidos pelos chefes da comunidade e pelos fiéis como mais tarde o seriam Cristóvão Colombo e os seus companheiros, de regresso da sua fabulosa viagem. Era como se regressassem de um deserto para viver de novo entre os homens, tão agradável lhes parecia tudo em contraste com a rude e áspera paisagem da Licaônia.

Os amigos acharam-nos um pouco envelhecidos, como que sacudidos pelo turbilhão dos graves acontecimentos de que haviam sido protagonistas. De onde provinham as cicatrizes que Paulo trazia no rosto?, perguntariam. Fizeram-lhes bem o amor e a compreensão com que foram recebidos. Foi um regozijo extraordinário, uma autêntica festa, quando os dois missionários relataram na assembleia da rua de Singon as fundações que haviam criado e o que tinham vivido e sofrido por amor de Cristo. Paulo e Barnabé entoaram em seguida, com toda a comunidade, um cântico de ação de graças pelas «grandes coisas que Deus fizera com eles e por ter aberto a porta da fé aos gentios».

Depois de a assembleia se ter dissolvido, os Apóstolos permaneceram ainda longo tempo reunidos com os chefes, falando sobre o trabalho apostólico na cidade. «E daqui, que nos podeis dizer?» Então os presbíteros contaram-lhes como também em Antioquia os irmãos não tinham estado ociosos: em toda a Síria, até ao Aman, e mesmo na Cilícia, florescia uma coroa de jovens comunidades (At 15, 23), das quais antes não se falava. «E que experiências adquiristes em relação aos judeus-cristãos?» Preocupados, os presbíteros entreolharam-se, sem saber se convinha ou não falar. «Se as coisas continuarem como estão, receamos que haja uma crise. Os irmãos de Jerusalém não compreendem a nossa situação; nunca saíram da sua terra natal e negam que os recém-convertidos do paganismo sejam verdadeiros cristãos, sustentando que não deveriam ter sido batizados sem conhecerem primeiro a Lei de Moisés. Se não se encontrar uma solução, a Igreja ficará dividida em duas partes». Era a primeira gota de fel que caía no cálice da alegria. Paulo sentiu uma grande ameaça pairar sobre a sua obra: se essa corrente de opinião triunfasse, todo o seu trabalho seria baldado, ou então haveria um cisma.

Surgia agora em toda a sua intensidade o problema que tanto havia receado. Com os prosélitos, os que se tinham convertido ao judaísmo antes de receberem o batismo, não havia dificuldade; a maioria, porém, eram cristãos vindos do paganismo e semiprosélitos, os chamados «tementes a Deus», que só tinham relações muito vagas com a Sinagoga. Fazer depender a sua admissão na Igreja da circuncisão e da lei ritual significava reduzir a Igreja a uma extensão da Sinagoga e negar a universalidade da Redenção. Recebê-los como cristãos de segunda categoria, ao lado dos cristãos «completos», isto é, dos recrutados entre os judeus e os prosélitos, equivalia a constituir dois grupos de fiéis, a criar os prosélitos da Igreja e a levantar assim um muro de separação no seu próprio seio; o cristianismo tornar-se-ia uma religião de raça, tendo como elemento comum o sangue judaico. E recebê-los na Igreja, mas evitar a comunidade de mesa, significaria relegá-los à condição de párias cristãos. Tratava-se, pois, de um problema simultaneamente religioso e social. Foi Paulo quem reconheceu toda a gravidade da situação e quem soube solucioná-la. É, pois, um grande equívoco ver no Apóstolo um instrumento do judaísmo, quando na verdade foi o pioneiro da liberdade cristã e da Igreja universal, pois era assim que se apresentava a questão, vista de Antioquia.

E como se apresentava, vista de Jerusalém? Naquela comunidade, viviam ainda muitos discípulos que tinham sido testemunhas de

IV. A LUTA PELA LIBERDADE

como o próprio Senhor, nascido sob a Lei, observara a Lei, apesar de fazê-lo no seu sentido mais espiritualizado; que o tinham ouvido dizer que não viera anular a Lei, mas dar-lhe cumprimento, e que não deixaria de cumprir-se nem um *iota* dela. Para esses discípulos, as prescrições alimentares, os preceitos relativos à santificação do sábado e à preservação da impureza pagã, simbolizada e assegurada pelo rito da circuncisão, pertenciam à mais bela herança dos seus pais, e era necessário conservá-los. Viam no cristianismo a forma mais sublimada dos seus antigos costumes, a mais bela inflorescência do judaísmo, e perguntavam-se: como poderia essa nobre raça, que dera ao mundo o que havia de mais precioso, estar condenada a morrer de repente, depois de ter produzido o seu fruto mais sublime? Muitos pensavam assim, mas não os primeiros Apóstolos.

Segundo o testemunho inequívoco dos Atos, os antigos Apóstolos não representavam nem defendiam qualquer particularismo estreito. Se já a religião do Antigo Testamento representada pelos Profetas não era uma religião nacional, se o próprio Jesus anunciara a universalidade da sua doutrina e o apostolado universal dos seus doze discípulos, não podemos admitir que a comunidade primitiva de Jerusalém tivesse esquecido tudo isso e não fosse capaz de ver além dos limites do judaísmo. O profeta Joel havia proclamado que a festa de Pentecostes teria um profundo significado para todos os povos do mundo, e Jesus, que não quisera trazer a Salvação na sua pessoa prescindindo da história anterior, apresentara-se no entanto como consumador da promessa de Redenção dirigida a todas as nações. Da mesma forma, a Igreja fundada por Ele deveria transmitir essa mensagem a todo o gênero humano.

A dificuldade consistia no seguinte: o Ressuscitado ordenara que os Apóstolos comunicassem a grande nova a todos os povos, mas não indicara quais as condições em que os pagãos poderiam ser admitidos na Igreja. Permaneciam na sombra as circunstâncias em que teriam de realizar essa missão. Ainda não se tinha esclarecido se a visão de Pedro em Jope sugeria uma norma de caráter geral ou somente se aplicava a um caso excepcional. A comunidade de Jerusalém admitia a segunda hipótese, e não seria razoável julgá-la com demasiada severidade por isso. Queria resolver o problema gradualmente, caso por caso, e deixar-se guiar pelas realidades que Deus determinasse na propagação do Evangelho: esta era a opinião dos Apóstolos em Jerusalém. Pessoalmente, observavam a Lei, embora sem cuidados excessivos, sem exageros, tal como tinham visto o Mestre proceder; sabiam, contudo, que a salvação só poderia vir de Cristo. O período em que uma nova religião tem de criar as suas novas formas de expressão e de culto é sempre o mais difícil. No judaísmo, os exercícios piedosos estavam muito bem estabelecidos, e por isso os cristãos atinham-se provisoriamente a eles. Também Pedro guardava silêncio e adiava a decisão, enquanto as coisas seguiam o seu curso.

Muitos judeus-cristãos, recentemente convertidos do farisaísmo, divergiam porém desse prudente ponto de vista. Ao despirem as vestes farisaicas no Batismo, não tinham posto de lado o espírito farisaico. Sob a influência dessa gente, o cristianismo de Jerusalém aproximava-se cada vez mais do velho judaísmo. Mais ainda, pode-se dizer que esses núcleos tiranizavam toda a comunidade e intimidavam os próprios Apóstolos. Há, porém, um ponto em que é preciso fazer-lhes justiça: mesmo nos períodos de pior confusão, nunca rebaixaram o Deus da revelação do Antigo Testamento ao ponto de fazerem dEle um Deus dos judeus ou um Deus racial; para isso, teriam tido que desmentir todos os Profetas. O seu erro fundamental consistia antes em acreditar que os pagãos poderiam fazer parte do Reino, mas não em pé de igualdade com os judeus, embora aceitassem Deus como o Deus dos pagãos e o seu Messias como Rei de toda a humanidade. Concordavam generosamente em partilhar com os pagãos o monoteísmo e a lei moral, mas pensavam que a esperança messiânica constituía uma herança particular do seu povo. Só os descendentes de Abraão ou os que se sujeitassem à circuncisão e se integrassem no Povo Eleito poderiam ser cidadãos plenos do Reino; a Lei e a circuncisão proporcionariam a salvação, como se fossem uma espécie de Sacramentos. O sangue e a lei ritual seriam os agentes portadores das bênçãos de Cristo, e o cristianismo seria fundamentalmente o arremate, a coroa e o ponto culminante do judaísmo. Desta maneira, punha-se em dúvida a própria substância do cristianismo: a Redenção e a mediação da Salvação levadas a cabo exclusivamente por intermédio de Cristo.

Esta tendência apoiava-se principalmente na venerável personalidade de Tiago o Menor, parente próximo do Senhor, chefe incontestável ou, se nos é permitido dizê-lo – pois a palavra ainda não existia

IV. A LUTA PELA LIBERDADE

naquela altura –, *bispo* de Jerusalém. Segundo o historiador Eusébio, Tiago foi um dos quatro «irmãos do Senhor» que a princípio não acreditavam nEle e se opunham à sua missão (cf. Mc 3, 21; Jo 7, 5), e só abriu os olhos mais tarde. Por outro lado, soube aliar o seu amor por Cristo a uma plena fidelidade à Lei e a um severo ascetismo.

Já em vida, entrara no domínio da lenda. O cabelo caía-lhe em longas madeixas sobre os ombros, sem nunca ter sido tocado por tesoura alguma, e jamais uma gota de azeite lhe ungira o corpo. Foi nazareno, isto é, consagrado a Deus, durante toda a vida. Mal podemos imaginar hoje o sagrado respeito que, pelo seu modo de vestir, pela sua conduta e ações, este homem infundia em todos os seus contemporâneos, cristãos e judeus, ainda que só seja verdade metade do que a tradição nos relata. Não usava sandálias nem roupas de lã. Como se vestia apenas de linho, era-lhe permitido penetrar no santuário do Templo, vedado a todos os leigos. Era celibatário e vegetariano; não tomava nenhuma bebida alcoólica e permanecia horas e horas de joelhos, a rezar no Templo. Dizia-se que passava ali os seus dias, fazendo penitência pelo povo, como o profeta Jeremias, a fim de desviar de Jerusalém o juízo divino que a ameaçava. Chamavam-lhe o «Justo» e o «baluarte do povo», e conta-se que bastava que erguesse os braços ao céu para que se realizasse um milagre.

Tiago constituía, pois, a última e a mais pura encarnação da piedade do Antigo Testamento, antes de ela se desmoronar para sempre; numa palavra, era ao mesmo tempo o patriarca da Antiga e da Nova Aliança. Ninguém se atrevia a atacá-lo, fossem fariseus ou saduceus, judeus rígidos ou liberais, ou o próprio Herodes Agripa. Quando todos os Apóstolos abandonaram a cidade, permaneceu no seu posto, sozinho. Devido a ele, muitos fariseus abraçaram o cristianismo, e o mesmo aconteceu com sacerdotes de diversas classes que, segundo parece, continuaram a desempenhar as suas funções como sacerdotes judaicos.

Exteriormente, pois, a Igreja de Jerusalém assemelhava-se a uma seita judaica piedosa, pois as pessoas não tinham o menor conhecimento do seu segredo íntimo, da sua vida eucarística. O espírito aberto de Estêvão, de que Paulo haveria de tornar-se o herdeiro, parecia ter-se extinguido por completo.

Em torno de Tiago (Gl 2, 12) formara-se, pois, um obstinado partido conservador na Igreja-mãe. Quando se soube em Jerusalém que

Paulo e Barnabé estavam de regresso, depois de terem fundado uma Igreja entre os gentios, e que tinham imposto vitoriosamente as suas ideias na comunidade antioquenha, esse partido, abusando do nome do «irmão do Senhor», enviou a Antioquia alguns dos seus representantes mais extremistas. Os mensageiros foram recebidos pelos chefes com toda a veneração, pois por trás deles vislumbrava-se a sombra de um homem muito grande. Mas produziu-se uma certa confusão quando se reparou que os recém-chegados lavavam as mãos depois de um contato eventual com um pagão-cristão e que não aceitavam nenhum convite para ir a uma casa cristã, pois estavam proibidos de sentar-se à mesma mesa com os não-circuncidados, e muito mais de comer do mesmo prato, como era então costume no Oriente. Esses homens não tinham sentido o sopro do Espírito de Pentecostes e pressentiam perigos por toda a parte. E quando, no próprio ágape da tarde de sábado, sentaram-se em mesas à parte, comendo afastados dos outros, e declararam em assembleia pública aos antioquenhos: «Se não vos circuncidardes segundo o rito de Moisés, não podereis ser salvos», desencadeou-se a tempestade.

A peleja deve ter sido rude, porque São Lucas fala explicitamente de uma «viva altercação» (At 15, 2). Paulo e Barnabé tinham dado sempre aos pagãos convertidos o título de «santos, eleitos, filhos de Deus, cidadãos e domésticos», e agora estes fiéis de Jerusalém tratavam-nos como «impuros, pecadores estrangeiros e metecos», negando-lhes até a qualidade de cristãos. Os dois Apóstolos tentaram inutilmente objetar-lhes que, com o seu regulamento tirânico, que chegava a prescrever os pormenores dos cardápios e se imiscuía nas particularidades mais íntimas da vida familiar, nunca conseguiriam conquistar o mundo helênico, tão apaixonado pela liberdade; sobretudo porque a circuncisão, considerada chocante e ridícula pelos pagãos, repugnava aos homens.

Com efeito, a vida social tornava-se muito difícil para um circuncidado: para os adultos, a operação não estava isenta de perigo, e além disso ficava-lhes interditada a ida aos banhos públicos, a tal ponto que muitos judeus procuravam dissimular o sinal da sua origem com a ajuda de uma intervenção cirúrgica. Por outro lado, a lei de Moisés considerava os casamentos mistos como uma desonestidade e um crime. Se, portanto, um judeu convertido a Cristo pretendesse casar-

IV. A LUTA PELA LIBERDADE

-se ou se tivesse casado com uma cristã de origem grega, com a qual estava unido no amor a Cristo, tinha de ouvir que essa ligação, aos seus olhos matrimonial, era considerada ofensivamente como fornicação. Por último, as proibições alimentares traziam consigo todo um mundo de problemas de consciência: para viver segundo a Lei, era necessário recorrer a açougues especiais, e a cada compra, a cada convite, era preciso informar-se acerca da origem da carne (cf. 1 Cor 8, 4; 10, 25). Em resumo, passar à condição de circuncidado era estar separado do resto do mundo por um muro social. Por esse caminho, o cristianismo ter-se-ia transformado numa pequena seita, mas nunca em religião universal.

O pior, porém, era que esses judeus-cristãos haviam cavado um abismo não só social, mas também dogmático, pois em última análise a questão que se punha era saber se os homens se salvariam pela Lei ou pela graça de Cristo. Mas tudo foi debalde. Parecia impossível vencer a barreira dos preconceitos e da educação judaica.

Mas o Espírito soprou e essa barreira caiu por terra. Deus concedeu aos Apóstolos sabedoria e firmeza, e por sua graça Paulo foi o instrumento escolhido para concluir a obra necessária à formação de uma Igreja verdadeiramente católica, isto é, universal. Impunha-se uma decisão rápida e fundamental por parte da autoridade suprema de Jerusalém, e o Apóstolo resolveu viajar até lá, impelido por uma revelação particular (Gl 2, 2). Para ele, duas coisas estavam em jogo nessa viagem, resolvida tão às pressas: precisava conseguir a vitória da *liberdade cristã* e *o reconhecimento da sua dignidade pessoal de Apóstolo*. E triunfaria plenamente em ambos os objetivos.

O Concílio dos Apóstolos

Cf. At 15, 1-34; Gl 2, 1-10

Desta vez, o Apóstolo fez-se acompanhar por um jovem de Antioquia, chamado *Tito*, que ele próprio convertera ao cristianismo. Esperava muito desse adolescente, e pressentia nele um dos seus mais fiéis discípulos e valiosos colaboradores, de quem haveria de servir-se para as missões mais difíceis (2 Cor 7, 15); chega a chamar-lhe seu «amado filho na fé comum» (Tt 1, 4). Levou-o consigo como um troféu, como uma amostra viva dos frutos que cresciam na Igreja dos gentios. Seria impossível que a comunidade de Jerusalém resistisse ao atrativo desse jovem cristão.

A viagem a Jerusalém, realizada talvez no outono do ano 48, foi uma verdadeira viagem triunfal. Os viajantes desembarcaram na Fenícia, percorrendo as comunidades de Tiro e Sidon, Ptolemaida e Cesareia, e depois penetraram no interior, atravessando a Samaria e a Judeia. A narrativa da vitória de Cristo entre os pagãos era recebida com entusiasmo por toda parte. Finalmente, depois de algumas semanas, chegaram a Jerusalém.

A Igreja de Jerusalém estava composta por três grupos: os Apóstolos, o Conselho dos anciãos e os irmãos. Entre os Apóstolos, três eram considerados «colunas»: Pedro, Tiago o Menor e João. Pairava no ar um pressentimento de tempestade. É lógico pensar que as deliberações foram precedidas de uma festa litúrgica com ágape e eucaristia; a seguir, num silêncio profundo, a comunidade escutou as palavras dos missionários. Quando terminaram, ouviu-se um murmúrio de aprovação na assembleia, pois a conversão dos pagãos era geralmente considerada o sinal mais seguro da chegada do reino messiânico.

Mas o grupo influente dos judaizantes e fariseus só se associou à aprovação geral muito a contragosto. Mal a comunidade terminou de cantar o hino de louvor e ação de graças, começaram as perguntas e as discussões, e logo se tornou patente a desavença irreconciliável. A obstinação dos judaizantes não cedia nem mesmo ante a evidência de que o Espírito Santo havia decidido em favor dos gentios. Respondiam unicamente: «É necessário que sejam circuncidados e intimados a observar a lei de Moisés». O fato de Paulo ter ousado levar Tito à assembleia dos santos foi considerado uma provocação, e alguns exigiam que se cumprisse nele o rito sangrento; a situação deve ter sido muito embaraçosa para o rapaz. Percebeu-se assim que era preciso orar muito e refletir calmamente antes de tomar qualquer decisão. Se a reunião que começara com tanta solenidade tinha degenerado em cena tempestuosa, e todos tinham tido de separar-se sem terem conseguido chegar a um acordo, a solução certamente só poderia ser achada numa assembleia mais restrita.

IV. A LUTA PELA LIBERDADE

Na Epístola aos Gálatas (2, 3-5), Paulo escreve, num estilo forçado e tortuoso, que nem por um instante cedeu à exigência de fazer circuncidar Tito. Nessa sintaxe atormentada nota-se que, tantos anos depois, ainda sentia reviver nele a dor e a emoção. Há quem sustente que, ao ditar essa passagem, o Apóstolo se sentia esmagado por uma sensação de derrota, de maneira que as deficiências gramaticais foram consequência desse estado de espírito. Quanto a Lucas, de harmonia com o caráter conciliador da sua obra, não alude à história de Tito. Para Paulo, o problema apresentava-se assim: a questão fundamental de saber se a circuncisão era ou não necessária à salvação, e se portanto o seu método era legítimo, tinha de ser resolvida dogmaticamente. No entanto, constituía apenas parte de um problema bem mais importante: o de saber se a salvação seria ou não unicamente fruto da graça de Cristo. Uma vez decidido esse problema, então poderia ele admitir excepcionalmente a circuncisão em algum caso isolado, sem ser infiel ao Evangelho e a si próprio, se a conservação da paz assim o aconselhasse. Este seria o critério que aplicaria mais tarde ao caso de Timóteo.

Um dos mistérios mais impenetráveis na direção divina da Igreja é a ampla medida que concede à liberdade e à limitação humanas. Mas não nos oferece a história tantos enigmas deste tipo? Aqui não há nada melhor a fazer do que obedecer à ordem dada por Cristo que, prevendo claramente o futuro, orou assim: «Pai, que todos sejam um». Se as coisas não correm de acordo com o que prevíamos, importa muito não cairmos na tentação de duvidar da Providência divina, que orienta todas as coisas para o bem, embora a ligação dos fatos seja incompreensível para nós.

Entretanto, Paulo ia aproveitando todas as ocasiões para deliberar em privado com os três Apóstolos principais. Na Epístola aos Gálatas, chama-lhes por três vezes «os mais autorizados», não por desprezo para com os outros Apóstolos, mas com um leve toque de ironia contra os que duvidavam da sua dignidade de Apóstolo. Era necessário fazê-los compreender que ele se encontrava, como os demais, dentro dos limites do mesmo Evangelho. Com efeito, o título de «Apóstolo dos gentios», a que tinha direito, foi-lhe confirmado oficialmente nesta altura, com o que se atribuía o mesmo valor à visão de Damasco e à sua conversão que à vocação dos outros Apóstolos.

Deve ter sido durante esses diálogos que Paulo resumiu numa fórmula a delimitação dos terrenos a catequizar entre ele e Pedro: «Para ti, o Evangelho entre os judeus; para mim, o Evangelho entre os gentios». Estavam plenamente de acordo em que a salvação só podia vir da graça do Senhor. Naquele dia, os três Apóstolos «que eram considerados as colunas» (Gl 2, 9) estenderam a mão a Paulo, selando essa demarcação de fronteiras, embora não em sentido exclusivo, pois cada um recebera de Cristo o apostolado universal. Se esses homens não tivessem chegado a um acordo com Paulo, as consequências para o cristianismo teriam sido incalculáveis. Mas o amor a Cristo, que todos eles albergavam com igual intensidade nos seus corações, era mais forte do que todas as discordâncias externas.

Chegou por fim o dia da decisão. Depois de os partidos se terem digladiado suficientemente, Pedro levantou-se. O seu discurso é uma autêntica obra-prima. Não se refere a Paulo, mas somente à sua própria experiência e conhecimento das resoluções divinas. Apresenta o problema de uma maneira clara e transparente, resumindo-o em três pontos: em primeiro lugar, o próprio Deus já tomara a iniciativa, ao dar-lhe a incumbência de batizar o pagão Cornélio; em segundo lugar, a antiga Lei era irrealizável em toda a sua amplitude, dada a impotência moral do homem; por fim, a salvação é obra exclusiva da graça, que dirige as coisas livremente. Por meio desta exposição lúcida, abria caminho a Paulo e Barnabé, preparando os corações para aceitarem favoravelmente o ponto de vista dos dois Apóstolos. Com um prudente respeito, Paulo deu a primazia da palavra a Barnabé, porque era o homem de confiança da Igreja de Jerusalém. Mas bastou deixarem falar os fatos: o Espírito Santo não mostrara preferência alguma na distribuição dos seus dons, quer nos proféticos, quer no poder de fazer milagres. A porta que o próprio Deus abrira não podia ser fechada pelo homem.

Embora o discurso de Pedro tivesse sido um golpe certeiro contra o partido judaizante, este dispunha ainda de um último trunfo, no qual depositava toda a sua confiança: o seu «imperador secreto», Tiago. Paulo só pudera vê-lo e falar-lhe de passagem, e não penetrara ainda no segredo desse homem de Deus. Em silêncio, sem denunciar sequer por um gesto os seus pensamentos íntimos, Tiago permanecera todo o tempo sentado, envolto na irradiação do seu espírito ao

IV. A LUTA PELA LIBERDADE

mesmo tempo solene e afável; da sua figura de asceta desprendia-se alguma coisa que forçava ao respeito e impunha veneração.

Os dois partidos esperavam o seu voto com a respiração suspensa. Singela e firmemente, Tiago declarou ser da opinião de Pedro. A salvação anunciada pelo Senhor é incondicional e estende-se a todos os homens. Mas, ao contrário de Pedro, como genuíno descendente de Davi, invocou o Antigo Testamento, apoiando-se no testemunho dos Profetas, sobretudo de Amós, que anunciara uma realeza messiânica da estirpe de Davi para todos os povos. Disse que era vontade expressa de Deus que todos os pagãos se convertessem, com o que a Lei mosaica, cujo núcleo era a circuncisão, ficava privada dos seus privilégios e invalidada. Mas não deixou de oferecer um consolo aos judaizantes, observando-lhes que a Lei não estava em perigo, pois sempre haveria fiéis que a leriam nas sinagogas e cumpririam à risca o seu ideal.

Sugeriu, porém, um termo médio que os antioquenhos pudessem aceitar, a fim de permitir o entendimento fraterno entre os dois partidos. Propôs que, para acelerar a fusão das duas partes, os pagãos-cristãos mostrassem uma amorosa consideração pelos judeus-cristãos em três pontos especialmente vitais para os judeus. Primeiro, não deveriam participar das refeições dos sacrifícios pagãos, para as quais tantas vezes eram convidados por força das suas relações com amigos e parentes. Segundo, deviam renunciar absolutamente ao desregramento sexual comum entre os pagãos e até por vezes sancionado religiosamente pelas cerimônias dos seus templos. Com isto, não se referia somente à interdição do casamento entre parentes, mas sobretudo ao descarado relacionamento dos pagãos com prostitutas e ao vício nacional grego da pederastia. Terceiro, deviam observar uma das leis relativas aos alimentos, isto é, usar unicamente a carne ritual nas refeições tomadas em comum; portanto, teriam de abster-se de comer carne de animais sufocados, quer dizer, de animais que não tivessem sido abatidos segundo o rito judaico, e de comer «sangue», isto é, carne que não tivesse perdido totalmente o sangue.

A repugnância pelo sangue como alimento era, desde havia milhares de anos, uma característica da raça semítica, baseada na ideia de que no sangue habitava uma força misteriosa, a própria alma. Muitos povos atribuíam aos demônios uma particular avidez de sangue e receavam engolir algum diabo se comessem carne por sangrar, e outros sentiam além disso uma grande repugnância pela carne de determinados animais. São Bonifácio, por exemplo, embora ele próprio fosse de origem anglo-saxônica, sentia tal repulsa pelo hábito germânico de comer carne de cavalo, corvo, cegonha ou porco, que chegou a escrever a Roma solicitando indicações precisas.

Esta interdição não era uma imposição fácil. Com ela, excluía-se toda a carne vendida no mercado e forçava-se os cristãos a recorrer a um açougueiro judeu, ou, se este se recusasse a vendê-la aos cristãos, a algum outro carniceiro devidamente autorizado. No mercado, era impossível distinguir a carne dos animais imolados aos ídolos da outra carne. Em si, a proibição era inofensiva e podia por isso ser aceita, segundo as palavras do próprio São Paulo, para condescender com os «fracos na fé». Paulo, para quem as formalidades externas e tudo aquilo que não se referia à alma e à consciência careciam de qualquer valor, estaria quanto à sua pessoa disposto até a ser vegetariano, se com isso pudesse salvar uma alma ou preservar outras do mal. Após uma longa discussão, aceitou-se portanto a proposta conciliadora, apesar de o texto não declarar se Paulo deu o seu consentimento formal. Seja como for, o Apóstolo não menciona explicitamente nos seus escritos este decreto apostólico, nem sequer quando se refere à carne imolada aos ídolos, mas recomenda que os cristãos se abstenham dela (cf. 1 Cor 8, 1-13)[16].

---

(16) Nos mais antigos manuscritos orientais dos Atos falta a palavra «fornicação»; se se elimina este item, como pretendem alguns exegetas, a «cláusula» de São Tiago reduz-se a uma mera prescrição sobre os alimentos (Wikenhauser, Apostelgeschichte), o que levanta a seguinte dificuldade: de acordo com o que narram os Atos dos Apóstolos, Paulo mostra-se de acordo com essa disposição do Concílio de Jerusalém; nas suas Epístolas, porém, omite-a totalmente, e chega a contradizê-la frontalmente nas cartas que dirige às Igrejas de origem grega. Alguns exegetas protestantes, como Lietzmann, procuram dirimir a questão afirmando que essa resolução teria sido tomada mais tarde, à revelia de Paulo, e que este teria sido um dos motivos de fricção com a Igreja-mãe por ocasião da última viagem do Apóstolo a Jerusalém. Esta explicação poria em dúvida, porém, a veracidade dos Atos.

É preferível a opinião dos exegetas católicos segundo a qual a afirmação principal do decreto de Tiago, a única que constitui matéria de fé infalível, é a libertação da Lei mosaica e a doutrina de que a justificação se realiza exclusivamente por meio da ação salvífica de Cristo. As disposições sobre os alimentos constituíam, portanto, uma medida disciplinar temporária, que cada Apóstolo podia invalidar, se lhe parecesse conveniente, no seu território de missão, graças aos poderes universais que lhe haviam sido conferidos.

IV. A LUTA PELA LIBERDADE

Os Apóstolos conseguiram desta forma preservar a discussão da estreiteza de horizontes humana e elevá-la a um plano superior, onde o Espírito Santo pudesse intervir. A plena consciência desta direção superior aflora claramente no texto da Epístola que enviaram à Igreja de Antioquia: «Pareceu bem ao Espírito Santo e a nós...» As quatro características distintivas da Igreja põem-se de relevo com toda a plenitude neste episódio. Assim, ao aceitar incondicionalmente os pagãos sob a autoridade dos Apóstolos, a Igreja reconhecia-se *católica* e *apostólica*; procurando preservar-se da idolatria e dos desregramentos sexuais próprios da civilização corrompida e decadente que a cercava, mostrava que tendia para a *santidade*; e a nota da *unidade* revelava-se nas coletas que se faziam constantemente em favor da empobrecida comunidade de Jerusalém. Paulo, que com a sua perseguição doutros tempos contribuíra também para a ruína econômica da comunidade-mãe, certamente se alegraria de poder corrigir assim o seu erro, e talvez seja por isso que o tema da coleta em favor de Jerusalém desempenha um papel tão importante nas suas cartas.

Este Concílio constitui um exemplo modelar da harmonia e da coordenação dos elementos divino e humano na Igreja. Também na Igreja o desenvolvimento tem de ser continuamente impelido pela dinâmica humana, ao mesmo tempo que a sua unidade orgânica e a sua continuidade se conservam graças à sua origem divina e à sua vinculação com o eterno.

A decisão do Sínodo foi transmitida à Igreja de Antioquia por meio de uma carta apostólica levada por dois delegados que, com um gran-

---

A teologia católica distingue três graus de abolição paulatina da lei ritual do Antigo Testamento:

1. A época em que o Redentor se colocou voluntariamente «sob a Lei», devido ao significado típico desta, com o fim de anulá-la mediante a sua morte expiatória na Cruz, ocorrida em nome da Lei mosaica. Este período estendeu-se do nascimento de Cristo até a sua Morte;

2. A época em que a Lei «se cumpriu» e perdeu assim a sua validade (cf. Cl 2, 14), e em que segui-la era algo «morto», mas que não «causava a morte» (Lex mortua, non mortifera). Corresponde ao período apostólico, entre a Morte de Cristo na Cruz, quando «o véu do Templo se rasgou em duas partes de alto a baixo» (cf. Mt 27, 51), e a destruição do Templo de Jerusalém;

3. A época em que seguir a Lei se tornou pecaminoso (Lex mortifera), isto é, o período pós-apostólico. Para este último período, a Epístola aos Hebreus expõe com grande clareza a relação entre os «dois caminhos».

de séquito à maneira oriental, acompanharam Paulo, Barnabé e Tito. A unidade recém-consolidada refletiu-se também na escolha dos dois mensageiros: *Judas Barsabás*, de Jerusalém, um dos primeiros cristãos, talvez irmão de José Barsabás, membro de uma família conhecida de Jesus; e *Silas* ou Silvano, um helenista da diáspora, como São Paulo, com um nome judeu e outro latino e o direito à cidadania romana. Ambos tinham o dom da profecia. Como representantes imparciais da Igreja, era missão deles expor oralmente o conteúdo do decreto. Na assembleia de Antioquia em que a carta foi solenemente entregue, lida e comentada, desencadeou-se um verdadeiro júbilo, um júbilo indescritível. Mais tarde, nas diversas reuniões que tiveram com os fiéis, Judas e Silas não se cansaram de contar a viva impressão que os êxitos missionários de Paulo e Barnabé tinham produzido nos outros Apóstolos e quão esplêndida havia sido a sua vitória. Judas regressou depois a Jerusalém, mas com Silas passou-se o mesmo que tempos antes acontecera com Barnabé: sucumbiu ao encanto dessa cidade livre e magnífica, de ares vigorosos e atividade poderosa, que se oferecia como um campo fecundo de ação apostólica.

O dia crítico de Antioquia

At 15, 35; Gl 2, 11-21

A tradição popular compraz-se em apresentar o passado a uma luz idealmente transfigurada, e costuma mostrar-nos Pedro e Paulo unidos por uma amizade cordial, jamais maculada pela menor sombra. É doloroso vermo-nos obrigados a dizer que nem sempre foi assim, pois houve um dia em que essa amizade se viu submetida a uma rude prova. As coisas passaram-se como se segue.

O decreto apostólico de Jerusalém, com o compromisso de reconciliação dos dois partidos, deixara alguns pontos por esclarecer. Reconheceu-se aos poucos que não passava de uma solução a meias. Na preocupação de se conseguir um entendimento prático, não se atendera suficientemente ao ponto de vista *teológico* e *religioso*, nem se dera o necessário relevo à ideia central de que a salvação é unicamente obra da graça e não da Lei. Também não se solucionara de

IV. A LUTA PELA LIBERDADE

forma clara a questão *social* da comunidade de mesa e do comportamento na vida em geral. As comunidades mistas da diáspora continuavam sem saber se a isenção cristã da lei ritual se aplicava somente aos pagãos-cristãos, continuando os judeus-cristãos obrigados a suportar todo o peso da Lei de Moisés. Se fosse assim, continuaria a haver duas classes de cristãos: a fiel à Lei, a dos «puros e perfeitos», e a isenta da Lei, a dos «impuros e imperfeitos».

Nessas condições, mesmo que os pagãos-cristãos observassem rigorosamente as prescrições alimentares, os judeus-cristãos não se julgariam autorizados a manter relações com eles ou a considerá-los em pé de igualdade. Aos seus olhos, existia um abismo entre o descendente impuro de uma nação pagã e um autêntico filho de Abraão. Havia qualquer coisa de grandioso neste orgulho de raça, mas uma Igreja universal não podia fundar-se sobre essa base. Todos estes problemas práticos tinham ficado por solucionar devido ao ambiente tempestuoso que reinara em Jerusalém.

Pedro encontrava-se em Antioquia havia já algum tempo, em visita apostólica, acompanhado pelo seu discípulo favorito, o jovem João Marcos. Sentiu-se encantado com a confiança daqueles pagãos-cristãos e com o seu espírito juvenil. Adaptou-se sem dificuldade aos usos locais. Os antioquenhos sentiam-se orgulhosos de terem junto de si o venerado chefe da Igreja, e Pedro convivia com todas as famílias da maneira mais simples e afetuosa, participando com eles, aos sábados, dos ágapes que, pelo seu espírito fraterno, eram a melhor preparação para o banquete eucarístico. Não perguntava se os alimentos eram puros ou impuros segundo a lei judaica, e não recusava nem a lebre assada nem o lombo de porco ou uma enguia pescada no Oronte.

Mas os judaizantes de Jerusalém angustiavam-se com isso, e não demorou muito para que «a gente que rodeava Tiago» enviasse espiões para observarem Pedro de perto. Não ousaram declarar-se abertamente contra as decisões de Jerusalém, mas, com a sua atitude de orgulho e frieza para com os novos cristãos, tornaram muito difícil a situação. Estavam decididos a levar as coisas ao extremo. Paulo viu com dor como o seu amigo Pedro, arrastado pelo exemplo desses «devotos», perdia a segurança e, deixando-se intimidar, se afastava do convívio social, evitava sentar-se à mesa com todos e até nos ágapes se isolava com os judeus-cristãos e os recém-chegados em mesas à parte. Afligiu-o também ver que Barnabé, forçado pelas circunstâncias, imitava a conduta equívoca de Pedro. Os restantes membros da comunidade sentiram-se igualmente mortificados com essa atitude e magoados nos seus sentimentos cristãos; desprezados, viam-se tratados como cristãos de segunda categoria.

O que mais preocupou Paulo, porém, foi o seguinte: como a disciplina eclesiástica deve proceder de uma convicção interior, aquela atitude dúbia obscurecia a própria fé no seu ponto mais essencial, e portanto punha em perigo a vitória conquistada em Jerusalém. O Apóstolo não podia tolerar nenhum compromisso nessa matéria. Não era possível separar a fé da conduta externa. E aqui tratava-se da fé e, com ela, de toda a obra da Redenção. No íntimo, Paulo e Pedro eram da mesma opinião, e ambos desejavam sinceramente evitar cisões no seio da comunidade. Paulo, porém, conhecia melhor a natureza humana e sabia muito bem de que molde eram feitos os seus antigos correligionários fariseus; não duvidava de que esses homens só tinham aceito o decreto de Jerusalém na aparência, que eram insaciáveis nas suas pretensões e que por meio desses subterfúgios pretendiam anular as resoluções do Sínodo.

Mais uma vez erguia-se diante dele o antigo espectro, ameaçando aniquilar toda a sua obra. Qual seria o seu dever? Intimidado, Pedro não se resolvia a regressar à sua atitude anterior; perplexo e sorridente, recusava todos os convites. Paulo deve ter rezado e lutado muito consigo mesmo antes de se decidir a recorrer à solução extrema, que envolvia o risco de ferir os seus melhores amigos. Provara sempre que, para ele, não existiam «nem a carne nem o sangue», nem qualquer outro imperativo, quando se tratava de Cristo. Ele era o único que poderia atrever-se a dar esse passo, e certamente só o fez guiado pela voz divina no seu íntimo. Tinha a consciência de estar a cumprir um mandato de Cristo que, durante a sua existência na terra, havia amparado Pedro mais de uma vez, nas ocasiões em que este havia vacilado.

O conflito rebentou espontaneamente durante uma reunião pública. Dado o caráter apaixonado dos orientais, podemos estar certos de que os debates foram violentos. Pedro tentou justificar a sua atitude. Foi então que Paulo interveio. Cumpriu a sua alta missão com a maior dignidade. A frase: «Resisti-lhe cara a cara» não tem em grego o significado agressivo ou hostil que a tradução da Vulgata pode sugerir;

IV. A LUTA PELA LIBERDADE

significa unicamente: com toda a franqueza, olhos nos olhos, não pelas costas. Também desta vez a clareza da argumentação, grave e séria, alcançou a vitória.

Os dois Apóstolos mais considerados, frente a frente: foi um espetáculo de violenta emoção. Não devemos menosprezar este incidente, como se se tratasse de uma ligeira divergência de opiniões ou de uma simples explosão de temperamentos. Paulo censurou a Pedro a sua discriminação, fazendo-o ver que não seguia pelo verdadeiro caminho, segundo o Evangelho, e lançando-lhe em rosto o desacordo entre as suas convicções íntimas e o seu procedimento externo: sob a sua aparente condescendência, violava os direitos de uma parte da comunidade e fazia perigar a fé. Pedro e Barnabé não estavam errados quanto à doutrina, mas a sua indecisão podia alimentar perigosamente nos outros erros fundamentais de fé, erros que poderiam atingir o cristianismo na sua substância.

Na Epístola aos Gálatas, Paulo faz uma síntese do discurso que dirigiu nessa altura aos judaizantes. Mesmo nesse resumido extrato percebemos, pela sintaxe espontânea e incorreta e pelas frases acumuladas umas sobre as outras, e por isso mesmo mais difíceis de entender e de traduzir, o sopro ardente de uma paixão sagrada e o abalo de um íntimo enternecimento:

1. Todos nós – diz –, tu e eu e Barnabé e os outros, que estamos habituados a considerar os pagãos como pecadores por natureza, somos judeus de origem. Mas sabemos, no íntimo da nossa consciência religiosa, que o homem não pode comparecer diante de Deus e merecer a sua graça, nem pelo cumprimento da lei natural nem pelas obras da Lei (holocaustos, preceitos de purificação, circuncisão), nem em geral por nenhum ato humano. Persuadidos desta verdade, fizemo-nos fiéis de Cristo, renunciando à observância da lei mosaica. Voltar atrás, arrastando os outros, é uma contradição.

2. Confiando precisamente nessa plenitude da graça redentora de Cristo, libertamo-nos da Lei, e até hoje procedemos de acordo com esta convicção. Se isto é pecado, ele recai sobre Cristo, o autor da nossa fé. Se nos tornássemos pecadores pelo abandono da Lei, a vossa acusação de que faço Cristo responsável por este pecado seria justificada; mas, na realidade, sois vós que tornais Cristo pecador, porque,

ao tentardes restabelecer a Lei, chamais pecado à sua inobservância da Lei. Trata-se aqui de um princípio: se eu volto a edificar o que antes deitei abaixo, mostro pelos meus atos que julgo ter cometido um erro. Se, aceitando o Evangelho, reconheci a incapacidade da Lei e a derrubei como construção apodrecida, mas agora volto a reconstruir esse mesmo edifício, provo que procedi impensada e criminosamente, porque declaro: a graça de Cristo não é suficiente.

3. A Lei está morta, privada dos seus direitos, despojada de toda a sua força coactiva, pela morte de Cristo. Foi por causa da Lei mosaica que Cristo foi condenado a morrer na Cruz: desta forma, a Lei anulou-se a si mesma e, numa demonstração da sua insensatez e ineficácia, destruiu-se a si mesma. E como o cristão é uma só coisa com Cristo na vida e na morte, também ele está morto para a Lei e a Lei deixou de existir para ele. Da morte de Cristo resultou uma *nova vida*, Cristo.

Este raciocínio do Apóstolo é místico, mas esta mística paulina não era estranha aos seus ouvintes judeus, como também não o tinha sido aos gálatas, e por eles fora aceita como verdadeira. A Lei e o seu cumprimento já não constituíam o princípio formativo da personalidade cristã, da vida do cristão, mas sim o próprio Cristo, isto é, a misteriosa identificação do cristão com Cristo pela ação do *pneuma*, do sopro do Espírito de Pentecostes.

Eram argumentos de peso, mas o argumento mais poderoso foi o próprio arrebatamento de Paulo no seu amor a Cristo, quando revelou o mais íntimo segredo da sua alma: «Estou pregado com Cristo na cruz, e vivo, mas já não sou eu que vivo, é Cristo que vive em mim. E a vida com que vivo agora na carne, vivo-a na fé do Filho de Deus, que me amou e se entregou a si mesmo por mim» (Gl 2, 19-20). Aqui resplandece de novo o seu amor por Jesus, o ardor contido da experiência de Damasco. O seu interior torna-se visível. E agora sabemos o motivo por que ele sentia tão vivamente, com mais intensidade do que nenhum outro Apóstolo, o contraste entre a Lei e a graça; é que nenhum deles tinha passado por uma experiência semelhante a essa. O mérito imortal de Paulo consiste justamente em ter penetrado no grande problema até às suas últimas consequências. Acabava de dar mais um passo na luta histórica

IV. A LUTA PELA LIBERDADE

contra a idolatria da sua própria raça, que pensava ser um veículo necessário da Redenção.

Pedro e Barnabé foram suficientemente magnânimos e humildes para reconhecerem o seu erro, e a situação salvou-se. É natural que o incidente tivesse dado lugar momentaneamente a um certo mal-estar, a um certo sabor amargo, porque nem mesmo um santo consegue superar com facilidade uma correção em público. Mas todo o ressentimento se dissipou mais tarde, a morte pelo comum martírio afastou todos os turvos resíduos de espírito humano e a história projetou sobre ambos os Apóstolos – e com toda a razão – o mesmo resplendor de glória, colocando-os lado a lado, como irmãos, tanto na vida como na morte.

A cena de Antioquia foi considerada muitas vezes um incidente penoso, que teria prejudicado a *autoridade de São Pedro*. Mas essa opinião baseia-se num falso conceito de autoridade, que não tem fundamento no Evangelho. Em tempos posteriores, a questão da autoridade foi tratada frequentemente com excessiva sensibilidade, mas no princípio não era assim. Ainda não se havia esquecido o que Cristo dissera: «Quem de vós quiser ser o maior, torne-se o último de todos... Não queirais que vos chamem doutores e mestres: um só é o vosso Mestre, Cristo» (cf. Mt 20, 26; 23, 11). Afinal de contas, que acontecera? Dois homens de reconhecido valor, sinceros no seu amor por Cristo, tinham discutido uma grave divergência de ideias na presença de toda a Igreja. Prouvera a Deus que nunca tivesse havido na Igreja escândalos maiores do que esse!

Além disso, seria um anacronismo aplicar opiniões e sentimentos modernos ao tempo passado. Os antioquenhos não tiveram a impressão de que Pedro tivesse sofrido uma humilhação indigna; naquela altura, pensava-se com uma naturalidade mais espontânea, e todos se sentiam membros da mesma família. O Espírito Santo e o nível espiritual da jovem Igreja ajudavam a vencer todas as asperezas. A humildade de Pedro e o gesto afetuoso com que estendeu as mãos a Paulo desarmaram todos os que tinham criticado com rudes palavras o seu comportamento. Pedro percebeu que Jesus havia falado pela boca de Paulo, e é provável que uma lágrima lhe tivesse umedecido os olhos, como outrora na noite de Sexta-feira Santa.

Cenas semelhantes virão a repetir-se diversas vezes no decorrer da história da Igreja. A Providência consentiu neste episódio logo nos começos para ensinamento e consolo das gerações futuras. Disse um dia um homem muito espiritual: «O livro mais útil da hagiografia seria não tanto aquele que narrasse as virtudes dos santos, mas os seus defeitos». Mas esse livro já existe: é a Sagrada Escritura que, com implacável sinceridade, descreve lado a lado a grandeza e as misérias dos seus heróis humanos. É reconfortante saber que a graça divina teve muito trabalho também com os grandes do reino dos céus. Há, no entanto, uma coisa em que todos os santos se parecem: no seu amor e na sua entrega sem limites à pessoa de Cristo. Na hora mais difícil, Pedro soube ser tão firme como Paulo ou como os dois «filhos do trovão»: quando se tratou de morrer por Cristo. Na «escola do caráter» dirigida pelo Senhor, há sempre muito espaço para o desenvolvimento da maneira de ser pessoal. Se naquele dia alguém se lembrasse de felicitar Paulo pela sua vitória, este lhe teria respondido: «Em Cristo não há vencedores nem vencidos».

Com este episódio, a biografia de Pedro desaparece das páginas do Novo Testamento. Este é o último traço que a Sagrada Escritura refere dele, se prescindirmos das duas Epístolas que trazem o seu nome e que revelam uma forte adesão à doutrina de São Paulo. Este silêncio não é uma retirada de cena um tanto inglória? Certamente que não; um dos mais belos traços do seu caráter foi precisamente o de ter aceito de um irmão a verdade, sincera e humildemente, sem pensamentos reservados, por puro amor a Cristo.

Há ocasiões na história da Igreja em que se sente palpavelmente a direção sobrenatural. O cristianismo nascente continha em si grandes contrastes, e sem o Espírito Santo essas oposições teriam despedaçado o jovem organismo. Se quiséssemos resumir os fatos, poderíamos dizer: Pedro e Tiago representam a Lei e Paulo encarna a liberdade cristã, que na realidade significa a máxima responsabilidade diante de Deus. A Igreja está apoiada sobre a lei da tradição religiosa como sobre uma rocha; mas Paulo exclama: «Não extingais o Espírito!» (1 Ts 5, 19). Pedro e Paulo não se contrapõem; pelo contrário, complementam-se. A lei cristaliza facilmente, se não é revolvida pelo espírito. Pode haver tempos em que Pedro seja assaltado pelo tentador e a liberdade de Paulo se veja ameaçada, e então torna-se necessário que Paulo proteste. Mas também houve épocas em que a tradição de Pedro esteve ameaçada, e então foi a vez de Pedro intervir. Ou seja, não

IV. A LUTA PELA LIBERDADE

existe uma Igreja exclusivamente petrina ou exclusivamente paulina, nem uma superação dessas duas por uma Igreja joanina do porvir... Tanto Pedro como Paulo e João são discípulos igualmente dignos do Senhor, e o espírito de Cristo os contém a todos.

Como se explica o silêncio dos Atos dos Apóstolos sobre o episódio de Antioquia? É impossível que Lucas não tivesse tido conhecimento do fato, sobretudo porque ele próprio era de Antioquia. Há aqui um enigma, mas a Sagrada Escritura oferece-nos muitos destes enigmas, sem que a nossa salvação exija que os solucionemos. Temos de considerar que Lucas não é somente um cronista histórico, mas também um homem da Igreja, consciente da sua responsabilidade. À semelhança de Tácito, sabe caracterizar em poucas palavras as pessoas e as circunstâncias, imprimindo-lhes a luz e os acentos necessários. Se omite alguma coisa, não o faz por acaso. Como escritor sacro, escreve em primeiro lugar para o seu tempo, sem o menor desejo de causar sensação nos séculos vindouros. Se algum interesse da Igreja, que nós hoje ignoramos, o exige, sacrifica calmamente, não a verdade histórica, mas a satisfação da nossa curiosidade. O seu livro foi publicado muito mais tarde, talvez quinze anos após o embate que relatamos. Nesse meio tempo, a situação havia mudado e estava prestes a dar-se a reconciliação dos dois partidos. Tudo tinha evoluído, e as oposições quase já não existiam; não convinha, pois, reabrir chagas antigas. Assim, com a sua costumada nobreza, com o seu fino tato de homem consciente e responsável, Lucas passa por alto o incidente entre os dois Apóstolos.

O rompimento de uma amizade

At 15, 35-39

Depois de ter cessado em Antioquia o júbilo pelo reconhecimento dessa liberdade que tanto custara, São Lucas diz de um modo altamente significativo: «Paulo e Barnabé demoraram-se em Antioquia, ensinando e evangelizando com outros muitos a palavra do Senhor». A harmonia entre esses dois homens, que haviam lutado e sofrido por Cristo lado a lado, durante tantos anos, parecia inquebrantável. Ninguém supunha que, em menos de um ano, se daria um rompimento e ambos se afastariam um do outro. É verdade que o serviço do Evangelho exige muitos sacrifícios do coração, mas por vezes há nessas rupturas um pouco de culpa pessoal.

Tinha passado algum tempo depois do incidente de Antioquia. As ânsias apostólicas impeliam Paulo a viajar novamente para longes terras, a fim de consolidar as conquistas da primeira viagem e estabelecer novos círculos de ação. Não ficara ressentido com Barnabé pela sua atitude na questão da Lei – Paulo esquecia facilmente as coisas desagradáveis –, como o prova o convite que lhe dirigiu para visitar com ele os irmãos convertidos e assim reviverem juntos as alegrias e os sofrimentos apostólicos experimentados naquela primeira viagem de missão. Que coisa poderá unir mais fortemente do que o trabalho por Cristo executado em comum? Barnabé estava disposto a aceitar o convite com gosto, mas desejava levar consigo o seu sobrinho Marcos. Este lamentava havia muito a sua deserção em Perge, e o tio queria oferecer-lhe o ensejo de reparar o seu erro; mas Paulo, como responsável pela missão, achou que devia recusar o pedido, não por represália pessoal, mas porque achava que a responsabilidade de um apóstolo era demasiado grave e exigia o máximo de dedicação e sacrifício. Não considerava Marcos suficientemente amadurecido para essa dura tarefa, não o julgava capaz de uma abnegação total; por outro lado, talvez receasse também que Marcos exercesse uma influência negativa sobre Barnabé, de maneira a perturbar-lhe os planos, vindo a ficar dois contra um. A vida apostólica é demasiado importante para que se possa prejudicá-la por interferências familiares.

Neste ponto, Paulo foi inflexível. Teria razão? Não estaria sendo muito severo na apreciação que fazia de Marcos? Barnabé encarava o caso com maior brandura e, no entanto, ambos eram igualmente inteligentes e santos, homens de bom-senso e de grande experiência. Na avaliação de um caráter, há aspectos em que só o Onisciente é infalível; nós, homens, só podemos julgá-los pelo prisma da nossa razão e da nossa simpatia, ambas falíveis. Barnabé insistiu no seu desejo, e o desacordo entre os dois Apóstolos assumiu tais proporções que se separaram e dividiram os seus territórios de missão, seguindo daí por diante caminhos diferentes. Barnabé escolheu a sua ilha natal de Chipre e para lá se dirigiu com Marcos. Assim se despedaçou no es-

IV. A LUTA PELA LIBERDADE

colho de uma questão pessoal uma antiga amizade apostólica. Com esta separação, deixamos de ter notícias de Barnabé, que sai do círculo luminoso do seu grande companheiro e amigo para entrar na obscuridade da lenda.

Observada do ponto de vista simplesmente humano, parece-nos mais simpática a atitude de Barnabé. Pode ser que Paulo tivesse julgado muito severamente o jovem Marcos, que mais tarde havia de mostrar o seu valor até ao próprio Apóstolo e que seria o autor do segundo Evangelho. A sua atitude para com Barnabé também nos parece demasiado dura, quase injusta; devia estar mais reconhecido ao homem que por diversas vezes interviera de maneira tão oportuna na sua vida e o arrancara à obscuridade. Mas, assim como o seu espírito caminhava de conhecimento em conhecimento, também a sua completa evolução em Cristo só havia de fazer-se por graus. «Nem sempre Paulo conseguiu vencer os fortes ímpetos do seu coração. Há somente uma única Pessoa que atravessou esta terra sem sujar-se com o pó do caminho, porque não tinha qualquer parentesco com Adão» (K. Pieper, *Urkirche und Staat*). O rompimento de uma velha e santa amizade, mesmo que seja temporário, é sempre muito doloroso; o profundo afeto que ligava os dois homens tornava ainda mais difícil a separação.

A Sagrada Escritura é maravilhosamente sincera no que diz respeito aos erros dos seus heróis, e também por isso nos serve de exemplo, de lição e de consolo, pois prova-nos como Deus pode converter até as nossas faltas em elementos positivos para o crescimento do Reino dos céus. Neste caso, se Barnabé nos parece mais elevado no plano das almas, em que se apreciam a humanidade e a bondade interior, também a conduta de Paulo não carece de uma certa grandeza. Estava completamente entregue à sua grande obra. Era um homem de ação e compartilhava o destino desses homens que por vezes se veem obrigados a proceder contra as leis do coração, como se não o tivessem. Não sejamos mesquinhos! Se os nossos desentendimentos obedecessem sempre a motivos tão nobres, bem poderíamos dar-nos por muito felizes! Não julguemos que Paulo fosse frio e duro como o diamante. Muitas vezes deve ter-se lembrado daquelas horas em que Barnabé era o único a acreditar nele, quando todos duvidavam das suas intenções; sobretudo terá recordado aquele dia inesquecível em que o amigo fora a Tarso para procurá-lo, ou daquele outro em Listra, em que, banhado em lágrimas, se curvara de noite sobre ele, julgando-o morto! Não é possível desfazer tais laços da alma sem que o coração sangre.

Com o decorrer dos anos, tudo acabaria por esclarecer-se. Mais tarde, os dois voltaram a estabelecer relações, informando-se mutuamente acerca dos respectivos trabalhos de missão (cf. 1 Cor 9, 6). Paulo exalta o seu amigo, louvando-o por sempre ter vivido do seu trabalho, sem aceitar o menor estipêndio das comunidades. Quanto a Marcos, o futuro deu razão a Barnabé. Tornou-se um homem corajoso, um magnífico colaborador tanto de Pedro como de Paulo, e o seu nome tornou-se célebre em toda a cristandade como Evangelista. Também um santo ou um gênio podem enganar-se. Paulo não hesitou em reparar o seu erro. Mais tarde, da prisão em Roma, escreverá aos Colossenses: «Saúda-vos [...] Marcos, primo de Barnabé, sobre o qual recebestes recomendações; se ele for ter convosco, recebei-o» (Cl 4, 10; cf. Flm 24). E no seu último cativeiro, a imagem de Marcos torna a erguer-se diante dele, quando escreve a Timóteo: «Toma contigo Marcos e traze-o, porque me é útil para o ministério» (2 Tm 4, 11). Isto prova como todas as nuvens se haviam dissipado.

Se considerarmos o problema do ponto de vista sobrenatural, reconheceremos que aqui interveio um poder mais alto. Com o correr do tempo, teria sido impossível que Barnabé continuasse a trabalhar durante toda a vida ao lado de Paulo como seu subordinado, sempre em segundo lugar à sombra de alguém que lhe era superior. A sua personalidade era demasiado forte para permanecer em segundo plano, e as suas qualidades de chefe não teriam encontrado campo de ação para se desenvolverem plenamente se não tivesse havido o rompimento. Não havia dúvida de que merecia plena liberdade de movimentos.

Dificilmente encontraremos um tipo de amigo mais nobre, mais fiel, mais generoso do que Barnabé. Não era um espírito violento e fogoso, não possuía a originalidade de ideias de Paulo, mas a sua doçura e gravidade, o seu olhar cordial e afetuoso, o tom paternal da sua voz, o carisma particular dos seus dons proféticos (como aliás o seu nome sugere), tinham qualquer coisa de fascinante, que prendia, consolava e fazia com que conquistasse num instante todos os corações. Era um temperamento afetivo. Permaneceu fiel à sua pátria e nela quis ser enterrado. O seu túmulo fica a duas milhas de distância de Famagusta, em direção ao norte.

IV. A LUTA PELA LIBERDADE

Nas suas ideias e na maneira de pregar, continuou sempre um discípulo do seu amigo Paulo. A opinião, admitida já por Tertuliano, de que Barnabé teria sido o autor da Epístola aos Hebreus, que contém tantas ideias paulinas, não é totalmente desprovida de fundamento. Também Orígenes admira nesta epístola canônica, mas anônima, a forma elegante, diferente das outras cartas paulinas, o seu bom grego e a harmoniosa construção das frases, sem asperezas nem irregularidades intempestivas. É bem possível que este estilo refletisse a alma delicada e suave de São Barnabé. Natural de Chipre, estava familiarizado com a mentalidade alexandrina, cuja influência também se nota claramente na carta aos Hebreus. Seja como for, o certo é que esta Epístola poderia refletir melhor o espírito deste homem nobilíssimo do que a chamada *Carta de São Barnabé*, que um escritor desconhecido e medíocre apresentou com o nome do Apóstolo, ainda que certa afabilidade de forma assim o possa sugerir. A Igreja faz bem em incluir no número dos seus escritos canônicos a Epístola aos Hebreus, porque, apesar da sua origem desconhecida, está impregnada do espírito de São Paulo e reflete a afinidade espiritual entre o Apóstolo e Barnabé.

V. A segunda viagem de missão

Ó, Timóteo!

At 15, 39-16, 5

Talvez fosse em março do ano 49. Chegara de novo a época em que os reis partiam para a guerra e os negociantes e missionários para terras distantes. Paulo sentia aquele ímpeto irresistível de ir sempre para mais longe: para o Ocidente, sempre para o Ocidente! Éfeso, Corinto, Roma, Espanha! Roma era o termo secreto, inconfessado, da sua vida. Esta águia real só poderia abrir completamente as suas asas no imenso espaço do Império Romano. Barnabé e Marcos já tinham partido, em direção a Chipre, e soara a hora de Paulo também partir.

O Apóstolo não gostava de viajar sozinho, não somente por causa dos ataques de malária a que estava sujeito, mas também por fidelidade à ordem do Senhor, que enviara os discípulos dois a dois. Silas era o companheiro indicado: fiel, nobremente generoso, pronto para todos os sacrifícios, livre de toda a estreiteza de vistas judaica. Para Paulo, era muito conveniente levar consigo um membro da Igreja de Jerusalém, sobretudo tratando-se de pessoa tão cara a Pedro (1 Pe 5, 12); daqui podemos inferir, aliás, que a disputa com Pedro não deixara nele o menor ressentimento pessoal. Como agente de ligação com Jerusalém, Silas constituía para Paulo um magnífico testemunho do apreço que a Igreja-mãe sentia pelo seu trabalho; além disso – aspecto extremamente importante aos olhos das autoridades civis –, também era cidadão romano.

Silas, por sua vez, deve ter sentido uma grande atração pelo espírito ousado e empreendedor de Paulo, que o convidava a visitar os centros de cultura da Jônia e do Mar Egeu, e resolveu fazer do destino de Paulo o seu destino. Quem se aproximasse do campo de atração deste homem era imediatamente arrebatado e nunca mais conseguia libertar-se ou subtrair-se à sua influência. Paulo devia chamá-lo pelo nome mais harmônico de Silvano, porque nele lhe parecia ouvir ressoar toda a imensidão do Império Romano.

Desta vez, o Apóstolo decidiu viajar por terra, a fim de visitar e robustecer de passagem as novas comunidades do norte da Síria e da Cilícia. Partiram em direção ao norte e passaram em frente do lago de Antioquia. Começou depois a ascensão da montanha do Aman, pela magnífica estrada romana, a princípio através de sebes de loureiros e mirtos, e depois, lá em cima, por entre florestas de carvalhos e pinheiros. O castelo romano de Pagre, cujas ruínas ainda hoje subsistem, alçando-se romanticamente sobre um rochedo, guardava o acesso ao desfiladeiro, a 900 metros de altitude. Olhando para trás, os amigos puderam contemplar pela última vez a encantadora planície de Antioquia. Ao cabo de uma hora, embrenharam-se pelo selvático desfiladeiro hoje chamado de Beilân e antigamente «Portas Sírias». A seguir, desceram pela antiga estrada romana, cujo basalto negro também se conserva, e, acompanhados pelo murmúrio de uns riachos frescos e cantantes, dirigiram-se ao Golfo de Alexandreta (hoje Iskanderun).

Esta bela cidade portuária, rodeada de uma coroa de montanhas, havia sido fundada por Alexandre Magno para servir de ponto de partida das grandes caravanas que se dirigiam à Mesopotâmia. Na planície em que se ergue, havia-se travado a batalha de Issos, que decidira do destino da Ásia e da Europa com a vitória de Alexandre sobre Dario (333 a.C.). Fora a hora do nascimento do helenismo universal orientalizado, o momento em que se tinham rompido os diques que separavam as correntes culturais do Ocidente e do Oriente, que a partir de então puderam fundir-se uma com a outra. Aplainou-se assim o caminho do Evangelho porque, sem a fundação deste império de língua e de cultura gregas, dominado mais tarde pelos romanos, nem de longe teriam sido possíveis as peregrinações de Paulo pela bacia do Mediterrâneo.

Para além do belo arco formado pelo golfo, os dois viajantes atravessaram a cidade de Mopsuéstia (hoje Missis), da qual só restam a

V. A SEGUNDA VIAGEM DE MISSÃO

acrópole e as ruínas de um castelo. Pernoitaram em Adana e seguiram depois para a cidade natal de Paulo, Tarso. O Apóstolo já conhecia todas essas paragens de uma viagem anterior através da mesma região; demoraram-se alguns dias em cada lugar, visitando os irmãos e dando a conhecer as resoluções de Jerusalém, que permitiam aos pagãos e aos judeus convertidos comer do mesmo pão e beber do mesmo cálice, unidos na amizade de Cristo.

Em Tarso, muniram-se de uma tenda de campanha e de mantimentos, provavelmente uns biscoitos duros, umas azeitonas e uns frutos secos, e despediram-se. Tarso era o ponto de partida da grande estrada do Tauro, por onde as caravanas se dirigiam à Licaônia e à Capadócia. Numa carta a Ático, Cícero escreve: «Por causa da neve, não se pode atravessar o Tauro antes de princípios de junho»; é pouco provável, portanto, que os dois viajantes tenham partido antes de fins de maio. O primeiro dia levou-os através das casas de veraneio dos ricos cidadãos da Cilícia até as magnificências de um alto vale alpino, e no segundo começou a parte mais difícil da viagem. O Tauro da Panfília, que Paulo havia subido anos antes, não sofre comparação com o bravio Tauro ciliciano, que se recorta fantasticamente no horizonte, nem com as Portas Cilicianas, também chamadas «Garganta do Diabo», tão estreitas que podiam ser fechadas com uma barricada em tempos de guerra.

A antiga estrada dos exércitos romanos, pela qual Paulo e Silas prosseguiam penosamente a marcha, atravessava a atual garganta de Tschakytch por um estreito desfiladeiro selvagem cujas paredes, de rocha calcárea, se erguiam a centenas de metros de altura e, na parte mais estreita, estavam a menos de vinte metros de distância uma da outra. No alto, velhos pinheiros orlavam a fenda, mergulhando a garganta em profunda escuridão. O rio precipitava-se fervendo através do desfiladeiro, e entre a parede rochosa e a sua margem mal deixava uma estreita faixa de poucos pés de largura. O caminho agarrava-se à parede oriental do penhasco, em parte escavado na rocha, em parte sustentado por traves de madeira. Em alguns lugares, troncos derrubados serviam de ponte sobre as águas. No ponto mais estreito, encontram-se ainda hoje os restos de um altar talhado na rocha, e duas tábuas votivas cuja inscrição foi apagada pelo tempo.

Por essas portas, que outrora tinham dado passagem às lâminas das espadas de Damasco e ao bálsamo de Jericó, passava agora o Verbo de

Deus na pessoa daqueles seus primeiros mensageiros, que escalavam a montanha com as vestes soerguidas e os mantos enrolados às costas, com a leve bagagem da pobreza, mas revestidos da armadura do Espírito. Não podiam pressentir que outros cristãos haveriam de segui-los mais tarde, a fim de libertarem o berço e o túmulo do Senhor, e que, aterrorizados com o aspecto selvagem dessa garganta, esses cruzados lhe poriam o nome de «Portas de Judas»; não podiam pressentir que a semente por eles plantada seria arrancada pelo fanatismo religioso e nacionalista dos maometanos, nem que milhares de armênios haveriam de cair sob os golpes dos turcos, e os seus corpos seriam arrastados até o mar pelas águas do Cidno e do Saro, engrossadas pelos degelos da primavera, levando assim a terra ciliciana a beber novamente o sangue dos mártires cristãos. Até um Paulo estremeceria de horror se pudesse antever a tragédia da história da humanidade, mas Deus cobriu benignamente o olhar do homem com a limitação dos seus conhecimentos e os véus que encobrem o porvir. Houve somente uma Pessoa que pôde suportar vitoriosamente a face de Medusa do pecado, e mesmo assim teve de suar sangue à vista dela.

Vencida a cordilheira do Tauro, a profunda garganta abria-se num vale magnífico, para do outro lado ascender até a passagem do Bulgar-Dag, uma imensa montanha calcárea. Um homem a cavalo precisava de quatro dias para percorrer esta estrada de montanha, com o comprimento de uns 120 quilômetros. Como as pontes – onde as havia – se encontravam muito arruinadas, os dois viajantes viram-se obrigados, por vezes, a atravessar a torrente a nado. Só raramente um posto de guardas romanos lhes oferecia abrigo contra os bandidos e contra as intempéries da noite. Paulo recordaria esses perigos ao escrever mais tarde: «Muitas vezes, em viagens, sofri perigos de rios, perigos de ladrões, [...] perigos no deserto, [...]. Mais ainda: trabalhos e fadigas, muitas vigílias, fome e sede, muitos jejuns, frio e nudez» (2 Cor 11, 26-27). Não temos qualquer indício de que tenha conhecido alguma vez a comodidade de um cavalo; mesmo nesse caso, a descida do Tauro até a planície imensa e nua da Capadócia meridional, cercada de vulcões extintos, não devia constituir prazer algum. Passada a estação das chuvas, toda a região se convertia num imenso pântano e, sem a ajuda de um guia experiente, cavalo e cavaleiro podiam afogar-se miseravelmente na lama.

V. A SEGUNDA VIAGEM DE MISSÃO

Após uma marcha de sete dias, depois de atravessarem Cibistra e Heracleia, onde talvez encontrassem alguma comunidade cristã, os dois viajantes alcançaram finalmente a acolhedora Derbe. Todos queriam ver os dois missionários e ter notícias de Barnabé. À noite, Gaio e os presbíteros procuraram Paulo para que lhes resolvesse todo o tipo de dificuldades e problemas urgentes; ainda não estavam suficientemente instruídos e fazia-lhes muita falta um Evangelho escrito. Em Listra, o Apóstolo era esperado por uma família fiel, a de Timóteo.

O rapaz de anos atrás convertera-se num homem em pleno vigor da juventude e da força, e o Apóstolo alegrou-se ao constatar a sua mocidade impoluta, a sua piedade e prudência: a sua mais bela esperança transformara-se em realidade. Era igualmente amável pelos dons da natureza como pelos da graça. Há pessoas em cujos olhos brilha a filiação divina, e Timóteo era uma delas. Pela primeira vez, Paulo sentiu o júbilo desse afeto espiritual e humano que, santificado pelo Filho de Deus, floresce continuamente na Igreja graças ao amor comum por Jesus Cristo. Seguindo os passos do Mestre, também o Apóstolo experimentava a necessidade de conquistar discípulos que fossem capazes de continuar a sua obra, quando a morte lhe paralisasse o cérebro e o coração. Confiou a Timóteo os seus planos e expôs à mãe deste o seu desejo de que o filho fosse consagrado ao Senhor. Era também o que a família mais ambicionava, e assim ambas as partes se encontraram no mesmo desejo.

Timóteo conhecia quase de cor a Escritura, pois a mãe e a avó o tinham instruído desde criança na leitura dos textos sagrados. Belo exemplo de como as vocações sagradas não se produzem ao acaso, antes se formam naturalmente, ao ritmo da educação no seio de uma família cristã. Além disso – sinal de que esta família tinha uma categoria social elevada –, Timóteo falava e escrevia o grego como um grego de nascença e poderia prestar relevantes serviços ao Apóstolo como secretário. Paulo preparou-o para receber a ordenação sacerdotal e pediu o parecer dos chefes das comunidades de Listra e Icônio, que não se cansaram de elogiar a conduta do jovem.

A assembleia dos anciãos, bem como Paulo e Silas, impuseram pois as mãos a Timóteo. Se as alusões que se leem nas cartas que Paulo lhe escreveu se referem a esta cerimônia e não à consagração episcopal, realizada mais tarde, certamente foi esta a ocasião em que se pronunciaram diversas alocuções («profecias») e em que o próprio Timóteo «fez uma bela profissão de fé diante de muitas testemunhas» (cf. 1 Tm 1, 18; 6, 12; 2 Tm 2, 2). As testemunhas mais comovidas desta ordenação sacerdotal foram certamente a mãe e a avó, Eunice e Loide. O sacrifício do coração destas duas mulheres solitárias pertence sem dúvida ao número dos maiores e mais belos sacrifícios que se fizeram no reino de Cristo.

O pai de Timóteo devia ter morrido muito cedo. Por amor dele, a mãe renunciara a fazer circuncidar o filho, o que constituía uma grave dificuldade, dados os preconceitos de numerosos judeus e judeus-cristãos. Segundo a Lei, a criança devia seguir a religião da mãe; e o fato de Timóteo continuar incircunciso podia desencadear críticas, inimizades e perseguições contra a obra missionária. Paulo nunca teria podido levar Timóteo a uma sinagoga sem começar por ofender mortalmente os irmãos que pretendia conquistar; os espíritos críticos haviam de levantar um sem-fim de objeções. Homem de decisões rápidas, o Apóstolo quis prevenir essa resistência.

No caso de Tito, recusara-se a fazê-lo circuncidar por ser de descendência pagã e porque a circuncisão era exigida em nome de princípios com os quais não concordava. Mas o caso de Timóteo era diferente. Aqui, a cerimônia não passava de uma questão de pura conveniência, e Paulo não tinha por costume transformar problemas secundários em questões fundamentais. Tem em vista somente o grande fim, a única coisa que importa, e os meios que emprega variam com muita frequência. Os adversários não puderam nem quiseram compreender a transcendência das suas intenções. Mais tarde, acusá-lo-ão de inconsequência, lançando-lhe em rosto a sua suposta falta de princípios e o desejo de agradar aos homens (cf. Gl 1, 10).

A felicidade do novo presbítero em breve se transformou na dor da despedida. Devia acompanhar Paulo, e talvez nunca mais regressasse à sua terra natal. A alma varonil do Apóstolo infundia no jovem a força e o impulso generoso das suas próprias ideias e despertou nele o desejo de se consagrar a fins sobrenaturais. Em recompensa, Paulo encheu-se de felicidade pela terna afeição e pelo amor agradecido desse jovem, que o rodeou dessas manifestações tão necessárias mesmo aos espíritos graves, para que não se abismem na solidão inexorável das alturas. Nas suas numerosas doenças, nas suas noites cheias de inquietações, na sua «solicitude por todas as Igrejas», nos seus desfalecimentos, Timóteo estaria ao seu lado com carinhosa dedicação, reconfortando-o e animando-o. Acompanharia o Apóstolo a Corinto, a Éfeso, a Jerusalém e a Roma. Ele, que tão bem soube impregnar-se do espírito e do estilo do Mestre, foi para Paulo o mais excelente e infatigável secretário. Relembrando comovidamente estes inapreciáveis serviços, Paulo escreve do seu primeiro cativeiro em Roma: «Porque não tenho ninguém que esteja tão unido comigo em sentimentos como ele [...]. Como um filho com seu pai, serviu comigo o Evangelho» (Fl 2, 20-22). Com orgulho paterno, chama-lhe «amado filho na fé» (1 Tm 1, 2). E continuaria sempre a considerá-lo como seu filho amado: aos olhos do pai, o filho nunca envelhece.

É curioso observar também na história da Igreja uma espécie de alternância entre as gerações: a uma geração original, altiva, criadora, dotada de vontade inflexível e personalidade bem vincada, segue-se outra a que faltam essas qualidades, mas que reproduz as impressões e os ensinamentos recebidos com um ânimo dócil e uma grande fidelidade: *Quod didicerunt docuerunt: quod acceperunt, tradiderunt* – «O que aprenderam, ensinaram; o que receberam, transmitiram». Esta antiga expressão descreve muito bem os Padres Apostólicos da segunda geração; mas essa falta de originalidade não deve ser considerada um defeito destes homens do século II, pois no plano da Providência a sua missão não era a de serem gênios criadores, mas apenas transmissores.

Lucas, o «médico muito amado»

At 16, 5-10

As Igrejas da Galácia do Sul tinham sido novamente robustecidas e confirmadas. Para onde ir agora? Paulo desejava arar terra virgem, estava ansioso por dirigir-se para o Ocidente, sempre para o Ocidente. Tinha esse antigo projeto firmemente fixado na mente, e provavelmente não conseguira cumpri-lo na primeira viagem devido à doença. Deveria seguir, pelo vale do Lico e do Meandro, em direção à costa da Jônia? Através da Apameia, havia uma estrada romana que ia de Metrópolis a Éfeso. Mas «o Espírito de Jesus não o permitiu».

O oriental, nas decisões importantes, deixava-se guiar por intuições, sinais, pressentimentos íntimos, inspirações divinas e vozes interiores, muito mais do que hoje imaginamos; vivia mergulhado numa atmosfera sobrenatural, sentindo-se dirigido por poderes superiores cuja vontade tentava interpretar por meio dos astros e dos sonhos. Esta feição do espírito oriental deu origem, no paganismo, a muitas superstições, mas tinha por fundamento um antiquíssimo e profundo conhecimento dos fenômenos do inconsciente. E a Providência divina pode às vezes enlaçar-se com esse legítimo fundamento psíquico.

Paulo e os seus companheiros confiavam a Deus os seus planos missionários. Um dos aspectos mais impressionantes dos Atos dos Apóstolos é justamente a maneira como Paulo se abandona absolutamente à vontade divina durante as suas viagens, procurando reconhecê-la em certos fatos, prenúncios, dificuldades do caminho, talvez até nos tremores de terra, nas vozes proféticas durante os ofícios ou nos sonhos. Em Apameia, o caminho bifurcava-se, e aparentemente foi aqui que ouviu o primeiro veto do «Espírito». Deve ter-lhe parecido estranho, pois em Éfeso o Evangelho teria tido infinitas possibilidades de irradiação. Paulo, porém, não se perdia em cogitações estéreis: era o homem da solução rápida. Quando o Espírito divino lhe fechava um caminho, deixava abertos muitos outros.

Entre as províncias da Ásia Menor, entravam agora em consideração a Mísia, a Bitínia e a Galácia do Norte. Os viajantes dirigiram-se, pois, para o norte, e foi assim que chegaram a Dorileia, na época um importante ponto de entroncamento de diversas estradas, situado na fronteira ocidental da Galácia. Paulo não se sentia atraído para o interior do país, mas para o mar, e por isso decidiu-se pela Bitínia, com os seus ricos centros comerciais e cidades costeiras: Prusa, Niceia, Nicomédia e Calcedônia. Mas erguia-se diante deles, como um novo veto divino, o poderoso maciço montanhoso do Olimpo a impedir-lhes a passagem, e tiveram que desistir do projeto.

Deve ter sido no outono do ano 49 que os caminhantes se encontraram, cheios de perplexidade, no limite entre as quatro províncias da Frígia, da Mísia, da Bitínia e da Galácia. Alguns exegetas afirmam que se dirigiram à Galácia do Norte, em direção a Pessinunte e Ancira, e

V. A SEGUNDA VIAGEM DE MISSÃO

que Paulo ficou retido lá pela doença. Todavia, Lucas, o encarregado de escrever a história das missões, não se refere a qualquer fundação importante nessa região; e se se tivessem dirigido para lá, seria necessário contar com pelo menos um ano de permanência. Ora, no mês de março de 51, Paulo encontrava-se já em Atenas, e por isso parece-nos muito problemática essa excursão pela Galácia do Norte[17].

---

(17) As referências feitas em At 16, 6 e 18, 23 à «Frígia e ao país da Galácia» e ao «país da Galácia e da Frígia» são demasiado obscuras e lacônicas para que delas se possa deduzir, como fazem alguns autores, que Paulo tenha fundado Igrejas no norte da Galácia, às quais teria dirigido a Epístola aos Gálatas. A expressão deve ser interpretada à luz dos episódios concretos que conhecemos com certeza e das cartas do Apóstolo.

Na Epístola aos Gálatas, Paulo dirige-se genericamente às «Igrejas da Galácia», e, no final da primeira Epístola aos Coríntios (16, 1), afirma que também nas Igrejas da Galácia ordenou a coleta de esmolas para Jerusalém. Ora bem, sabemos que o Apóstolo enviou cartas a todas as províncias eclesiásticas importantes que fundou, e assim não é razoável supor que tenha omitido intencionalmente as Igrejas da Galácia do Sul, território da sua primeira viagem de missão, cujos interesses defendeu tão apaixonadamente no Concílio dos Apóstolos. Além disso, é pouco provável que os falsos apóstolos judeus tivessem deixado de semear cizânia em Antioquia da Pisídia, Icônio, Listra e Derbe, mais próximas e de acesso mais fácil, para fazê-lo na distante Galácia do Norte. Mais ainda: as hipotéticas Igrejas do norte encontram-se, quer nos Atos quer nas Epístolas, completamente mergulhadas na penumbra, pois não se menciona o nome de uma única cidade ou pessoa que o Apóstolo tivesse evangelizado.

Seja como for, se por acaso Paulo se dirigiu para Ancira e o norte da Galácia, teve ocasião de conhecer um povo extremamente interessante. Os gálatas propriamente ditos descendiam de uma tribo céltica (gala ou gaulesa, na língua grega) que, por volta de 280 a.C., emigrara da região de Toulouse para o Danúbio e depois para a Ásia Menor, atravessando os Bálcãs e a Grécia. No trajeto, esses guerreiros tinham ameaçado gravemente a cidade de Delfos e saqueado a seu bel-prazer as localidades pelas quais iam passando, até serem rechaçados diante de Pérgamo, em 240 a.C., por Atala I, que mandou erigir um monumento na Acrópole de Atenas em comemoração da vitória. Instalaram-se definitivamente nas margens do rio Halys, onde fundaram Pessinunte, Ancira (a atual Ankara) e Távio. O seu último rei, Amintas, aliado aos romanos, anexou aos seus domínios a Pequena Armênia, a Pisídia, a Licaônia e a Isáuria, que constituíam a Galácia do Sul dos tempos de Paulo.

Na época de São Jerônimo, essa gente rude, mas de coração nobre, ainda falava o dialeto céltico da sua antiga pátria, a par da língua grega (Ep. ad Gal., pref.). Certamente conservava também as características que Júlio César atribuía aos gauleses em geral: ansiosos por saber, repletos de curiosidade, de espírito desperto e muito amável, mas também vaidosos, amigos dos espetáculos públicos, fanfarrões e de uma sensibilidade extremamente viva. Como guerreiros, eram praticamente invencíveis na primeira arremetida, mas faltava-lhes a capacidade de resistência. Ainda hoje encontramos características semelhantes no povo irlandês, em cujas veias corre quase puro o sangue céltico. Não seria de admirar que um povo dotado de semelhante temperamento aceitasse com

É mais provável que, depois de abandonar Dorileia, o Apóstolo tomasse a direção do oeste, ansioso por chegar ao mar. O caminho passava por Aezani, onde ainda hoje nos assombram as grandiosas ruínas do templo de Júpiter e a gruta do santuário de Cibele. Atravessaram a ponte romana lançada sobre o Rindaco e seguiram ao longo da fronteira sul da Mísia, em direção a Tiatira, Pérgamo e Hadrumeto. Em Pérgamo, Paulo talvez contemplasse com aversão o imenso altar de Júpiter, construção escalonada, chamada pelo Apocalipse «trono de Satanás» (Ap 2, 13). Nos gigantescos relevos que representavam a batalha entre os titãs e os deuses, o Apóstolo pôde certamente rever os seus queridos gálatas, ali figurados como bárbaros vencidos pela civilização helênica, sem a ninguém ocorrer que o triunfo de Cristo entre eles fora muito mais belo do que a vitória dos reis de Pérgamo... Depois de Hadrumeto, atravessaram a Mísia e seguiram ao longo do declive sul do Monte Ida, a montanha de onde os deuses teriam assistido, segundo Homero, aos combates de Troia, e chegaram por fim à memorável planície troiana, irrigada pelo Escamandro e pelo Simois.

Assim, aparentemente sem plano, Paulo acabava de percorrer toda a Ásia Menor, de sudeste para noroeste, e via agora erguer-se diante dele, na distância enevoada, o continente europeu e a primeira ilha europeia, Samotrácia. Só aqui compreenderia claramente o que o Espírito pretendia com o seu duplo veto: deveria tomar de assalto a Europa. A seus pés, ao norte, estendiam-se as vastas ruínas de Troia, a velha cidade de Príamo, de onde partira Eneias, transportando às costas o velho pai, para desembarcar, após uma longa peregrinação, em terras de Itália e ali fundar a cidade de Roma. O poeta Virgílio fez de Eneias o pai da casa imperial de Augusto, para envolver a dinastia deste na auréola de gloriosas tradições.

Essas ruínas tinham, pois, algo de sagrado para os romanos, que as haviam adornado com templos; aliás, já Alexandre Magno, cheio de veneração pelo seu herói Aquiles, desembarcara ali e, revestido de armadura completa, oferecera um sacrifício aos guerreiros de Troia.

---

facilidade o cristianismo, mesmo que depois viesse a demonstrar-se inconstante: com efeito, embora ainda conservassem a sua antiga organização por tribos e linhagens, os gálatas do Norte já haviam abandonado em boa parte as antigas canções e lendas druídicas dos seus bardos para adotarem os ritos e danças do templo de Cibele ou para escutarem os ensinamentos dos judeus nas suas sinagogas.

V. A SEGUNDA VIAGEM DE MISSÃO

Nesse mesmo ponto, em frente da ilha de Tenedos, os seus generais tinham construído o belo porto de *Alexandria de Trôade*. Conta-se que César acalentou por um momento o sonho romântico de transferir a sede do seu governo para estes lugares, a que se ligavam as mais sagradas recordações da sua casa, e Augusto fez da cidade uma colônia italiana de veteranos. Aqui, Roma e Atenas davam-se as mãos. Ainda hoje, poderosas ruínas, aquedutos, arcarias, arquitraves, colunas de granito, pedras entalhadas, restos do estádio e do teatro, testemunham o poder mundial de Roma.

Paulo não deve ter lido os cantos de Homero na escola judia de Tarso, mas não deixaria de ter alguma notícia deles, pois faziam parte da educação geral e eram cantados por poetas ambulantes. Não era insensível à grandeza humana, e certamente sentiu-se emocionado ao contemplar esses lugares. No entanto, era um homem «dominado por um único pensamento»: conquistar o mundo para Cristo. O corredor da planície de Maratona, incumbido de levar a Atenas a notícia da vitória da frota grega sobre os persas, não se deixara deter por nada no seu caminho até que, extenuado, chegara à meta; dera a notícia da vitória e caíra morto. Paulo sentia-se, do mesmo modo, um «corredor de Deus», encarregado de transmitir a impressionante notícia da nova vitória: o Filho de Deus tinha vindo, vencera os deuses do Olimpo e oferecera à humanidade um novo e cintilante futuro. Ao lado desta realidade, que significava Troia?

O Apóstolo estava encantado por tornar a ver o seu querido mar. O mar universal e a Igreja universal uniam-se nos seus pensamentos numa única imagem. Voltou também a surgir-lhe no espírito o poder universal de Roma. Admirava-lhe o gênio ousado, o amor pela liberdade, o poder de organização, o talento legislador, a ânsia de aperfeiçoamento e a paciência com que sabia esperar. Sentia uma infinita afinidade com esse espírito romano: tinha de levar o seu Evangelho a Roma! Esta era a sua mais secreta ambição, e deve ter sido aqui que a sua ânsia se revestiu de forma visível. Mais tarde, escreveria aos romanos: «Desejo há muitos anos ir ter convosco» (Rm 15, 23). Mas este desejo era constantemente reprimido pelo espírito de Cristo, porque Roma devia ser o domínio de Pedro.

Depois de um brevíssimo descanso, os três viajantes desceram a Trôade, onde, ao que parece, não existiam nem sinagoga nem qualquer grupo importante de judeus. A fim de preparar o terreno, Paulo certamente travava aqui e ali conversas sobre temas religiosos; nessa cidade portuária, não seria difícil encontrar pessoas com quem falar: todos os dias chegavam e partiam navios para a Europa. Paulo, indeciso, não sabia que fazer. Tantos navios ancorados! Qual escolheria? Então o Senhor interveio novamente e trouxe ao seu encontro o médico antioquenho *Lucas*, já conhecido de Paulo e talvez batizado por ele. É razoável deduzir este encontro do fato de o autor dos Atos dos Apóstolos se incluir entre os companheiros do Apóstolo a partir deste momento, fazendo sempre uso da palavra «nós».

Lucas tinha sido antes um prosélito. Eusébio afirma que era natural de Antioquia, e os seus extraordinários conhecimentos da arte náutica permitem-nos concluir que nasceu numa cidade marítima ou que viajou muito. Os médicos gregos percorriam todo o mundo. É admissível que Lucas exercesse a sua profissão em cidades marítimas, como Trôade, e talvez até tivesse cuidado de Paulo, que ainda não estava totalmente restabelecido da sua doença.

Este feliz encontro veio a converter-se numa das mais frutuosas amizades da história do cristianismo. Excetuado o tempo entre a primeira e a segunda estada de Paulo em Filipos, encontramos Lucas permanentemente em companhia do Apóstolo. Compartilhou também o seu primeiro e segundo cativeiro em Roma, e é citado três vezes por Paulo nas Epístolas do cativeiro. A primeira, na Epístola aos Colossenses (4, 14): «Saúda-vos Lucas, o médico muito amado»; nestas palavras ressoa o profundo reconhecimento do enfermo Paulo pela assistência médica do seu fiel amigo. Na Epístola a Filêmon, cita-o entre os seus colaboradores. E depois, preso em Roma pela segunda vez, escreve a Timóteo com certa inquietação: «Só Lucas está comigo» (2 Tm 4, 11). Segundo uma antiga tradição, Lucas nunca se casou e, depois da morte do Apóstolo, trabalhou na Acaia. Morreu na Beócia, aos oitenta e quatro anos de idade, e foi enterrado em Tebas.

F. B. Mackay investigou as expressões médicas usadas no Evangelho de São Lucas e nos Atos dos Apóstolos, e concluiu que Lucas estudou medicina em obras gregas. Nas universidades gregas, o estudo da medicina estava equiparado ao estudo da filosofia, e assim é provável

V. A SEGUNDA VIAGEM DE MISSÃO

que, no mundo social de então, Lucas tivesse a mesma categoria de que desfruta um médico dos nossos dias.

Três facetas típicas, genuinamente gregas, nos chamam atenção no retrato do seu caráter. Em primeiro lugar, o seu prazer em viajar e sobretudo o seu amor ao mar, que o tornava muito simpático ao Apóstolo. As suas indicações precisas sobre a navegação e as linhas marítimas provam-nos que exerceu a sua profissão especialmente em cidades costeiras ou que talvez tivesse sido médico de bordo. Na Antiguidade, ninguém viajava por prazer, mas apenas quando os deveres profissionais obrigavam a isso. É provável também que conhecesse um desses múltiplos «itinerários» ou roteiros elaborados pelo espírito prático dos romanos para uso dos viajantes, dos quais a conhecida «Tábua peutingeriana» nos permite formar uma ideia[18].

---

(18) A chamada Tabula peutingeriana é cópia de um mapa das estradas do Império Romano, desenhado por um certo Castório, no século IV, com base nos itinerários confeccionados pelos romanos para uso dos viajantes, análogos aos nossos guias rodoviários atuais. Conserva-se na Biblioteca Nacional de Viena, sob a forma de onze folhas de pergaminho; no original, constituía uma larga faixa com cerca de sete metros de comprimento, que era enrolada em torno de um bastão de madeira. Desaparecida durante muito tempo, foi redescoberta em 1507 por um certo Conrad Peutinger, de Augsburgo, e depois de diversas vicissitudes chegou às mãos do príncipe Eugênio, da Áustria.

Os contornos das costas que se podem descobrir nele estão fortemente deformados, como se se vissem num espelho convexo. Apesar de o mapa mostrar somente uma parte das estradas romanas (cerca de 70000 milhas romanas, de mais ou menos 1,5 km cada), permite-nos ter uma ideia bastante aproximada do que os romanos realizaram em matéria de construção de estradas pavimentadas e meios de comunicação. Com efeito, na época de Paulo, pode-se dizer que todo o Império se encontrava em constante movimento: desde o Imperador e os governadores de províncias com o seu séquito, até os funcionários, estafetas, militares, escravos a serviço do correio imperial e dos correios privados, filósofos e pregadores pagãos ambulantes, charlatães e feiticeiros judeus, médicos e comediantes gregos, bem como missionários cristãos.

Todas as estradas tinham as suas positae stationes (paradas ou «postas»), mansiones (refeitórios), tabernae (tavernas), mutationes (lugares onde se podiam trocar os cavalos). Ainda hoje se veem, à beira das estradas romanas, grandes pedras quadradas para montar e apear-se do cavalo.

A principal equipagem do viajante (segundo Plauto) consistia na espada (lembremo-nos de Pedro no Horto das Oliveiras; cf. também Lc 22, 36-38), no manto, num frasco com azeite para ungir os pés e as luxações doloridas. Das recomendações de Cristo aos setenta e dois discípulos, podemos também deduzir que se costumava levar uma bolsa para pão, uma bolsa de viagem (que, no caso dos pobres, se reduzia a um saco de mendigo), manto, dupla muda de roupa interior, uma pequena quantidade de dinheiro, túnica e cíngulo, e sandálias. (Cf. A.Steinmann e K.Miller).

A segunda característica é o seu talento de escritor. Possuía uma excelente cultura grega, exprimia-se com facilidade e elegância e era observador atento e cronista consciencioso. Colheu informações precisas sobre a vida de Jesus, desde o nascimento até a Ascensão, e consignou tudo com o maior desvelo em folhas de pergaminho, para mais tarde compor um livro com testemunhos verbais e oculares. Exprimia-se num grego mais puro do que todos os outros autores do Novo Testamento, o que faz pensar que recebeu formação em uma das três universidades gregas – Atenas, Alexandria ou Tarso –, mais provavelmente nesta última; é possível que conhecesse Paulo desde então. Como todos os escritores da Antiguidade, nunca fala de si na primeira pessoa, a não ser no prólogo do seu Evangelho (cf. Lc 1, 3); modestamente, conserva-se sempre em segundo plano.

O terceiro traço típico do seu caráter é a afabilidade, o seu temperamento conciliador, a nobreza da sua alma de rara delicadeza, a sua fidelidade até à morte. É um admirador do Apóstolo, mas sempre permanece independente e moderado nas palavras e nas ideias. Todo o Oriente, com as suas paixões bruscas, impetuosas e inconstantes, está descrito nas suas narrativas com pinceladas firmes e objetivas. É um pintor da palavra, não da cor.

Este homem calmo e ponderado havia de ser o biógrafo de um dos mais apaixonados discípulos do Senhor. Como são preciosos os laços de amizade pessoal, tanto para os homens como para o reino de Deus! Pela radiante luz que jorra da vida de Paulo, também Lucas alcançou uma celebridade universal, e a sua obra revestiu-se de imensa importância para o desenvolvimento da história do mundo. A Providência oferece-nos assim dois quadros vivos da Igreja nascente: um, traçado pela mão ardente de Paulo nas suas Epístolas, em vibrantes imagens de lutador; o outro, pelos dedos calmos e firmes do cirurgião que manejava com igual segurança o bisturi e a pena. O Oriente e a Grécia uniram assim as suas mais belas qualidades: a profundidade e o ardor da visão profética de Paulo e a clara suavidade do pensamento de Lucas.

Não há dúvida de que Lucas, que estava em estreito contato com a Macedônia, foi o primeiro a atrair os pensamentos do Apóstolo para essa direção. Uma tarde, Paulo encontrava-se com os seus amigos na praia onde, por assim dizer, a Ásia e a Europa se dão as mãos, con-

V. A SEGUNDA VIAGEM DE MISSÃO

versando com marinheiros da Macedônia. O seu olhar perdia-se nas montanhas da Samotrácia, douradas pelos últimos reflexos do poente, e as ondas do desejo invadiam a sua alma de Apóstolo. As imagens do dia povoaram as suas visões à noite; numa delas, o sentido do seu olhar anelante tornou-se-lhe absolutamente claro. Do outro lado do mar, para além das montanhas da Samotrácia, viu a figura de um macedônio que estendia as mãos em súplica e lhe dizia: «Passa à Macedônia e ajuda-nos!» Era o grito da Europa pedindo o cristianismo. Da Macedônia partira um dia um juvenil herói de vinte e dois anos, levando ao Oriente os dons do Ocidente, a língua e a filosofia gregas: agora, espiritualmente depauperado, o Ocidente vinha pedir ao Oriente o seu belo dom. Sabemos hoje que nos sonhos se espelham muitas vezes simbolicamente os mais profundos desejos do homem. Este sonho permite-nos também vislumbrar a alma de São Paulo absorta num único e grande pensamento vital: levar Cristo e a sua mensagem até os confins do mundo.

A civilização ocidental tomou um novo rumo graças ao encontro entre Paulo e Lucas e graças a essa visão onírica tão impressionante. No dia seguinte, o Apóstolo contou o sonho aos seus companheiros e todos foram da mesma opinião: o aviso vinha do Senhor. «E logo que teve essa visão, procuramos partir para a Macedônia, certos de que Deus nos chamava para ir lá evangelizar». *Passa à Macedônia e ajuda-nos...*

O caminho não era longo; uma travessia de dois dias unicamente. Mas a palavra não se devia entender apenas no seu sentido material, mas também na sua acepção espiritual e cultural. O caminho a percorrer era, pois, muito longo. A maneira de ser e de pensar dos sírios, frígios e demais orientais estava relativamente próxima do espírito judaico; mas a cultura helênica e sobretudo a civilização romana ainda eram estranhas ao Apóstolo. Paulo teria de modificar-se interiormente para fazer-se «grego com os gregos e romano com os romanos».

Passa à Macedônia... Este apelo dirige-se sempre de novo à Igreja. Ela tem de se adaptar à maneira de pensar, de viver e de sentir de todos os povos e raças, sem lhes abafar as qualidades naturais, valiosas e boas, dadas por Deus, pois isso não seria ir ter com os outros. A Igreja tem de falar aos povos que pretende converter na própria língua deles.

Lídia, a negociante de púrpura

At 16, 11-15

Foi um grande dia na história do gênero humano aquele em que Paulo e os seus três companheiros pisaram pela primeira vez o solo da Europa. Ali, na Macedônia, vivera um povo valente, saudável e nobre, que não somente se tornara célebre no mundo inteiro pelos ousados empreendimentos do seu jovem rei, como também havia preparado o caminho do Evangelho séculos antes. Com uma simplicidade e grandeza admiráveis, diz a Sagrada Escritura no princípio do primeiro livro dos Macabeus: «Ora, aconteceu que, já senhor da Grécia, Alexandre, filho de Filipe da Macedônia, derrotou também Dario, rei dos persas e dos medos, e reinou em seu lugar. Empreendeu inúmeras guerras, apoderou-se de muitas cidades e matou muitos reis. Avançou até os confins da terra e apoderou-se das riquezas de vários povos, e a terra emudeceu diante dele. [...] Por fim adoeceu e viu que a morte se aproximava». Mesmo os maiores entre os homens, quer se chamem Alexandre quer César, não passam de batedores do caminho e servos de Deus, cuja missão é abrir os sulcos em que o Semeador espalhará a sua semente.

De todos os povos da Antiguidade, os macedônios foram os que mais se assemelharam aos romanos, aos quais tiveram de ceder a primazia a partir do ano 167 a.C.; os novos senhores do país dividiram-no em quatro distritos, dos quais os mais importantes foram Tessalônica e Filipos. Ao aproximar-se por mar, Paulo pôde avistar de longe o templo de Diana, na pequena cidade marítima de Neápolis (hoje Kawalla), situada sobre um promontório rochoso banhado pelo mar. Um círculo traçado no lajedo da igreja de São Nicolau relembra ainda hoje o lugar em que desembarcou. De lá, atravessou a pequena cidade e subiu a encosta do monte Pangeu, em parte pela *Via Egnatia*, em parte por uma vereda cavada na rocha, até chegar à altura de um desfiladeiro de onde podia abarcar com os olhos uma ampla vista para o norte. Observou aos seus pés uma planície rica em pomares e, no outro lado do vale, sobre um contraforte da montanha, a cidade de *Filipos* com a sua acrópole.

Era uma paisagem bucólica, cheia de poesia pastoril. Segundo conta a lenda, a princesa Perséfona fora um dia arrancada a es-

V. A SEGUNDA VIAGEM DE MISSÃO

ses prados e levada até às profundidades do inferno, para ali reinar como rainha sobre as sombras dos mortos; bem se vê que todo o paganismo grego respirava um ar de tristeza e melancolia diante da morte, um sentimento que não se dissiparia enquanto não chegasse o Evangelho, arauto da imortalidade e da ressurreição. Junto do pequeno rio Gangas, haviam tombado os generais Bruto e Cássio, na luta contra Marco Antônio e Otávio pela liberdade de Roma, e agora chegavam os precursores de uma nova liberdade, os anunciadores de um outro conquistador do universo, os quais, sem espada, iriam fazer mais pela libertação do mundo do que todos os paladinos da liberdade juntos. Naquele campo de batalha, forjara-se a coroa imperial da casa de Augusto, que por isso elevara Filipos à categoria de colônia militar romana, com direitos de cidade italiana e isenção de impostos.

Os veteranos prezavam-se de ser autênticos romanos e tinham trazido com eles, além das suas divindades Minerva, Diana, Mercúrio e Hércules, a honradez e a nobre conduta dos romanos. Estavam ligados à capital do mundo e a Júpiter Capitolino pela estrada militar romana que atravessava toda a Macedônia, de leste a oeste, e que para além do Adriático seguia até Roma. Filipos tornara-se, pois, uma cidade provincial tipicamente romana, uma miniatura da Urbe, com o seu foro, o seu teatro, a sua acrópole e as muralhas fortificadas. Os cidadãos orgulhavam-se de possuir leis favoráveis à liberdade, e todos os anos elegiam dois governadores ou *arcontes*, também chamados *estrategas* pelo povo, à maneira dos cônsules romanos; e quando estes se dirigiam ao foro para ditar sentenças, eram precedidos por dois litores com o *fasces* e o *segur*, símbolos da autoridade.

No meio destes romanos viviam ainda os descendentes dos antigos habitantes da Macedônia e da Trácia, que o rei Filipe havia estabelecido ali para que extraíssem o ouro dos filões do Pangeu. Eram homens pouco acessíveis, duros, altivos e teimosos, e mulheres de modos livres e ansiosas de independência, que falavam com ardor sobre política e tomavam parte nas eleições e revoltas populares. Se se convertessem ao cristianismo, poderiam exercer uma grande influência sobre os povos vizinhos. As misteriosas doutrinas órficas da Trácia tinham-se infiltrado no ânimo deste povo, com os seus hinos sublimes e as suas ideias de imortalidade, e o fervor religioso contagiara sobretudo as almas femininas, mais sensíveis às coisas sobrenaturais. Filipos prometia ser um dos mais gratos campos de missão.

Nos dias seguintes, os quatro companheiros lançaram a sonda em busca de perspectivas e pontos de contato para a pregação do Evangelho. Em Filipos havia poucos judeus e não existiam sinagogas, pois faltava o número de escribas requerido pela lei rabínica para formar um tribunal. Mas, se não tinham direito a uma sinagoga, deviam pelo menos dispor de uma praça murada ou vedada por sebes, como lugar de oração, pois os rabinos sabiam muito bem que, sem exercícios públicos de religião, o povo resvalaria para a indiferença ou para o ateísmo. Lucas informou-se desse local e, no sábado, conduziu os companheiros para fora das portas da cidade, ao longo do rio Gangas. Em breve descobriram a praça, cercada por um muro baixo, mas só encontraram lá, para sua surpresa, algumas mulheres, em parte judias, em parte pagãs piedosas, entregues às orações da manhã. Ao fundo, o Pangeu erguia o seu majestoso cume nevado, e ao lado o arroio murmurava a sua melodia. Estas mulheres não possuíam grande ciência, é verdade, mas animava-as uma viva inquietação religiosa, e, a quem a possui, Deus leva-o mais longe.

Na presença dessas boas mulheres, Paulo pôde dar livre curso ao seu coração; na verdade, só raramente voltaria a encontrar, no decorrer de toda a sua vida, um público mais agradecido. Distinguia-se no grupo, pelo seu vivo interesse religioso, uma senhora bem-vestida que não era de Filipos; tratava-se de uma pagã temente a Deus, oriunda de Tiatira, uma rica comerciante que, após a morte do marido, de quem nada sabemos, continuara a dirigir o seu estabelecimento na cidade, «negociando em púrpura». A sua cidade natal era conhecida desde os tempos de Homero pelo seu mercado de púrpura, tecido precioso para cujo comércio era necessário possuir um capital abundante. *Lídia* possuía uma dessas almas tão naturalmente cristãs que, ao ouvir falar de Jesus, logo o reconheceu como o Caminho, a Verdade e a Vida. Também assistiram a essa palestra matutina as senhoras Evódia e Síntique, que mais tarde haveriam de desentender-se, e que São Paulo exortou afetuosamente, na Epístola aos Filipenses (4, 2), a ter «os mesmos sentimentos no Senhor».

Devemos agradecer a Lucas as belas palavras com que descreve a conversão de Lídia, reveladoras da sutileza com que analisa o coração

V. A SEGUNDA VIAGEM DE MISSÃO

feminino e a obra da graça. «O Senhor abriu-lhe o coração para atender às coisas que Paulo dizia». Era uma mulher prudente e reflexiva. Habituada aos negócios, sabia examinar tudo com ponderação; mas, neste caso, não duvidou nem refletiu um só instante: com uma rapidez extraordinária, decidiu-se a receber o Batismo. É possível que nesse mesmo dia, na noite do sábado para o domingo, Paulo se tenha dirigido com as recém-convertidas até o sussurrante Gangas, onde se realizaria a cerimônia do batismo.

A resoluta Lídia, dotada de um temperamento enérgico e da vigorosa voz de mando de uma dona de casa, em breve conduziu ao Batismo todos os agregados da sua casa. Mais ainda, dada a sua transbordante capacidade de ação, é de suspeitar que atuasse não só em Filipos, mas também na sua terra natal, Tiatira, e merecesse aquele louvor que João, no Apocalipse, dirige ao anjo da comunidade de Tiatira: «Conheço as tuas obras, a tua caridade, a tua fé, os teus serviços, a tua paciência» (Ap 2, 19).

O seu segundo ato como cristã foi convidar os missionários a deixar o albergue em que estavam instalados e mudar-se para o seu espaçoso sobrado. «Se julgais que sou fiel ao Senhor, entrai em minha casa e ficai nela», dizia. Era um convite sensato, e Lídia realmente tinha bons motivos para fazê-lo: a sua casa tinha condições de abrigar as reuniões do serviço divino da futura comunidade cristã. Além disso, quem lhe levará a mal se o seu orgulho de cristã, as suas inclinações maternais e a sua ambição feminina encontravam uma certa satisfação em dar asilo à primeira Igreja e em velar pelos missionários? «E forçou-nos a isso», acrescenta São Lucas, divertido. Foi uma grande alegria para ela o fato de São Paulo ter aceitado o seu convite; e assim, é natural que se tivesse tornado uma coluna da Igreja apostólica e uma amiga maternal do Apóstolo, de todos os mensageiros da fé, bem como de toda a jovem comunidade. Quando Paulo escreveu mais tarde: «Vós também sabeis, ó filipenses, que no princípio do Evangelho, quando parti da Macedônia, nenhuma Igreja a não ser a vossa comunicou comigo quanto a dar e receber, porque, estando em Tessalônica, me mandastes uma e duas vezes o que me era necessário» (Fl 4, 16), certamente tinha presente a figura de Lídia, por cujas mãos devem ter passado muitas dessas dádivas.

Quem havia de imaginar que o Evangelho penetraria na Europa de uma forma tão calma e discreta? Não solenemente, como no Areópago, diante dos filósofos; não dramaticamente, como em Chipre, perante o homem de Estado; mas suavemente, como o orvalho de um delicado amanhecer no Oriente. Estas tonalidades de sentimento, suaves e contudo vigorosas, tinham sido introduzidas no Evangelho por *mãos femininas* já desde o tempo de Jesus, e continuam a distinguir-se claramente também em Filipos. Quando o Evangelho chegou à Europa, chegou primeiro através das mulheres, como também na Samaria tinha sido uma mulher quem recebera os primeiros ensinamentos de Jesus sobre o mistério do reino de Deus. Junto da cruz, as últimas a partir tinham sido as mulheres, como seriam elas as primeiras junto do sepulcro vazio. Nos tristes episódios da hipocrisia, do ódio, da perseguição, do insulto, da deserção e da fuga covarde, não encontramos no Evangelho uma única mulher. É verdade que os homens, como mensageiros da fé, missionários e representantes dos interesses religiosos, sobressaem mais à luz dos refletores da história; mas, onde estaria a Europa cristã sem a mulher cristã, como mãe, esposa, irmã, sem o auxílio virginal e maternal daquela que se curva sobre a miséria em todas as suas mil facetas?

Paulo teve uma fina intuição deste aspecto da feminilidade e foi o primeiro a servir-se dos atributos da mulher para a obra da evangelização. Apreciava extraordinariamente as mulheres dotadas de engenho, como aquela Priscila que instruiu o douto Apolo. Nas suas cartas, é frequente encontrarmos saudações e louvores às mulheres. Reconhece os serviços prestados por Cloé em Corinto, os de Febe em Cêncreas, a quem confia a sua Epístola aos Romanos, e exalta o temperamento tão feminino da mãe de Rufo, que foi também uma mãe para ele. Quando escreve ao rico comerciante Filêmon, não se esquece de saudar a mulher deste, Ápia. Aprecia, sobretudo, o trabalho da dona de casa e a sua missão de educadora, pela qual a mulher ganha o céu. Venera as filhas de Filipe de Cesareia, dotadas de carismas proféticos. Ocupa-se também ativamente das corajosas viúvas, zelosas no terreno da caridade e a quem a comunidade tinha o dever de sustentar (1 Tm 5, 3-16). Profundo psicólogo, sabe observar todos os lados bons do caráter feminino. As nobres mulheres de Filipos erguem-se às portas da Europa como santas figuras, como se quisessem recordar a todas as

V. A SEGUNDA VIAGEM DE MISSÃO

suas irmãs do continente a sagrada missão que lhes incumbe dentro da Igreja cristã, onde devem ser as sacerdotisas a quem foi confiada em primeiro lugar a divina chama do fogo sagrado, a chama que conferiu ventura e grandeza a essa parte do mundo.

Mas também não devemos esquecer macedônios tão nobres como Epafrodito, a quem Paulo chama seu «companheiro de armas, combatente e colaborador», que visita o Apóstolo prisioneiro em Roma e lhe leva presentes, bem como Clemente e Sízigo (se este realmente for um nome próprio) e muitos outros que estão ao lado das santas mulheres e defendem a verdade cristã com tal perseverança que Paulo tem a certeza de que os seus nomes «estão escritos no livro da vida» (Fl 4, 3).

Nenhuma comunidade foi tão amada por Paulo como a de Filipos. Ela foi, no solo da Europa, o seu primeiro amor, a «sua alegria e a sua coroa» (Fl 4, 1). «Deus me é testemunha de que vos amo a todos nas entranhas de Jesus Cristo» (Fl 1, 8).

A necromante

At 16, 16-23; cf. 1 Ts 2, 2

A fundação da Igreja de Filipos é um dos episódios mais interessantes e mais instrutivos da vida da Igreja primitiva, pois nos permite estudar o nascimento, em pleno mundo romano, de uma comunidade composta na sua maioria de pagãos convertidos, e assim observar mais de perto a mentalidade e a pobreza espiritual do paganismo.

Paulo e Silas tinham conquistado já, entre os habitantes da cidade, um grande número de excelentes cristãos e de amigos dedicados, que ora se reuniam ao ar livre, debaixo dos plátanos nas margens do Gangas, ora em casa de Lídia. As boas mulheres faziam um excelente trabalho de apostolado. Após os trabalhos do dia, havia uns momentos de agradável repouso e de conversa cordial nesse círculo de amigos. Curiosamente, os Atos dos Apóstolos quase não referem este aspecto claro e belo da atividade apostólica, o convívio afetuoso e íntimo entre os Apóstolos e os neo-cristãos, que só descobrimos com certo esforço nas entrelinhas da Epístola aos Filipenses. Estas pinceladas humanas dispostas aqui e ali nas cartas de São Paulo são como serenos vales laterais entre rudes penhascos de montanha. Mas o interesse de Lucas, o historiador da missão apostólica, centra-se nas asperezas e dificuldades, pois os Atos dos Apóstolos são um livro heroico, uma epopeia, e descrevem de preferência os dias de luta, mal indicando as temporadas serenas que há nos intervalos. Deseja mostrar assim que em toda parte os primeiros êxitos apostólicos se deveram ao sofrimento, e que toda a nova conquista tinha de empapar-se do suor e do sangue dos Apóstolos. Nessa época, como em todas, recebia-se o mensageiro de Deus a pedradas.

Mais uma vez, foi uma mulher quem imprimiu uma nova direção à história do Evangelho em Filipos. Mas não se tratava de uma Lídia judiciosa e prudente, e sim de uma moça histérica, uma médium espírita. No caminho que conduzia ao local onde os missionários se reuniam para rezar, ensinar os convertidos ou ganhar novos prosélitos, vivia uma jovem escrava que se comunicava com o mundo dos espíritos. Estava possuída de um espírito pitônico ou oracular e colocada sob a proteção de Apolo, o deus dos vaticínios. Nos seus transes hipnóticos, era também ventríloqua e imitava as mais diversas vozes dos espíritos dos infernos, nas mais diversas línguas; era capaz de ler os pensamentos mais secretos das pessoas e anunciar-lhes os seus destinos futuros. Semelhantes adivinhas desfrutavam, então como hoje, de uma nutrida clientela e, na sua condição de escrava, a moça constituía uma notável fonte de receitas para os seus amos. Por uma escrava assim, pagava-se bom preço.

No caso relatado pelos Atos, é provável que essa escrava estivesse a serviço de uma corporação de sacerdotes pagãos, que exploravam os seus dotes. Quando Paulo passava por ela, a sua irradiação espiritual – segundo parece – excitava particularmente essa pobre criatura, que corria atrás dos mensageiros da fé e gritava: «Estes homens são servos do Deus altíssimo, que vos anunciam o caminho da salvação». Não é que a moça conhecesse a verdade cristã; pelo contrário, possuída por um demônio, encontrava-se sob a pressão deste e dava testemunho do poder superior que reconhecia em Paulo e Silas mesmo contra a sua vontade.

O epíteto de *Altíssimo*, originariamente judaico, que a moça empregou, tinha sido adotado nessa época pelos cultos pagãos da Ásia Menor, e aplicava-se a Zeus, a Átis ou a Sabázios (uma corruptela

V. A SEGUNDA VIAGEM DE MISSÃO

do hebraico *Sabaoth*, «[Deus] dos exércitos», nome com que a Bíblia muitas vezes designa Javé, o Deus verdadeiro). A crença de que alguma dessas divindades se apossava das pessoas que estavam sob a sua proteção especial e as convertia em mensageiros seus era comum entre os iniciados nos mistérios órficos e dionisíacos, tão difundidos na Macedônia desde havia muito tempo. Os seus adeptos costumavam aspirar a esse tipo de relação mágica e redentora com as divindades. Mas a religião cristã é revelada e, com a sua clareza superior à própria razão, rejeita da forma mais absoluta o mundo sombrio dos demônios e do irracionalismo, como rejeita qualquer declaração oriunda do inferno ou do reino do inconsciente. Cristo nunca aceitou o testemunho dos possessos que gritavam à sua passagem.

Da mesma forma, Paulo também percebeu imediatamente que os gritos daquela moça provinham de forças hostis a Deus, e compreendeu que não tinha o direito de comprometer o Evangelho: precisava evitar a todo o custo a suspeita de que a religião de Cristo pudesse ter qualquer relação com as forças da magia. Como outrora na ilha de Chipre e em Listra, o Apóstolo encontrava-se novamente diante dessa potência terrível, símbolo do paganismo, que tiranizava o mundo antigo e a humanidade ainda não redimida: a *invasão dos poderes demoníacos* na esfera humana. Tinha de provar a superioridade do cristianismo em relação ao reino dos demônios, mesmo que corresse o risco de levantar todo o inferno contra a sua pregação. A pobre moça, porém, mereceu-lhe piedade e consideração, porque não estava em luta direta contra a verdade, como o desvairado mago de Chipre.

Ordenou, pois, com um brado que, em nome de Jesus, o demônio deixasse a possessa. Nesse momento, desfizeram-se a expressão rígida do semblante da escrava e a crispação em que se debatia a sua alma, e a moça sentiu que lhe voltavam as forças da razão e da livre vontade, como se viessem de muito longe. O suave poder de Cristo penetrou na sua alma e a sua renascida fortaleza de espírito encheu-lhe os olhos de lágrimas de agradecimento ao seu salvador. Sentiu-se libertada do poder sinistro e entregue novamente a si mesma, e é razoável supor que a partir desse momento se tenha dedicado ao serviço de Jesus, como aquele possesso do Evangelho que, depois de ter sido exorcizado, se sentou calmamente aos pés do divino Mestre, ou como Maria de Magdala que, depois de ter sido libertada de sete demônios por

Cristo, se tornou mais tarde a primeira mensageira da Ressurreição (Mc 16, 9-10).

Se realmente a moça estava ao serviço de uns sacerdotes pagãos, possivelmente do deus Apolo, é fácil compreender a veemência com que esses personagens ávidos de dinheiro mobilizaram toda a população pagã e mesmo as autoridades civis contra Paulo e Silas. Até aquela altura, os inimigos de Paulo tinham sido, na maior parte das vezes, os judeus, que o atacavam sempre que lhes tocava na religião; os pagãos, pelo contrário, só se encolerizavam quando se tratava de dinheiro. A mesma coisa aconteceria mais tarde em Éfeso. A arte divinatória não era contemplada pela lei, e portanto uma ação por perdas e danos teria poucas probabilidades de êxito; os acusadores procuraram, por isso, transferir a acusação para o terreno político e nacionalista: «Estes homens amotinam a nossa cidade, sendo judeus. Pregam um gênero de vida que não nos é lícito admitir nem praticar, sendo romanos». Havia algo de verdade nessa frase: Paulo e Silas, efetivamente, anunciavam uma religião que se chocava com os costumes e usos da colônia romana. O autêntico cristianismo sempre arranca os homens à sua tranquilidade; não é uma simples maneira de pensar, que a nada obriga, mas uma forma de vida. Por sua causa, com certeza se produziriam, nas famílias de Filipos, muitas separações entre marido e mulher, entre pais e filhos.

Não era fácil aos pretores conservar a serenidade no meio do tumulto que se levantou, e menos ainda aos acusados ter ocasião de defender-se ou de fazer-se ouvir. Como se tratava somente de dois judeus desconhecidos, vindos de longe, os pretores não se deram ao trabalho de inquirir que gênero de pessoas eram, e condenaram-nos sumariamente aos açoites. A aguda voz de comando romana ecoou fortemente aos ouvidos do público: «*Lictor, expedi virgas ad verbera!*: Desata os feixes, açoita-os com as varas!» Como se vê, a célebre justiça romana deixava por vezes a desejar nas cidades de província.

É natural que nos ocorra uma pergunta: não lemos em parte alguma que Paulo e Silas protestassem, como cidadãos romanos que eram, contra a execução desse castigo; por quê? Sabemos que os funcionários subalternos das cidades romanas em que havia litores menosprezavam com frequência o direito civil romano; mas, mesmo assim, os dois missionários sempre poderiam ter feito alguma tentativa. Não é

V. A SEGUNDA VIAGEM DE MISSÃO

fácil, pois, dar uma resposta satisfatória. Talvez o burburinho tenha sido tão forte que afogou todos os seus protestos; com efeito, os Atos dos Apóstolos (16, 37) indicam que não foram autorizados a falar em sua defesa.

Outra hipótese é que Paulo e Silas fossem insensíveis à desonra, inacessíveis aos sentimentos normais da dignidade humana. Mas não é razoável admitir essa insensibilidade num homem que jamais aceitou uma única esmola por pundonor. Este problema, portanto, não encontra solução se não nos situarmos num ponto de vista sobrenatural: Paulo só apelava para os seus direitos de cidadão romano quando a causa do Evangelho o aconselhava. E sem dúvida seria benéfico para ela se os mensageiros da fé se submetessem agora a esse sacrifício sangrento, porque, mediante esse processo ilegal, sem uma investigação em toda a regra, as autoridades tornavam-se culpadas de uma grave infração da Lei Valéria. Paulo passava, pois, a ter os juízes na mão; no dia seguinte, vemos as autoridades, já conscientes do erro cometido, tremerem diante dele.

O mundo em que o Apóstolo teve de viver era duro e cruel, como ele mesmo dirá mais tarde na Epístola aos Romanos, apontando a desumanidade e a insensibilidade como características do paganismo. Na verdade, o velho mundo perdeu-se por falta de amor. Esse mundo só podia ser vencido pelo mais alto amor manifestado no martírio. Paulo não era homem para aceitar o sacrifício apenas em pensamento, como o faz todo o homem banal, que, mal vê a perspectiva do martírio despontar no horizonte, atrela seis cavalos ao carro do destino ou da vontade de Deus, tentando conduzi-lo na direção oposta. Também neste sentido Paulo era um grande realista, preparado para todas as eventualidades por meios realmente extraordinários: «Em todas as coisas nos mostramos como ministros de Deus, com muita paciência nas tribulações, nas necessidades, nas angústias, nos açoites, nos cárceres, nas sedições, nos trabalhos, nas vigílias, nos jejuns; [...] entre a glória e a ignomínia, entre a infâmia e o bom nome; como sedutores, embora verazes; como desconhecidos, embora conhecidos; como moribundos, mas ainda agora vivos; como castigados, mas não amortecidos; como tristes, mas sempre alegres; como pobres, mas enriquecendo a muitos; como não tendo nada, mas possuindo tudo» (2 Cor 6, 4-10). Considerava a existência como uma luta nas Olimpíadas, no estádio, e não receava esforço algum nessa espécie de treinamento da vontade para alcançar a coroa da glória: «É por isso que não desfalecemos. Antes, pelo contrário, embora se destrua em nós o homem exterior, todavia o interior vai-se renovando de dia para dia» (2 Cor 4, 16). Um homem de semelhante critério não é facilmente vencido pelo mundo.

Na prisão de Filipos

At 16, 23-40

Ainda hoje se veem na parte baixa da cidade de Filipos quatro fustes de colunas, derrubados pelo chão, que foram outrora testemunhas dos padecimentos do Apóstolo. É provável que Timóteo e Lucas estivessem ausentes, e só viessem a saber dos acontecimentos mais tarde, ou tivessem de esconder-se para não serem também envolvidos no processo judicial. Mas os tormentos ainda não tinham chegado ao fim.

Paulo e Silas foram lançados num cárcere escuro e nauseabundo, situado no bairro alto da cidade, na acrópole; as suas celas estavam parcialmente cavadas na própria rocha e fechadas com portas e ferrolhos de madeira. Os seus pés foram atarrachados com parafusos num cepo de madeira, e o pescoço e as mãos encerrados em anéis de ferro, ligados por uma corrente a um gancho fixado na parede. Tinham de manter-se sentados, imóveis, com a parte superior do corpo hirta. As costas doíam-lhes, as feridas abertas ardiam-lhes, as equimoses ensanguentadas queimavam como se fossem agulhas esbraseadas que os picassem. Das celas vizinhas escapavam pragas, gritos, lamentações e gemidos. Mas... que era aquilo? Depois da rendição da guarda, no começo da terceira vigília da noite, começou a ouvir-se um cântico jubiloso, como nunca os muros daquela prisão tinham escutado: a princípio, não passava de um leve murmúrio doloroso; depois, a voz cresceu, sonora e radiante, tão forte que as paredes ressoavam. Os companheiros de sofrimento interromperam as suas pragas e emudeceram um após outro. Em silêncio e atônitos, escutavam:

V. A SEGUNDA VIAGEM DE MISSÃO

*Quando o Senhor reconduziu os cativos de Sião,
estávamos como pessoas que sonham.
Em nossa boca só havia expressões de alegria,
e em nossos lábios um cântico de triunfo.
Entre os pagãos dizia-se:
«O Senhor fez por eles grandes coisas».
Sim, o Senhor fez por nós grandes coisas;
ficamos exultantes de alegria!
Mudai, Senhor, a nossa sorte,
como as torrentes nos desertos do Sul.
Os que semeiam entre lágrimas
colherão com alegria.
Na ida caminham chorando
os que levam a semente a espargir.
Na volta, virão com alegria,
quando trouxerem os seus feixes.*

(Sl 125)

Alguns críticos duvidam da realidade desta cena por considerá-la inverosímil. Mas, se a examinarmos à luz da antiga liturgia cristã, não só descobriremos que é verdadeira, como perceberemos o seu mais belo e grandioso significado. Segundo os costumes da Igreja no século II, que remontam, de acordo com os peritos, ao tempo apostólico, era normal os cristãos levantarem-se à meia-noite para rezar: «À meia-noite, levanta-te, lava as mãos e ora; e se a tua mulher for pagã, vai para outro quarto e ora ali». O motivo desta tradição tem raízes muito profundas: «Assim no-lo transmitiram os nossos pais, porque a essa hora toda a criação se recolhe por um momento para louvar o Senhor: as estrelas, as árvores, os rios, os anjos e as almas dos justos». Esta bela disposição derivava talvez de umas palavras do livro da Sabedoria: «Quando um profundo silêncio envolvia todas as coisas e a noite chegava ao meio do seu curso, a vossa palavra todo-poderosa desceu dos céus e do seu trono real» (Sab 18, 14). Também se esperava que Cristo, quando viesse pela segunda vez, voltasse à meia-noite, e os dois prisioneiros certamente teriam presente esta ideia. Assim o conceito do tempo, que os antigos representavam como um deus do destino envolto em serpentes e com cabeça de leão, ganhava um novo e mais alto significado pelo simbolismo cristão[19].

Era algo absolutamente inusitado, incompreensível, ouvir hinos de louvor da boca dos prisioneiros, ao invés dos habituais alaridos e maldições. Que Deus seria aquele que lhes incutia tamanha fortaleza?, perguntavam-se todos os que os escutavam. É que realmente se tratava de servos e enviados de um novo Deus, e eles cantavam uma nova melodia, que o mundo nunca havia escutado antes, pois essa melodia nasceu com o cristianismo e vem sendo cantada de mil formas pelos seus seguidores. São Francisco de Assis viria a exprimi-la belamente no Cântico do Sol: «Bendito sejas, Senhor, pela nossa irmã, a morte».

Paulo e Silas estavam seguros da sua causa: o Senhor, que libertara Pedro do cárcere, não os esqueceria. E assim como naquela noite em casa de Maria, mãe de Marcos, os fiéis se haviam reunido para rezar por Pedro, da mesma forma os cristãos de Filipos se encontravam nesse momento reunidos em fervorosa oração na casa de Lídia, em volta de Timóteo e Lucas. E o Deus que se serve dos anjos, da tempestade

---

(19) A ideia do destino e o medo perante o destino encontravam-se profundamente arraigados na alma grega. A partir do século IV a.C., encontram-se cada vez com maior frequência referências a diversos «poderes» do destino, como já vimos. Os próprios deuses pagãos estão submetidos à força inexorável da causalidade natural, e também o curso da História, como podemos observar por exemplo no historiador Políbio, encontra-se dominado por essa lei ineludível que rege «o eterno círculo das coisas». É por isso que o Tempo, um dos deuses do destino, é personificado por Éon, um monstro que arreganha ameaçadoramente os dentes.

Quando Paulo admoesta os colossenses: «Estai atentos para que ninguém vos seduza por meio de uma filosofia inútil e falaz e por vãs sutilezas, fundadas sobre tradições de homens, segundo os elementos do mundo e não conforme a Jesus Cristo» (Cl 2, 8), parece-nos que por «elementos do mundo» devemos entender também os deuses pagãos dos astros e do destino. É provável que o Apóstolo também se refira a eles ao descrever a luta do cristão contra «o príncipe que exerce o poder sobre este ar, espírito que agora domina sobre os filhos da incredulidade» (Ef 2, 2), ou quando recomenda aos efésios: «Revesti-vos da armadura de Deus, para que possais resistir às ciladas do demônio, porque nós não temos de lutar só contra a carne e o sangue, mas contra os principados e potestades, contra os dominadores deste mundo tenebroso, contra os espíritos malignos espalhados pelos ares» (Ef 6, 11-12).

No paganismo pré-cristão, houve muitos que se apresentaram como «redentores» da opressão do destino. Ísis era considerada pelos seus adeptos como «a dominadora de *anangké*» (a tirania dos astros), Serápis como o «salvador dos pobres». Vistas a esta luz, adquirem um profundo significado as palavras de Cristo: «Vinde a mim todos os que estais fatigados e carregados, e eu vos aliviarei» (Mt 11, 28).

V. A SEGUNDA VIAGEM DE MISSÃO

e do fogo como seus mensageiros, serviu-se do terremoto como intérprete da sua vontade.

A crítica fez reparos a este milagre, afirmando que a narrativa de Lucas, tão clara até aqui, se obscurece subitamente com a obsessão de ver por toda a parte milagres e graças surpreendentes. Mas os terremotos não são raros na região mediterrânea, sobretudo nas ilhas do Mar Egeu e na Macedônia. A singular coincidência do tremor de terra com o momento em que os Apóstolos entoavam o seu hino de louvor bem merece ser considerada como uma resposta a essa oração, como uma obra da Providência. E o resto decorreu com toda a naturalidade.

O arqueólogo William Ramsay, bom conhecedor das prisões turcas, escreve a este respeito: «Quem alguma vez visitou uma dessas prisões não se admirará de que as portas se tivessem aberto. Eram fechadas por um único ferrolho e, como o terremoto fez vibrar o solo, ao desconjuntarem-se os caixilhos, os ferrolhos desprenderam-se e as portas abriram-se de par em par. Também se soltaram as correntes, pois os cepos de madeira que as prendiam às paredes saltaram dos seus lugares quando os muros, formados apenas por pedras encaixadas, se abalaram». Nos Bálcãs, há dois mil anos que não ocorrem grandes mudanças neste estado de coisas.

O efeito psicológico de um forte tremor de terra já foi bastante estudado; a princípio, os circunstantes ficam como que paralisados, à espera de um novo abalo; mas logo que se refazem, procuram algum lugar a céu aberto, para evitar o perigo de um desabamento. Paulo e Silas, que evidentemente haviam reconhecido no fenômeno sísmico a resposta do Senhor, também se levantaram e saíram rapidamente da sua cela, que dava para um pátio fronteiriço à prisão; ali se encontravam já os outros reclusos, empenhados em libertar-se mutuamente das correntes. Os Apóstolos acalmaram-nos, impedindo-os de fugir. Entretanto, o carcereiro – o oficial encarregado da guarda – saíra correndo da sua casa e, à luz débil das estrelas, viu apenas os buracos escuros onde deviam estar as portas; julgou que todos os encarcerados se haviam evadido e, num arranque de estoicismo típico do modo de ser romano, considerou preferível o suicídio à execução pelo seu desleixo na vigilância dos presos. Já havia arrancado a espada para lançar-se sobre ela quando, da escuridão, veio uma voz forte e clara: «Não te faças nenhum mal, porque estamos todos aqui». Segundo o códice de

Bèze, todos os prisioneiros voltaram a ser encarcerados nas suas celas pelos guardas, com exceção de Paulo e Silas, que foram autorizados a permanecer no pátio.

Examinemos por um momento a reação do bem-intencionado e supersticioso oficial romano. Com os nervos profundamente abalados, vemo-lo passar num instante de um extremo para o outro: o seu desespero transmuda-se numa alegria delirante, cheia de agradecimento aos homens que lhe tinham salvo a vida. Reconhece manifestamente naqueles dois homens os mensageiros de uma divindade, como a necromante o havia apregoado pela cidade durante várias semanas. Na véspera, vira-os resistir à tortura sangrenta sem um queixume, com uma coragem sem igual, e depois ouvira-os entoar cânticos ao seu Deus; e agora, eis que esse Deus viera em sua ajuda. Percorre-o um arrepio dos pés à cabeça, e sente-se tomado de pavor diante desse poder superior cujos servidores encarcerou.

Revela-se aqui toda a inconsistência íntima do paganismo, toda a insegurança e futilidade da vida pagã; em parte alguma há princípios firmes ou luzes seguras, tudo são angústias, esperanças, impressões e sentimentos entre os quais o espírito humano flutua sem apoio. Em parte alguma se avista uma rocha firme na qual a alma possa ancorar-se. Lança-se fora a vida como uma coisa sem valor, simplesmente porque se perdeu a cabeça por um susto momentâneo. Eram homens sem qualquer relação interior com os seus deuses que, embora possuíssem olhos e ouvidos, não viam, não ouviam nem se importavam com as necessidades espirituais dos que os cultuavam. Como era diferente o Deus dos cristãos, que tornava os seus fiéis livres, alegres, felizes e fortes! «Quem me dera estar também sob a proteção de um tal Deus», pensa inconscientemente o pagão, e do mais íntimo da sua alma escapa o grito: «Senhores, que é necessário que eu faça para me salvar?» Existe, então, um Deus mais forte que os meus; que devo, pois, fazer para atrair as suas mercês? Assim pensa o paganismo.

E agora assistimos a uma das mais notáveis cenas de conversão e batismo: Paulo e Silas, considerados os seres superiores que tinham mandado vir o terremoto, são tímida e respeitosamente cercados pelos familiares e criados da casa do carcereiro, no pátio junto da fonte, iluminado apenas pela claridade das estrelas. Certamente, foi uma aula de catecismo extraordinária, essa que teve lugar no pátio

V. A SEGUNDA VIAGEM DE MISSÃO

da prisão de Filipos; é a mais rápida catequese batismal referida pelo livro dos Atos, tão rico em acontecimentos singulares. Pensemos no estado em que deviam encontrar-se os dois Apóstolos, após os terrores da véspera e as emoções daquela noite: as roupas ensopadas em sangue, a dor pungente nas têmporas, os estômagos crispados pela fome... Todavia, cumprem o seu dever com alegria. A misericórdia que sentem para com esses pobres ignorantes não lhes permite pensar no seu próprio conforto.

Não é razoável imaginar que uns pagãos ignorantes se tornassem cristãos plenamente formados de um momento para o outro. Paulo e Silas não batizavam pessoas desprovidas de qualquer preparação, só para que recebessem o batismo, mas também não se prendiam a esquemas invariáveis: se o tempo urgia, como neste caso, renunciavam a uma longa instrução dogmática, que se poderia remediar mais tarde; o principal era a comoção dos corações, a disposição de receber a graça, a *fides implicita* da alma que a faz tender naturalmente para o cristianismo, e para esta preparação os acontecimentos dessa noite tinham contribuído mais do que uma longa catequese. Os pagãos davam importância sobretudo a fatos externos, a usos e cerimônias. Quando Paulo lhes falou do Batismo, o carcereiro deve ter-lhe perguntado logo, com impaciência, tal como o fizera o eunuco da rainha da Etiópia: «Senhor, o que impede que recebamos o batismo imediatamente?» O Apóstolo sentiu a ânsia de salvação, embora inconsciente, desses bons homens, e terminou a sua lição com estas palavras: «Crê no Senhor Jesus, e serás salvo tu e a tua família». E assim, ao nascer do sol, junto à fonte da prisão, toda a família foi batizada.

A mulher do carcereiro foi a primeira a lembrar-se, logo após o batismo, de que os dois prisioneiros não tinham comido nada desde a véspera. Levaram-nos para casa e prepararam-lhes umas camas onde pudessem repousar, e o dono da casa lavou-lhes as feridas com respeitosa ternura. Depois celebraram o acontecimento com uma refeição festiva, um banquete fraterno, o ágape eucarístico; é a primeira festa de batizado em solo europeu de que temos conhecimento. Esta hora inesquecível, ao romper da manhã, deve ter tecido laços indestrutíveis de amor e fidelidade entre os Apóstolos e os convertidos. Sempre que Paulo voltou a Filipos, foi com certeza visitar o bom carcereiro; e sempre que escrevia aos filipenses, esta família devia emocionar-se ao escutar a leitura das palavras do seu amado Apóstolo no serviço divino. Diante desses êxitos e alegrias apostólicas, Paulo ter-se-á sentido profundamente consolado: sim, valia a pena sofrer pelo Evangelho!

Esta noite tão rica em acontecimentos também não passou despercebida às autoridades da cidade. O terremoto surtira os seus efeitos sobre os magistrados, despertando-lhes a consciência e lembrando-lhes que a atitude da véspera havia sido altamente censurável segundo a lei romana. De manhã cedo, mandaram dizer ao carcereiro: «Põe esses homens em liberdade». Mas agora tinha chegado o momento de Paulo falar. Tinha essa gente na mão, e fez com que o sentissem nitidamente. Lucas narra com visível satisfação o xeque-mate de Paulo: primeiro, anuncia às autoridades que possui a cidadania romana, o que causa o efeito de uma bomba; a seguir, faz-se difícil de contentar, recusando-se a deixar secretamente a cidade e exigindo que os magistrados venham em pessoa libertá-lo da prisão. Como discípulo de Cristo, aceitara por amor do Senhor toda a ignomínia; como homem prudente e digno, não consentia, por amor à causa do Evangelho, que o tratassem como um vagabundo.

Os altos dignitários tiveram de apresentar-se em pessoa, com todas as autoridades e amigos. Balbuciaram desculpas, rogaram aos Apóstolos que deixassem por algum tempo a cidade, para evitar tumultos maiores, e formaram-lhes uma guarda de honra. Certamente, não foi fácil para Paulo manter-se sério durante toda essa cerimônia. Tornara-se senhor da situação. Acedendo aos rogos dos políticos locais, faria deles seus devedores para sempre, pois necessitavam do seu silêncio.

Mas Paulo e Silas não se apressaram a sair da cidade. Fizeram-se conduzir com toda a solenidade até a casa de Lídia, onde estavam reunidos os irmãos, e ali Paulo consagrou presbíteros e nomeou chefes, dando as instruções necessárias para a direção da comunidade. Lucas, que não estivera envolvido no processo, ficou para vigiar o bom andamento da nova organização, como se pode deduzir do fato de que, até o vigésimo capítulo dos Atos, a narração deixa de usar o «nós», substituindo-o por «eles»; além disso, é provável também que conhecesse Filipos havia tempo, e que lá pudesse exercer a sua profissão de médico. Através do seu amigo, Paulo continuou a manter contato com essa comunidade, a única a que nunca precisou fazer uma censura, e

V. A SEGUNDA VIAGEM DE MISSÃO

à qual permitiu, por exceção, que lhe enviasse alguns donativos para aliviar a pobreza em que vivia.

Mais tarde, ao recordar a sua passagem por essa cidade, o Apóstolo relembra também os insultos recebidos: «Depois de termos sofrido e tolerado afrontas em Filipos, como sabeis, tivemos confiança em nosso Deus para vos pregar o Evangelho de Deus no meio de muitos obstáculos», escreve aos vizinhos tessalonicenses (1 Ts 2, 2). Foi assim que a Europa agradeceu àquele que primeiro lhe trouxera o Evangelho. Mas nessa grande alma não havia lugar para ressentimentos ou amarguras; pelo contrário, o filho mais amado é aquele que mais fez sofrer a mãe, e Paulo sempre alimentou uma ternura verdadeiramente maternal por esta comunidade. O sofrimento era para ele o meio mais eficaz de apostolado.

Como toda a instituição, também a Igreja de Cristo só se pode conservar sendo fiel aos meios pelos quais foi fundada. Segundo a *mística da paixão* do Apóstolo, as provações do tempo messiânico recaem sobre determinadas pessoas e grupos: Cristo quer ter companheiros na sua dor. A cada verdadeiro membro do Corpo místico de Cristo corresponde, pois, um certo quinhão de padecimentos, maior ou menor segundo a sua maior ou menor proximidade com Cristo; e o maior cabe, por conseguinte, aos Apóstolos e fundadores de comunidades. Estes são os gladiadores votados à morte, os paladinos de Cristo, «dados em espetáculo ao mundo, aos anjos e aos homens, [...] a imundície deste mundo, a escória de todos até agora» (1 Cor 4, 9-13). Paulo tem de sofrer porque ainda há muito a padecer, e Deus dispôs que ele carregasse a sua parte nesse resto reservado por Cristo aos seus discípulos. Os padecimentos apostólicos têm, também, um significado escatológico: a Parusia ou segunda vinda de Cristo só poderá tornar-se uma realidade quando os sofrimentos de Cristo se completarem. Tal como a vida de Paulo foi uma vida de Cristo, os sofrimentos de Paulo foram os sofrimentos de Cristo (Cl 1, 24). Por isso escreve aos filipenses que é assim que desejaria definir o seu cristianismo: como «participação nos padecimentos de Cristo, assemelhando-me a Ele na sua morte» (Fl 3, 10).

São Paulo nada sabe, portanto, de uma cómoda vida de pároco ou «cristão médio». Isso não existe na primeira geração. Mesmo mais tarde, quando o cristianismo se tiver tornado uma forma de vida dominante, quando se houver criado um clima cristão, quando todo um país estiver aquecido pela cálida atmosfera católica, se desfalecer o cuidado vigilante, se o elemento heroico adormecer, logo surgirá a tentação do aburguesamento, e Deus terá de fazer o solo tremer debaixo dos pés dos cristãos, às vezes em continentes inteiros, para que estes abandonem as falsas seguranças e os esconderijos em que se meteram!

Em Tessalônica

At 17, 1-4; cf. Fl 4, 16; 1 Ts 2, 1-12

Filipos foi a única cidade de que Paulo se retirou em paz com as autoridades locais e, mais ainda, acompanhado por uma escolta de honra. A sua vida errante de Apóstolo apresenta-se cada vez mais sob as aparências da inquietação, da instabilidade, da insegurança. Em parte alguma pode lançar raízes, pois sempre tem de partir novamente; é um contínuo ir e vir, sempre expulso, sempre repelido. No entanto, essa sua extraordinária mobilidade, a coragem com que se lança continuamente a tarefas sempre novas, está muito longe da falsa laboriosidade exterior, da inquieta ânsia de estar ocupado, da atividade neurótica e frustrante que nunca se interioriza nem chega ao fim. Sempre foram as necessidades externas, contrariedades e perseguições, que o impeliram de um lado para outro; ele, pessoalmente, continuava a ser o homem mais concentrado que jamais existiu. É simplesmente incompreensível que, no meio desse permanente desassossego, tenha podido concentrar o seu espírito num sistema de ideias tão poderoso como o que nos legou nas suas grandes Epístolas. Também nisto é o discípulo de Cristo que mais se assemelhou ao Mestre, num estreito paralelismo com a divina e luminosa serenidade de Jesus, apesar da falta de repouso externo.

Deve ter sido por volta da primavera do ano 50 que, acompanhado por Silas e Timóteo, se pôs a caminho de Anfípolis pela *Via Egnatia*. Para fazermos ideia do esforço que lhes custaria essa marcha de dois dias, devemos lembrar-nos de que, poucos dias antes, as costas de Paulo e Silas tinham suportado as chicotadas sibilantes dos litores,

V. A SEGUNDA VIAGEM DE MISSÃO

cujos vergões sangrentos ainda lhes arderiam, apesar de ungidos pelas mãos de Lídia; como também os pés lhes deviam doer ainda, pelo tormento do cepo a que tinham estado sujeitos.

O caminho conduziu-os através de um vale delicioso, entre vastos campos de linho que se alternavam com a sombra refrescante de longas aleias de plátanos. Dos nevados cumes do Pangeu soprava uma brisa agradável, riachos cristalinos precipitavam-se pelas vertentes dos montes, correndo velozmente para o golfo do Estrimão, e os viajantes devem ter descansado um pouco, vez por outra, perto de alguma das muitas fontes que há naquela região. Ao entardecer do segundo dia, saíram dos montes e chegaram ao largo vale do Estrimão, que forma ali o amplo lago de Taquino. Na margem sudoeste deste lago, o rio descreve uma grande volta em torno de uma península, sobre a qual se erguia a cidade de Anfípolis, a cerca de uma hora de distância do mar, emoldurada por altos montes e com uma vista magnífica sobre o Egeu. Foi aqui que decidiram passar a noite. Um passeio pela cidade, ao romper da manhã, bastou para convencê-los de que era demasiado insignificante para converter-se no centro de um extenso distrito de missão. O alvo da viagem tinha de ser Tessalônica, pois Paulo sempre preferia as grandes metrópoles, a partir das quais era mais fácil evangelizar as pequenas aldeias dos arredores.

No terceiro e no quarto dia caminharam durante dez horas entre o golfo do Estrimão e as montanhas da costa, ora através de espessos bosques, ora no meio de amplos prados, ora à margem de dois solitários lagos de montanha, mas sempre acompanhados pela vista maravilhosa do mar, até atravessarem toda a extensão da Península Calcídica. Aqui e além, entreviam à distância outros lagos, e é natural que descansassem em alguns locais especialmente aprazíveis, como o bosque de carvalhos, plátanos, abetos e pinheiros em que se encontra o túmulo de Eurípides, o Ibsen da Antiguidade, no estreito vale de Aretusa, onde se ouve o melancólico canto dos rouxinóis. Caminhando à sombra de frondosos castanheiros, chegaram no anoitecer do quarto dia a Apolônia. A cidade erguia-se sobre um monte na margem sul de um lago, e estava separada por uma alta montanha da escarpada península de Athos, que mais tarde se tornaria tão célebre pela sua república de monges. Faltava ainda percorrer a última etapa da viagem, uma marcha de doze horas.

Depois dessa bela mas fatigante peregrinação pela região dos lagos da Migdônia, alcançaram, talvez na tarde do sexto dia, o topo da última cadeia de montes que fecha a leste o golfo de Tessalônica. Aos seus pés, arfava a superfície azul do mar e, na distância, podiam enxergar, talvez tingida de púrpura pelos raios do sol poente, a neve sobre o Olimpo de muitos cumes, o monte sagrado dos deuses. Ali estava o trono de Zeus, «o que acumula as nuvens», no seu palácio de bronze. O homem do povo continuava a olhar com respeito para a morada dos deuses, apesar de as pessoas cultas saberem havia muito que nenhum deus lá habitava. Mas o grego piedoso olhava essa montanha com um pavor sagrado, como o israelita diante do Sinai:

E o Crônida abaixou as negras sobrancelhas em sinal
de assentimento;
a divina cabeleira agitou-se na cabeça do soberano imortal,
e estremeceu-se o dilatado Olimpo.

(*Ilíada*, 528-530)

Ainda hoje somos capazes de admirar a força evocadora destes versos do poeta grego que tantas vezes vislumbrou a divindade, e de estremecer diante da imagem do Zeus Olímpico que essas palavras inspiraram ao escultor Fídias. Era uma centelha do *Logos spermátikos*, do Verbo criador e eterno que permeia todo o universo, e cuja revelação em forma humana os arautos de Cristo vinham agora anunciar. O Olimpo parecia pairar no espaço azul, como uma digna morada dos deuses. «É, pois, ali», deve ter dito Paulo aos seus companheiros, «que o povo dos gregos procura os seus deuses. Vinde, vamos anunciar-lhes o Pai do Céu, e dizer-lhes que as montanhas não passam de um escabelo dos seus pés».

Lá embaixo estendia-se *Tessalônica*, resplandecente nos reflexos dos seus mármores, como um brilhante colar de pérolas colocado sobre o seio da deusa do mar. A antiga Terme, chamada Tessalônica em honra da irmã de Alexandre Magno, era incontestavelmente a capital da Macedônia, possuía um dos mais seguros e maiores portos comerciais do Mar Egeu, e estava ligada a Roma e à Ásia pela famosa *Via Egnatia*. Foi aqui que os viajantes pisaram pela primeira vez o solo de uma

V. A SEGUNDA VIAGEM DE MISSÃO

grande cidade europeia, que ainda hoje provê com o seu mercado a maior parte dos Bálcãs.

Os terraços da cidade alinhavam-se uns sobre os outros tal como as arquibancadas semicirculares de um teatro grego, subindo a partir do mar; eram cortados por inúmeras ruas e becos, de mistura com verdes jardins e ciprestes sombrios. Da sua antiguidade e riquíssima história, ainda hoje dão testemunho os restos de velhos muros ciclópicos, templos romanos e arcos de triunfo. As suas termas, teatros, campos de esporte e linhas de navegação atraíam muitos negociantes, legionários e funcionários. Navios de todas as origens, viajantes com ideias e notícias de todas as regiões chegavam e partiam todos os dias para o mundo inteiro. Se o Evangelho pudesse ganhar raízes aqui, pensava Paulo, contemplando pensativo a cidade, seria mais fácil depois espalhá-lo por todo o Mediterrâneo. E assim aconteceu. Um ano depois, já podia escrever de Corinto aos tessalonicenses: «Por meio de vós, não só se difundiu a palavra do Senhor pela Macedônia e pela Acaia, mas também se propagou por toda a parte a fé que tendes em Deus» (1 Ts 1, 8).

Politicamente, Tessalônica era uma cidade comercial franca com governo autônomo. Se Filipos, como colônia de veteranos, trazia o selo da romanidade, Tessalônica estava marcada pelo espírito comercial do povo grego. Como todas as cidades gregas, regia-se por princípios democráticos; todos os anos, escolhia um conselho de seis *politarcas*, cargo de que nos fala uma inscrição conservada no Museu Britânico. Para refrear um pouco o seu amor pela liberdade, era ali que vivia o governador romano com os seus litores. A moral dos seus habitantes não gozava precisamente da melhor reputação. Faltos de honradez no comércio, sempre dispostos a enganar os outros, curiosos e indolentes, gostavam de deambular pelas ruas, pelas arcadas e pelo hipódromo, ocupando-se mais dos negócios alheios do que dos próprios; preferiam viver do auxílio público a trabalhar; eram inconstantes no casamento, sensuais e apaixonados, vagueavam à noite pelas casas de prazer: tal era a impressão geral que os visitantes recebiam nesta cidade de marinheiros. Aliás, Paulo também se vê obrigado a prevenir os convertidos contra esses perigos já na sua primeira Epístola (cf. 1 Ts 4, 1-12).

Quanto ao resto, Tessalônica oferecia a imagem de uma laboriosa cidade artesanal. Florescia a indústria de tecelagem de tapetes e tendas; nos bazares estavam expostos os mais belos tecidos orientais e os melhores artigos de couro. A população era uma amálgama cosmopolita: macedônios, gregos, gente da Ásia Menor, sírios, egípcios, judeus, funcionários e legionários romanos.

Depois de muito perguntarem, os recém-chegados encontraram o caminho para o bairro judeu. De Filipos, Paulo fora recomendado a um compatriota bem-intencionado, cujo nome grego era *Jasão*, e que, segundo parece, tinha uma pequena fábrica de tecidos dotada de uma boa loja. Aqui Paulo e os seus dois companheiros encontraram uma carinhosa acolhida, abrigo, pão e trabalho. No dia seguinte, o Apóstolo já se encontrava sentado ao tear com o seu avental de couro, enquanto Silas e Timóteo também se faziam úteis. Não queriam ser um peso para o seu hospedeiro, pois contavam permanecer na cidade durante algum tempo. «Certamente vos lembrais, irmãos, do nosso trabalho e fadigas. Trabalhando de noite e de dia para não sermos pesados a nenhum de vós, pregamos entre vós o Evangelho de Deus», escreve o Apóstolo (1 Ts 2, 9). Nestas palavras encontramo-lo retratado de corpo inteiro: quem mais, depois de uma caminhada de vários dias, com as costas cheias de chagas, estaria disposto a tecer durante horas a fio o áspero pano de tenda para merecer as suas refeições, além de dedicar-se ao cuidado das almas, e, não contente com isso, deixar-se vergastar ou apedrejar uma vez por ano?

Se Paulo voltasse hoje a Tessalônica, não ficaria admirado se lhe oferecessem a ler jornais hebraicos. Já na sua época, havia ali muitos judeus e uma grande sinagoga, centro religioso de todos os hebreus da Macedônia, para a qual os comerciantes e banqueiros do Povo Eleito tinham contribuído com grande munificência. O Apóstolo visitou a sinagoga nos três primeiros sábados depois da sua chegada, e encontrou um público extremamente heterogêneo, mas muito interessado em coisas de religião; além dos judeus domiciliados na cidade, havia um grande número de prosélitos e tementes a Deus, sobretudo mulheres. Conforme o costume, Paulo e Silas foram recebidos respeitosamente, como escribas de Jerusalém, e convidados a falar.

Pela breve indicação dos Atos dos Apóstolos, concluímos que o Apóstolo escolheu para tema da sua pregação o célebre capítulo 53 do profeta Isaías acerca do Messias padecente, um dos mais grandiosos e decisivos trechos do Antigo Testamento, que contém a profecia dos

V. A SEGUNDA VIAGEM DE MISSÃO

sofrimentos do Messias, suportados em expiação redentora dos pecados da humanidade:

> *Não tinha graça nem beleza para atrair os nossos olhares,*
> *e o seu aspecto não podia seduzir-nos.*
> *Desprezado, qual escória da humanidade,*
> *varão de dores, experimentado nos sofrimentos,*
> *como aqueles diante dos quais se vira o rosto,*
> *era amaldiçoado e não fizemos caso dele.*
> *Mas foi pelos nossos crimes que ele foi castigado,*
> *pelas nossas iniquidades é que foi torturado.*
> *O castigo que nos deveria trazer a paz caiu sobre ele,*
> *e em suas chagas fomos curados. [...]*
> *Maltratado, não abriu a boca,*
> *como um cordeiro que é levado ao matadouro,*
> *como a ovelha muda diante do tosquiador.*
>
> (Is 53, 3-7)

Era esta a passagem que outrora havia impressionado profundamente o tesoureiro da rainha Candace da Etiópia, e cujo significado Filipe lhe explicara falando-lhe da expiação de Cristo para a redenção dos homens. E agora Paulo, mais uma vez, tem de pôr o dedo na chaga dos seus ouvintes judeus e arrancar-lhes a venda, de forma que os seus olhos se abram – ainda que os nervos óticos se crispem dolorosamente – diante da verdade: «O vosso Rei-messias, coroado de vitórias, não passa de um sonho febricitante. O verdadeiro Messias traz uma coroa de espinhos!» Esta foi a desilusão, o grande escândalo, a pedra de tropeço contra a qual o povo hebreu se despedaçou.

Já Pilatos tinha exprimido inconscientemente essa grande deceção: «Ecce homo!» – É apenas um homem! E durante aqueles três sábados Paulo evocou diante dos seus ouvintes, que o escutavam com a respiração suspensa, a *Cruz* de Cristo como a grande, sagrada e imprescindível necessidade (At 17, 3), não no sentido de um destino inelutável ao qual nem os próprios deuses podiam escapar, como o pintava o fatalismo pagão, mas à luz da eterna decisão amorosa de Deus, que estivera oculta às antigas gerações, mas agora tinha sido revelada em Cristo. Mostrou-lhes a Cruz como o ponto de intersecção de todas as oposições, como a reconciliação de todas as dissensões, como a solução de todas as dificuldades; padecendo como Cabeça de todo o gênero humano, Jesus está suspenso da cruz para remir a antiquíssima culpa.

Assim a cruz do Gólgota projetou pela primeira vez a sua gigantesca sombra sobre Tessalônica. As pregações do Apóstolo em três sábados consecutivos foram três trovões que sacudiram as almas e constituíram tema de conversa obrigatória em toda a cidade. Por felicidade, ainda havia entre os judeus alguns espíritos sinceros, almas de Natanael. «Alguns deles creram e juntaram-se a Paulo», diz Lucas. Mas Paulo teve de dedicar-se principalmente a instruir os pagãos que se mostravam interessados em coisas de religião, e entre estes encontrou corações mais abertos à verdade.

O cristianismo exige em todos os tempos um certo trabalho preparatório do coração e da mente, e não era possível ascender diretamente do estreito judaísmo nacionalista ou do paganismo panteísta até Jesus sem um especial milagre da graça. Paulo considerava como primeira preparação um *bom conhecimento da Sagrada Escritura*, e por isso levava os seus ouvintes a um aprofundado estudo da doutrina. O exame simples e sincero da Bíblia, especialmente no que dizia respeito às palavras dos Profetas, era o caminho mais seguro e mais simples. Mas se o Apóstolo tomava a Escritura por base, sabia também que a chave da sua interpretação era a grande ideia central da *morte redentora de Jesus*. O estudo aprofundado do texto sagrado tem sido em todos os tempos a fonte de rejuvenescimento do cristianismo, quando este se encontrou em perigo de resvalar para uma atividade simplesmente mecânica, para a fossilização na lei, para a rotina de umas práticas meramente exteriores, ou para a exaltação política.

Como segunda disposição, Paulo exigia das almas um sincero *desejo de verdade*, como o dos tessalonicenses que acolheram a sua pregação, «não como palavra dos homens, mas como palavra de Deus» (1 Ts 2, 13). E a terceira condição era um certo santo respeito pela revelação divina, um certo *temor de Deus*, mesmo que inicialmente fosse primitivo e estivesse misturado com superstições, como acontecera com o carcereiro de Filipos. Onde havia estes três pressupostos, Paulo sempre conseguia sem dificuldade destruir as falsas concepções pagãs ou judaicas, e assim libertar os corações para aderirem ao Redentor crucificado.

V. A SEGUNDA VIAGEM DE MISSÃO

De Tessalônica a Bereia

At 17, 5-15; cf. 1 Ts 2, 1-12; Fl 4, 16

Paulo não era somente um missionário, um conquistador; era também pastor de almas. Sabia fortificar e conservar o terreno que conquistara para o Senhor, sem buscar êxitos brilhantes e rápidos. Como missionário, bem se pode compará-lo a um «sábio arquiteto» (1 Cor 3, 10). Como pastor de almas, porém, assemelha-se antes a um «pai», que com ternura e severidade, conserva os filhos no caminho do bem; a uma «mãe», para quem os filhos da dor são os mais queridos; a uma ama de leite, que protege com toda a solicitude a criança que amamenta (1 Ts 2, 8-12).

Segundo indica a primeira Epístola aos Tessalonicenses (2, 1-12), os sermões na sinagoga parecem ter sido apenas a preparação e a propaganda para uma atividade formativa mais intensa e mais prolongada dos novos cristãos. Lucas não refere este período, porque deseja sobretudo descrever a força expansiva do Evangelho, apressando-se a passar para novos cenários de missão.

Depois de conquistados os melhores e os mais nobres elementos da sinagoga, chegou o momento da ruptura, como sempre havia acontecido. Começou então o trabalho de aprofundamento na doutrina, em casa de Jasão, nas fábricas, nas oficinas, nas casas, nos bairros elegantes, e certamente também nas salas de visitas das senhoras da aristocracia (At 17, 4). Era a evangelização individual de homem para homem, de casa em casa. Paulo e Silas, trazendo nas mãos tabuinhas de anotações e os endereços dos discípulos, iam e vinham, incansáveis, pelas ruas e pelos becos da cidade e dos arredores, subindo e descendo escadas.

O Apóstolo interessava-se pessoalmente por cada um dos convertidos, e ouvia as suas dúvidas, dificuldades e pedidos; com a sua extraordinária simpatia, introduzia-se no coração de cada um e punha ao serviço de todos a sua espantosa força persuasiva, a sua encantadora amabilidade, a sua entrega absoluta. Todos estavam presentes no seu coração e na sua memória: os impetuosos, os exuberantes, os medrosos, os que duvidavam, os que tinham dificuldades, os críticos, os hesitantes e os tímidos. Não perdia de vista nem um único. Era uma escola maravilhosa para o jovem Timóteo, que assim pôde absorver o espírito e os métodos do seu grande Mestre.

Na primeira Epístola aos Tessalonicenses, Paulo descreve-nos o seu método: senta-se no meio dos alunos e neófitos, olha-os um por um como se fossem seus filhos, aconselha-os, anima-os, exorta-os a portar-se de uma maneira digna de Deus. Este homem maravilhoso manejava os mais ternos e delicados recursos do coração e toda a rica gama dos sentimentos humanos. Tecia-se assim um laço da mais íntima amizade entre ele e os seus neófitos. Esta ternura pessoal é uma das principais características do seu método apostólico. Não provinha do cálculo nem obedecia à necessidade egoísta de estar rodeado de amigos; era o desejo de trazer os fiéis para a mais estreita intimidade com Cristo, como o padrinho que conduz a noiva ao encontro do esposo. Para o Apóstolo, o cristianismo não era uma doutrina abstrata, uma relação puramente intelectual com Deus, mas sobretudo uma delicada e íntima união com o Senhor, alguma coisa de vivo e real, pela qual se deve estar disposto a sofrer e a morrer. «E tudo faço por amor do Evangelho», escrevia ele (1 Cor 9, 23).

Devido ao seu caráter e modo de ser tão vincados, muitas vezes terá encontrado dificuldades para chegar até o miolo da personalidade de cada um, para além do envoltório tecido pela educação, pelo temperamento, pela hereditariedade e pelos condicionalismos nacionais do homem. Antes de mais nada, Paulo procurava em cada pessoa a sua faceta genuinamente humana, para fazer dela a sua aliada: «Fiz-me judeu com os judeus, para ganhar os judeus; com os que estão sob a lei, fiz-me como se estivesse sob a lei (não estando eu sob a lei), para ganhar aqueles que estavam sob a lei; com os que estavam sem lei, fiz--me como se estivesse sem lei (não estando eu sem a lei de Deus, mas na lei de Cristo). Fiz-me fraco com os fracos, para ganhar os fracos. Fiz-me tudo para todos, para salvar a todos» (1 Cor 9, 20).

Esta *ascética da afabilidade* não provinha de um frio cálculo do qual está ausente o coração: «Podendo, como apóstolos de Cristo, ser--vos de algum peso, fizemo-nos pequenos entre vós, como a mãe que cerca de ternos cuidados os seus filhos. Assim, amando-vos muito, desejávamos ansiosamente dar-vos não só o Evangelho de Deus, mas ainda as nossas próprias vidas, porquanto nos éreis muito queridos» (1 Ts 2, 8). Não é esta a linguagem de um egoísta. Pelo contrário, o

V. A SEGUNDA VIAGEM DE MISSÃO

mundo jamais conhecerá uma devoção tão abnegada, uma luta tão apaixonada e infatigável de uma alma em busca de almas, como no tempo em que o Filho do Homem na figura do Bom Pastor, e o Bom Pastor na pessoa do seu maior discípulo, caminhavam pelo mundo.

O cristianismo revestiu-se de um aspecto nitidamente carismático em Tessalônica. O Espírito Santo derramava-se em abundância sobre os neófitos, provocando neles verdadeiros arrebatamentos místicos. Em certos momentos, o poder taumatúrgico de Paulo parecia brotar com grande violência. Alguns meses mais tarde, escreveria à comunidade de Tessalônica: «O nosso Evangelho não vos foi pregado somente com palavras, mas também com virtude e no Espírito Santo e em grande plenitude» (1 Ts 1, 5). Relembrava assim essas horas inesquecíveis de êxtase sagrado, quando a sua palavra inflamada de profeta sacudia todo o auditório e provocava lágrimas ardentes, ora de dor pelos pecados da vida passada, ora de piedade pelos sofrimentos do Crucificado, ou suscitava exclamações de alegria, ou ainda fazia um paralítico levantar-se subitamente e caminhar, ou um possesso retirar-se curado depois de uma crise feroz.

Quando o Apóstolo, bom conhecedor do coração humano, iluminava os abismos e as profundidades ocultas das almas, desenredando o emaranhado novelo dos seus pensamentos e sentimentos contraditórios, desfazendo a trama da culpa e da fatalidade, do espírito e da carne, a dupla lei da essência humana, os seus ouvintes viviam momentos dolorosos e sublimes, sentindo-se nas mãos do grande médico que isolava o doentio e o disforme. Maravilhados, compreendiam como «a palavra de Deus é viva e eficaz, e mais penetrante que uma espada de dois gumes, chegando até a separação da alma e do espírito, das junturas e das medulas, e discernindo os pensamentos e as intenções do coração» (Hb 4, 12). Mas essas horas de apaixonada comoção eram apenas a introdução, o início de um lento processo de cura e transformação.

Passado o momento solene do batismo, em que as águas do rio envolviam suavemente os novos discípulos, passada a emoção dos primeiros dias, começava para o Apóstolo o trabalho mais ingrato: pouco a pouco, era preciso privar os neófitos do leite materno e habituá-los a alimentos mais substanciais. Paulo nunca considerou meras exaltações insensatas os primeiros entusiasmos dos seus convertidos, que ele conhecia muito bem, mas via-se na obrigação de lhes dizer: o que Deus quer não é a embriaguez da exaltação, porque «esta é a vontade de Deus: a vossa santificação» (1 Ts 4, 3).

Em breve, a Igreja de Tessalônica rivalizava com a de Filipos pelo seu ativo espírito de fé e caridade sacrificada. Mas cada uma das comunidades fundadas por Paulo tinha as suas características particulares, e a Igreja de Tessalônica distinguiu-se pelo seu caráter escatológico: aos tessalonicenses, facilmente impressionáveis, emocionava-os sobretudo o mistério do fim do mundo. Sentia-se então, por todo o império, a influência de uma espécie de psicose de fim do mundo, e, ao que parece, nem mesmo o Apóstolo escapou a essa obsessão; também ele esperava a *Parusia* (o regresso de Cristo), sem contudo indicar uma data certa para a catástrofe final.

Sob a impressão dos seus discursos proféticos acerca do fim do mundo, do Juízo Final e dos sinais precursores, os bons tessalonicenses viam o céu rubro e a catástrofe iminente. Com a sua loucura, Calígula desprestigiara o Império de Augusto e de Tibério; no reinado de Cláudio, mulheres perversas como Messalina, Agripina e suas congêneres, tinham vivido no meio de todos os aviltamentos, ébrias de poder e de sangue. Cometas, chuvas de sangue, monstros, epidemias, inundações, estátuas imperiais e templos destruídos pelos raios, tudo parecia anunciar graves calamidades. E surgia a interrogação: a quem pertence realmente o Império? Quem será o imperador? Britânico, o filho de Messalina, ou Nero, o filho de Agripina? Nessas circunstâncias, é bem possível que alguns cristãos compreendessem mal certas palavras do Apóstolo e as divulgassem de maneira torcida: «Não vos importeis com essas coisas! Nós, cristãos, temos um império que está nos céus. Que os filhos da terra chamem ao imperador seu deus: nós possuímos um Deus superior, um Rei, a quem o Pai entregou o seu reino, e que é Jesus, nosso soberano e Senhor».

Tais palavras constituíam uma arma perigosa nas mãos dos judeus, que de resto souberam utilizá-la. Sobre eles estava suspensa a espada de Dâmocles: Cláudio acabara de expulsá-los de Roma, e a todo o momento o decreto de expulsão podia abranger também as províncias. Tinham de desviar o ódio dos pagãos, concentrando-o sobre a cabeça de Paulo e dos cristãos. Com dinheiro judaico, prepararam «alguns arruaceiros, homens maus», como conta Lucas textualmente,

V. A SEGUNDA VIAGEM DE MISSÃO

e fizeram-nos atravessar as ruas aos gritos de: «Conspiração! Traição!» A esse grupo, logo se veio juntar o refugo de todos os bazares e tavernas, e lá foram em tumulto até à casa de Jasão.

Pressentindo de longe o perigo, os cristãos esconderam Paulo e os dois amigos num lugar seguro, mas os manifestantes, decepcionados, arrastaram Jasão e alguns outros irmãos para a ágora, à presença dos politarcas, onde os acusaram de alta traição: «Estes, que têm perturbado o mundo, vieram até aqui, e Jasão os recebeu; todos eles são rebeldes aos decretos de César, dizendo que há um rei, que é Jesus». Mas desta vez as autoridades, vigiadas por um procônsul romano, foram mais prudentes do que haviam sido em Filipos. Sabiam muito bem o que pensar do patriotismo daquela escumalhada e dos seus chefes, e conheciam Jasão, cidadão pacífico e honesto. Limitaram-se a exigir dele uma certa soma em dinheiro, como caução, e ordenaram-lhe que despedisse os estrangeiros o mais depressa possível.

Nessa mesma noite, Paulo convocou os chefes da comunidade e os outros irmãos na casa de Jasão e deu-lhes as últimas instruções. Despediu-se afetuosamente de todos, agradecendo ao hospedeiro a sua nobre dedicação e fidelidade. Constituía um grande sacrifício para ele ter de deixar assim essa florescente comunidade, e não o enganava o pressentimento de que se aproximavam dias muito duros para os neófitos, sobretudo para o nobre Jasão. Sempre que a Igreja de Tessalônica for mencionada no Novo Testamento, daqui por diante, ouviremos falar de perseguições e tribulações (1 Ts 2, 14; 2 Ts 1, 4).

Nessa altura, Paulo pensava poder regressar em breve, mas a oportunidade não se apresentou. Passaram-se oito anos antes de tornar a ver os amigos de Tessalônica e, quando os visitou, não teve nem um momento de descanso, vendo-se obrigado a fugir de uma casa para outra. «No exterior combates, no interior temores», escreveria mais tarde (2 Cor 7, 5). Mas estas constantes perseguições só uniram ainda mais a comunidade e mantiveram vivo o seu zelo; nenhuma outra Igreja foi tão elogiada pelo Apóstolo pela sua paciência, fidelidade e sincera fraternidade (2 Ts 1, 4). A Igreja de Tessalônica deu-lhe, além disso, dois fiéis colaboradores: *Segundo*, que viria a ser o seu companheiro na derradeira viagem, e *Aristarco*, que partilhou do seu primeiro cativeiro em Roma (At 20, 4; 27, 2; Cl 4, 10; Flm 24).

Deve ter sido em princípios do ano 51 que Paulo e os seus dois companheiros tiveram de abandonar a cidade. Protegidos pela noite, avançaram ao longo do golfo, com o caminho iluminado pelas lanternas dos mastros dos navios e dos inúmeros barcos de pesca; desviaram-se da estrada militar e, no dia seguinte, após uma marcha de doze horas, chegaram à pacífica cidade de *Bereia* (hoje Verria), situada no terceiro distrito administrativo da Macedônia. Nesta pequena cidade de montanha, apoiada pitorescamente no sopé do Olimpo, a vida decorria calma e pacífica por entre o marulhar das fontes; no silêncio dos vinhedos e das oliveiras, o povo simples de camponeses, britadores de pedra e canteiros acostumados ao trabalho nas pedreiras de mármore do Olimpo, não se importava com o mundo exterior nem com a tagarelice da grande cidade portuária. Aqui, neste tranquilo refúgio, Paulo pretendia apenas aguardar que a tempestade se acalmasse em Tessalônica; «uma e duas vezes», conforme diz, tentou regressar, mas as maquinações dos judeus impediram-no de fazê-lo (1 Ts 2, 18).

Aproveitou então o tempo para fundar uma nova comunidade. Também em Bereia havia uma pequena colônia de judeus, com a sua sinagoga, mas estes tinham sentimentos mais nobres que os de Tessalônica e receberam o Evangelho com prontidão e boa vontade. Originou-se aqui um verdadeiro «movimento bíblico»: judeus e prosélitos estudavam diligentemente as suas Bíblias gregas, analisando as passagens que Paulo citava como prova do caráter apolítico do Messias. E foram precisamente as pessoas de categoria que aderiram mais depressa ao cristianismo, o que prova que a nova Igreja não era constituída somente por proletários, como às vezes se diz. O grande número de mulheres e o ativo interesse que demonstraram pela obra missionária revelam-nos mais uma vez que nos encontramos em solo europeu. Também Bereia deu um valioso colaborador ao Apóstolo: *Sosópatro*, filho de Pirro (At 20, 4), a quem mais tarde encontraremos entre os seus companheiros de viagem.

Mas a tranquilidade não durou muito. Quando se caminha à noite, o ladrar dos cães de uma aldeia desperta os das aldeias vizinhas, que se associam à perseguição; e foi o que aconteceu aqui. O próprio Paulo usa uma vez o termo «cães» para designar os seus adversários da Macedônia (Fl 3, 2). Embora os agitadores enviados no seu encal-

V. A SEGUNDA VIAGEM DE MISSÃO

ço não tivessem encontrado terreno propício para os seus manejos, criou-se um certo desassossego na comunidade e, como em toda parte existem seres venais, amigos do escândalo, os irmãos decidiram evitar maiores perturbações e consideraram mais prudente pôr Paulo em segurança, pois só ele estava em perigo. Mais uma vez, a atividade do Apóstolo terminava em fuga. Decidiu então abandonar a Macedônia e dirigir-se a um lugar onde o ódio dos inimigos não o pudesse seguir com tanta facilidade. O códice de Bèze diz: «Paulo evitou a Tessália, pois fora impedido de lá pregar», e uma tradição local o confirma.

Alguns autores pensam que o Apóstolo sofreu na própria Bereia – ou então durante a jornada de cerca de cinquenta quilômetros que teve de enfrentar até chegar à cidade portuária de Dio – algum dos seus frequentes ataques de malária ou um colapso nervoso. É possível que seja verdade, dada a sua extenuante vida nômade, pois, caso contrário, não se explica que os seus companheiros, que deviam apenas acompanhá-lo até o mar, não regressassem, antes permanecessem junto dele e o conduzissem até Atenas. Paulo deixava em Bereia uma parte do seu coração: Silas e Timóteo. Sacrificava em benefício da comunidade recém-fundada as suas afeições mais íntimas, porque a jovem Igreja tinha necessidade deles. Mas ao separar-se em Atenas dos irmãos de Bereia, rogou-lhes encarecidamente: «Dizei a Silas e a Timóteo que venham ter comigo o mais depressa possível». Devia sentir-se muito doente e muito necessitado de auxílio para voltar atrás na sua decisão.

«Só em Atenas»

At 17, 16; 1 Ts 3, 1-2

Para um homem extenuado pelo excesso de trabalho intelectual ou por dores e preocupações, não há nada mais benéfico e repousante do que uma viagem por mar. Paulo deve tê-lo sentido quando navegava ao longo da costa tessalonicense, sobre as águas azuis do Mar Egeu, na paz daqueles três ou quatro dias. Contemplou primeiro o poderoso maciço do Olimpo e, depois de atravessar o estreito de Euripo, a extensa planície de Maratona, antes de alcançar a capital da Grécia. Que noites de paz para o seu coração atormentado! E que despertar quando «no alto Olimpo se erguia a rosada deusa da aurora, que vinha anunciar a luz a Júpiter e aos eternos deuses»! (Ilíada, II, 48).

Como é sagrada e maravilhosa uma manhã calma, pura e casta sobre o mar! Já Homero tinha sentido toda a beleza do amanhecer, tal como o salmista de Israel, que exclama cheio de alegria: «Contigo desperto às primeiras luzes da manhã». A Sagrada Escritura e a liturgia estão cheias deste encanto da aurora, e ninguém que passe pelas ilhas gregas pode deixar de sentir-se, consciente ou inconscientemente, tocado pelo espírito do grande poeta helênico. Quanto mais Paulo de Tarso, o «homem das mil almas» que, com a língua, havia assimilado também a alma grega.

Na manhã do quarto dia, dobraram o cabo Sunion, a ponta extrema da Ática. Os marinheiros tiveram dificuldade em lutar contra a mudança da corrente. Do alto do promontório, os templos de Poseidon, deus do mar, e de Atena, protetora da cidade, saudavam o estrangeiro. Ainda hoje, os seus mármores continuam a rebrilhar cintilantes, sem que a passagem do tempo tenha obscurecido a sua alvura. Era a primeira saudação que Paulo recebia da Grécia.

O vento fazia arfar as velas tesas do navio, impelindo-o para o golfo de Egina. Pouco depois, o navio entrava no porto do Pireu, coalhado de mastros, e diante de Paulo estendia-se a cidade de Palas Atena, deusa da sabedoria. Na sua armadura reluzente, com o elmo cintilante e a lança dourada, a deusa parecia dizer-lhe que a força e a beleza, ideais terrenos do coração humano, são um presente divino, e que, se se desunem ou separam da sua fonte – o próprio Deus –, conduzem os homens à decadência. Fora a aliança da religião, da força e da beleza que constituíra o pedestal onde se erguera a glória da Grécia, e fora o sacrifício audacioso de muitos heróis a serviço da pátria e dos deuses locais que dera à civilização grega o seu supremo impulso. Uma única vez na história da humanidade, um povo minúsculo atingira no curto espaço de um século todas as culminâncias do espírito humano, na ciência, na arte, na filosofia, na política e na cultura física, concretizando-as no milagre chamado *Atenas*. Ainda hoje, nas ruínas que chegaram até nós, admiramos a eflorescência da sua eterna juventude: «Embora o corpo se tenha desfeito em pó, o nome ilustre não pereceu». Não foi somente o nome; com ele perduraram a ideia e a lei das nobres proporções da beleza.

V. A SEGUNDA VIAGEM DE MISSÃO

Certamente o coração do Apóstolo pulsou mais forte quando viu cintilar ao longe a haste e a ponta da lança dourada de Palas Atena e ouviu o marinheiro gritar do alto do mastro: «Athenai!» A quase dois mil anos de distância, qualquer homem culto sente o que lá senti: tudo o que decênios de educação e formação clássica reuniram nos corações em lendas e histórias, em amor pela Antiguidade e pela sua arte, em admiração pela grandeza e pela tragédia humanas, tudo acorda subitamente, irrompe e aflora do fundo obscuro da alma, e voa como um cântico de saudade ao encontro da imortal Atenas e do seu supremo símbolo, a Acrópole. Ora, Paulo de Tarso não era um bárbaro. Não podia ser um bárbaro o homem que escreveria estas palavras aos filipenses: «Quanto ao mais, irmãos, tudo o que é verdadeiro, tudo o que é honesto, tudo o que é justo, tudo o que é íntegro, tudo o que é amável, tudo o que é de bom nome, qualquer virtude, qualquer coisa digna de louvor, seja isso o objeto dos vossos pensamentos» (Fl 4, 8). Este homem sabia apreciar todo o humanismo nobre e bom, todos os costumes belos e honestos, tudo o que constitui a dignidade humana no seu significado para o reino de Deus.

Contudo, a Grécia de que Paulo se aproximava agora já não era a Hélade altiva e ciosa da sua liberdade, a Grécia das guerras persas ou do século de Péricles, nem sequer a Grécia dominada pela Macedônia e ainda banhada pelos reflexos da glória de Alexandre Magno. Depois da queda de Corinto, em 146 a.C., decaíra e passara à condição de província romana – a «Acaia» despovoada, entregue à rapacidade dos governadores romanos e despojada de todas as suas fontes de renda. E fora precisamente sobre o solo grego, nos campos de batalha de Filipos e Ácio, que se forjara a coroa imperial romana, com o duro metal do caráter itálico e as pérolas da arte grega. Desde então, a Grécia era uma pálida sombra da sua antiga grandeza.

As províncias e cidades estavam desertas; na praça do mercado das cidades menores pastavam rebanhos de bois e ovelhas. No Peloponeso, só Esparta e Argos conservavam ainda alguma importância; Olímpia decaíra da sua antiga altura, e em Tebas, pátria de Píndaro, só a cidadela era habitada. Tinham-se extinguido as antigas famílias da nobreza: levados pelo fervor republicano, os jovens tinham correspondido ao apelo de Bruto e derramado o seu sangue na batalha de Filipos. Somente Atenas e Corinto haviam sobrevivido ao grande desastre. Atenas devia a sua salvação à glória dos seus antepassados, e Corinto erguera-se do pó graças à boa vontade de Roma. Para os viajantes de então, a Grécia não passava de um vasto museu de arte, do qual os gregos eram os guardas e guias, e milhares de helenos viviam dispersos pelas províncias do Ocidente: o mundo tornara-se a sua pátria. De tal altura a tal desgraça caíra esta nação, sem encontrar um único poeta que, como os Profetas de Israel, cantasse a sua desgraça em versos imortais.

Mesmo na sua decadência, porém, Atenas exercia ainda uma atração tão poderosa que nenhum romano se considerava culto se não tivesse cursado ali os seus estudos. Entre os nobres de Roma, nobres pelo espírito ou pela espada, considerava-se de bom-tom viver algum tempo nessa cidade. Intelectuais como Cícero, Ovídio, Horácio e Virgílio haviam recebido ali as mais fortes e felizes impressões da sua vida, e estadistas e políticos como César, Antônio, Pompeu e Augusto tinham rendido homenagem à sua beleza. Assim como hoje todos os povos cristãos têm uma igreja nacional em Roma ou em Jerusalém, também nessa época todas as províncias do Império consideravam uma honra oferecer a Atenas uma dádiva sagrada, quer fosse uma estátua, um templo ou um pórtico.

Vindo do Pireu, Paulo foi subindo ao longo dos restos das muralhas de Temístocles e atravessou a ponte de Cefiso, tendo sempre diante dos olhos a maravilhosa visão da Acrópole. Penetrou na cidade de Teseu pelo Dípilon, a «porta dupla», e avançou pela avenida dos Pórticos, alcançando enfim o bairro dos oleiros, onde encontrou abrigo na casa de algum compatriota. Vira já muitas cidades belas, mas a riqueza e o esplendor desta devem tê-lo perturbado um pouco. Certamente experimentou o mesmo que Pedro experimentaria diante da Roma dos Césares. Sentiu-se solitário e abandonado nesse aglomerado de frios mármores, no meio dessa ostentação do paganismo desalojado da sua antiga grandeza. Sentiu-se tão isolado como nós nos sentiríamos se de repente nos transportassem a Meca ou a Benares, e lá nos deixassem sós. Não tinha ninguém a quem poder comunicar o que lhe transbordava do coração. Em espírito, estava ainda junto dos seus caríssimos tessalonicenses, e por isso escrevia: «Fiquei só em Atenas». Absolutamente só! Por isso roga com tanta premência aos seus

V. A SEGUNDA VIAGEM DE MISSÃO

companheiros que digam a Silas e Timóteo para irem ter com ele o mais depressa possível.

Durante alguns dias, percorreu a cidade a fim de se orientar sobre o espírito da gente (cf. At 17, 23). Até então, não conhecera nenhuma cidade de pura cultura grega. Como vimos, não era aquele o momento mais favorável da história de Atenas: Péricles e Platão pertenciam à história e o imperador Adriano ainda não entrara em cena. Não havia ali uma única personalidade de relevo, como se a história dessa cidade tivesse contido a respiração por um momento a fim de dar ouvidos ao que este novo «arauto de deuses estrangeiros» tinha a anunciar.

Num dos primeiros dias, Paulo subiu a colina escarpada onde se ergue a cidadela, outrora residência dos primeiros reis, mas agora convertida em morada dos deuses. Era ainda a imagem mais perfeita do apogeu da arte clássica, sol esplêndido cujos raios ainda hoje nos iluminam e aquecem. A Acrópole dominava a cidade como um diadema real, e nessa coroa cintilava como o mais belo diamante o Partenon, o templo de Palas Atena, com a estátua de ouro e marfim da deusa virgem, obra-prima de Fídias. A ideia desta deusa, símbolo da Razão, filha imaculada de Zeus, que brotara da cabeça do pai dos deuses já revestida de armadura completa, constituía uma revelação luminosa para os gregos, e a sua imagem era uma personificação da sabedoria divina, nimbada de uma pureza cintilante que a situava muito acima do culto dos sentidos figurado por Afrodite e Dionísio.

Poucos metros adiante, Paulo entrou no santuário do Erecteion, onde ainda verdejava a oliveira sagrada que, segundo a lenda, nascera da terra a uma ordem da deusa e transformara os despidos rochedos da Grécia em hortos verdejantes. Diante da imagem da divina benfeitora, ardia noite e dia uma lâmpada de azeite, ideia feliz cujas raízes mergulham nas profundidades da natureza humana e que o cristianismo pôde adotar sem qualquer dificuldade. O altar dedicado à deusa Compaixão deve ter despertado as simpatias do Apóstolo, pois era como que um apelo angustioso do paganismo ainda não corrompido ao «Deus da misericórdia» feito homem. O próprio oráculo de Delfos proclamara-o outrora: «A ação é a expressão do homem, mas de nada vale diante da grande misericórdia».

Absorto em profundos pensamentos, Paulo saiu da Acrópole pelo Propileu, a brilhante colunata que adorna a cidadela dos deuses, e parou pensativo junto do templo de Niké: diante dele estendia-se, em toda a sua variedade de terras e de mar, a paisagem ática com os seus magníficos contornos. Muito longe, para além do golfo de Egina, distinguia-se na distância azul a cúpula do Acrocorinto, tendo aos pés a cidade de Corinto, a que o Apóstolo havia de ficar devendo as maiores alegrias e o mais profundo sofrimento da sua vida.

Descendo a montanha, Paulo passou junto da prisão de Sócrates, onde o mais nobre de todos os gregos tivera com os seus discípulos aqueles célebres diálogos sobre a imortalidade, enquanto aguardava a execução. Um dia, o oráculo de Delfos declarara Sócrates o mais sábio de todos os homens, porque conhecia os limites da sua ciência, esse saber que nada sabia, essa «douta ignorância», na expressão de Nicolau de Cusa; uma espécie de humildade, que reconhece o valor quase nulo do ser humano quando só confia na sua própria inteligência.

No decurso dos seus setenta anos de vida, Sócrates voltara-se mais e mais para aquele Ser que é todo Sabedoria, poder e bondade, e unira-se assim por antecipação e em silêncio à «Igreja invisível», formada por todos os homens de boa vontade que não têm a ventura de pertencer à Igreja visível de Cristo, essa que Paulo viera fundar em Atenas. Fora na fidelidade a esse Ser perfeito e invisível, de quem Sócrates gostava de declarar-se escravo, que o filósofo encontrara coragem para estar alegre mesmo naquela hora amarga em que o veneno lhe subia lentamente ao coração. A sua atitude, morrendo na prisão em defesa de uma convicção íntima, fora algo novo e jamais visto na Grécia, como que um prelúdio do cristianismo.

Não sabemos quais foram os pensamentos de São Paulo quando passou junto dessa prisão, mas não há dúvida de que havia certas afinidades espirituais entre os dois homens. É inegável que, entre os grandes pensadores, existem laços intelectuais objetivos que, na expressão do poeta, servem de nexo a «uma mais elevada espiritualidade», como a que une Pitágoras, Sócrates, Platão, Aristóteles, Cleanto e desemboca em Paulo. Todos procuravam, segundo afirma Platão, essa verdade absoluta que é uma e a mesma em toda a parte, que é santa e abarca tudo, que acolhe todas as coisas boas e as transcende: numa palavra, a verdade *católica*, universal. Platão e depois Aristóteles foram os primeiros a empregar a palavra «católico» (*Ética a Nicómaco*, I, 7). Somos levados a pensar que pressentiram e se an-

V. A SEGUNDA VIAGEM DE MISSÃO

teciparam à célebre definição de São Vicente de Lérins: *Quod semper, quod ubique, quod ab omnibus...*, «o que foi crido desde sempre, em toda a parte e por todos».

Ao lado dessas impressões elevadas, inspiradas por um passado glorioso, havia outras que a elas se opunham. Atenas era toda ela um recinto sagrado cheio de templos, altares, estátuas, pórticos, imagens simples ou policromadas de madeira, bronze, mármore, ouro, prata e marfim. «Sair de casa» não significava apenas ir para a rua, mas entrar num templo. Diz Petrônio que em Atenas era mais fácil encontrar um deus do que um homem. Estamos habituados à ideia de que, antes da vinda de Cristo, Jerusalém era a capital religiosa do mundo, mas isto é apenas meia verdade, na medida em que Jerusalém compendiava as ideias religiosas que deviam formar a religião do futuro; aos olhos do mundo de então, Jerusalém devia ter um significado análogo ao da Meca de hoje. Mas a efetiva capital religiosa do mundo era Atenas, como era também o seu centro intelectual e artístico.

A visão de todos esses altares e santuários foi um martírio quase insuportável para um homem como Paulo, educado inteiramente no monoteísmo e nas Sagradas Escrituras. Para exprimirem a sua tortura espiritual, os Atos dos Apóstolos servem-se desta forte expressão: «O seu espírito afligia-se no seu interior». O que mais profundamente magoou a sua alma de profeta, que ardia em zelo pela glória de Deus, foi a impressão de conjunto de que ali as necessidades mais sagradas da alma humana desciam ao nível de um gozo meramente estético; tinha dó daquele povo. Talvez haja pessoas que não consigam entender esta indignação do Apóstolo, mas esses nunca saberão que existe uma miséria espiritual que nenhuma estética consegue suavizar.

Renan acusa São Paulo de se ter deixado dominar pelas ideias iconoclastas do judaísmo, cujos preconceitos o teriam cegado: «Ah, belas e castas imagens, verdadeiros deuses e verdadeiras deusas, tremei! Eis aquele que vai erguer o martelo contra vós. Soou a palavra fatal: "Sois ídolos". O engano deste pequeno e feio judeu será a vossa condenação à morte». É evidente que não podemos imaginar São Paulo acompanhado de um cicerone ou com um guia turístico na mão, indo de obra-prima em obra-prima e deliciando-se numa contemplação estética. Há momentos em que é forçoso deixar de lado a beleza e a arte: assim foi o momento em que, diante da suntuosidade marmórea do

Templo, Jesus mal lhe concedeu um único olhar de admiração, pronunciando somente aquelas duras palavras: «De tudo isto não ficará pedra sobre pedra»; e assim foi o momento em que Paulo viu relampejar a cólera de Deus sobre o mundo antigo. Semelhante atitude unilateral é necessária, de tempos a tempos, para que o Bem não pereça abafado pelo Belo.

O grego era um homem que se governava pelos olhos: adorava naquelas imagens a linha agradável da forma humana. Mas Paulo procurava *a alma*, e não havia alma naquela arte. Quem percorrer hoje um museu onde se exponham lado a lado a arte antiga e a arte cristã, necessariamente há de ficar impressionado com o vazio psicológico da primeira e com a profundidade anímica da segunda. Na arte primitiva das catacumbas, a alma que ama a Deus, consciente do seu feliz segredo, abre os olhos pela primeira vez. Esta arte não é, pois, decadência, mas um novo começo. Se a arte pagã não tivesse perecido, nunca teria podido nascer uma arte cristã: a arte que faz a alma falar. Nunca teria havido um Giotto ou um Fra Angelico. A Hélade tinha estado outrora no bom caminho, mas depois perdeu a alma e desviou-se do fim supremo, e por isso viu arrebatarem-lhe tanto a força como a beleza.

Compreendemos agora o motivo por que Paulo se sentiu tão só e abandonado nessa cidade sem alma. Esgotado pela violência das impressões contraditórias do primeiro contato, adormeceu no seu pobre alojamento mergulhado num colóquio suplicante com Cristo.

O Deus desconhecido

At 17, 16-21

Havia já algum tempo que São Paulo se encontrava na cidade. Segundo o seu velho hábito, procurou em primeiro lugar os seus numerosos correligionários, cuja presença em Atenas é testemunhada pelas inscrições da época. Nos primeiros sábados, dirigiu-se à sinagoga e ali falou com os judeus e os tementes a Deus, mas o resultado parece ter sido magro, talvez porque aqueles judeus, sob a influência da civilização pagã, se tivessem tornado mundanos e só raramente frequentassem o culto. O Apóstolo teve por isso de procurar os pagãos e

V. A SEGUNDA VIAGEM DE MISSÃO

os filósofos, a fim de conhecer as suas ideias religiosas. Dia após dia, percorria a cidade em todas as direções, à procura de oportunidades para estabelecer contato com aquela gente e ensinar-lhes a verdade que lhe queimava a alma.

Quanto mais olhava à sua volta, mais se esfumava a primeira impressão que havia colhido na Acrópole e mais se convencia da decadência religiosa daquele povo. Num desses passeios, experimentou uma vivíssima emoção que o fez estacar: na esquina de uma rua, viu um pequeno altar ou pedra votiva com a inscrição «Ao deus desconhecido», *Agnóstes theós*. Sabemos hoje, por diversas fontes, que havia então em Atenas e em outras cidades, como em Pérgamo, altares com inscrições votivas indeterminadas, dedicadas a deuses desconhecidos. Segundo São Jerônimo, uma dessas inscrições rezava assim: «Aos deuses da Ásia, da Europa e da África, aos deuses desconhecidos e estrangeiros». Pretendia-se dessa maneira afirmar que, além dos deuses locais, havia outras divindades estrangeiras ou esquecidas, que assim se procurava invocar para impedir quaisquer intervenções nefastas. Era necessário conjurar todo o gênio, todo o demônio pelo seu nome próprio, e, se o nome era desconhecido, ao menos venerá-lo para assim o tornar propício[20].

Impressionado com essas palavras, Paulo não as interpretou nesse sentido, mas viu nelas uma espécie de agnosticismo, como o que se exprime na fórmula de Goethe: «Quem o nomeará? Quem o compreenderá?» No fundo, porém, tinha razão: desde Sócrates e os órficos, a consciência religiosa dos gregos, sobretudo a dos filósofos estoicos, tinha chegado à conclusão de que os deuses populares conhecidos não passavam de disfarces ou máscaras de um grande deus desconhecido e sem nome. Platão descobrira a existência desse grande Ser partindo do mundo interior do espírito, e Aristóteles descobrira os seus vestígios

---

(20) Num dos seus discursos, Apolônio de Tiana, que residiu em Atenas mais ou menos na mesma época em que Paulo passou por lá, louva os atenienses pela sua piedade e pelos «altares que erigiram aos deuses desconhecidos». Ao contrário do que afirma E. Norden, porém, isto não indica de forma alguma que os Atos dos Apóstolos tenham extraído a expressão de uma suposta biografia de Apolônio, antes reforça a sua credibilidade pelo testemunho convergente das duas fontes. Nas escavações de Pérgamo encontrou-se também, em 1909, uma inscrição votiva, infelizmente mutilada, que se reconstituiu assim: *Theois ag[nostois] /Kapit[on] /Dadoukho[s]*, «Aos deuses des[conhecidos] / Capit[on] / Portado[r] de tochas».

no mundo exterior. Viera depois a Academia, com a sua paixão pela dúvida, e o deus desconhecido se retirara para além das nuvens.

Mas, como o Deus que se revelara no Antigo Testamento não tinha qualquer nome entre os pagãos, e para os judeus o seu nome era indizível, o Apóstolo leu naquela fórmula votiva a obscura ânsia da alma humana por alguma coisa de mais alto e de melhor, superior a tudo o que os atenienses tinham podido conhecer até então, como que um tatear às cegas em busca do verdadeiro Deus. Profundamente comovido, sentiu crescer a sua compaixão por aquela pobre gente que não sabia como acalmar a sua sede de Deus, invocava divindades desconhecidas e com isso adorava inconscientemente o mistério sobre-humano.

Em todos os povos, nas mais antigas tradições da humanidade e mesmo nos escritos apocalípticos do judaísmo tardio, encontramos estas explosões de nostalgia religiosa, a ânsia por um salvador ou por um libertador que afaste a desgraça, a guerra ou qualquer outro mal, apesar de ser mais rara a ideia de um redentor do pecado e da culpa. Conhecemos, por exemplo, esta oração de um árabe da época anterior a Maomé: «Meu Deus, se eu soubesse como servir-te, servir-te-ia de bom grado; mas infelizmente não o sei!» Paulo não era versado na história das religiões comparadas e ignorava o enxame pagão de divindades desconhecidas. Mas percebeu esse clamor abafado do helenismo orgulhoso pelo *Deus absconditus*, pelo Deus oculto, como em Trôade ouvira o grito do macedônio. E foi um novo incentivo para a sua esperança.

Atenas era também a capital da mitologia grega, concebida com tanta imaginação e fantasia que todas as representações das divindades no mundo culto de então se inspiravam nela; dali procedia a versão clássica da história dos deuses. Mas qual era o sentido oculto dessa mitologia? Segundo ela, o mundo forma uma grande unidade, um universo espiritual em que há um sem-número de forças divinas personificadas, hierarquizadas umas em relação às outras, todas elaboradas pela mente de um deus supremo: Zeus, pai dos deuses. Também o homem é, de alguma maneira, um descendente da semente dos deuses, e portanto de origem divina. Os grandes homens do passado, os grandes benfeitores da humanidade, como por exemplo Héracles, tinham sido elevados após a morte à categoria de deuses, para memória

V. A SEGUNDA VIAGEM DE MISSÃO

e imitação dos vivos. A massa popular tomava à letra esta abundância de deuses, ao passo que os filósofos apenas viam neles figuras poéticas, símbolos, aspectos e atributos diversos de uma única divindade.

No período heroico, os gregos ainda acreditavam na intervenção sobrenatural da divindade nos atos humanos, e, animados pela força dessa fé, tinham realizado grandes feitos que o mundo não poderá esquecer com facilidade. Mas na época de Paulo os atenienses já haviam perdido a fé que animara a sua idade de ouro. Aristóteles, o mais alto cume do espírito grego, não teve a felicidade de encontrar um discípulo à sua altura – na verdade, só viria a tê-lo centenas de anos mais tarde, em São Tomás de Aquino –, e a sua herança intelectual dissipou-se no meio de inteligências medíocres. Os sofistas tinham abolido a religião e convertido a *causa primeira de toda a realidade* numa desabalada corrida de átomos ou na ordem inflexível e fatídica das leis da natureza. Os velhos símbolos tinham-se transformado em ídolos vazios, em conceitos abstratos da virtude ou nas vergonhosas brutalidades do vício.

O gênio grego esgotara todo o seu ímpeto, e era-lhe agora impossível uma nova superação. O cristianismo nascente encontraria sérias dificuldades para transpor o abismo intelectual em que se afundara o pensamento helênico; Paulo não teve pela frente nenhum Platão, nenhum Aristóteles, mas somente os seus descendentes, verdadeiros «mendigos do proletariado filosófico», na frase de Gregorovius. Os *estoicos* e *epicúreos* que os Atos dos Apóstolos nos referem eram precisamente aquilo que ironicamente chamavam ao Apóstolo: «palradores», «respigadores de palavras», homens que disfarçavam a sua penúria intelectual com ditos colhidos ao acaso nos campos do saber alheio. Ainda ostentavam sobre os ombros, em artísticas dobras, o manto de filósofos, mas debaixo dessa capa já não se encontrava o pensador. Ainda mostravam aos estrangeiros, com um certo orgulho, a Academia de Platão, os plátanos sob os quais Sócrates havia instruído os seus discípulos, o Liceu de Aristóteles, o Pórtico de Zenão, o jardim de Epicuro, mas o seu verdadeiro prazer era passear pela ágora, a praça central rodeada de colunatas, templos e edifícios públicos. Usavam bengalas elegantes e água perfumada nos cabelos e nas mãos, tinham a sua sentença e uma saudação apropriada para cada hora do dia, eram mais supersticiosos do que as velhas, escutavam durante algum tempo os filósofos recém-chegados que vendiam a sua sabedoria a preços baixos, e sondavam todos os estrangeiros em busca de novidades políticas ou de opiniões religiosas.

Assim como se sentiu enojado com a arte decadente dos gregos, com a sua materialização e sensibilização do divino – fato que nos dá a entender no seu discurso no Areópago –, do mesmo modo o Apóstolo se viu obrigado a desprezar a filosofia e o culto dos atenienses: era uma progressiva *secularização do espírito religioso*. A religião servia-lhes unicamente para glorificar a vida terrena, para canonizar o patriotismo. Os atenienses sabiam tornar agradável a religião até para os que se davam aos prazeres. Porém, a um homem como Paulo, que vira desabarem todos os seus ideais, a quem o próprio Cristo abrira os olhos para as profundezas e os abismos da vida, e que agora estava inteiramente dedicado à busca do essencial, a um homem desses, qualquer suado trabalhador do cais que pudesse ser conquistado para Cristo interessava-lhe mais do que o próprio Júpiter Olímpico. Uma reunião de operários, marinheiros e escravos tementes a Deus tinha mais importância para ele do que toda uma universidade de professores.

Podemos chamar fanatismo a esta maneira de sentir, mas então teremos de concluir que também Jesus foi um fanático. Existirá, porém, algum grande homem, algum revolucionário do pensamento ou da ação, que não tenha encarado todas as coisas, toda a vida nos seus mil aspectos, a partir de um determinado ângulo, de uma ideia central dominante? Não era necessário apoiar-se nesse ponto fixo arquimédico para tirar o mundo dos seus eixos? Para Jesus, esse pensamento central ao qual tudo referia era o Reino de Deus, a «única coisa necessária»; da mesma forma, para Francisco de Assis, seria a imitação fiel de Jesus na pobreza e na humildade; e para Inácio de Loyola, a obediência fiel a Cristo, seu general e seu rei. Também Paulo era homem de um só pensamento: o homem novo, a nova vida em Cristo. Não é de admirar, pois, que o ambiente puramente pagão o impressionasse tanto: ali ganhou consciência de toda a grandeza da obra que tinha por diante e da enorme oposição que teria de enfrentar!

Havia já algum tempo que vivia nesse isolamento espiritual quando Silas e Timóteo finalmente chegaram de Bereia e lhe deram boas notícias dessa comunidade. Reanimado, o Apóstolo começou a visitar mais assiduamente a ágora, centro social e cultural da cidade, e a

V. A SEGUNDA VIAGEM DE MISSÃO

travar conversas sobre religião. O seu aspecto externo, que, pela capa puída, mais lembrava um pregador cínico ambulante, a sua pronúncia estrangeira, a cadência anasalada e um pouco cantante de que os atenienses gostavam de troçar, todos esses atributos atraíram-lhe um numeroso auditório. Os discípulos dos filósofos locais apressaram-se a informar os seus mestres acerca daquele estranho recém-chegado e da sua obscura filosofia, que não se encaixava em nenhuma das escolas conhecidas. As suas palavras pareciam-lhes uma confusão de disparates de tipo oriental.

A agudeza ática logo inventou uma alcunha para Paulo: o «palrador», com o que pretendiam indicar que reunia os seus temas sem critério e procurava impingi-los aos outros. «Que quer dizer este palrador?» – este charlatão –, perguntavam-se. Mas a coisa, como um todo, parecia interessante. Muitos pensavam que se tratava de mais um «arauto de deuses estrangeiros».

Para compreendermos bem esta expressão, precisamos ter em conta uma doutrina e uma tradição comuns na Antiguidade. Platão, os cínicos, Sêneca e Epiteto afirmavam a existência de determinado tipo de homens muito elevados, verdadeiros «homens divinos», que possuíam um conhecimento profundo da divindade, e que eram enviados por Zeus com uma mensagem dirigida aos homens. Pitágoras, Empédocles, Sócrates e Crisipo teriam sido desses mensageiros da divindade, e eram assim venerados pelo povo. Mas, ao lado desses enviados «divinos» autênticos, havia os falsos, os charlatães, embusteiros e magos que enganavam as pessoas mais crédulas; Paulo já se tinha medido com um desses personagens em casa do governador Sérgio, e em Listra ele próprio fora tomado por Hermes; em Filipos, a médium espírita chamara-lhe «servo do Deus altíssimo», e o carcereiro logo suspeitara haver nele qualquer coisa de divino[21]. Toda a Antiguidade,

---

(21) Sabemos até que ponto chegava a credulidade popular pela história de Menedemo, personagem singular que, vestido da maneira mais chamativa – túnica sacerdotal, cíngulo de púrpura, boné arcádico, calçado de artista de teatro –, com uma barba enorme e um cajado de freixo no qual se viam entalhados os doze signos do zodíaco, se apresentou aos atenienses como enviado de Hades, deus dos mortos, e afirmou ter recebido a missão de visitar os mortais como epíscopos ou superintendente, a fim de relatar aos deuses os pecados dos homens. Tais eram esses «homens divinos» que faziam a sua aparição, de tempos a tempos, na Grécia e na Ásia Menor...

tanto o Oriente como a Grécia, estava profundamente imbuída da ideia do divino no homem, no sentido de que havia algo divino em alguns homens; e os estoicos e cínicos viam um sinal desse parentesco divino na pobreza e até na indigência voluntárias, na independência e liberdade totais com relação às coisas e às pessoas, que por vezes degeneravam em grosseria.

A expressão «arauto de deuses estrangeiros» indica, pois, que Paulo deve ter-se imposto aos olhos de alguns dos atenienses como um desses extraordinários homens divinos; além disso, com certeza não lhes ocultou que realmente vinha anunciar uma nova religião. Mas, acostumados a esse fenômeno, os ouvintes não retiveram de toda a sua pregação senão duas palavras: Jesus e Anástasis (Ressurreição). A partir delas julgaram compreender, segundo afirma São João Crisóstomo, a sua doutrina: Paulo anunciava-lhes uma nova dualidade divina, com uma divindade masculina chamada Jesus, e outra feminina, a deusa Anástasis... Não suspeitavam nem de longe que a doutrina daquele «charlatão» haveria de derrubar um dia todas as suas cátedras e aniquilar todas as suas filosofias.

Essa curiosa incompreensão teve como resultado, no entanto, um convite muito peremptório para que o Apóstolo se apresentasse diante do Areópago, o supremo e mais venerável senado de Atenas. Era uma antiquíssima corporação conservadora da nobreza, aureolada de lendas, que desempenhava o papel de tribunal supremo, particularmente competente para julgar todas as questões relativas à religião e à moral, ao culto e ao ensino, e cuja autoridade era reconhecida por toda a gente. Segundo a tradição, reunia-se à noite na colina de Ares, ligada por uma estreita faixa de terreno à Acrópole, mas quem já viu alguma vez esse rochedo não consegue imaginar que ali coubesse uma assembleia numerosa. É pouco provável, portanto, o dramático quadro segundo o qual Paulo teria pronunciado o seu célebre discurso do alto dessa espécie de tribuna a céu aberto, dominando as luzes noturnas da cidade. Mais razoável é admitir que o Areópago se reunisse no Pórtico Real da ágora, onde Demóstenes costumava discursar; certamente foi ali que Paulo teve de pronunciar a sua «defesa de tese», perante um auditório apinhado de professores e estudantes, a elite intelectual da Grécia. Não se tratava, com efeito, de uma audiência judicial; o Apóstolo não estava lá como réu, mas como um homem livre que expunha

V. A SEGUNDA VIAGEM DE MISSÃO

a sua doutrina diante da suprema autoridade do país, a fim de receber autorização para ensiná-la.

Paulo não era um bárbaro nem um iconoclasta, mas estava tomado por um ideal de beleza superior ao da beleza meramente estética. Procurava a beleza da alma e ardia no desejo de tornar cristãos todos os homens, de transformá-los em corações ardentes à imagem de Cristo. Em substituição ao belo mito da deusa da sabedoria, queria mostrar-lhes a realidade da Sabedoria divina manifestada sob a forma de um homem, e esta tarefa parecia-lhe muito superior à arte de esculpir imagens em pedra morta. O animal heráldico de Palas Atena era o mocho, ave noturna cujos olhos não suportam a luz do dia: belo símbolo da sabedoria grega da época, míope visão noturna da vida, que Paulo ansiava por levar à plena claridade do conhecimento de Deus, que é Luz, Amor e Vida.

No Areópago
At 17, 22-34

As eternas estrelas da Hélade brilhavam como quatrocentos anos antes, quando diante do mesmo tribunal comparecera o mais sábio de todos os gregos: Sócrates. O pensador mais religioso da Grécia fora acusado de «ateísmo» e de tentar introduzir novas divindades, porque obedecia à voz de Deus no seu íntimo e ensinava os seus discípulos a imitá-lo. Embora a condenação de Sócrates tivesse sido injusta, é de sublinhar a profunda seriedade com que os seus juízes procuravam velar pelas tradições dos antepassados, em contraste com os de Paulo, degenerados descendentes de uma grande raça de pensadores, personagens frívolos para quem a religião não passava de um interessante tema de conversa.

Até então, Paulo, na sua atividade apostólica, sempre se tinha movido num terreno previamente desbravado pelo judaísmo ou pelos prosélitos. Em Atenas, porém, a mudança de cenário é completa: o Apóstolo encontra-se diante de uma assembleia inteiramente pagã, e tem de mudar de tática, apoiando-se num outro *ponto de partida* para elevar as mentes dos seus ouvintes até Cristo. Entre os judeus, recorria à *palavra de Deus* consignada na Sagrada Escritura; entre os pagãos, recorrerá à *obra de Deus* manifestada na natureza. Entre os judeus, tinha de referir-se à Revelação de Deus através da *História da Salvação* do gênero humano; entre os pagãos, invocará o testemunho que dão de Deus a *consciência pessoal* e a *experiência íntima* dos corações, a sede de Deus e do sobrenatural que todos os homens sentem, como sabia pela ampla experiência que pudera colher no Oriente.

Por outro lado, porém, os pontos de contato que Paulo encontrava nos poetas e pensadores gregos, concretamente, segundo alguns, nos escritos populares dos cínicos chamados *diatribes*, não derivavam de uma afinidade interior de ideias ou de uma igual altura nas disposições da alma, mas de uma remota semelhança nas formas de expressão, uma vez que também o Apóstolo se dirigia de preferência ao povo inculto, bem como da necessidade natural da redenção, na qual se misturavam motivos terrenos e religiosos. No tempo de Paulo, Platão e Aristóteles já não tinham grandes escolas em Atenas, embora as suas ideias subsistissem noutras cidades. Os ouvintes do discurso do Areópago pertenciam, na sua maioria, a duas correntes filosóficas diferentes: à escola dos estoicos e à dos epicuristas.

Nunca se dará suficiente relevo à influência que o estoicismo exercia sobre o mundo de então. É bem verdade que tinha como pontos negativos o panteísmo e o seu desesperado fatalismo; mas a sua ética era superior à sua metafísica, e os Padres da Igreja puderam apoiar-se nela em ampla medida (cf. São Jerônimo, *In Is.*, cap. 11). Muito do que mais tarde seria considerado herança platônica era patrimônio do estoicismo, e o célebre hino a Zeus do poeta Cleanto mostra-nos até que altura religiosa essa doutrina era capaz de chegar. Cleanto tinha sido atleta, depois vendedor de melões, e acabara por tornar-se sacerdote de uma seita estoica. Por volta do ano 300 a.C., escreveu esse hino cujas palavras ressoam como um eco grego da fé de Israel diante da Revelação do monte Sinai: «Ouve, ó Israel, o Senhor teu Deus é o único Deus!»

> *Tu, ó Zeus, és louvado por todos os deuses.*
> *Muitos são os teus nomes, e o poder está contigo eternamente.*
> *Por ti o universo começou a ser, e tu governas o mundo*
> *por meio de leis firmes e imutáveis.*

V. A SEGUNDA VIAGEM DE MISSÃO

*Nós te saudamos! Que toda a carne eleve a ti
a sua voz, pois somos verdadeiramente da tua raça.
Por isso quero entoar-te o meu cântico de louvor e gozo,
cantar eternamente a tua onipotência.
Todos os céus que rodeiam a terra escutam a tua palavra,
todas as estrelas, grandes e pequenas. Ó deus eterno, como és*
               poderoso!
*Nada acontece sem ti na terra, no firmamento, nos mares!
Nada além do que fazem os pecadores, que obedecem à sua própria*
               loucura.
*Mas tu dás harmonia aos tons discordantes; ao feio dás beleza,
e estás habituado ao que nos é estranho.
Assim reuniste tudo e puseste a tua bênção acima do mal.
A tua palavra é una, está em tudo e permanece eternamente.
Expulsa das nossas almas a loucura, para que saibamos*
               corresponder
*com glória à tua glória
e louvemos eternamente as tuas obras,
como convém aos filhos dos homens.*

Aqui se vê que a revelação natural de Deus ao espírito deste pensador grego não ficou muito abaixo da revelação sobrenatural manifestada nos Salmos e nos Profetas, pelo menos no que diz respeito à profundidade, à intensidade de sentimentos e à elevação de pensamento[22]. Se Paulo tivesse tido a sorte de falar com homens como Pla-

---

(22) A ideia central do Hino de Cleanto, ou seja, a do parentesco de natureza do homem com Deus, que também aparece no seu compatriota Arato, citado por Paulo, é de origem antiquíssima, órfico-platónica. Com efeito, partindo da natureza do nosso conhecimento, voltado para o eterno, Platão infere nos seus diálogos Fédon e Timeu a procedência celestial do ser humano e o seu parentesco essencial com Deus, a Quem chama «a Ideia de todas as ideias»; considera também que o fim último do ser humano é a participação na vida eterna por meio da contemplação de Deus, que no entanto interpreta erroneamente como recordação de uma vida anterior em Deus.

A alma, o «nosso eu mais íntimo», é para o filósofo grego uma força celestial, um *daimon*, a «centelha divina» de que falam também o imperador estoico Marco Aurélio e os místicos cristãos; já Fílon de Alexandria e Paulo designam-na por *pneuma* ou espírito do homem. O poeta Píndaro (Fragm. 131) dizia que a alma é uma «imagem» (*eídolon*) de Deus, e este mesmo pensamento vem expresso nas assim chamadas «tabuinhas de ouro» órficas encontradas na Itália meridional. Nos estoicos, a ideia do parentesco com

tão e Cleanto, ter-se-iam compreendido rapidamente. Nas suas horas mais luminosas, a Hélade quase alcançou Israel na sua *ideia da divindade*. Houve até um aspecto em que o ultrapassou, pois soube dar forma artística à ideia de Deus, enquanto Israel sempre permaneceu bárbaro neste terreno, como aliás tinha de ser segundo os desígnios da Providência: a expressão da teodiceia na arte só podia realizar-se sem perigo para a pureza do conceito de Deus dentro do cristianismo. Sob um outro aspecto, contudo, Israel foi superior à Grécia: reconheceu no Legislador do Sinai o Deus da santidade. Ambos os povos tinham a consciência de terem sido chamados a cumprir uma missão, e sabiam que deviam comunicar ao mundo a grande mensagem. A Hélade pronunciara a sua última palavra ao proclamar a afinidade da alma humana com Deus; Israel estava prestes a dizer uma nova e definitiva palavra à humanidade – a palavra do Verbo de Deus feito homem –, mas acabava de cometer o erro de expulsar das suas fileiras aquele que devia transmiti-la: Paulo.

O pensamento corrente do estoicismo tardio pode ser resumido nestes termos: o estoico fala de *Deus*, mas entende por esta palavra a *sabedoria do universo* que tudo ordena, a «lei do mundo» ou essa misteriosa força oculta que dá a cada ser a sua forma, unidade e capacidade de ação. O estoico fala da *alma*, mas como se fosse um *flui-*

Deus assume dimensões cada vez mais difusas e panteístas, estendendo-se à natureza física e ao universo inteiro; a «centelha divina» presente em cada homem, parte da «alma universal», permitir-lhe-ia estar em «harmonia com o universo». Foi necessário que o pensamento antigo evoluísse, com Plotino, até o neoplatonismo, para retomar a ideia originária de Platão: a alma não é Deus, mas goza de uma semelhança de natureza com Ele. Goethe exprime maravilhosamente esse pensamento de Plotino: «Se o olho não estivesse adequado ao sol, não poderia contemplá-lo. Se em nós não residisse a própria força de Deus, como poderia entusiasmar-nos o divino?»

O erro de Platão a respeito da existência das almas antes da vida terrena foi refutado por Aristóteles, mas a sua ideia de que a visão de Deus constitui o supremo fim da vida humana é uma conquista duradoura do gênio helênico, e foi assumida e elevada ao seu máximo grau pelo cristianismo, através da doutrina paulina da visão beatífica (cf. 1 Cor 13, 12). Dois dos mais elevados cumes do espírito humano, Platão e Paulo, apresentam-se assim lado a lado, embora se encontrem separados por um abismo que só podia ser ultrapassado por meio da Revelação sobrenatural, o abismo da natureza e da graça. Para Platão, é o homem soberano que ascende até a contemplação de Deus pela sua própria força imanente – ideia nobre e digna, mas em última análise votada ao fracasso –; já o cristão sabe que é Deus quem desce até o homem e o eleva, e este abaixar-se e conduzir para o alto é o que se chama graça (cf. Festugière).

V. A SEGUNDA VIAGEM DE MISSÃO

do impessoal, que se dissolve com o corpo e se perde no universo de que faz parte; concede-lhe maior ou menor sobrevivência, mas não a imortalidade. O estoico fala da *Providência*, mas quer significar o *destino*, a inexorável lei do mundo. O estoico fala de *oração*, mas que pede aos deuses? Intervenção nas leis do mundo? Não, porque, de acordo com a sua doutrina, isso é impossível e iníquo. A virtude e a felicidade da alma? Não, porque segundo a sua doutrina isso só depende dele: «Escuta a voz da tua consciência!», diziam. «Talvez um ser muito grande fale através dela. Ninguém o sabe». Por outro lado, foi um estoico, Menandro, quem introduziu pela primeira vez o conceito de *consciência* na moral, com a célebre máxima: «Para cada mortal, a sua consciência é o seu Deus». A prece típica do estoico só podia consistir, pois, nesta fórmula de Epiteto:

> *Conduzi-me, ó Zeus, e tu, ó sábio Destino,*
> *para onde eu deva estar segundo a vossa vontade.*
> *Não vacilarei em seguir-vos.*
> *Se não o quisesse, seria um ímpio,*
> *e de qualquer modo teria de fazê-lo.*
> *Deixar-se conduzir pelo destino implacável,*
> *só isso é ser sábio e conhecer a Deus.*

Há todo um mundo de distância entre essa oração e esta outra do Cardeal Newman, que começa assim: *Lead, kindly ligth, lead on* – «Conduz-me, doce luz, conduz-me adiante». É o mundo da graça, que nos guia com suavidade: «Ninguém pode vir a mim, se o Pai que me enviou não o atrair» (Jo 6, 44). Contra os males da vida, o estoico só conhecia um antídoto: a insensibilidade orgulhosa; e um remédio: o suicídio. Há qualquer coisa de comovente nesta triste resignação perante o destino; há qualquer coisa de admirável nesta tentativa de salvar a dignidade humana; há qualquer coisa de nobre na sua filantropia, embora se baseie unicamente em considerações de ordem natural, sem nenhum ponto de contato com a piedade cristã, considerada uma fraqueza. Mas em tudo isso encontramos apenas o olhar imóvel, cristalino e frio, da razão cósmica universal que nos observa.

Por outro lado, seria injusto tachar o estoicismo simplesmente de panteísmo, sobretudo na sua última fase, pois nessa doutrina palpita com muita força a tendência monoteísta. O «conhecimento de Deus» era o seu lema preferido e a sua principal preocupação, mas faltavam-lhe o calor e a chama mística que irrompem do coração de Cristo. Precisamente por isso, não podia salvar o mundo, que só se pode redimir pelo amor; esta é, aliás, a razão pela qual homens do porte de um Epiteto ou de um Marco Aurélio não conseguiram compreender o martírio cristão. Mas aquilo que havia de mais nobre no estoicismo sobreviveu no cristianismo, principalmente o seu respeito pela consciência pessoal como norma interior, como guia e como juiz, que Paulo compartilhava.

Além dos estoicos, havia no auditório um grupo formado pelos discípulos de Epicuro, de cujo nome se abusaria mais tarde como símbolo de todos os prazeres baixos. Os epicuristas, como os filósofos do iluminismo, haviam movido uma grande campanha contra os deuses populares dos gregos, mas não negavam que houvesse deuses verdadeiros; o que lhes parecia mais do que duvidoso era que pudessem ou quisessem ajudar-nos, e sobretudo que se ocupassem de nós, pois isso os perturbaria na sua feliz quietude olímpica. Segundo os epicuristas, o mundo era obra do acaso, e o fim da vida humana consistia na felicidade proporcionada por um moderado bem-estar. É verdade que uma das suas correntes afirmava: «Procura também a felicidade do teu próximo», mas na prática o princípio era diferente: «Procura apenas a tua própria felicidade, pois só viverás breve tempo e estarás morto durante muito tempo». Semelhantes corações tinham necessariamente de estar fechados ao mundo sobrenatural[23].

O porte e o aspecto desses homens, que observavam o orador estrangeiro entre irônicos e céticos, entre curiosos e supersticiosos, não seriam lá muito alentadores para Paulo. O gosto pela crítica e pela ironia era inato nos atenienses, embora às vezes o disfarçassem sob uma capa muito superficial de cortesia; e foi certamente com esta elegância

---

(23) O idealismo de Platão foi definitivamente refutado por Aristóteles, o que levou a sabedoria dos gregos a encaminhar-se para a concepção estoica da vida, prática e austera, e por fim a desembocar no «desengano do mundo» pregado por Epicuro, cujo pessimismo logo se transformaria num niilismo ético. No discurso de Paulo no Areópago, o que mais deve ter repugnado aos discípulos desse Buda grego foi certamente a ideia de que Deus pudesse abandonar o seu repouso bem-aventurado para intervir nos destinos da humanidade por meio do seu Filho.

V. A SEGUNDA VIAGEM DE MISSÃO

ática que o presidente da assembleia deu a palavra ao Apóstolo: «Podemos saber qual é a nova doutrina que ensinas?»

O discurso com que Paulo lhe responde, e cujo esboço nos é transmitido por São Lucas, é uma obra-prima no seu gênero, adaptada à época e ao lugar, notável pela sua cor local e sutileza. O Apóstolo começa com um jogo de palavras: o termo «religioso» (*desidemonésteros*) significava primitivamente «muito temente aos deuses», mas no tempo de Paulo passara a ter também o significado secundário de «supersticioso» ou «temeroso dos demônios». O amor dos gregos pelo maravilhoso, a sua paixão pelo divino, traduzia-se nessa palavra, que tanto podia significar piedade como superstição, conforme fosse entendida como expressão de um sentimento religioso normal ou exagerado. Os ouvintes tinham o direito de considerar o termo como um louvor, e com certeza assim o fizeram.

«Homens atenienses, em tudo vos vejo muito religiosos»: com estas palavras, Paulo ganha o auditório, e mais ainda quando lhes anuncia que vai resolver o enigma do «deus desconhecido»: «Acusais-me de ser um arauto de deuses estrangeiros e de querer introduzir entre vós deuses novos. Pelo contrário! Nos meus passeios pela cidade, contemplei os vossos monumentos sagrados e encontrei um altar com esta inscrição: "Ao deus desconhecido". Parece, pois, que adorais alguém que não conheceis. De certo modo, tendes razão, pois esse deus desconhecido e o verdadeiro Deus oculto, que eu venho anunciar-vos, têm esta particularidade em comum: estão ambos envoltos em mistério.

«Mas, na realidade, esse Deus misterioso não vos devia ser inteiramente desconhecido, pois revelou-se através da Criação: a natureza, o céu e a terra, tudo é obra das suas mãos. Não preciso demonstrar-vos a existência desse Deus supremo, que é infinitamente superior aos pobres deuses do Olimpo. Vós encerrais os vossos deuses no estreito espaço dos vossos templos; ora, o verdadeiro Deus é o Senhor de toda a terra, enche todo o universo, e não pode ser encerrado em templos feitos pela mão do homem. Não existe qualquer imagem dEle, pois é Infinito, e tem de ser venerado sem imagens. Vós rodeais os vossos deuses de uma multidão de ministros do templo, apresentais iguarias diante deles e os convidais para os banquetes sagrados, ofereceis o bom odor dos vossos alimentos e pretendeis alegrá-los com vinhos preciosos, como se precisassem dos vossos serviços e das vossas dádivas. Mas, na verdade, Deus não precisa dessas coisas: nós é que precisamos dos seus dons, pois é Ele quem nos dá a todos de comer e de beber, a alma, o alento e a vida.

«Vós dizeis que os deuses habitam lá em cima, na paz bem-aventurada, e que não se importam com os homens, lançados pelo acaso num turbilhão cego, como os átomos do universo. Não: Deus alegra-se com a obra das suas mãos e não despreza nada do que criou. Tem os seus planos para a linhagem dos homens, e de um só homem fez sair todo o gênero humano, para que habitasse sobre toda a face da terra. Não é o Deus de um único povo, como o vosso Zeus Olímpico ou a vossa Palas Atena, que só amam os gregos e desprezam como bárbaros todos os outros povos. Todos os povos descendem de um só sangue e todos formam uma só família.

«Deus estabeleceu limites para as diversas nações e uma duração determinada para a sua vida, mas, embora os homens estejam separados pelo clima, pela língua e pelos países que habitam, no entanto estão unidos por um fim comum superior, que os une no seu íntimo, porque Ele introduziu em todos uma centelha da luz do seu espírito, comunicando-lhes o dever de O procurarem, de O pressentirem como que às apalpadelas. Todos os homens *buscam a Deus* por natureza, mas vós, gregos, O buscais de uma maneira muito especial. Os vossos piedosos visionários, como Homero, Pitágoras e Píndaro, procuraram-no nos mitos cheios de mistério; os vossos artistas, na lei eterna da beleza; os vossos filósofos, nas vias do pensamento lógico, como Aristóteles, ou do pressentimento anelante, como o vosso divino Platão. Os vossos místicos procuraram-no nos mistérios mágicos dos cultos secretos; os vossos funcionários, no gênio do Imperador e da divina Roma. O objetivo da vossa nostalgia, a união com Deus, é excelente, mas a verdade é que fazeis longos desvios por caminhos errados.

«No entanto, é tão fácil encontrar a Deus! Entrai na vossa consciência: Deus está em nós e nós estamos em Deus. Assim o anunciou já um dos vossos poetas, Arato: "Nele vivemos, nos movemos e somos". E o motivo por que está tão próximo do nosso espírito e do nosso coração é este: a *razão da existência divina* é também a *razão do nosso conhecimento*. No conhecimento foi-nos dado também o vestígio a partir do qual podemos procurá-lo, ainda que às apalpadelas».

V. A SEGUNDA VIAGEM DE MISSÃO

Neste momento, Paulo punha o dedo na chaga do espírito pagão. «Deus está muito perto de nós, e no entanto é muito difícil de alcançar»: estas palavras de Hölderlin retratam fielmente a atitude espiritual grega e revelam o ponto mais vulnerável do paganismo, que se limitava a adorar imagens, produtos da imaginação, ideias abstratas ou mesmo corporificadas sob a forma de deuses, mas não o Deus vivo, «o autor da vida» que Paulo, numa experiência inolvidável, tinha encontrado na pessoa de Cristo.

A seguir, o Apóstolo explica aos ouvintes o íntimo significado da nostalgia divina que os persegue, citando a expressão obscura e profunda do autor do hino a Zeus: «Somos verdadeiramente da sua raça». Deus é mais do que a nossa *causa eficiente*, Aquele que nos fez; é a nossa *causa exemplar*, o Modelo segundo o qual fomos feitos: à sua imagem e semelhança. O artista não pode ser inferior à sua obra. Se nós somos centelhas do espírito divino, então Deus é espírito puro e nós estamos habilitados a participar da vida divina, desde que Ele nos convide. O Apóstolo ainda não pronunciou o nome dAquele a quem devemos esta participação, esta elevação, mas esse nome está a ponto de escapar-lhe dos lábios.

Enquanto se manteve no terreno da filosofia, toda a assembleia o havia escutado em silêncio e com a maior atenção. Lembravam-se de ter lido algo de parecido no seu divino Platão, e as ideias que ouviam não desagradavam nem aos estoicos, habituados a perder-se em devaneios panteístas, nem a muitos epicuristas daquele tempo. Mas, para Paulo, tudo isso não passava de uma simples isca, do prefácio e introdução ao verdadeiro tema. E o encanto quebrou-se! O Apóstolo só pôde pronunciar poucas frases mais, mas essas frases continham a quintessência da sua pregação aos gentios. Foram quatro ideias que desagradaram profundamente àqueles ouvintes, tão ciosos do seu saber.

Em primeiro lugar, lança-lhes em rosto o seu atraso religioso e a sua ignorância: «As representações de Deus sob a forma de imagens pertencem ao período infantil do gênero humano. É hora de ultrapassarmos esses limites; Deus teve piedade deste balbuciar pueril, e já passou a época de andarmos na ignorância». O auditório começa a agitar-se, inquieto: Que estranha audácia! O bárbaro ousa chamar ignorante ao povo mais culto da terra? Mas Paulo continua a falar claramente: «Deus saiu das trevas em que se escondia e pôs o mundo diante deste dilema: ou continuar a viver hesitante, tentando pressentir o além na vaga nostalgia da redenção, ou mudar de concepções, reconsiderar o problema e reconhecer a realidade divina e a salvação na pessoa do Homem-Deus!» Purificação, transfiguração, divinização, com a ajuda de cerimônias excitantes, que faziam vibrar os nervos, tudo isso lhes era familiar, pois procedia dos seus mistérios. Mas mudar de sentimentos mediante o *arrependimento* – que podia significar essa loucura? «Dai-me a felicidade, pedia o poeta Horácio aos deuses, e eu mesmo cuidarei de ser equânime».

Paulo observa a crescente impaciência dos seus ouvintes, mas domina-se e prossegue: «Deus interveio poderosamente nos destinos humanos através de um homem que designou para julgar o mundo». Um *juiz*, um juízo universal! Era excessivo! Nunca se tinha ouvido semelhante coisa! Mas Paulo finge não os perceber e continua cada vez com mais ardor: «Sim, atenienses, o que vos digo é a pura verdade. Eu, que me encontro diante de vós, eu mesmo vi o homem mandado por Deus. O seu povo perseguiu-o e condenou-o à morte. Mas Deus confirmou a sua mensagem *ressuscitando-o de entre os mortos*»[24].

---

(24) O texto do discurso do Areópago, tal como Lucas o apresenta, pode muito bem constituir apenas um breve resumo e uma versão livre das palavras originais de São Paulo. Frente aos críticos que pretenderam discutir a autenticidade histórica desta passagem, apresentamos aqui o ponderado juízo de Harnack: «Se algum dia os críticos conseguirem chegar a ter uma visão clara das coisas, bem como suficiente bom gosto, ser-lhes-á impossível negar que neste texto a genialidade na seleção dos pensamentos é pelo menos tão grande como a fidelidade histórica» (*Apostelgeschichte*).

O discurso reveste-se de dupla importância para a história da religião: por um lado, prova-nos que a ideia de que «a natureza invisível de Deus pode conhecer-se por intermédio das suas obras» (Rm 1, 20), fundamental na doutrina cristã, constitui uma verdade racional e uma herança espiritual da Antiguidade; por outro, torna evidente a absoluta superioridade e originalidade do cristianismo. Paulo não teve de estudar os filósofos gregos para formular essas ideias, pois estava familiarizado com a demonstração causal da existência de Deus contida no livro da Sabedoria (cap. 13), escrito sob influência helénica.

Por outro lado, o Apóstolo certamente tinha consciência do sentido panteísta da frase «nele vivemos, nos movemos e somos», tal como a entendiam os estoicos; mas pôde adaptar sem qualquer reparo essas palavras, modificando-lhes apenas ligeiramente o significado, uma vez que o pensamento estoico não errava ao afirmar a presença ou «imanência» de Deus no mundo; isso era verdade, mas apenas parte da verdade. O cristianismo teve de unir essa ideia à de um Deus pessoal e supramundano, à da «transcendência» de Deus, chegando assim a uma síntese genial entre duas realidades diametralmente opostas na aparência.

V. A SEGUNDA VIAGEM DE MISSÃO

Este é novamente o verdadeiro Paulo, na sua rude grandeza. Pronunciou enfim as palavras fatídicas: Morte de Cruz e Ressurreição! Estala uma gargalhada geral: «Que disparate!» Paulo já não podia prosseguir; os ouvintes riem e riem. Vê-se forçado a calar-se e a não pronunciar o nome de Jesus. Não pode consentir que aqueles loucos trocem do nome divino. Para o presidente e para os filósofos, o incidente é sumamente desagradável. Ocultam a sua decepção sob uma frase amável, não isenta de ironia, e levantam a sessão convidando o Apóstolo a falar noutra ocasião: «Outra vez te ouviremos sobre este assunto». Paulo sentiu que fracassara. Triste e desapontado, «saiu do meio deles». E disse, mais a si próprio do que a Timóteo: «Andei mal. Teria sido melhor não mencionar a palavra Ressurreição e ter começado por lhes contar a história de Jesus. Não quero mais nada com estes sábios, tão pretensiosos. O melhor é voltar para o meio dos trabalhadores. A ciência envaidece; de futuro, nunca mais aludirei à sabedoria grega, mas unicamente a Cristo e à loucura da Cruz. Timóteo, estas são as pessoas de quem a Escritura diz: "Passam a vida a malbaratar palavras"».

Mas quando se dispunha a voltar para casa, notou que alguns o seguiam. Voltou-se, e então veio ao seu encontro um homem de aspecto grave e respeitável: Dionísio, membro do Areópago; e também uma mulher envolta num manto negro, chamada Dâmaris, que deixava ver dois olhos profundos e pensativos por trás do véu que lhe ocultava o rosto. Apareceram ainda algumas outras pessoas, e com elas se formou uma comunidade, certamente não numerosa, mas de boa formação intelectual. O título de «areopagita» era ambicionado e respeitado por toda parte, e o fato de se ter formado uma lenda em torno desse Dionísio, e de o maior teólogo do século VI se ter ocultado sob o seu nome, indica que o novo discípulo deve ter sido a alma da comunidade ateniense e talvez o seu primeiro bispo. Enquanto os sofistas descem os degraus do Areópago, troçando do estranho judeu de Tarso, este, sentado no meio dos irmãos recém-conquistados, já lhes ia falando da pessoa de Jesus.

Encerrada no seu esteticismo, Atenas, protótipo da Grécia, sempre tinha evitado enfrentar a terrível realidade da vida, envolvendo-a nos véus da beleza falaz. Habituados à transparência cristalina daquele céu e aos limites do pensamento racional, os atenienses só amavam o que era claro e nitidamente delineado: as ideias sobre a morte, o peso infinito da eternidade e o destino sobrenatural da vida não encontravam neles eco algum. Não, essa cidade não oferecia terreno propício ao Evangelho. O belo Narciso, que se contempla nas águas claras e se apaixona por si próprio, era o símbolo da Grécia: esse povo não desejava a verdade em nome da verdade, mas interessava-se apenas pelo prazer do pensamento. Perdiam-se deliciados nos seus labirintos intelectuais, e para tanto possuíam na sua língua o instrumento mais cinzelado que jamais povo algum possuiu. Tinham desenvolvido ao máximo todos os dotes do espírito, mas com sacrifício do coração. Nas palavras de um poeta, faltava-lhes a força do amor e da abnegação:

No mais íntimo do nosso coração, habita o desejo puro
de nos entregarmos a um ser supremo, puro
e desconhecido,
voluntariamente e por simples gratidão.

(Goethe)

Por outro lado, havia na alma grega outro polo, de cunho absolutamente irracional, que se traduzia na ebriedade sem freios simbolizada pelo culto de Dionísio, bem como no desejo apaixonado de divinização e de supressão de barreiras entre os homens e os deuses, tal como se manifesta nos mistérios de Elêusis; nada disso podia oferecer a Paulo qualquer ponto de contato. Nas grandes e pequenas festas de Dionísio e na semana santa de Elêusis, que coincidiam mais ou menos com a época em que hoje celebramos a Páscoa da Ressurreição, como também nos cultos a Átis e a Adônis, os atenienses comemoravam a morte e a ressurreição de um deus. O Apóstolo não deve ter deixado de assistir a processões desse gênero em Atenas, mas já conhecia tudo isso de sobra da sua pátria, onde se costumava celebrar o culto a Dionísio Sabázio. No entanto, o grito lancinante com que os helenos acompanhavam a ressurreição do seu herói – «Coragem, ó místicos: o vosso deus está salvo. Também vós saireis beneficiados deste transe!» – nada tinha em comum com a mensagem de São Paulo: «Cristo ressuscitou!»

As violentas explosões de dor com que se lamentava a morte do deus, enquanto se acompanhava a sua imagem até o mar, a atmosfera

V. A SEGUNDA VIAGEM DE MISSÃO

pesada e sensual, o espetáculo repugnante da exposição dos símbolos sexuais transportados no relicário de Elêusis, a orgia noturna, durante a qual as mulheres, habitualmente encerradas em suas casas, davam livre curso aos seus instintos mais baixos, tudo isto faz pensar num mito antiquíssimo da natureza, que simbolizava unicamente a morte e o renascimento da vegetação, e procurava dourar o instinto sexual e as forças animais do homem[25]. Como tudo isso era diferente da ação salvadora de Deus pela morte expiatória do seu Filho, da elevação moral da ideia cristã da Páscoa! Uma enorme montanha de obstáculos psicológicos opunha-se, portanto, à pregação do Evangelho; semelhantes contrastes não podiam superar-se a não ser por um verdadeiro milagre da graça.

Paulo havia intimado a cidadela dos deuses, Atenas, a render-se a Cristo, mas teve de reconhecer que ainda continuava inexpugnável. Ad-

---

(25) O pensamento religioso da Antiguidade girava principalmente em torno de dois eixos: em primeiro lugar, se existiria realmente, para o homem, uma semelhança com Deus e uma união com Ele, isto é, um conhecimento recíproco e um vínculo amoroso entre ambos; e, em segundo lugar, como poderia o homem participar da vida feliz dos deuses bem-aventurados, a fim de escapar do inexorável destino que pesa sobre a humanidade por causa das catástrofes políticas, da tirania, do confisco dos bens, desterros etc. Quinhentos anos de filosofia grega foram incapazes de responder adequadamente a essas questões essenciais.

Segundo Platão, a contemplação de Deus seria privilégio do nobre livre que dispunha de tempo e de dinheiro, e não era assunto para o homem do povo. As almas que não podiam encontrar paz em semelhante doutrina refugiavam-se, por consequência, nos cultos secretos ou «mistérios», e até na magia. Devemos ter em conta uma característica da época – a tremenda insegurança existencial reinante em princípios da época imperial – para compreendermos o êxito que tiveram os cultos antigos e novos que prometiam aos adeptos proteção, liberdade e vida imortal por intermédio do Baal da Síria, de Ísis ou Cibele, ou dos tradicionais mistérios órficos, pitagóricos ou eleusínicos. Tanto num caso como no outro, tratava-se de «religiões da imortalidade».

Um espesso véu paira sobre estes cultos secretos, já que impunham rigoroso silêncio aos seus adeptos. O seu propósito era formar um estreito laço entre o «iniciado» (misto) e o seu deus («matrimônio místico»). Os ritos consistiam na admissão solene do iniciado depois de um longo e doloroso período de prova, na entrega dos escritos sagrados, na instrução e representação do aprendido em forma dramática, na exposição de objetos e símbolos sagrados (nos mistérios de Elêusis, uma espiga de trigo), em banquetes rituais e em beber de um cálice sacro. Estados extáticos e hipnóticos provocados pelo «mistagogo» levavam muitas vezes os iniciados a imaginar que subiam aos céus, através das esferas dos planetas, ou desciam aos infernos.

Ao lado dos cultos propriamente ditos, havia uma abundante literatura ocultista, os assim chamados «escritos herméticos». Paulo, que penetrou tão profundamente na alma pagã, deparou a cada passo com estes mistérios (cf. Festugière e Prümm).

quirira experiência. Pouco depois, na segunda Epístola aos Tessalonicenses (3, 2), resume os seus sentimentos nesta fórmula: «A fé não é para todos». A fé pressupõe uma determinada disposição de alma, uma certa sinceridade, e frequentemente também uma comoção interior; essa cidade, porém, era cética e superficial, estava apaixonada por si própria. Paulo sentiu nascer dentro de si um profundo desprezo pela sabedoria deste mundo, e, daí por diante, resolveu opor-lhe mais intensamente a doutrina da Cruz.

Há quem tenha posto em dúvida a autenticidade do discurso no Areópago, com o fundamento de que os historiadores da Antiguidade tinham por hábito inventar os discursos pronunciados pelos seus heróis em função da situação e do ambiente. Mas precisamente o fracasso de Paulo prova-nos que Lucas não inventou nada, pois caso contrário o teria feito terminar num triunfo. Ernst Curtius, um dos maiores conhecedores do mundo antigo, diz que quem se recusa a admitir o valor histórico desta passagem dos Atos dos Apóstolos suprime uma das páginas mais importantes da história da humanidade. Nunca apareceu em Atenas qualquer outro mortal que professasse ideias tão capazes de revolucionar a história do mundo como Paulo. Nos anais da missão cristã, não existe nenhum feito de tanta audácia como a pregação de Paulo em Atenas, a acrópole do paganismo. Quem poderia supor, naquela época, que a religião anunciada pelo Apóstolo aos atenienses viria a tornar-se mais tarde, sob o domínio turco, o ponto de apoio ao qual os gregos teriam de agradecer a sobrevivência da sua nação, da sua literatura e da sua própria língua?

Quando naquela noite Paulo se retirou para descansar no seu miserável albergue no bairro dos oleiros, quantas imagens não lhe devem ter povoado o sono! É possível que se encontrasse numa disposição de ânimo semelhante à do profeta Elias debaixo do zimbro: «Basta, Senhor, tirai-me a vida, porque não sou melhor do que meus pais!» (cf. 1 Re 19, 4). E quem sabe se, para além do golfo de Egina, por cima do Acrocorinto, não lhe surgiu um rosto que lhe dizia: «Paulo, não te deixes levar pelo desalento, porque ainda tens diante de ti um longo caminho!»

O Apóstolo não conseguiu fundar em Atenas uma comunidade importante. Nas suas cartas, não aparece a menor referência a esta cidade; o Apóstolo não escreveu nenhuma carta «aos atenienses», nem

V. A SEGUNDA VIAGEM DE MISSÃO

se deteve ali por ocasião da sua terceira viagem. No século II, a Igreja de Atenas ainda se erguia sobre fracos pés. Atenas foi uma das últimas cidades a converter-se ao cristianismo, o último baluarte da filosofia pagã contra o cristianismo. Em 529, no mesmo ano em que São Bento erguia sobre as ruínas do último templo de Apolo o mosteiro de Montecassino, os últimos sete filósofos atenienses emigravam para a corte do rei persa Cósroes. Assim passa a glória deste mundo.

A fundação da Igreja de Corinto

At 18, 1-11

Paulo não conseguia habituar-se ao ambiente de Atenas: era excessivamente asiático para isso, e sabia que essa cidade puramente helênica, orgulhosa da sua raça e cultura, não podia nunca ser um ponto de apoio para o espírito universal do cristianismo. Os seus pensamentos retornavam frequentemente às comunidades da Macedônia. Mais de uma vez, esteve a ponto de voltar para lá, mas a última imagem que trouxera de Tessalônica era a da população excitada pelos judeus. Depois disso, só lhe tinham chegado aos ouvidos uns rumores vagos sobre os padecimentos dessas comunidades. Tornava-se necessário enviar-lhes uma embaixada alentadora e comunicar-se pessoalmente com elas, e preferiu renunciar à consolação da amizade a ficar por mais tempo na incerteza acerca do que poderia estar acontecendo com os seus caríssimos filhos. E assim, antes de abandonar Atenas, enviou Timóteo e Silas a Tessalônica, no primeiro barco que para lá se dirigia, enquanto ele se punha a caminho de Corinto.

Intencionalmente, Paulo preferia sempre as grandes cidades. Sabia que era ali que se travavam as batalhas do espírito. Quem dominasse Corinto, dominaria a Grécia: se o nome de Cristo começasse a ser conhecido nesse porto, a sua difusão pelas ilhas em volta seria apenas uma questão de tempo. Essa é que era uma cidade digna da alma do Apóstolo; a sua população era nitidamente cosmopolita, como a de Antioquia, e todas as opiniões encontravam ali direito de cidadania. Nesse terreno, a semente do Evangelho podia facilmente lançar raízes profundas.

Não sabemos se resolveu seguir pela estrada que conduz a Corinto por Elêusis e Mégara – uns sessenta e cinco quilômetros – ou se tomou o caminho mais curto, atravessando o golfo de Egina por via marítima, até o porto de Cêncreas. Neste caso, aliás o mais provável, terá partido do Pireu e tomado diretamente o caminho do istmo, situado entre Salamina e a ilha de Egina, onde o mar se assemelha a um lago alpestre, circundado de abruptas paredes rochosas e semeado de inúmeras ilhotas.

Durante a travessia, Paulo teve tempo de pôr em ordem as suas impressões. Nunca sentira tão intensamente como agora o obstáculo levantado pela falsa sabedoria a toda a renovação interior do homem. Santo Agostinho faria a mesma experiência. Na Epístola aos Romanos, redigida alguns anos mais tarde, o Apóstolo tenta prevenir os incautos contra essa atitude mental da filosofia grega, o mais forte impedimento para se descobrir a verdade: «São inexcusáveis [esses homens] porque, tendo conhecido a Deus, não o glorificaram como Deus nem lhe deram graças, mas desvaneceram-se nos seus pensamentos e obscureceu-se o seu coração insensato, pois, dizendo-se sábios, tornaram-se estultos, e mudaram a glória de Deus incorruptível na figura de simulacros de homens corruptíveis, de aves, de quadrúpedes e de serpentes» (Rm 1, 21-23).

Do porto de Cêncreas, Paulo subiu para Corinto numa caminhada de cerca de três horas pelas vertentes do pinheiral de Poseidon e pelo belo vale de Hexamília. Ao longo das margens do Peloponeso, estendem-se ainda hoje, a perder de vista, os baixos vinhedos que produzem as doces passas de Corinto. No ponto mais alto do istmo, o Apóstolo fez uma curta parada; tinha a seus pés dois mares de cor púrpura, pois Corinto deve a sua glória e o seu encanto à sua situação privilegiada entre dois golfos, o do Istmo e o de Corinto, tendo ao fundo as altas montanhas do Peloponeso, a que a natureza deu a forma de patamares bem nítidos e em cujos cumes brilha a neve.

Por trás da cidade, erguia-se solitário o Acrocorinto, mais alto do que a Acrópole de Atenas, que em vez do templo de Afrodite ostenta hoje os muros de uma cidadela turco-bizantina. Dali desciam paralelamente dois muros fortificados até o porto de Licaon, enquanto do outro lado a célebre Muralha do Istmo descia até perto de Cêncreas, de modo que uma guarnição de apenas quatrocentos homens basta-

V. A SEGUNDA VIAGEM DE MISSÃO

va para vedar a entrada do Peloponeso a qualquer ataque do norte. Contornando-o pelo sul, Paulo atravessou a ponte sobre o rio Leucas e penetrou nos arrabaldes da cidade, onde se encontrava o túmulo de Diógenes. Se pudesse saber quem era que passava por ali, este certamente teria apagado a sua lanterna, na alegria de encontrar o homem que correspondia aos seus ideais de virtude e pobreza.

É quase impossível imaginar maior contraste do que entre Atenas e Corinto. Atenas lembrava uma cidade universitária da Idade Média, repleta do ruído e dos cantos de estudantes mais ou menos ociosos; Corinto, um formigueiro diligente e pressuroso, uma colmeia de comerciantes oriundos dos mais diversos países. A hegemonia política que exercera sobre a Grécia findara havia muito tempo, e no ano 146 a.C. o general romano Múmio reduzira-a a um montão de ruínas. No entanto, a sua situação estratégica entre dois mares não podia deixar de ser aproveitada como ponte entre o Oriente e o Ocidente. Cem anos antes de Paulo, César estabelecera nas ruínas da velha cidade uma colônia itálica de libertos e veteranos. Sob a proteção da águia romana, nascera assim uma espécie de canal do Panamá da Antiguidade, ao mesmo tempo posto militar e porto de passagem, que poupava a difícil e tempestuosa necessidade de contornar o Peloponeso. Entre os dois portos construíra-se um resvaladouro para transportar pequenos navios com a sua carga de um mar para o outro; mas o plano de Nero e a tentativa de Herodes Ático de cortar o istmo por um canal só puderam tornar-se realidade no século XIX.

Os colonos romanos constituíam agora tão somente uma ínfima minoria que se perdia na população mista de gregos, africanos, sírios e judeus. A mentalidade e a cultura desta cidade já não eram as da antiga Grécia, mas as dos novos aventureiros, que os antigos coríntios consideravam intrusos. Noutros tempos, Corinto fora a cidade de Poseidon, com o seu golfinho e tridente; agora, estava consagrada à deusa Afrodite, a impúdica *Venus vulgivaga*, uma variante da Astarte fenícia. O seu templo erguia-se sobre o Acrocorinto, em volta do qual milhares de prostitutas sagradas (hieródulas) se entregavam ao serviço da lasciva deusa, em pequenas casinhas com jardins de roseiras. Lá os ricos viajantes estrangeiros, os soldados, marinheiros e negociantes, deixavam o dinheiro e a saúde, propagando depois a «doença coríntia» – a sífilis – por todas as regiões do Império;

aliás, o célebre provérbio: «Nem todo o mundo pode ir a Corinto» indicava que os prazeres de lá eram muito caros. O símbolo dessas mulheres era a imagem de Laís, a mais célebre delas, representada na necrópole da cidade sob a forma de uma loba que despedaçava a vítima entre as suas garras, e os termos «moça coríntia» e «prostituta» tinham chegado a tornar-se sinônimos.

O coríntio ébrio e libertino era uma das figuras cômicas mais em voga no teatro da época. Nas tavernas dos seus dois portos e nas espeluncas dos marinheiros juntava-se toda a escória do gênero humano. Quando Paulo escrevia de Corinto a sua Epístola aos Romanos, tinha esta cidade diante dos olhos ao traçar o sombrio quadro do paganismo. Todavia, amou-a mais do que Atenas, porque o maior obstáculo que se opõe ao Evangelho não é a fraqueza da carne pecadora, mas a soberba do espírito: «Onde abundou o pecado, superabundou a graça» (Rm 5, 20).

Alguns estudiosos, como já vimos, falam dos polos «apolíneo» e «dionisíaco» da alma grega: por um lado, a atração pela beleza, por outro, o êxtase embriagante. Em Corinto, a agulha apontava decididamente para o segundo, pois o centro de gravidade do culto dionisíaco residia exatamente na libertinagem sexual, cujas vagas ameaçavam fazer submergir a instituição familiar e as leis ligadas a ela: «Ali se dava rédea solta às mais monstruosas ferocidades da natureza, até se atingir esse abominável misto de volúpia e de crueldade que sempre me pareceu uma poção preparada por bruxas» (Nietzsche).

A primeira Epístola aos Coríntios permite-nos lançar um olhar sobre os abismos dessa corrupção. Nos cultos orientais, primitivamente simples divinização da fertilidade e do crescimento, observa-se claramente uma irrupção de forças diabólicas hostis ao homem, que, na sua loucura, ameaçavam desarraigar toda a humanidade. A sensualidade conduzira, no culto fenício de Moloch, à degolação e à imolação de crianças; o culto de Afrodite e Dionísio incutira nas pessoas o ódio ao casamento e à procriação. Não é por mero acaso que surgem mais tarde, precisamente na Ásia Menor, pátria desses cultos, os movimentos maniqueus e montanistas, com a sua ascese inimiga da vida. Em parte alguma, em toda a sua carreira de missionário, Paulo teve de lutar com tanta violência contra essas tendências nefastas como em Corinto.

V. A SEGUNDA VIAGEM DE MISSÃO

Segundo essa Epístola (1 Cor 2, 3), o Apóstolo sentia-se desanimado e deprimido quando lá chegou: «com fraqueza, temor e grande tremor». O fracasso de Atenas ainda agitava a sua alma como um espinho enterrado na carne. Todos nós somos seres de carne e osso, e dependemos do nosso temperamento e da nossa disposição; por que Paulo não havia de ser assim? Se o próprio Filho de Deus estivera sujeito ao abatimento e à exaltação da sua natureza humana! Desde que vivia em Cristo, Paulo era o homem mais feliz que jamais existira, e na prisão chegara a entoar salmos e hinos. De vez em quando, porém, sofria períodos de profunda depressão, como sofreram todos os santos.

Nenhuma das pessoas que viram aquele desconhecido cruzar o bairro dos judeus podia adivinhar que, no futuro, a importância histórica da cidade iria depender do fato de ele ter procurado abrigo ali. Também Áquila e Priscila, o casal de tecelões, donos de um bazar de tapetes, com quem Paulo entabulara conversa ou a quem fora procurar acidentalmente para pedir trabalho, também eles nem de longe suspeitavam que a partir daquele momento teriam os seus nomes inscritos nos anais da história e no livro da vida. Áquila acolheu com hospitalidade oriental o seu compatriota sem pousada e apresentou-o à sua mulher Priscila. Ambos consideraram uma grande honra ter um doutor da Lei como hóspede e companheiro de trabalho, e assim começou uma das mais belas e fecundas amizades da vida de Paulo e da Igreja nascente. É provável que Áquila e Priscila já fossem cristãos, pois Paulo não os nomeia entre as pessoas que batizou em Corinto (1 Cor 1, 14). Que surpresa para o Apóstolo: uma família cristã naquela cidade! O seu júbilo e agradecimento por essa providência divina ressoam nas suas cartas sempre que menciona os dois nomes; não é de admirar que se unisse estreitamente a esses cristãos, talvez os únicos da cidade, e compartilhasse com eles a casa, o trabalho e os meios de vida.

A nova amizade foi muito benéfica para São Paulo, sob diversos aspectos, pois dirigiu o seu olhar para o Ocidente e aproximou Roma do seu campo visual. O vasto panorama que esse encontro e o nome da capital do mundo lhe desvendavam adequava-se perfeitamente ao seu estado de ânimo, cada vez mais ávido de infinito. Os novos hospedeiros tinham tido uma vida bastante movimentada; Áquila nascera no Ponto, perto do Mar Negro, e começara por estabelecer-se em Roma, onde exercera o ofício de tecelão. Na Antiguidade, como todos os viajantes precisavam de uma tenda de campanha, o ofício adquirira dimensões de grande indústria. É provável que tivesse conhecido a sua mulher em Roma; Paulo chamava-lhe Prisca, mas São Lucas a designa por Priscila.

Parece que ambos tinham uma cultura superior à média, uma vez que se deram muito bem com Paulo e com o douto Apolo. É provável que Prisca dirigisse a casa, pois em quatro de seis casos é mencionada em primeiro lugar; com toda a certeza, foi uma das figuras femininas de maior influência na Igreja primitiva. Nenhum dos casais que colaboraram com o Apóstolo na sua pregação recebeu dele um elogio igual ao que lhes faz: «Expuseram as suas cabeças para salvar a minha vida, pelo que não sou só eu que lhes estou agradecido, mas também todas as igrejas dos gentios» (Rm 16, 3).

À noite, depois do trabalho, é natural que ambos contassem o que sabiam de Roma, meta dos desejos do Apóstolo. Relataram-lhe que tinham sido obrigados a abandonar a capital por causa de um decreto do imperador Cláudio (49 d.C.), que tinha sido revogado pouco tempo depois. Segundo Suetónio, este decreto fora promulgado por causa das «instigações de um certo Chrestos» (Cristo?), que teria dado origem a uns motins no gueto romano. As peripécias destes esposos cristãos lançam muita luz sobre o modo de vida errante e agitado dos judeus da diáspora no Império Romano. Voltaremos a encontrá-los em Éfeso, mais tarde em Roma, e depois novamente em Éfeso. Com essa vida errante, é difícil que pudessem gozar de um certo bem-estar; só em Roma, segundo parece, voltaram a desfrutar de uma posição mais confortável, pois vemos que puseram a sua casa no Aventino à disposição dos irmãos para a celebração dos atos de culto (Rm 16, 5).

Além do consolo da mútua amizade em Cristo, Paulo sentia-se unido a Áquila pela comunidade de trabalho no tear e no reino de Deus. A oficina de Áquila estava situada no mercado de tapetes da cidade e dava para a rua. Ali sentado durante todo o dia com o seu hospedeiro, Paulo «entretecia pensamentos divinos com os fios do seu tear» (Schneller) e, com o tecido pousado sobre os joelhos, contava aos artífices e aos visitantes curiosos que paravam à sua porta esses pensamentos íntimos que lhe queimavam os lábios.

V. A SEGUNDA VIAGEM DE MISSÃO

Se Cícero tivesse sido testemunha desses momentos de elevação, certamente teria abandonado a sua opinião de que era impossível encontrar um homem decente na oficina de um artesão. A nós, parece-nos razoável que este gênero de vida antes favorecesse a pregação do Evangelho, mas precisamos ter em conta a mentalidade do homem antigo. Na Grécia, imperava ainda a concepção aristocrática do período clássico, que recusava a todos os artesãos – e mesmo aos artistas e escultores – o direito de cidadania, com base na ideia de que o artesanato envilecia a alma e não deixava que se desenvolvesse qualquer sentido do ideal; Plutarco chega a menosprezar artistas da categoria de Fídias e Arquíloco. Numa época em que o trabalho manual estava marcado pelo selo da ignomínia e da inferioridade social, o exemplo de Paulo era algo absolutamente novo, e ainda havia de decorrer muito tempo antes que a concepção cristã pudesse prevalecer. Aliás, estas ideias sociais do Apóstolo estavam relacionadas com o seu passado judaico. Como o judaísmo só conhecera a escravidão sob uma forma extremamente mitigada, o Velho Testamento tinha criado à volta do trabalhador livre uma atmosfera de respeito e estima social: «Ensina um ofício ao teu filho, pois caso contrário fazes dele um ladrão», afirma o rabi Jehuda. E em São Paulo esse respeito pelo trabalhador encontra um novo apoio em motivos de ordem religiosa: o homem é um templo do Espírito Santo e, espiritualmente, irmão em Cristo de qualquer outro homem. «Quem despreza o seu irmão, não despreza um homem, mas o próprio Deus».

Corinto possuía uma numerosa colônia judaica, recentemente aumentada pelos hebreus expulsos de Roma. Aqui Paulo foi encontrar não somente judeus puros, mas também alguns judeus-cristãos e pagãos gregos, que procuravam fugir ao contágio da viciosa atmosfera da cidade refugiando-se na religião de Israel. A princípio, ainda deprimido pelo seu fracasso em Atenas, o Apóstolo mostrou-se bastante reservado no novo ambiente; procurava simplesmente preparar o terreno para fazer admitir a ideia de um Messias sofredor, e só mencionava incidentalmente o nome de Jesus. Procedia, pois, como um prudente arquiteto que, antes de edificar o edifício, lança os alicerces (1 Cor 3, 10). Por outro lado, o seu trabalho apostólico ressentia-se das longas horas que dedicava ao trabalho manual.

Um dia, porém, pôde deixar de lado o tear. Silas e Timóteo tinham retornado da Macedônia, trazendo dinheiro e gêneros, bem como boas notícias de Tessalônica. Paulo era um homem de coração, e participava com toda a alma do destino das suas comunidades, com as quais vivia e padecia continuamente, pois estava unido a elas por uma especial comunhão dos santos. Por isso sentiu-se reviver agora, depois de uma temporada de preocupações e incertezas; o seu entusiasmo já não tinha limites, o que em breve se manifestou nos sermões que pronunciava na sinagoga. Logo depois da introdução preparatória, passava ao ataque; sem rodeios, pregava o Evangelho de Jesus crucificado, do Cristo ressuscitado e do Messias que viria julgar o mundo.

Depois dos atos do culto, alguns judeus e prosélitos começaram a ficar horas seguidas a debater com ele os problemas suscitados, e convidavam-no a ir a suas casas a fim de instruí-los na nova religião. As famílias de Estéfanas, Fortunato e Acaico foram as que se converteram primeiro, e por isso Paulo lhes chama «as primícias da Acaia» (1 Cor 16, 15), expressão que também indica a responsabilidade daquela comunidade em difundir a mensagem de Cristo por todos os distritos da Acaia. Segundo parece, foi o próprio Apóstolo que lhes ministrou o batismo, ao contrário do que costumava fazer. A cerimônia deve ter sido comovente: Paulo, Silas, Timóteo, Áquila e Priscila, acompanhados de todos os catecúmenos, desceram às margens do Leucas para celebrar o rito sagrado, acompanhado de alocuções, da profissão de fé, das promessas de fidelidade e do cântico dos salmos. Depois converteu-se também o prosélito Tício Justo, proprietário de uma grande casa contígua à sinagoga e membro destacado da colônia romana, graças ao qual Paulo pôde começar a frequentar o círculo dos romanos cultos.

Nasceu então a desconfiança por parte da sinagoga. O orgulho nacional dos abastados negociantes e financistas judeus não podia admitir que aquele estrangeiro viesse perturbar a sua quietude espiritual e diminuir a sua autoridade com uma doutrina comprometedora, que submetia os seus anseios nacionais e os seus privilégios, alguns deles milenares, à ignomínia de um Messias crucificado. A tempestade desencadeou-se no sábado seguinte, numa cena em tudo análoga à de Antioquia da Pisídia e à de Tessalônica. Como então, também aqui Paulo aceitou as consequências. Manteve-se sobre o estrado na mais

V. A SEGUNDA VIAGEM DE MISSÃO

completa imobilidade, e quando os adversários se cansaram de vociferar, fez um gesto solene e simbólico que produziu o desejado efeito sobre o espírito daqueles orientais: sacudiu sobre a assistência o pó das suas roupas, como para lhes atribuir toda a responsabilidade, e bradou: «Que o vosso sangue caia sobre as vossas cabeças; eu não tenho culpa; de hoje em diante, dirigir-me-ei aos gentios!» Era uma espécie de excomunhão, a primeira de que Paulo lançava mão. Respondia assim de antemão ao anátema que a Sinagoga lançaria sobre ele.

Sereno, como outrora o Mestre, e acompanhado pelos amigos, caminhou por entre a multidão furiosa que o invectivava de punhos cerrados. Tício Justo foi ter com ele e ofereceu-lhe a sua casa para as reuniões da comunidade, o que Paulo aceitou cheio de alegria. Daqui resultou uma cisão nos espíritos, um cisma no seio daquela comunidade judaica: uma parte manteve-se fiel à sinagoga, a outra acompanhou Paulo à casa de Tício, em cujo pátio interior o Apóstolo continuou o discurso interrompido. A separação estava consumada e surgia assim a primeira Igreja pagã-cristã de Corinto.

Maranatha!

Em Corinto, os dias mais cheios de trabalho e de consolação interior para Paulo eram os domingos. É aqui que encontramos, dentro do Novo Testamento, os primeiros indícios do domingo cristão (1 Cor 16, 2). As origens da liturgia da Igreja primitiva estão mergulhadas na obscuridade, mas as alusões do Apóstolo à vida carismática de Corinto e a liberdade de espírito com que repreende os abusos que se tinham introduzido nessa comunidade ajudam-nos a levantar um pouco o véu. Os contornos precisam-se um pouco melhor se, além disso, recorrermos ao relatório sobre o serviço religioso do domingo em Trôa de, às indicações da *Didaquê* – compilada na geração imediatamente posterior à de Paulo –, e à carta de Plínio escrita da Bitínia ao imperador Trajano, em princípios do século II. A evolução litúrgica só se deu muito lentamente, e por isso é razoável considerar que as fontes mais tardias recolham muitas indicações da época apostólica.

Segundo o relatório de Plínio sobre as declarações de duas escravas cristãs, verifica-se que num dia determinado, isto é, no domingo, celebravam-se dois serviços religiosos diferentes; um *ante lucem*, antes do amanhecer, e outro mais tarde, talvez ao entardecer. No primeiro, cantava-se em dois coros alternados um *carmen Christo quasi deo*, ou seja, um hino à divindade de Cristo; e no segundo, consumia-se uma «dupla refeição», isto é, o ágape cristão e o banquete eucarístico. A isto se acrescenta ainda um terceiro dado: no ofício da madrugada, os cristãos obrigavam-se – *sacramento* – à observância rigorosa da moral cristã. Não estamos certos de que se tratasse das promessas do batismo; talvez fosse uma confissão pública dos pecados, como a referida pela *Didaquê* no capítulo 14: «No dia do Senhor, reunir-vos-eis, partireis o pão e dareis graças, depois de terdes confessado previamente as vossas faltas». Seja como for, não podemos afirmar que já nessa época houvesse em Corinto dois ofícios religiosos diferentes.

Para identificar os modelos em que se baseava a liturgia cristã, não precisamos remontar aos ofícios pagãos, tão férteis em alocuções e ladainhas, como nos mostram os estudos feitos sobre os cultos de Ísis, Cibele, Mitra etc. Basta conhecer o serviço religioso das sinagogas, que se compunha de um conjunto de orações, de cânticos e de leituras e exortações, segundo uma ordem estritamente estabelecida. É provável que, no começo, o Apóstolo limitasse as leituras aos textos messiânicos dos Profetas, e que só aos poucos começasse a citar passagens da vida de Cristo, dos seus discursos e sentenças, até que a palavra do Senhor passou a formar a parte central do ofício divino.

Além disso, por meio de comunicações escritas, Paulo começou também a ligar cada vez mais estreitamente a si e entre elas as comunidades que havia fundado, seguindo o modelo do Sinédrio de Jerusalém, que nessa época mantinha correios particulares e uma correspondência regular com todas as sinagogas do mundo. Essas cartas iam de comunidade em comunidade, eram copiadas e lidas nos atos de culto e guardadas nos arquivos, passando pouco a pouco a fazer parte dos escritos considerados inspirados.

Depois das leituras, o Apóstolo fazia um discurso, extraindo este ou aquele ponto de doutrina do rico tesouro dos seus conhecimentos cristãos. A princípio, limitava-se aos problemas mais elementares da vida cristã (cf. 1 Cor 3, 2), renunciando aos artifícios da oratória para que o assunto tratado penetrasse na alma dos ouvintes com toda a

V. A SEGUNDA VIAGEM DE MISSÃO

força que tinha em si mesmo. Sabia que era necessário apresentar a esse povo, farto da retórica ornamental e bajuladora dos filósofos, a terrível realidade da Cruz (cf. 1 Cor 2, 2) e a singela seriedade da vida cristã. Apresentava a *morte de Cristo* como condição prévia e inseparável da Ressurreição, que por sua vez constituía a coroação dessa morte redentora, e mostrava que os *fatos históricos da Redenção* eram a porta brilhante pela qual entramos com Cristo na glória.

No uso da palavra, tinha um poder de persuasão que emanava sobretudo da sua personalidade. Mas, arrebatado pelo calor do seu entusiasmo por Cristo, era também capaz de encontrar os acentos mais nobres jamais alcançados pela língua humana. Basta lembrarmo-nos do capítulo 13 da primeira Epístola aos Coríntios, em que o Apóstolo canta o louvor da caridade, dando expressão aos afetos mais profundos do coração humano com uma integridade e pureza que nada na literatura antiga fazia pressagiar.

Os atos litúrgicos celebrados em Corinto deviam ser extraordinariamente sugestivos, pois boa parte do seu poder de convicção lhes advinha diretamente da presença sensível do Espírito Santo, da «manifestação do Espírito e da força». O que nos nossos dias apenas acontece isoladamente e por exceção na vida dos santos, era então a própria regra: iluminações súbitas, inspirações, arroubamentos, dons de profecia, de conhecimento dos corações e discernimento dos espíritos, o dom de falar em diversas línguas e o de curar os enfermos...

São Marcos termina o seu Evangelho registrando a última promessa de Jesus antes de se elevar ao céu: aqueles que acreditassem fariam prodígios extraordinários e operariam milagres. Estes dons, que sublimavam, completavam e punham ao serviço da Igreja determinadas disposições naturais, estavam relacionados com três faculdades psicológicas diversas: com o conhecimento (profecias, palavras de sabedoria, discernimento dos espíritos e dos corações), com a vontade (milagres, dons de cura, fé heroica) e com a faculdade de expressão verbal (dom de línguas, dom de ensinar, dom da poesia em salmos e em hinos). Constituíam uma riqueza espiritual de que as comunidades lançavam mão para ganhar vigor e consolo, ou para atrair os que estavam fora. Paulo recorda expressamente aos coríntios o paradoxo entre o seu mudo paganismo de outrora, cujos deuses eram ídolos inanimados e cujos templos eram casas silenciosas (1 Cor 12, 2), e a superabundante plenitude de manifestações divinas que encontravam nas suas reuniões.

Os ofícios divinos de Corinto nunca eram reuniões empoladas, sem vida e sem uma participação íntima de cada um. O grego era um povo amante da música, com uma apurada sensibilidade para o ritmo, e por isso o Apóstolo estabeleceu um programa que correspondesse a essa necessidade de canto e de música: «Enchei-vos do Espírito Santo, falando entre vós com salmos e hinos e canções espirituais, cantando e salmodiando ao Senhor em vossos corações» (Ef 5, 19; cf. 1 Cor 14, 26). Fala mesmo de um «dom» de cantar salmos, com o que provavelmente alude a cânticos compostos espontaneamente, num transporte de piedade, à semelhança dos do Antigo Testamento, que procediam de uma determinada situação particular ou de um especial estado de alma da respectiva pessoa bíblica. Com exceção dos cânticos da Santíssima Virgem, de Zacarias e de Simeão, transmitidos pelos Evangelhos, e do cântico de louvor ao Senhor entoado pela comunidade de Jerusalém após a libertação de Pedro, só nos chegaram às mãos alguns fragmentos isolados desses hinos através das Epístolas de São Paulo (Ef 5, 14; 1 Tm 3, 16; 2 Tm 2, 11).

Estes cânticos, no início compostos e cantados só no seio das famílias, penetraram depois nas reuniões litúrgicas. Às vezes, encontramos nas Epístolas, bem como nos Evangelhos, algumas passagens líricas e hímnicas, porque os antigos poetas e oradores costumavam também musicar as suas palavras. O texto era escrito em ritmo musical e proferido em tom recitativo, com acompanhamento de flauta, cítara, lira, harpa ou outros instrumentos de corda.

A música antiga era serva da palavra, e a própria prosa era dita em ritmo melodioso, à maneira do canto gregoriano. É difícil formar hoje uma noção exata deste sentimento rítmico tão próprio dos gregos, e que mais tarde haveria de influir na retórica romana. Os escritores antigos, as imagens que decoram os vasos antigos, os altos-relevos, tudo isso nos dá uma ideia da importância da música e do canto no culto pagão, onde por esses meios se procurava forçar a divindade a manifestar-se e se afastavam os espíritos malignos.

No cristianismo, pelo contrário, a música teve em vista despertar e tornar mais profundos os sentimentos religiosos. Na arte das catacumbas, Cristo é frequentemente representado sob os traços de Orfeu, deus da música. Por isso, é muito provável que as passagens líricas das cartas de São Paulo e dos Evangelhos, como por exemplo o canto de júbilo do Senhor: «Eu te louvo, ó Pai, senhor do céu e da terra», não fossem simplesmente lidas, como se faz hoje em dia, mas cantadas à maneira do canto gregoriano. Quando Santo Agostinho nos conta que se sentiu subjugado pelo canto da comunidade de Milão, ao ponto de se comover até as lágrimas, certamente não foi por ter ouvido um canto fastidioso e desprovido de melodia.

No drama antigo, o coro simbolizava a voz ideal da natureza pura, liberta das paixões inferiores: era a reflexão que vinha antes da ação. Do mesmo modo, na liturgia da primitiva Igreja, o coro não surgiu como um conjunto de cantores «espontâneos», mas como uma personalidade coletiva fortemente unida, que exprimia a voz da alma cristã toda entregue a Deus, ou da Igreja, esposa de Cristo, ou até do próprio Jesus Cristo dominando todas as outras vozes. Os homens e mulheres, os presbíteros e o povo respondiam uns aos outros à maneira do coro grego, numa cadência nova, num transbordar de corações. O tom místico desta oração e deste canto era, em uníssono, a expressão de uma entrega e de uma agradecida confiança, que se liam nos olhos de todos.

Também a *leitura do Evangelho* era feita de maneira diferente da atual. Na Antiguidade, nunca se fazia uma leitura silenciosamente, só com os olhos, mas sempre em voz alta, isto é, com as gradações, inflexões, mudanças de tom e variações de ritmo mais apropriadas, de modo a deliciar os ouvintes. Entre os gregos, a retórica era extraordinariamente apreciada e exercia uma profunda influência; era normal organizarem-se concursos para atribuir prêmios àqueles que melhor soubessem ler em público, e foi dentro desta orientação geral que também a Igreja instituiu o cargo de leitores.

Os ofícios divinos de Corinto causavam verdadeira surpresa pelo papel que neles desempenhavam as mulheres. Entre os judeus, a mulher não intervinha nos serviços litúrgicos, e durante as cerimônias permanecia numa tribuna ou em outros lugares secundários. Ninguém perdia o tempo ensinando a Lei às meninas. Esta atitude explica-nos o agradecimento com que as mulheres olhavam para Cristo e o atrativo que o Senhor exercia sobre elas; receberam-no como um Salvador, porque puderam perceber que se desvelava pelas suas almas. Maria aos pés de Jesus em Betânia, a pecadora ungindo-lhe os pés, a samaritana no poço de Jacó são imagens que caracterizam perfeitamente a nova posição da mulher dentro do cristianismo e anunciam uma primavera espiritual para o mundo feminino.

No Oriente, não existia qualquer tendência feminista, e as mulheres aceitavam tranquilamente a mediocridade do seu destino; mas o mesmo não acontecia na Grécia, tão repleta do espírito de liberdade, onde a mulher sofria dolorosamente com a sua reclusão nos gineceus. Quando a Hélade se tornou uma província romana, a liberdade das mulheres romanas exerceu uma grande influência sobre a conduta das mulheres gregas, e, por sua vez, as religiões estrangeiras também favoreceram essa tendência para um alargamento das aspirações femininas. Um velho texto, provavelmente utilizado no culto de Ísis, interpela assim a deusa: «Tu deste à mulher autoridade igual à do homem». Ísis, apaixonadamente venerada como a «deusa universal», tornou-se assim a padroeira do movimento feminista, num momento, aliás, em que desabrochara um estado de espírito propício à influência da mulher.

Em Roma, a emancipação feminina atingiu o seu ponto culminante na época do Império, e logo a presença da mulher se fez sentir na vida religiosa, onde as suas aspirações encontraram boa acolhida. A expansão de cultos secretos vindos do Oriente, com o seu sentimentalismo característico, seria incompreensível sem a crescente influência feminina. Uma certa necessidade de amor, uma tendência à exaltação mística, os profundos instintos de maternidade que uma época depravada – hostil ao casamento e aos filhos – não podia satisfazer, tudo isso criava uma atmosfera em que os cultos orientais podiam desenvolver-se com facilidade. São Paulo sabia-o e tomava nota dessas tendências.

É a partir desta segunda viagem de missão, em que o Apóstolo pisa pela primeira vez o solo grego, que podemos observar melhor a influência crescente das mulheres. Já o notamos em Filipos, em Tessalônica e em Atenas; mas as mulheres de Corinto parecem ter sido extraordinariamente ativas. O traço mais característico foi a dedicação com que se entregaram à causa de Cristo e a ousadia com que assumiram determinadas funções no serviço litúrgico. Como algumas delas possuíam o espírito de profecia, Paulo não as impediu de falar, em obediência ao seu princípio de «não apagar o Espírito». Foi

V. A SEGUNDA VIAGEM DE MISSÃO

só quando algumas delas começaram a deixar de usar o véu, sinal e salvaguarda da modéstia e do pudor, que o Apóstolo pronunciou um enérgico «Não!»

Logo após o serviço religioso oral, a assembleia reunia-se para uma refeição tomada em comum, a que chamavam *ágape* ou *banquete fraterno*. Estes ágapes constituíam uma das mais comoventes invenções do sentido de comunidade da primitiva Igreja. Ignora-se qual teria sido o modelo em que se inspiraram: se o banquete judaico do sábado, que conhecemos através dos Evangelhos, se as associações gregas de amigos, onde os deserdados da sorte podiam desfrutar de uma «amostra» da vida social das classes superiores. É possível que entre os participantes dos ágapes cristãos houvesse muitas pessoas que tivessem pertencido a esses colégios cultuais. Nessas refeições, os cristãos tinham uma excelente oportunidade para se reunirem sem transgredir a lei, e ao mesmo tempo essas reuniões vinham a constituir um sinal externo da organização da Igreja em pequenas células e comunidades locais, primeiros esboços das atuais paróquias. Não nos há de admirar que esta genial invenção da caridade tenha sido representada com tanta frequência, ora nas imagens das catacumbas, ora em ligação com o banquete eucarístico ou como símbolo do banquete celestial dos bem-aventurados. Por vezes, encontramos aqui uma mistura de motivos pagãos e cristãos.

Os especialistas das catacumbas, De Rossi e Wilpert, publicaram reproduções destas «mesas-redondas» do cristianismo primitivo; cinco ou seis pessoas, por vezes acompanhadas de crianças, agrupavam-se à volta de uma mesa, servida por mulheres e moças cristãs. «Ágape, mistura-nos o vinho!» diz um; «Irene, passa-me a água quente!», exclama outro. Assim acontecia também em Corinto. Rapidamente se traziam pequenas mesas, que eram dispostas em forma de ferradura ou em semicírculo. O escravo e a serva infeliz, tantas vezes asperamente repreendidos ou maltratados nas suas casas, sentavam-se como irmãos ao lado de Erasto, tesoureiro da cidade, ou de Crispo, antigo presidente da sinagoga, ou ainda do rico Tício Justo, e eram servidos pelas afáveis mulheres que circulavam entre as mesas como encarnações da Caridade (*Ágape*) ou da Paz (*Irene*).

O mais velho sentava-se à cabeceira de cada mesa, como podemos ver nos afrescos das catacumbas. O dono da casa fornecia os elementos acessórios, como água quente e fria, as azeitonas, as sardinhas, os pratos e as tigelas. Era também o dono da casa, ou ainda um diácono ou um presbítero, quem pronunciava a oração sobre os alimentos, antes de começar a refeição, tal como os Apóstolos haviam indicado. «Louvado sejas tu, Senhor nosso Deus, rei do mundo, que fazes sair da terra o pão e dás os frutos do solo e da vinha». Não sabemos como estes ágapes se inseriam no conjunto litúrgico, mas o certo é que desempenhavam uma função no culto. Parece que, em pouco tempo, deram lugar ao ofício noturno da Luz.

Depois dos ágapes, os que ainda não estavam batizados deixavam o recinto, e os outros dirigiam-se então a um dos andares superiores onde, na sala principal, habitualmente reservada às recepções, se celebrava o *banquete eucarístico*. Neste cenáculo havia geralmente várias janelas, mas também se acendiam lâmpadas (At 20, 8). Era aqui que os homens e as mulheres faziam a confissão pública dos seus pecados perante o Apóstolo, finda a qual todos se dirigiam para a mesa das oferendas a fim de depositarem nela os cestos cheios de farinha, uvas, incenso, azeite, pão de fermento e vinho dos hortos de Argos ou de Istmos, enquanto dois grupos entoavam alternadamente o *Kyrie eleison*. Paulo tomava nas mãos uma parte de todos esses elementos e oferecia-os a Deus, e a seguir fazia a consagração do pão e do vinho, que passaram a constituir a mais frugal, a mais importante e a mais pura de todas as refeições dos homens desde que Cristo os teve entre as mãos.

Tal como o canto, também o diálogo que se seguia era alternado, mas agora entre Paulo e todos os presentes: «Corações ao alto». «Já os temos no Senhor». «Demos graças ao Senhor, nosso Deus!» «É nosso dever e nossa salvação». Depois desse diálogo, o Apóstolo recitava em tom solene a narrativa da Última Ceia, tal como a recebera do Senhor por intermédio da Igreja-mãe de Jerusalém: «Na noite em que foi entregue, o Senhor Jesus tomou o pão e, depois de dar graças, partiu-o e disse: Tomai e comei; isto é o meu corpo que será entregue por vós; fazei isto em memória de mim. Do mesmo modo, ao fim da ceia, tomou o cálice, dizendo: Este cálice é o novo testamento no meu sangue; fazei isto em memória de mim todas as vezes que o beberdes. Pois todas as vezes que comerdes deste pão e beberdes deste cálice, anunciareis a morte do Senhor até que Ele venha» (1 Cor 11, 23-26).

V. A SEGUNDA VIAGEM DE MISSÃO

E a comunidade respondia: «Agradecemos-te, ó Pai, pela santa vinha de Davi (o sangue de Cristo), teu servo, que nos deste a conhecer por Jesus, teu servo. Para ti seja a glória, por todos os séculos. Assim como este pão estava espalhado pelos montes e foi reunido para formar uma só coisa, assim faz também que a tua Igreja, dispersa por todas as extremidades da terra, se venha a juntar no teu Reino. Porque a ti é devida toda a glória e todo o poder, através de Cristo Jesus, por todos os séculos» (*Didaquê*, 9).

A seguir, os fiéis aproximavam-se um após outro para receber da mão do seu Apóstolo os fragmentos do pão consagrado e para beber do cálice que lhes era apresentado. Regressavam então aos seus lugares, depois de terem trocado o ósculo da paz; os homens beijavam-se entre si, e as mulheres igualmente. Enquanto se levavam os restos do sagrado repasto aos doentes, a alegria atingia o auge durante o canto de um hino de ação de graças que viria a dar o seu nome à totalidade da cerimônia (*eucaristia*), e que terminava, segundo a *Didaquê*, por um grito de nostalgia que clamava pela Parusia do Senhor: «Lembra-te, ó Senhor, da tua Igreja, para a livrares de todo o mal e para lhe concederes a perfeição no teu amor. Recolhe-a dos quatro ventos e condu-la ao reino que lhe preparaste. Porque em ti estão o poder e a glória por todos os séculos dos séculos. Que chegue a graça e termine este mundo! Hosana ao Filho de Davi! Se alguém é santo, aproxime-se; se não o é, faça penitência. *Maranatha!* Amém» (*Didaquê*, 10). A palavra *maranatha* tinha um duplo sentido e podia significar: «O Senhor veio!», ou ainda, segundo a tradução do Apocalipse: «Vem, Senhor!»

Assim se reuniam as comunidades, como um só «corpo» à volta do Senhor, a sua «cabeça». Assim as via em espírito o Apóstolo, quando orava por elas, quando lhes escrevia ou lhes falava da edificação da casa de Deus. Era nesse ofício litúrgico em comum que os fiéis ganhavam consciência da sua unidade e da sua singularíssima união. Espalhados durante o dia nas suas diversas tarefas ordinárias – nos aposentos dos escravos, diante dos fornos das padarias ou nos bazares –, mas sempre mergulhados no seio de um mundo hostil, onde muitas vezes eram alvo de troças e perseguições, reuniam-se gozosamente à noite para o banquete sagrado. Ali todos se tornavam testemunhas do milagre da comunidade, e o entusiasmo comum pela mesma fé e pela mesma esperança abrasava os seus espíritos. E por cima desse ardor comum pairava o Senhor Jesus, como sua Cabeça, com um poder, uma evidência, uma certeza e uma presença imediatas que faziam suspender o alento. Jesus era o dono da casa, em torno do qual se reunia a comunidade. O banquete eucarístico realmente ligava os participantes entre si e com Cristo.

Inicia-se o Novo Testamento: a primeira Epístola aos Tessalonicenses

Primeira Epístola aos Tessalonicenses

O dia em que Silas e Timóteo chegaram a Corinto foi um dia de alegria na vida do Apóstolo. Paulo não gostava de estar só no seu trabalho de apostolado. Não era um asceta duro como couro por curtir; pelo contrário, era um homem cheio de vida, que tinha necessidade de simpatia, de compreensão e de consolo humano. Quando a sombra dos dois recém-chegados se projetou na porta da sua oficina, um transporte de alegria iluminou-lhe o rosto. Abraçaram-se cordialmente. O tear ficou parado durante todo o dia e a conversa prolongou-se pela noite afora, à débil luz da lâmpada de azeite. Os discípulos sentiam-se felizes por poderem dar ao Apóstolo as melhores informações sobre os tessalonicenses.

Timóteo relata-lhe que a fidelidade dessa comunidade à fé é inquebrantável. Tudo tinha acontecido exatamente como Paulo havia predito: tinham arrostado todas as perseguições sem desfalecimentos, e a sua indefectível união e a sua caridade fraterna tinham causado a mais profunda impressão nos pagãos de toda a Macedônia. Os tessalonicenses guardavam de Paulo uma grata lembrança, eram-lhe absolutamente fiéis e ansiavam por voltar a vê-lo (cf. 1, 8; 3, 4-6). Não acreditavam nas calúnias lançadas contra ele pelos judeus, segundo as quais era um impostor, um ambicioso, um adulador, cheio de cobiça e desejo de riquezas, pois a sua dura vida de trabalho durante a permanência em Tessalônica fizera ruir pela base todas essas mentiras (2, 3-10). Paulo alegrou-se extraordinariamente com tão boas notícias.

V. A SEGUNDA VIAGEM DE MISSÃO

No entanto, havia também algumas sombras nesse quadro... Assim, quando alguns honrados pescadores tinham perdido a vida por ocasião de uma tempestade, a morte desses homens causara uma profunda impressão em todos. As famílias estavam perplexas e perguntavam-se constantemente: «Que será agora dos nossos mortos?» Esperavam assistir juntos ao «grande dia» do regresso do Senhor e ao seu triunfo sobre as potências inimigas... Aliás, era sobretudo esta segunda vinda do Senhor o que mais os atormentava: muitos procuravam calcular antecipadamente o dia e a hora, buscavam presságios, corriam de casa em casa dizendo que a vida terrena perdera todo o valor, que já não valia a pena trabalhar nem começar um negócio, ou mesmo restaurar a casa. Dessa forma, empobreciam-se e tornavam-se incômodos para os outros. Tinham interpretado erradamente o discurso de Paulo sobre o último dia.

Não se deve, porém, pensar que os tessalonicenses duvidassem da ressurreição dos mortos. Se fosse assim, Paulo teria reagido de forma bem diversa, provando-lhes essa verdade, como faria mais tarde escrevendo aos coríntios (1 Cor 15). O erro em que incorriam não atingia propriamente o fato, mas apenas o tempo da ressurreição dos que «adormeceram em Cristo» (1 Ts 4, 12-17).

Diante desse quadro, Paulo ficou pensativo. Desejaria partir imediatamente para Tessalônica, mas era impossível: não podia deixar naquele momento a nova Igreja. Assim, pediu a Timóteo que lhe comprasse o material necessário para escrever-lhes uma carta. Feliz a hora em que tomou essa decisão, de que o mundo inteiro viria a beneficiar-se. Paulo não suspeitava que, milênios depois, milhões de homens continuariam a abençoar a pequena oficina de Corinto onde se escreveram as suas primeiras Epístolas. Assim começou o Novo Testamento, cuja primeira página havia de ser uma carta ditada pelas necessidades do momento[26]. Corria o ano 51, vinte anos depois da Ressurreição do Senhor.

---

(26) O esquema epistolar dos antigos, que Paulo utiliza e modifica à sua própria maneira, compreendia as seguintes partes:
1. um prefácio ou introdução, que por sua vez se dividia em: a) fórmula do remetente (por exemplo: «Paulo, por vontade de Deus apóstolo de Jesus Cristo»); b) fórmula do destinatário (por exemplo: «a Timóteo, autêntico filho na fé»), e c) expressão dos votos ou desejos (por exemplo: «a graça e a paz estejam convosco»);

A Sagrada Escritura apresenta-nos aqui, mais uma vez, um enigma. Nós, com certeza, teríamos agido de maneira totalmente diferente; para dar início ao Novo Testamento, teríamos por exemplo anunciado solenemente: «No princípio era o Verbo!» Mas Deus age muitas vezes ao contrário do que pensamos: Ele é o «totalmente outro». Em certas ocasiões, anuncia a sua obra com grandeza e solenidade, por exemplo quando diz: «Criemos o homem à nossa imagem», ou quando se dirige ao universo: «Céus, escutai; e tu, terra, presta toda a atenção, porque fala Javé!» (Is 1, 2), ou ainda quando envia um Arcanjo para anunciar a Encarnação do seu Filho. Noutros momentos, porém, as suas obras surgem e desenvolvem-se como uma semente lançada no sulco de um campo: ninguém a vê, mas, subitamente, a planta germina e cresce. Assim começou o Novo Testamento, na modesta oficina de Áquila. Aqui reconhecemos perfeitamente o Deus da Encarnação, que fez o seu Filho revestir-se de carne na humilde casinha de Nazaré e tomar a forma de escravo no estábulo de Belém.

Paulo conversou demoradamente com os seus amigos acerca dos problemas dos tessalonicenses e anotou numa tabuinha de cera os principais pontos. Percebe-se também que meditou e orou muito antes de pôr-se a escrever; na verdade, todas as suas cartas são meditações escritas na presença de Deus, e alguém já chamou ao seu pensamento «meditação orante».

Na manhã seguinte, Timóteo foi comprar todo o material necessário: várias folhas de papiro, tinta, uma pena, um pedaço de pedra-pomes para polir as partes rugosas do papel e afiar a ponta da pena, uma esponja para apagar eventuais deficiências de redação, goma de

---

2. o texto ou corpo da carta (em que Paulo alterna o «nós» e o «eu»);

3. a conclusão, acompanhada de uma lista de saudações, frequentemente longa; e

4. a saudação final, escrita de punho e letra pelo remetente, que equivalia à assinatura e a um «visto bom», necessário para evitar falsificações dos inimigos (por exemplo: «Esta saudação escrevo-a eu, Paulo, por meu próprio punho»; cf. 1 Cor 16, 21; Cl 4, 18; 2 Ts 2, 2 e 3, 17).

Algumas Epístolas foram escritas pelo próprio Paulo, enquanto para outras valeu-se de um secretário; nas últimas, podemos até identificar o mensageiro. Nos sobrescritos, revela-se o senso da autoridade que lhe cabe, o qual foi crescendo com o correr dos anos, como podemos observar sobretudo na Epístola aos Gálatas. Pelo estudo destes dados, um especialista chegou à seguinte conclusão: «As treze cartas devem ser consideradas, acima de qualquer dúvida, como obra de um só homem» (O. Roller).

V. A SEGUNDA VIAGEM DE MISSÃO

amido para colar as folhas e cera e fitas para lacrar a carta. Se dispunha de algum dinheiro, é possível que tenha comprado um tipo de papel chamado «hierático», que tinha treze polegadas de largura (cerca de 24 cm) e era um dos mais refinados e caros na época; provinha do Egito e, se um navio se atrasava, era necessário recorrer ao racionamento. É pouco provável que Paulo se tenha servido do pergaminho, empregado apenas nos escritos particulares. Mais tarde, quando se encontrar na pobreza do seu segundo cativeiro em Roma, pedirá a Timóteo que lhe traga os seus livros e os seus «pergaminhos», isto é, a sua Bíblia.

E assim vemos os três amigos entregues ao trabalho. Na Antiguidade, a atividade material de escrever era incompatível com o trabalho intelectual, além de que os dedos do Apóstolo estavam entorpecidos pelo excesso de trabalho manual. Portanto, conforme o costume, Paulo *ditou* a sua carta. É de supor que Silas e Timóteo se revezassem para escrevê-la; Silas servirá mais tarde de secretário a São Pedro (1 Pe 5, 12), e isto explica a presença de inúmeros pensamentos paulinos nas duas Epístolas do Príncipe dos Apóstolos. Devemos imaginar o escriba sentado no chão, de pernas cruzadas, segundo o conhecido modelo do escriba egípcio. Os orientais escreviam apoiando o papel não sobre uma base firme, mas sobre a mão aberta, o que os impedia de escrever mais de duas horas a fio, por muito hábeis que fossem; era por isso que se faziam tantas pausas no ditado, como se pode notar pelas transições entre os diversos problemas tratados nas Epístolas. As cartas de Paulo nunca foram escritas de uma só vez, e a redação devia levar vários dias, o que explica as frequentes mudanças de disposição de espírito que se notam numa mesma carta.

Timóteo afia a pena com um canivete e alisa-a com pedra-pomes. Paulo apoia-se no tear, com a cabeça entre as mãos, num gesto de profunda meditação. E começa a ditar:

«Paulo, Silvano e Timóteo, à comunidade de Tessalônica, em Deus Pai e no Senhor Jesus Cristo. Graça e paz vos sejam dadas». É possível que Silas o interrompesse nesse momento, fazendo-o considerar que a carta era exclusivamente dele, Paulo; mas o fato é que o Apóstolo quis mencionar o nome dos seus colaboradores como se tivessem a mesma autoridade que ele, e nisso reconhecemos mais uma vez a sua modéstia e grandeza de alma. Em toda a Epístola, emprega o pronome «nós» sessenta e cinco vezes, associando assim os seus amigos à fundação da comunidade.

Pela primeira vez ouvimos ressoar no Novo Testamento estas três palavras centrais: *fé, caridade, esperança*. «Damos sempre graças a Deus por todos vós, [...] lembrando-nos, diante de Deus e nosso Pai, da obra da vossa fé, do trabalho da vossa caridade e da constância da vossa esperança em nosso Senhor Jesus Cristo» (1, 2-3). Assim, com este belo acorde, se inicia o Novo Testamento. Ao mesmo tempo, transparece nesta Epístola todo o trabalho de renovação realizado por Paulo sobre os bens culturais legados pela Antiguidade. O *eros* – amor – de Platão, essa nostalgia da alma dolorosamente insatisfeita por não poder atingir a Beleza inacessível e eterna, e o *eros* gnóstico, imerso na paixão sensual, transformam-se aqui no *ágape* cristão, na caridade, consequência do Amor de Deus derramado nos nossos corações[27].

Todo o tom da carta é solene e, no entanto, cheio de ternura, animado de uma profunda emoção, repleto dessa intuitiva delicadeza que sabe tomar consciência do estado de alma dos outros e partilhar das suas alegrias e sofrimentos. Não é um escrito polêmico, como as Epístolas da terceira viagem, nem a exposição racional de determinadas ideias; reflete sobretudo o estado de ânimo dos destinatários, nos quais a pregação acerca do Juízo Final tinha causado uma impressão tão profunda, e é por isso que as duas primeiras cartas de Paulo, ambas dirigidas aos fiéis de Tessalônica, estão quase que exclusivamente inundadas de luz escatológica. No entanto, seria falso deduzir daqui,

---

(27) A diferença de mentalidade entre o cristianismo e o helenismo aparece com plena clareza nos conceitos de *Eros* e *Ágape*. Eros, para o pagão, representa todo o amor apetitivo, mesmo aquele que o espírito sente pela verdade, o afã de saber; em Platão (cf. o Banquete), significa também o impulso que leva a alma à contemplação da Ideia pura, da Beleza eterna. Mas, para ele, a Ideia pura (Deus) não responde ao amor, não conhece e não ama o homem. Este conceito, e o mesmo termo Eros, são completamente estranhos tanto ao Antigo Testamento como a Paulo, que insistem com toda a clareza em que foi Deus quem nos amou primeiro, e a palavra Ágape exprime precisamente esse duplo movimento amoroso: de Deus para o homem (Gl 2, 20) e do homem em resposta ao amor divino (1 Cor 13).

Também a palavra gnose, que designa o conhecimento de Deus, carece de reciprocidade para Platão: o homem está só. E também aqui a nova Revelação vem ao encontro dessa solidão: «Agora, tendo vós conhecido a Deus, ou melhor, tendo sido conhecidos por Deus...» (Gl 4, 9).

V. A SEGUNDA VIAGEM DE MISSÃO

como fazem alguns críticos, que a doutrina dos Novíssimos constituiu o centro da pregação cristã dos tempos apostólicos ou que o dogma cristão nasceu e se desenvolveu a partir da ideia do Juízo Final.

Paulo refere-se ao *decreto eterno* de Deus, pelo qual o Senhor desde sempre pensou nos tessalonicenses e os escolheu para fazerem parte da comunidade cristã. «Com efeito, sabemos, irmãos amados de Deus, qual foi a vossa eleição» (1, 4). A Igreja tem as suas raízes na eternidade, num ato divino situado além da história, a que o Apóstolo chama *eleição*, vocação ou escolha. O Evangelho é a invasão de um mundo superior na esfera da vida profana, é o nascimento de um mundo novo no seio deste velho mundo votado à destruição.

O Apóstolo tinha experimentado em ampla medida que confessar Cristo abertamente era ser tido por elemento perturbador e politicamente suspeito. «E vós vos fizestes imitadores nossos, recebendo a palavra no meio de muita tribulação, com alegria e no Espírito Santo» (1, 6). Mas esse *sofrimento* constitui parte integrante da união com Cristo e transforma-se, assim, em sofrimento por Cristo e com Cristo: os cristãos tornam-se desta forma «imitadores do Senhor».

Por outro lado, a pregação do Evangelho é uma coisa santa, que só pode ser empreendida de mãos puras e coração limpo. Consequentemente, Paulo explica aos seus destinatários que não quer ser confundido com os oradores religiosos ambulantes que por cobiça percorriam as cidades em abigarrada multidão. Por isso, tinha já entre eles acrescentado à sua atividade missionária um extenuante trabalho manual (2, 1-12).

A sua própria experiência havia-lhe ensinado que as maiores tribulações dos recém-convertidos lhes vinham do seu próprio povo. Ocupa-se, portanto, do *problema judaico*, que não o deixa descansar (2, 13-16). Durante toda a sua vida, verá com uma espantosa clarividência a enormidade do pecado de Israel, mas mesmo assim recusa-se a acreditar que esse povo esteja definitivamente condenado e que não continue a desempenhar algum papel no plano divino da salvação.

À medida que vai ditando, Paulo sente crescer dentro de si a emoção. Precisa fazer uma pausa, de que Silas também deve ter sentido necessidade; é possível que trocasse de lugar com Timóteo. Esta pausa no ditado fica evidente pelo começo do parágrafo seguinte: «Ora nós, irmãos, [...]» (2, 17), e pela mudança de assunto.

O Apóstolo deixa agora transbordar o seu coração humanamente sensível: «Sim, vós sois a nossa glória e alegria. Pelo que, não podendo mais sofrer, preferimos ficar sós em Atenas, e vos enviamos Timóteo» (2, 20; 3, 1). Mas todas as suas relações humanas estão apoiadas na sua relação com Deus: Paulo conhece muito bem a união dos corações que resulta da relação com Cristo. A Igreja não é somente uma comunidade de fé e de culto; é sobretudo uma *comunidade de caridade*, uma aliança fraterna, cimentada no amor de Cristo e imbuída desse mesmo amor (2, 17-20; 3, 1-13).

Quantas vezes tinha desejado visitar os seus tessalonicenses! «Mas Satanás nos impediu» (2, 18). Nós diríamos, de maneira insossa, as «circunstâncias adversas» ou «a situação política»; para o Apóstolo, porém, não existem acaso nem circunstâncias adversas, quer de tipo político, quer climático ou de saúde; para ele, não existe nada que seja impessoal ou neutro. Sabe que tudo o que acontece é causado por forças vivas e pessoais, que trabalham por Deus ou contra Deus: *Deus ou Satanás*, não existe outra antítese. Esta concepção do mundo é de uma grandiosa simplicidade, que voltaremos a encontrar nas grandes almas da têmpera de um Santo Inácio de Loyola, por exemplo na sua meditação sobre os dois estandartes: *Jerusalém ou Babilônia!* Segundo Paulo, não são nem as forças impessoais dos astros, nem os nervos, nem a hereditariedade, nem qualquer força terrena o que decide do destino dos homens, mas sim os poderes pessoais e sobrenaturais, os anjos e os demônios. É por trás do cenário deste mundo que se encontram os que verdadeiramente movem os fios.

Neste momento, Paulo interrompe o curso dos seus pensamentos com uma oração solene, na qual alude à segunda vinda de Cristo (3, 11-13). Em diversos manuscritos, encontra-se neste ponto um «Amém», indicativo de que terminou uma série de reflexões e se introduziu uma nova pausa no ditado.

Na segunda parte da Epístola, o Apóstolo passa finalmente a falar do tema principal: a *Parusia* de Cristo, até agora apenas anunciada no final de cada parágrafo. Em todo o cristianismo primitivo há duas poderosas correntes de pensamento e de opinião que predominam alternadamente: por um lado, a ardente esperança da instauração definitiva do reino de Deus; por outro, o cumprimento dos deveres de

V. A SEGUNDA VIAGEM DE MISSÃO

cada dia, mediante as graças concedidas aos cristãos por Cristo no Espírito Santo. A primeira é profética e está fundada no Antigo Testamento; a segunda é especificamente cristã. Ambas, porém, têm a sua origem em Cristo, por força do duplo significado da sua missão: estabelecer o Reino de Deus no tempo presente, e mais tarde completá-lo pela sua segunda vinda, em que presidirá como Rei messiânico ao Juízo Final, e em que a caducidade deste mundo será absorvida pelo esplendor do mundo futuro. A posse do Espírito Santo, a graça do Batismo, é simultaneamente a armadura para as batalhas do tempo presente e o penhor, o sinal, da ressurreição gloriosa por ocasião da vinda de Cristo.

No tempo de São Paulo, essas duas correntes ainda não tinham alcançado o equilíbrio, e naquele momento o olhar dos fiéis de Tessalônica estava voltado de maneira demasiado unilateral para o futuro, para a chegada imprevista, mas próxima, do dia do Senhor. Essa ardente espera fazia com que a vida terrena e os deveres cívicos corressem grave perigo de perder valor aos seus olhos.

Para compreendermos as passagens escatológicas das duas Epístolas aos tessalonicenses temos de admitir que, no momento em que ditava, o Apóstolo tinha presentes as profecias de Cristo relativas à sua segunda vinda. Além disso, devemos lembrar-nos de que cada uma das grandes profecias, particularmente a relativa aos fins últimos do homem, admite e até exige uma *dupla interpretação* e uma *dupla realização*: uma *próxima* e outra *remota*, uma *provisória* e outra *definitiva*, uma *contemporânea*, nos acontecimentos do tempo presente, e outra *final*, no fim dos tempos.

O Apóstolo podia muito bem não se dar conta do alcance das suas palavras. Pouco nos importa conhecer a ideia que fazia acerca da proximidade ou da distância do fim do mundo. Basta-nos saber que ele tinha consciência de que a época da catástrofe final devia permanecer ignorada, de acordo com a vontade de Cristo, tanto para os Apóstolos como para os fiéis; basta-nos saber, em consequência, que ninguém podia dizer se o fim do mundo chegaria no dia seguinte ou depois de vários milênios. Quase todos os escritos apostólicos contam com um acontecimento próximo, mas a data da catástrofe final era um mistério sobre o qual só se podiam fazer conjecturas e alimentar esperanças ou temores.

Os escritos judaicos da época de São Paulo refletem uma forte inquietação por causa da crença generalizada no iminente fim do mundo, e os Apóstolos e discípulos não teriam sido homens de carne e osso se tivessem podido permanecer imunes a essa opinião comum. Mas a inspiração e a própria palavra do Senhor acerca da incerteza do dia do Juízo impediram-nos de ensinar qualquer coisa de determinado e de autorizado sobre a data da Parusia. No início, Paulo certamente acreditava que tanto ele como a maioria dos fiéis ainda estariam vivos quando Cristo viesse pela segunda vez (1 Ts 4, 17; 1 Cor 15, 52); só mais tarde é que passou a contar com um intervalo de tempo bastante mais longo e com a probabilidade de ser martirizado antes (2 Cor e Fil). Aos seus olhos, o tempo presente trazia em si as marcas de um universo que corria para a catástrofe, mas isso não o impedia de compreender os perigos que uma orientação demasiado voltada para o futuro trazia consigo. E como homem do presente que era, enérgico e amigo da realidade, soube opor-se a esse perigo para atender simultaneamente ao presente e ao futuro.

Para ele, a vida presente só tem valor na medida em que é uma vida «em Cristo» e se encontra desde já permeada e saturada de forças divinas. A sua vivência de Cristo confere-lhe o sentimento de uma soberana liberdade, de uma segurança e de uma superioridade absolutas em relação ao mundo. Esse pensamento já pertencia ao depósito da fé cristã antes de São Paulo, pois o Senhor tinha dito: «Trabalhai enquanto é dia» (cf. Jo 9, 4). O Apóstolo era, porém, o homem predestinado para definir o sentido oculto dessa expressão; por «estar em Cristo», o cristão participa já nesta terra do estado bem-aventurado da salvação. Desta forma, Paulo volta a centrar a atenção dos cristãos nas tarefas do tempo presente, liberta a expectativa da Parusia do seu exclusivismo perigoso e aproxima o cristianismo da vida, tornando-o capaz de enfrentar a realidade atual. É portanto um erro afirmar que a ética paulina tirava a sua força da ideia de um próximo fim do mundo.

Por outro lado, a esperança de uma próxima vinda do Senhor comunicou certamente um poderoso impulso à atividade missionária do Apóstolo: como na Antiguidade se atribuíam limites muito estreitos à extensão do mundo, Paulo acreditava que viveria o suficiente para levar o Evangelho a todo o universo. Queria recolher toda a messe

V. A SEGUNDA VIAGEM DE MISSÃO

antes que chegasse o «grande dia». Mais ainda, quereria antecipá-lo se pudesse, recordando-se talvez das palavras do Mestre: «O reino dos céus padece violência, e os impetuosos o arrebatam» (Mt 11, 12). Mas o essencial da sua doutrina não consistia no pensamento escatológico. A pregação cristã não perdeu a sua eficácia à medida que a grande expectativa foi diminuindo e a Parusia se fez esperar cada vez mais. Pelo contrário, a expectativa da segunda vinda de Cristo continuou viva, e cada época deve contar com essa possibilidade e orar: «De onde virá a julgar os vivos e os mortos». O crepúsculo dessa ansiosa espera – o Messias deveria chegar durante a noite, segundo o conceito de então – transformava-se em aurora, e um novo dia se erguia, iluminado agora pelo sol de Cristo.

Antes de tecer considerações sobre a segunda vinda de Cristo, Paulo começa portanto por estabelecer as bases de um programa de vida moral: «Esta é a vontade de Deus, a vossa santificação» (4, 3); a santificação do homem interior pela «existência em Cristo», a santificação de todo o seu ser, especialmente da sua vida sexual e das suas relações com o próximo nos negócios. O cristão foi arrebatado deste «mundo de pecado», deste século passageiro; foi incorporado no século futuro, e, por esse motivo, não há para ele nenhuma atividade que possa ser subtraída ao domínio de Cristo. A nova ética paulina pode resumir-se nesta fórmula: «Torna-te o que és». O cristão deve tornar-se o que já é – cristão – pela graça de Deus «em Cristo» e pela posse do Espírito. Deve realizar a sua «santidade» existencial, a sua vida em Cristo, numa atividade dirigida e inspirada pelo Espírito.

As palavras do Apóstolo – «Que cada um saiba possuir o seu corpo em santidade e honra» (4, 4) – podem aplicar-se tanto à vida conjugal como à vida sexual em geral. Porque a palavra «corpo» designa em grego tanto o outro cônjuge como o corpo próprio. Aqui aparece pela primeira vez a nova moral sexual do cristianismo. Simultaneamente, uma nova moral nos negócios se oporá à corrupção existente numa cidade marítima e comercial como Tessalônica, onde havia necessidade de examinar cuidadosamente cada dracma para se ter a certeza de que não era falso. Outro defeito típico dos gregos eram as discussões nos mercados; em lugar dessa agitação vã e febril, Paulo recomenda que se desenvolva uma atividade calma, dirigida a um fim e englobando toda a vida, uma vida particular ordenada e tranquila. Não se trata, portanto, de imprimir à vida uma finalidade diferente – essa finalidade continua a ser a vida futura depois do fim dos tempos –, mas de deslocar o centro de gravidade para dar primazia à realidade sobrenatural.

Seja como for, essa transferência do interesse não tornava supérflua uma informação acerca do destino dos que tinham morrido *antes da Parusia*. Em vez de falar do «regresso de Cristo», os primeiros cristãos prefeririam usar a expressão «segunda vinda» ou «Parusia». Na época do Império, entendia-se por essa palavra a visita oficial do Imperador a uma cidade. Tais visitas eram anunciadas por arautos, e costumavam comemorar-se com jogos públicos e sacrifícios aos deuses, com a inauguração de estátuas e monumentos ou o lançamento de moedas e medalhas comemorativas, ou ainda com a inauguração de um novo sistema de contagem do tempo. Impressionava-se assim a imaginação popular e procurava-se tornar inesquecível o acontecimento. Nenhuma palavra poderia ser mais adequada para descrever o regresso triunfal de Cristo.

Muitos tessalonicenses, influenciados pelos conceitos pagãos e judaicos, pensavam que o estado da alma *após a morte* era uma extinção da consciência, uma espécie de sono espiritual para o qual já não havia despertar, uma existência de sombra, inconsciente e sem consolo. Os seus mortos, portanto, ver-se-iam defraudados na sua mais bela esperança: assistir ao retorno triunfal de Cristo. O caráter distintivo do paganismo consistia precisamente nessa falta de esperança e nessa incerteza quanto ao destino dos mortos. Entre os judeus e os pagãos, o sono era uma imagem característica da morte. Para Paulo, porém, a morte só exteriormente é que se assemelhava ao sono; vista sob a perspectiva de Deus, é pelo contrário uma vida muito mais real do que a terrena, pois significa «estar com Cristo», como aliás o demonstram claramente as inscrições das catacumbas: «Vive em Deus, em paz, na eternidade». O estado do homem após a morte não é, portanto, um reflexo da vida terrena, mas uma elevação à posse da glória esplendorosa de Cristo (4, 12-14)[28].

---

(28) A antiga crença popular numa vida imortal após a morte aparece expressa com grande frequência nas lápides funerárias gregas dos séculos V a.C. a V d.C., devido à influência da religião órfica. Como lugar de residência definitiva das almas, imaginam-se ora os Campos Elíseos ou a «mansão dos deuses» (Virgílio, Eneida, 6), ora o éter, uma estrela ou a «ilha dos bem-aventurados» (segundo os pitagóricos). Os estoicos criam

V. A SEGUNDA VIAGEM DE MISSÃO

Ou seja, o estado da alma entre a morte e a Parusia antecipa a bem-aventurança definitiva: a alma já se encontra «junto do Senhor» (2 Cor 5, 8), pois a união com Cristo não pode ser suprimida pela morte. A morte não tem nenhum poder sobre Cristo ressuscitado nem sobre aqueles que lhe pertencem; o que o Senhor adquiriu pela Cruz, nunca mais o há de perder. A linha divisória entre a vida e a morte não se situa, portanto, entre esta vida e o estado posterior à morte, pois quem deixa a vida terrena só morrerá verdadeiramente se estiver fora da comunhão com Cristo ou dela se tiver separado. Por fim, há ainda uma outra coisa que os tessalonicenses esqueceram: os falecidos participarão da Parusia, porque ressuscitarão primeiro, revestindo-se de um corpo celestial glorificado. «Consolai-vos uns aos outros com estas palavras», afirma o Apóstolo (4, 17), numa expressão que parece uma réplica intencional ao antigo modelo de uma carta de pêsames egípcia: «Contra a morte, não há nada a fazer; portanto, consolai-vos mutuamente».

As imagens e o colorido com que Paulo descreve a Parusia foram extraídos dos Evangelhos, dos Profetas e dos apocalipses judaicos da época: o «som da trombeta» que acompanhará a aparição do Senhor, as «nuvens» como uma espécie de carro de triunfo, a «voz do Arcanjo» (provavelmente São Miguel), o corpo glorioso de que os vivos e os mortos hão de revestir-se, a sua ascensão sobre as nuvens ao encontro de Cristo. Nas palavras: «Nós, os vivos, os que ficamos», São Paulo inclui-se a si próprio e inclui os tessalonicenses, nessa comunidade de fé que se estenderá por todos os tempos e gerações, e que assistirá à vinda do Senhor – segundo esperava então (4, 15-16).

Na última parte da Epístola, o Apóstolo descreve a miséria e a precariedade da existência terrena: a incerteza da condição humana à espera do dia do Senhor, que «virá como um ladrão», e as atitudes do fiel e do descrente diante desse acontecimento. Uns, «os filhos da

---

numa subida ao mundo das almas. Reinava, porém, uma grande incerteza sobre se as almas conservariam ou não a consciência e o eu pessoal; via de regra, pode-se dizer que a esperança numa sobrevivência pessoal era extremamente reduzida (cf. 1 Ts 4, 13), e a filosofia não era capaz de contradizer a crença popular. Assim, a alma pagã encontrava-se de certa forma preparada para receber o Evangelho; foi no cristianismo que essa esperança encontrou, graças a Paulo e à sua doutrina sobre o «estar com Cristo», uma cálida nota pessoal (cf. Festugière).

noite», entrincheiram-se por trás do lema «paz e segurança» e embriagam-se com todos os narcóticos do tempo e da civilização, até que Deus intervenha e faça em pedaços toda a falsa armação das seguranças humanas, expondo toda a nudez e incerteza da vida humana. A *pax romana*, isto é, a ordem imposta por Roma a todos os povos, parecia naquela altura garantir a todos uma tranquilidade estável. Os «filhos da luz», em contrapartida, não dormem como esses outros; na sua sobriedade, velam e permanecem unidos a Cristo. Paulo compara esta atitude de expectativa à da sentinela romana, revestida de couraça e elmo, constantemente alerta (5, 1-11).

Nós, os homens de hoje, voltamos a viver uma época apocalíptica, e as palavras do Apóstolo ressoam com plena atualidade. Experimentamos, melhor do que as gerações precedentes, a insegurança da nossa condição, apesar de todos os progressos da técnica. O homem «moderno» já não crê numa intervenção divina no curso da História, e este estado de espírito contamina algumas vezes os próprios cristãos. Já não nos sentimos suficientemente protegidos pelas mãos de Deus, e preferiríamos uma segurança cem por cento garantida por meios mecânicos, técnicos ou organizativos; queremos construir celeiros que nos permitam encarar tranquilamente o porvir, como o rico e tolo proprietário de que nos fala o Evangelho.

A Epístola conclui com a tríplice exortação à *alegria*, à *oração* e à *ação de graças*: «Estai sempre alegres. Orai sem cessar; por tudo dai graças, porque esta é a vontade de Deus, em Jesus Cristo, em relação a todos vós». Paulo entoa aqui o hino à alegria cristã, que nunca mais deixará de cantar, nem mesmo durante o seu cativeiro em Roma. E da alegria brota o reconhecimento: todo o cristianismo primitivo não foi mais que uma única e gozosa ação de graças. «Examinai tudo e guardai o que for bom»: os tessalonicenses, inclinados aos negócios, compreendiam perfeitamente o sentido desta recomendação, eles que se viam obrigados a virar e revirar cada moeda antes de a aceitarem. Aliás, uma das palavras não escritas do Senhor recomendava o mesmo: «Tornai-vos bons cambistas».

O ósculo e o abraço constituíam então, talvez por influência das formas de cortesia gregas, a saudação habitual entre os judeus-cristãos, e mesmo entre os discípulos de Jesus (cf. Lc 7, 45; Mc 14, 45). São Paulo introduziu esse costume no serviço divino, como se percebe

V. A SEGUNDA VIAGEM DE MISSÃO

pelo modo como gostava de terminar as suas cartas: «Saudai-vos uns aos outros com o ósculo santo» (5, 26; cf. 1 Cor 16, 20; 2 Cor 13, 12). Nas futuras reuniões de culto, esta carta seria lida e a saudação de Paulo reproduzida sob a forma do «santo ósculo fraterno».

Silas relê a carta em voz alta. Não há nada a corrigir. As folhas são coladas umas às outras, de modo a formarem um rolo. Mas, antes de selá-lo, Paulo lembra-se de acrescentar: «Eu vos conjuro pelo Senhor que esta carta seja lida a todos os santos irmãos». É possível que nem todos os membros da comunidade comparecessem à primeira reunião, e assim a carta deve ter sido lida várias vezes antes de ser transmitida às comunidades vizinhas. Era a primeira carta que Paulo escrevia a uma comunidade, e por isso era necessária essa recomendação. Por fim, o Apóstolo toma a pena da mão do escriba e acrescenta com grandes caracteres estas palavras: «A graça de Nosso Senhor Jesus Cristo seja convosco. Amém».

A seguir, o rolo é colocado dentro de um invólucro de pergaminho no qual estava escrito o endereço de destino, e por fim atado com cordões e lacrado com cera. Quem deveria levá-lo? O correio imperial não aceitava cartas particulares, e os próprios remetentes eram obrigados a encaminhar as suas missivas aos destinatários. A exemplo do Sinédrio, as comunidades cristãs devem ter estabelecido rapidamente um serviço próprio de correios, pois de outro modo não se compreende que Paulo estivesse tão bem informado acerca de todos os acontecimentos importantes nas comunidades mais distantes. Mas, na data em que foi escrita a Epístola aos Tessalonicenses, essa organização ainda não existia, e é provável que Silas e Timóteo tivessem embarcado para a Macedônia na primeira ocasião propícia, ou então que a carta tivesse sido confiada a alguns irmãos de Tessalônica, vindos a Corinto para tratar de negócios.

Com a primeira Epístola aos Tessalonicenses, a Sagrada Escritura ganhou um novo gênero literário, o *epistolar*, uma das formas mais diretas e mais vivas de comunicação humana. É significativo que tenha sido Paulo quem a introduziu. O Apóstolo não era um escritor nem tinha a tranquilidade necessária para isso, e assim a forma epistolar, com o seu modo de expressão livre de normas fixas, convinha especialmente ao seu temperamento impulsivo, aos seus estados de alma que variavam bruscamente, ao trabalho febricitante a que se entregava, à sua alma repleta de sentimentos violentamente contraditórios e aos pensamentos tempestuosos que o assaltavam subitamente. Por outro lado, apreciava bastante a arte de escrever: segundo os rabinos, a pena seria uma das coisas que Deus teria criado ao anoitecer do último dia da Criação...

Tertuliano afirma no século II que Tessalônica era uma das cidades onde ainda se liam as cartas do Apóstolo no original. Os irmãos tinham assim a impressão de entrar em contato com «a sua voz e os seus gestos». A Providência não quis que uma única linha autógrafa do Apóstolo chegasse até nós, quando se conservaram centenas de papiros de conteúdo inteiramente anódino. Mas pouco importa, porque também aqui vale a expressão: «A letra mata e o espírito vivifica».

O *Anticristo*

Segunda Epístola aos Tessalonicenses

Tinham transcorrido apenas três meses após a primeira Epístola aos Tessalonicenses quando surgiram novas perturbações e novos mal-entendidos. Homens ociosos e semeadores de mexericos, que prefeririam viver piedosamente à custa dos outros a ganhar o seu pão trabalhando e a cumprir os seus deveres de estado, passeavam por toda parte com caras compridas e ar apocalíptico, discutindo todo o tipo de presságios que afirmavam ter presenciado e clamando: «Está próximo o dia do Senhor». Numa palavra, comportavam-se como se os seus dias estivessem contados, alegando alguma pretensa revelação feita por algum «profeta» durante o serviço divino, citando alguma palavra atribuída a Paulo ou talvez mesmo alguma epístola falsa, erroneamente considerada do Apóstolo. Talvez interpretassem o nostálgico *Maranatha!* – «Vem, Senhor!» – do cristianismo primitivo, não como um piedoso desejo, mas como um anúncio da iminente vinda de Cristo. Essas eram as notícias que alguns irmãos tinham trazido a Corinto; era, pois, necessário escrever uma segunda carta.

Para compreendermos a resposta e, mais amplamente, a opinião de Paulo como autor apocalíptico, temos de examiná-las do ponto

V. A SEGUNDA VIAGEM DE MISSÃO

de vista histórico-religioso. Cada época tem a sua própria imagem do universo, que constitui o marco no qual se insere a sua concepção religiosa; ora, essa concepção do mundo pode variar sem que isso afete a substância da fé. É o revestimento transitório que envolve a ideia, como o espaço de «seis dias» que acompanha, na narrativa mosaica, a ideia central da Criação; ou o antigo sistema de Ptolomeu, que era utilizado na Idade Média para ilustrar a posição que o homem e a terra ocupam no plano salvífico de Deus. Quando uma dessas visões do mundo é substituída por outra, esse processo costuma provocar certa inquietação também no plano da fé: foi o que aconteceu, por exemplo, na época de Galileu, quando se impôs o esquema do universo proposto por Copérnico; ou no século XIX, com a teoria científica do evolucionismo. Mas o núcleo central permanece inalterado ou, mais ainda, é iluminado de maneira nova graças a essas controvérsias. Foi o que aconteceu também no cristianismo primitivo, em que precisamos distinguir dois aspectos: a fé na vinda de Cristo e no triunfo do reino de Deus, e o marco apocalíptico em que se enquadravam essas esperanças.

O fato de o Novo Testamento começar com este «apocalipse de São Paulo» e terminar com o grandioso Apocalipse de São João mostra-nos como o cristianismo primitivo estava orientado para o futuro. Entre os dois, situam-se os textos a que podemos chamar os «pequenos apocalipses» dos Evangelhos (Mt 24; Mc 13 e Lc 21). A instrução dos catecúmenos incluía sempre uma aula sobre os Novíssimos, os últimos fins do homem. Torna-se às vezes difícil compreender perfeitamente as concisas alusões do Apóstolo a este tema, justamente porque pressupõem sempre uma pregação oral anterior. O Apóstolo refere-se com frequência a essa instrução oral: «Vós sabeis que...», «Deveis estar lembrados de que vos dizia estas coisas quando ainda estava convosco...»

Essas esperanças do futuro apoiavam-se nas antigas profecias, que por sua vez gravitavam em torno de dois polos: a esperança no reino de Deus e do Messias, e a concepção de duas grandes eras mundiais sucessivas – os *éons* –, a era presente e a era futura, entre as quais se situava a vinda do Salvador. Esta segunda ideia era exclusiva do judaísmo, que concebia essas eras como absolutamente diferentes uma da outra e separadas pelo dia mais importante da História, o «dia do

Senhor». Partindo de Isaías e Daniel, essa concepção dos dois éons sucessivos manteve-se em todos os apocalipses judaicos, principalmente no quarto livro de Esdras, que gozava de especial popularidade.

Também Paulo aceitou esse conceito dualista: por um lado, havia o mundo presente iníquo, governado por Satanás e pelos anjos maus; por outro, o bem-aventurado período definitivo, que estava por vir. Mas, para ele, esta nova era já se tinha iniciado e vinha gradativamente tomando posse das almas dos fiéis pela comunicação do Espírito Santo. Portanto, as duas eras coexistem e se sobrepõem durante um período de transição, de duração desconhecida. A pregação apostólica tem por objetivo conquistar pouco a pouco «este mundo», a fim de renová-lo «pelo Espírito», mediante uma transformação semelhante à operada pelo fermento na massa; trata-se de um período caracterizado pelo permanente combate entre a luz e as trevas. Há, por conseguinte, uma espécie de interregno, um período intermédio, cujas etapas históricas dependem do grau de cristianização da humanidade, até que esta chegue ao fim com a catástrofe definitiva e a segunda vinda de Cristo, que assumirá o comando de todo o universo.

Nesta segunda Epístola aos tessalonicenses, Paulo propõe-se combater a falsa ideia de que o fim do mundo já chegou. Não pode ter chegado, porque ainda não se produziram três acontecimentos que o haverão de marcar: a *grande apostasia* dos fiéis, o aparecimento do *homem do pecado* e o seu *atentado contra o templo de Deus*. O que há, por enquanto, são dois mistérios em atividade que se combatem mutuamente: o «mistério de Cristo», que Paulo descreverá mais tarde (Ef 3, 4), e o «mistério da iniquidade», o Anticristo. Um e outro se desenvolvem simultaneamente e numa constante oposição, com a única diferença de que Cristo já se deu a conhecer no princípio do seu mistério, ao passo que o Anticristo só se revelará no fim do seu mistério. A obra de Cristo começou já a propagar-se entre as nações, todos ouvem falar dEle, mas também a contra-ofensiva do Anticristo já começou.

O nome *Anticristo* não aparece em Paulo; surgirá somente nas Epístolas de João (1 Jo 2, 18 e 22; 4, 3; 2 Jo 7). Mas a ideia do Anticristo é muito antiga, e do Antigo Testamento passou à tradição cristã. Segundo a profecia de Isaías (11, 4), o «filho de Davi» – ou seja, Jesus Cristo – «destruirá o ímpio com o sopro dos seus lábios». Alguns

V. A SEGUNDA VIAGEM DE MISSÃO

traços desta figura estão tomados da descrição de Antíoco Epifânio no livro de Daniel (11, 21-45); outras inspiram-se em personagens como Balaão, Nabucodonosor, Gog e Magog (os povos do norte, em Ezequiel). Jesus não falou expressamente do Anticristo, mas as suas alusões ao aparecimento de falsos cristos (Mt 24, 5; Mc 13, 5; Lc 21, 8), adversários satânicos do Messias, imprimiram um novo vigor a essa antiga tradição.

São Paulo constitui, pois, uma testemunha viva desta ordem de ideias na corrente da primitiva tradição cristã. Fala dela como de coisa que não é necessário explicar. Quando diz: «O mistério da iniquidade já está em ação» (2, 7), tem em vista, muito provavelmente, a crescente decadência, não só religiosa como moral, de todos os povos e de todas as classes sociais, a dissolução de todos os vínculos da ordem. É deste caos moral que surgirá o «filho da perdição» (2, 3), o adversário de Cristo, o «estranho filho do caos», que se levantará com «todas as seduções da iniquidade» (2, 10) e reunirá em si todas as tendências inimigas de Deus; realizará «sinais e prodígios mentirosos» e exigirá para si honras divinas. É deste modo que começará o combate final, e somente a partir daí o mundo entrará na sua última fase. A queda do Anticristo será o sinal da segunda vinda de Cristo.

Antes disso, porém, há de dar-se a «grande apostasia» (2, 3). Os povos afastar-se-ão cada vez mais dos princípios cristãos. Só então o Anticristo, que até esse momento apenas terá tido precursores, revelará a sua verdadeira natureza. Este «iníquo» não deve ser confundido com Satanás, de quem é apenas um instrumento e, por assim dizer, a «encarnação». Por fim, numa das suas passagens mais obscuras (2, 6-7), o Apóstolo fala ainda de um outro fator que impede o aparecimento do Anticristo, que já está em plena atividade e se revelou depois da sua partida de Tessalônica.

Esta é a perspectiva do Apóstolo. Nesta sua concepção da História, manifesta-se a superioridade da ideia cristã de Deus sobre a do paganismo: segundo o cristianismo, o poder de Deus intervém ativamente na História universal, do princípio ao fim; segundo o estoicismo e os epicuristas, em contrapartida, os deuses são meros espectadores da agitada atividade humana, cuidando unicamente da sua própria bem-aventurança. Paulo, porém, sabe que Deus, na pessoa de Jesus Cristo, interveio diretamente na História do mundo, enviando-o como Salvador e Rei do reino de Deus. Antecipando-nos um pouco às explicações que o Apóstolo haverá de dar na primeira Epístola aos Coríntios, vemos que a primitiva escatologia cristã abrange estes três aspectos: 1. Depois da terrível catástrofe final, Cristo voltará à terra em majestade para julgar o mundo; 2. Pela ressurreição dos mortos, haverá uma nova corporeidade gloriosa; 3. Todo o mundo da natureza e dos homens será transformado.

Os termos utilizados pelo Apóstolo acerca do Anticristo são extremamente cautelosos e velados. Os tessalonicenses entendiam perfeitamente o que Paulo queria dizer, mas nós somos obrigados a fazer conjecturas. Segundo alguns, o assunto foi tratado dessa maneira secreta porque poderia ter implicações políticas e, se a carta fosse interceptada, poderia acarretar cruéis perseguições. Aliás, também no Apocalipse se observam os mesmos cuidados. É possível que nos encontremos aqui diante de uma espécie de «disciplina do segredo». Com certeza, não há outra passagem da Sagrada Escritura sobre a qual os Padres da Igreja tenham dado interpretações mais divergentes. Há, em resumo, pelo menos três chaves de interpretação para esta Epístola: a histórica, relacionada à época de Paulo; a escatológica, relacionada ao fim do mundo; e a combinação das duas, de conformidade com o duplo caráter, o duplo sentido e o duplo cumprimento da profecia. De acordo com esta última, podemos concluir que as palavras do Apóstolo não têm caráter profético a não ser na medida em que dizem respeito ao fim do mundo; quando aludem a um acontecimento próximo e iminente, não são verdadeiras profecias, mas apenas uma explicação das circunstâncias contemporâneas à luz da profecia de Cristo.

A chave de interpretação histórica tem sido abundantemente utilizada ao longo dos séculos. Em todas as épocas, houve quem julgasse ter o direito de interpretar os acontecimentos contemporâneos à luz da escatologia paulina, aplicando as suas palavras ora a determinadas personagens históricas, ora a organizações ou correntes de ideias, até se chegar aos absurdos propalados pelos cátaros e valdenses da Idade Média e pelos protestantes da época da Reforma, que viam o «Anticristo» personificado no Papa, o «poder de contenção» no Império Romano-Germânico, e o «mistério da iniquidade» nos jesuítas...

Dentro da chave histórica, porém, é mais razoável pensar que São Paulo aludia a um acontecimento muito próximo. Queria explicar

V. A SEGUNDA VIAGEM DE MISSÃO

aos tessalonicenses os inquietantes sinais da sua época e lembrar-lhes que os esperavam grandes tribulações, num primeiro cumprimento da profecia de Cristo, ao passo que o cumprimento definitivo estava ainda inteiramente mergulhado na obscuridade. Ao descrever o «homem do pecado», evoca nitidamente um acontecimento de que tinha sido testemunha catorze anos antes: a ordem de Calígula para que se erigisse uma estátua sua no Templo de Jerusalém, que passaria a chamar-se Templo de Caio, o novo Júpiter; o imperador pretendia vingar-se assim do único povo que não o reconhecia como Deus. Paulo sabia, além disso, que o culto do Imperador como um deus crescia por toda parte no Império, e que a burguesia de numerosas cidades asiáticas e gregas considerava uma grande honra poder ostentar o título de *neókoros* (guardiã do templo) do deus-imperador. «Mata-me, ou eu te matarei!», gritava Calígula a Zeus, repetindo uma frase de Homero, num acesso de impiedade levada às últimas consequências. Evidentemente, ao descrever o Anticristo, Paulo está a pensar num monarca pagão desse estilo, que concentrará nas suas mãos todos os poderes do Estado e forçará todos os súditos a ajoelhar-se diante dele. Mas – exclama – «não vos lembrais de que vos dizia estas coisas quando ainda estava convosco? E vós agora sabeis o que é que o retém, a fim de que seja manifestado a seu tempo» (2, 5-6).

Quando Paulo escrevia estas palavras, Cláudio ocupava ainda o trono imperial, e Nero, seu filho adotivo, já tinha sido proclamado príncipe imperial e sucessor. Sêneca acabava de ser chamado por Agripina do seu exílio na Córsega e nomeado preceptor de Nero. O seu cargo dizia respeito unicamente ao ensino da retórica, mas os mestres de retórica das famílias nobres antigas tinham como primeira obrigação a de velarem pela conduta dos seus alunos. Desta forma, Sêneca tornara-se o conselheiro moral da corte. Tudo isto era conhecido em Corinto e em Tessalônica. O «poder de contenção» talvez significasse, portanto, a ordem jurídica do Estado romano, personificada em Cláudio; além disso, nos cinco primeiros anos do governo de Nero, Sêneca ainda conseguiu controlar, graças à sua judiciosa administração dos negócios do Estado e à sua influência sobre o jovem imperador, a explosão do seu temperamento vulcânico. Mas quando ele e o seu amigo Burro sucumbiram ao mesmo destino trágico, o furor do imperador já não conheceu limites.

Nero encarregou Vespasiano de abrir as hostilidades na Palestina, e a guerra judaica efetivamente culminaria na profanação do Templo de Jerusalém. A presença do exército pagão no átrio do Templo e a ereção da águia romana e das estátuas dos imperadores no lugar santo constituíram certamente a «abominação da desolação» anunciada por Paulo, bem como por Cristo, como cumprimento da profecia de Daniel (Mt 24, 15; Dn 12, 11). Se São Paulo prediz o advento do inimigo de Cristo com todo um luxo de poderes satânicos, de sinais e prodígios ilusórios, basta recordar que, segundo a narrativa de Plínio, ninguém se entregava tanto à magia como Nero, que por esse meio pretendia submeter os próprios deuses. A impressão que a tirania de Nero exerceu sobre os contemporâneos foi tão aterradora que a lenda do seu regresso e da sua evasão dos infernos ainda fazia tremer os espíritos muito tempo depois da sua morte.

O exegeta inglês Ramsay escreveu: «Se Paulo tivesse vivido o suficiente para ler o Apocalipse de São João, o seu coração ter-se-ia despedaçado». É o mesmo que desconhecer o caráter profético do Apóstolo. No fundo, Paulo e João estavam de acordo; diferiam apenas quanto ao ponto de vista. Paulo escrevia aquém, e João além do momento crítico em que, no tempo do imperador Domiciano, a sorte se voltaria definitivamente contra o cristianismo. Paulo sempre considerou a adoração do deus imperial como uma entronização da mentira, e antevia no conceito do Estado romano, com as suas exigências de totalitarismo religioso, o principal inimigo do cristianismo primitivo. No momento em que escrevia, porém, o direito romano ainda era o «poder de contenção», a Igreja ainda vivia à sombra da Sinagoga e, aos olhos dos romanos, não passava de uma seita judaica. Além disso, ainda não estava suficientemente organizada para que o legislador romano pudesse conhecê-la como uma corporação independente. Estava em vias de formação, se bem que já corresse a passos de gigante para o estado de maturidade, a partir do qual o choque surgiria inevitavelmente.

Já desde Filipos e Tessalônica, Paulo sabia que os judeus não descansariam enquanto não abrissem os olhos aos governantes romanos, para fazê-los compreender que não deviam confundi-los com os cristãos: são eles, os cristãos – diziam – que minam a autoridade do Estado romano, recusando-se a praticar a religião oficial. No ano 64,

V. A SEGUNDA VIAGEM DE MISSÃO

sob o império de Nero, os judeus conseguiram de fato um bom êxito: chamaram a atenção dos poderes públicos romanos para os cristãos, através de Popeia, esposa do imperador, que era prosélita judia. A interpretação paulina dos fatos históricos foi, portanto, confirmada nos seus elementos essenciais.

Cada época tem o direito de interpretar e de aplicar a si própria as palavras do Apóstolo no seu significado contemporâneo. Foi por isso que, ainda durante muito tempo, viu-se na estrutura vital e no ordenamento jurídico do Estado romano, nascidos da *pax romana*, a força social que resistia à anarquia e opunha um dique de contenção ao poder do mal. Nos tempos de tranquilidade, os primeiros cristãos reconheceram-no com toda a clareza, e era por isso que oravam, segundo afirma Tertuliano, pela estabilidade do Império Romano.

Quando o Império se desfez sob o assalto dos bárbaros, surgiu no espírito de Santo Agostinho a ideia da «Cidade de Deus», que continuava a ideia paulina do «corpo místico de Cristo»: «Dois amores edificaram duas cidades: o amor a Deus até ao desprezo de si mesmo: Jerusalém; e o amor a si mesmo até ao desprezo de Deus: Babilônia». A Igreja, herdeira da Antiguidade, absorveu em seu proveito a força legislativa e social de Roma e a filosofia grega, e transmitiu a ideia do Império e da sua ordem social às novas nacionalidades, que depois se encarregou de educar. A *pax romana*, instaurada por Augusto, transformou-se na *pax Christi in regno Christi*.

Nas últimas décadas, pôde-se ver até onde se chega a descer quando o poder educativo da religião é proscrito de um país. Se o nazismo e o marxismo se tivessem abatido sobre o mundo inteiro, nenhum poder teria conseguido conjurar a desolação. O cristianismo, como poder de ordem, de paz e de harmonia, não tem somente a incumbência de assegurar aos seus membros a salvação eterna; ele é também o principal fundamento da ordem do Estado e da sociedade. Se a sua autoridade for minada, já ninguém conseguirá deter as potências do mal; erigir-se-á o domínio da impiedade desencarnada, da barbárie armada, com todos os meios da ciência e da técnica postos «ao serviço de Satanás». E esta será a ironia dos acontecimentos: o homem que não quis crer na verdade de Deus crerá no poder da alucinação e da mentira, segundo as palavras de Paulo (cf. 2, 11). Então soará a hora do aparecimento do Anticristo, cujo domínio será no entanto de curta duração: «O Senhor o destruirá com um sopro da sua boca» (2, 8; cf. Is 11, 4).

Mas é necessário reconhecer que toda a interpretação contemporânea e histórica sempre depara com grandes dificuldades, e que convém dizer com Santo Agostinho (*De civitate Dei*, 20, 19): «Confesso que não sei o que o Apóstolo pretendia dizer». Não devemos, porém, esquecer que Paulo também fala como profeta e, tal como São João, tem diante dos olhos o desenvolvimento total e a realização última e definitiva das suas palavras no fim dos tempos. Para contornar as dificuldades, os exegetas atuais preferem a explicação escatológica, que situa os acontecimentos descritos por Paulo num plano superior, para além da História.

Paulo move-se no plano escatológico do Antigo Testamento e do cristianismo; como Daniel e João, descreve a luta misteriosa e eterna do bem contra o mal; essa luta trava-se fora do cosmos e assume formas diferentes segundo as épocas; encontra o seu eco sobre a terra na luta da fé contra a incredulidade, mas o seu campo de ação central situa-se noutro lugar. Satanás dirige o combate na terra, servindo-se ora de um homem, ora de outro; da mesma forma, o seu antagonista, aquele que o «retém», deve ter a mesma natureza angélica, espiritual. Segundo Daniel e João, não é outro, senão o próprio Arcanjo São Miguel, que assiste a Igreja nos períodos de grandes dificuldades e a amparará no fim dos tempos. De acordo com esta explicação, Paulo entenderia, pois, por «poder de contenção» uma potência espiritual, sobrenatural, provavelmente o mesmo Arcanjo São Miguel. Segundo a primitiva fé cristã, é São Miguel quem há de dar o sinal da ressurreição dos mortos e do Juízo Final, e quem vem conduzindo a luta contra Satanás desde a época apostólica, através de todos os séculos, até que soe a hora da vitória definitiva.

Verificamos assim como, a despeito do quadro tradicional hebreu, o espírito escatológico de Cristo, e portanto de Paulo, nada tem de judaico. Está ausente a ideia do domínio universal hebraico, que desempenha um papel tão importante nos apócrifos Salmos de Salomão, na Ascensão de Moisés, no Apocalipse de Enoch e no quarto livro de Esdras. O Messias não é descrito como um homem de estado ou um general, como na escatologia judaica. Falta-lhe igualmente qualquer concepção de um reino político intermédio, isto é, do domínio do Messias

V. A SEGUNDA VIAGEM DE MISSÃO

sobre o mundo inteiro, situado entre a era presente e a futura (4 Esdr 7, 26). Tanto Jesus como Paulo só têm em conta os *bens espirituais*, e esses encontram-se desde já, em parte, em poder dos fiéis.

Lembremo-nos, além disso, de que Cristo prevê um longo período de tempo necessário para a evangelização dos pagãos (o «tempo dos gentios»); mais ainda, precisamente nos seus últimos dias na terra dá ordens e conselhos nesse sentido. Também Paulo, à medida que avança em idade, conta cada vez mais com um longo intervalo para a missão cristã. A Igreja instala-se pouco a pouco neste mundo e promove a sua transformação. O esquema tradicional dos judeus, a despeito da riqueza das suas imagens, logo se torna demasiado estreito, e é necessário alargá-lo para que nele possa figurar o período de transição – que pode durar vários milênios – de uma cristandade na expectativa da Parusia de Cristo. A grande tarefa de Paulo consistiu, portanto, em repensar o problema. Tarefa difícil, sem dúvida. O pensamento de que não seria testemunha da Parusia, de que não se revestiria do corpo celeste da ressurreição enquanto ainda no seu corpo terreno, arranca-lhe um suspiro (cf. 2 Cor 5, 2). E só encontra consolação no pensamento de que já nesta vida terá o «penhor do Espírito», e que depois da morte permanecerá «junto do Senhor».

O Apóstolo tinha sido educado nas ideias sionistas: «Quando chegar o dia e ressoar a trombeta, reunir-se-ão todos os filhos do seu povo, dispersos pelos quatro cantos do universo, para receberem a sua parte na herança». Esta esperança estava gravada como um legado divino no coração de todos os rabinos judeus. Mas, como cristão e místico escatológico, Paulo elevou essa esperança a um plano superior e soube extrair dela uma abundante força moral para a vida presente. Não notamos no Apóstolo qualquer traço de quietismo, de calma resignação ou de devaneios acerca de um reino de mil anos etc. Pelo contrário, combate todos esses extravios e alimenta e estimula todo um cristianismo ativo e animoso. O fruto da sua esperança escatológica é a liberação das forças morais do cristão para o trabalho que tem a realizar neste mundo envelhecido. A esperança na Parusia, o grito nostálgico do *Maranatha*, torna-se para ele uma força íntima para o presente. Num audacioso golpe de força, arranca dos imperadores romanos e dos outros deuses o título de reis divinos, de *Kyrios*: «De fato, ainda que haja alguns que se chamem deuses, ou no céu ou na terra (e assim sejam muitos os deuses e muitos os senhores), para nós, contudo, há um só Deus, o Pai, de quem tiveram o ser todas as coisas, e nós por Ele; e um só Senhor, Jesus Cristo, por quem todas as coisas foram feitas, e nós também por Ele» (1 Cor 8, 5-6).

É por isso que Paulo se opõe à *desvalorização da vida presente* professada pelos sonhadores de Tessalônica. Segundo o Apóstolo, a vida terrena do cristão tem uma dupla dimensão: por um lado, é uma vida natural, profissional e civil, que o cristão partilha com todos os outros; e, por outro, uma vida interior, a única real e verdadeira, mas oculta, que é a vida mística em Cristo. Esta segunda vida procede da intervenção atual em nós das forças do segundo período do mundo, a idade celeste, após a ressurreição. «A vossa vida está escondida com Cristo em Deus» (Cl 3, 3). A vida exterior não é uma vida aparente; muito pelo contrário, é arena de luta e lugar de prova. O cristão deve tomar parte em todos os assuntos da vida civil e cooperar na obra de transformação deste mundo segundo o espírito cristão.

Portanto, quando Paulo escreve: «Quanto a nós, somos cidadãos do céu» (Fl 3, 20), não pretende de modo algum proibir a participação do cristão na vida política nem deixar a política para os pagãos. Aliás, esse problema não se apresentava ao espírito do Apóstolo. Uma concepção cristã do Estado ou mesmo a ideia de uma política cristã ativa encontravam-se ainda inteiramente fora do campo visual e das possibilidades da primitiva Igreja. No entanto, esta não se teria oposto por princípio a essas ideias: se o cristão pertence a dois mundos, é obrigado a oferecer lealmente os seus préstimos ao Estado na medida em que ocupa uma posição na ordem social. Porque também o Estado, como São Paulo frisa na Epístola aos Romanos (13, 1), é uma ordem humana instituída por Deus.

Isto explica por que, quando um representante das forças romanas de Cafarnaum procurou Cristo, o Senhor não o obrigou a renunciar à sua função para converter-se. Pedro procedeu da mesma forma com relação ao centurião Cornélio, e o próprio Paulo não aconselhou o procônsul Sérgio Paulo a pedir demissão do cargo. Mais tarde, quando o cônsul Flávio Clemente, marido de Domitila, se recusar a aceitar um cargo público por ser cristão e for executado por ordem do seu primo, o imperador Domiciano, a sua atitude encontrará explicação nas circunstâncias particulares da sua época e nos perigos a que então

V. A SEGUNDA VIAGEM DE MISSÃO

se expunha um funcionário cristão, e certamente não pode ser tomada como modelo para todos os tempos. O problema do estadista cristão e da política cristã só se levantaria no tempo de Constantino.

Em resumo, poderíamos afirmar: toda a *concepção paulina do mundo*, tal como a de Cristo, é fundamentalmente *religiosa*. O mundo e tudo o que há nele, mesmo o ordenamento civil e político, é de origem divina. A tarefa do cristão consiste, pois, em dar a Deus o que é de Deus, em buscar o Reino de Deus, mas cumprindo ao mesmo tempo, integralmente, os deveres relativos à ordem terrena. Por outro lado, porém, depois da invasão do pecado, o mundo transformou-se num campo de batalha dominado pelas forças demoníacas, e assim o cristão encontra-se continuamente num estado de tensão entre a era antiga, com a sua idolatria demoníaca da «razão de Estado», tida como fundamento último da ação e do direito, e a nova era, a do Reino de Deus, com as suas exigências de liberdade de consciência.

Mas Cristo redimiu somente o indivíduo, e não o Estado como tal. Portanto, recai sobre cada homem em particular a responsabilidade de fazer com que as instituições políticas e sociais se deixem impregnar pelas forças cristãs de salvação. A questão de uma «política cristã» só é afirmada, portanto, como uma possibilidade, e a sua realização prática depende na verdade do grau de cristianização das instituições. Esse sonho de uma completa fermentação e cristianização das formas estatais, de uma plena harmonia entre a política e a religião, pareceu estar a ponto de realizar-se apenas durante alguns breves períodos de tempo, os melhores da Idade Média. Desde então, não perdurou senão na visão nostálgica de Dante, se bem que continue a existir no coração dos melhores de todos nós, como uma questão que exige soluções diversas em cada período da História.

Paulo e Galião

At 18, 12-18

A ruptura com a sinagoga tinha dado o que falar. Havia na época uma forte corrente antissemita em Corinto, e a separação só podia trazer benefícios aos cristãos. Os catecúmenos procedentes da população pagã tornavam-se cada dia mais numerosos, ao passo que a sinagoga perdia cada vez mais adeptos. Dentro de pouco tempo, até o arquissinagogo *Crispo* solicitava o batismo, e recebeu-o das mãos do próprio Paulo, juntamente com um certo *Gaio*, seu hospedeiro por ocasião da sua segunda estada em Corinto (Rm 16, 23), e a família de Estéfanas. Neste caso, o Apóstolo abriu portanto ainda uma vez uma exceção no seu hábito de deixar a administração do batismo aos cuidados dos seus colaboradores (1 Cor 1, 14 a 16). Dias depois, mais outra personalidade de relevo pedia o batismo; chamava-se *Erasto*, e era o tesoureiro da cidade de Corinto (Rm 16, 23).

A composição da comunidade tornava-se, pois, cada vez mais variada. Segundo a primeira Epístola aos Coríntios, podemos distinguir três categorias sociais: em primeiro lugar, a classe elevada, a dos *proprietários* e dos *funcionários*, cujas casas eram suficientemente espaçosas para nelas se reunir a comunidade nascente, e os donos suficientemente ricos para prepararem os ágapes. A esta categoria pertenciam as personagens acima referidas. Mais tarde, juntaram-se a elas *Sóstenes*, também príncipe da sinagoga, e um certo *Zenas*, doutor da Lei, mencionado ao mesmo tempo que Apolo (Tt 3, 13). Contar-se-á também neste grupo a viúva *Cloé* com a sua casa. Da classe média, onde predominava o elemento romano, faziam parte *Tércio*, o futuro secretário de São Paulo, a quem este ditará a Epístola aos Romanos, e *Quarto*.

Mas a maior parte dos recém-convertidos provinha das classes mais pobres; eram libertos, artesãos e escravos. Os escravos eram muito numerosos em Corinto, ainda que seja exagerado o número de 460 mil mencionado por algum escritor. «Considerai, pois, irmãos, a vossa vocação: não há entre vós nem muitos sábios segundo a carne, nem muitos poderosos, nem muitos nobres. Mas as coisas loucas segundo o mundo, escolheu-as Deus para confundir os sábios; e as coisas fracas segundo o mundo, escolheu-as Deus para confundir os fortes. Deus escolheu as coisas vis e desprezíveis segundo o mundo, e aquelas que não são, para destruir as que são» (1 Cor 1, 26-28).

Paulo nunca tinha tomado contato com meios populares tão miseráveis como os desta cidade. Quando mais tarde recordar aos coríntios, um tanto envaidecidos, o que a maior parte deles era antes da conversão, a fim de torná-los mais modestos, não os apresenta a uma

V. A SEGUNDA VIAGEM DE MISSÃO

luz muito lisonjeira: «Não vos enganeis: nem os fornicadores, nem os idólatras, nem os adúlteros, nem os efeminados, nem os sodomitas, nem os ladrões, nem os avarentos, nem os que se dão à embriaguez, nem os maldizentes, nem os cobiçosos possuirão o reino de Deus. E tais éreis alguns de vós» (cf. 1 Cor 6, 10-11). Quanto não lhe terá custado, a ele, o fariseu outrora tão orgulhoso e tão consciente da sua justiça, vencer a repugnância instintiva que noutros tempos o teria feito rechaçar qualquer contato com aquela gentalha, exclamando: «Afastai-vos de mim, impuros!»

Há quem reprove Paulo por ter reunido à sua volta todos os degenerados e toda a escória desse porto mediterrâneo. Mas se o mundo tinha necessidade de um Salvador, certamente não era para os justos, e sim para os pecadores. E se o cristianismo conseguiu salvar todo esse refugo da sociedade, já não há absolutamente ninguém que esteja excluído da força curativa do Evangelho. Essa foi sem dúvida a obra-prima do Apóstolo: estabelecer um laço de união que superasse todos os contrastes sociais, nacionais e morais, reunir numa mesa comum os livres e os escravos, fundir numa mesma comunidade judeus e gregos, romanos e asiáticos. Que dificuldades não teve de superar! Foi preciso incutir na comunidade que é um pecado «envergonhar-se daquele que nada tem» (1 Cor 11, 22), mas mesmo assim não foi possível evitar dissensões após a sua partida.

Pouco a pouco, os coríntios tomavam consciência de que faziam parte de um conjunto de comunidades cristãs que abarcavam o mundo inteiro. Por duas vezes, tinham visto chegar à casa de Paulo mensageiros de Tessalônica, e tinham podido perceber que o seu Apóstolo era uma personalidade universalmente conhecida, que detinha nas mãos a responsabilidade por numerosas Igrejas. Observavam, cheios de admiração, o modo como Paulo estava indissoluvelmente ligado à Igreja universal, como o seu coração se assemelhava a uma enorme taça em que se derramavam todas as preocupações e todos os anseios da grande Igreja, e como, simultaneamente, a sua alma era o motor que tudo punha em movimento. Três séculos mais tarde, São João Crisóstomo condensaria essa realidade numa frase lapidar: *Cor Pauli, cor mundi*. Encontramos aqui, pela primeira vez, a maravilhosa realidade da *unidade católica*: os problemas de uma determinada comunidade diziam respeito a todas.

Porém, os coríntios puderam observar ainda uma outra coisa. Na sua cidade, longe de serem incomodados por terem abraçado a fé, chegavam mesmo a gozar de uma certa estima; mas as notícias vindas de Tessalônica faziam-nos ver que a adesão a Cristo trazia consigo a necessidade de lutar, pois essa comunidade se defrontava com a exasperada resistência dos judeus e, em consequência, com a pressão da autoridade pública. Em breve eles mesmos sentiriam na própria carne a verdade desse princípio.

O êxito do Apóstolo tirou o sono aos chefes da sinagoga. Paulo viu acumularem-se densas nuvens de tempestade sobre a sua cabeça. Escreveu então aos tessalonicenses: «Quanto ao mais, irmãos, orai por nós, para que a palavra de Deus se propague e seja glorificada, como o é entre vós, e para que sejamos livres de homens importunos e maus, porque a fé não é de todos» (2 Ts 3, 1). É provável que, em alguns momentos, o Apóstolo se sentisse interiormente paralisado, ao verificar com que elementos miseráveis teria de construir a sua Igreja, e como muitos dos cristãos reincidiam nos velhos vícios do paganismo. Além disso, também o oprimiam os cuidados que lhe inspiravam as outras Igrejas, levando-o a sentir a tentação de abandonar Corinto. Estes pensamentos perseguiam-no mesmo durante o sono e surgiam-lhe em sonhos. Foi numa dessas horas noturnas, depois de uma violenta luta interior, que o Senhor lhe apareceu numa visão para o consolar: «Não temas, mas fala e não te cales, porque eu estou contigo. Ninguém porá a mão sobre ti para te fazer mal, porque tenho muita gente fiel nesta cidade». Essa visão restituiu-lhe a força de ânimo para perseverar na sua difícil missão: «Se Deus é por nós, quem será contra nós?» (Rm 8, 31). Podia, pois, encarar o futuro com serenidade.

Na primavera do ano 52, ficou vago o cargo de governador da Acaia. Roma tinha o cuidado de escolher para os postos mais importantes personalidades muito prudentes e conciliadoras, e por isso o Senado romano confiou o lugar de procônsul da Acaia a um dos homens mais simpáticos e mais cultos de seu tempo, Marco Aneu Novato, que também usava o nome de *Júnio Galião*, que lhe fora dado pelo seu pai adotivo. Este nome e a função são confirmados de maneira segura por uma carta do imperador Cláudio à cidade de Delfos, escrita entre os meses de abril e agosto do ano 52: «O meu amigo Galião, procurador da Acaia», diz a epístola. Se Galião foi procônsul no ano

V. A SEGUNDA VIAGEM DE MISSÃO

de 52-53, podemos situar a permanência de ano e meio do Apóstolo em Corinto entre a primavera de 51 e o outono de 52.

A nomeação de Galião foi acolhida com entusiasmo por toda a Grécia. O procônsul pertencia a uma linhagem célebre pela sua cultura, e era o irmão predileto do filósofo Sêneca, preceptor do príncipe imperial Nero e tio do escritor romano Lucano. Possuía uma inteligência brilhante e um nobre caráter, e é descrito pelos contemporâneos como uma das personalidades mais encantadoras da Antiguidade. Sêneca e todo o mundo literário sentiam por ele uma veneração entusiástica, e Estácio chega a chamar-lhe o «doce Galião». Consideravam-no como a mais fina flor do humanismo antigo e da escola estoica, como o verdadeiro ideal do nobre romano. O entusiasmo de Sêneca pelo irmão era tão grande que o levou a escrever: «Nenhum mortal pode ser tão bondoso para com um amigo como Galião sabe ser para com toda a gente. Nunca se poderá amar suficientemente o meu irmão Galião».

Os judeus de Corinto tinham ouvido falar do caráter afável do novo procônsul e pensaram imediatamente em servir-se dele para os seus planos de vingança; mas não contavam com a aversão que a família de Sêneca sentia pelos judeus, e não imaginavam que o fanatismo de que estavam possuídos tinha poucas probabilidades de êxito diante de um homem tão desapaixonado como Galião. Certo dia, fizeram atacar Paulo na sua oficina e, por entre a gritaria da populaça assalariada, conseguiram arrastá-lo até o tribunal do procurador. A acusação contra o Apóstolo foi formulada nos seguintes termos: «Este persuade os homens a adorarem a Deus com um culto contra a lei», isto é, pela pregação de uma *religio illicita*. Tinham, porém, errado os cálculos. A calma e a dignidade de Paulo evidentemente inspiraram respeito ao romano, que num relance percebeu a intriga dos acusadores e, antes mesmo que Paulo pudesse falar, negou fundamento à demanda. A sua imparcialidade reflexiva inspirou-lhe a sentença adequada: «Se se tratasse de algum agravo ou delito grave, eu vos ouviria, ó judeus, conforme o direito. Mas se são questões de palavras acerca de nomes e da vossa lei, isso é convosco; eu não quero ser juiz de tais coisas».

Paulo aguardava com impaciência o momento de poder falar ao procurador. Cravou o seu olhar nos olhos daquele homem esplêndido, que o próprio Cristo teria amado como outrora amara o jovem rico. Por um instante, o sopro da graça roçou a alma do estoico. Mas o romano não se dignou conceder a sua atenção ao pobre judeu que tinha na sua presença. Com um fino sorriso, mas com um gesto terminante, convidou os acusadores a retirar-se e encarregou os litores de esvaziar o recinto do tribunal.

Do lado de fora, a cena degenerou em comédia burlesca: Sóstenes, o novo arquissinagogo, que não pôde descer a escada do tribunal com rapidez suficiente por causa do manto plissado que lhe caía dos ombros, foi agredido pela multidão. É uma das raras situações cômicas que São Lucas, com o seu fino humor ático, descreve na sua obra histórica. Mas foi precisamente a essas pancadas que Sóstenes ficou a dever a sua salvação: permitiram-lhe refletir e foram sem dúvida o princípio da sua conversão. A graça serve-se por vezes de semelhantes nadas, dessas ridículas situações humanas.

O cenário estava, pois, limpo dos judeus. Durante um momento, Paulo e Galião, o altivo romano e o pequeno judeu, encontraram-se face a face. Perceberia o estoico o sopro da graça? Era para ele a segunda e última ocasião de ouvir falar de Jesus. Sêneca, que venerava no irmão um homem sábio e bom, dedicara-lhe o seu livro *De vita beata*, sobre a felicidade. Escrevera que os homens virtuosos devem ser venerados como *antístites*, isto é, como detentores de uma mensagem divina, por oposição ao povo vulgar, que admira como *divini* os que se prostram por terra e invocam os seus deuses em altos brados e de círio na mão, os que se ferem nos braços e nos ombros e agitam os seus guizos. Ora bem, Galião tinha na sua frente um *divinus*, um *theios* autêntico, um homem cheio de graça, e não o reconheceu. A ocasião não se repetiria.

Os Atos dos Apóstolos descrevem-nos com profunda psicologia muitas cenas parecidas, em que a graça toca determinados homens que, não obstante, permanecem cegos ao seu influxo. Assim é a graça: para uns, vem no turbilhão; para outros, no sopro da brisa; para outros ainda, numa carga de pancadas. É triste pensar que, por causa do seu orgulho de estoico, esse magnífico Galião veio a perder a única oportunidade real de salvação que lhe era oferecida. O resto da história deste refinado homem do mundo tem sabor de tragédia: tal como o seu irmão, morreu de morte estoica, suicidando-se por ordem de Nero. Esta era, e continua a ser, a única saída que a sabedoria deste

V. A SEGUNDA VIAGEM DE MISSÃO

mundo oferece ao excesso de sofrimento. Assim o ensinava o estoicismo, conforme diz Sêneca numa célebre carta (*Ep. 70 ad Lucilium*): «A lei eterna nada estabeleceu de melhor do que dar-nos uma só entrada na vida, ao mesmo tempo que nos preparou diversas saídas. Deverei esperar uma cruel doença ou um homem sanguinário, quando sou livre para desembaraçar-me de todas essas adversidades? Este é o único ponto da vida sobre o qual não podemos queixar-nos: ela não retém pessoa alguma contra a sua vontade. É uma instituição excelente. Ninguém está obrigado a permanecer na desgraça, se não é por sua culpa. Se estás satisfeito, vive! Se estás descontente, podes regressar ao nada de onde vieste»[29].

A partir de então, a Igreja de Corinto gozou de paz. Em contraste com as autoridades locais, que tantas vezes o haviam tratado mal, Paulo pôde experimentar o favor da autoridade central romana. A sua simpatia pelo poder romano aumentou, como aumentou o prestígio da jovem Igreja entre os pagãos. A atividade do Apóstolo estendeu-se cada vez mais para além dos limites da cidade, até abarcar toda a província da Acaia, cujas comunidades ele saúda na sua segunda Epístola aos Coríntios (1, 1). Além de Silas e de Timóteo, dispunha de um grande número de colaboradores missionários, que enviava em todas as direções para o amplo território da península: para Sício, para Argos, talvez até mesmo para Olímpia e Esparta. De nome, só conhecemos Cêncreas, onde a fiel diaconisa Febe trabalhava como «um anjo de caridade» no bairro dos marinheiros. Bem vistas as coisas, Corinto era a cidade mais importante da península; tinha vinte e um quilôme-

---

(29) Os órficos e os pitagóricos rejeitavam o suicídio, e o mesmo fizeram Sócrates, Platão e Aristóteles. Segundo Platão (*Fédon*, 62), Deus é o nosso pastor: nós somos seu rebanho e propriedade sua, e não devemos abandonar o seu redil (cf. Sl 22 e Lc 15, 3-7); consequentemente, o suicídio é uma ofensa a Ele. Em Epicuro e nos estoicos tardios, porém, este sentimento de responsabilidade pela própria vida desaparece; para eles, o homem encontra-se abandonado pelos deuses e caminha imerso em trevas. Aliás, Paulo e Marco Aurélio coincidem na ideia de que «o mundo geme e suspira», mas como é diferente a maneira pela qual ambos exprimem esta ideia! Segundo Paulo, as dissonâncias solucionam-se na superior harmonia divina, na «manifestação dos filhos de Deus» (cf. Rm 8); para Marco Aurélio, a desordem do universo é irremediável, e cada qual deve redimir-se a si mesmo pela prática das virtudes e de um desprendimento total do mundo exterior, que pode conduzir eventualmente ao suicídio. Na clássica fórmula de Lightfood, «a ataraxia (indiferença) de Epicuro e a apatia (insensibilidade) dos estoicos são irmãs gêmeas e filhas do desespero» (cf. Festugière).

tros de perímetro e 600 hectares de extensão; estava dotada de vinte e três templos, cinco grandes praças onde se encontravam as lojas de luxo, cinco mercados, cinco termas, duas basílicas, numerosos teatros e anfiteatros com um total de 22 mil lugares sentados; possuía uma população cosmopolita; em resumo, era o campo de ação ideal para o audacioso empreendimento de Paulo.

Ainda que o Apóstolo não o diga, é muito provável que tenha demonstrado também entre os coríntios os seus dons carismáticos. A cidade nutria uma especial afeição pelo célebre santuário de Esculápio, onde os doentes vinham praticar a «incubação», isto é, estender-se para dormir em longos corredores o sono da cura. Ainda hoje se conservam no museu de Corinto os «ex-votos» dos doentes curados. Era aqui, especialmente, que se fazia necessário demonstrar o poder de Deus. Mas os cristãos do século IV que, animados de um zelo pouco esclarecido contra esse «salvador» pagão – e numa época em que já não era perigoso ser cristão –, quiseram celebrar uma vitória fácil sobre o paganismo destruindo-lhe o templo, andaram bem afastados do espírito do Apóstolo. Não tinham sido esses os ensinamentos de Paulo.

VI. A terceira viagem de missão

Viagem a Éfeso

At 18, 17-23; 19, 1

Em nenhuma outra cidade Paulo se demorou tanto tempo como em Corinto: dezoito meses antes do interrogatório na presença de Galião, e depois disso várias semanas mais. Entusiasmava-o ver brilhar a graça de Cristo no seio desse povo abjeto. Por outro lado, semelhante mistura social constituía um sério risco para a permanência da comunidade, se o seu fundador não permanecesse na cidade o tempo suficiente para lhe imprimir o seu espírito. Segundo a nossa maneira de ver, Paulo deveria ter permanecido ainda mais tempo naquele lugar. Mas o Apóstolo tinha consciência de ser o grande semeador de Deus, e de que devia deixar aos outros o cuidado da colheita, a exemplo do seu divino Mestre. Quando a Igreja de Corinto ficou mais ou menos organizada, de modo a poder administrar-se a si própria, o resto daquela Grécia despovoada deixou de interessá-lo. Além de Atenas e de Corinto, não havia outras cidades de importância. Uma inquietação cheia de pressentimentos impelia-o a visitar novamente os seus antigos campos de ação e a procurar outros novos.

Por duas vezes «o Espírito de Deus» o tinha desviado de Éfeso; afastá-lo-ia ainda uma terceira vez? Inundava-lhe a alma um sentimento de gratidão para com Deus, que o salvara das mãos dos seus inimigos e concedera liberdade à sua Igreja graças à magnânima tolerância do procônsul Galião. É provável que por esta razão tenha feito o assim chamado voto de nazareno, que o obrigava a apresentar no Templo de Jerusalém as oferendas prescritas. Aqui vemos quantos liames de ordem sentimental continuavam a unir o Apóstolo aos velhos usos religiosos dos seus pais. Mas o objetivo principal da nova viagem era certamente Antioquia da Síria, a sua pátria adotiva, de onde queria partir para uma nova viagem de missão.

A despedida certamente não lhe custou pouco. Para poder separar-se mais facilmente dos seus coríntios, teve de mostrar-lhes que, pelo voto que fizera, a sua decisão se tornara irrevogável. Áquila e Priscila empenharam-se em acompanhá-lo até Éfeso, a fim de preparar-lhe uma pousada se eventualmente decidisse permanecer na cidade; além disso, os negócios deste casal cristão talvez não corressem muito bem em Corinto, pois Paulo passou ali grande miséria; Éfeso, pelo contrário, era célebre pela sua indústria de pano para tendas. Silas e Timóteo também se encontravam entre os companheiros do Apóstolo.

Quem tiver atravessado o Mar Egeu na primavera ou no outono conhece os maravilhosos quadros que surgem diante dos olhos dos viajantes na região das duzentas ilhas Cícladas que circundam a montanha de Delos, o lugar onde a lenda situa o nascimento de Apolo. A travessia durou cerca de dez dias, porque os antigos não costumavam navegar à noite. Foi provavelmente num belo dia de verão de 52 que Paulo viu surgir na distância, por detrás da ilha de Samos, as montanhas da Jônia, entre as quais sobressaía o Tmolos com os seus altos cumes.

A Jônia! Quanta musicalidade nesta palavra encantadora! Aqui, a antiga Hélade revia a sua imagem espiritual como num espelho, tal como se podia rever também, com traços ocidentais, na Itália do Sul e na Sicília, a Magna Grécia. Era o berço da arquitetura e, muito especialmente, das colunas jônicas. Fora pelas ruas de Éfeso que Homero, o cantor cego, tinha caminhado, às apalpadelas; fora em Éfeso que Heráclito, «o obscuro e melancólico», tinha meditado sobre a origem do ser e sobre o princípio eterno imanente no universo. Fora aqui que pela primeira vez se pronunciara o nome do *Logos*, e que Pitágoras decidira fundar a sua escola de ascética e de sabedoria, e que Tales de Mileto, «o pai da filosofia ocidental», tinha declarado que a água é o princípio de todos os seres. Fora neste centro comercial do mundo de então que tinham surgido os primeiros rudimentos do pensamen-

VI. A TERCEIRA VIAGEM DE MISSÃO

to pré-socrático grego. Fora aqui que a razão helênica vencera pela primeira vez os devaneios dos órficos e as suas cosmogonias, os seus mitos sobre a origem do mundo.

Paulo não era um desprezador da razão, do *nous* grego; não era um inimigo do espírito, mas unicamente da sua degenerescência no jogo estéril da intelectualidade. Mas o que o trazia aqui era algo muito maior: o santo *pneuma*, o fervor do Espírito, que não deriva do homem, mas desce sobre ele e dele se apodera. Sem o *pneuma*, que teria sido da razão grega?[30] Dezenas de navios, vindos de todas as partes do mundo, chegavam diariamente a Éfeso, mas nenhum tinha trazido uma carga tão preciosa.

No porto de Panorma, uma laguna formada na desembocadura do Caistro, os viajantes abandonaram o navio e entraram num pequeno barco que os levou, através de um canal de dois quilômetros, ao porto interior de Éfeso, bem menor. Desembarcaram diante dos mais suntuosos edifícios da cidade, em frente da ágora e do imenso anfiteatro grego que, pela sua forma semicircular, lembrava uma taça aberta. Éfeso assemelhava-se, como Palermo, a uma *conca d'oro*, a uma grande

---

(30) A palavra pneuma (sopro, brisa, hálito, alento, espírito) remonta às próprias origens da humanidade; é um desses conceitos capitais, em cujas mudanças semânticas podemos vislumbrar todo o desenvolvimento da história da religião. Entrecruzam-se nela duas correntes da tradição, a filosófica e a bíblica.

Na corrente que tem a sua origem em Platão, *nous-pneuma* é a parte superior da alma, voltada para Deus: é a «Alma da alma», a «centelha divina», distinta da alma sensitiva, que o homem teria em comum com os animais. Já Aristóteles não distingue entre «alma sensitiva» e «espiritual»; para ele, pneuma é somente o princípio vital físico. Para os estoicos, é como um fluido de fogo que sustenta o mundo a partir do seu núcleo mais íntimo. Na literatura dos mistérios, designa as regiões irracionais do sentimento e do inconsciente humanos, e nos papiros mágicos encontramos a fórmula: «Vinde a mim, ó santo pneuma!», mas apenas no sentido de uma força mágica da qual o feiticeiro deseja apropriar-se.

Já o conceito que Paulo tem do pneuma ou espírito não procede da filosofia grega, nem mesmo da platônica; tem a sua raiz no Antigo Testamento, no livro do Gênesis («O Senhor Deus formou o homem do barro da terra e soprou-lhe nas narinas um hálito [pneuma, espírito] de vida», Gn 2, 7), passagem que sempre se interpretou como mencionando uma comunicação da própria vida divina. Uma segunda raiz deste conceito paulino, encontramo-la no Evangelho (por exemplo Jo 3, 5-8 e 16, 7-15) e nos acontecimentos de Pentecostes. Daqui deriva o duplo uso que Paulo faz dessa palavra: designa por ela tanto o espírito humano, receptáculo da graça, como o Espírito divino, Terceira Pessoa da Santíssima Trindade.

concha ou fruteira colocada entre as montanhas que a cercavam: o abrupto Coresso (Bulbul Dagh) ao sul, o Príon (Panajir Dagh) a leste, e o Galésio ao norte. Como em Antioquia, as faldas dos montes estavam cobertas de ricas vilas. A muralha de Lisímaco, que ainda hoje se conserva, escalava os seus flancos e acompanhava-lhes as cristas.

Havia em Éfeso uma colônia judaica muito florescente. Era autônoma e usufruía do direito de praticar livremente a sua religião. Todas as dádivas dos judeus da Ásia para o templo de Jerusalém passavam pelo banco judeu de Éfeso. Os recém-chegados não tiveram por isso dificuldade em instalar-se em casa de alguns correligionários abastados. Até essa data, os judeus de Éfeso apenas tinham tido um conhecimento muito superficial do cristianismo, e desejavam ouvir mais da boca de Paulo. Como o navio em que viera continuava a sua rota nos começos da semana seguinte, Paulo só podia passar um sábado na cidade. A sua pregação messiânica foi muito apreciada, e teve de prometer que voltaria o mais cedo possível.

A acolhida em Jerusalém parece tê-lo desapontado um pouco, pela frieza com que foi recebido. No original grego, São Lucas sequer menciona a Cidade Santa, e apenas diz laconicamente: «Subiu e saudou a Igreja». O estado da Igreja-mãe não era nada satisfatório. Isolava-se cada vez mais. É triste observar como a religião de Jesus não conseguia lançar raízes profundas exatamente na sua própria terra, a Palestina. Parecia haver na religião cristã uma afinidade muito maior com a liberdade de espírito própria dos gregos. «Deixa a tua terra, a tua família e a casa de teu pai, e vai para a terra que eu te mostrar. Eis que farei de ti uma grande nação», dissera Deus ao chamar Abraão (Gn 12, 1-2). Ao contrário do Islã, que nasceria na Arábia e continuaria sempre a ser a religião dos árabes, o cristianismo, quase imediatamente após o seu nascimento, teve de deixar o povo ao qual pertencia e aprender desde muito cedo a distinguir o essencial do acidental.

Aproximamo-nos agora do momento culminante da vida do Apóstolo, pelo menos se a observarmos externamente; aproxima-se a grande catástrofe, a selvagem oposição que moveram contra ele e contra a sua obra no seio da Igreja. Tudo o que é grande na Igreja tem de nascer no meio de grandes dores, e a libertação do cristianismo das vestes judaicas foi muito dolorosa. Depois do incidente de Antioquia, que os judeus-cristãos extremistas não tinham conseguido esquecer, o

VI. A TERCEIRA VIAGEM DE MISSÃO

partido que haviam formado crescera a ponto de tornar-se um movimento poderoso, dotado de um considerável espírito de propaganda. Em breve dariam início a uma campanha sistemática, a uma espécie de antimissão dirigida contra Paulo, e procurariam estabelecer uma Igreja rival em cada uma das comunidades por ele fundadas. Só a morte do Apóstolo e a destruição de Jerusalém reduziriam ao silêncio essa oposição, que continuaria a refletir-se ainda cem anos depois, nos escritos de um autor conhecido como Pseudo-Clemente.

A recepção por parte dos antioquenhos foi, pelo contrário, muitíssimo afetuosa. Paulo era o seu Apóstolo, o seu chefe, o herói amado. Haviam-no enviado em missão, e ele, em contrapartida, transformara-os na ponta-de-lança da Igreja inteira. É provável que encontrasse aqui Pedro, João e Marcos, e talvez o próprio Barnabé; a tradição fala de uma *cathedra Petri* em Antioquia. Por essa altura, tinha chegado o outono, e o inverno estava às portas. A expressão: «Tendo estado ali algum tempo...» parece indicar que Paulo passou o inverno na cidade. Como, por outro lado, tinha o hábito de iniciar as suas viagens na primavera, foi certamente nessa estação que se despediu dos amigos, para nunca mais tornar a vê-los. Iniciava agora o período mais importante e mais fecundo da sua vida, que só terminaria com a machadada do verdugo, em Roma. Foi nesta altura que um outro jovem amigo, *Tito*, parece ter-se reunido ao Apóstolo (2 Cor 8, 23); estranhamente, o seu nome não é citado nos Atos, apesar de, a partir deste momento, ter desempenhado um papel importante junto de Paulo. Também não voltamos a ver Silas ao seu lado; possivelmente cedeu-o ao Príncipe dos Apóstolos, de quem passaria a ser o homem de confiança e o secretário particular (cf. 1 Pe 5, 12)[31].

Antes de partir, Paulo parece ter sido informado de que os seus adversários pensavam em organizar uma contramissão na Ásia Menor.

---

(31) Barnikol apresenta uma solução para o problema levantado por alguns exegetas: por que Lucas não diz uma única palavra sobre a personalidade e a extraordinária atividade de Tito? A hipótese é perspicaz, mas carece de um fundamento convincente: Silas, o colaborador do Apóstolo na segunda viagem de missão e cofundador da Igreja de Corinto, não seria o mesmo Silas de Jerusalém que acompanhou a comitiva que levou o decreto do Concílio de Jerusalém a Antioquia, mas o próprio Tito, um antioquenho convertido por Paulo cujo nome completo seria Tito Silvano. O autor prefere ater-se à hipótese tradicional, de que se trata de pessoas distintas.

Esta foi provavelmente uma das razões pelas quais não escolheu o caminho mais curto para Éfeso, preferindo atravessar mais uma vez o Tauro e dirigir-se à Galácia pelo desfiladeiro ciliciano, apesar das dificuldades que já conhecemos. Poderia assim antecipar-se à ação dos adversários e «fortalecer as comunidades umas após as outras». Nas Epístolas, como neste trecho dos Atos, Paulo e Lucas parecem empregar a expressão «Galácia», «país gálata», referindo-se apenas às Igrejas da Galácia do Sul, que já conhecemos: Derbe, Listra, Icônio, Antioquia e as suas respectivas comunidades-filhas. O fim desta segunda travessia da Ásia Menor não era, pois, fundar novas Igrejas: não se cria uma rede ramificada de Igrejas numa viagem rápida e de passagem; Paulo pretendia apenas fortalecer na fé as comunidades existentes. Por outro lado, é quase inconcebível que o Apóstolo deixasse de visitar essas Igrejas da Galácia do Sul, que ele amava entranhadamente e que sabia ameaçadas.

Não deve ter podido chegar a Derbe antes de meados de junho de 53. Aqui se lhe juntou um outro discípulo, *Gaio de Derbe*. Enquanto permaneceu na Galácia, os seus inimigos não se moveram, e mantiveram-se na expectativa, prontos a continuar as suas maquinações assim que ele partisse. A sua presença paralisava-os. Mesmo os que já vacilavam pretendiam fazê-lo crer que estavam do seu lado (cf. Gl 4, 18). Ele próprio chegou a recear mais tarde que os gálatas pudessem achar a sua palavra muito dura e muito enérgica, e que fossem incapazes de compreender o amor sem limites que experimentava por eles. Também a organização de uma nova coleta para os irmãos pobres de Jerusalém lhe tomou algum tempo (cf. 1 Cor 16, 1).

Se tivermos em conta as pausas necessárias nesta viagem, é pouco provável que Paulo tenha iniciado a etapa definitiva pela Apameia, através das montanhas da Frígia e pelo vale do Meandro, antes da primavera do ano seguinte. Deve ter chegado a Éfeso em abril de 54, após uma caminhada de 530 quilômetros; e se contarmos o caminho andado desde que partira de Tarso, chegamos a um total de cerca de 1.200 quilômetros. Na Antiguidade, devido ao mau estado dos caminhos, calculava-se que um viajante a pé percorria cerca de 24 quilômetros por dia, e um estafeta montado do correio imperial, 37. Seriam, pois, dois meses só de caminhada. Eis a causa pela qual não houve nenhuma nova fundação: toda a resistência humana tem os seus limites.

VI. A TERCEIRA VIAGEM DE MISSÃO

Se supusermos, no entanto – como o fazem alguns autores –, que Paulo tomou o itinerário da Galácia do Norte, teremos de admitir que o Apóstolo deixou de lado as comunidades do Sul e alcançou Éfeso em marchas forçadas pela antiga estrada real persa, que passava por Cibistra (Eregli) ou Tiana, Cesareia, Ancira, Pessinunte e Dorileia, comunidades que nunca são mencionadas nas Epístolas, atravessando a assim chamada «Frígia calcinada», uma região coberta de lavas solidificadas. O caminho que vai de Cibistra a Ancira era, e continua a ser, extraordinariamente difícil. De qualquer modo, a viagem deve ter sido terrivelmente penosa por causa das gargantas, dos desfiladeiros, das torrentes, dos pântanos e dos desertos salinos que existem nesse caminho. Foi o mesmo percurso que um fervoroso admirador do Apóstolo, João Crisóstomo, faria trezentos anos mais tarde, ao ser levado para o desterro em Cucuso; descrevê-lo-ia deste modo, depois de ter passado o seu primeiro inverno no exílio: «Verdadeiramente, saio das portas do inferno». Por outro lado, este itinerário teria obrigado Paulo a fazer um desvio de mais de 600 quilómetros.

Não é necessário exagerarmos as suas proezas neste aspecto, ao ponto de torná-las inverossímeis; mesmo na hipótese mais simples, o esforço realizado por este homem é extraordinário. Se somarmos o número de quilómetros por ele percorridos apenas no decurso das suas três viagens pela Ásia Menor, chegamos ao seguinte resultado: primeira viagem, de Atalia a Derbe e volta – mil quilómetros; segunda viagem, de Tarso a Trôade – 1.400 quilómetros (e talvez 1.926 quilómetros, na hipótese de um desvio por Ancira); terceira viagem, de Tarso a Éfeso – 1.150 quilómetros, ou 1.700 quilómetros no caso de ter escolhido o caminho da Galácia do Norte. Se considerarmos ainda os numerosos desvios que um caminhante era obrigado a fazer e as diferenças de altitude que era preciso vencer, a proeza é de tal magnitude que Deissmann, um historiador que viajou pessoalmente por toda a Ásia Menor, chega a exclamar: «Depois de ter viajado em grande parte nos mais modernos meios de locomoção, a minha admiração não conhece limites perante os esforços puramente físicos do viajante Paulo, que verdadeiramente afirmava com fundamento que reduzira o seu corpo à mais completa servidão».

Uma vez chegado a Éfeso, o Apóstolo encontrava-se em pleno coração da província da Ásia. Todo o continente receberia mais tarde este nome, inicialmente atribuído por Homero à região situada nas proximidades do Caistro. Outras cidades contemplavam com inveja a feliz rival. A cidade tinha sido reconstruída pelo rei Lisímaco, o grande capitão que sucedera a Alexandre. Respirava-se ali a atmosfera internacional do helenismo tardio. Quando São João descreve no Apocalipse o amontoado de riquezas e o luxo do Império Romano, pensava provavelmente nos ricos entrepostos e no comércio mundial de Éfeso; foi assim que se pôde afirmar, com uma certa razão, que Éfeso era a Babilônia do Apocalipse. As palavras de João não podem aplicar-se senão a uma rica cidade marítima: «... E todos os pilotos e todos os que navegam no mar, os marinheiros e quantos negociam sobre o mar, ficaram ao longe e, vendo o lugar do seu incêndio, clamaram dizendo: Que cidade houve semelhante a esta grande cidade? E lançavam pó sobre as suas cabeças e soltavam alaridos, chorando e lamentando-se assim: Ai, ai da grande cidade, de cujas riquezas se enriqueceram todos os que tinham navios no mar! Num momento ficou devastada. [...] Porque os teus mercadores eram príncipes da terra, porque por causa dos teus encantamentos se extraviaram todas as nações» (Ap 18, 17-19.23).

Éfeso era, com Atenas e Jerusalém, uma das três cidades santas da Antiguidade. O seu *Artemision* – santuário de Ártemis ou Diana – constituía o centro da magia oriental, o paraíso da sensualidade, dos vícios e dos mistérios do Levante. Os mesmos sentimentos com que Paulo tinha considerado as imagens dos deuses em Atenas voltaram a despertar nele à medida que penetrava na cidade pela Porta de Magnésia, e cresceram enquanto percorria a rua dos túmulos, até que ergueu os olhos para a gigantesca plataforma sobre a qual assentava o celebérrimo santuário de Ártemis, uma das sete maravilhas do mundo de então.

Apesar do mesmo nome, essa Ártemis não era a deusa virgem dos gregos, padroeira dos caçadores; era antes uma das formas da Astarte fenícia. Segundo a lenda, a sua imagem enegrecida, talhada num tronco de videira, tinha caído do céu, tal como a Kaaba de Meca. Era na verdade uma antiquíssima divindade da natureza e representava a fecundidade. Tinha o seu maciço ventre coberto de fórmulas mágicas, o busto formado por um sem-número de seios, uma coroa semelhante às ameias de uma muralha sobre a cabeça, os braços pujantes apoiados

VI. A TERCEIRA VIAGEM DE MISSÃO

num sólido bastão, e estava coberta de alto a baixo por oferendas e *ex--votos*. O seu templo era ao mesmo tempo um imenso estabelecimento bancário, dada a imensa confiança que o povo nutria pela sua deusa. Atrás da sua imagem e sob a sua proteção, encontrava-se o tesouro da província da Ásia. Como no Templo de Jerusalém, confiavam-se aos seus sacerdotes as economias particulares e os bens dos órfãos. O templo, que se tinha incendiado na noite do nascimento de Alexandre Magno e depois fora reconstruído, era tão grande como a atual Basílica de São Pedro em Roma. O teto era sustentado por 127 colunas jônicas, que assentavam sobre figuras de mármore artisticamente trabalhadas. O interior estava adornado com obras-primas de Fídias e Polícleto, de Escopas e de Praxíteles. Lísipo erigira ali uma estátua de Alexandre, e os grandes pintores Parrásio, Zeuxio e Apeles tinham decorado as paredes.

Filas multicoloridas de peregrinos de todo o mundo subiam pela rua da procissão entre cantos e danças, numa caminhada de cerca de meia hora da cidade até o templo. O bairro antigo, ao redor do santuário, era praticamente uma cidade sacerdotal. Todo um exército de sacerdotisas, a quem originalmente incumbia a proteção da imagem da deusa e que a defendiam como intrépidas amazonas, e numerosos sacerdotes, todos eunucos, encontravam-se sob a exclusiva autoridade de um sumo-sacerdote. Ao seu redor, agitava-se toda uma turba de guardas do templo, cantores, músicos, mágicos e faquires; eram os peritos em fazer despertar e manter o entusiasmo religioso no decurso das procissões, servindo-se de címbalos e de outros instrumentos de música para os seus cânticos e sobretudo para as suas danças báquicas, análogas às dos atuais dançarinos derviches. Sem dúvida, mais de uma vez Paulo foi perturbado durante os seus colóquios pelos clamores desses grupos que passavam diante do local onde pregava. O templo também concedia direito de asilo aos criminosos, atraindo assim para os seus arredores todos os elementos equívocos que tentavam subtrair--se ao rigor das leis.

Apesar das repelentes desfigurações orgíacas, havia em todos esses primitivos cultos asiáticos da *deusa-mãe* um núcleo natural, um anseio religioso sadio, sem o qual seriam incompreensíveis; é necessidade insaciável da alma humana glorificar a *maternidade*. Não se encontrará neste mito da deusa-mãe Ártemis, ou da Cibele que chora o seu querido Átis, um longínquo pressentimento da *Magna Mater* do cristianismo, que chora o seu Filho ao pé da Cruz? Não se identifica essa deusa com a pecadora Eva, que, tendo sucumbido às tentações da serpente, eleva os seus queixumes do meio da humanidade sequiosa de um Redentor? Encontramos aqui mais uma prova do caráter universal do cristianismo, que não rejeita nenhum sentimento verdadeiro e autêntico depositado pelo Criador no coração humano, antes os integra todos numa ordem mais elevada, sobrenatural.

O cristianismo teve em conta também essa nostalgia profundamente humana, preservando-a da profanação pelo dogma da Maternidade divina de Maria, proclamado pela primeira vez neste mesmo lugar, em Éfeso, no ano 431 d.C. Não se faria justiça à profundidade do culto mariano se se quisesse concebê-lo apenas como uma espécie de enfeite religioso, a expressão de um afeto sentimental por uma «Rainha de Maio». Trata-se, na realidade, da veneração que todos os homens sentem pelo imenso mistério da maternidade, e que já Platão pressentira na sua obscura passagem sobre a «ama-de-leite», mas que só o cristianismo soube reconhecer em toda a sua profundidade e dignidade únicas, manifestadas no dogma da Encarnação.

Ninguém ainda suspeitava que aquele homem de aparência insignificante, que hoje entrava em Éfeso, viria a derrubar o trono dessa Diana depois de um reinado de mais de mil anos, e faria surgir um novo dia cujo resplendor acabaria por dissipar todas as mascaradas e fraudes dos sacerdotes eunucos como a neblina se dissipa ao nascer do sol. Toda essa magnificência pagã desapareceu de maneira tão radical, num espaço de tempo tão curto, que os arqueólogos ingleses tiveram de utilizar bombas de sucção para resgatar uns poucos fragmentos do antigo templo, situados abaixo do nível do lençol freático. Uma única pedra do templo ficou no seu lugar, e uma solitária coluna se conserva hoje no Museu Britânico.

A um antigo epigrama, que exaltava o templo de Éfeso como a maior maravilha do mundo, algum comentarista medieval acrescentou estas palavras: «Agora, porém, é o mais assolado e o mais miserável de todos, pela graça de Cristo e pela influência de João o Teólogo». O bom cronista esqueceu-se, porém, daquele que foi o primeiro agente da ruína do culto pagão, do homem que um dia, acompanhado pelos seus amigos, entrou sem ser notado na cidade

VI. A TERCEIRA VIAGEM DE MISSÃO

de Éfeso, armado apenas da sua fé invencível no poder do Filho de Deus eterno. Uma inscrição do século V, encontrada na Biblioteca de Celso, conserva-nos um testemunho extraordinariamente vivo da luta espiritual entre as duas concepções do mundo inaugurada por São Paulo: «Demas tirou do templo a fraudulenta imagem do demônio Ártemis, substituindo-a pelo sinal que afugenta as imagens idolátricas (a Cruz), em louvor de Deus e da Cruz, o símbolo vitorioso e imarcessível de Cristo».

Fora nas costas da Jônia que os primeiros filósofos gregos tinham meditado sobre os princípios do mundo. No princípio era a água, proclamara Tales; no princípio era o fogo, escrevera Heráclito; no princípio era a matéria infinita e informe, dissera Anaximandro; no princípio era o combate, pai de todas as coisas, ensinara um outro. E quando o espírito filosófico da Jônia já se extinguira, eis que chegou um homem maior que todos esses, que escreveu umas palavras de sublime grandeza: «*No princípio era o Verbo*» (Jo 1, 1).

Apolo
At 18, 24-28; 19, 1-7

O culto de Ártemis não era o único elemento asiático que imprimia o seu cunho religioso a Éfeso. Também florescia aqui o culto do Imperador, talvez mais que em nenhuma outra cidade ou província. A Ásia Menor foi o berço da religião do despotismo, que tanto haveria de envilecer o gênero humano. No começo deste século, uns eruditos alemães descobriram e publicaram uma notável inscrição antiga contida em fragmentos de um decreto da confederação das cidades gregas da Ásia no tempo de Augusto. No ano 9 antes de Cristo, a assembleia das cortes da província da Ásia, cuja metrópole era Éfeso, comemorara o aniversário natalício do Imperador com palavras que nos lembram a festividade do nascimento de Cristo. Esse decreto transferia o começo do ano para o dia 23 de setembro, dia do nascimento de Augusto, e introduzia ao mesmo tempo o calendário juliano. Mas os termos com que anunciava essa mudança mostram que se considerava o nascimento de Augusto como o início de uma nova era.

Com efeito, o decreto resume de forma clássica a substância do culto do Imperador, para o qual se construíram templos na Ásia Menor, se estabeleceu um corpo de sacerdotes e se instituíram ricas fundações. Transcrevemos a parte essencial desse texto, segundo a tradução de Harnack: «Este dia conferiu ao mundo inteiro um novo aspecto, pois teria sucumbido à perdição se, com aquele que acaba de nascer, não tivesse brilhado para todos os homens uma felicidade universal. Faz muito bem aquele que reconhece neste dia o princípio da vida e de todas as forças vitais. Por fim acabou o tempo em que os homens tinham de arrepender-se de ter nascido. De nenhum outro dia receberam, quer os indivíduos, quer a comunidade, tantos bens como deste aniversário, igualmente feliz para todos. É impossível agradecer devidamente os grandes benefícios que este dia nos trouxe. A providência, que rege a vida em todos os seus aspectos, dotou este homem de tais dons, para melhor proveito de toda a humanidade, que no-lo enviou a nós e às gerações futuras como salvador. Porá fim a todas as guerras e organizará esplendidamente o universo inteiro. Na sua aparição, cumpriram-se as esperanças dos nossos antepassados. Não somente ultrapassou todos os benfeitores que no passado foram dados à humanidade, como é impossível que outro maior venha depois dele. O dia do nascimento do deus trouxe-nos mensagens de alegria (textualmente: *evangélios*) que estão a ele unidas. Com o seu nascimento deve, pois, começar um novo cômputo do tempo».

O culto de Ártemis e do Imperador formam, pois, um duplo pano de fundo que é preciso ter em conta se quisermos apreciar toda a audácia do novo empreendimento do Apóstolo. Era necessário possuir uma coragem indomável e uma fé invencível no poder de Cristo para atrever-se a acometer essa cidadela do paganismo asiático. À adoração do onipotente Estado romano, Paulo só tinha a opor a pobre e singela história do filho de um carpinteiro de Nazaré, crucificado em Jerusalém; e ao frenesi embriagante das paixões tão próprio do culto de Ártemis, à imensa literatura mágica e obscena de Éfeso, o casto mistério de um pequeno pedaço de pão, sobre o qual se pronunciavam umas palavras misteriosas. Paulo tinha de experimentar em si próprio a presença de Cristo, como um poder real, invencível e atual, para atrever-se a semelhante aventura. Em que consistiu o segredo da sua força? Foi de Éfeso que escreveu aos coríntios: «Eu cri, e por isso falei»

VI. A TERCEIRA VIAGEM DE MISSÃO

(2 Cor 4, 13). Este era o seu segredo: Paulo era um homem de fé, e não podia deixar de falar. Não fixou a atenção apenas no aspecto repugnante e abominável do culto de Diana, nem na insensatez da superstição que reinava por toda a parte; o seu olhar penetrava mais fundo. Um povo que não se cansava de oferecer sacrifícios aos deuses, que procurava com todas as forças entrar em comunicação, mesmo aparente, com as potências do alto, um povo assim comovia-o. Com fina sensibilidade, percebeu por trás de tudo isso o grito nostálgico da alma humana pelo seu Deus, por mais que o buscasse por caminhos extraviados. Paulo tinha fé na humanidade, porque tinha fé em Jesus, que não hesitara em dar a vida pelo gênero humano.

Assim entrou São Paulo com os seus companheiros na cidade de Éfeso, provavelmente em abril de 54; percorreu a antiga rua de circunvalação e passou ao lado do grande ginásio, estabelecimento municipal de educação física, e da ágora rodeada de colunas, com as suas lojas e armazéns. No estádio, cavado na rocha, ainda hoje se veem as grandes lajes de pedra que pavimentavam as ruas e que o Apóstolo pisou, ao atravessar o arco romano que também se conserva. Em casa de Áquila, esperava-o um alojamento preparado para ele e para os seus companheiros.

Os poucos cristãos que então viviam em Éfeso formavam uma comunidade singular. Professavam um cristianismo muito incompleto, por assim dizer anterior ao catolicismo e desvinculado da Igreja dos Apóstolos: um cristianismo que ignorava a existência do Espírito Santo e dos sacramentos. Devemos recordar que, nos primeiros anos do cristianismo, muitíssima gente – judeus da diáspora e prosélitos – havia aderido ao movimento de João Batista às margens do Jordão, fizera-se batizar por ele e depois se dispersara pelo mundo, dedicando-se a evangelizar por conta própria. Não se tratava do cristianismo na sua forma mais original, como alguns autores supõem erroneamente, mas de uma espécie de pré-cristianismo laico, que permaneceu estacionado nos ensinamentos do Precursor[32]. Os cha-

---

(32) Éfeso, aliás, não era a única comunidade judaica da diáspora onde se encontravam discípulos de João. Uma parte tinha sido conduzida até Jesus pelo próprio Profeta. Mas ainda durante a sua vida se criou uma certa tensão e um certo ciúme entre os seus discípulos e os de Jesus (cf. Jo 3, 25-30), que mais tarde chegaria mesmo a degenerar em ódio contra o Senhor. Talvez seja a essa situação que se alude em Mc 9, 38-40 e

mados cristãos de Éfeso eram, pois, cristãos de desejo e de coração, mas faltavam-lhes a fé e a doutrina.

Pela primeira vez, Paulo ouviu falar aqui de um singular e liberal representante desse pré-cristianismo joanino, que tinha pregado antes da sua chegada à cidade e depois se mudara para Corinto. Era um judeu de Alexandria, notável conhecedor das Escrituras, um fogoso orador e um caráter particularmente atrativo. Chamava-se Apolônio ou, no diminutivo, *Apolo*. Também ele fora atraído pelo movimento do Batista, que se tinha alastrado até o Egito, e tornara-se por iniciativa própria um precursor e anunciador da chegada do Evangelho genuíno. Esse Apolo entra desde agora na esfera luminosa do Apóstolo, e desempenhará um papel importante na sua área de missão. Com ele, aparece no cristianismo primitivo um novo elemento cultural, o *espírito alexandrino*, que mais tarde, através da Escola de Alexandria, viria a contribuir para a defesa da fé cristã pela sua filosofia e por uma engenhosa exposição alegórica das Escrituras.

Alexandria era, nessa época, o centro de irradiação de uma teologia judaica dotada de horizontes amplos e aberta ao mundo, que procurava unificar a sabedoria de todas as nações, harmonizar as ideias gregas acerca do *Logos*, força divina em ação no mundo e Inteligência criadora, com a ética estoica e um mosaísmo ilustrado. O maior expoente desta escola era o célebre *Fílon*, que procurava conciliar as teorias do «divino Platão» com a sabedoria do Antigo Testamento. Dizia-se dele: «Ou é Fílon que platoniza, ou é Platão que filoniza». O empenho desses teólogos judaico-alexandrinos orientava-se no sentido de transformar a língua e a filosofia gregas num veículo apropriado para a transmissão das ideias judaicas. Desta forma, levaram a cabo uma obra querida pela Providência, pois contribuíram para fazer do grego o instrumento clássico de expressão do dogma cristão.

Lc 9, 49. Depois da morte do Precursor, os seus discípulos agruparam-se ainda mais intimamente à volta da sua figura, e formaram comunidades próprias e independentes; o movimento do Batista chegou a encontrar eco do outro lado do Jordão, na Ásia e no Egito. O Apóstolo São João alude a esse movimento quando escreve no Prólogo do seu Evangelho a respeito do Batista: «Ele não era a luz, mas veio para dar testemunho da luz» (Jo 1, 8), frase que não teria sentido se naquela altura não continuasse a haver adeptos de João que viam nele a verdadeira luz. Essas comunidades, porém, iriam desaparecendo lentamente durante o século II.

VI. A TERCEIRA VIAGEM DE MISSÃO

Pretendiam tornar o mosaísmo compreensível ao mundo pagão, e assim chegaram – com grande escândalo dos seus correligionários da Palestina – a uma mentalidade religiosa muito mais aberta; chegaram mesmo a construir em Leontópolis, perto de Alexandria, um templo que era a réplica helenista do Templo de Jerusalém.

Apolo talvez tenha sido um dos discípulos do nobre Fílon. Neste caso, a sua atitude como cristão ficaria claramente definida: a sua religião seria um cristianismo de cunho platônico, aberto e racional, mas desprovido de qualquer profundidade mística. Era sem dúvida um defensor entusiasta da moral de Jesus, da sua nova concepção da religião como adoração de Deus «em espírito e verdade», e pelos vistos ensinava tudo isso «com fervor de espírito e exatidão». Mas não fazia a menor ideia da essência do cristianismo: da Morte redentora, da Ressurreição do Senhor e da vinda do Espírito Santo. Seja como for, o que lhe faltava de conhecimentos sobre Jesus, completava-o com um amor ardente pelo Senhor; São Lucas descreve-o como homem de alma apaixonada. Quando diz: «Tinha sido instruído no caminho do Senhor, falava com fervor de espírito e ensinava com exatidão o que dizia respeito a Jesus, embora conhecesse apenas o batismo de João», podemos concluir que Apolo conhecia alguns pontos essenciais do cristianismo: o seu aspecto histórico, o messianismo e a natureza divina de Jesus, e isso bastara para que se convertesse no guia espiritual de um grupo de cristãos alexandrinos que esquadrinhavam com solicitude os textos bíblicos, mas ainda não tinham encontrado o laço de união com a Igreja. Os seus adeptos continuavam ligados à Sinagoga, não se distinguindo dos outros judeus.

Apolo era a grande atração de Éfeso. Certo dia, também Áquila e Priscila se dirigiram à sinagoga para ouvi-lo. Assistiram a um discurso messiânico maravilhoso, mas perceberam que ali faltavam a plena ressonância e o tom confiado e cordial de Paulo. A harpa tocava bem, mas o som era diferente; manifestava a realidade do *Logos*, mas parecia desconhecer o santo *Pneuma*, o Espírito Santo, que dava à pregação de Paulo aquela sonoridade tão arrebatadora. Depois do culto, entabularam conversa com o pregador, convidaram-no a ir a casa deles e revelaram-lhe a nova vida do Espírito na Igreja de Cristo, tal como a haviam aprendido de Paulo. E o grande erudito tornou-se amigo e até discípulo de ambos, em tudo o que dizia respeito ao batismo. A cena impressiona: o casal cristão, extraordinariamente simples, na sua singela oficina de tecelões, e o douto alexandrino a seus pés! Não foi sem razão que se chamou a São Lucas o melhor pintor dentre os quatro evangelistas.

Os dois cristãos falaram a Apolo da Igreja de Corinto, estabelecida por São Paulo, e dos seus inúmeros carismas. Apolo resolveu então dirigir-se à Acaia, a fim de conhecer em plenitude a vida de uma comunidade cristã, e certamente partiu para lá munido de umas cartas de apresentação para os chefes da Igreja. É provável que só tenha sido recebido na Igreja em Corinto, e que um discípulo de Paulo lhe tenha administrado o Batismo e a Confirmação. Em breve se converteu em centro das atenções e se tornou uma das figuras proeminentes da comunidade. O seu modo de proceder era sem dúvida algo de inédito para os coríntios, sempre ávidos de sensações. A sua eloquência ática, os seus voos espirituais de cunho platônico, que tendiam a edificar mais o conhecimento (*gnosis*) do que a fé simples (*pístis*), deleitaram a presunção dos coríntios. «Eis o homem de que precisávamos», diziam. Sem que Apolo o quisesse ou pudesse impedi-lo, formou-se em torno dele um partido no interior da Igreja de Corinto. Como os seus partidários chamavam demasiado a atenção, resolveu abandonar a cidade e regressou a Éfeso para não pôr em perigo a unidade da Igreja: magnífico testemunho do seu caráter desinteressado.

Em Éfeso, havia ainda outro grupo de *discípulos de João Batista*, e a primeira tarefa de São Paulo consistiu em trazer esse pequeno grupo de semicristãos e de santos desencaminhados a uma fé e a uma vida cristã plenas. No decurso desse trabalho, fez uma curiosa experiência: encontrou um grupo de doze homens que atraíram a sua atenção pela vida austera e retirada que levavam, piedosamente ocupados em orações e jejum, segundo os ensinamentos do Precursor. Notou, porém, que faltava alguma coisa naquele cristianismo, que nenhum raio de alegria iluminava o rosto daquelas pessoas e que lhes faltavam os dons carismáticos usuais entre os cristãos de então. Perguntou-lhes: «Recebestes o Espírito Santo quando abraçastes a fé?» Eles ficaram assombrados, porque não compreendiam de que lhes falava: «Nós nem sequer ouvimos dizer que há Espírito Santo!», responderam. Paulo perguntou-lhes: «Em que batismo, pois, fostes batizados?» «No batismo de João», retorquiram. O Apóstolo

VI. A TERCEIRA VIAGEM DE MISSÃO

explicou-lhes que o batismo de João era apenas uma expressão da fé no Cristo que havia de vir, e que estava superado havia muito tempo. Pediram-lhe então que os instruísse de maneira completa e os recebesse na Igreja pelo Batismo e pela imposição das mãos. Parecia-lhes agora que deixavam um sótão tenebroso para penetrarem num novo mundo luminoso e alegre; o seu espírito viu-se inundado de uma nova luz de conhecimento, e o coração comovido e saciado com a segurança de uma fé entusiástica, a tal ponto que se sentiram transportados a um estado de extática elevação, que se exprimia por profecias e pelo dom de línguas.

A pergunta de Paulo: «Recebestes o Espírito Santo?» era a pergunta decisiva do cristianismo primitivo. Não era no Batismo que consistiam o penhor e o selo do cristão, mas na posse do Espírito. O Batismo não é mais que o princípio da vida cristã, e esta só se torna completa pela comunicação do Espírito, ou seja, pela Confirmação, que é o coroamento e o remate do Batismo, como o Pentecostes é o remate da festa da Páscoa; esta é a razão por que lhe chamavam antigamente a «Páscoa completa». Os dois sacramentos juntos constituem o rito da consagração cristã, e por isso não podem ser recebidos senão uma só vez. Depois, é preciso renovar essa mística participação na Morte e na Ressurreição de Cristo e no Pentecostes mediante a participação, na medida do possível diária, da mística comunhão de vida, sacrifício e mesa com Cristo que é a Sagrada Eucaristia. Só assim se realiza completamente a obra mística da Redenção em cada alma, e é por isso que esses três sacramentos se chamam sacramentos da Redenção ou da Iniciação cristã. Ainda hoje os catecismos os enumeram nesta ordem.

O episódio do encontro de Paulo com os doze discípulos de João mostra como é essencial para cada cristão a sua vinculação orgânica com a Igreja apostólica, e como um cristianismo emancipado, independente, puramente pessoal ou até bíblico, conduz necessariamente a um isolamento estéril, a uma ascese sombria, à constituição de seitas e a uma imagem débil de Cristo. A comunidade que Paulo encontrou em Éfeso nada mais era que uma espécie de antessala do cristianismo, e por isso podemos com razão considerar o Apóstolo como o verdadeiro fundador desta Igreja. Também aqui ele não edificou em terreno alheio.

A solicitude por todas as Igrejas

At 19, 8-10; At 20, 19-21; 2 Cor 11, 28

Em Éfeso, Paulo permaneceu de início fiel ao seu método habitual: viveu desde o primeiro dia do trabalho das suas mãos, conservando-se sentado junto ao tear da manhã até o meio-dia. Interessava-lhe deixar claro, especialmente numa cidade laboriosa como Éfeso, que o cristianismo e a vida econômica não são realidades opostas, e que a religião de Jesus não é uma religião para sonhadores.

No entanto, não podemos deixar de apreciar o que os seus hospedeiros de Éfeso fizeram por ele. Basta pensarmos em como deve ter sido agitada a sua vida naquelas circunstâncias: já não se podia falar de horários nem de ordem na casa. Durante o dia inteiro, e até altas horas da noite, sucediam-se as visitas de pessoas desconhecidas, que vinham perguntar alguma coisa, pedir luz em algum caso de consciência ou solicitar a sua admissão como catecúmenos. Outras traziam saudações e notícias das diversas Igrejas da Frígia, Galácia, Macedônia e Grécia, e pediam novas instruções. Todo aquele que seguisse este homem via-se imediatamente arrastado no turbilhão dessa vida agitada e extraordinariamente enérgica. Ninguém podia sentir-se entediado ao seu lado.

À noite, tinham lugar a instrução dos catecúmenos, o ofício das leituras e da pregação e, sempre que possível, e com certeza aos domingos, a solenidade eucarística. Tornou-se necessário instituir aulas para os catecúmenos em diversas casas particulares, aulas que Paulo certamente confiava aos seus discípulos, reservando para si unicamente a direção superior do ensino, os sacramentos da imposição das mãos (Confirmação e Ordem) e os grandes discursos públicos. Segundo o costume religioso judaico, os primeiros frutos eram particularmente preciosos, e por isso deviam ser consagrados a Deus. Assim, compreende-se que Paulo recomende na Epístola aos Romanos, com o orgulho de um pai que anuncia o nascimento do seu primogênito, o seu primeiro neófito de Éfeso: «Saudai o meu querido Epêneto, as primícias da Ásia em Cristo» (Rm 16, 5).

Também em Éfeso as sinagogas tinham inconscientemente pavimentado o caminho do Evangelho; mas foi só depois da chegada

VI. A TERCEIRA VIAGEM DE MISSÃO

de Paulo que os cristãos desta cidade tomaram consciência de que o cristianismo era essencialmente diferente do judaísmo. Por meio dos seus discursos nas sinagogas, o Apóstolo travou relações com as diversas camadas da população, especialmente com os melhores e mais sérios entre os pagãos, os prosélitos, que acabaram por formar a base da nova Igreja. Os três primeiros meses foram, assim, extraordinariamente fecundos. Mas não se passou muito tempo sem que os judeus percebessem que o cristianismo autêntico e integral punha em perigo a sua religião limitada e nacionalista. Paulo nunca evitava o diálogo sobre questões religiosas, quando nascia de uma intenção reta; mas, na sinagoga, esses debates costumavam degenerar em penosas disputas. Esta foi, mais uma vez, a causa do rompimento; daí para a frente, o Apóstolo nunca mais poria os pés num desses lugares.

Entretanto, o interesse despertado pela nova religião atingiu tais proporções que, pela primeira vez, houve que lançar mão de um método de missão inteiramente novo. Como as casas particulares eram pequenas e não podiam acolher indistintamente qualquer pessoa, Paulo passou a fazer discursos públicos a que todo o mundo podia assistir, à maneira dos oradores pagãos, mas com uma pequena diferença: a frequência era gratuita. O inverno estava próximo, porém, e não convinha ensinar ao ar livre. Procurou por isso um local apropriado, e um certo gramático, *Tirano*, talvez um recém-convertido, pôs-lhe à disposição a sua espaçosa sala de aulas. Talvez fosse num dos cinco ginásios da cidade, que, além das pistas esportivas e das instalações para os banhos, dispunham também de salas de conferências para os professores, os retóricos e os poetas. Havia muito que esses ginásios tinham deixado de ser o que o seu nome indicava originariamente: lugares para a prática de esportes e exercícios atléticos; abrangiam também atividades de formação cultural e diversão, e as lições dos poetas e filósofos eram parte importante do currículo. As salas de aula costumavam ser ábsides em forma de anfiteatro ou galerias agrupadas à volta de um pátio central, a que se dava o nome de *scholé*, ou seja, «tempo livre, ócio, distração». Foi daí que derivou a nossa «escola»...

O códice de Bèze dá-nos a conhecer o horário seguido pelo Apóstolo, mas não o seu «programa de aulas». Por volta das onze da manhã, Tirano acabava as suas preleções, e meia hora mais tarde a sala encontrava-se à disposição de Paulo, até as quatro e meia da tarde. Era o tempo livre que se reservava para as ocupações pessoais. Mas Paulo não sabia o que era descansar. Durante toda a manhã, tinha trabalhado pensativamente no seu ofício, a fim de ganhar o pão cotidiano e o alojamento. Agora, lavava o rosto e as mãos e precipitava-se para a sala de aulas, onde o esperava um público heterogêneo e variegado: desde estudantes, lojistas e comerciantes, artesãos, empregados e funcionários públicos, até homens e mulheres das melhores classes da sociedade, tanto escravos como libertos. E não nos esqueçamos de que o Apóstolo seguiu este intenso esquema de trabalho ao longo de dois anos inteiros!

As grandes festas em honra de Ártemis, no mês de maio, que atraíam forasteiros de todos os países, traziam igualmente aos discursos de Paulo muitos curiosos de todas as províncias da Ásia: frígios dos vales do Meandro e do Lico, lídios, gente de Mileto, Esmirna, Priene, Halicarnasso, da lendária Pérgamo, de Trôade e de todas as ilhas do Mar Egeu. De vez em quando, durante alguma aula, erguia-se um braço, e alguém levantava uma objeção ou pedia um esclarecimento: os gregos eram argumentadores sutis, e não em vão Éfeso tinha sido o berço da filosofia ocidental. Quando se apresentava a ocasião, Paulo não tinha medo de criticar o culto de Ártemis, como sabemos pelo discurso do ourives Demétrio e pela Epístola aos Efésios: «Isto, pois, vos digo e rogo no Senhor: que não andeis mais como os gentios, que se perdem na frivolidade dos seus pensamentos e têm o entendimento obscurecido. Afastados da vida de Deus pela sua ignorância e pela cegueira do seu coração, entregaram-se cheios de indolência à dissolução e à prática de toda a impureza e à avareza» (Ef 4, 17-19).

Além dos discursos públicos, o Apóstolo desenvolvia também um intenso trabalho de visitas privadas e de apostolado individual, de que nos deixou um comovente exemplo no seu discurso de despedida de Mileto. Não se tratava de conversas piedosas, mas de uma luta muito séria pela alma dos novos convertidos que, por fraqueza ou indecisão, podiam conhecer a dúvida ou o desânimo. Quantas vezes não atravessou Paulo a ágora, o bairro das docas, as ruas comerciais, os quarteirões mais pobres e até mesmo as alturas do Príon e do Coressus! Quantas tardes não se sentou à mesa dos recém-convertidos e, nos discursos após as refeições – normais segundo os costumes do Orien-

VI. A TERCEIRA VIAGEM DE MISSÃO

te –, procurou dar-lhes um conhecimento mais profundo de Cristo, contando-lhes ao mesmo tempo as suas viagens missionárias e os progressos da fé nos outros países! A Epístola aos Efésios dá-nos talvez um resumo dos seus ensinamentos nesta época.

Entretanto, a Igreja desenvolvia-se de tal modo que se tornava necessário pensar numa organização estruturada. Foi quando o Apóstolo instituiu um corpo organizado de *presbíteros*, escolhidos de entre os fiéis, a quem deu o nome de *episkopoi*, superintendentes (At 20, 28), título que naquele tempo apenas se aplicava aos empregados comunais e aos funcionários corporativos. Estas pessoas deveriam ser, depois da sua partida, os pastores responsáveis pelas Igrejas locais, enquanto ele reservava para si a direção superior de todas as Igrejas.

Em nenhum outro lugar, durante a sua atividade anterior, encontrou um campo de ação tão extenso como nesta província da Ásia, abundante em cidades. Éfeso era a capital da província mais densamente povoada do Império, que contava na época cerca de quinhentas cidades e aldeias. Abrira-se-lhe, pois «uma porta grande e espaçosa» para o trabalho com os gentios (cf. 1 Cor 16, 9). Mas, enquanto permaneceu na cidade, continuou a ter nas suas mãos os fios da sua obra missionária tão ramificada, recebendo enviados de quase todas as comunidades, que permaneciam com ele mais ou menos tempo; assim, os dois macedônios Aristarco e Gaio, Segundo de Tessalônica e Sópatro de Bereia. Da Frígia e da Pisídia, de Antioquia e de Icônio chegavam gálatas a cavalo ou em carros de mulas; traziam peles, couro e pelo de cabra, e descreviam com uma superabundância de pormenores a situação em que se encontravam os fiéis daquelas regiões. De Filipos, Lucas remetia pequenas mensagens, que relatavam com a precisão do médico o crescimento e o desenvolvimento das comunidades. De Corinto vinham comerciantes, marinheiros e homens representativos como Apolo, Erasto e Sóstenes, o antigo chefe da sinagoga. Se contarmos também os seus antigos amigos, veremos São Paulo rodeado de um verdadeiro estado-maior de colaboradores, de um círculo de homens de Deus, com os quais conferenciava acerca das comunidades e a quem confiava a missão de fundar novas comunidades vizinhas. «As Igrejas da Ásia saúdam-vos. Também vos enviam muitas saudações no Senhor Áquila e Prisca, com a igreja da sua casa, dos quais sou hóspede» (1 Cor 16, 19).

Havia sobretudo dois territórios de missão: o *litoral*, ao norte e ao sul de Éfeso, e o *interior*, a leste, até a Frígia, com as sete comunidades a que se dirigem as sete cartas do Apocalipse. Éfeso estava situada na confluência de quatro rios: o Caistro, o Meandro, o Hermon e o Caico, e por isso era a chave que dava acesso aos seus vales e a todas as povoações ribeirinhas. Infelizmente, mais uma vez temos de lamentar as lacunas dos Atos dos Apóstolos a respeito desta vasta atividade dos colaboradores de Paulo; precisamente aqui sentimos com mais força a ausência de Lucas, que não pôde relatar os fatos como testemunha presencial. Mas tanto as Epístolas como o Apocalipse mencionam os nomes de diversas comunidades cuja fundação provavelmente remonta a esta época.

Assim, é provável que os colaboradores de Paulo tenham ido a *Mileto*, a «Veneza da Antiguidade», que ainda evocava a glória dos pensadores Tales, Anaximandro e Anaxímenes, mas que agora devia a sua celebridade ao oráculo do Apolo de Dídimo e à riqueza das suas tecelagens de lã. Daí passariam a *Esmirna*, a «rainha do mar», que se estendia aos pés do sombrio monte Sipilo, e alcançariam a laboriosa cidade de *Magnésia*, onde já de longe se ouvia o martelar dos ferreiros. Chegariam a *Trales*, à casa dos negociantes de figos secos e passas aos quais já o diácono Filipe havia anunciado o Evangelho. Outros subiriam o Caistro até *Filadélfia* ou chegariam pelo desfiladeiro de Tmolos a *Sardes*, a celebérrima residência do rei Creso, com o templo de Cibele e os túmulos dos reis da Lídia. Outros evangelizariam *Tiatira*, cidade natal de Lídia, a negociante de púrpura, e iriam depois até *Pérgamo* onde, segundo o Apocalipse, se elevava o «trono de Satanás», o imenso templo e altar de Zeus. Não sabemos se alcançaram Trôade e Assos, ou se foi Lucas quem lá pregou. O certo é que Paulo foi encontrar ali, pouco tempo depois, no decurso da sua viagem a Corinto, uma comunidade de cristãos.

Deve ter sido assim que se desenvolveram as sete Igrejas da Ásia. Em todas elas floresciam colônias judaicas e fortes corporações de artesãos, análogas às das nossas cidades medievais. Um longo período de paz, após as desgraças da guerra civil, tornara os corações mais abertos e inclinados a receber a felicidade de uma existência calma e tranquila em Deus. Como uma coroa de sete estrelas, assim estas comunidades rodeavam a comunidade-mãe de Éfeso, e, como um candelabro de

VI. A TERCEIRA VIAGEM DE MISSÃO

sete braços, difundiam a clara luz da fé por entre as trevas do mundo pagão. Transbordante de alegria, Paulo pôde escrever-lhes de Roma: «Outrora éreis trevas, mas agora sois luz no Senhor» (Ef 5, 8). Custa-nos crer que um espaço de tempo tão curto tivesse sido suficiente para propagar o Evangelho por toda a província. Mas os Atos dos Apóstolos são categóricos em manifestar que «todos os que habitavam na Ásia ouviram a palavra do Senhor, judeus e gentios», e Demétrio pôde excitar o povo afirmando que «não só em Éfeso, mas em quase toda a Ásia, este Paulo, com as suas persuasões, afasta muita gente» do culto da sua deusa.

A fé cristã florescia sobretudo na rica região do sudoeste da Frígia, que ocupava o vale do Lico, um dos afluentes do Meandro. Ali havia três cidades transbordantes de atividade: *Colossas, Laodiceia* e *Hierápolis*. Colossas (atualmente Khonas) era uma pequena cidade de província, no sopé do monte Cadmo, que parecia pender sobre ela com toda a majestade dos seus cumes nevados; das suas encostas desciam as águas do Menandro e do Lico. O apóstolo de toda esta região foi *Epafras*, um nobre grego da cidade, que Paulo convertera à fé cristã e a quem se afeiçoara de um modo particular como amigo e colaborador. Sobre ele, o Apóstolo dá este belo testemunho: «[O Evangelho] chegou até vós, como a todo o mundo, e frutifica e cresce, como entre vós, desde o dia em que ouvistes e conhecestes a graça de Deus na verdade, conforme aprendestes de Epafras, nosso muito amado companheiro de serviço, que é por vós fiel ministro de Jesus Cristo, e que também nos informou da vossa caridade espiritual» (Cl 1, 7).

Epafras partilharia mais tarde do cativeiro do Apóstolo em Roma. Talvez tenha sido por seu intermédio que Paulo travou amizade com *Filêmon*, um rico cidadão de Colossas que, com a sua mulher *Ápia*, lhe ficou devendo a maior felicidade da sua vida e pôs a sua casa à disposição da comunidade para a celebração das cerimônias litúrgicas. *Onésimo*, seu escravo, parece ter levado várias cartas dos seus amos a Paulo. Um dia, Filêmon levou o seu amigo ou parente *Arquipo* a casa de Paulo, que ficou tão encantado com ele que o ordenou sacerdote e o nomeou, mais tarde, seu «companheiro de armas» (cf. Cl 4, 17; Flm, 2).

De Colossas, Epafras dirigiu-se à vizinha cidade de *Laodiceia* (Eski Hissar), onde se fabricavam os mais belos tecidos de púrpura e que era famosa pela sua escola de oculistas. Talvez seja a esta escola que São João alude veladamente ao aconselhar àquela comunidade: «Aconselho-te que compres [...] colírio para ungir os teus olhos, a fim de que vejas» (Ap 3, 18). Epafras fundou aqui uma comunidade que se reunia em casa de *Ninfas* (cf. Cl 4, 15). Quinze anos mais tarde, estes cristãos viriam a receber a mais áspera censura que João dirigiu às sete comunidades: «Conheço as tuas obras, e que não és nem frio nem quente; oxalá fosses frio ou quente; mas porque és morno, e nem frio nem quente, começarei a vomitar-te da minha boca» (Ap 3, 15-16). As atuais ruínas da cidade constituem uma realização pungente dessa terrível ameaça.

Do outro lado do vale, sobre um elevado rochedo, erguia-se a antiga cidade santa dos frígios, *Hierápolis*, célebre por uma das mais raras maravilhas da natureza. As águas do rio Lico e de numerosas fontes quentes que há nesse lugar lançam-se de penhasco em penhasco em esplêndidas cascatas, formando além disso – por se tratar de uma região calcárea – uma esplêndida catarata de pedra e todo um reino subterrâneo de pequenas grutas e salões com abóbadas cobertas de estalactites. Epafras também trabalhou nesta cidade como mensageiro da fé, conforme se vê pelo que o Apóstolo diz dele: «Saúda-vos Epafras, [...] o qual combate por vós nas suas orações [...]. Sim, eu dou testemunho de que ele trabalha muito por vós, pelos de Laodiceia e pelos de Hierápolis» (Cl 4, 12-13). O texto permite supor que Epafras exerceria o cargo de superintendente ou bispo de toda essa região.

Trinta anos mais tarde, seria bispo dessa cidade o bondoso ancião *Papias*, um tanto verboso, que organizou uma coletânea de «máximas do Senhor» com as informações fornecidas por discípulos diretos dos Apóstolos, e que chegou a conhecer pessoalmente o Apóstolo São João. Hierápolis era uma cidade de grande cultura, e ali viveu também nessa época o escravo Epiteto que, rivalizando com Sêneca, legou ao mundo pagão alguns dos mais nobres pensamentos relativos à moral, que teriam honrado qualquer filósofo cristão.

O povo frígio era propenso ao misticismo e às fantasias, e praticava, sob a influência do parsismo (a religião iraniana fundada por Zoroastro) e do judaísmo tardio, um culto supersticioso dos anjos e dos demônios que ainda florescia no século IV, conforme o demonstram

VI. A TERCEIRA VIAGEM DE MISSÃO

as atas e outros escritos do Concílio de Laodiceia. O espírito dos habitantes parecia estar sob a influência de um terremoto permanente. O homem sempre é, de certa forma, até mesmo no seu espírito, filho do seu torrão natal, e as imagens de que reveste o seu pensamento deixam transparecer esse colorido original. Foi desta região que saiu o fundador da seita dos *montanistas*, um cristão que tinha sido sacerdote de Cibele; e foi também aqui que tomaram corpo as mais extravagantes formas do gnosticismo asiático, nomeadamente a divertida seita dos *ofitas*, que adoravam a divindade de Cristo sob a forma de uma serpente. Mas, graças ao trabalho dos discípulos de Paulo – Trófimo, Tíquico, Telésforo –, a Frígia não demorou a tornar-se uma região profundamente cristã e vinculada aos ensinamentos dos Apóstolos. A importância do primitivo cristianismo frígio é comprovada por um sem-número de pinturas e inscrições funerárias muito antigas descobertas por Ramsay, o arqueólogo que mais estudou a figura de São Paulo[33].

Como pôde o Evangelho lançar raízes sob esse sol homérico, nessa Jônia rica e efeminada, quando nasceu no seio da pobreza e é na pobreza que melhor se desenvolve? Encontraremos a resposta no quadro social da Igreja traçado por Paulo na sua Epístola aos Coríntios: em Éfeso, tal como em Corinto, o Evangelho foi recebido com interesse sobretudo pelas classes mais baixas, que nele encontravam consolo e libertação, no meio das cruéis injustiças sociais da época.

---

(33) O testemunho mais interessante e mais vivo da veneração que os frígios tinham por São Paulo, encontramo-lo na famosa Disciplina do Arcano, em que o bispo Abércio de Hierápolis exprime de maneira arcaica e misteriosa a sua fé na Igreja romana e na Eucaristia. A sua preocupação pela unidade e pureza da fé levou-o a Roma na época de Marco Aurélio, para apresentar-se diante do Pastor Supremo da Igreja. Eis o que diz dessa cidade:

> *E vi ali um povo com um selo deslumbrante* [o Batismo].
> *Por toda a parte falava com pessoas que pensavam como eu* [contra o
> montanismo],
> *pois levava Paulo* [as suas Epístolas] *por companheiro de viagem.*
> *A fé era o meu guia*
> *e em todo o lugar ela me dava por alimento o pescado da fonte.*
> *Essa fonte extremamente grande e limpa, em que a santa Virgem pescava...,*
> *Oferecia como manjar a todos os amigos*
> *vinho puro misturado com água e ao mesmo tempo pão* [a Eucaristia].

Mas o destino que aguardava as cidades cristãs da Ásia Menor traz consigo também uma grave advertência. O cristianismo não soube conservar ali por muito tempo o seu espírito primitivo, e cedo se abandonou à tibieza e ao mundanismo. A mortalha branca como a neve com que os sedimentos das fontes termais acabaram por cobrir a velha cidade de Hierápolis, essa espécie de símbolo da morte espiritual, estendeu-se pouco a pouco a toda a Ásia Menor; e quando chegou o maometanismo, não teve dificuldade em desmantelar essa cristandade petrificada nas suas fórmulas. Hoje não há ali mais que meia dúzia de cristãos. A memória de Paulo, «esse homem cheio da virtude de Deus», como lisonjeiramente lhe chamavam, sem no entanto penetrarem no espírito da fórmula, foi-se esfumando pouco a pouco. O fundador foi esquecido, e a ameaça do profeta encontrou o seu cumprimento: «Lembra-te, pois, de onde caíste, arrepende-te e volta às tuas primeiras obras; caso contrário, virei a ti e removerei o teu candelabro do seu lugar» (Ap 2, 5).

As alturas de Deus e as profundezas de Satanás
At 19, 11-22

Paulo estava no apogeu da sua atividade. As suas palestras públicas na sala de aulas de Tirano, a sua vasta influência em toda a província, a integridade do seu caráter não deixaram de causar uma profunda impressão nas personalidades da vida política. Com efeito, sabemos que alguns dos asiarcas, isto é, membros da assembleia provincial e diretores dos jogos festivos, se tinham tornado seus amigos. Parece também que o governador da cidade lhe era favorável. Estas relações de amizade do Apóstolo com as personalidades dirigentes e com pagãos de elevada cultura são muito instrutivas. O cristianismo, seguindo o exemplo do Senhor, nunca desdenhou influir sobre esses meios, como Paulo mostrou em Atenas; não é uma religião de camponeses, mas dirige-se por igual a todas as camadas sociais e culturais.

Por outro lado, porém, o amor e a confiança do povo simples constituirão sempre o fundamento mais sólido da autêntica Igreja. Uma amizade demasiado estreita com os ricos e com os poderosos

VI. A TERCEIRA VIAGEM DE MISSÃO

deste mundo poderia produzir na Igreja, por uma espécie de corrente de indução, uma disposição de espírito que afastaria dela o coração do povo. O povo é extraordinariamente sensível à verdadeira voz do Bom Pastor, mas possui também o ouvido muito apurado para as dissonâncias. Paulo tinha o maior cuidado em evitar as falsas aparências: «Não pretendemos dominar a vossa fé, mas ser cooperadores do vosso gozo», dizia (cf. 2 Cor 1, 24).

Nesta época abundavam os charlatães, os sedutores do povo, judeus e pagãos que, com miras pessoais, exploravam a credulidade dos humildes. O taumaturgo pagão Apolônio de Tiana, que já conhecemos, talvez se encontrasse em Éfeso precisamente nesta época. O astrólogo Balbilo, que exerceu tão nefasta influência sobre Nero, era natural desta cidade. As curas milagrosas do deus da saúde Asclépio ou Esculápio, os filtros e os talismãs, a astrologia e a adivinhação, proporcionavam lucros abundantes a todo um enxame de sacerdotes, magos e charlatães. Éfeso era uma cidade onde a teosofia, o ocultismo e a necromancia gozavam de numerosos adeptos, e os espíritas iniciavam o povo nas «profundezas de Satanás» (cf. Ap 2, 24). Florescia aqui um ramo especial das ciências ocultas, as fórmulas mágicas redigidas em tiras de papiro e outros escritos do mesmo estilo, conhecidos em todo o mundo de então pelo nome de *ephesia grammata*.

O acaso conservou-nos alguns desses papiros, com fórmulas mágicas entremeadas de refrões incompreensíveis: *«Aski, kataski, aiks, tetraks»*. Tinham «caído do céu» em algum lugar, como as cartas das «correntes» de boa sorte; tornavam o seu possuidor invulnerável, eram bons para remediar a gota e o reumatismo, protegiam contra as bruxas e o mau-olhado. Num meio tão propenso ao satanismo e à magia, Paulo teve de fazer brilhar, como contrapeso, os seus dons carismáticos. As suas obras «não vulgares» em Éfeso, descritas por São Lucas, constituem o resultado dessa ação. Os mestres da magia negra ficavam maravilhados com a «força psíquica» que emanava desse homem. Onde a pregação não medrava, «as provas do espírito e do poder», as curas dos doentes e os exorcismos dos possessos ganhavam a causa.

Na Antiguidade pagã, como ainda hoje em terras de missão, os doentes eram os mais infelizes de todos os seres. Os santuários de Asclépio estavam permanentemente inundados de todas as misérias humanas. Admite-se hoje que muitos estados psíquicos, espasmos e fenômenos de paralisia nervosa lá se curavam por vezes devido ao ambiente de excitação coletiva, como se pode comprovar pelos numerosos «ex-votos» que se veem no museu de Corinto. Mas só o cristianismo soube atacar o mal pela raiz, extinguindo pela força redentora da graça a sua causa mais profunda: a desordem moral e psíquica, a decadência espiritual da personalidade em consequência do pecado.

Quando Paulo passava pelas ruas, encontrava junto das casas os doentes, os paralíticos e os leprosos, cobertos de chagas purulentas, que estendiam para ele, num gesto de súplica, as mãos ou os cotos, como ainda hoje se vê no Oriente. E Paulo curava-os invocando o nome do Senhor, sem admitir outra recompensa senão a de que, daí por diante, os beneficiados invocassem o nome de Jesus. «Dai de graça o que de graça recebestes» (Mt 10, 8). A sua fama de taumaturgo tornou-se tão grande que as turbas acorriam à casa de Áquila pedindo que lhes conseguisse, evidentemente sem conhecimento de Paulo, alguma peça da sua roupa ou o avental de trabalho. Aqui ou ali aconteceria também que, durante algum discurso, uma piedosa ouvinte lhe subtraísse discretamente o lenço, para impô-lo em casa a algum doente.

A influência do Apóstolo era tão poderosa que alguns conseguiam esconjurar os demônios invocando o seu nome. Entre os judeus, praticava-se o exorcismo desde tempos muito remotos. Jesus fala desses exorcistas judeus (cf. Mt 12, 27; Lc 11, 19), e também os evangelistas conheciam algumas pessoas, talvez discípulos de João, que expulsavam os demônios «em nome de Jesus» (Mc 9, 38; Lc 9, 49). A predileção dos efésios por estas cenas foi a causa de um acontecimento muito penoso, que Lucas descreve com uma ponta de humor. Os sete filhos de um sumo-sacerdote judeu chamado Sceva, todos exorcistas ambulantes, fizeram um dia um exorcismo público. Mas o possesso escarnecia de todos os esforços desses homens, e a multidão desenganada declarou-se contra eles. Absolutamente desorientados, os charlatães tentaram valer-se do «feitiço» de que o Apóstolo se servia: «Eu vos esconjuro por Jesus, a quem Paulo prega». Mas Cristo não consente que o seu nome seja empregado em feitiços, e eles receberam esta irônica resposta do espírito maligno: «Eu conheço Jesus e sei quem é Paulo, mas vós, quem sois?» E cheio de cólera, o possesso lançou-se sobre eles, apoderou-se de dois e arrancou-lhes as vestes, enquanto os outros fugiam atabalhoadamente.

VI. A TERCEIRA VIAGEM DE MISSÃO

A punição infligida aos Scevas constituiu um grande triunfo para Paulo. O nome de Jesus passou a andar em todas as bocas e era pronunciado com reverência. Agora, era por demais evidente que Paulo não realizava os seus prodígios por força da magia, mas apenas pelo poder divino de Cristo. Assim se travou a luta que Paulo refere com estas palavras: «Porque nós não temos de lutar contra a carne e o sangue, mas sim contra os principados e potestades, contra os dominadores deste mundo tenebroso, contra os espíritos malignos espalhados pelos ares» (Ef 6, 12).

O nome de Jesus triunfava em toda a parte. Uma centena de sermões de Paulo não teria obtido tanto efeito como essa demonstração pelos fatos. Paulo notou-o imediatamente pelo número crescente de ouvintes que assistiam às suas aulas. O grande taumaturgo aparecia-lhes dotado de um poder superior, como um desses seres divinos que, segundo a crença dos antigos, eram enviados de tempos a tempos do alto, munidos de forças celestiais, para cumprirem uma missão divina. Quando o Apóstolo pronunciava o nome de Jesus, esse nome adquiria nos seus lábios uma ressonância bem diferente da que produzira nos daqueles exorcistas charlatães. E quando dizia, com uma voz cheia de emoção: «Ao nome de Jesus, todo o joelho se dobre no céu, na terra e no inferno, e toda a língua confesse que o Senhor Jesus Cristo está na glória de Deus Pai» (Fl 2, 10-11), um tremor e estremecimento perpassava pela assembleia. Muitos abraçavam a fé, e uns após outros gritavam ansiosamente: «Paulo, invoca o nome do teu Jesus também sobre mim e ajuda-me!»

A comoção psíquica, essa espécie de abalo interior, arrastava as pessoas a fazerem uma confissão pública dos seus pecados. Paulo, grande conhecedor e diretor das almas, tinha longa prática nessas coisas. Mas não lhe custaria pouco trabalho acalmar aquela gente e fazer derivar para o reto caminho aquelas emoções ainda não purificadas. Um dia, já não pôde continuar o seu discurso. Agarrado e arrastado pela assistência, foi conduzido à ágora. De todos os lados afluíam livros de ocultismo, papiros mágicos, livros de interpretação dos sonhos, as *ephesia grammata* que cada qual possuía, e em breve um fogo crepitante devorava os pergaminhos e amuletos. Houve quem lançasse à fogueira livros mágicos atribuídos a Noé e Salomão. Somente depois disso é que os efésios se sentiram mais calmos e se julgaram perdoados. Deve ter sido um impressionante «auto-de-fé», uma vez que Lucas estima o valor dos livros queimados em 50.000 dracmas de prata. Foi um potente farol aceso em Éfeso, a proclamar o declínio do poder do paganismo e a aurora do Evangelho. Só uma única vez na História haveria de acender-se um braseiro semelhante: 1.400 anos mais tarde, na Praça do Mercado de Florença, em consequência dos sermões de Savonarola.

É aqui que voltamos a tomar consciência da diferença entre a religião revelada e a natural. Uma característica comum às religiões naturais, procedentes das profundezas inconscientes da alma humana, do instinto e do sangue, é o atrativo que experimentam pela superstição e pela magia. Todos os povos da Antiguidade, especialmente os fenícios e os semitas, partilhavam dessa propensão. Na época do humanismo clássico, no século XVIII, glorificou-se uma imagem falseada e idealizada da religião grega. Atualmente, sabemos muito bem que a alma grega trazia em si, a par do elemento artístico e racional, um outro elemento sombrio e irracional; reunia em si enormes contrastes. Ao lado dos deuses puros e elevados, os gregos conheciam e veneravam os «deuses das profundidades»; ao lado dos poderes bons e sérios, os poderes terríveis e cósmicos do sangue, da morte e do destino. A religião primitiva de Zeus, muito elevada e monoteísta, só a muito custo conseguiu defender-se da crescente influência do culto de Astarte, e a Ártemis de Éfeso demonstra com que facilidade as divindades gregas se deixavam revestir de roupagens orientais que originariamente lhes eram estranhas. Também o culto de Dionísio nos revela as possibilidades sombrias e caóticas do espírito grego, e traz à luz do dia os instintos latentes no íntimo do coração humano.

De onde recebia São Paulo a sua incrível influência sobre os homens, essa influência que era o seu grande segredo pessoal, como acontece com todos os grandes homens e com todos os santos? Do poder de uma personalidade firme e de uma vida desinteressada e inteiramente dedicada ao serviço de uma única finalidade: Cristo. Este é o segredo da verdadeira, legítima e benfazeja influência, que vem da luz de Deus e a ela conduz. Mas existe ainda outro meio de se conseguir influência e dominar os homens: é o segredo da influência satânica, proveniente das profundezas ambíguas. Os que a possuem

VI. A TERCEIRA VIAGEM DE MISSÃO

são os estranhos filhos do caos. Os homens e os falsos profetas deste gênero tornam-se grandes nos tempos caóticos e arrastam na sua esteira, como o fez Apolônio de Tiana no seu tempo, todas as naturezas fracas ou decaídas, que se encontram em conflito consigo próprias e com Deus. A história das religiões dos tempos pretéritos oferece-nos disto inúmeros exemplos pouco animadores.

Paulo era um grande conhecedor das almas e não ignorava que os transportes a que assistia não podiam durar. Ao *hosanna* sempre se segue o *crucifige*. Durante um curto período de tempo, o Apóstolo tornou-se objeto de uma veneração entusiástica e excessiva. Mas era suficientemente prudente para não se comprazer nesse sucesso nem aspirar o incenso. Sabia que, desse momento em diante, o poder dos infernos havia de mobilizar-se contra a sua pessoa. Para ele, o demônio não era uma imagem dantesca, mas uma dura realidade. A primeira Epístola aos Coríntios, escrita mais ou menos nesta altura em Éfeso, e a segunda, redigida depois da explosão da paixão popular, descobrem-nos o reverso da medalha. Bem cedo chegou uma época de «lágrimas e provações» (At 20, 19). São tão impiedosas as vagas de sofrimento e de dor que desabam sobre ele, que chega a dar por perdida a sua vida, e o viver lhe causa tédio. Tanto os Atos dos Apóstolos como a Epístola aos Efésios dão-nos a chave para compreender tamanho sofrimento. Paulo sabia que um poder infernal se movia nos bastidores contra a sua pessoa, e que espíritos malignos se tinham juntado para o atacar. Fenômenos desta natureza são vulgares na vida dos santos; quase não há um santo ou místico em cuja vida o demônio não tenha desempenhado o seu papel. E não é possível crer seriamente num Deus pessoal, nem ter uma fé experimentada, se não se reconhece a existência desse grande adversário de Deus que é Satanás.

Mas o nível da vida em Cristo media-se, para Paulo, segundo o nível dos seus padecimentos por Cristo. Deve ter passado em Éfeso dias de grande indigência, uma vez que pôde escrever aos coríntios: «Até esta hora, sofremos a fome, a sede, estamos nus...» (1 Cor 4, 11). Semelhante pobreza derivava de uma grandeza de alma que era inteiramente desconhecida para a maioria dos seus contemporâneos, ávidos de dinheiro. Paulo só podia dedicar muito pouco tempo ao trabalho manual, e muitas vezes tinha de interrompê-lo durante dias inteiros. As suas ocupações na direção das almas, a sua correspondência com as outras comunidades estavam em primeiro lugar e absorviam-lhe quase todo o tempo. Mas o fato de se encontrar a serviço de Jesus crucificado era para ele um título de nobreza superior ao da sua pobreza. Foi por esta época que escreveu aos seus gálatas: «Longe de mim o gloriar-me senão na cruz de Nosso Senhor Jesus Cristo» (Gl 6, 14).

Nas duas Epístolas que escreveu aos coríntios, deixou-nos nada menos que quatro listas de sofrimentos: «Em verdade, entendo que Deus nos expôs a nós, Apóstolos, como os últimos dos homens, como destinados à morte, porque somos dados em espetáculo ao mundo, aos anjos e aos homens. Nós, néscios por Cristo, vós, sábios em Cristo; nós, fracos, vós, fortes; vós, nobres, nós, desprezíveis. Até esta hora, sofremos a fome, a sede, estamos nus, somos esbofeteados, não temos morada certa; cansamo-nos a trabalhar por nossas próprias mãos; amaldiçoam-nos, e bendizemos; perseguem-nos, e sofremos; somos blasfemados, e rogamos; tornamo-nos como a imundície deste mundo, a escória de todos até agora» (1 Cor 4, 9-13). Cumprir no meio dos sofrimentos a sua missão terrena: eis o que Paulo tinha aprendido fielmente do seu divino Mestre. Quando, nos seus discursos, começava a falar dos sofrimentos de Cristo e da sua flagelação, é possível que, de vez em quando, afrouxasse as suas vestes em torno do pescoço e da nuca, e deixasse ver as cicatrizes avermelhadas que procediam dos açoites recebidos. Com toda a serenidade, chamava-lhes «os estigmas do Senhor Jesus que trago no meu corpo» (cf. Gl 6, 17; 2 Cor 4, 10). Assim como os escravos traziam muitas vezes no pescoço o monograma do seu senhor, marcado com ferro em brasa, e os legionários no braço e no peito o distintivo da sua legião, assim Paulo ostentava com orgulho as suas insígnias de escravo de Cristo[34].

---

(34) O problema do sofrimento, pedra de toque de toda a filosofia e de toda a religião, atormentava também a alma dos gregos, que no fundo não eram propensos à alegria, mas à melancolia. Testemunham-no os personagens prediletos dos grandes poetas, figuras como Aquiles, Ájax, Antígona, Alceste, Ifigénia. Héracles, realizador de grandes feitos, continuou a ser o ideal do espírito grego, mas ao mesmo tempo foi-se reconhecendo pouco a pouco o poder enobrecedor do sofrimento: «Aprende pela dor». Em Marco Aurélio, a meditação sobre a vida conduz sempre a uma profunda melanco-

VI. A TERCEIRA VIAGEM DE MISSÃO

O Apóstolo menciona ainda outro acontecimento, o mais terrível da sua estada em Éfeso: «Como homem, batalhei com as feras em Éfeso» (1 Cor 15, 32). Alguns exegetas tomam esta expressão em sentido figurado, outros interpretam-na como um acontecimento real, de que os *Atos de Paulo* nos teriam deixado uma descrição interessante, mas romanceada. Weizsaecker escreve: «Não se trata de uma imagem, mas de uma realidade. Aliás, que significado teria a comparação dos inimigos com os animais ferozes, se não devêssemos ver nessa imagem um combate físico, uma luta de vida ou morte?» O estádio, destinado às competições desportivas, às lutas de animais e aos combates de gladiadores, acabava de ser inaugurado, e ainda hoje se veem ali duas inscrições gravadas na pedra, consagrando os lugares dos espectadores à deusa Ártemis e ao imperador Nero. Também há ali as jaulas destinadas às «feras da Líbia». Mas, segundo os exegetas mais recentes, Paulo alude a essas feras apenas para comparar o combate espiritual que travou em Éfeso com a luta dos gladiadores com os animais, pois ele próprio, enquanto gozasse da cidadania romana, não podia ser condenado a esse tipo de espetáculo.

Além disso, a expressão lembra nitidamente uma passagem das cartas do bispo mártir Inácio de Antioquia, onde este discípulo fiel e rigoroso do Apóstolo descreve assim os sofrimentos de que foi vítima como prisioneiro das galés e as suas experiências com os soldados encarregados de vigiá-lo: «No caminho da Síria para Roma, travei combate com feras e estou acorrentado por dez leopardos». Esta forma de dizer não é mais do que uma imagem e, contudo, refere-se a um acontecimento realmente vivido. O que, sim, temos de supor, se não quisermos tornar o Apóstolo suspeito de uma fanfarronada, é que passou por uma experiência muito penosa e real, uma catástrofe que quase o aniquilou. Qualquer tentativa de suavizar o sentido da expressão está em desacordo com a linguagem eminentemente realista do Apóstolo: «Em verdade, entendo que Deus nos expôs a nós, Apóstolos, como os últimos dos homens, como destinados à morte, porque

---

lia, ponto de chegada obrigatório de toda a sabedoria pagã. O seu célebre diário *a mim mesmo* é um verdadeiro clamor que se eleva pelo Redentor, a quem não conhece; compare-se este texto com o tom de alegria que encontramos em Paulo. Festugière conclui o seu estudo sobre Paulo e Marco Aurélio com estas palavras de Péguy: «Marco Aurélio não teve a religião que merecia».

somos dados em espetáculo ao mundo, aos anjos e aos homens» (1 Cor 4, 9)[35]. E, pouco depois desse acontecimento, escreve: «Em verdade não queremos, irmãos, que ignoreis a tribulação que nos sobreveio na Ásia, como fomos oprimidos acima das nossas forças, de sorte que a própria vida nos causava tédio. Trazíamos conosco a sentença de morte...» (2 Cor 1, 8).

Alguns historiadores modernos admitem, não sem um certo fundamento, um cativeiro do Apóstolo em Éfeso, apoiando-se nos «cárceres» que menciona em 2 Cor 6, 5 e 11, 23[36]. Quando Paulo, na sua Epístola aos Romanos, declara pouco depois, e cheio de reconhecimento, que deve a vida a Áquila e a Priscila – «os quais expuseram as suas cabeças pela minha vida» (Rm 16, 4) –, e nessa mesma Epístola nomeia Andrônico e Júnia, seus «parentes e companheiros de cativeiro» (Rm 16, 7), parece difícil sustentar que se trata de expressões puramente metafóricas. Como devem ter sido horríveis os tormentos por que passou, se a ele, um homem tão devotado ao trabalho como experimentado na dor, a morte lhe surgiu como um refúgio agradável que poria fim ao seu desgosto pela vida! E quando descreve por quatro vezes aos coríntios, tão cheios de si próprios e tão altercadores, o excesso dos seus sofrimentos, e se gloria nesses mesmos sofrimentos, é preciso sermos surdos para não perceber nessa sua «jactância» a ironia socrática, a herança que o Apóstolo recebera dos gregos.

---

(35) Tal como Paulo, em 1 Cor e Ef, também Sêneca (*De providentia*, 2) e Epiteto (Diss., 3, 22, 50) comparam a luta moral da vida humana com uma luta de circo, um espetáculo no qual se regozijam deuses e homens. Mas se o estoico se mostra orgulhoso por poder manifestar ao mundo o seu profundo desprezo pelo sofrimento, refugiando-se na sua vida íntima, Paulo mostra-se orgulhoso por trazer na sua carne «os estigmas do Senhor Jesus» (Gl 6, 17). Epiteto conhecia o valor com que os cristãos (a que chama «galileus»; Diss., 4, 7, 6) enfrentavam os tiranos e a própria morte, mas atribuía-o despectivamente a uma «rotina» estúpida e irracional; da mesma forma, Marco Aurélio (11, 3) explicava a coragem dos cristãos perante a morte como «obstinação» ou «irrefletidos desejos de morrer», e censurava-lhes essa «atitude intolerável». Se tivessem lido Paulo, teriam visto que o martírio cristão era uma renúncia à vida por amor a uma íntima convicção (cf. Bonhöffer).

(36) Alguns exegetas, concretamente Duncan e Feine, supõem que as assim chamadas «epístolas do cativeiro», como a Epístola aos Filipenses, foram escritas por São Paulo quando se encontrava preso em Éfeso. Mas as razões que apresentam são mais engenhosas do que convincentes.

VI. A TERCEIRA VIAGEM DE MISSÃO

A estes sofrimentos exteriores é preciso acrescentar ainda a dor de coração que lhe causavam os coríntios e os gálatas, seus filhos queridos. O seu coração e o seu espírito enchiam-se de tristeza quando pressentia que a obra da sua vida, edificada por ele como «prudente arquiteto», ameaçava ruir pela agitação dos adversários judeus. O que lhe aumentava ainda mais o sofrimento era ver-se em tão grande isolamento e abandono. Justamente por esta altura, o Apóstolo encontrava-se quase só, privado dos seus amigos mais íntimos, pois Timóteo, Erasto e Tito tinham ido à Macedônia e à Grécia. Não admira vê-lo atravessar um período de profundo abatimento. Já o encontramos numa situação idêntica em Corinto, quando passava as noites sem poder dormir.

Mas, mais uma vez, sentiu-se reviver, sustentado por uma grande fortaleza interior; talvez ouvisse novamente a voz do seu Senhor: «Não temas, porque estou contigo. Tenho muita gente fiel nesta cidade». Sempre acreditara no poder de Deus, que pode trazer um homem da morte para a vida. Não desesperara em Corinto, e também não desesperaria em Éfeso. Muito pelo contrário, o seu homem interior saía fortalecido de todos os padecimentos: «Mas, tendo o mesmo espírito de fé, segundo está escrito: "Eu cri, por isso falei", também nós cremos, e por isso também falamos, sabendo que Aquele que ressuscitou Jesus nos ressuscitará também com Jesus e nos colocará convosco ao lado dEle. [...] É por isso que não desfalecemos. Antes pelo contrário, embora se destrua em nós o homem exterior, todavia o interior vai-se renovando de dia para dia» (2 Cor 4, 13-16). Somente quem crê como Paulo pode falar assim dos seus padecimentos, e tem o direito de fazê-lo!

Ainda em Éfeso, concebeu novos empreendimentos: sentia-se impelido a visitar a Macedônia, a Acaia, Jerusalém e por fim, para além do Oriente, Roma, o seu desejo oculto. «Depois que eu tiver estado lá, é necessário que veja também Roma». Precisamente nessas circunstâncias, o Espírito mostrava-lhe a capital do mundo como o foco do qual deveria irradiar para sempre a luz de Cristo. Essa foi a grande visão que o fortificou nesses dias tão cheios de pesares: *Prope Romam semper!*

«Fostes chamados à liberdade!»

Epístola aos Gálatas

O que Paulo vinha prevendo com inquietação havia muito tempo acabou por acontecer: os seus adversários judeus-cristãos tinham conseguido introduzir uma séria dissonância na harmoniosa relação de confiança que mantinha com os seus amados gálatas. Cada vez eram mais frequentes as notícias de que tinham acabado por invadir as primeiras fundações do Apóstolo ao norte do Tauro, e que ali se dedicavam a uma verdadeira contramissão.

Paulo tinha o costume de enviar os seus colaboradores em longas viagens de informação. Terá sido Timóteo quem lhe trouxe essas notícias? Ou terão sido uns camponeses gálatas que o procuraram na oficina de Áquila para relatar-lhe com viva gesticulação o que estava acontecendo? Fosse quem fosse, contaram-lhe que tinham chegado de Jerusalém uns ilustres pregadores estrangeiros, munidos de cartas de recomendação dos amigos de Tiago o Menor, e que falavam nas casas dos irmãos mais considerados e durante os ofícios divinos. Diziam que Paulo pregava um Evangelho mutilado. Que não era um verdadeiro Apóstolo como os de Jerusalém, porque nunca tinha visto o Senhor. Que fora obrigado a aprender o Evangelho dos velhos Apóstolos, os únicos verdadeiramente «autorizados». Que em Jerusalém gozava de péssima reputação, porque deixava de lado um ponto central: o de que também os cristãos da gentilidade estavam obrigados a aceitar a lei de Moisés. Que agia assim porque pretendia adaptar o Evangelho ao gosto dos pagãos, a fim de conseguir o maior número possível de adeptos entre eles. Que ora procedia desta forma, ora daquela: em Listra, fizera circuncidar Timóteo, a fim de adular os judeus; mas, diante dos pagãos, nem sequer aludia à circuncisão, para lhes ser agradável. Agora, porém, eles tinham sido enviados de Jerusalém para substituir esse Evangelho mutilado pelo autêntico.

Paulo tinha lágrimas nos olhos. De bom grado ter-se-ia posto imediatamente a caminho com aqueles mensageiros, a fim de poder encontrar-se quanto antes junto dos seus caríssimos gálatas, essas crianças grandes de olhar ingênuo e coração volúvel. Mas o tropel dos problemas cotidianos, a solicitude por todas as Igrejas, impedia-

VI. A TERCEIRA VIAGEM DE MISSÃO

-o de ir. Quem eram esses fomentadores de discórdias? Sem dúvida alguma, mensageiros daqueles «falsos irmãos que se intrometeram a espiar a liberdade que temos em Cristo Jesus» (Gl 2, 4), possivelmente zelotes que rejeitavam fanaticamente tudo o que não fosse judaico e se tinham também infiltrado na jovem Igreja para utilizá-la como instrumento na realização dos seus fins políticos, procurando exercer uma espécie de tirania até mesmo sobre os Apóstolos. Vinham introduzindo o ruído das discussões em torno da Lei nas pacíficas comunidades de Paulo, nas casas e famílias, de sorte que, desde que tinham chegado, «vós vos mordeis e vos devorais uns aos outros», ao invés de se servirem mutuamente «pela caridade do Espírito» (Gl 5, 13-15). Paulo teria dado pouca importância a um ataque dirigido contra a sua pessoa, mas o que lhe despedaçava o coração era ver que, às suas costas, se procurava ludibriar os crédulos gálatas e arrebatar-lhes o seu mais valioso tesouro: a sua liberdade em Cristo.

Ao lançar um olhar sobre o que havia trazido às comunidades, Paulo via brilhar atrás de si um «sulco incandescente do Espírito», de carismas e de milagres. Os seus recém-convertidos oravam, cantavam, dirigiam a Cristo ações de graças eucarísticas, falavam em diversas línguas, curavam doentes, realizavam milagres. E agora, todo esse fervor da vida nova devia dar lugar a um frio e austero cumprimento da Lei? A menos que vejamos no Apóstolo um alarmista, o tom da Epístola obriga-nos a considerar como gravíssima a situação da comunidade. Estavam em perigo nada menos que a substância e o futuro do cristianismo. O fiel da balança oscilava.

De que se tratava? Simplesmente, de saber se o cristianismo devia ser uma religião formalista e ritual, uma religião de práticas exteriores, como o paganismo oficial, como o judaísmo tardio, desprovido do ardente espírito dos Profetas; se o movimento que tinha começado na Galileia como uma esperançosa primavera devia entrar na História como uma mera seita judaica, com um Cristo truncado e miserável, e soçobrar juntamente com a teocracia judaica; ou se a herança de Jesus, levada nas asas do Espírito, deveria continuar o seu audacioso voo de águia sobre o mundo, a fim de anunciar até os confins da terra a sua doutrina imortal: a adoração de Deus em espírito e em verdade, de um Deus que unicamente exige do homem o seu coração e a sua fé, cujo reino não depende da maneira de comer e de beber, mas consiste no gozo do Espírito Santo e na santa disposição de ânimo que leva a exclamar: «*Abba*, Pai!»

Fora por tudo isso que Paulo lutara em Jerusalém e em Antioquia com bravura de leão, percorrendo solitário o seu caminho e sacrificando como nenhum outro o sangue do seu próprio coração. Com exceção de Cristo, ninguém tivera de lutar pela liberdade com tanto sofrimento como ele; educado na mais severa conceção da Lei, colocava-a agora, quanto à salvação eterna da alma humana, no mesmo plano que o culto pagão da natureza, o culto dos «primeiros elementos fracos e pobres» – de um Luno, deus da lua, de uma Cibele, deusa da terra (Gl 4, 9). E foi aqui, no território frígio, que se travou a batalha decisiva. O que se seguiu, em Corinto e em Roma, nada mais representou do que o epílogo.

Como um general que reúne à sua volta o estado-maior antes de uma batalha decisiva, Paulo deve ter convocado todos os seus colaboradores e companheiros de armas presentes em Éfeso para deliberarem em comum: Timóteo e Tito, Tíquico e Trófimo de Éfeso, Gaio de Derbe e Eprafas de Colossas. Era um brilhante estado-maior de nobres lutadores. Que o Apóstolo tenha deixado os seus amigos participarem das suas decisões é um aspeto característico dos grandes chefes e condutores de homens.

A redação da Epístola pode situar-se entre os anos 54 e 55. Há um argumento externo que apoia esta afirmação: Paulo censura os gálatas por terem consentido que lhes fosse imposto o calendário judaico com o ano sabático, e por Flávio Josefo sabemos que o ano 54 foi um ano sabático. Portanto, o Apóstolo escrevia provavelmente no decurso desse ano, que os gálatas já tinham começado a celebrar segundo a forma judaica.

A Epístola reforça a impressão que nos causa a personalidade deste homem apaixonado. Foi escrita, por assim dizer, de um só fôlego, em caracteres de fogo. Nas ideias de fundo, nas citações escriturísticas em que se apoia e nas formas de expressão, é por assim dizer um esboço da futura Epístola aos Romanos; na paixão e no temperamento emocionado, uma precursora da segunda Epístola aos Coríntios. Algumas palavras não se explicam senão pela santa ira de que o Apóstolo se achava possuído naquele momento: as expressões de assombro e de desmedida consternação, a dupla maldição lançada sobre os pregado-

VI. A TERCEIRA VIAGEM DE MISSÃO

res de outro Evangelho, as frases truncadas, testemunham-nos uma notável excitação interior. Dois grandes temas, que se condicionam e se entrecruzam mutuamente, caracterizam o conteúdo e a composição desta Epístola: primeiro, o tema mais pessoal do *caráter originário* e da *legitimidade do seu apostolado*; e, em segundo lugar, o tema por excelência do seu Evangelho, o da *justificação pela fé*.

A primeira parte é uma poderosa *apologia pro vita sua*, uma defesa da sua autoridade apostólica. Paulo opõe-se terminantemente, tal como o fará na segunda Epístola aos Coríntios, a que o incluam na segunda geração dos Apóstolos. Não é um discípulo dos Doze, um apóstolo de segunda ordem. Não concede aos antigos Apóstolos, em virtude do relacionamente direto que tinham tido com Jesus, nenhuma precedência essencial no que diz respeito à missão apostólica. A comunicação pessoal com Cristo durante a sua vida terrena não é o único fator decisivo. Decisivo é somente o fato de essa responsabilidade e os dons a ela inerentes terem sido conferidos aos outros Apóstolos em Jerusalém, por revelação e a mandado de Cristo Ressuscitado, e mediante a intervenção do Espírito Santo no dia de Pentecostes. Eis por que ele próprio, Paulo, não tinha recebido a sua autoridade de Apóstolo em Jerusalém, a fim de evitar toda e qualquer aparência de terem sido os primeiros Apóstolos a conferir-lhe as suas funções e o seu conhecimento sobrenatural de Cristo e da economia da salvação. Considera-se dotado pelo Espírito Santo dos mesmos direitos dos outros Apóstolos.

O ataque contra a legitimidade da sua missão apostólica força-o, pois, a mergulhar nas profundidades da consciência que tem da sua vocação, para dali extrair os fundamentos teológicos em que se apoia a sua posição autônoma e manifestar o profundo conhecimento que possui do mistério de Cristo. Há qualquer coisa de grandioso nesta consciência inquebrantável da sua vocação apostólica. Encontramo-nos aqui perante um mistério que nenhuma psicologia jamais será capaz de esclarecer por completo. Vemo-lo nas principais passagens da Epístola, que rivalizam em paixão e arrebatamento com o discurso que Shakespeare põe na boca de Marco Antônio contra Bruto:

«Paulo, apóstolo, não pelos homens nem por intermédio de um homem, mas por Jesus Cristo e por Deus Pai, que o ressuscitou dos mortos, e todos os irmãos que estão comigo, às Igrejas da Galácia. [...] Admiro-me de que, tão depressa, abandonando aquele que vos chamou à graça de Cristo, vos deixeis levar para outro evangelho. Evidentemente, não existe outro evangelho, mas há alguns que vos perturbam e querem perverter o Evangelho de Cristo. Mas, ainda que alguém – nós mesmos ou um anjo do céu – vos anunciasse um Evangelho diferente daquele que recebestes [de mim], seja ele anátema! Porque, por acaso é o favor dos homens que eu procuro, ou é o de Deus? Porventura é aos homens que procuro agradar? Se ainda pretendesse agradar aos homens, não seria servo de Cristo. Ora, eu vos declaro, irmãos, que o Evangelho que foi pregado por mim não é segundo o homem, porque não o recebi nem aprendi de homens, mas por revelação de Jesus Cristo.

«Porque ouvistes dizer de que modo vivi em outro tempo no judaísmo: com que sanha perseguia a Igreja de Deus e procurava exterminá-la, e ultrapassava no zelo pelo judaísmo muitos coetâneos da minha nação, sendo em extremo zeloso das minhas tradições paternas. Mas, quando aprouve Àquele que me segregou desde o ventre de minha mãe, e me chamou pela sua graça, revelar o seu Filho em mim, para que eu o anunciasse entre as gentes, imediatamente parti para a Arábia e depois voltei a Damasco, sem consultar nem a carne nem o sangue, sem subir a Jerusalém aos que eram Apóstolos antes de mim» (Gl 1, 1-17).

A seguir, Paulo relata num estilo extraordinariamente vivo os acontecimentos que já conhecemos: o seu retiro voluntário na Arábia, a visita a Damasco e a Jerusalém, a viagem à terra natal, as suas intervenções durante o Concílio apostólico acerca do problema da circuncisão, o caso de Tito, o reconhecimento do seu Evangelho pelos antigos Apóstolos Tiago, Cefas e João, a divisão das áreas de evangelização selada pelo aperto das mãos. Tudo isso provava até a evidência que os seus ensinamentos e a sua vocação eram tão autênticos como os dos primeiros Apóstolos. A seguir, como mais uma prova da legitimidade das suas ideias sobre a salvação, relata o célebre conflito com Pedro em Antioquia. E a sua argumentação culmina nesta reflexão: se se pudesse chegar ao estado de graça de Deus mediante o cumprimento de determinadas prescrições religiosas e leis sobre o cerimonial, a morte de Cristo teria sido supérflua. Deus teria cometido um engano ao sacrificar o seu Filho!

Paulo chega agora à parte central da Epístola, o tratado sobre o grande tema da *justificação pela fé*. Para excluirmos de antemão o equí-

VI. A TERCEIRA VIAGEM DE MISSÃO

voco histórico cometido pela Reforma protestante, devemos observar que o Apóstolo não fala aqui das obras morais do homem *depois* da justificação, da *vida em estado de graça*. A cooperação humana na obra da salvação e o caráter meritório do comportamento moral do homem em estado de graça estão constantemente presentes na ética paulina e nas suas teses fundamentais; Paulo não prega em parte alguma um quietismo passivo. Nesta polêmica com os seus adversários, trata apenas da justificação inicial, da regeneração do homem, da apropriação da salvação e da realização da Redenção em cada alma em particular, da passagem do estado de pecado para o estado de graça. Tudo isso é unicamente obra de Deus e consequência da morte expiatória de Cristo, sem qualquer contribuição pessoal por parte do homem. Nenhum ato humano, independente e moralmente bom, pode tornar-se causa ou condição de salvação, com exceção do ato de fé gerado pelo amor e penetrado de arrependimento. Mas até mesmo este ato é realizado pelo Espírito Santo, de modo que o impulso procede sempre de Deus.

Com dois poderosos argumentos, Paulo extirpa pela raiz a teoria dos seus adversários. Um é dirigido aos cristãos vindos do paganismo, outro aos judeus-cristãos, conhecedores da Bíblia. Aos pagãos recém-convertidos, lembra-lhes a experiência íntima da sua conversão:

«Ó gálatas insensatos, quem vos fascinou a vós, ante cujos olhos foi apresentada a imagem de Jesus Cristo crucificado? Só quero saber isto de vós: recebestes o Espírito pelas obras da lei ou pela submissão à fé? Sois tão levianos que, tendo começado pelo Espírito, acabeis agora na carne? Tendes sofrido tanto em vão? Se é que realmente foi em vão! Aquele que dá o seu Espírito e que opera milagres entre vós, fá-lo porventura pelas obras da lei ou pela submissão à fé?» (Gl 3, 1-5).

O segundo argumento é extraído da Sagrada Escritura, da exegese típico-alegórica do grande modelo da fé no Antigo Testamento, a personagem preferida do povo judaico. Abraão é o tipo, o antepassado espiritual de todos os fiéis verdadeiros. As promessas que lhe foram feitas não estão vinculadas à descendência segundo a carne, à hereditariedade pelos laços do sangue. A salvação que lhe foi prometida não é privilégio de uma raça, mas um bem destinado a toda a humanidade, um bem tão universal como a própria Igreja: «Em ti serão abençoados todos os povos» (Gl 3, 8). Nesse homem indica-se o caminho da salvação para todos os tempos: a fé.

Moisés só deu as tábuas da Lei quatrocentos e trinta anos depois dele. Tinha de haver-se com um povo completamente embrutecido e embotado com relação a Deus pela sua longa permanência entre os pagãos. Esse povo teria de ser educado durante séculos sob a rigorosa disciplina da Lei. Assim, segundo os planos divinos, a Lei teve desde o começo um caráter transitório, um valor pedagógico para os anos de menoridade espiritual. Mas agora chegava a plenitude dos tempos; a humanidade deixava a escola primária para entrar na escola superior de Cristo, onde «já não há judeu nem grego, não há servo nem livre, não há homem nem mulher» (Gl 3, 28).

Depois de ter abatido os adversários com as armas absolutamente taxativas da sua argumentação, Paulo torna-se de novo terno como uma mãe e dá livre curso aos seus sentimentos: «Filhinhos meus – por quem sinto novamente as dores do parto, até que Jesus Cristo se forme em vós –, bem quisera eu estar agora convosco e mudar a minha linguagem, porque estou perplexo a vosso respeito» (Gl 4, 19-20). É espantoso verificar quantos recursos este homem reúne em si: uma lógica implacável, uma férrea energia e uma ternura de sentimentos verdadeiramente maternal! Parece-se nisto ao seu divino Mestre; basta que recordemos a imagem utilizada por Cristo sobre a galinha que desejaria juntar os seus pintinhos sob as asas. Os amigos do Apóstolo devem ter ficado profundamente impressionados com esses acentos tão semelhantes aos de Cristo!

Paulo faz uma pausa no ditado e passa então ao ataque definitivo:

«Dizei-me, vós que quereis estar debaixo da lei: não lestes a lei? Com efeito, está escrito que Abraão teve dois filhos: um da escrava e outro da livre. Mas o da escrava nasceu segundo a carne, e o da livre, em virtude da promessa. Estas coisas foram ditas por alegoria, porque essas duas mães representam as duas alianças. Uma, a do monte Sinai, que gera para a escravidão: é Agar, porque o Sinai é um monte da Arábia e corresponde à Jerusalém daqui de baixo, a qual é escrava com os seus filhos. Mas a Jerusalém que é do alto, é livre e é nossa mãe. Porque está escrito: "Alegra-te, ó estéril que não dás à luz, exulta e clama, tu que não estás com dores de parto, porque são muitos mais os filhos da abandonada do que os daquela que tem marido". Vós, irmãos, sois filhos da promessa, como Isaac. Mas assim como então aquele que tinha nascido segundo a carne perseguia o que tinha nasci-

VI. A TERCEIRA VIAGEM DE MISSÃO

do segundo o espírito, assim também agora. Que diz, porém, a Escritura? "Lança fora a escrava e o seu filho, porque o filho da escrava não será herdeiro com o filho da livre".

«Por isso, irmãos, não somos filhos da escrava, mas da livre: e foi para a liberdade que Cristo nos libertou. [...] Porque nem a circuncisão nem a incircuncisão valem nada, mas sim o ser uma nova criatura. A todos os que seguirem esta regra, paz e misericórdia sobre eles e sobre o Israel de Deus.

«De ora em diante, ninguém me inquiete, porque trago no meu corpo os estigmas do Senhor Jesus. Irmãos, que a graça de nosso Senhor Jesus Cristo esteja com o vosso espírito. Assim seja» (Gl 4, 21--31; 6, 15-18).

Toda esta carta é um elevado cântico de louvor à Cruz de Cristo, que desde então nunca mais se deixou de repetir na Igreja: *Ave crux, spes unica*! A cruz é o grande mistério, em que Paulo resume tudo o que se opõe ao mundo. As feridas que recebeu em Listra, a serviço de Cristo, são as suas cartas de recomendação e o selo do seu apostolado. Como é vivo e real este esplêndido remate se tivermos em conta que se dirigia aos gálatas do Sul, que conheciam a origem dessas cicatrizes. Neste final, Paulo aparece-nos como um velho general que descobre o peito diante das legiões rebeldes e lhes mostra as cicatrizes dos ferimentos sofridos para lhes provar que não têm motivos para envergonhar-se do seu chefe; antes, deveriam lembrar-se do dia em que derramara o sangue pelos seus soldados. Segundo Heródoto, um escravo que se refugiasse no templo de Héracles e se cobrisse com as insígnias do deus, já não podia ser tocado por ninguém; do mesmo modo, Paulo sente-se seguro e protegido contra todas as inimizades por essas «insígnias de Cristo».

Com este escrito magistral, o Apóstolo dava à luz para Cristo, pela segunda vez e com grandes sofrimentos, os seus amados gálatas. Podemos imaginar com que emoção e lágrimas nos olhos as comunidades da Galácia não terão ouvido a leitura desta Epístola ou visto as «grandes letras» que Paulo tinha traçado «de seu próprio punho» (cf. Gl 6, 11). Não voltaremos a ouvir falar de semelhantes agitações naquela região da atividade missionária do Apóstolo. Parece que os seus adversários desapareceram e se lançaram como uma nuvem de gafanhotos sobre outras comunidades; bem cedo os veremos aparecer em Corinto.

Os aldeões da Galácia que levaram a carta do seu Apóstolo bem-amado pelo vale do Meandro até Antioquia, capital da Frígia, nem de longe suspeitavam de que precioso tesouro eram portadores: um documento de liberdade de uma importância histórica mundial. Foi na Frígia que ressoou pela primeira vez a expressão «liberdade cristã».

Na cidade frígia de Hierápolis crescia, por essa época, o filho de uma escrava chamado Epiteto. Paralítico de nascença, este liberto possuía um corpo fisicamente depauperado e uma alma sedenta de liberdade. Depois da expulsão dos filósofos de Roma, ocorrida no tempo de Domiciano, reunira à volta da sua cátedra em Nicópolis, onde Paulo passaria o seu último inverno, a flor da juventude romana, e ensinava esses jovens a salvaguardar a sua dignidade humana e a sua liberdade interior na corte imperial e na sua vida de funcionários.

Se compararmos a doutrina estoica da liberdade, tal como a ensinava Epiteto, com os ensinamentos paulinos, poderemos formar uma ideia da imensa superioridade da concepção paulina. O conceito de liberdade de Epiteto é «um canto de louvor ao autodomínio do ser humano»: a alma sempre pode refugiar-se num reino interior e subjetivo. Mas trata-se apenas de uma liberdade aparente que, por mais que enfrente com uma sutil dialética todas as barreiras, fatalidades e poderes do destino, não consegue desembaraçar-se das deficiências pessoais e do desacordo íntimo entre o pensamento e a vontade, e acaba assim por ficar prisioneira do seu próprio eu.

Os ensinamentos do Apóstolo sobre a liberdade consistem, pelo contrário, num «hino de louvor ao domínio de Deus», que nos concedeu em Cristo o dom de uma liberdade objetiva e imperecível. Pela sua união com Cristo, Paulo participa de um mundo superior, que lhe permite reconhecer integralmente a influência de todas as contingências externas, e no entanto conservar uma superioridade intangível com relação a todas elas. A liberdade cristã que anuncia obriga o homem a desenvolver uma incrível atividade, coloca-o numa salutar tensão entre os poderes da vida deste mundo e as forças do mundo que há de vir. A liberdade de Epiteto, em contrapartida, desemboca numa muda resignação do homem, entregue a si próprio e prisioneiro do seu eu.

VI. A TERCEIRA VIAGEM DE MISSÃO

A principal diferença entre as duas doutrinas reside no seguinte: em Paulo, chega-se a ser livre compreendendo, mediante a fé, a liberdade que Cristo nos conquistou; em Epiteto, é uma martirizante autolibertação por meio do saber, da correção sucessiva de falsas concepções, de uma cegueira voluntária diante do futuro e das realidades brutais deste mundo. A liberdade cristã consiste em libertar-se do próprio eu pela entrega a Deus, ao passo que a autonomia do estoico e do homem moderno não passa de uma entrega a esse eu miserável, arbitrário e falível. Goethe descobriu em toda a sua profundidade a essência da liberdade cristã ao pôr na boca da sua Ifigênia estas palavras: «É obedecendo que melhor sinto a minha alma em liberdade». Toda a impotência do pensamento estoico de Epiteto manifesta-se na atitude que assumiu perante a morte: para subtrair-se ao poder inexorável da morte, o estoico recorre ao suicídio.

Ninguém há de negar que há qualquer coisa de simpático e mesmo de comovente na luta de Epiteto pela liberdade moral, que ganha em atrativo e mérito por sabermos que se tratava de um antigo escravo, reduzido à pobreza e ao exílio. Parece-nos ouvir um eco fiel da sua doutrina da liberdade nos versos que um seu discípulo agradecido fez gravar, cerca de cem anos depois da redação da Epístola aos Gálatas, num rochedo próximo de Antioquia da Pisídia:

Caminhante: lê esta inscrição e leva contigo um proveitoso conselho.
Aprende que só é verdadeiramente livre aquele que o é pela virtude.
Mede a liberdade do homem pela sua atitude para com a ordem
natural das coisas.
Verifica se é livre no seu modo de pensar e se traz dentro do peito
um coração reto, pois é somente isto o que torna livre o homem.
Assim, pois, deves julgar a liberdade, e não te enganarás [...].
Mas é escravo, sim, arquiescravo – não me assusta dizê-lo –
quem se vangloria de grandes antepassados, mas é vil no seu coração.
Escuta, ó forasteiro: Epiteto foi escravo por parte da sua mãe,
ele, que pela sua sabedoria se elevou como a águia acima dos
mortais [...].
Oxalá – ó felicidade indizível – pudéssemos ainda agora
ter um homem assim, nascido de uma escrava!

O homem por quem esta inscrição anseia, como a maior dádiva feita à humanidade, tinha nascido havia muito tempo. Tinha percorrido a terra gálata e passara perto desse rochedo; tinha escrito aos mesmos gálatas: «Fostes chamados à liberdade» (Gl 5, 13). Houve alguma vez naquela terra outro homem que, como ele, tivesse sabido reunir entrega e serviço aos outros com tamanha liberdade de espírito, que se fez tudo para todos mas nunca foi servo dos homens? Quem pode ser mais livre entre os homens do que aquele que se desembaraçou de si próprio e é capaz de dizer: «Já não sou eu que vivo, é Cristo que vive em mim»? (Gl 2, 20).

Qualquer outra liberdade – seja a liberdade estoica de Epiteto ou a liberdade do idealismo alemão de um Kant ou de um Fichte –, não é, no fundo, mais do que uma fuga da realidade, a fuga para o reino ilusório de uma falsa interioridade. O próprio Epiteto percebeu a inconsistência da sua doutrina da liberdade, pois acabou por associar-se ao hino de louvor de Cleanto a Zeus e ao destino, cujas mãos deveriam conduzi-lo pelos caminhos desta vida. Mas Zeus era mudo, e nenhuma mão se estendeu do alto das nuvens, nem nenhuma divindade délfica lhe pôde dizer: «Por isso, se o Filho vos libertar, sereis verdadeiramente livres» (Jo 8, 36).

A sabedoria do mundo e a loucura da Cruz
1 Cor 1-4

Corinto! Já sabemos de quantos elementos díspares se formou esta colônia romana, este centro do comércio europeu, esta cidade de comerciantes e marinheiros, ressuscitada artificialmente por ordem de César cem anos depois da sua destruição. Corinto! Pudemos ver de que classes contrastantes da sociedade, desprovida de burguesia e de tradição, se constituiu a comunidade cristã, e as dificuldades que teve para encontrar a sua unidade. Corinto! Este nome evoca todo um mundo complexo, cheio de paradoxos e contradições, cheio do amor dos gregos pela liberdade e da estreiteza de espírito do *gueto* judaico, cheio de um sincero entusiasmo cristão e de um pueril espírito de partido, transbordante de dons carismáticos e da embriaguez

VI. A TERCEIRA VIAGEM DE MISSÃO

dionisíaca. E no meio deste braseiro efervescente, no qual um mundo novo luta por nascer, ergue-se com solitária grandeza a figura de São Paulo: é, sem dúvida, um espírito superior, mas não olha para baixo, para aquele mar de paixões em ebulição, com desprezo, como o faria o filósofo antigo; olha-o com compaixão e interesse, repleto do mesmo amor de Cristo, do Filho de Deus que descera ao encontro desta humanidade tão cheia de contradições com o seu coração ardente de Redentor.

Corinto não tinha uma população rural bem estabelecida, como a Galácia, nem uma honrada classe média, como Filipos; a sua população flutuava constantemente, com um fluxo e refluxo ininterrupto dos mais variados estrangeiros. Não se respirava ali o ar áspero e puro do Sinai, mas a sufocante atmosfera da Afrodite do Acrocorinto. E o quadro que Paulo nos traça da comunidade cristã nas suas duas Epístolas aos Coríntios não é lá muito lisonjeiro. Alguns críticos, pouco esclarecidos, censuram o cristianismo pelo fato de o Evangelho da paz ter sido desmentido pela realidade logo no princípio; mas limitam-se a olhar apenas para o exterior das coisas, para as manifestações de uma força exuberante num período em que ainda não se tinha formado uma tradição cristã capaz de dominar e canalizar bem essas forças. Aliás, não deixava de haver em Corinto numerosas famílias cristãs exemplares, como as de Cloé, Estéfanas, Gaio etc...

Seja como for, não se pode compreender de maneira nenhuma o quadro selvagem que Paulo traça se não se tem presente o obscuro fundo histórico-cultural da época, a fragilidade da parte inferior da alma, extraordinariamente inclinada a toda a espécie de intemperanças, de exaltações e êxtases. Já o vimos em Éfeso. «O helenismo, que é?», pergunta-se Schiller, e responde: «Razão e ponderação». Hoje sabemos como o poeta andava longe da verdade, excetuando-se talvez o período clássico, e mesmo assim... À medida que degeneravam as formas clássicas, desenvolvia-se mais e mais a inclinação enfermiça para uma espécie de falso «misticismo» que liberta a besta que existe no ser humano.

Durante o tempo em que São Paulo residiu em Corinto, foi bem-sucedido em seu propósito de manter elevado o nível moral da comunidade e de impor uma certa ordem. Mas, desde então, haviam-se passado quatro anos, e o aspecto da comunidade tinha mudado. A inconstância grega e o espírito de ampla liberdade bebido no Oriente tinham determinado um estado de coisas desconhecido na Igreja. Como nunca houvera cidades gregas sem partidos ou grupos, e, desde que o povo se tornara impotente do ponto de vista político, já não tinha nada sobre que decidir, a população passara a criar questões em torno de frivolidades: agrupava-se em partidos a favor e contra os cantores, dançarinos e lutadores, como mais tarde aconteceria na despótica Bizâncio. Questões pessoais transformavam-se em problemas de fundo, e uma vertigem de falsa liberdade na vida moral era o sucedâneo para a falta de liberdade política.

Paulo estabelecera o princípio de que os cristãos estavam isentos da Lei judaica. Como vimos, tinha sido um passo de grande audácia, pois a Antiguidade, quer entre os judeus, quer entre os gentios, nada sabia sobre a liberdade de consciência. O Apóstolo tinha captado genialmente uma ideia-mestra de Jesus – «a verdade vos libertará» (Jo 8, 32) – e introduzira-a na pregação cristã, dando assim origem ao espírito do Ocidente cristão e tornando-se o primeiro educador da Europa cristã. Mas que luta gigantesca teve de sustentar para preservar essa liberdade de todos os mal-entendidos! Com efeito, viu-se obrigado a defendê-la em duas frentes: na Galácia, dos judaizantes de vistas curtas; em Corinto, dos desenfreados apóstolos da liberdade, procedentes quer do partido liberal judeu, quer dos círculos dionisíacos. A esse delírio de liberdade vinha juntar-se um terceiro elemento que favorecia a formação de partidos: o *intelectualismo grego*.

Sócrates, três séculos antes, tinha alicerçado a ação moral no conhecimento. Em Corinto, sustentava-se então a tese de que o essencial do cristianismo era o conhecimento; o conhecimento cristão determinava o grau de perfeição do cristão e conferia-lhe a possibilidade de uma conduta autônoma na vida. A consequência foi uma *falsa interioridade*, porque, se a comunhão do homem com Deus não procede da fé, mas de um «conhecimento superior», o olhar volta-se exclusivamente para o interior, e a pessoa passa a buscar a manifestação de Deus no seu íntimo.

Desta forma, o mundo exterior e a atividade neste mundo perdiam o seu valor, e essa espécie de «sábio cristão» perdia todo o interesse pela vida da comunidade, isolando-se em si mesmo. Os fatos da vida real pareciam-lhe simples alegorias, e ele passava a buscar a união com

VI. A TERCEIRA VIAGEM DE MISSÃO

Deus através do pensamento e da filosofia mística. Esta foi, com efeito, a grande tentação do espírito grego, e a Igreja grega, empenhada em desligar-se das suas relações vitais com o Ocidente, sucumbiria mais tarde a esse perigo.

Além disso, o espírito helênico apresentava também fortes traços de *individualismo*, e os gregos tinham dificuldade em compreender o motivo pelo qual Paulo era um partidário tão convicto da comunidade e unidade eclesiásticas. Por fim, havia ainda uma terceira tentação oriunda do pensamento grego: a ética grega não só se pautava unicamente pelo conhecimento, como estava também dominada pelo *desejo de felicidade pessoal*. Esse «eudemonismo» era incapaz de compreender a pregação paulina sobre a Cruz: como podia um grego, nessas condições, deter-se diante da Cruz de Cristo e ver nela o esplendor da graça divina? Como podia sentir-se impelido a ouvir um mensageiro de Deus cujo destino era ser constantemente humilhado? Como gregos, era natural que os coríntios desejassem que o seu Apóstolo não se expusesse continuamente a perigos de morte e que deixasse de lado o trabalho manual.

Apolo havia regressado de Corinto e informara o Apóstolo da iminência do perigo. Chegaram novas notícias: aumentavam os escândalos morais entre os recém-convertidos. Hoje assistiam ao banquete eucarístico, amanhã eram vistos no templo de Afrodite ou de Serápis. Paulo tinha de intervir com energia. Enviou à comunidade uma primeira carta, redigida em tom sério, recomendando que não se tivesse comunicação com os cristãos fornicadores, os avarentos, os blasfemos e os ébrios (1 Cor 5, 9). Diga-se de passagem que as duas Epístolas aos Coríntios recolhidas no Novo Testamento são apenas parte de uma correspondência mais volumosa. Curiosamente, esta primeira carta perdeu-se. Teria sido interceptada?

Na Antiguidade, as ideias sobre a propriedade literária eram bastante nebulosas, especialmente entre os gregos; em Tessalônica, por exemplo, tinha-se falsificado havia pouco tempo uma carta do Apóstolo, e agora esta desaparecera em Corinto sem deixar vestígios. Também os judeus da época tinham começado a produzir falsificações literárias em grande escala: quase não existia autor clássico de cujo nome não se servissem para dar credibilidade a alguma falsificação. Pretendiam assim provar aos gregos que já Orfeu, Homero, Heráclito, Platão, Focílides e as Sibilas se haviam inspirado nas tradições judaicas. Na verdade, não surgira ainda a ideia de que o autor era proprietário da sua produção literária, e qualquer um podia falseá-la ou apropriar-se dela, e pôr o seu nome numa produção alheia ou assinar com nomes alheios as suas próprias obras. Que admira, pois, que os próprios cristãos seguissem esse costume? A literatura apócrifa mostra-o com toda a clareza. A Igreja teve de levar a cabo a tarefa sumamente difícil, mas digna de imensa gratidão, de separar o autêntico do falso, e esse trabalho de exame dos escritos canônicos durou até meados do século II.

Além das cartas do Apóstolo, havia também os *enviados pessoais*. Antes de redigir a primeira Epístola aos Coríntios, Paulo enviou-lhes o jovem gálata Timóteo, que tinha sido cofundador dessa comunidade, para lembrar-lhes os princípios da fé e da moral, «os meus caminhos, que são em Jesus Cristo, como eu os ensino por toda a parte em todas as Igrejas», de acordo com os outros Apóstolos (1 Cor 4, 17). Talvez Timóteo tivesse recebido também a incumbência de ativar a coleta para Jerusalém, porque lhe deram por companheiro o tesoureiro da cidade, Erasto, além de outros irmãos. Timóteo devia ir a Corinto por Trôade e pela Macedônia.

Pouco depois da partida, porém, uma nobre dama de Corinto, chamada Cloé, enviou a Paulo, por intermédio de um servo, notícias sobre a divisão da comunidade e a propagação da fornicação. Se os fiéis, individualmente, tinham perdido em tão alto grau o sentido da santidade pessoal e da austeridade moral, o Apóstolo ainda podia conjurar o perigo apelando para a comunidade como um todo; mas se esta estivesse dividida, já nada haveria a esperar. Isto nos explica o tom apaixonado com que defende a unidade e a comunidade eclesiásticas.

Tinham-se formado *três partidos* na Igreja de Corinto, ao lado do antigo núcleo que se mantinha fiel a Paulo. Essa formação de grupos era devida ao exagerado apreço que os gregos tinham pela personalidade individual, e possivelmente também por uma ideia proveniente do paganismo, segundo a qual o neófito entrava numa íntima e mística comunhão com o apóstolo que lhe tivesse conferido o sacramento do Batismo. O primeiro partido opunha Apolo, como seu chefe, a Paulo. Ambos tinham em comum o ardente entusiasmo por Cristo, mas diferiam no modo de ser. Apolo era uma natureza especulativa, e os

VI. A TERCEIRA VIAGEM DE MISSÃO

seus discursos brilhavam pelo elevado voo das suas ideias platônicas, pela dicção clássica e pela elegância retórica. Paulo, pelo contrário, era o realista, o homem de vasta experiência, que arrastava pelo poder da realidade e pelo ardor da paixão.

A interpretação alegórica da Sagrada Escritura feita por Apolo deixava muitas coisas na obscuridade e não conduzia às últimas consequências, mas lembrava o agradável jogo das ondas na superfície do mar profundo; a palavra de Paulo, pelo contrário, era como que levada sobre as asas da tempestade, tal como vemos nas suas Epístolas, e essa palavra obrigava os ouvintes a tomar as mais graves decisões e a cultivar um santo aborrecimento de si mesmos. No final de uma palestra de Apolo, os olhares dos coríntios cintilavam, e todos diziam uns aos outros: «Que beleza! Como foi magnífico!»; depois de um discurso de Paulo, reentravam em suas casas sérios e pensativos.

Os dois modos de pregar são importantes na Igreja; mas, para esses semigregos versáteis que se deleitavam com brilhantes sistemas de pensamento, o gênero de Paulo era excessivamente duro, e os partidários de Apolo, o novo mestre da sabedoria, passaram a utilizar o nome do seu pregador preferido como um grito de guerra: «Eu sou de Apolo!». No espírito de muitos coríntios, os dois homens transformaram-se assim em chefes de dois partidos antagônicos, embora essas duas almas magnânimas se estimassem e se compreendessem mutuamente.

Por outro lado, o grupo judaico da comunidade tinha recebido um reforço do Oriente, da Palestina e de Jerusalém. Acabavam de desembarcar no porto de Cêncreas uns judeus-cristãos que se apresentavam como gente importante e exibiam cartas de recomendação passadas pelos antigos Apóstolos. Alguns deles talvez tivessem sido batizados por Pedro, gloriando-se da sua amizade pessoal com ele e desdenhando de Paulo como Apóstolo de segunda categoria, que nunca estivera em contato com Jesus. Diziam que era «o último dos Apóstolos» e que não se podia ter a certeza de que realmente tivesse visto Cristo glorificado. Além disso, as constantes ameaças de morte e as perseguições de que era alvo tiravam todo o brilho ao seu apostolado. Estava muito abaixo de Moisés, e no entanto queria deixar Moisés de lado: alguma vez se vira o seu rosto brilhar como o de Moisés ao descer do Sinai? O próprio fato de não se valer do privilégio habitual dos Apóstolos, de serem sustentados a expensas da comunidade, não provava que ele não se sentia seguro da sua missão?

Nunca se apela em vão para a mediocridade humana. Em breve, os judeus-cristãos conseguiram reunir um grupo importante de partidários sob a palavra de ordem: «Eu sou de Cefas (Pedro)!» Paulo não duvidou um instante sequer de que Pedro desconhecesse esse abuso do seu nome, e só fala do Príncipe dos Apóstolos com extraordinária veneração. Não reprovava o esforço por agrupar as comunidades dispersas sob a autoridade de Pedro; mas que se fizesse valer a autoridade de Cefas para destruir o seu apostolado, recebido diretamente de Cristo, isso era um golpe que o Apóstolo recebia como se fosse dirigido contra o próprio Cristo, de quem ambos queriam ser fiéis administradores.

Para coroar a insensatez, havia ainda um terceiro grupo de pessoas que pregavam a liberdade: eram os «super-apóstolos», que desdenhavam até designar-se pelo nome de um homem. Reclamavam para si o próprio Cristo, e valiam-se do Senhor contra os seus servos, ao grito de: «Eu sou de Cristo». Era o cúmulo da estupidez. Os seus mentores eram talvez judeus-cristãos imigrados, que julgavam desfrutar de relações muito particulares com Cristo porque o tinham conhecido «segundo a carne». Estes eram os adversários mais perigosos. Recusavam-se a admitir que Cristo falasse pela boca de Paulo, que Paulo possuísse o «Espírito de Deus» (1 Cor 7, 40). Aqui havia algo mais do que pura infantilidade, porque todo aquele que invoca o Mestre para se insurgir contra os seus discípulos revolta-se em suma contra a totalidade da ordem eclesiástica. Não há nenhuma descontinuidade entre Cristo e a Igreja, entre Cristo e os Apóstolos.

É provável que justamente esses extravagantes «amigos de Cristo» se sentissem também desligados de todas as normas morais pela prática de uma «ascese superior», rejeitassem o casamento e negassem com um espiritualismo exagerado a ressurreição da carne. Seguiam apenas «a sua experiência pessoal» e apresentavam a Cruz, a forma definitiva da vida cristã, como uma «loucura». No entender deles, a Igreja devia propor-se uma espécie de «glorificação das condições terrenas, uma acomodação à situação do momento». Diziam que se podia aspirar a uma situação estável e segura neste mundo, participar dos sacrifícios aos ídolos e reconhecer a competência dos tribunais pagãos nas de-

VI. A TERCEIRA VIAGEM DE MISSÃO

mandas relativas aos cristãos. Em suma, que era necessário ser moderno e dizer «sim» à vida tal como ela se apresentava.

Assim estavam as coisas em Corinto. Era urgente intervir com rapidez; antes mesmo que Timóteo chegasse a Corinto, era necessário dirigir à comunidade uma carta com todo o peso da autoridade apostólica, a fim de facilitar a tarefa desse mensageiro. Quando Paulo atacava um problema, procurava apresentá-lo de maneira clara para todos e sabia elevar até mesmo os espíritos mesquinhos à altura dos seus grandes ideais. *Sóstenes*, o antigo presidente do conselho da sinagoga, que tinha sido conquistado para Cristo por Apolo e que o acompanhara a Éfeso, serviria de intermediário entre Paulo e a Igreja de Corinto. Devia assinar e testemunhar com Paulo o conteúdo da Epístola, provando assim que Paulo e Apolo estavam inteiramente de acordo, pois convinha que os coríntios tomassem plena consciência disso! Paulo quis mesmo enviar o próprio Apolo a Corinto, mas este não aceitou a incumbência, devido à delicadeza das circunstâncias. O Apóstolo lutou durante toda uma noite, com lágrimas e orações, pela alma dos seus filhos. Não era o pai de todos eles? «Ainda que tenhais dez mil preceptores em Cristo, não tendes todavia muitos pais, pois fui eu que vos gerei em Jesus Cristo, por meio do Evangelho» (1 Cor 4, 15).

Novamente é a oficina de Áquila que assistirá à redação da Epístola. Paulo dita, e desta vez é Sóstenes quem escreve. Nos quatro primeiros capítulos, trata das divisões existentes na comunidade e da sua causa profunda: o apreço exagerado pelo que é puramente humano, a falta de espírito sobrenatural, a soberba do intelecto, o desejo de uma inócua sabedoria puramente verbal. Aos «adeptos de Apolo», que exageravam o valor do Batismo recebido desse apóstolo, tem de explicar a verdade cristã elementar de que não existe senão um só Batismo, cujo valor deriva única e exclusivamente da morte de Cristo na Cruz. «Está dividido Cristo? Porventura foi Paulo crucificado por vós? Ou fostes batizados em nome de Paulo?», pergunta (1 Cor 1, 13). A seguir, felicita-se pelo fato de não ter administrado habitualmente esse sacramento. Aliás, esta passagem extraordinariamente viva constitui um exemplo clássico do trabalho do redator humano que se corrige a si mesmo sob a influência da inspiração, para ele inconsciente: «Dou graças a Deus por não ter batizado nenhum de vós, a não ser Crispo e Gaio, para que ninguém diga que fostes batizados em meu nome». O Espírito intervém: «Espera, Paulo. Isso não é verdade». Paulo reflete: «Ah! sim, e batizei também a família de Estéfanas; de resto, não sei se batizei mais alguém» (1 Cor 1, 14-16). Assim vemos como o escritor bíblico se encontra sob a ação constante do Espírito Santo.

Depois continua: por acaso os coríntios pensam que poderão ser salvos pela filosofia e pela retórica gregas? Nesse caso, não terá sido inútil a morte de Cristo? E por que Cristo não chamou então, em primeiro lugar, os filósofos e as pessoas importantes deste mundo? Seria bom que olhassem para as suas próprias comunidades! Não se compõe a maioria delas de gente humilde, sem formação filosófica, até mesmo de escravos? Por acaso a sabedoria grega é algo mais que um conjunto de sutilezas, que não conduzem a qualquer resultado prático? É por essa escala falsa que pretendem medir os pregadores da fé cristã?

O Apóstolo alude aqui à sua aventura com os filósofos de Atenas: não veem os coríntios que a sabedoria desses filósofos está morta e já não sabe para onde vai? A seguir, chega ao ponto de exclamar: «Porventura não classificou Deus de loucura a sabedoria deste mundo? [...] Porque o que é loucura em Deus, é mais sábio que os homens, e o que é fraqueza em Deus, é mais forte que os homens. [...] Mas as coisas loucas, segundo o mundo, escolheu-as Deus para confundir os sábios» (1 Cor 1, 21-27). Seria falso pensar que o cristianismo não possui uma sabedoria própria, e que é obrigado a tomar a sua sabedoria de empréstimo aos gregos! Paulo anuncia-lhes a misteriosa e oculta sabedoria de Deus, que é muito mais profunda do que a sabedoria grega e que nunca pôde ser alcançada por nenhuma das principais figuras do pensamento antigo; essa sabedoria de Deus é de tal modo incomensurável que só o Espírito de Deus a pode perscrutar até o fim.

Nesta passagem, Paulo torna seu o conceito suprarracional da Sabedoria, tal como aparece no Antigo Testamento, contrapondo-o à «sabedoria» grega, que procede unicamente do frágil raciocínio autônomo do pensamento. Afirma nada menos que dezesseis vezes, com fórmulas sempre novas, a total incapacidade da sabedoria deste mundo para fundamentar e explicar a fé sobrenatural. Sublinha que o ideal da sabedoria cristã, acessível a todos, consiste essencialmente no conhecimento do mistério da Redenção, da inserção de toda a hu-

VI. A TERCEIRA VIAGEM DE MISSÃO

manidade na unidade do corpo místico de Cristo. Todo aquele que compreendeu esse ideal é sábio no sentido religioso da palavra; é um «homem espiritual» (1 Cor 2, 15).

Mas o Apóstolo ainda não pudera falar-lhes «como a espirituais», iniciá-los nesses pensamentos elevados, uma vez que não passavam de neófitos e principiantes na fé. Têm de começar por aprender os rudimentos. E a prova de que ainda não os possuem é justamente o fato de haver ainda entre eles discórdias e invejas pueris. Não lhes cabe, pois, o direito de fazer distinções entre os pregadores do Evangelho; tais comparações são inteiramente falsas. Todos os Apóstolos têm a mesma função e todos se encontram ao serviço do mesmo Senhor, se bem que com talentos particulares. Numa imagem impressionante, Paulo descreve o papel do operário do Evangelho no decurso dos séculos. Como «prudente arquiteto», como um engenheiro responsável, tinha esboçado o projeto e lançado os alicerces: a doutrina da *economia da salvação*, o mistério do corpo místico de Cristo, particularmente bem compreendido por ele graças à revelação de Damasco, e cuja pregação era o objeto de toda a sua vida. É sobre esse fundamento que todos os teólogos cristãos haverão de construir o edifício.

Mas deverá ser um «edifício» harmônico, concebido segundo um mesmo plano. Paulo distingue duas espécies de construtores na teologia: os construtores hábeis, que continuam a edificar harmonicamente sobre os alicerces recebidos e empregam um material bom – «ouro, prata, pedras preciosas» –, a fim de levantarem um edifício digno de Deus; e os inábeis, os que, sobre a rocha ou o mármore, constroem uma edificação de «madeira, palha ou estopa», e revestem essa construção mal-acabada de uma fachada enganosa. Mas o «dia do Senhor», o fim do mundo e o Juízo Final, porão a descoberto a fraude. A obra do arquiteto consciencioso resistirá ao fogo, como os antigos templos de mármore, em Corinto, tinham resistido à destruição ordenada por Múmio. A obra do mau arquiteto, pelo contrário, desabará, e ele poderá considerar-se feliz se sair do incêndio com algumas queimaduras... Paulo vai buscar esta imagem às teofanias do Velho Testamento, onde o fogo flameja em torno do carro de Deus quando o Senhor surge para o Juízo. É o fogo de Deus que prova e revela os pensamentos e os sentimentos dos homens. A Igreja viu nesta passagem clássica (1 Cor 3, 10-15) uma alusão à doutrina do purgatório.

A ideia dos coríntios «inchados» acerca do valor da obra de Paulo era, pois, absolutamente destituída de sentido. Nesta matéria – continua o Apóstolo –, nenhum tribunal humano pode dizer-se competente, mas unicamente Deus. Como é ridícula essa formação de partidos em torno de um nome célebre, quando nem mesmo ele próprio se permite julgar-se a si mesmo! É nestes termos que devem raciocinar aqueles que não consideram a Sagrada Escritura suficientemente profunda, aqueles que pretendem ser mais bíblicos que a própria Bíblia, aqueles que, ao contrário do Apóstolo, pretendem «ir além do que está escrito» (1 Cor 4, 6). Como é fútil essa discussão mesquinha, esse culto à pessoa, se se tem presente a grandeza do conjunto! Paulo vê diante de si o cosmos inteiro, que concebe como uma pirâmide em cujo cume se encontra Deus: «Todas as coisas são vossas: Paulo, Apolo, Cefas, o mundo, a vida, a morte, as coisas presentes, as futuras; tudo é vosso, mas vós sois de Cristo, e Cristo de Deus» (1 Cor 3, 22-23). O indivíduo é nada, todo o universo é nada, se um e outro não estiverem incorporados em Cristo. E o próprio Cristo nada seria, se não pertencesse inteiramente a Deus, que é «tudo em todos».

Mas Paulo dispõe de armas muito mais decisivas! Combate os gregos com as armas deles, com a ironia socrática, em que é mestre, e mostra-lhes que é um «sábio» na acepção grega da palavra. A sábia ignorância de Sócrates apresenta-se aqui com vestes cristãs: «Se algum dentre vós se tem por sábio segundo este mundo, faça-se insensato para ser sábio» (1 Cor 3, 18). Com um fino humor, troça de alguns recém-convertidos, ainda mal saídos do ovo da vã sabedoria helênica, e que, na sua embriaguez intelectual, já pretendem desprezar a fé simples do povo e, como ocultos pretendentes ao trono, já se veem reinando à direita de Cristo. Paulo trata-os como um pai ao filho pequeno, que se julga rei por montar um cavalo de pau e aparecer de sabre em riste: «Que tens tu que não tenhas recebido? E, se o recebeste, por que te glorias, como se não o tivesses recebido? Vós já estais saciados, estais ricos, sois reis sem nós. E oxalá vos tornásseis reis, para também nós reinarmos convosco»... (1 Cor 4, 7-8). Mas nós, Apóstolos, somos como criminosos condenados no circo do mundo, e vós nos contemplais do alto da vossa tribuna imperial. Nós, Apóstolos, somos os «loucos de Cristo», ao passo que vós sois os «sábios em Cristo».

VI. A TERCEIRA VIAGEM DE MISSÃO

Nós somos fracos, mas vós sois fortes. Nós somos desprezados, mas vós sois cumulados de honrarias!

De repente, porém, a ironia cessa, e o Apóstolo prossegue em tom sério. É o grito de um coração profundamente amargurado, é a narração dos sofrimentos que emolduram a sua vida: «Até esta hora, sofremos a fome, a sede, estamos nus, somos esbofeteados, não temos morada certa [...]; tornamo-nos como a imundície deste mundo, a escória de todos até agora» (1 Cor 4, 11-13). Mas o seu coração benigno logo se arrepende do que disse. Receia tê-los ferido com a sua aprazível ironia: «Não escrevo estas coisas para vos envergonhar, mas admoesto-vos como a filhos meus caríssimos». Do fundo do seu coração paternal, recorda-lhes o tempo em que, como crianças, estavam sentados à volta dele, seu pai espiritual, sem deixarem de o olhar e bebendo cada uma das palavras da sua boca. Por mais preceptores que tenham tido, ele continua a ser o seu único pai. «Rogo-vos, pois, que sejais meus imitadores, como eu o sou de Cristo. [...] Alguns andam inchados, como se eu não estivesse para ir ter convosco. Mas brevemente irei ter convosco, se o Senhor quiser, e examinarei não as palavras dos que andam inchados, mas a virtude. Com efeito, o reino de Deus não consiste nas palavras, mas na virtude. Que quereis? Que vá ter convosco com vara, ou com amor e espírito de mansidão?» (1 Cor 4, 14-21).

Não devemos ver nestas palavras do Apóstolo acerca da «sabedoria deste mundo» e da «loucura da cruz» a expressão última e definitiva da atitude espiritual do cristão. À semelhança dos estoicos, Paulo tinha certa predileção pela linguagem paradoxal, e os gregos o compreendiam. O Apóstolo em nada se opunha à verdadeira filosofia grega, à herança espiritual dos grandes pensadores da Hélade, a essa *recta ratio* que o Concílio Vaticano considerou, na esteira de São Tomás de Aquino, o «fundamento racional da fé». Opunha-se, sim, aos representantes da falsa filosofia popular, que tinham zombado dele no Areópago. A sua atitude deve ser examinada à luz das circunstâncias da época, e não nos pode levar a ver nele um desprezador do espírito humano. Paulo certamente não contradiria as palavras de Goethe: «Não valeria realmente a pena ter vivido até aos oitenta anos, se toda a sabedoria dos homens não passasse de loucura aos olhos de Deus».

Na Epístola aos Filipenses, o Apóstolo estabelece o ideal da sabedoria cristã nestes termos: «Quanto ao mais, irmãos, tudo o que é verdadeiro, tudo o que é honesto, tudo o que é justo, tudo o que é íntegro, tudo o que é amável, tudo o que é de bom nome, qualquer virtude, qualquer coisa digna de louvor, seja isso o objeto dos vossos pensamentos» (Fl 4, 8). Paulo não rejeitava de maneira nenhuma o estilo de Apolo, que procurava fundamentar filosoficamente a verdade evangélica, embora pessoalmente não tivesse grande predileção por esse estilo. Abandonava a questão ao juízo de Deus. Limitou-se, pois, a basear o conhecimento cristão no único fundamento possível: Cristo. Daí a segurança do seu tom, que não se encontra nem nas deduções dos filósofos nem nas imagens místicas. É uma segurança que decorre, por um lado, do fato objetivo da Redenção cristã, do olhar que ele pode lançar sobre a realidade histórica do Crucificado; e, por outro, da comunidade de vida mística com esse mesmo Cristo, da união espiritual com o Crucificado.

Encontramos aqui um conjunto de aspectos ao mesmo tempo objetivos e subjetivos, que se refletem constantemente no paradoxo e na dialética do seu pensamento: sabedoria e loucura, fraqueza e força, espírito e carne, Cristo terreno e Cristo celeste. Embora fosse um pensador profundo e perfeitamente cultivado, Paulo sabia por experiência pessoal que a realidade mais preciosa se encontra para além da nossa razão, e que a penetração do mundo divino, tal como se nos apresenta em Cristo, exige um estado de espírito radicalmente novo. É o estado de espírito reconhecido por Santo Agostinho na palavra do profeta Isaías, e que constitui a essência da atitude cristã: *Nisi credideritis, non intelligetis*, se não acreditardes, não compreendereis.

«*Diversidade de dons, mas um mesmo espírito*»

1 Cor 5-16

Paulo tinha chegado a este ponto da sua Epístola quando ouviu bater à porta da casa de Áquila. Acabavam de chegar de Corinto Estéfanas, Fortunato e Acaico, provavelmente trazendo uma carta da comunidade. Como os três faziam parte do núcleo mais antigo da Igre-

VI. A TERCEIRA VIAGEM DE MISSÃO

ja local, essa carta talvez viesse dos dirigentes do grupo fiel a Paulo. O Apóstolo teve um suspiro de alívio, pois Corinto parecia querer reconsiderar, e pediu a Estéfanas que lhe lesse a missiva.

Mas o rosto do Apóstolo não tardou a ensombrecer-se, pois as notícias não eram animadoras. A sua primeira carta, a que viria a perder-se mais tarde, parecia ter irritado os coríntios. Os novos pregadores da liberdade tinham-lhe dado artificiosamente um alcance que ela não possuía; afirmavam que era impossível cumprir as suas recomendações, que em Corinto – onde a expressão «viver à coríntia» significava o mesmo que viver em concubinato – não se podiam aceitar semelhantes utopias. Era evidente que a tendência a criticar e deformar as prescrições do Apóstolo continuava mais viva do que nunca naquela comunidade, e por isso os dirigentes pediam ao Apóstolo que lhes desse diretrizes sobre as principais questões que os agitavam e desuniam.

Os *novos pregadores da liberdade* – não sabemos exatamente quem seriam, se imigrantes amigos do mais amplo liberalismo, oriundos do judaísmo, ou homens sexualmente envilecidos da própria cidade – pregavam uma liberdade absoluta no relacionamento sexual e fundamentavam essa doutrina na liberdade cristã, que segundo eles não podia tolerar qualquer restrição: «Tudo é permitido, tudo está em meu poder». As relações sexuais eram apresentadas como satisfação moralmente indiferente de uma necessidade natural, análoga ao comer e ao beber. Um membro eminente da comunidade vivia numa relação incestuosa com a madrasta, situação aliás proibida pela própria legislação romana.

As leis contrárias ao casamento entre parentes consanguíneos ou por afinidade eram violadas então com toda a facilidade, porque praticamente já não existiam verdadeiras uniões matrimoniais. A sensualidade desenfreada conduzira o paganismo a menosprezar cada vez mais o casamento, fomentando ao mesmo tempo a prostituição nas classes baixas e o concubinato entre a gente culta. Já no tempo de Péricles, *hetaíras* de brilhante cultura, como Aspásia, originárias da efeminada Jônia, tinham exercido grande influência sobre os homens públicos, artistas e poetas. Esta instituição do amor livre, semelhante à das *gueixas* do Japão, chegara a estender-se a Roma e lá gozava de proteção legal; imperadores de conduta moral muito elevada noutros aspectos mantinham uma dessas cortesãs ao lado da esposa legítima. O próprio

Agostinho, antes de se converter, viveria durante anos em concubinato, e isso sob o mesmo teto de sua mãe.

Em Corinto, porém, tinha-se começado a proclamar a dissolução do casamento em nome dos próprios princípios do cristianismo. Em contrapartida, no extremo oposto, havia outros que consideravam todo tipo de relação sexual, mesmo no casamento legitimamente contraído, como algo desprezível e degradante. Esta maneira de ver tinha a sua origem na concepção dualista do universo, amplamente difundida no mundo grego, que concebia uma oposição irreconciliável entre o espírito e a carne, e também no sectarismo farisaico.

Em resumo, os coríntios perguntavam: é proibida toda relação sexual? Será preferível casar ou não, dada a iminência do regresso de Cristo? Que dizer do divórcio? Será permitido apresentar uma demanda nos tribunais pagãos? Pode-se comer carne proveniente dos sacrifícios pagãos? Podem-se aceitar convites para assistir a banquetes em que se serve essa carne? E tinham ainda toda a espécie de dúvidas acerca dos ofícios religiosos. As mulheres de Corinto desejavam ser equiparadas aos homens nos atos de culto, usar da palavra nas cerimônias e apresentar-se sem véu. Os ágapes degeneravam em festins, onde as diferenças entre ricos e pobres se faziam sentir muito desagradavelmente. Perguntava-se ainda o que seria preferível: se falar línguas ou profetizar. Um cristão que tinha o dom de línguas teria dito: «Maldito seja Jesus»! Por fim, também a ressurreição da carne constituía um grave problema para a mentalidade dos gregos.

Essa missiva não constituiu certamente uma leitura agradável para Paulo. Para nós, porém, foi providencial, porque obrigou o Apóstolo a formular uma doutrina clara sobre todas essas questões, e além disso permite-nos observar um sem-número de aspectos da vida da Igreja primitiva, coisa que de outra forma não teria sido possível. Foi assim que a primeira Epístola aos Coríntios se converteu na mais rica e mais interessante de todas as cartas paulinas.

Na posição de Paulo em face de cada um desses problemas, distinguimos nitidamente o caráter particular da dupla existência do cristão, que vive em dois mundos. O Apóstolo não partilha da opinião de que o cristão, pelo fato de sê-lo, está livre do pecado; pelo contrário, encontra-se constantemente submetido a uma grande tensão moral, numa dupla forma de existência: pela sua vida terrena, continua a

VI. A TERCEIRA VIAGEM DE MISSÃO

fazer parte do antigo *éon*, do mundo do pecado; pelo Espírito, pertence já à nova forma de existência, «pneumática» e espiritualizada. O cristão vive «em Cristo», mas vive igualmente no mundo. É essencialmente um «peregrino entre dois mundos».

Paulo descreve o estado do cristão como o de um homem novo justificado, que na morte de Cristo foi com Ele submergido e sepultado, e na ressurreição de Cristo emergiu para uma vida nova e se «revestiu de Cristo»: está morto para o pecado; o pecado deixou de ter qualquer poder sobre ele. Mas, apesar desses princípios místicos e espirituais, o Apóstolo não fecha de modo algum os olhos à dura realidade, nem se espanta ao verificar que o pecado continua a existir entre os cristãos. Nunca diz que o pecado se extinguiu; continua aí, à espreita da menor ocasião para reconquistar o terreno perdido. O cristão vive, pois, numa tensão violenta, numa polaridade que não pode ser suprimida aqui embaixo. Isto prova-nos ainda que a mística de Paulo dista muitíssimo da mística dualista de origem iraniana, que vê no homem essencialmente um espírito, um ser divino desterrado do mundo da luz e confinado na matéria, e que deve procurar constantemente desembaraçar-se desta, até ser chamado de volta para o reino da luz; e dista igualmente da mística helenística da união com a divindade através dos atos carnais.

Esta tensão própria da vida cristã atua nas mais diversas direções, segundo a resposta de Paulo: primeiro, na *esfera sexual*, na atitude do cristão em face da vida sexual, do casamento e do celibato: é aqui que o Apóstolo estabelece os fundamentos da moral cristã do casamento; segundo, no problema do *direito privado* em litígios judiciais acerca dos bens e do dinheiro; terceiro, na *questão social*, que na Antiguidade se limitava essencialmente ao problema da situação da mulher e ao da escravidão; quarto, na questão das *relações civis com os pagãos*, que dizia respeito sobretudo à participação nos sacrifícios e banquetes sacrificiais pagãos, bem como no culto ao Imperador. Em todas essas áreas, Paulo estabelece os fundamentos de uma ordem social cristã. Também são visíveis na sua resposta os primeiros rudimentos do futuro direito canônico.

Os chefes da comunidade tinham-se tornado cúmplices de um incesto publicamente conhecido, por tê-lo tolerado. A indignação de Paulo atinge o auge. Era seu costume submeter os autores de um escândalo público a uma espécie de excomunhão, que significava a exclusão da participação nas graças da Igreja e o rompimento de todas as relações sociais com o culpado. Assim, tinha ameaçado de excomunhão os boateiros ociosos de Tessalônica, e mais tarde ordenaria a Tito que evitasse qualquer ligação com os hereges endurecidos e com os fomentadores de discórdias. Os chefes da comunidade tinham faltado gravemente ao seu dever tolerando covardemente o escândalo, e Paulo dá-lhes agora ordens rigorosas: «Tirai do meio de vós o perverso» (1 Cor 5, 9-13).

Para este caso, o Apóstolo alude até a um castigo ainda mais severo que a excomunhão: «entregar o culpado a Satanás» (cf. 1 Cor 5, 1-8). A comunidade deveria reunir-se – ele próprio estaria espiritualmente presente – e, pela sagrada maldição, abandonar temporariamente o culpado à ação vindicativa do demônio; Satanás feri-lo-ia com doenças, como a Jó, ou até o mataria, como a Ananias e a Safira. Por esse meio, a sua alma teria ocasião de fazer penitência e mesmo de salvar-se; o direito penal da Igreja sempre tem por finalidade a emenda e a salvação da alma. Paulo lançaria mão deste terrível poder pelo menos mais uma vez na sua vida, contra os dois blasfemadores Himeneu e Alexandre (1 Tm 1, 20). A dissolução dos costumes inspirava-lhe um profundo horror; era a reação normal contra o desregramento sexual que imperava na Antiguidade e uma herança da sua educação. Mas o Apóstolo tinha também uma razão profundamente religiosa para reagir desse modo: o corpo do cristão já não lhe pertence, e por isso não lhe é lícito dispor dele livremente; o seu corpo é membro do corpo de Cristo, e por conseguinte não deve ser profanado pelo contato com prostitutas (1 Cor 6, 12-20).

O problema do *direito privado* preocupava o Apóstolo, pois não queria que se dirimissem em tribunais pagãos os litígios relativos à propriedade ou à honra. Os judeus da diáspora dispunham de tribunais próprios, com a aquiescência do Estado. Paulo baseia o seu veto não só na autoridade civil de que a Igreja deve gozar em face da sociedade, mas também na dignidade superior do cristão, que faz dele um juiz dos infiéis e até dos anjos caídos (1 Cor 6, 3). Esta dignidade advém-lhe da sua união mística com Cristo, através da qual lhe cabe participar não somente do sacerdócio, mas ainda da jurisdição de Cristo que se há de manifestar no dia da Parusia. Este princípio da

VI. A TERCEIRA VIAGEM DE MISSÃO

jurisdição interna da Igreja, mesmo nos casos de processos privados, foi-se impondo progressivamente. Só raramente se viram cristãos demandar entre si em tribunais civis, e a situação manteve-se assim até a época de Constantino, altura em que o Estado se tornou cristão.

O *problema do casamento* é resolvido, não do ponto de vista da ética natural, mas a partir de considerações de ordem espiritual, pois o Apóstolo mede todas as coisas em função do corpo místico de Cristo e da vida religiosa da comunidade. Para ele, o casamento e a virgindade em nada se opõem. O respeito que se deve aos dois estados de vida procede do mesmo fundamento: o mistério de Cristo. O casamento não é inferior ao celibato como tal, mas unicamente à virgindade. Porém, esta só existe enquanto oferenda de amor feita ao Bem supremo, como dom total e heroico do próprio ser, derivado de uma vontade inteiramente pura. O fim eterno da personalidade é o mesmo, tanto no estado de casado como no de virgindade.

O casamento só passa para um segundo plano quando excedido por um valor superior, isto é, a entrega indivisa de toda a personalidade a Deus, o *vacare Deo*. Deus tem sobre o homem direitos superiores aos da comunidade terrena. Assim deve ser entendida a castidade, virtude que se baseia no amor de Deus e foi celebrada desde tempos imemoriais como uma magnífica manifestação da vontade livre. Sendo excepcional, só pode ser privilégio de alguns, e portanto não implica nenhum desprezo pelo casamento. Paulo não diz que o homem não casado seja superior ao homem casado. Pode muito bem suceder em casos concretos, e do ponto de vista do sacrifício e da cooperação para a vida da comunidade, que o homem casado seja moralmente superior ao que preferiu o celibato. Mas disto infere-se, por outro lado, que a renúncia temporária ao débito conjugal, com a finalidade de se chegar a uma relação mais intensa com Deus, também é boa. Paulo emprega aqui a palavra *kálos*, que significa «moralmente belo»[37].

---

(37) Temos a impressão de encontrar um eco de 1 Cor, 7 na passagem em que Epiteto louva com entusiasmo o celibato do filósofo cínico, que permanecia solteiro «para poder dedicar-se sem estorvo aos assuntos do seu serviço divino..., como enviado do deus e médico das almas» (Diss., 3, 22, 69). Segundo ele, essa espécie de «pastor de almas» teria recebido de Zeus um «ministério real», que consistiria em acolher todos os homens como filhos e todas as mulheres como filhas, e em considerar-se para todos «um pai, um irmão e um servo do pai comum», isto é, Zeus. Nem mesmo

É admirável ver como este homem, a despeito da sua estatura mística, permanece um grande realista: não se surpreende com a realidade, antes chama-a pelo nome. Mesmo diante do ascetismo doentio, inimigo do casamento, professado pelos mistérios gregos e por algumas seitas judaicas (terapeutas e essênios), não se deixa tentar de modo algum por essa atitude, que pretende ver no matrimônio uma instituição de origem diabólica. Na Epístola aos Efésios, louva o casamento como um mistério de Cristo, e eleva-o ao plano do Espírito com uma ousadia muito maior que a das tímidas tentativas de espiritualização do casamento feitas pelos estoicos. Mas no fundo, a ideia do casamento, da união perpétua, reveste-se nele da maior grandeza porque é justamente essa ideia que dá à virgindade a sua mais profunda justificação, na medida em que a virgindade é o matrimônio espiritual com Cristo. «A própria virgindade, diz Santo Agostinho, tem as suas alegrias nupciais». Também Cristo tem uma esposa, que é a Igreja, e a sua Parusia será a festa das núpcias eternas. Deste ponto de vista, é natural que Cristo tenha permanecido sem se casar durante a sua vida terrena, e, à semelhança de Jesus, também Paulo não quis tomar esposa; foi a Igreja que desempenhou esse papel. Todas as realidades santas e maravilhosas que se verificam no casamento, encontrou-as o Apóstolo na sua união com Cristo e com a Igreja: vela com carinho pelas comunidades, cerca-as de amor e de afeto, consome-se em cuidados e combate por elas por amor de Cristo.

Estaríamos forçando o sentido do texto se pretendêssemos negar que as explicações do Apóstolo tiram uma força particular da sua convicção acerca da proximidade do fim do mundo: «O tempo é breve»; «a figura deste mundo passa» (1 Cor 7, 29, 31). Mas não se pode ver nisso a menor hostilidade ao casamento, se pensarmos que esse mesmo homem escreveu na Epístola aos Efésios: «Os maridos devem amar as suas mulheres como aos seus próprios corpos. Quem ama a sua mu-

---

Paulo teria podido escrever palavras mais belas sobre o ministério sacerdotal do cristão, pois os motivos em que se apoia para recomendar o celibato são análogos: vivemos neste mundo como em estado de emergência, como em tempos de guerra (lembremo-nos de que Paulo tem em mente os últimos tempos: «o tempo é breve»). Por outro lado, se não houvesse senão pessoas santas, se não houvesse senão «perfeitos», também não haveria necessidade de pastores de almas que tivessem de renunciar ao matrimônio para dedicar-se ao serviço dos outros.

VI. A TERCEIRA VIAGEM DE MISSÃO

lher, ama-se a si mesmo» (Ef 5, 28). Portanto, em Paulo, o apreço pela virgindade não deriva de modo algum de considerações utilitárias ou de uma frieza de sentimentos; este homem apreciava em todo o seu valor a dedicação da mulher e os serviços prestados por uma mão feminina e maternal (cf. Rm 16, 13). O verdadeiro motivo desse apreço está no maior grau de liberdade que a virgindade confere tanto ao espírito como ao coração; o fundamento é, pois, de ordem mística.

Mas a vida sexual da Antiguidade estava sob a influência de um paganismo demoníaco hostil ao casamento, profundamente arraigado na mentalidade das pessoas, e que em breve voltaria a manifestar-se em Marcião, um herege do século II que se proclamava apaixonado discípulo de Paulo. Marcião testemunhará um ódio cego pelo «Deus Criador» do Antigo Testamento e opor-lhe-á irredutivelmente o «novo Deus», o Deus Redentor do Novo Testamento. O seu «Deus Criador» deveria ser vencido pela continência e pela supressão dos nascimentos. *Fabricator mundi est in diminutione* – «O arquiteto do mundo está condenado a perecer» –, escreverá com entusiasmo. Se a contra-Igreja que ele fundou, e que durante algum tempo chegou a ser uma séria adversária da Igreja católica, tivesse conseguido vencer, o mal teria sido irreparável.

Mas retornemos à Epístola aos Coríntios. A vocação para o cristianismo, prossegue Paulo, em nada altera o *estado social* do cristão. O cristão é interiormente livre quanto às coisas exteriores: o cristianismo não se propõe modificar o estado das pessoas, mas tão somente a sua vida interior. A mudança das condições sociais será uma consequência da conversão dos corações. O Apóstolo aplica este princípio às diversas situações da vida: És escravo? Não vejas no teu batismo um pretexto para recuperares a liberdade, mas uma forte razão para cumprires melhor o teu dever, partindo do pressuposto, evidentemente, de que a tua fé não se encontra em perigo – atitude tanto mais admirável quanto é certo que os rabinos da época sustentavam que um israelita se tornaria desprezível se não aproveitasse a menor ocasião para alcançar a liberdade[38]. És judeu? Não procures apagar as cicatrizes da tua

---

(38) Também no que diz respeito à classe dos escravos há alguns pontos de contato entre Paulo e os estoicos, que recomendavam comumente uma certa indiferença pelas condições externas de vida. A condição de livre ou escravo, segundo Epiteto, não tem importância em comparação com o valor interior da pessoa. Pode-se ser verdadeiramen-

circuncisão, coisa que então se praticava com frequência para evitar as piadas nos banhos públicos. És incircunciso? Não te deixes circuncidar. As circunstâncias externas não desempenham «em Cristo» qualquer papel; o que importa é o *homem novo*.

Outro caso ainda: Vives em matrimônio misto com um cônjuge que permaneceu pagão? Nesse caso, o vínculo matrimonial não deve ser dissolvido, pelo menos por iniciativa do cônjuge cristão, a menos que a sua fé esteja em perigo. Neste ponto, Paulo apoia-se não numa tradição apostólica, mas no seu próprio conhecimento do espírito de Cristo. Com isso não viola a lei cristã, porque o caso não estava previsto no Evangelho, e daí em diante haveriam de existir muitas situações análogas. Mas a Igreja de Cristo, dirigida pelo Espírito de Deus, tem de ter essa possibilidade de dar solução a novos problemas segundo o espírito do seu Mestre. No caso presente, não se trata da dissolução de um casamento sacramental, assegurado pelo mistério da união mística com Cristo; portanto, o cristão deve gozar de tanta liberdade como o pagão. O Apóstolo declara-o livre. É o célebre «privilégio paulino», que nada perdeu da sua atualidade em terras de missão.

Um outro problema, bastante delicado, que se submeteu ao juízo de Paulo foi o das *carnes sacrificadas aos ídolos*. A solução do Apóstolo, extraordinariamente lúcida e refletida, é mais uma vez muito significativa. Tratava-se de uma questão que se suscitava na vida diária e nas relações sociais de cada família: quase toda a carne vendida nos mercados provinha dos sacrifícios aos ídolos, porque também os gentios matavam os animais de maneira ritual. Toda a religião pagã consistia em ritos e atos externos; todas as festas familiares e todos os acontecimentos públicos eram motivo suficiente para se proceder a um sacrifício ou a um banquete sacrificial, e a carne não consumida era utilizada pela família ou vendida aos açougueiros a preços baixos.

Por ocasião das festas públicas, ofereciam-se banquetes populares com essa carne. Como os cristãos procediam sobretudo das classes pobres, teria sido uma crueldade proibi-los de participar deles. Mas, para os espíritos timoratos, o caso constituía uma fonte contínua de dúvi-

---

te livre mesmo sendo escravo (Paulo usa, nestes casos, a expressão «liberto de Deus»), e pode-se ser um escravo digno de lástima apesar de se gozar da liberdade exterior (cf. Bonhöffer).

VI. A TERCEIRA VIAGEM DE MISSÃO

das e de escrúpulos. Estavam eles obrigados a renunciar ao seu fornecedor? Deviam recusar convites para uma refeição em casa de parentes ou de amigos? Podiam tomar parte nos banquetes sacrificiais quando havia um motivo de cortesia ou derivado do cargo que ocupavam?

Paulo oferece uma saída a essa situação difícil. Se trata-se apenas das ações em si mesmas, de comer e de beber, o Apóstolo considera-as moralmente indiferentes; aqui o cristão é inteiramente livre. Pode comer de tudo, pode aceitar sem escrúpulos o convite de um amigo pagão para jantar em sua casa, porque os deuses a quem se sacrifica a carne não são deuses, mas representações ilusórias. Se, porém, essas ações levantam um problema de consciência, própria ou alheia, assumem imediatamente um caráter moral: se eu acredito nessas figuras quiméricas ou se um outro se escandaliza por me ver comer dessas carnes, então já não me é permitido fazê-lo, porque ofenderia a fidelidade à minha consciência ou o delicado respeito pela consciência do próximo.

O caso torna-se totalmente diferente quando se trata de participar de um banquete sacrificial, sob a forma de culto num templo pagão. Essa participação nunca se poderá considerar um ato neutro; é literalmente uma manifestação de comunhão com os demônios. Todo aquele que se senta a um banquete sacrificial entra no campo de influência dos demônios, torna-se seu comensal. Nunca um cristão poderá permitir-se semelhante ação, já que Cristo tomou posse da sua alma pela sagrada comunhão[39].

A coleção egípcia de papiros de Oxirrinco contém uma série de cartas de convite que ilustram o problema. Assim, encontramos entre eles este convite para um banquete cultual do século II d.C.: «Chairemon convida-te para o banquete do divino Serápis, no Serapion, amanhã, dia 15, à hora nona». E também este convite de casamento da mesma época: «Herais convida-te para o banquete de núpcias dos

---

(39) Paulo pressupõe que a ideia básica do antigo banquete ritual dos pagãos era o anelo de união com a divindade à qual se oferecia o sacrifício. Mas esse anelo eterno da alma, esse sacratíssimo impulso, fora desfigurado pelo paganismo antigo, adotando a forma de um culto aos demônios: para Paulo, os deuses da Antiguidade não passam de disfarces sob aos quais se ocultam potências malignas. Equivocam-se, portanto, os historiadores da religião que pretendem explicar a Eucaristia como simples evolução de uma cerimônia mágica primitiva na qual os adeptos pretenderiam apropriar-se do poder de um deus ao comer a sua carne. A Eucaristia, pelo contrário, pressupõe a Encarnação de Cristo e a Transubstanciação (cf. Lagrange).

seus filhos, em sua casa, amanhã, dia 5, à hora nona» (tratava-se de um casamento entre irmão e irmã, frequente no Egito). Um cristão podia aceitar o segundo, que consistia num banquete dado por ocasião de uma festa de família, onde eventualmente se servia carne proveniente dos sacrifícios; mas não podia aceitar o primeiro. De novo se revela aqui, em toda a sua grandeza, a liberdade de espírito do antigo fariseu. Enquanto os Apóstolos de Jerusalém mantinham timidamente as prescrições relativas aos alimentos, Paulo desembaraça-se corajosamente desses costumes, em estrita concordância com o espírito de Jesus (cf. Mt 15, 11; Mc 7, 15): «Eu sei e confio no Senhor Jesus que nenhuma coisa é impura por si mesma, senão para aquele que a tem por tal» (Rm 14, 14).

No capítulo nono, Paulo interrompe bruscamente o curso das suas ideias, que retomará mais adiante. Como vimos, há quem queira negar-lhe o título de Apóstolo, argumentando que não é um discípulo da primeira hora, que não viu pessoalmente o Senhor, e que é por isso que não se atreve a aceitar nenhuma retribuição das comunidades que fundou. Aqui, Paulo sente-se ferido no seu ponto mais sensível: então o acontecimento de Damasco não significa nada? Por acaso a renúncia voluntária à remuneração e o trabalho manual rebaixam a sua dignidade apostólica? Muito pelo contrário: é justamente por causa do acontecimento de Damasco que ele se encontra numa situação singular a serviço de Cristo.

Ser Apóstolo não significa, para ele, deixar-se servir e incensar pelas comunidades, e muito menos esconder os tesouros de Cristo, guardar ciosamente as suas descobertas e regozijar-se secretamente com a sua própria salvação; pelo contrário, ser Apóstolo é pregar e tornar a pregar a magnífica riqueza do conhecimento de Cristo, é fazer chegar a vida transbordante de Cristo a todos os órgãos do seu corpo, no qual cada cristão é como uma pequena artéria, que só vive na medida em que é capaz de nutrir as outras. A sua vocação para o apostolado tinha-o surpreendido sem que ele a procurasse, praticamente contra a sua própria vontade. Tinha sido «capturado» por Cristo em Damasco. Uma mão pousara sobre ele, e ai dele se tivesse pretendido escapar-lhe, à semelhança de Jonas!

Já o profeta Amós sentira pesar sobre si essa coação divina: «O leão ruge: quem não temerá? O Senhor Javé fala: quem não profetizará?»

VI. A TERCEIRA VIAGEM DE MISSÃO

(Am 3, 8). Também Jeremias descreve essa opressão de Deus e essa escravidão do eleito: «Seduziste-me, Senhor, e eu me deixei seduzir. Dominaste-me, e obtiveste o triunfo. [...] E eu disse a mim mesmo: Não mais o mencionarei nem pronunciarei o seu nome. Mas no meu seio havia um fogo devorador, que se me encerrara nos ossos. Esgotei-me em refreá-lo, e não o consegui!» (Jer 20, 7-9). Paulo sentia igualmente esse «fogo divino», esse ataque imprevisto, a mão de Cristo pousando sobre o seu coração: «Porquanto, se eu evangelizar, não tenho de que me gloriar, pois me é imposta essa obrigação; ai de mim se não evangelizar» (1 Cor 9, 16). Mas essa obrigação é-lhe infinitamente grata, e, apesar de todos os sofrimentos, vê a sua alma invadida por um doce sentimento de felicidade. E é neste sentimento que apoia a sua ousadia e a consciência do valor do seu apostolado. Todo aquele que o ataque neste ponto, ataca-o na menina dos olhos. «Prefiro morrer a que alguém me faça perder a minha glória» (1 Cor 9, 15).

Daqui procede o seu novo *conceito de liberdade*: «Onde está o espírito do Senhor, aí está a liberdade» (2 Cor 3, 17). Paulo não pretende, nem remotamente, exercer uma tirania espiritual: «Não porque pretendamos dominar sobre a vossa fé, mas porque somos cooperadores do vosso gozo» (2 Cor 1, 24). O Evangelho não é uma camisa de força. Cada qual deve desenvolver-se à sua maneira, sob a suave lei da graça. Esta lei não se impõe de fora, como a Lei mosaica, nem atua de forma imanente, como uma lei do próprio ser (estoicismo), nem é um «imperativo categórico», como a moral de Kant. Não é inata, mas comunicada pela regeneração. Não vem do Sinai, mas de Sião e do Gólgota. Como membro do corpo místico de Cristo, o verdadeiro cristão age sob a moção do espírito de Cristo, do sagrado Pneuma; consequentemente, não precisa procurar a vontade de Deus em nenhum código, porque *traz em si mesmo a lei de Cristo*, está na lei de Cristo (cf. 1 Cor 9, 21).

A ordem não era o lado mais forte dos coríntios, segundo se depreende das censuras que o Apóstolo lhes dirige por causa do caráter tumultuado das suas *reuniões para o serviço religioso*. As coisas deviam andar muito mal, se tivermos em conta que as próprias mulheres se atreviam a deixar de lado o recato que a Antiguidade lhes impunha e descuravam o decoro exterior, cuja expressão era o véu sobre o rosto, chegando mesmo a falar nas reuniões de culto com a cabeça descoberta. Para a mentalidade da época, uma mulher sem véu repudiava o seu sexo, a sua situação social; manifestava falta de reverência para com os anjos, que são os guardas dos bons costumes; menosprezava a hierarquia dos sexos, estabelecida por Deus, e as funções próprias da mulher, derivadas dos seus dotes físicos e psíquicos[40]. Havia exceções, como o provam as filhas do diácono Filipe, dotadas de carismas proféticos; mas, por outro lado, a Igreja, ao excluir a mulher do sacerdócio e da hierarquia, sabia que estava agindo segundo o espírito de Cristo. Nas relações supremas e pessoais da alma com Deus, porém, não há «homem nem mulher».

A Igreja primitiva tinha encontrado a sua mais bela expressão de caridade fraterna nos *ágapes*, mas estes logo se transformaram, em Corinto, numa ocasião de divisões e de sentimentos pouco sociais. Paulo chega agora ao próprio coração do cristianismo primitivo, à fonte da sua unidade e da sua força, às águas que rejuvenescem e pelas quais a Igreja sempre se renovou e o espírito de apostolado sempre voltou a derramar-se sobre todos os membros do corpo místico: a *Eucaristia*. Este sacramento conferia aos cristãos a certeza de que o seu Senhor celestial habitava no meio deles como seu rei invisível, e era também para eles a fonte da sua pureza. Quando o procurador Plínio, uma geração mais tarde, procurar descrever o cristianismo segundo as declarações de testemunhas oculares, que traço central encontrará? A participação comum num «banquete inocente» (*cibus innocuus*)! Não poderia haver melhor caracterização da religião de Jesus, e no entanto foi feita por um pagão!

Os períodos de intensa vida eucarística são sempre épocas de floração da Igreja, brilhantes e fecundos, como esse século XIII em que São Tomás de Aquino compôs os seus hinos de louvor ao Santo Sacramento; são períodos de fé viva e de ciência profunda. Pelo contrário, as épocas de medíocre piedade eucarística caracterizaram-se sempre por uma verdadeira anemia espiritual, pela tibieza – basta pensar na

---

(40) A controvertida expressão *exousía* (véu) aparece também nos papiros mágicos, significando o poder de que o feiticeiro se apropriava, mas o seu uso nos escritos de São Paulo não traz consigo nenhuma alusão às artes mágicas. A opinião de que o uso do véu protegeria as mulheres dos influxos demoníacos é uma crendice cabalística surgida mais tarde. Quando muito, pode-se admitir que, para os cristãos, o véu fosse um símbolo do Anjo da Guarda (cf. G. Kittel, Rabbinica).

VI. A TERCEIRA VIAGEM DE MISSÃO

frieza do jansenismo ou na aridez do liberalismo e do racionalismo – e pela diminuição do zelo missionário. Os tempos em que os cristãos não olham o tabernáculo senão com medo e com temor, são tempos de morte espiritual: «É por isso que há entre vós muitos enfermos e sem forças e muitos que dormem» (1 Cor 11, 30). Segundo uma expressão de Pio XI, o homem apostólico deve estar «animado de uma grande devoção eucarística».

Sabemos como Paulo estimava e cultivava os *carismas*, que então inflamavam os corações – dessecados pelo judaísmo e endurecidos pelo paganismo – sob o impulso de uma impaciente espera da vinda de Cristo. Eram testemunhos do Espírito e do poder e instrumentos particularmente aptos para a expansão inicial do cristianismo. Paulo enumera cerca de vinte e sete carismas diferentes nas suas Epístolas. Ele próprio os possuía em abundante plenitude. «Em que fostes prejudicados relativamente aos outros?», pergunta aos coríntios. «Não se operaram entre vós os sinais apostólicos, por milagres e demonstrações de poder?»

Muitos coríntios, porém, chegavam a uma verdadeira embriaguez na sua avidez por possuir essa sobre-abundância de dons; sentiam-se por assim dizer uns super-homens religiosos e viam nas extravagâncias do «dom de línguas» o cume da perfeição. A esses, Paulo distingue claramente o verdadeiro carisma «das línguas» – conferido pela primeira vez no dia de Pentecostes como uma manifestação do Espírito Santo, que se derramava em verdadeiras torrentes de fogo até as profundezas das almas dos presentes – da simples emissão de sons sem sentido, um desses desvios da fala que têm a sua origem no domínio obscuro do inconsciente e do irracional e que constituem um perigo a que sucumbem com facilidade os temperamentos fracos. O caso parece ter-se passado em Corinto. Paulo pronuncia-se claramente contra essa sobre-estimação do elemento sensível, cuja origem é difícil de reconhecer e que facilmente provoca fenômenos doentios.

Muito mais importante do que os carismas é o «caminho ainda mais excelente» que mostra aos seus coríntios, um caminho ainda melhor que a fé, a esperança e a profecia. No seu *hino à caridade* (1 Cor 13, 1-13), que é sem dúvida um eco do que lhe fluíra dos lábios em momentos de profunda emoção espiritual nas reuniões de culto, Paulo dá-nos o modelo clássico de um discurso profético. É o ponto mais elevado dos escritos neo-testamentários, a única passagem que merece ser comparada às palavras de Jesus. Somente uma única vez voltaremos a encontrar tonalidades semelhantes: no Cântico ao Sol, de São Francisco de Assis.

No coração do Apóstolo ardia um fogo que não era deste mundo, o fogo ateado pelo próprio Filho de Deus no mar de chamas da vida trinitária (cf. Lc 12, 49). Era a sagrada paixão de dar a conhecer o amor redentor e universal de Cristo e de incendiar o mundo com esse amor. É possível que, nos seus anos de juventude, Paulo tivesse querido viver para si e dedicar-se a fins e interesses pessoais, mas esses desejos humanos tinham acabado por ser consumidos pelo fogo da experiência de Damasco. É por essa escala de amor sacrificado que mede todos os outros esforços, e os considera uma ninharia, um montão de lixo e de interesses egoístas. Mesmo que falasse todas as línguas dos homens e dos anjos, se não tivesse esse amor, diz, seria como um desses sacerdotes de Cibele que se limitavam a tocar campainhas, a fazer soar o gongo e a sacudir o címbalo. E mesmo que tivesse toda a fé, a ponto de transportar montanhas e colocar o Pélion sobre o Ossa; mesmo que se desfizesse de todas as suas coisas, dos seus pobres bens – o seu velho manto e os pergaminhos das Sagradas Escrituras, que eram o que mais estimava –, ou entregasse o seu corpo para ser queimado no circo de Nero, como archote vivo, ou até subisse voluntariamente à fogueira, como o cínico Peregrino Proteu, se não tivesse esse amor, se fizesse tudo isso por mero interesse pessoal, nada disso lhe aproveitaria.

Para o Apóstolo, só existe uma coisa pela qual vale a pena viver e empenhar-se: a total absorção no serviço do amor supremo, de que a Cruz e o trespassado coração do Filho de Deus constituem o símbolo. Semelhante amor não busca o interesse próprio, é radicalmente distinto dos outros amores, que procuram as suas próprias alegrias. Assume formas diversas, absorve, transforma e penetra toda a individualidade.

Paulo não era o discípulo amado que tinha repousado a cabeça sobre o peito de Jesus em sua carne mortal. O seu temperamento não era afetuoso como o de João. O seu amor era serviço, um serviço que consome o homem até a última gota de sangue. Mas, na sua razão de ser última, ambas as coisas são iguais, quer digamos com Paulo: «Estou crucificado com Cristo, [...] que me amou e se entregou a si mes-

VI. A TERCEIRA VIAGEM DE MISSÃO

mo por mim» (Gl 2, 19-20), quer com João: «Nós, portanto, amemos a Deus, porque Deus nos amou primeiro» (1 Jo 4, 19).

Ninguém, nem mesmo o mais genial dos poetas, teria podido escrever o poema paulino à caridade se não tivesse diante dos olhos o modelo vivo: a figura amorosa de Cristo Jesus. E isto prova com quanta intimidade o Apóstolo conhecia o Senhor, tanto na sua humanidade como na sua condição espiritual. Imitando a maneira de viver de Cristo, podia repetir com Ele o preceito da caridade. «Cantai ao Senhor um cântico novo» (Sl 149, 1): Paulo cantou esse cântico e, ao fazê-lo, estabeleceu a caridade como norma de vida. Desde então, a vida cristã é essencialmente uma «imitação de Cristo», não no sentido de uma imitação servil, mas como um olhar que se volta constantemente para o modelo, como atividade inspirada na imitação do seu amor, até àquela fidelíssima imitação que nos revela a vida de São Francisco de Assis. Graças à caridade, o cristianismo infundiu uma alma nova na humanidade, essa alma que pela primeira vez abre os seus límpidos olhos para o mundo na arte ingênua das catacumbas. Oitocentos anos mais tarde – maravilhoso eco e prenúncio da vitória do cristianismo sobre o Islã –, esse hino virá a ser repetido por uma mulher muçulmana, Rabia-al-Adaviya, que costumava apresentar-se ao povo com um archote na mão e um odre cheio de água na outra, para com o archote incendiar os céus e com o odre extinguir o inferno, «a fim de que Deus seja amado apenas por amor a Deus».

É, portanto, em torno de dois polos que gira o pensamento do Apóstolo: o banquete do Senhor e a caridade sobrenatural, que se alimenta daquele. Tudo o mais é ou mero prelúdio ou um acorde final. Por isso a primeira Epístola aos Coríntios pode ser considerada o principal *documento eucarístico* da idade apostólica. Mas este aspecto ainda não é o último nem o mais profundo. Quando um homem como Paulo toma a palavra e nos fala das coisas mais banais ou das mais extraordinárias, exprime sempre com naturalidade aquilo que é o seu mais oculto segredo: o Espírito Santo. Nisto, assemelha-se àquele hindu, homem de Deus, a quem perguntaram depois de uma conversa de várias horas: «Mas, por que não nos falas de Deus?» E ele respondeu: «Não compreendeis então que não faço outra coisa senão falar dEle?» Quando Paulo fala da Eucaristia, dos carismas, da caridade, todas essas realidades resplandecem à luz do Espírito, são o seu espelho e reflexo, como o brilho da gota de orvalho no cálice da flor. «O hino à caridade é também o que Paulo disse de mais comovente sobre o Espírito Santo, como força primária da vida religiosa e moral, como poder de Deus que vence o mundo» (P. Feine).

«O Senhor é Espírito», diz Paulo; «O Senhor é caridade», diz João, e, no fundo, ambos dizem a mesma coisa. Nem o êxtase, nem o arrebatamento, nem sequer o discurso espiritual do profeta constituem o bem primário do cristianismo, mas a posse do Espírito. É o Espírito Santo que gera a fé: «Ninguém pode dizer Senhor Jesus a não ser pelo Espírito Santo» (1 Cor 12, 3). Ele é o princípio ordenador no complexo organismo da Igreja, o fator de unidade na multiplicidade dos seus ministérios. E para que esse Espírito não se confunda com os demônios do abismo, Paulo aponta um sinal distintivo muito claro: o Espírito Santo é o Espírito de Jesus, é inseparável de Jesus, nunca o pode contradizer. E para o discernimento dos espíritos, estabelece a seguinte regra: tudo o que se faz de acordo com Cristo, o que promove o conhecimento de Cristo e o amor a Cristo, tudo isso vem do Espírito Santo. Mas tudo o que afasta de Cristo, tudo o que o ofende ou o nega, não procede dEle. E, dado que Cristo e a Igreja formam uma unidade inseparável, tudo o que contribui para a edificação da comunidade, tudo o que faz progredir o espírito de comunidade, é efeito do Espírito Santo; e tudo o que leva à divisão, à discórdia, à inveja e ao culto da pessoa, tudo o que produz efeitos negativos, é obra do espírito maligno.

O dogma mais difícil de aceitar para os gregos era o da *ressurreição dos mortos*. Paulo já tivera ocasião de experimentá-lo em Atenas, quando todo o Areópago rompera em gargalhadas à simples menção do tema, e mais tarde voltaria a verificá-lo diante do procurador Festo. É por isso que expõe no final da Epístola a sua grandiosa teologia da ressurreição. No seu entender, a economia da salvação gravita em torno de três acontecimentos: a Morte, a Ressurreição e a Parusia de Cristo. Paulo repete, uma vez mais, as principais provas expostas na sua pregação oral. Também os primeiros Apóstolos tinham posto a Cruz e a Ressurreição de Cristo no centro da sua pregação, e tinham reconhecido a conexão entre a Ressurreição de Cristo e a nossa própria ressurreição. Mas Paulo meditou essas realidades com particular pro-

VI. A TERCEIRA VIAGEM DE MISSÃO

fundidade e fundamenta melhor a sua importância para a nossa salvação: «Verdadeiramente, se os mortos não ressuscitam, também Cristo não ressuscitou. E, se Cristo não ressuscitou, vã é a vossa fé, porque ainda permaneceis nos vossos pecados. Também, por conseguinte, os que adormeceram em Cristo pereceram» (1 Cor 15, 16-18).

Qual é o nexo lógico central do seu raciocínio? Cristo realizou em todos os seus atos a obra da nossa Redenção, e a Ressurreição constitui o complemento e coroamento da sua Morte salvadora por nós. Este ato de poder do Pai no Filho constitui para Paulo a prova irrefutável de que Jesus é o portador e o Rei do reino de Deus, de que a força do novo *éon* começou já a atuar de maneira eficaz. Também a prova que dará mais tarde, na Epístola aos Romanos (caps. 6 e 8), é autenticamente místico-paulina. O princípio vital da Igreja é o Espírito divino; pela posse do Espírito, todos os cristãos participam da Morte, da Ressurreição e da glória futura de Cristo. Pela incorporação no corpo místico de Cristo, todo o cristão está certo da sua ressurreição futura. A Ressurreição de Cristo é o começo da nova era, e a segunda vinda de Cristo é a sua plenitude. A morte e a ressurreição não são apenas realidades em que se deve acreditar, mas poderes de salvação que atuam na vida de cada cristão; todo o cristão participa, portanto, de uma maneira supra-histórica, da Morte e da Ressurreição de Cristo.

Para uso dos seus coríntios, liberais e apesar disso supersticiosos, o Apóstolo recorre a um argumento *ad hominem* bastante drástico. Havia em Corinto quem se fizesse batizar uma segunda vez em substituição de um parente morto no paganismo[41]. Ora, negar a ressurreição e no entanto consagrar o corpo para a eternidade era uma total incongruência. Portanto, quem nega a ressurreição dos mortos esvazia de conteúdo toda a fé cristã, considera mentirosa a esperança cristã e faz dos Apóstolos testemunhas falsas de Deus. Se essa fé não passa de um sonho de visionários, então é vão e inútil todo o vencimento próprio, toda a nobre elevação do coração; a vida dos Apóstolos, essa morte diária, seria uma insensatez, e teria inteira razão o provérbio

---

(41) Alguns exegetas relacionam a prática supersticiosa dos coríntios que se faziam batizar de novo em sufrágio pelos seus parentes mortos no paganismo com os ritos de purificação dos mistérios órficos. Mas encontramos práticas semelhantes entre os judeus (cf. 2 Mac 12, 43), os egípcios e os arameus, que testemunhavam desse modo uma necessidade universal da alma humana, com a qual está ligada também a fé no purgatório.

aliciante: «Comamos e bebamos, porque amanhã morreremos» (1 Cor 15, 32). Só quem não possui o menor conhecimento de Deus é capaz de negar a ressurreição.

Paulo debilita finalmente uma última objeção dos coríntios, relativa à impossibilidade de imaginar um corpo ressuscitado. O nosso corpo terreno, diz o Apóstolo, sofrerá uma transformação profunda, à maneira da semente cuja vida oculta só se torna visível quando, quebrado o invólucro, a semente morre e se decompõe. A semente sobrenatural, depositada em nós pelo Batismo, desenvolver-se-á segundo o valor espiritual de cada batizado, de harmonia com os diversos graus de assimilação ao corpo glorioso de Cristo. Em três das suas Epístolas (1 Ts, 1 Cor, Rom), o Apóstolo ergue o véu deste mistério, com argumentos sempre novos, mas sempre com a mesma segurança triunfal.

Pelo que se deduz das suas palavras, a ressurreição ocorrerá em duas fases distintas: a ressurreição daqueles que «adormeceram no Senhor», os quais possuem pelo Espírito Santo o «penhor» da transfiguração; e, a seguir, a ressurreição do resto da humanidade, após a derrota de todos os poderes ímpios e do último inimigo, a morte, graças à vitória de Cristo-Rei. É a conclusão do novo *éon*, do novo mundo, iniciado em germe na Ressurreição de Cristo. Nesse horizonte longínquo, nos confins do universo criado, Paulo vê brilhar, como uma inscrição misteriosa sobre as portas que se abrem para a eternidade, estas palavras arcanas: «Para que Deus seja tudo em todos» (cf. Ef 1, 23; Cl 1, 16-20).

Por fim, o Apóstolo conclui o seu raciocínio com um verdadeiro hino triunfal: «A morte foi tragada pela vitória. Onde está, ó morte, a tua vitória? Onde está, ó morte, o teu aguilhão?» (1 Cor 15, 54-55). Depois que Cristo ressuscitou e infundiu o seu Espírito nos nossos corações, a morte assemelha-se a uma abelha, que perde o seu ferrão quando o utiliza.

Nesse meio tempo, Timóteo devia ter chegado a Corinto. Paulo teme que o recebam com afrontas, pela sua juventude e por ser seu enviado numa missão tão espinhosa. Por isso, pede que o acolham com afabilidade e lhe deem um salvo-conduto. Ele próprio permanecerá em Éfeso até a festa de Pentecostes, e ali esperará o regresso do discípulo, pois pensa aproveitar a grande festa do mês de maio em honra de Ártemis para intensificar a sua ação apostólica: «Em

VI. A TERCEIRA VIAGEM DE MISSÃO

verdade, abriu-se-me uma porta grande e espaçosa, e os adversários são muitos» (1 Cor 16, 9).

A valiosa Epístola está concluída. Paulo faz com que a releiam. Depois, toma a pena da mão de Sóstenes: «A minha saudação é do meu próprio punho. Se alguém não ama o Senhor, seja anátema. *Maranatha*». Assim exclamará a comunidade depois da leitura da carta e depois do santo ósculo de reconciliação.

Se considerarmos retrospectivamente a riqueza desta primeira Epístola aos Coríntios, daremos graças a Deus, que faz nascer o bem do mal. Os aborrecimentos e os desgostos infligidos a Paulo pelos coríntios não terão sido amplamente recompensados? Porventura teria ele escrito alguma vez tão magníficos parágrafos, que constituem o fundamento da teologia de todos os séculos, ou entoado o hino à caridade não fossem os erros e as desordens daquela comunidade? Paulo revela aqui toda a grandeza do seu espírito: como místico, íntimo de Cristo, e ao mesmo tempo como homem das realidades. Realista, teve os olhos bem abertos para as lacunas morais das suas comunidades; místico, não se perde nunca em distantes abstracções. A principal tarefa que pesa sobre ele é sempre a formação moral dos seus filhos espirituais.

Se alguém se sentir chocado com tão duras realidades da vida da primitiva comunidade de Corinto, e em geral com os escândalos que de tempos a tempos fazem estremecer a Igreja de Deus, aprenda primeiro a conhecer o traidor no seu próprio peito, permita que São Paulo lhe explique a dupla lei da nossa natureza, a dualidade da nossa existência, e recorde o que um notável autor pondera com lucidez: «Paulo trabalhou aqui na educação das massas que era preciso levantar do lodo e da miséria às alturas do Evangelho. Uma grande parte do seu labor consistiu em elevar essa gente ao plano em que Jesus encontrou os seus discípulos».

«Grande é a Diana dos efésios!»

At 19, 23-40

Há sempre um aspecto trágico na vida dos santos, como de resto em qualquer vida que pretenda ser grande e significativa. Pode então surpreender-nos que a vida do Apóstolo tenha sido um grande drama? Pertence ao trágico nas vidas dos santos o fato de nelas concorrerem os elementos divino e humano, a Providência e a ação pessoal. Quantas complicações e quantos transtornos a que a vida de Paulo esteve sujeita não provieram dele mesmo, do seu caráter e do seu temperamento! O Apóstolo trazia dentro de si uma inquietação congénita e era incapaz de permanecer muito tempo no mesmo lugar; o desejo de consumir integralmente a sua vida impelia-o sem cessar a estender cada vez mais o seu círculo de atuação. Este é, sem dúvida, um sinal do seu coração magnânimo. Mas mesmo os melhores homens, e até os mais santos, podem às vezes enganar-se na escolha dos meios ou deixar de perceber o que é o melhor para eles. Além desta tragédia das grandes almas, há também uma tragédia da fraqueza e da culpabilidade; destas, porém, o Apóstolo soube permanecer livre.

Corria o mês de maio do ano 57. Paulo acabava de voltar de uma breve viagem incidental a Corinto (cf. 2 Cor 13, 1-2). O seu regresso coincidiu, ao que parece, com a grande festa do mês de maio, dedicado a Ártemis ou Diana, que de quatro em quatro anos transformava a cidade de Éfeso numa gigantesca feira e numa bacanal sem paralelo. Toda a paisagem dos arredores, até os píncaros do Príon e do Coresso, cobria-se de uma exuberante abundância de flores. A multidão acorria de todas as cidades ribeirinhas, das ilhas e regiões fronteiriças da Ásia Menor, a fim de venerar a grande deusa e regozijar-se com a alegre algazarra. Todos os alojamentos eram alugados meses antes aos estrangeiros e aos hóspedes de fora. Durante o dia, realizavam-se sacrifícios, cortejos de máscaras, lutas de atletas e procissões; de noite, à luz das estrelas, danças e serenatas. Uma comissão constituída por dez cidadãos ricos organizava os festejos e pagava todas as despesas; aliás, é assombroso que a cada quatro anos se pudessem encontrar dez milionários semelhantes. Os comerciantes de Éfeso eram enormemente ricos, e a honra de pertencerem ao grupo dos dez *asiarcas*, como lhes chamavam, representava um estímulo e uma recompensa suficientes para esse dispêndio.

Éfeso intitulava-se orgulhosamente «nova filha» de Ártemis e guardiã do seu templo. Possuímos acerca das festividades em honra da deusa um documento histórico, uma lápide de mármore encontrada nas ruínas da cidade na qual se fizera gravar o seguinte decreto:

VI. A TERCEIRA VIAGEM DE MISSÃO

«Como é notório que não somente em Éfeso, mas em toda a Grécia, se dedicam templos e lugares, imagens e altares a Ártemis; como existe também, em testemunho da sua adoração, um mês que traz o seu nome, chamado entre nós Artemision; considerando, além disso, que é conveniente que todo o mês que traz o nome da divindade seja observado como santo e dedicado à deusa, o povo de Éfeso decidiu regulamentar o seu culto por meio deste decreto. O mês de Artemision será festivo em todos os seus dias. Durante todo o mês, dever-se-ão celebrar festas, panegíricos e solenidades. Com isso, a nossa cidade receberá novo esplendor e será próspera para todos os tempos» (*Corp. Inscript. Graec.*, II, 2954). A estas festas deram-se os os nomes de *Efésia*, *Artemísia* ou *Ecumênica*.

Paulo sabia por experiência que o afluxo das multidões por ocasião das festas de maio favorecia também a difusão do cristianismo, e quis aproveitar a ocasião para a propaganda cristã. No seu idealismo, que por vezes o impedia de considerar atentamente a situação real, neste caso os interesses comerciais daqueles homens, não percebeu que os seus principais adversários não eram propriamente o imundo pessoal do templo de Diana, os depravados sacerdotes e toda a chusma de eunucos e prostitutas sagradas, de feiticeiros e comediantes, de tocadores de flauta, adivinhos e astrólogos, mas os homens de negócios, os comerciantes e, sobretudo, todo o grêmio dos artífices e ourives, os pequenos comerciantes e fabricantes de objetos de piedade, que só se importavam com a sua bolsa e pouco se importavam com a deusa. A tempestade surgiu de onde Paulo menos esperava.

O «auto de fé» dos livros de magia, que o Apóstolo tinha provocado ou pelo menos favorecido pouco antes na Praça do Mercado, não deixara de produzir consequências na venda de toda a baixa literatura efesina. Se tivermos em conta que, em todas as cidades circunvizinhas da Ásia Menor e das ilhas, existiam já importantes comunidades de cristãos, graças à incansável atividade do Apóstolo e dos seus colaboradores, e que esses cristãos já não tomavam parte na festa de Ártemis, impedindo na medida do possível que os seus amigos pagãos fossem lá, compreende-se que a comissão de festas daquele ano percebesse o decréscimo no número de visitantes e a consequente diminuição no volume de negócios. A corporação dos ourives percebeu-o melhor do que ninguém. Os peregrinos que voltavam de Éfeso para as suas terras nunca deixavam de levar para si mesmos ou para os seus uma lembrança, uma imagem prateada ou dourada da deusa, ou uma miniatura do templo que se podia trazer como amuleto contra qualquer perigo. A deusa era, pois, a principal fonte de renda e de trabalho para os artífices da cidade.

Em breve se relacionou o calamitoso estado dos negócios com a pregação paulina. O artesão *Demétrio*, que talvez ocupasse nas suas oficinas numerosos desenhistas e cinzeladores, que reproduziam em gesso, chumbo, prata ou ouro a estátua da deusa caída do céu, fez-se porta-voz do seu grêmio e dos artífices em geral. Os patrões, uma vez que os negócios lhes corriam mal, viam-se obrigados a despedir operários ou a baixar-lhes os salários, e Demétrio soube canalizar com habilidade a fúria da população operária contra Paulo e a jovem cristandade.

As centenas de artesãos desocupados nas praças e nas ruas, as dezenas de milhares de estrangeiros curiosos e ávidos de escândalo, tornavam fácil o trabalho do astucioso ourives. Num abrir e fechar de olhos, a parte antiga da cidade transformou-se num formigueiro buliçoso; Demétrio subiu a grande rampa que conduzia ao templo, onde brilhava sinistramente a gigantesca imagem da deusa, e falou à multidão: «Homens, vós sabeis que o nosso ganho nos vem da nossa indústria. Ora, vedes e ouvis dizer que não só em Éfeso, mas em quase toda a Ásia, esse Paulo, com as suas persuasões, afasta muita gente, dizendo que não são deuses aqueles que se fabricam com as mãos». O discurso era uma hábil mistura de cobiça e de instintos religiosos, de patriotismo local e de superstição: «É, pois, de temer, não só que a nossa indústria caia em descrédito, mas também que o templo da grande Diana seja tido em nada e comece a cair por terra a majestade daquela a quem toda a Ásia e o mundo adoram».

Diz-se que o cuidado do pão de cada dia aguça o olhar. Foi o caso. A primeira assembleia de operários relatada pela Bíblia previu o futuro, um futuro ainda muito distante, mas que realmente seria tal como Demétrio o prognosticava. Os receios dos ourives não eram infundados. Somente os seus métodos de luta é que deixaram a desejar: de pouco lhes valeria provocar um tumulto, patear um pouco e gritar freneticamente: «Grande é a Diana dos efésios!» Logo circulou a palavra de ordem: «Ao teatro! Ao teatro! Paulo ao tribunal! Paulo aos leões!»

VI. A TERCEIRA VIAGEM DE MISSÃO

Uma vez dado o sinal, toda aquela populaça se pôs em movimento e invadiu o bairro judeu, onde viviam Áquila e Paulo, para depois se dirigir ao teatro, que ficava no centro da cidade.

O hemiciclo do teatro, cujas bancadas subiam pelas encostas do Príon, com vistas para o mar, podia conter umas 25 mil pessoas. Peregrinos e curiosos que ignoravam as causas do tumulto, o pessoal das lojas, dos bares e dos bancos da ágora, todos se juntaram àquela torrente tumultuosa; personalidades cultas que saíam da biblioteca pública, jovens que regressavam do estádio, dos ginásios, dos banhos e dos campos de esporte, todos foram arrastados e se encontraram subitamente no grande hemiciclo, diante da enorme arena. As resplandecentes estátuas dos deuses e deusas, dos heróis e imperadores, dominavam a agitada balbúrdia. No palco encontravam-se como acusados, pálidos e a tremer, sangrando por feridas recém-abertas, Gaio e Aristarco, os dois amigos e colaboradores macedônios de Paulo, que tinham sido reconhecidos pelo populacho durante a marcha e arrastados até ali. Também é possível que tivessem invadido a casa de Áquila e Priscila, e forçado os dois a acompanhá-los; mas é mais provável que ambos se tivessem disposto voluntariamente a seguir a multidão, a fim de tentar apaziguar a fúria popular. Seja como for, Paulo tributa-lhes este reconhecido testemunho: «Saudai Prisca e Áquila, meus cooperadores em Jesus Cristo, os quais expuseram as suas cabeças pela minha vida» (Rm 16, 3-4).

Paulo só escapou da morte por se encontrar providencialmente ausente de casa; talvez estivesse na sala de aulas de Tirano, onde costumava dar as suas palestras, sem fazer a menor ideia do que se passava. Mas logo chegaram alguns discípulos com a notícia de que a multidão exigia que ele comparecesse diante de um tribunal popular, e de que Gaio e Aristarco corriam perigo de vida. Consciente do seu direito de cidadão romano, o Apóstolo levantou-se imediatamente para acudir ao teatro, apresentar-se ao povo e libertar os amigos. Sabia perfeitamente que o seu direito de cidadania não o protegeria da fúria dos amotinados; naquele momento, porém, não consultou a cabeça, mas apenas o coração, que desejava o martírio. Os discípulos detiveram-no e impediram-no de sair da sala. Logo chegaram mais notícias: alguns asiarcas com os quais Paulo mantinha laços de amizade mandavam-lhe dizer que era preferível que ele não aparecesse para não complicar ainda mais as coisas.

Entretanto, no teatro reinava a mais completa desordem, e Demétrio perdera o controle da situação. Os artífices tinham também arrastado na sua esteira um grande número de judeus, e os chefes da sinagoga, receando ver-se envolvidos no motim contra os cristãos, tinham-se dirigido espontaneamente ao teatro. Empurraram para a frente um dos seus, de nome Alexandre, furibundo inimigo de Paulo, que devia declarar à assembleia que o Apóstolo não era nenhum dos seus, mas um apóstata e um excomungado. Como hesitasse, os seus correligionários arrastaram-no para a tribuna. Agora era obrigado a falar, e fez um sinal com a mão. Mas logo se ouviu: «Um judeu, um judeu!» Toda a assembleia repetiu o grito, e imediatamente voltou a ecoar o grito frenético da multidão, como as ondas do mar ao quebrarem na praia: «Grande é a Diana dos efésios!»

São Lucas menciona com fina ironia um traço característico da psicologia das multidões: «A maior parte não sabia por que se tinham juntado». As gentes de Éfeso sucumbiram a uma daquelas sugestões coletivas em que a história da humanidade é tão fértil. Paulo experimentara-o mais de uma vez, e aprendê-lo-ia ainda em outra ocasião, às suas custas, em Jerusalém.

O secretário do conselho, primeiro funcionário da cidade, cujo título se menciona em decretos, inscrições e moedas da época, era um bom psicólogo e um conhecedor dos homens. Felizmente, naquela ocasião, não era nenhum demagogo, mas um funcionário consciente das suas responsabilidades. Conhecia os jogos da arena, e sabia que só se deve aplicar à fera o golpe de misericórdia quando ela está cansada. Deixou, pois, que a multidão se cansasse a gritar pelo espaço de duas horas. Quando por fim o vozerio começou a decrescer, subiu ao proscênio por uma porta lateral, a passo tranquilo e de semblante sereno, causando uma impressão sugestiva de calma, e encarou aquele mar encapelado como um experimentado condutor de massas. A sua tranquilidade impôs-se. Pouco a pouco, retornou aos ânimos a consciência da dignidade humana. Durante alguns minutos, reinou o mais completo silêncio, que age sobre os espíritos como uma pausa que permite às pessoas voltarem a si. A paixão da populaça desfez-se por fim de encontro à sobriedade dura como a rocha daquele homem.

«Homens de Éfeso, há alguém que não saiba que a cidade de Éfeso é adoradora da grande Diana e da sua estátua caída do céu? Se isto é

VI. A TERCEIRA VIAGEM DE MISSÃO

incontestável, convém que sossegueis e que nada façais inconsideradamente. Porque estes homens, que conduzistes até aqui, não são sacrílegos nem blasfemadores da vossa deusa. Mas, se Demétrio e os artistas que estão com ele têm alguma queixa contra algum deles, os tribunais estão abertos e há magistrados; discutam lá entre eles. Se pretendeis alguma outra coisa, poderá decidir-se em assembleia legal. Porque até corremos o risco de ser arguidos de sedição pelo que hoje se passou, não havendo nenhum motivo que justifique esta concorrência». Era um discurso muito hábil: o povo despertou da sua embriaguez e teve vergonha de si mesmo. Depois disso, bastou um movimento de mão do secretário para que a assembleia se dissolvesse. As pessoas afastaram-se sabendo tanto como no começo. A insurreição falhara, mas permaneciam os dois brados: «Grande é a Diana dos Efésios!» – «Grande é Jesus Cristo!» O futuro havia de decidir entre eles.

Mas, que impetuoso e subversivo esse Paulo! Primeiro, combatera a Lei mosaica e despojara o Templo de Jerusalém do seu valor definitivo. Agora, eis que levantava a mão contra o santuário de Ártemis, e com isso ameaçava as próprias raízes do paganismo. O ourives de Éfeso tivera o pressentimento certo: onde está hoje Ártemis? Onde está o seu templo? A sua majestade soçobrou e, com ela, toda uma ordem social e uma civilização decrépita. Cristo triunfou sobre Ártemis e sobre o culto de César, sobre toda a piedade mercantilizada do paganismo. Éfeso havia de trocar a glória de Ártemis por uma outra, dupla e superior: a glória da sua comunidade cristã, fundada pelo maior Apóstolo de Cristo, e a de abrigar o túmulo de outro Apóstolo não menos célebre, *São João*. Foi em Éfeso que João escreveu o seu Evangelho e as suas Epístolas, numa ruela do bairro cristão: «Esta é a vitória que vence o mundo: a nossa fé» (1 Jo 5, 4). Uma lousa de pedra no meio das ruínas da basílica de São João, mandada edificar pelo imperador Justiniano, ainda hoje dá a conhecer o túmulo do Apóstolo, com a *confessio* e uma abertura pela qual, segundo Simeão Metrafastes, costumava evolar no mês de maio uma poeira curativa, uma espécie de maná. Conta a lenda que São João foi sepultado com o seu Evangelho sobre o peito. Os piedosos peregrinos julgavam ouvir pulsar, através da pedra, o coração do grande discípulo do amor.

Como capital da província romana da Ásia, Éfeso possuiria mais tarde, já no período cristão, jurisdição civil e espiritual sobre quase todas as regiões da Ásia Menor, cujos bispos eram sufragâneos do Metropolita da cidade. Este era sagrado na presença de todos os bispos da Ásia. Éfeso abrigou também nos seus muros nada menos do que nove Concílios. Uma vez ainda, em 431, atingiu um notável apogeu religioso, por ocasião do Concílio Ecumênico em que triunfou definitivamente, contra a heresia de Nestório, a veneração de Maria como Mãe de Deus – tendo a expressão *Dei Genitrix* passado ao vocabulário cristão usual – e em que se proclamou o dogma da união das duas naturezas divina e humana na pessoa do Verbo, pedra fundamental no porvir da civilização cristã. Era um magnífico começo.

Mas já em 449, apenas dezoito anos após o Concílio, começou a cumprir-se por culpa dos homens o trágico destino desta cidade. Éfeso teve a duvidosa glória de ser o lugar do famoso sínodo que São Leão Magno apelidou de «o latrocínio de Éfeso», onde as discussões dogmáticas entre hordas de monges fanáticos e altercadores e bispos heréticos degeneraram numa batalha indigna. No século VI, a vida religiosa da cidade receberia um derradeiro impulso com o culto dos «Sete Dormentes» – sete jovens que, na época das perseguições, se teriam refugiado nas grutas do Príon e que teriam milagrosamente tornado à vida no tempo do imperador Teodósio; as suas catacumbas ainda hoje nos enchem de admiração. No século VII, o Islã invadiu a região das sete Igrejas do Apocalipse e deu cumprimento à advertência do Apóstolo. As sedes episcopais, antigamente tão veneradas, em breve começaram a passar por inúmeras dificuldades. Em 1043, a célebre cidade foi devastada pelas hordas mongóis de Tamerlão. Nos nossos dias, após as inimagináveis e cruentas perseguições movidas pelos turcos até começos deste século, existem na Ásia Menor apenas uns poucos milhares de cristãos. Há qualquer coisa de trágico nestes três lemas que se foram substituindo uns aos outros: «Grande é Diana!» – «Grande é Jesus Cristo!» – «Grandes são Alá e o seu profeta!»

O entendimento humano poderá sentir-se tentado a formular esta pergunta: «Por que Cristo pôs a perder tudo o que Paulo e João tinham conquistado?» A resposta é uma das mais comoventes lições da história. Do ponto de vista humano, a grande tragédia do cristianismo é que das suas próprias fileiras saem os seus maiores adversários. Paulo foi perseguido até à morte pelos seus irmãos judeus-cristãos; o seu discípulo mais fiel, João Crisóstomo, foi perseguido encarniçada-

VI. A TERCEIRA VIAGEM DE MISSÃO

mente pelos bispos e monges seus rivais, através das estepes salinas da Ásia Menor, num tempo em que a fé já deixara de ser um problema do coração, como no tempo de São Paulo, e se tornara um problema político, disputado entre os teólogos bizantinos, que «politicavam», e os imperadores bizantinos, que «teologizavam». Foi assim que o cristianismo do Oriente perdeu a sua força vital. De que servem os veneráveis pergaminhos das Sagradas Escrituras, as ossadas dos santos mártires, as belas lendas, a poeira miraculosa, as vestes tecidas pelas mãos da imperatriz Helena, se desapareceu o espírito? Todas as nossas regras e todas as nossas instituições exteriores, se não trouxerem a assinatura do Espírito de Cristo, não produzem mais efeito que o grito das turbas galvanizadas por Demétrio: «Grande é a Diana dos efésios!» Uma fé puramente exterior acaba por desmoronar. Só a fé que vem do coração tem as promessas do Senhor.

O viajante reflexivo, que das alturas da cidadela bizantina contempla o campo de ruínas de Éfeso, sente subir até ele o sopro da história e também o seu hálito de morte. Os cinco estratos da história de Éfeso jazem entre os escombros e o pó: o primitivo do rei Creso, o helenístico de Lisímaco, o romano do imperador Adriano, o bizantino e o muçulmano. Somente uma torre de vigia romana situada sobre as alturas do Bulbul-Dagh, erroneamente chamada «prisão de São Paulo», e um arco conhecido por «porta da perseguição», conservam ainda hoje a recordação do cativeiro e da fuga do Apóstolo. Uma pequena e imunda aldeia turca perpetua no seu nome, *Ayasholuk*, a memória de São João, o *Hágios Theólogos*, o «santo teólogo».

Quanto ao resto, Éfeso, com a sua cadeia de colinas verdejantes, está hoje literalmente transformada num campo de asfódelos, a flor homérica da morte, que espalha com abundância o odor de morte da história, esse sopro que dissipa tudo o que é humano. Por outro lado, o esguio caule do nártex, que também floresce aqui, e em cujo cálice Prometeu teria trazido o fogo do céu, permanece e parece constituir o símbolo do fogo sagrado que Paulo viera atear nessa cidade. Heráclito, o «obscuro e melancólico», tivera razão ao anunciar, neste mesmo lugar, a doutrina do «eterno fluir de todas as coisas». Só uma coisa permaneceu idêntica: como nos tempos de Homero e de Paulo, bandos de cisnes, de cegonhas e de garças reais continuam a brincar nos charcos e pântanos, e nas águas do Caistro desabrocha o alvo nenúfar flutuante.

> *Tal como se vê nas campinas de Ásio e sobre o rio Caistro,*
> *numerosos bandos de patos selvagens, de grous e de cisnes*
> *se lançam do alto dos céus e, batendo as asas,*
> *deslizam e pousam na terra uns após outros,*
> *com estridentes gritos, que ressoam por toda a planície...*
>
> (*Ilíada*, 2, 459-463)

Como é possível que a glória e o esplendor de todo um mundo tenham desaparecido sem deixar vestígios? Mas Heráclito não tinha razão: o lugar onde Paulo escreveu que «o Senhor é Espírito», e onde João anunciou que «o Verbo se fez carne», permanece para nós infinitamente venerável. Esse Espírito e esse Verbo não se volatilizaram como um sopro, à semelhança do *logos* de Heráclito, mas conquistaram o mundo e estabeleceram a sua morada entre os homens. Onde reside o mistério do seu sucesso? No fato de Paulo e João não terem criado símbolos irreais, mas de terem anunciado notícias cuja existência e historicidade provaram: Paulo baseou a sua pregação na realidade da Morte na Cruz, e João o seu Evangelho na realidade da Encarnação. «E o Verbo se fez carne e habitou entre nós. E nós vimos a sua glória, glória como de Unigênito do Pai [...]. O que era desde o princípio, o que ouvimos, o que vimos com os nossos olhos, o que contemplamos, o que as nossas mãos apalparam relativamente ao Verbo da vida [...]. Aquele que foi testemunha deste fato o atesta (e o seu testemunho é digno de fé, e ele sabe que diz a verdade), para que também vós acrediteis» (Jo 1, 14; 1 Jo 1, 1; Jo 19, 35). Estas duas realidades impediram o cristianismo de soçobrar, e é sobre esses dois gonzos que a história passará a girar.

A fuga de Éfeso e a segunda Epístola aos Coríntios
At 20, 1-3; 2 Cor

Não é fácil deslindar os acontecimentos que se situam entre a primeira e a segunda Epístola aos Coríntios. Pelas referências desta última, podemos supor o seguinte: entre a Páscoa e o Pentecostes do ano 57, Timóteo regressou de Corinto, mas não trouxe notícias tranquili-

VI. A TERCEIRA VIAGEM DE MISSÃO

zadoras sobre as maquinações dos intriguistas. A grande Epístola do Apóstolo tinha impressionado os espíritos, mas não conseguira reduzir os adversários ao silêncio. Além disso, determinado coríntio, ou talvez mesmo um dos perturbadores vindos de fora, tinha cometido uma ação cuja impunidade ameaçava abalar a autoridade do Apóstolo e impossibilitar o seu regresso a Corinto (2 Cor 7, 12). Paulo não descreve as particularidades do crime; apenas fala do autor de uma ofensa e de um ofendido. Teria sido Timóteo ofendido gravemente ou até maltratado perante a comunidade? Outra passagem parece aludir a brutalidades físicas: «Tolerais [...] quem vos dá no rosto» (2 Cor 11, 20).

O grupo que permanecera fiel ao Apóstolo parece ter-lhe dirigido um chamado urgente: «Vem». Mas Paulo não podia decidir-se a dar esse passo. Já tinha estado antes entre eles «na tristeza» (2 Cor 2, 1), para recordar aos superiores, com severíssimas ameaças, que deviam cumprir os seus deveres, e não desejava fazê-lo uma segunda vez, para não agravar ainda mais a situação. Estando ele assim dividido, procurou Tito e pediu-lhe que se pusesse a caminho da Acaia em seu lugar. A fim de persuadi-lo, teve de referir-lhe todos os méritos dos coríntios, mas ao fim e ao cabo foi somente a grande afeição desse discípulo pelo Apóstolo que o levou a deixar de lado os reparos (2 Cor 7, 14-15) e a empreender a viagem, munido dos necessários poderes por escrito e de uma carta em que Paulo exigia em termos severos a conversão da comunidade; era uma «carta de lágrimas», que provavelmente se destruiu mais tarde porque se referia a um caso sumamente pessoal e muito penoso para os coríntios: «Porque foi em muita tribulação e angústia de coração e com muitas lágrimas que vos escrevi» (2, 4)[42].

Tito seguiu viagem com a recomendação de regressar pela Macedônia a Trôade, onde se encontraria com o Apóstolo. Entretanto, deu-se a catástrofe de Éfeso, e Paulo viu-se obrigado a partir precipitadamente. Numa manhã de maio de 57, pôs-se a caminho de Trôade, acompanhado por Timóteo, Gaio, Aristarco e Segundo, Tíquico e

---

(42) Muitas cartas da Antiguidade, e provavelmente também algumas de São Paulo, perderam-se por se terem tornado ilegíveis. Segundo O. Roller, a tinta empregada pelos antigos era uma mistura pegajosa à base de fuligem, e borrava facilmente quando exposta à água. Acontecia, assim, que durante uma viagem, por exemplo por ocasião de uma chuva, as cartas se tornassem ilegíveis devido à umidade. Já Cícero se queixava de que alguns dos seus destinatários não tinham podido ler as cartas que lhes havia enviado.

Trófimo. Hospedou-se em casa de um certo Carpo (cf. 2 Tm 4, 13), que devia ser o chefe da comunidade local. Quando aqui estivera pela primeira vez, sete anos antes, o Espírito Santo proibira-o de anunciar a palavra, mas agora «foi-me aberta a porta pelo Senhor» (2 Cor 2, 12). No entanto, a angústia e o desconsolo oprimiam-lhe o coração. As suas palavras careciam de entusiasmo, e a sua voz, sem ressonância, lembrava o toque de um sino rachado. Também os santos atravessam semelhantes períodos de secura espiritual. E para nos convencermos disso, basta lermos os escritos dos grandes místicos como São Bernardo, cujo coração se assemelhava normalmente a uma fonte inesgotável de calor e de entusiasmo. Nessas horas de abatimento nervoso e de inquietação psíquica, Paulo sofria daquelas agudas dores de cabeça que, como vimos, ele próprio refere como um «aguilhão na carne».

O Apóstolo não era homem para longas esperas. Na primeira oportunidade, dirigiu-se para a Macedônia, a fim de ir ao encontro de Tito. A sua primeira visita foi a Filipos, onde encontrou por fim o seu amigo Lucas, após longos anos de separação. A sua perturbação, a sua intranquilidade exterior e a sua aflição íntima não escaparam nem ao olho clínico do médico nem ao carinho dos amigos: «No exterior combates, no interior temores» (2 Cor 7, 5). A cordial afeição dos filipenses foi-lhe muito proveitosa, e pouco a pouco voltou a reviver. Um dia, bateram-lhe à porta. A criada de Lídia foi abrir e trouxe a notícia: Tito acabava de chegar!

À vista de Tito, Paulo voltou a encher-se de alegria. Sabia que, nessas viagens, os seus amigos se expunham a inúmeros perigos, e nunca era acontecimento de pouca monta quando um dos seus mensageiros regressava são e salvo. Tito trazia boas notícias. Armado com os plenos poderes do Apóstolo, tinha sido recebido em Corinto «com temor e tremor». O incestuoso fora excluído por decisão da maioria, era evitado por todos e sofria cruelmente com a situação. Emendara-se e tinha suplicado o perdão da comunidade, que estava disposta a conceder-lho, mas aguardava a aquiescência de Paulo. Também o malfeitor que tinha cometido «a injúria» (2 Cor 7, 12) fora severamente punido, o que provava que a comunidade não tinha tido nenhuma culpa naquele assunto. As divisões tinham desaparecido, mas os fautores da discórdia continuavam entre os membros da comunidade, e agora acusavam o Apóstolo de ser volúvel e inconstante, pelas inú-

VI. A TERCEIRA VIAGEM DE MISSÃO

meras mudanças que introduzia nos seus planos de viagem. Diziam que só obedecia ao impulso dos seus caprichos. Outros afirmavam que não se atrevia a mostrar-se em Corinto e que só era corajoso de longe, nas suas cartas. Porém, a maioria estava do seu lado e desejava a sua vinda para obter dele consolo e perdão (2 Cor 7, 7-13). Esse foi o relatório de Tito.

Paulo, consolado, levantou-se, estendeu os braços e recitou uma ardente oração de ação de graças. «Deus, porém, que consola os humildes, consolou-nos com a chegada de Tito» (2 Cor 7, 6). Desde há muito que ninguém via o Apóstolo tão alegre; os seus olhos recobraram o antigo brilho e a sua voz a sonoridade de sempre. Tudo se passara como ele havia predito; os seus coríntios não o tinham desapontado, e o elogio que deles fizera tinha-se confirmado. Mas, por enquanto, ainda não queria ir a Corinto; era preferível esperar que se dissipassem todas as nuvens, para que a sua ida não o obrigasse a tomar medidas severas que poderiam contristar novamente a comunidade.

Seria melhor enviar-lhes antes uma Epístola, que Timóteo deveria assinar juntamente com ele, para que os coríntios se convencessem de que ambos comungavam das mesmas ideias e de que, como fundadores daquela Igreja, tinham a mesma posição com relação aos problemas em que se debatiam; além disso, reforçaria neles a convicção de que qualquer injúria feita a um atingia igualmente o outro, e de que o perdão de Paulo era também o de Timóteo.

Nunca um homem fala ou escreve com mais facilidade e beleza do que nos momentos em que se deixa dominar por uma grande paixão e a sua alma se expande em alegria e amor. Se a primeira Epístola aos Coríntios é a mais interessante do ponto de vista da riqueza de ideias, a segunda é a mais apaixonada de todas as cartas paulinas. Alguns exegetas pensam que está composta por diversas cartas, reunidas posteriormente numa só: uma «epístola de consolação e reconciliação» (capítulos 1-7), outra relativa à coleta (capítulos 8 e 9), e uma terceira, que seria a assim chamada «carta dos quatro capítulos» (capítulos 10-13). É verdade que a Epístola se compõe de diversas partes, mas foram escritas, se não de uma só vez, pelo menos umas após as outras e num mesmo estado de ânimo, e enviadas como um escrito único.

A diversidade de tom explica-se, talvez, pelo fato de a Epístola se dirigir a grupos diferentes no seio da mesma comunidade. Na primeira parte, São Paulo fala aos que lhe permaneceram fiéis, e o seu tom é conciliador. Mas os judaizantes ainda não se tinham afastado da comunidade, e os seus ataques contra a pessoa e as atividades do Apóstolo continuavam a ser violentos e a produzir estragos entre os fiéis. Aqui, porém, a pessoa e a causa identificavam-se, e Paulo vai pôr termo a esses ataques ajustando definitivamente as contas com os seus adversários. O fim primário da Epístola é, portanto, expor os motivos em que se apoia a sua *autoridade apostólica*. A arma de que os seus oponentes se serviam eram, em primeiro lugar, os sofrimentos, as perseguições e a indigência do Apóstolo, que lhe tiravam toda a grandeza apostólica aos olhos daqueles homens mundanos. Paulo arrebata-lhes essa arma, e faz precisamente das suas provações uma confirmação e uma glorificação da sua vocação apostólica. Esta é a razão por que fala tanto dos seus padecimentos, que constituem por assim dizer o fio condutor de toda a Epístola e a convertem numa *epístola do sofrimento*, na grande confissão do seu martírio.

Depois de uma oração de ação de graças, o Apóstolo recorda aos seus leitores os dolorosos acontecimentos de Éfeso. Pela primeira vez tinha julgado que a medida estava repleta, que se encontrava no limite das suas forças, a tal ponto que já desesperara de conservar a própria vida. Pede às comunidades que se façam orações públicas de ação de graças por ter escapado da morte (1, 11). Indigna-se com a pérfida lógica de advogado com que se interpretam as bem refletidas alterações dos seus projetos de viagem, como se andasse continuamente a contradizer-se: «Ou, quando eu tomo uma resolução, tomo-a segundo a carne, de sorte que haja em mim sim e não?» (2 Cor 1, 17).

Neste ponto, Paulo alude às palavras de Cristo: «Seja o vosso falar: Sim, sim; não, não» (Mt 5, 37). Mas, com que elevada espiritualidade, com quanta honestidade inspirada na verdade e na transparência do Filho de Deus, interpreta essas palavras! «Um sim e um não, pronunciados ao mesmo tempo, indicam uma má teologia», diz Shakespeare, exprimindo à sua maneira o pensamento de Paulo. Este, por sua vez, comenta aos coríntios: «Porque o Filho de Deus, Jesus Cristo, [...] não foi sim e não, mas foi sempre sim. Porque todas as promessas de Deus são sim nEle e por Ele dizemos Amém para glória de Deus em nós» (2 Cor 1, 19-20).

VI. A TERCEIRA VIAGEM DE MISSÃO

Portanto, a causa pela qual Paulo adia a sua visita não é um capricho ou um receio, mas a indulgência para com eles. Lançam-lhe em rosto que pretende dominá-los e tiranizar as suas consciências. Como o conhecem mal! O objetivo da missão apostólica não é dominar as almas, mas servir e ser «cooperadores do vosso gozo». Também aqui fala segundo o coração de Cristo: «O Filho do Homem não veio para ser servido, mas para servir e dar a vida pela redenção de muitos» (Mt 20, 28).

O objetivo das penas impostas pela Igreja não é o sofrimento do culpado, mas o arrependimento salutar, que não gera a morte, mas a vida. Tal é a ética cristã da pena, que Paulo aplicou ao caso do incestuoso. O exagero ou o abuso de poder na aplicação do direito penal da Igreja seria uma «astúcia de Satanás», e é somente na medida em que os chefes da Igreja se deixarem guiar pelo Espírito que poderão evitar essa tentação. Em todas as suas Epístolas, o Apóstolo pressupõe que Deus está sempre disposto a perdoar, e também pensa desse modo quando assegura ao incestuoso o perdão do seu pecado e indica à comunidade: «Deveis agora usar com ele de indulgência e consolá-lo» (2 Cor 2, 7). O perdão dos pecados é, pois, um pensamento que acompanhou a Igreja desde os seus primeiros dias.

A alegria da vitória e a confiança em Deus voltam a animar o Apóstolo quando lança um olhar sobre a obra realizada: «Mas, graças [sejam dadas] a Deus, que nos faz sempre triunfar em Jesus Cristo e que por meio de nós difunde o odor do seu conhecimento em todo o lugar, porque nós somos diante de Deus o bom odor de Cristo, entre os que se salvam e entre os que perecem: para estes, odor de morte para a morte; para aqueles, odor de vida para a vida» (2 Cor 2, 15-16). O significado desta passagem fica claro se recordarmos que, atrás do carro de triunfo de um general vencedor, costumavam levar-se em cortejo os prisioneiros de guerra e os reis vencidos; por sua vez, o vencedor era incensado com turíbulos e envolvido numa nuvem fragrante, como se fosse um deus; porém, para evitar que a adulação o embriagasse demasiado, um escravo devia recordar-lhe constantemente a sua condição humana: *Caesar, hominem te esse memento!*: «César, lembra-te de que és apenas um homem!» Paulo regozija-se, pois, com o humilde papel que lhe está reservado no cortejo triunfal do seu Senhor: servir de troféu de vitória ao seu Mestre e difundir, à semelhança do turiferário, «o odor do seu conhecimento». Como o odor do incenso sobe ao altar e progressivamente se espalha por todo o santuário, assim Paulo divisa toda a região costeira do Mar Egeu embebida no suave odor do Evangelho. Eleva o seu abrasado coração a Cristo, enquanto a sua energia vital se consome como um carvão aceso. Toda a terra respira esse odor: «Para estes, odor de morte para a morte; para aqueles, odor de vida para a vida».

A glorificação do apostolado sugere-lhe imagens sempre novas. Não tem necessidade de cartas de recomendação, como os seus adversários: «A nossa carta sois vós, escrita em nossos corações, conhecida e lida por todos os homens, não havendo dúvida de que vós sois uma carta de Cristo, escrita pelo nosso ministério, não com tinta, mas com o Espírito do Deus vivo; não em tábuas de pedra, mas em tábuas de carne que são os vossos corações. Tal é a confiança que temos em Deus, por Cristo. Não que sejamos capazes por nós mesmos de pensar alguma coisa, como vinda de nós mesmos, mas a nossa capacidade vem de Deus, que nos fez idôneos ministros do Novo Testamento, não pela letra, mas pelo Espírito, porque a letra mata, mas o Espírito vivifica» (2 Cor 3, 2-6). Se Paulo não tivesse escrito senão esta última frase, ela teria bastado por si só para assegurar-lhe a imortalidade.

Os seus adversários opunham-lhe Moisés, cujo rosto brilhava de tal forma no momento em que entregara aos hebreus a Lei antiga que tivera de pôr um véu sobre o rosto quando falava ao povo, tardo em compreender. Ainda hoje, diz Paulo, eles envolvem os rolos do Antigo Testamento numa cobertura bordada, símbolo do véu que lhes cobre o coração. Mas Cristo veio retirar esse véu. «Pelo que, tendo nós tal ministério, em virtude da misericórdia que obtivemos, não perdemos a coragem, [...] não nos conduzindo com artifício, nem adulterando a palavra de Deus, mas recomendando-nos à consciência de todos os homens diante de Deus, por meio da manifestação da verdade. [...] Com efeito, não nos pregamos a nós mesmos, mas a Jesus Cristo nosso Senhor. Nós, pois, somos vossos servos, por Jesus. Porquanto Deus, que disse: «Das trevas resplandeça a luz», resplandeceu em nossos corações, para que fizéssemos brilhar o conhecimento da sua glória na face de Jesus Cristo» (2 Cor 4, 1-6). A última proposição desta impressionante passagem alude à mais profunda razão de ser da sua

VI. A TERCEIRA VIAGEM DE MISSÃO

vocação de Apóstolo: o resplendor que cercou o seu coração com a gloriosa luz de Cristo em Damasco.

A seguir, antecipa-se a uma possível objeção: «Mas o teu aspecto em nada corresponde a isso». Isto oferece ao Apóstolo um motivo para falar, em vigorosas antíteses, do contraste entre a sua aparência exterior, pouco digna de nota, sulcada pela doença e pelo sofrimento, e a sua alma cheia do Espírito Santo: «Temos, porém, este tesouro em vasos de barro, para que se reconheça que a superioridade deste poder procede de Deus e não de nós» (2 Cor 4, 7). E passa depois à grande confissão da sua vida: assim como a vida de Jesus foi uma contínua vida de sacrifício, uma vida de obediência até à morte na Cruz, também a vida do Apóstolo demonstra a sua semelhança com a do Mestre, principalmente no seu lento, perigoso e oprimido serviço apostólico. A disposição de servir e a humilhação do seu eu constituem o seu martírio cotidiano: «Em tudo sofremos tribulação, mas não sucumbimos; somos cercados de dificuldades, mas não desesperamos; somos perseguidos, mas não desamparados; somos abatidos, mas não perecemos; trazemos sempre em nosso corpo a mortificação de Jesus, para que também a vida de Jesus se manifeste em nossos corpos» (2 Cor 4, 7-10; cf. também 1 Cor 4, 9-13; 2 Cor 1, 8-11; 6, 4-10; e a mais emocionante de todas: 11, 21-33).

Para o Apóstolo, o sofrimento é por assim dizer um sacramento pelo qual se realiza a sua união mística com Cristo, a sua simbiose com o Senhor. Toda a sua força procede dessa união com *Christus passus et redivivus*. Quanto mais sofre, maior é a sua força e a sua autoridade; quanto mais sofre com Cristo, tanto mais se aproxima de Cristo. Porque Paulo sabe que deve sofrer mais do que os outros, como também sabe que tem uma função particular a desempenhar na Igreja e para com a Igreja. Às perseguições, acrescente-se ainda a sua doença crônica. À tríplice oração de Cristo em Getsêmani, corresponde o seu tríplice pedido para ser libertado do «aguilhão na carne» e das «bofetadas» do anjo de Satanás. É com este cúmulo e excesso de dores que se apresenta diante dos coríntios, pois sabe que elas lhe conferem uma imensa superioridade. Sente-se aqui a graça, a dignidade do *sacerdos alter Christus*, do «sacerdote, outro Cristo». Desta forma, consegue arrebatar dos seus mais encarniçados adversários o argumento de que é um vencido, um homem abandonado e ferido pela desgraça, e transformar a acusação num triunfo de Cristo.

Na sua comunhão com os padecimentos de Cristo, fundamenta também a sua *comunhão de sofrimentos com a Igreja*. É a ideia do sofrimento expiatório, que ressoa desde o primeiro capítulo: «Se somos atribulados, é para vossa consolação e salvação» (2 Cor 1, 6); «A morte, pois, opera em nós, e a vida em vós» (2 Cor 4, 12). Se ele puder suportar essas tribulações, as comunidades fortalecer-se-ão poderosamente na fé. «Nosso Senhor Jesus Cristo, sendo rico, fez-se pobre por vós, a fim de que vós fôsseis ricos pela sua pobreza» (2 Cor 8, 9): esta antítese penetra e atravessa toda a sua vida apostólica. «Como moribundos, mas ainda agora vivos; como condenados, mas livres da morte; como tristes, mas sempre alegres; como pobres, mas enriquecendo a muitos; como não tendo nada, mas possuindo tudo» (2 Cor 6, 9-10). De ano para ano, este motivo do sofrimento vicário, central nas suas Epístolas, vai-se tornando mais firme, mais grandioso: *por vós e para vós*. E o impulso apaixonado que desemboca no capítulo décimo segundo culmina neste grandioso acorde: «Eu de muito bom grado darei o que é meu e me darei a mim mesmo pelas vossas almas» (2 Cor 12, 15).

Entre as duas partes principais da Epístola, insere-se uma passagem relativa à *coleta para Jerusalém* (capítulo 9). Esta ampla obra de caridade era objeto de uma especial solicitude por parte do Apóstolo, que não podia consentir que se rompessem os laços com a Igreja-mãe e se cindisse a Igreja em dois grupos. Queria convertê-la numa solene homenagem à Igreja-mãe por parte das comunidades espalhadas por todo o mundo, e apresentar pessoalmente em Jerusalém, acompanhado pelos seus colaboradores, o produto dessa coleta. A forma como promove e prepara esta iniciativa é um testemunho da sua fina discrição. Não lhe ficava bem o papel de coletor de dinheiro, e também não tinha a menor inclinação para ocupar-se de matérias financeiras; além disso, sabia que os seus adversários espiavam cada um dos seus atos com olhos de lince e difundiam interpretações indignas sobre o seu procedimento. Exige, por isso, que cada comunidade sele as suas oferendas e lhas faça chegar por mensageiros especialmente escolhidos, e, para tirar à coleta qualquer aparência de negócio, designa-a com termos religiosos: «bênção prometida», «obra boa», «socorro destinado aos santos», «oferenda».

VI. A TERCEIRA VIAGEM DE MISSÃO

Esta passagem relativa às coletas é um modelo de sermão sobre a caridade. Que delicada reserva, para não parecer importuno, e que compreensão para com a indigência dos mais pobres! Se, no decurso da história da Igreja, sempre se tivesse observado esta delicadeza e esta responsabilidade para com o povo, que luta penosamente com as estreitezas desta vida, se os cristãos se tivessem preocupado mais com os mais pobres entre os pobres, com as periferias miseráveis das grandes cidades, e menos com os seus afãs de lucro, quantas bancarrotas espirituais, quantas falências do espírito de confiança não se poderiam ter evitado! Se o sacerdote deixa de participar dos sentimentos do povo sofredor e miserável, se tem, relativamente à sua habitação e nível de vida, exigências superiores às da média dos seus fiéis, se não administra como uma herança sagrada o capital de confiança do povo católico, o Senhor virá munido da sua foice para segar a sua eira.

Todos os motivos indicados por São Paulo são de ordem sobrenatural. No seu entender, o mais belo fruto da generosidade é que crescemos em magnanimidade, atraímos sobre nós a divina bênção da Eucaristia e podemos demonstrar com obras a nossa submissão ao Evangelho. Assim compreendida, a participação nas obras de caridade é uma espécie de liturgia, «um dom inefável»; assim compreendida, a caridade não é uma carga para quem dá nem uma humilhação para quem recebe.

Entre os capítulos nono e décimo parece ter havido uma interrupção mais ou menos longa, durante a qual deve ter ocorrido algum acontecimento de importância. Sem motivo aparente, Paulo passa subitamente do tom conciliador ao mais veemente *appassionato*, a uma filípica extraordinariamente áspera, apesar de já se ter reconciliado com a comunidade. Provavelmente, tinham chegado novas notícias de Corinto. É possível que os semeadores de discórdias tivessem recebido reforços de Jerusalém, sem a autorização quer de Tiago quer de Pedro. Acusavam o Apóstolo de ser arrogante, diziam que as suas cartas eram atrevidas, e ele próprio um louco ávido de glória; que a sua coleta representava uma manobra muito astuciosa e ofensiva contra os direitos da comunidade.

Sob a máscara da ironia grega, Paulo aceita o papel de fanfarrão que lhe atribuem, e dessa posição ataca impiedosamente os seus detratores. Acusam-no de ambição, de egoísmo, de ânsia de mandar, ao mesmo tempo que eles próprios apregoam a sua amizade com os grandes de Jerusalém, se apresentam como homens superiores, correm de casa em casa e se fazem convidar a si mesmos, falam continuamente e não toleram que os contradigam. Discretamente, Paulo evita até referir os nomes desses emissários e nomeia-os apenas com as expressões «alguns», «certas pessoas». Não diz uma palavra acerca daqueles que possivelmente os encarregaram de semelhante missão. Respeitosa e prudentemente, guarda silêncio sobre eles, embora por detrás de todas essas maquinações adivinhe a sombra de importantes personagens, de cujos nomes se tinha abusado: *magni nominis umbra*.

Tito e dois outros irmãos, talvez Lucas e Aristarco, levaram a Epístola a Corinto. Parece ter sido decisiva a impressão causada pela leitura da carta. Ela constitui o testamento do Apóstolo à Igreja pela qual havia dado o sangue do seu coração. Mas já no século II Corinto parecerá ter esquecido os méritos de Paulo. Há, porém, um ponto que sempre nos recordará a heroica atitude do Apóstolo: quando surgir a tentação de acomodar o cristianismo a este mundo, quando nos acometer o perigo de esvaziar o dogma do seu conteúdo, de submeter o Espírito ao século e à atividade exterior, Paulo levantar-se-á de novo e voltará a convidar os cristãos ao recolhimento e à vida interior: «Esses são falsos apóstolos, operários fingidos, que se disfarçam em apóstolos de Cristo. E não é de admirar, visto que o próprio Satanás se transfigura em anjo de luz. [...] Quanto ao mais, irmãos, alegrai-vos, sede perfeitos, admoestai-vos, tende um só coração, vivei em paz, e o Deus da paz e da caridade será convosco» (2 Cor 11, 13-14; 13, 11).

O inverno em Corinto. A Epístola aos Romanos

At 20, 3

A cordialidade com que o Apóstolo fora acolhido pelos seus fiéis macedônios tinha-lhe renovado as energias vitais, de modo que pôde pensar em novas iniciativas. Uma observação da Epístola aos Romanos (15, 19) faz supor que foi até a Ilíria (*Dyrrachium*, atualmente Durazzo). A Ilíria era então um território muito vasto, e abrangia toda a região costeira compreendida entre a Dalmácia e o Épiro. Paulo parece ter fundado também uma comunidade em Nicópolis

VI. A TERCEIRA VIAGEM DE MISSÃO

do Épiro; dez anos mais tarde, passaria ali o seu último inverno. Em princípios do inverno de 57, aproximou-se novamente do arquipélago egeu, onde o esperavam os representantes das comunidades, a fim de o acompanharem por Corinto até Jerusalém: eram Sóprato da Bereia, Aristarco e Segundo de Tessalônica, Tíquico e Trófimo de Éfeso, Gaio de Derbe, Timóteo, Lúcio e Jasão. Em Corinto, esperava-o um outro grupo de amigos. Era o mais brilhante estado-maior que já tinha acompanhado um Apóstolo. À vista desse séquito, os coríntios puderam medir a importância universal do seu Apóstolo. Desta vez, Paulo hospedou-se na espaçosa casa de Gaio – a quem ele próprio tinha batizado (1 Cor 1, 14; Rm 16, 23) –, onde também se celebravam os atos de culto.

Era inverno, o que tornava impossível uma partida imediata. Assim, Paulo teve tempo para fortalecer a vida da comunidade e para garanti-la contra futuras perturbações por meio de uma hierarquia solidamente estabelecida. O temperamento do evangelista Lucas é suave e conciliador, e a sua mão de médico recusa-se a reabrir antigas feridas; por isso, evita cuidadosamente deter-se na descrição do combate definitivo na comunidade de Corinto e na derrota do partido judaizante.

Nesta cidade, na hospitaleira casa do seu amigo, Paulo teve tempo igualmente para meditar sobre a atividade missionária dos últimos vinte anos, sobre os maravilhosos caminhos de Deus para a linhagem humana, e sobre as mais íntimas experiências da sua alma e o destino do seu povo. Aqui, no ponto de encontro do Oriente e do Ocidente, o seu olhar também se dirige involuntariamente para Roma, a cidade que havia muitos anos vislumbrara como um distante foco luminoso no horizonte da sua vida e que constituía o alvo dos seus desejos.

Não era o prestígio da grande capital que o atraía, mas uma espécie de pressentimento de que Roma estava destinada pela Providência a ser o centro da cristandade. A sua tarefa no Oriente parecia-lhe terminada. O cristianismo já estava estabelecido em todos os grandes centros comerciais, e a sua ulterior expansão era apenas uma questão de tempo. «Desde Jerusalém e as regiões circunvizinhas, até a Ilíria, tudo enchi do Evangelho de Cristo, cuidando porém de não pregar o Evangelho onde já se tinha anunciado o nome de Cristo, para não edificar em fundamento alheio. [...] Foi por isso que muitas vezes fui impedido de ir ter convosco até agora. Mas agora já não tenho com que me ocupar nestas terras e, como há muitos anos desejo ir ter convosco, espero ver-vos de passagem quando me puser a caminho da Espanha, e ser acompanhado por alguns de vós até lá, depois de ter gozado algum tempo da vossa companhia» (Rm 15, 19-24).

Para compreendermos bem estas palavras, deveremos ter em conta as imensas regiões desabitadas do Império Romano, que contava uma população minúscula para os padrões atuais (cerca de seis milhões de habitantes), dispersa num território comparável ao da Europa inteira (quase seis milhões de quilômetros quadrados), por causa da sua má política demográfica. Paulo pensava transferir para o Ocidente o centro de gravidade do seu ministério, e Roma, a dominadora do mundo, inspirava-lhe a grande concepção de uma *Igreja universal*, católica. Um único pensamento o fazia vacilar: fiel aos seus princípios, não desejava edificar em terreno alheio, e sabia que em Roma já estava lançado um fundamento apostólico. Esta expressão só se pode referir a Pedro. Uma vez que o imperador Cláudio, que decretara a expulsão dos judeus de Roma, morrera no ano 54, é provável que Pedro se tivesse estabelecido ali por volta do ano 55, acompanhado de sua mulher e do seu intérprete Marcos. Por outro lado, porém, a divisão das regiões de missão não era exclusiva, o que teria contrariado a missão universal dos Apóstolos.

Paulo tinha necessidade de Roma como de um *ponto de apoio* para a sua atividade ulterior na Itália e na Espanha: «Espero ver-vos de passagem quando me puser a caminho da Espanha, e ser acompanhado por alguns de vós até lá». Que empreendimento hercúleo, para um homem que envelhece, querer levar sobre os ombros o orbe cristão! Entretanto, assim que recomeçasse a época da navegação, confiaria à fiel diaconisa Febe, que pretendia partir para Roma na primavera, uma carta destinada à comunidade romana, a fim de estabelecer um primeiro vínculo espiritual e uma relação de amizade com essa comunidade essencial para o Ocidente.

Mas o Apóstolo tinha diante dos olhos um pensamento ainda mais vasto. Pelo êxito do seu apostolado, era indiscutivelmente a personagem mais importante da cristandade, e sentia-se responsável pela *unidade católica*. No horizonte oriental encontrava-se a desconfiada comunidade de Jerusalém, agrupada à volta do Templo, e no ocidental a comunidade romana, com o seu numeroso contingente de ju-

VI. A TERCEIRA VIAGEM DE MISSÃO

deus-cristãos e até de essênios, abstêmios e vegetarianos. A essas almas timoratas, o Apóstolo chamava-lhes «fracas na fé», por oposição às «fortes». Estava, pois, decidido a estabelecer, através da viagem a Jerusalém, a paz com a comunidade-mãe, e ao mesmo tempo a oferecer, sob a forma de uma Epístola, um «ramo de paz» aos judeus-cristãos da Igreja romana, para demonstrar-lhes que não era um renegado infiel ao seu povo, que não pretendia privá-lo das suas promessas, que o fato de se ter desvinculado da Lei não era um ato de infidelidade, e que ele próprio sentia, dia e noite, uma dor atroz pelo destino dos seus irmãos hebreus.

A estes motivos acrescenta-se ainda uma terceira consideração: Paulo sabia que se ia aproximando da velhice, e era assaltado de vez em quando por tristes pressentimentos de que as oferendas para Jerusalém não seriam acolhidas pelos «santos» da maneira como ele esperava, e de que ele próprio se iria precipitar na boca do leão (cf. Rm 15, 31). Era, pois, o momento próprio para legar à cristandade o seu testamento espiritual e deixar por escrito a farta colheita de pensamentos amadurecidos na sua vida tempestuosa: o seu «Evangelho» sobre os *misteriosos caminhos da salvação divina*. O grande pensamento que começara a desenvolver na Epístola aos Gálatas latejava ainda no seu espírito. Essa carta tinha sido, acima de tudo, o grito de um coração apaixonadamente agitado. Agora, desejava retomar serenamente as questões e expô-las com profundidade e reflexão. Por isso, a Epístola aos Romanos merece ser considerada, antes de mais nada, um tratado teológico sobre a questão central do cristianismo: *a nova situação, estabelecida por Cristo, do gênero humano em relação a Deus*.

O Apóstolo tinha reunido à sua volta os amigos mais íntimos: todos seriam testemunhas da forma como essa Epístola lhe ia fluir espontânea e livremente da alma. Desta vez, a honra de servir-lhe de secretário coube ao escravo cristão Tércio, que não deixou de mencionar o fato no fim da Epístola. Após uma solene introdução, Paulo anuncia claramente o *tema* que vai desenvolver: «Em verdade, eu não me envergonho do Evangelho, porque é a virtude de Deus para dar a salvação a todo aquele que crê» (Rm 1, 16). Assim como vê a sua própria vida dividida em dois períodos, o *tempo sem Cristo* e o *tempo em Cristo*, assim também vê a História da humanidade dividida em dois grandes períodos, agrupados ao redor de dois modelos típicos, de duas cabeças espirituais do gênero humano: a *humanidade não redimida*, anterior a Cristo e personificada em *Adão*, e a *humanidade restabelecida* por *Cristo*. Esta é a sóbria moldura da grandiosa concepção paulina da História do mundo e da História da salvação.

Em primeiro lugar, pergunta-se qual é a *situação religiosa do gênero humano no tempo sem Cristo*. Por acaso poderemos encontrar realizada aqui, de alguma maneira, a relação ideal do homem com Deus, o estado de «justiça»? Não, porque toda a humanidade que vivera antes de Cristo, quer fossem pagãos ou judeus, se encontrava, segundo o Apóstolo, «sob a ira de Deus» (Rm 1, 16 a 4, 25).

Demonstra-o em primeiro lugar pelo desenvolvimento histórico-religioso do *paganismo*: a sua elevada civilização espiritual e artística, filosófica e cultural, a sua prosperidade social e política, tinham sido incapazes de impedir a sua decadência moral. Este libelo de acusação é de um extraordinário poder e concisão. Os pagãos tinham conhecimento de Deus e da lei moral natural, mas impediam essa verdade de agir, mantendo-a presa na jaula das suas especulações estéreis; cortavam as asas da majestosa águia da razão, concedida por Deus, e obrigavam-na a rastejar indignamente sobre a terra. Na sua razão e na sua consciência, o homem possui um órgão e um sentido que lhe permitem ir até Deus. Pelo espelho da criação, podemos reconhecer o *poder de Deus*; pela lei natural que trazemos no coração, o *Legislador* que está acima de nós; pelo ideal moral, inato em nós, a *santidade de Deus*.

Paulo conhece pelo Livro da Sabedoria (13, 5) os esforços dos filósofos por sondar o ser de Deus e os seus atributos de onipotência, eternidade e imensidade. E sabe também que esse conhecimento teórico fundamenta um dever. Deus quer, não somente ser conhecido, mas também reconhecido; não quer apenas que saibamos que existe, mas exige-nos fé, adoração e amor. O erro culpável do paganismo consistiu em idolatrar as criaturas, que deveriam ser meros degraus na ascensão para Ele, e em dobrar os joelhos diante delas: as forças da natureza, os astros, os animais, as obras da arte e da técnica, o Estado e a sua personificação no Imperador. Foi por essa razão que Deus «os abandonou aos desejos do seu coração» (Rm 1, 24).

Mas o homem abandonado a si próprio não pode salvaguardar nem sequer a sua dignidade humana. O homem que diviniza o huma-

VI. A TERCEIRA VIAGEM DE MISSÃO

no não só perde o sentido do divino, como também o sentido do humano. As personalidades sentadas no trono de Roma demonstravam-no com terrível acuidade, e a acusação paulina reveste-se de toda a sua ressonância quando pensamos no fundo sombrio desta época: nos mistérios, acompanhados de abomináveis ritos sexuais e de vergonhosas orgias; nos templos egípcios, com os seus monstros com cabeça de cão ou de abutre; na deusa da fecundidade da Ásia Menor, com os seus mil seios; nas colunas de Baal, na Síria, com os símbolos da procriação; na querela acerca da precedência do íbis sobre o gato sagrado ou do crocodilo sobre o cinocéfalo; nas lutas entre os adoradores do cão e os do linguado; na idolatria e nos monumentos funerários erguidos em homenagem ao boi Ápis. Com efeito, toda a sabedoria deste mundo transformara-se literalmente em loucura.

Paulo conhecia tudo isso, e tinha essa realidade cotidianamente diante dos olhos; não vivia numa «torre de marfim». A idolatria, nascida do pecado, gerava continuamente o pecado e conduzia pouco a pouco ao obscurecimento do espírito e ao embotamento do sentido moral. Era o que demonstravam as inversões sexuais, a pederastia e o amor lésbico, todas as degenerescências que encontravam o seu castigo nos estragos produzidos pelas doenças venéreas.

Além disso, o Apóstolo distingue mais três traços de morte na fisionomia do paganismo: a falsidade e a mentira interiores, a frivolidade que desemboca na decadência social, e a ausência de caridade e de piedade. Resume em duas palavras o paganismo: *sine affectione, sine misericordia*, «sem afeto, sem misericórdia» (Rm 1, 31). Com efeito, o mundo antigo ruiu pela falta de caridade e pelo despotismo asiático, que fazia uma minoria de gente livre dominar sobre uma maioria de escravos. Diante de um pano de fundo tão desolador, a «bondade» e o «amor pelos homens» manifestados no Filho de Deus (Tt 3, 4) tinham de aparecer como uma novidade nunca dantes vista.

Em Atenas, Paulo tinha reduzido a pó a soberba intelectual dos filósofos gregos; na Epístola aos Romanos, volta a fazê-lo, mas vai mais além e cita o próprio judaísmo diante do tribunal de Deus. Até esse momento da carta, os seus leitores judeus-cristãos podiam aplaudi-lo intimamente. Mas o Apóstolo passa a dirigir a sua acusação contra o *judaísmo*. Além da razão e da consciência, os judeus tinham tido outros guias para Deus: a Revelação, a Lei, os Profetas, as Sagradas Escrituras, as promessas messiânicas. Mas eis que se comprovava o mais penoso dos fatos: precisamente aquilo que lhes tinha sido dado para a sua salvação convertera-se na sua perdição, porque eles o tinham tomado orgulhosamente por um privilégio da sua raça, vinculado à carne e ao sangue.

Na questão da salvação, Paulo não lhes concede portanto nenhum privilégio, apesar das promessas messiânicas. A Lei não era meio de salvação, mas apenas um processo educativo, que trazia em si mesmo a causa da sua anulação. Esta foi a grande tragédia do judaísmo: enganar-se sobre o sentido da Lei e perseguir a falsa imagem de uma salvação levada a cabo apenas pelas suas próprias forças. Paulo não estabelece nenhuma distinção entre a lei ritual e a lei moral; as duas formam *uma única Lei*, já ultrapassada e abolida. Depois da vinda de Cristo, a parte moral da Lei – o Decálogo – deve ser entendida num sentido completamente novo, deve receber outro fundamento e outras motivações, e ser cumprida em virtude do novo princípio de vida enxertado em nós: a graça. Também o judeu receberá a salvação de Cristo, não de Moisés. Todo aquele que não se submete a Cristo permanece pecador, por mais elevados que sejam a sua conduta moral, os seus sacrifícios e a sua ascese.

Mas a maior culpa, tanto dos judeus como dos pagãos, consiste em não quererem reconhecer o seu pecado, em não se sentirem nem considerarem pecadores, apesar de buscarem a salvação e a purificação mediante determinadas obras, como as purificações rituais, a abstenção de vinho e carne (pitagóricos, essênios), as fórmulas mágicas (religiões de mistérios), ou ainda mediante uma relação jurídica contratual com Deus (a *Aliança* do Sinai). A *razão última do pecado* é sempre esta: o orgulho humano, a pretensão de autonomia religiosa e moral; é por este lado que a antiga serpente continua a erguer a cabeça. A religiosidade pagã tinha por princípio: «A divindade somente atende aos puros». E o judaísmo da época de Paulo, tal como aparece no quarto Livro de Esdras e no Apocalipse de Baruch, só se dispõe a «ser julgado segundo a sua própria justiça».

A seguir, o Apóstolo passa a tratar da *nova situação criada por Cristo* (Rm 5, 1 a 8, 39). Por Cristo e pelo seu cruento sacrifício expiatório, Deus condenou todas as tentativas humanas de autorredenção.

VI. A TERCEIRA VIAGEM DE MISSÃO

Tudo o que é grande e belo na ordem natural das coisas, a glória militar e as obras da paz, da ciência, da arte, da cultura técnica, da ordem social, do poder e do domínio do mundo, tudo isso deve ser merecido por esforços pessoais e continuamente reconquistado; de tudo isso o homem tem direito a «gloriar-se»; a tudo isso se aplica a palavra do poeta: «O que herdaste de teus pais, adquire-o para o possuíres». Mas no que há de mais elevado para o homem, no domínio do sobrenatural, não há obras autônomas. A mais perfeita relação com Deus, a da filiação divina, só pode ser recebida como um dom gratuito. É aqui que adquire todo o seu significado esta outra frase de Goethe: «O rio em que me banho é todo graça e tradição».

O elemento inteiramente novo do cristianismo é justamente esta *gratuidade da graça e da Redenção*. Cristo não foi vítima de um encadeamento casual ou necessário de circunstâncias psicológicas ou políticas; Cristo morreu por amor. Por um ato de amor sem igual, o Deus santo interveio na história dos homens pecadores para atraí-los às alturas da santidade. O amor é um dom; e, se não o fosse, não seria amor (Rm 5, 1-11). Mas, quando Deus age, a sua atividade é *criadora*; assim, atua na alma de quem crê renovando-o e transformando-o; graças a um renascimento espiritual, o cristão torna-se uma «nova criatura».

Diante dessas disposições divinas no que diz respeito à Salvação, cessam todas as críticas, todas as exigências orgulhosas apoiadas na hereditariedade, todos os critérios de eficácia e recompensa merecida; nenhuma atitude interior é possível a não ser uma *fé sem reservas*, um sim e um amém plenos diante do ato redentor de Cristo, uma rendição da inteligência inspirada por um amor agradecido de toda a personalidade à vontade divina, com a disposição de abraçar a nova vida em Cristo e de deixar-se aprisionar por ela. Na pessoa de Jesus, toda a soberba humana se esfacelou. Deste momento em diante, qualquer busca de Deus que prescinda da revelação da Salvação em Cristo constitui um pecado.

Essa fé que justifica, e da qual a nova vida brota como de uma raiz, não é um *sacrificium intellectus* cego e indigno do homem; é um «culto racional de Deus». E, no entanto, ninguém pode «gloriar-se nela», porque não é essencialmente obra humana, não é nenhum produto do raciocínio, mas é obra de Deus, uma dádiva gratuita do Espírito

Santo. Na sua natureza mais íntima, é um mistério cuja chave se oculta nos abismos da eleição e da predestinação anteriores ao tempo.

Para uso dos judeus-cristãos, Paulo apoia esta doutrina da justificação na História Sagrada e na figura de Abraão, tipo da fé, expondo-a mediante os conceitos habituais da teologia rabínica. Para uso dos cristãos vindos da gentilidade, deixa falar a poderosa e transparente linguagem dos fatos: a Cruz de Cristo, a íntima experiência cristã e o testemunho do Espírito Santo. Quando Deus fala, age; e age com atos em que se traduz a sua grandeza: Ele é o Deus da História. Todas as suas palavras são atos, todos os seus atos são palavras, segundo a expressão de Santo Agostinho: *Verba Dei facta sunt*. E esta verdade mostra-se claramente na vida de Cristo, desde a sua Encarnação – «E o Verbo *se fez* carne» (Jo 1, 14) – até ao «Tudo está consumado» (Jo 19, 30) – ou seja, *feito* –, que pronuncia na Cruz. A culpa coletiva e histórica, de que todo o gênero humano participa com a sua cabeça, Adão, é um mistério, e só poderia ser expiada por um outro ato histórico de caráter igualmente misterioso, pela morte reparadora do segundo Adão, cabeça da nova humanidade.

A justificação, porém, não é mais que *um começo*. No plano natural, ninguém pode dar a vida a si próprio, cada qual deve aceitá-la como uma dádiva, e, a partir do momento em que lhe é dada, tem de continuar a desenvolvê-la de harmonia com as forças próprias da sua natureza. O mesmo acontece com a vida sobrenatural: ninguém pode merecê-la, adquiri-la ou conquistá-la em combate: «Logo, não depende do querer nem do correr do homem, mas de Deus, que usa de misericórdia» (9, 16). Mas, uma vez que essa «nova criatura» já existe, aquele que foi regenerado deve velar pela sua união com Cristo; já não tem o direito de se deixar conduzir pelos instintos da carne, mas deve obedecer aos impulsos do Espírito Santo, procurar readquirir, reforçar e aprofundar dia após dia essa nova vida com a ajuda da graça. Assim, pois, a progressiva *transfiguração do homem regenerado* eleva-o de degrau em degrau para o alto, até fazê-lo atingir a vida total e eterna de Deus, de cujas ocultas profundezas procede a nova vida.

Essa obra de Deus em nós seria comparável a um torso sem cabeça se Ele não a concluísse, se, depois dessas manifestações do seu poder que são a Morte e a Ressurreição de Cristo, a vinda do Espírito e a santificação, Ele deixasse a morte destruir a obra que começou nas almas, se abandonasse todo o seu trabalho de libertação às mãos desses tiranos que são a morte, Satanás e o pecado. Por meio do «selo do Espírito», imposto no Batismo e na Confirmação, Deus concedeu-nos o seu Espírito como penhor de que a última palavra da história dos homens não será a morte, mas a glorificação. E esse penhor do Espírito mostra-nos até que ponto Deus leva a sério a sua solicitude de amor pelos homens. Não nos impõe o seu selo e o seu cunho para que a alma, depois da morte, se dissipe como uma nuvenzinha de fumo na imensidão: «E, se o Espírito daquele que ressuscitou Jesus dos mortos habita em vós, Ele, que ressuscitou Jesus Cristo dos mortos, também dará vida aos vossos corpos mortais, por meio do seu Espírito, que habita em vós» (Rm 8, 11).

Assim como na obra da salvação não há lugar para a ambição ou a autonomia humanas, assim também não há nela *acaso* nem *omissão* enquanto o livre-arbítrio do homem não se subtrair à órbita da graça, indo colocar-se sob o domínio da morte e de Satanás. Desde a eleição, a predestinação e a vocação, concebidas antes do tempo pelo pensamento eterno do amor de Deus, passando pela incorporação ao corpo místico de Cristo, até chegar à perfeição na glória da visão beatífica, tudo no homem se desenvolve organicamente segundo um plano de salvação determinado. A história da salvação de cada homem e de toda a humanidade não passa de um curto episódio atravessado de alegrias e sofrimentos, de lutas, derrotas e vitórias, no seio do grande drama da eternidade, dessa grandiosa *Divina Comédia*. E toda a tragédia do ser humano não é mais do que um curto suspiro de ânsia pela glorificação, que ressoa na eterna harmonia em que toda a Criação, «recapitulada em Cristo», canta a Deus o hino sagrado da Redenção. Assim se fecha a corrente de ouro cujos primeiros e últimos elos repousam nas profundidades da vida trinitária.

Esta doutrina paulina da predestinação não é desumana como a de Calvino, mas consoladora e encorajante. Ressoa como um cântico triunfal da esperança cristã (cf. Rm 8, 31-39) que um dia ateou uma nova luz no seio de um mundo condenado a desaparecer; luz suave, que penetrou nas catacumbas e transformou a imensa necrópole subterrânea à margem da capital – aquele sinistro reino das sombras do *Hades* pagão ou do *Scheol* judaico – num «remanso de luz e de paz». Este é o sentido das comoventes inscrições que encontramos nas catacumbas romanas: «Vós, os que habitais aí em cima [na Roma pagã], vós sois os verdadeiros mortos, ao passo que nós, aqui em baixo, nós somos os realmente vivos!»

A seguir, Paulo abarca com o seu olhar o mundo inteiro. Observa as *consequências cósmicas* do pecado original, como uma fenda que rasgasse o Universo inteiro. A queda do mundo dos espíritos parece estar relacionada com a queda dos homens; também na Epístola aos Colossenses (1, 20), o Apóstolo insinua que Cristo realizou em toda a Criação, portanto também no domínio dos espíritos, uma obra de reconciliação. Aqui, sugere-nos a imagem, cheia de melancolia e de poesia, da Criação que sofre «dores de parto» e anseia por uma transfiguração (Rm 8, 22).

A história da humanidade e da Criação é um mistério, e não encontra qualquer explicação em si própria: não existe nenhum sentido imanente na História, como pretende o panteísmo. Em si mesma, a História é um monstro, uma esfinge cujo enigma a humanidade tenta em vão decifrar desde os dias de Jó, e nem a Revelação nem a Redenção ergueram esse véu que oculta o destino. Pelo contrário, abriram-nos os olhos e fizeram-nos tomar consciência dos abismos à beira dos quais nos movemos, apesar de também nos assegurarem que todas as dissonâncias se reabsorverão finalmente na harmonia eterna. Se Virgílio ouve chorar as coisas (*sunt lacrimae rerum*, diz: «há lágrimas nas coisas»), o Apóstolo vê as criaturas elevarem as mãos ao Criador, num gesto de súplica, procurando ser libertadas da servidão do Maligno, «da sujeição à corrupção» (Rm 8, 21). Os santos souberam captar esse mudo olhar da criatura maltratada, e São Francisco de Assis ficou de tal modo impressionado com esse olhar que estreitou contra o seu coração todas as coisas criadas.

Além desta silenciosa prece da Criação inanimada, existe uma outra oração à qual a fidelidade de Deus dará uma resposta no dia da «manifestação dos filhos de Deus». É a oração mística do Espírito Santo, «que ora em nós com gemidos inenarráveis», e que Paulo ouviu tantas vezes no meio das suas comunidades, pela boca de profetas ou dos que tinham recebido o dom de línguas. Finalmente, está ainda a oração coletiva de toda a cristandade espalhada pelo mundo. A Igreja recebeu as «primícias do Espírito», mas a primeira espiga ainda não é a colheita, e sim apenas a promessa da colheita futura. Nós somos,

VI. A TERCEIRA VIAGEM DE MISSÃO

no seio da Igreja, como o nascituro no seio de sua mãe: «Ainda não foi manifestado o que seremos!» O olhar da esperança está dirigido para esse estado longínquo em que todas as criaturas que «gemem e estão como que em dores de parto até agora» poderão libertar-se da «sujeição à corrupção, para participar da liberdade gloriosa dos filhos de Deus»[43].

No meio do grande tratado sobre a Lei e a graça, São Paulo intercala no capítulo sétimo a célebre «confissão pessoal», em que alguns exegetas de fértil imaginação julgaram poder descobrir uma cicatriz, uma sombria experiência da juventude, «uma queda» do Apóstolo: «E eu outrora vivia sem lei, mas quando veio o mandamento, reviveu o pecado» (Rm 7, 9). Paulo não fala certamente com sabedoria livresca, mas em nome de uma experiência íntima, bem real, dos dois seres que nele viviam, da dupla lei do seu coração, da divisão e desacordo internos do homem ainda não redimido. No entanto, ao empregar a palavra «eu», fala de si também como tipo ou representante do seu povo, quando vivia sob a Lei, na época sem Cristo.

Por outro lado, também é possível que o Apóstolo tivesse realmente atravessado uma crise moral e religiosa durante a sua juventude; não seria nada estranho num homem tão dotado e sensível, que vivia numa grande cidade, onde as oposições entre a casa paterna, a sinagoga e a brilhante cultura helênica se entrechocavam tão duramente. Assim, é bem possível que tivesse passado por graves depressões. Mas falar de uma «queda no pecado», de um «profundo extravio», parece-nos excessivamente sensacionalista, e evoca com demasiada precisão a imagem do jovem Lutero, que esses exegetas projetam na alma do Apóstolo. Devemos respeitar o horror que o homem antigo tinha de levantar o véu que encobria a sua vida interior pessoal e de traçar o quadro do seu estado de alma para uso dos contemporâneos ou dos seus descendentes; somente Santo Agostinho o faria, pela primeira

---

(43) Paulo e os estoicos coincidem na ideia de que há uma ordem original do Universo que foi perturbada; a questão está em saber qual é a harmonia superior em que se podem eliminar as dissonâncias da vida. Os estoicos não puderam encontrar nenhuma solução para esse problema devido ao seu dogma fundamental do eterno retorno das mesmas coisas. O sentimento da vaidade de todas as coisas terrenas é algo que oprime, por exemplo, o imperador Marco Aurélio, cujo opúsculo se encontra perpassado de uma profunda melancolia.

vez, e já no declínio da Antiguidade. Devemos abster-nos de levantar o véu que o próprio Apóstolo não quis levantar[44].

Nesta sua carta de reconciliação, Paulo procura também conseguir a aceitação mútua dos dois partidos, procedentes um do judaísmo e o outro do paganismo, e defende-se da acusação de que quereria despojar o seu povo da bênção das promessas divinas em favor dos pagãos (Rm 9, 1 a 11, 36). O simples pensamento de ser um renegado despedaça-lhe a alma; o seu orgulho nacional exalta-se e o seu amor pelo povo judeu irrompe com a violência dos elementos. Quase lamenta as duras expressões anteriores acerca da Lei. O enigmático destino do seu povo, que durante milênios fora o herdeiro das promessas e que agora perdia o Messias, aflige-lhe o espírito. É comovedor acompanhar a luta que trava para esclarecer este mistério à luz dos seus ensinamentos sobre a predestinação e para elevar a discussão entre os dois partidos a um plano superior.

Deus não se deixa penetrar nem interrogar pelas suas criaturas, nem permite que se abuse do seu nome para estreitos fins nacionalistas. O surto da graça de Deus não se deixa aprisionar em moldes de raça ou sangue. As promessas de Deus não se destinavam ao «Israel segundo a carne», mas ao «Israel dos filhos de Deus». A renitência do povo judaico é, em certo sentido, uma *felix culpa*: servirá à salvação do mundo porque Israel se verá obrigado a ceder aos pagãos a precedência, como Esaú a Jacó, mas a entrada dos gentios no reino de Deus há de estimular os judeus a ser duplamente diligentes. Deus serve-se da incredulidade de uns para salvar outros, e depois salvará também aqueles que, durante uns curtos instantes, não corresponderam à sua vocação.

Uma comparação muito expressiva e paradoxal ilustra este mistério da graça, que parece atuar arbitrariamente e «contra a natureza»: da oliveira cortaram-se alguns ramos, e no seu lugar enxertaram-se ramos de oliveira silvestre. Mas Deus tem poder para voltar a enxertar os

---

(44) Santo Agostinho, ao analisar a passagem em que Paulo fala da dupla lei que governa os nossos membros, da oposição carne/espírito, lei do pecado/lei da graça ou homem velho/homem novo, aplica-a em primeiro lugar ao homem do Antigo Testamento, oposto ao do Novo Testamento. Mais tarde, porém, na sua polêmica com os pelagianos, refere-a também ao homem renascido pelo Batismo.

VI. A TERCEIRA VIAGEM DE MISSÃO

ramos originais no seu próprio tronco. Assim procura São Paulo enxugar as lágrimas do seu povo; mas, se a sua inteligência se sente tranquila com isso, o coração ainda sofre: que coração não sofreria diante do incompreensível? «Logo, Ele tem misericórdia de quem quer e endurece a quem quer» (Rm 9, 18). Paulo lança assim um olhar sobre o abismo alucinante da predestinação eterna e, subjugado por semelhante visão, rompe nesta exclamação de assombro: «Ó profundidade das riquezas da sabedoria e da ciência de Deus! Quão incompreensíveis são os seus juízos e imperscrutáveis os seus caminhos!» (Rm 11, 33). Durante toda a sua longa vida, desde a experiência de Damasco, o Apóstolo não perderá a sua capacidade de admiração, sinal de um espírito sempre jovem. Este assombro diante da majestade divina é indispensável ao homem religioso, e muitíssimo fecundo para a vida interior, porque confere liberdade ao espírito e o mantém aberto às grandezas de Deus.

Como escritor de gênio, sensível à cadência solene da palavra e do pensamento, o Apóstolo conclui a parte dogmática da sua poderosa mensagem com uma doxologia litúrgica: «Porque dEle, por Ele e para Ele são todas as coisas; a Ele a glória pelos séculos. Amém» (Rm 11, 36). Nesta fórmula quase hierática, que utiliza com certa frequência (cf. 1 Cor 8, 6; Cl 1, 16; Ef 4, 5-6; Hb 2, 10), o ouvido atento percebe uma dessas palavras misteriosas e elementares dos tempos mais antigos da humanidade, na qual vibrava um longínquo pressentimento do Deus uno e trino.

Nas *exortações morais* da carta (Rm 12, 1-15; 13), Paulo mostra com que coerência a sua própria conduta moral deriva do novo espírito de fé. Ao falar do «culto racional», de «oferecer os [próprios] corpos como uma hóstia viva, santa, agradável a Deus» (Rm 12, 1), interpreta as palavras do Mestre acerca da adoração do Pai «em espírito e verdade» (Jo 4, 23). Só tornaremos a encontrar esta expressão em Pedro (1 Pe 2, 5), mas com uma ressonância paulina. Neste ponto, Paulo está novamente de acordo com a mais nobre herança da humanidade, que o pitagórico Hiérocles exprimiu nesta bela frase: «Só sabe honrar a Deus aquele que não mistura nem confunde os valores, aquele que de preferência se oferece a si próprio sobre o altar, aquele que modela a sua alma como uma escultura divina, converte o seu espírito num templo e o prepara para receber a luz de Deus... Porque Deus não possui, aqui em baixo, uma morada mais íntima do que uma alma pura». A moralidade de um ato não é determinada pelas coisas, mas pela consciência; tudo depende da atitude da alma, do novo estado de espírito inspirado pela caridade. Este estado de espírito simplifica extraordinariamente a ética cristã.

Da concepção cristã, que enxerga no interior do *éon* presente, ao lado do «reino deste mundo», um reino espiritual independente a germinar – o *éon* futuro ou novo mundo –, deriva igualmente a atitude fundamental do cristão para com o *Estado* e a *política*. A corrente apocalíptica judaica considerava invariavelmente a cidade deste mundo como cidade de Satanás, adotando a seu respeito uma atitude negativa. Paulo é o primeiro a fazer justiça ao Estado romano de maneira positiva, segundo o espírito do seu Mestre a propósito de todas as coisas deste mundo. Na segunda Epístola aos Tessalonicenses, reconhece na ordem romana o «poder de contenção» que impede a vinda do Anticristo; agora, dá mais um passo. A autoridade civil é, no seu entender, um «ministro de Deus», o seu representante e mandatário; foi estabelecida para impedir a propagação do mal.

Quando Paulo escrevia estas benévolas linhas sobre o Estado, o Império encontrava-se no quarto ano do reinado de Nero, e o poder imperial mostrava-se no seu maior esplendor. Estava-se no célebre *quinquennium*, os cinco primeiros anos do jovem imperador, cujas perversas disposições espirituais ainda não se tinham manifestado graças à sábia influência dos seus dois preceptores, Sêneca e Burro. Mas Paulo via as coisas com clareza e conhecia o futuro. As suas exortações eram dirigidas sobretudo aos judeus-cristãos, cujos correligionários de Jerusalém tinham levado as paixões nacionalistas até à incandescência, de tal modo que em breve viriam a lançar-se em terríveis insurreições.

Mas a sua atitude não correspondia a nenhum oportunismo político, como é evidente se tivermos em conta o seu caráter: o Apóstolo era homem de princípios. Continuou a sustentar a sua doutrina de fidelidade ao Estado mesmo depois de se ter manifestado a monstruosidade de Nero e de o Estado romano ter mudado de atitude para com a Igreja (1 Tm 2, 1; Tt 3, 1). Jesus, na profundidade da frase: «Dai a César o que é de César, e a Deus o que é de Deus», e Paulo, na interpretação desse pensamento, inauguraram um novo período de relações

VI. A TERCEIRA VIAGEM DE MISSÃO

do indivíduo e da comunidade eclesiástica com o Estado, bem como uma nova atitude perante a política. Estabeleceram «um mundo situado fora da política», uma *civitas Dei*, um reino interior, que não é deste mundo, onde a Igreja permanece invulnerável e indestrutível.

Um olhar sobre os dois últimos capítulos da Epístola aos Romanos sugere várias hipóteses. Esses capítulos contêm quatro finais de carta (Rm 15, 33; 16, 20; 16, 24; 16, 27). O final solene (16, 25-27) aparece em dois dos melhores manuscritos no fim do capítulo 14. Na longa lista de saudações do capítulo 16, muitos veem o resto de uma carta escrita por Paulo aos efésios e perdida mais tarde. Como pôde o Apóstolo conhecer todas as pessoas ali referidas? Seria mais razoável procurá-las em Éfeso, como por exemplo Epêneto, que representa «as primícias da Ásia para Cristo». Quando Paulo escreveu mais tarde de Roma a Éfeso, Áquila e Priscila estavam ainda em Roma ou novamente em Éfeso? (2 Tm 4, 19). Quanto à questão dos destinatários desta carta, a historiografia ainda não pronunciou a última palavra.

Um olhar retrospectivo permite-nos ver que a Epístola aos Romanos expressa ou pelo menos toca de leve toda a teologia paulina. Nenhuma outra Epístola do Apóstolo desempenhou um papel tão trágico na história do Ocidente. Foi um equívoco de terríveis consequências o ter-se arrancado ao seu contexto vivo uma passagem isolada, a da doutrina da justificação pela fé, anunciando-a como centro da teologia paulina e até mesmo como objeto primordial de toda a religião cristã, como fez Lutero. Para Paulo, esse capítulo só se torna compreensível, nas suas formulações mais extremas, se o encararmos como um episódio na sua polêmica contra o judaísmo. Nas Epístolas posteriores, esse ensinamento não desempenha nenhum papel de relevo. Algumas expressões duras de Santo Agostinho e certos exageros na história da graça encontram a mesma explicação. O jovem Lutero estava, porém, tão absorto nos seus próprios sentimentos que não chegou a compreender o verdadeiro alcance dessa doutrina: «A verdade objetiva não é para o homem dominado pelas paixões», diz Renan.

A «fé», segundo o Apóstolo, é mais do que uma simples convicção, alcançada à força de repetir intimamente que, «para mim, Deus é um Pai bondoso». Aliás, por meio dessa autossugestão só se chega a suprimir a objetividade da graça. Ora, Paulo situa-se sempre no interior de um ordenamento divino de santidade objetiva: a sua «fé» consiste em obedecer a essa ordem, assumindo humildemente o lugar que lhe compete. Lutero fez de uma etapa no caminho da santidade o próprio centro do cristianismo, e assim falseou a reta perspectiva; ao focar toda a religião sob o prisma do egocentrismo, fez do homem, com tudo o que tem de relativo e com toda a sua miséria moral, o centro das atenções do cristianismo. Essa «descoberta» da Reforma protestante, surgida numa época cheia de tensões morais por força do poder de sugestão da forte personalidade do seu iniciador, converteu-se no destino do Ocidente.

Esse subjetivismo obstinado, essa fixação do olhar do homem unicamente nas próprias necessidades espirituais, no próprio coração assolado pelas tentações e impulsos, fez retroceder as grandes realidades objetivas da Revelação cristã, conduziu as consciências ao relativismo absoluto e desembocou, por fim, no irracionalismo atual. Foi essa atitude que conferiu ao luteranismo o seu caráter severo e duro, muitas vezes penetrado de um senso moral muito elevado, mas no fundo desprovido de alegria; reforçou a tendência faustiana, essa herança fatal da alma germânica, e deu-lhe dimensões trágicas, como se viu nas Grandes Guerras. Além disso, por reação, abriu as portas ao panteísmo romântico, que entronizou um «Deus que evolui» no lugar do «Deus supra-histórico» dos cristãos, que intervém livremente na história dos homens. Esse «Deus que evolui» foi a seguir introduzido no trágico acontecer dos homens, e toda a história humana passou a ser considerada como um mero desenvolvimento automático desse «Deus trágico», como se viu no nazismo e no marxismo.

Mesmo assim, a ânsia cósmica pelo Deus eterno, absoluto, desconhecido e inenarrável, a ânsia pelo *Deus absconditus*, nunca abandonou o ser humano, e alcança até os espíritos mais fortes, no meio das suas cegueiras ideológicas. Goethe, o expoente do panteísmo germânico, já envelhecido, passava longos dias mergulhado em profunda melancolia ao contemplar o panorama cada vez mais obscuro do seu tempo; e, no entanto, o seu orgulho titânico impediu-o de abandonar-se em Cristo, que também neste sentido é a *solutio omnium dificultatum*, a solução de todas as dificuldades.

São Paulo teria experimentado uma «grande tristeza e contínua dor» no seu coração, se tivesse podido ver como a sua palavra sobre a

VI. A TERCEIRA VIAGEM DE MISSÃO

«fé que justifica» faria o corpo do Senhor sangrar por todas as feridas, mil e quinhentos anos mais tarde. Para ele, a justificação não era mais do que uma posição intermediária, uma etapa transitória no processo espiritual, depois do qual se estende a imensa e cálida paisagem da vida em Cristo, banhada pela corrente da graça eucarística e fecundada pelas energias criadoras do Ressuscitado, sob a suave moção do Espírito Santo.

A última viagem a Jerusalém
At 20, 3 a 21, 16; Rm 15, 25-32

O inverno tinha passado. No dia 5 de março, Roma anunciou solenemente o recomeço da navegação com o *navigium Isidis*, o barco de Ísis, deusa egípcia protetora dos mares. Paulo preparou a sua partida para Jerusalém, de onde pretendia zarpar com destino a Roma. Ali chegaria, efetivamente, no fim das contas, mas de um modo bem diferente do que pensava. Não ignorava o risco que corria decidindo-se a entregar pessoalmente em Jerusalém o produto da coleta, levada a cabo com tanto sacrifício. Mas a grande unidade católica era o que mais lhe importava. Via nela um testemunho da verdade; sempre fora um defensor da tradição, e para ele o caminho de Roma passava por Jerusalém, se queria apresentar-se em Roma lado a lado com São Pedro. No interesse desta confraternização dos dois partidos em que a Igreja estava dividida, deviam acompanhá-lo representantes de diversas regiões de missão.

Se até aquele momento a sua vida itinerante e cheia de perigos tinha sido uma *imagem da vida errante de Jesus*, agora passaria a oferecer traços cada vez mais claros de semelhança com a do seu Mestre. A sua última viagem a Jerusalém reproduz, sob diversos aspectos, a derradeira viagem de Jesus, quer pelo pressentimento do fim, quer pelo heroísmo com que volta o seu rosto para Jerusalém, «a matadora dos Profetas», quer ainda pelos últimos avisos que recebe dos seus amigos; tal como o Senhor, vai conscientemente ao encontro da catástrofe, em obediência à vontade do Pai (cf. Mc 10, 32). É extraordinária a atração que Jerusalém exerce sempre de novo sobre o Apóstolo; mas mais extraordinária ainda é a comum tragédia interior que une Mestre e discípulo, uma vez que ambos foram considerados traidores e inimigos nacionais pela profunda fidelidade que devotavam ao seu próprio povo.

Para podermos apreciar a coragem do Apóstolo, devemos ter em conta as ferozes atrocidades cometidas pelo partido dos zelotes. Essa seita judaica fanática esperava a vinda do Reino messiânico como o dia da sua vingança contra os gentios, e havia dado início desde já à guerra santa, organizando bandos de ladrões conhecidos pelo nome de *sicários*, por causa dos seus punhais (*sicca*) em forma de foice. Incendiavam aldeias inteiras se estas lhes recusavam obediência e, por ocasião das festas que se celebravam em Jerusalém, misturavam-se entre os fiéis no Templo com o punhal oculto sob a túnica, apunhalavam com a rapidez do raio as suas vítimas e depois perdiam-se por entre a multidão.

Cristo tinha avisado inutilmente os sacerdotes de que não deveriam abusar da religião e das esperanças messiânicas para fins políticos. Quando o povo percebe que os seus legítimos pastores falham, volta-se para os falsos profetas, e assim a casta sacerdotal judaica sentia escorregar-lhe das mãos tanto a direção religiosa como a política do seu povo. Flávio Josefo, que exerceu as funções de sacerdote no Templo, descreve os anos do proconsulado de Félix com cores muito sombrias. Assim, conta-nos como um charlatão chamado Teudas fascinou as massas e como, mais tarde, outro impostor vindo do Egito arrastou uma enorme multidão até o Monte das Oliveiras, para lhes mostrar que as muralhas de Jerusalém desabariam à sua voz. Félix opôs-se a esses rebeldes de armas na mão; centenas sucumbiram no local, uns duzentos foram presos e o egípcio fugiu para nunca mais ser visto.

Já no porto de Cêncreas, Paulo teve ocasião de experimentar um antegosto do que o esperava em Jerusalém. Por ocasião da Páscoa, todas as rotas marítimas ou terrestres eram invadidas por peregrinos que iam à Cidade Santa. Homens de olhar agudo e fanático, mulheres acocoradas no solo, com os filhos às costas e as provisões de viagem num cesto, todos esperavam a partida com a simplicidade dos orientais. Olhares hostis e maldições pronunciadas entre dentes saudaram o «renegado». Nessas ocasiões, a navegação dependia muitas vezes de capitais judaicos, e seria a coisa mais fácil do mundo subornar um capitão sem escrúpulos e um punhado de marinheiros audaciosos:

VI. A TERCEIRA VIAGEM DE MISSÃO

um barco superlotado, na noite escura, proporcionava uma ocasião ideal para se cravar um punhal nas costas de um inimigo e depois lançar o seu cadáver ao mar. Mas o «serviço de informações» dos irmãos funcionava bem; a trama foi descoberta e rapidamente se modificaram os planos de viagem.

O texto de vários manuscritos permite supor que Paulo se fez acompanhar por Lucas na viagem a pé até a Macedônia, enquanto os outros, para despistar os adversários, se encaminharam para Éfeso e depois para Trôade, onde todos deviam reencontrar-se. O plano original, o de celebrarem a Páscoa em Jerusalém, já não podia realizar-se, e Paulo resolveu comemorá-la em Filipos, em companhia dos seus amigos. A partir desta altura, Lucas volta a fazer parte da comitiva do Apóstolo, pois os seus conhecimentos médicos e náuticos faziam dele um companheiro ideal para a viagem ao Ocidente; volta a aparecer nos Atos o pronome «nós», e o itinerário e os fatos passam a ser relatados sob a forma clássica de um diário, o que confere à descrição uma extraordinária precisão e um incomparável encanto.

No ano 58, a Páscoa recaiu na terça-feira 28 de março. Na terça-feira seguinte, 4 de abril, Paulo despediu-se dos seus filipenses, e no porto de Neápolis encontraram um navio prestes a partir para Trôade. «Nós, depois dos cinco dias dos ázimos, fizemo-nos à vela de Filipos» (At 20, 6): que plenitude de sentimentos não se esconde neste «nós»! É toda uma história de um coração humano. Não devemos imaginar a vida do Apóstolo com cores demasiado sombrias, pois Paulo foi um grande mestre da amizade. As amizades eram para ele uma necessidade na sua atividade apostólica. A Igreja sempre fomentou essas amizades santas, e um dos mais belos aspectos na vida dos santos é essa espécie de hino à amizade que todas elas são: tanto uma personalidade amável como São Francisco de Assis, como um homem do mundo como São Francisco de Sales, são «clássicos da amizade». Paulo não tinha mulher nem filhos, nem conheceu laços de família, mas Deus concedeu-lhe amigos, e que amigos! Poucos homens tiveram adversários tão ferozes como ele, mas poucos também tiveram amigos tão devotados como ele. E isso significa uma grande felicidade no meio de grandes dissabores.

Por causa dos ventos contrários, os viajantes aparentemente só chegaram a *Trôade* no domingo 9 de abril. Um acontecimento dramático encerrou a permanência de sete dias nesta cidade. A despeito da opinião contrária de alguns exegetas, inclinamo-nos a admitir que São Lucas, ao relatar a cena da «fração do pão» na sala superior de uma casa, quis descrever uma *cerimônia eucarística dominical*. O sábado estava a terminar; o sol tinha-se escondido como uma bola de fogo por detrás da ilha de Tenedos. Pela escada exterior de uma grande casa da cidade, homens e mulheres cobertas com véus subiam para uma sala situada no segundo andar. As janelas estavam abertas de par em par, a fim de permitir a entrada da brisa refrescante naquela abafada noite de primavera. Lucas é um observador arguto: vemos a multidão que escuta atentamente, as inúmeras lâmpadas de azeite suspensas do teto, as cortinas agitadas pelo vento noturno. Terminado o ágape, Paulo põe-se a falar do mistério pascal, do vencedor da morte: «Eu sou a Ressurreição e a Vida». Sentado no vão de uma janela, o jovem Eutíquio luta contra o sono. De repente, ouve-se um grito de aflição: o rapaz despenhara-se no pátio. Paulo desce rapidamente as escadas e, como Elias e Eliseu (cf. 1 Re 17, 17-24; 2 Re 4, 8-37), estende-se sobre o jovem exânime e devolve-o à vida. «Eu sou a Ressurreição e a Vida»: com que sentimentos não terá a comunidade cantado essas palavras depois de semelhante lição prática! Quanto a Paulo, nem mesmo comentou o milagre; continuou a sua pregação e depois repartiu o Pão da vida.

Já se não podia pensar em dormir por causa do adiantado da hora. O navio que devia levar os amigos do Apóstolo a Assos partia de madrugada; aliás, o códice de Bèze afirma que o jovem Eutíquio também esteve presente na largada, são e salvo. Paulo percorreu por terra o caminho até aquele porto, uns vinte e cinco quilômetros, talvez para visitar de passagem alguns cristãos; também teria necessidade de recolhimento, para repassar os seus pensamentos e falar a sós com Deus. Havia matéria abundante a meditar e a tratar com Cristo: por toda parte, sentira presságios no coração e recebera advertências proféticas durante os atos de culto. Deveria por acaso renunciar ao seu projeto de ir à Espanha? Seja como for, sabe que a sua vida se aproxima do fim. Com passos tranquilos, desce pela rua das sepulturas, passa pelas fontes termais de Trôade e depois atravessa os bosques de carvalhos no sopé do Ida, a montanha dos deuses. Por volta do meio-dia, *Assos* apresenta-se diante dele à implacável luz do sol, pendurada sobre um

VI. A TERCEIRA VIAGEM DE MISSÃO

abrupto rochedo. «Ide a Assos, se pretendeis suicidar-vos», observa o velho poeta. Pelos degraus talhados na rocha, Paulo desce até o porto e reúne-se aos seus companheiros.

É provável que tivessem fretado um pequeno barco costeiro, para evitar perdas de tempo com cargas e descargas. Era o primeiro barco de peregrinos cristãos com destino a Jerusalém. De noite, o barco aproximava-se da terra, e esperava-se o nascer do dia a bordo ou numa choupana de pescadores. Assim aconteceu em *Mitilene*, na ilha de Lesbos, célebre pelo nome da poetisa Safo, onde os pescadores faziam ressoar as suas eólicas melodias, e no dia seguinte na ilha de *Quios*, toda perfumada de aromas primaveris. Dois dias depois, puderam avistar o templo da Diana dos efésios, e Paulo deve ter estremecido ao recordar a festa da deusa no ano anterior. Depois de terem feito escala em *Samos*, chegaram a *Mileto* na quinta-feira, 20 de abril. Paulo enviou mensageiros a Éfeso para convidar os anciãos da comunidade a virem vê-lo pela última vez.

A cena de despedida em Mileto constitui um dos quadros mais emocionantes do diário de Lucas. No discurso de despedida, Paulo descreve a sua solicitude apostólica com uma eloquência que vem do coração; cada palavra reflete a consciência do seu ministério e a sua fidelidade ao dever. «Sabeis que nada tenho negligenciado do que podia ser-vos útil, pregando-vos e instruindo-vos publicamente e pelas casas, anunciando aos judeus e aos gentios a conversão a Deus e a fé em nosso Senhor Jesus» (At 20, 20). Teria podido tornar a sua vida bem mais agradável se, em Antioquia, em Corinto ou em Éfeso, tivesse passado por alto as divergências existentes, a oposição entre o judaísmo e o cristianismo; se tivesse recuado por timidez ou por falso respeito. Mas, nesse caso, onde teria ido parar a Igreja? Ela não necessita somente de pastores prudentes e avisados, mas também de mártires que dêm testemunho da sua fé. Não se pode amainar as velas quando estão em jogo os princípios.

Sabendo perfeitamente que um destino doloroso o esperava em Jerusalém, Paulo prossegue o seu caminho «ligado pelo Espírito», sem nunca perder de vista o seu objetivo: Jerusalém, e depois Roma. «De qualquer modo, a minha vida importa-me pouco, contanto que termine a minha carreira e o ministério que recebi do Senhor Jesus, de dar testemunho do Evangelho da graça de Deus» (At 20, 24). Não há dúvida de que o Apóstolo possuía uma hierarquia sobrenatural de valores: o sangue de Cristo, a Igreja, as almas, a sua missão – e só depois a sua vida. Era este o seu pensamento fundamental: com o sangue que fluíra do coração de Jesus, também a Igreja brotara do coração do Redentor.

Ainda não sabia que a sua viagem haveria de levá-lo à prisão e ao cativeiro, que seria cercado de ódios e ferido de golpes, que naufragaria e passaria por todos os transes da agonia, e que finalmente a sua cabeça cairia sob a espada do carrasco. Para ele, era suficiente que o Senhor o soubesse, porque «é maior ventura dar do que receber». Ao transmitir-nos esta palavra do Senhor, que os Evangelhos não recolheram, Paulo prova-nos como estava enraizado no conhecimento tradicional de Cristo. Indica-nos assim que não pode haver qualquer oposição entre a Igreja que dá e a Igreja que recebe: o sacerdote só deve pedir ao povo o estritamente necessário para a sua subsistência econômica.

Por fim, o Apóstolo estende as mãos para a bênção da despedida. As mãos de Paulo! Quantas bênçãos não manaram delas! Sempre estavam abertas para dar, nunca para receber. Sejam eternamente benditas essas mãos que tantas vezes escreveram, tremendo e em desajeitados caracteres, saudações tão cordiais! Os calos e as cicatrizes dessas mãos eram os seus estigmas. Compreendemos bem que os presbíteros de Éfeso se tivessem despedido dele com «grande pranto»; Paulo nada tinha de um zelote frio e duro, pois nenhum sentimento humano lhe era estranho. É verdade que nunca procurou cativar para si os corações dos homens, mas esses mesmos lhe eram dados espontaneamente.

Era o dia 25 de abril quando um vento favorável os levou a *Rodes*, a encantadora «ilha das rosas» onde, segundo os antigos diziam, não há um único dia do ano sem sol. Em *Pátara*, tiveram a sorte de encontrar um navio que passava pela Fenícia. A travessia durou cinco dias. Navegaram junto à costa ocidental de *Chipre*, pátria de Barnabé, o velho amigo de Paulo. O Apóstolo, que tanto chorou durante a sua vida por causa dos outros, deve ter sentido umedecerem-se os seus olhos ao lembrar-se do amigo: como desejaria ter sido menos duro com ele por ocasião da separação, naquele dia de Antioquia!

Depois, permaneceram sete dias em *Tiro*; a comunidade dessa cidade tivera origem na perseguição aos cristãos que o então Paulo

VI. A TERCEIRA VIAGEM DE MISSÃO

desencadeara vinte anos antes, em Jerusalém. E quando por fim o Apóstolo pisou terra palestina, a sua disposição de ânimo tornou-se mais carregada, os avisos proféticos multiplicaram-se e o ar sufocante da futura rebelião começou a bater-lhe no rosto. Em *Ptolemaida*, a caravana prosseguiu a jornada a pé, chegando a *Cesareia*, a três dias de marcha de Jerusalém (cento e dois quilômetros), uns quinze dias antes da festa de Pentecostes. Paulo desejava passar ali alguns dias em sossego e recolhimento, em casa do seu amigo *Filipe*, homem segundo o seu coração, que se chamava a si mesmo, humildemente, «evangelista», isto é, apóstolo de segunda categoria, embora fosse um dos «sete diáconos», herdeiro do espírito de Estêvão. Também ele se vira obrigado a fugir à perseguição de Paulo; tinha evangelizado a Samaria e a região vizinha de Jope, e fixara-se por fim em Cesareia. Entretanto, tornara sua a amplidão de horizontes de São Paulo. O Apóstolo pôde passar umas horas deliciosas no terraço daquela casa, olhando o mar ao fim da tarde. Quantas recordações diversas não lhe viriam ao espírito, permitindo-lhe ver como o Senhor dispusera «tudo para o bem».

O carisma de Filipe, o dom da «edificação, exortação e consolação», tão apreciado por Paulo, tinha-se comunicado às filhas do diácono e impressionou vivamente o Apóstolo. Essas quatro virgens, as primeiras que – segundo temos notícia – se consagraram a Deus no seio da Igreja, e das quais Hildegard von Bingen e Catarina de Sena haveriam de ser dignas imitadoras pelos seus dons proféticos, estavam sentadas aos pés do célebre mestre, a quem em breve teriam ocasião de servir, durante o cativeiro de Cesareia.

Mas mesmo esses dias repousantes se turvaram. Impelido pelo Espírito, o profeta *Agabo*, que conhecia São Paulo de Antioquia, desceu de Jerusalém para impedi-lo de continuar viagem. Durante um ato de culto, colocou-se diante de Paulo, tomou-lhe o cinto, atou-o ao redor dos seus próprios pés e mãos, e disse em voz alta: «Isto diz o Espírito Santo: Assim atarão os judeus em Jerusalém o homem a quem pertence este cinto e o entregarão às mãos dos gentios». Era a linguagem simbólica dos antigos Profetas, que nunca deixava de impressionar. Desta vez, os amigos de Paulo perderam a presença de espírito e suplicaram-lhe que desistisse da viagem. Mas a sua decisão era irrevogável: «Que fazeis, chorando e afligindo o meu coração? Porque eu estou disposto não só a ser preso, mas também a morrer em Jerusalém pelo nome do Senhor Jesus». Esta disposição para o sofrimento não tinha nada de fanático, pois se fazia acompanhar de uma consciência perfeitamente esclarecida. O Apóstolo sabia que as profecias eram obra do Espírito Santo, mas as advertências provinham apenas da fraqueza humana dos seus amigos, que só consultavam os seus sentimentos naturais. Que grandeza e que fervor! Paulo é um rochedo inabalável no meio do mar tempestuoso.

Na quarta-feira anterior ao dia de Pentecostes, a caravana empreendeu a última etapa da viagem. Alguns discípulos de Cesareia acompanharam-nos até Jerusalém por *Antipátrida* e pela fértil planície do Sáron, onde os camponeses já ceifavam os primeiros feixes de trigo, e depois pelo altiplano rochoso da Judeia. Aproximaram-se da Cidade Santa na véspera do grande sábado de Pentecostes. Por todas as estradas caminhavam grupos de peregrinos com vestes festivas e véus coloridos, aldeões com rebanhos de ovelhas e bezerros, enfeitados com flores e coroas de espigas em torno das amplas frontes. Assim entrara pela primeira vez na cidade, quarenta anos antes, cantando e cheio de júbilo, o jovem filho de um certo comerciante de Tarso, acompanhado pelo seu pai; talvez fosse a mesma época em que o divino adolescente de Nazaré percorria esses mesmos caminhos pedregosos. Também agora a cidade regorgitava de peregrinos vindos de todo o mundo para celebrar a festa, dispostos na sua maioria a passar as noites ao ar livre, sob as suas tendas. A comitiva de Paulo hospedou-se em casa de Mnáson de Chipre, um antigo discípulo do Senhor. A Igreja oficial de Jerusalém não dispunha de alojamento para o maior dos Apóstolos.

VII. O prisioneiro de Cristo

O conselho fatal
At 21, 17-26

Paulo encontrava-se novamente em Jerusalém, pela quinta e última vez depois da sua conversão. Os terroristas judeus dominavam as ruas da cidade, e Paulo, que lhes perturbava os sonhos nacionalistas, era por eles odiado. Essa animosidade contagiou também uma parte dos cristãos de Jerusalém, porque se dizia que o Apóstolo animava os judeus-cristãos a afastar-se da Lei e a deixar de circuncidar os filhos. Tiago estava velho, e já não tinha forças para refrear os convertidos do partido farisaico. Na carta que dirigiu aos coríntios, São Clemente Romano afirma que «a inveja» foi responsável pela desgraça de Paulo, e assim parece provável que tenha sido vítima de uma combinação entre os «infiéis» e os «falsos irmãos».

Do terraço da casa em que se havia hospedado, o Apóstolo podia ver o afluxo da multidão que invadia as ruas por causa da festa de Pentecostes: «Partos, medos, elamitas, habitantes da Mesopotâmia, do Ponto e da Ásia» (cf. At 2, 9). Sim, da Ásia. Não lhe agradaria excessivamente ver ali esses grupos de judeus fanáticos da Ásia Menor, de Éfeso, fáceis de reconhecer pelo seu traje nacional de cores claras. Os assassinos contratados em Corinto encontravam-se também entre a multidão, espreitando-o, e a notícia da chegada do «renegado» tinha-se espalhado com rapidez pelas ruas, pelos bazares e pelos acampamentos das caravanas; dificilmente escaparia da morte às mãos dos zelotes.

Paulo certamente evitaria sair só, mas os amigos que tinha em Jerusalém podiam contar-se pelos dedos; «os irmãos», de quem Lucas diz que o «receberam com alegria», pertenciam provavelmente ao grupo dos helenistas, e foram a sua casa saudá-lo. Mas o conselho dos anciãos não teve tanta pressa, e no dia seguinte o Apóstolo teve de submeter-se a uma espécie de «prova de fogo» diante do Conselho reunido. A comunidade tinha aumentado consideravelmente nesse tempo, e os chefes falavam de «milhares». Mas a qualidade baixara. Por felicidade, à frente deles encontrava-se um homem tão sereno, avisado e prudente como Tiago. Os chefes da comunidade não deixaram de ser corretos com Paulo, mas sentiam-se claramente coibidos por causa dos judeus-cristãos zelosos da Lei que, pelas costas do Apóstolo, minavam as Igrejas.

São Lucas pinta-nos um quadro impressionante dessa notável assembleia. Na cadeira da presidência, sentava-se o ascético *Tiago*, todo vestido de branco, tendo à volta o grupo dos presbíteros. Que alegria deve ter sido para os oito companheiros de Paulo, todos convertidos do paganismo, ver diante de si aquele homem de quem tanto tinham ouvido falar, um parente de Cristo, companheiro de brinquedos do Senhor na infância! Cada um dos delegados apresentou o fruto da coleta que as suas Igrejas tinham realizado em prol dos «santos» de Jerusalém.

Paulo e Tiago trocaram solenemente o ósculo da paz e os presbíteros fizeram o mesmo, mas os companheiros do Apóstolo, que estavam à espera da sua vez, desiludiram-se imediatamente: ninguém lhes deu o sinal da fraternidade, e as suas ofertas foram recebidas em silêncio, com um certo ar de superioridade, como se se tratasse de algo natural ou, mais ainda, de um tributo devido. Lucas não nos diz nada sobre o caso, mas esse mesmo silêncio revela o seu desencanto. A apreensão manifestada na carta aos romanos não tinha sido infundada; o acolhimento foi cerimonioso e medido até os últimos detalhes, e essa atmosfera só mudou quando o Apóstolo relatou extensamente «todas as coisas que Deus tinha feito entre os gentios por seu ministério».

Dolorosamente, mas sem acusar ninguém nem citar nomes, Paulo desafogou o seu coração, relatando os sofrimentos que lhe tinham sido infligidos por falsos irmãos que abusavam da reputação dos Apóstolos e procuravam minar a sua autoridade, pregando um falso evangelho,

VII. O PRISIONEIRO DE CRISTO

saqueando as comunidades e desprezando os dons de Deus. Tudo isso, porém, Deus o transformara em bem, e a glória de Cristo tinha resplandecido com um brilho ainda maior. As comunidades estendiam-se em torno do Mar Egeu, da Síria à Grécia, como um diadema cravejado de brilhantes.

No decorrer da descrição, os corações aqueceram-se, a indiferença transformou-se em interesse e o interesse em assombro e entusiasmo. Quando Paulo acabou, Tiago aprovou alegremente a sua narração com um aceno de cabeça, e de todos os lábios escapou a exclamação: «Louvado seja Deus, o Deus de Abraão, de Isaac e de Jacó, que fez tão grandes coisas pelo seu Filho bem-amado». Na verdade, ninguém teria podido reagir de outra forma, pois o triunfo era demasiado grande para que os presentes não dessem graças a Deus. Só desejaríamos que tivessem tido uma palavra de apreço e de reconhecimento para com Paulo e os seus colaboradores.

Lucas não esconde o seu desapontamento pela forma como prosseguiu a entrevista. Nesta passagem do seu diário, registra a expressão «mas depois», muito significativa. «Depois» sobreveio a decepção: «Bem vês, irmão, quantos milhares de judeus são os que têm crido e todos são zeladores da Lei. Ora bem, eles» – o Conselho fala cautelosamente em terceira pessoa – «têm ouvido dizer que tu ensinas os judeus que estão entre os gentios a separar-se de Moisés, dizendo que não circuncidem os seus filhos nem vivam segundo os costumes mosaicos. Que fazer, pois?» Não voltamos a encontrar aqui o filho mais velho da parábola, aquele que não se alegra com o regresso do irmão pródigo e se recusa a participar da alegria do pai, fechando-se aos seus rogos para que tome lugar à mesa e chegando mesmo a reprovar o procedimento paterno?

Não nos custa imaginar a decepção do Apóstolo ao ver que, depois da sua entusiástica narração, a primeira resposta da assembleia foi que pesava sobre ele uma gravíssima suspeita acerca da qual não queriam pronunciar-se. Era como se um sínodo eclesiástico, depois de escutar atentamente um célebre missionário coberto de cicatrizes, que tivesse conquistado metade da África para Cristo depois de longos anos de indizíveis sofrimentos, lhe respondesse o seguinte: «Deus seja louvado! Todavia, querido irmão, diz-se que não ensinaste os negros a entoar o cantochão segundo a edição vaticana»... Coisas semelhantes têm sucedido algumas vezes no decurso da história da Igreja: assim, quando os dois apóstolos eslavos, Cirilo e Metódio, foram a Roma para relatar ao Papa o estado da sua missão, foram acusados junto da Cúria pontifícia de terem concedido demasiados direitos à língua eslava, em detrimento do rito romano. Felizmente, encontrava-se então à testa da Igreja um Papa prudente e avisado.

Lucas diz expressamente: «disseram-lhe...», donde podemos concluir que Tiago não se associou à suspeita que pesava sobre Paulo. Seja como for, deram-lhe um conselho fatal: «Que fazer, pois? Certamente ouvirão dizer que tu chegaste. Faze, pois, o que te vamos dizer: Temos aqui quatro homens que têm um voto sobre si. Toma-os contigo, purifica-te com eles, faze por eles os gastos, a fim de que rapem as cabeças. Saberão assim que é falso o que ouviram de ti e que caminhas guardando a lei». Para terminar, Paulo recebeu ainda uma última alfinetada: oito anos antes, tinham sido *eles* a ceder; agora, era a vez de *Paulo* fazer concessões. A coisa estava bem combinada; noutras circunstâncias, o conselho teria sido prudente, mas não agora que todos os pulsos ardiam de febre. E depois, que motivo era esse em que se apoiavam? Paulo deveria reabilitar-se professando, por assim dizer publicamente, o judaísmo!

Era pedir-lhe muito, mesmo que se encare a coisa como mera formalidade: passar sete dias no recinto do Templo, com pessoas que lhe eram totalmente estranhas, e tomar a seu cargo as despesas, que não eram pequenas – para cada cinco nazarenos, era necessário sacrificar quinze carneiros, outros tantos cestos de pão, de bolos e de tortas, e quinze pichéis de vinho; e a tudo isso juntavam-se ainda as despesas de manutenção para sete dias. Na viagem anterior a Jerusalém, Paulo tinha-se sujeitado a um voto semelhante, mas por iniciativa própria e livremente; agora, não se tratava senão de cumprir umas aparências, contra as quais a sua alma certamente se revoltaria; de certa forma, compeliam-no assim a uma penitência pública.

Por outro lado, mesmo que o Apóstolo se reconciliasse com os judeus por esse meio, que não haviam de pensar os cristãos vindos do paganismo? Não interpretariam essa reconciliação como uma retratação tácita de tantas palavras ditas com tanta insistência? Não se ressentiria com isso a obra de toda a sua vida? «Paulo, que vais fazer?», deve ter-lhe gritado a consciência. «Durante anos, lutaste para

VII. O PRISIONEIRO DE CRISTO

te libertares da Lei, e chegaste a apelidar os costumes judaicos de "rudimentos fracos e miseráveis". Repara: caminhas sobre o fio da navalha. O assunto é, em si mesmo, indiferente; todavia, não parece antes um jogo de dissimulação e de política oportunista?» Em que situações pode ver-se subitamente envolvida uma pessoa, até mesmo pela boa vontade dos amigos! Mas, neste caso, tratar-se-ia de boa vontade ou de segundas intenções?

Paulo luta arduamente no seu íntimo. Lucas não diz uma palavra, mas, quando se conhece a nobreza de alma do Apóstolo, tão sensível à verdade, e quando se conhece o historiador Lucas, tão conciso, sabe-se qual o significado da lacuna. Porque Paulo deu certamente alguma resposta, mas não encontramos uma palavra sequer acerca da discussão que daí terá resultado. A narrativa continua de maneira perfeitamente objetiva: «Então Paulo, tomando consigo aqueles homens e, tendo-se purificado com eles, entrou no templo no dia seguinte». Neste intervalo há, sem dúvida, um drama interior; é exatamente o ponto em que, na tragédia antiga, o herói compromete deliberadamente o seu destino, desencadeando o desenlace, a *catástrofe*. No drama grego, o final desgraçado sobrevinha por culpa própria, mas no drama cristão a decisão é imposta por uma Providência superior e encerra por isso um profundo mistério.

Paulo fez a sua opção por razões que nos são desconhecidas; tinha desejado ser tudo em todos, tinha querido reconciliar a Igreja-mãe com a Igreja dos gentios: «Porque, sendo livre em relação a todos, fiz-me servo de todos» (1 Cor 9, 19). Mas agora, depois de ter feito reconhecer expressamente mais uma vez a liberdade dos gentios perante a Lei mosaica, cede e submete-se com a mais delicada humildade a esse conselho que não provinha senão do ânimo estreito da assembleia. O próprio Renan é dessa opinião: «Durante toda a sua vida apostólica, Paulo nunca fez um sacrifício tão grande pela sua obra... Durante esses dias de humilhação nos quais, por voluntária fraqueza, cumpriu com gente andrajosa um ato de devoção ultrapassado, Paulo foi maior do que no tempo em que manifestava a Corinto ou a Tessalônica a força e a independência do seu gênio».

Esta humilhação do Apóstolo pareceu tão inverossímil a alguns críticos como a «lenda» segundo a qual Lutero teria feito, na sua velhice, uma peregrinação ao santuário mariano de Einsiedeln. Como se não existissem mistérios nas profundidades da alma! Talvez Paulo tenha sido nesse momento, para si mesmo, um mistério inexplicável, e contudo atreveu-se a dar o passo extremo. Há momentos na vida em que, por assim dizer de olhos fechados, temos de abandonar-nos à Providência, embora conservemos uma relativa consciência do que se passa. A difícil situação do Apóstolo não pode ser compreendida mediante um frio silogismo: dois caminhos se abriam diante dele, e não se pode saber qual deles conduziria ao abismo. Não é razoável pensar que um espírito tão perspicaz e apto para captar os princípios como o seu aceitasse semelhante imposição por simples candura e ingenuidade, por bondade natural ou por temor do futuro. Deixou-se guiar pela «intuição do momento», mas só quem é fiel à graça pode na verdade entregar-se, em semelhantes ocasiões, à intuição ou a um instinto superior; já um simples mortal não tem o direito de se deixar guiar por sentimentos vagos; deve, no dizer de São Gregório Magno, tatear prudentemente o terreno, para ver se é firme ou não, para distinguir se a inspiração é simples fogo-fátuo ou um «novo objetivo, claramente desejado por Deus».

«Civis romanus sum»

At 21, 26-22, 29

A Páscoa e o Pentecostes costumavam submeter a guarnição romana a uma rude prova de nervos. Diz-se que, no tempo de Nero, chegaram a reunir-se em Jerusalém 2.600.000 judeus para consumir o cordeiro pascal. Este número é, evidentemente, um dos habituais exageros dos antigos, mas, mesmo que lhe tiremos um zero, a cifra continua a ser respeitável. Nessas ocasiões, costumava-se reforçar a guarnição com as coortes de Cesareia, e Pilatos já tivera de intervir sangrentamente contra os sicários por ocasião de uma festa dos Tabernáculos. As vítimas tinham sido, na sua maior parte, nacionalistas exaltados da Galileia, que haviam rodeado o altar dos sacrifícios, no Templo, com aparência inocente e levando cordeiros brancos nos braços, mas ocultando punhais sob os mantos; Pilatos descobrira-os, porém, e mandara degolá-los (Lc 13, 1). No entanto, como o «partido

VII. O PRISIONEIRO DE CRISTO

extremista da liberdade» continuava a crescer, a situação ia piorando de ano para ano. Com efeito, esses espíritos fanáticos eram os precursores da grande revolução dos judeus contra Roma, e uma nuvem ameaçadora pairava sobre a cidade e sobre o Templo.

No domingo de Pentecostes, Paulo dirigiu-se ao monte do Templo acompanhado pelo fiel Trófimo de Éfeso e pelos quatro nazarenos. Entrou na grande praça chamada «átrio dos gentios», a atual *Haram-esch-sheriff*, no centro da qual se ergue hoje a mesquita de Omar ou Cúpula do Rochedo, precisamente no lugar onde antigamente se situava o altar dos holocaustos. A cidadela de Herodes, construída sobre um abrupto rochedo no ângulo noroeste da praça, desafiava insolentemente o Templo. Em honra do general romano Antônio, Herodes dera-lhe o nome de *Torre Antônia*; era um baluarte dotado de torres fortificadas, com pátios interiores, terrenos para exercícios, casernas, cárceres e instalações tão suntuosas como as de um palácio real. Era o núcleo do poder romano que obrigava o povo rebelde a curvar a sua dura cerviz.

A fortaleza estava ligada por um estreito corredor ao terraço do pórtico que envolvia o pátio de entrada do Templo, e uma larga escadaria dava para o «átrio dos gentios», o mais baixo dos três terraços que constituíam o monte Mória, sobre o qual se erguia o Templo. Fora dali que o Senhor tivera de escorraçar, por duas vezes, os comerciantes e os cambistas. Pela porta conhecida como *Formosa*, onde Pedro tinha curado o paralítico, e por uma escadaria de mármore de catorze degraus, subia-se ao segundo pátio interior, chamado «pátio dos judeus», no qual havia uma parte reservada às mulheres. Era um grande pátio quadrado, circundado de pórticos; ali se encontrava o gazofilácio para as oferendas do Templo, e ali o Senhor estivera sentado e vira a viúva pobre lançar o seu humilde óbolo.

Diante do Templo propriamente dito, na parte mais alta, elevava-se o altar dos holocaustos, rodeado de regueiras para o escoamento do sangue dos sacrifícios. À volta da praça, estendiam-se as habitações dos sacerdotes. O povo só era admitido a este pátio interior, situado nas imediações do santuário e chamado «pátio dos sacerdotes», por ocasião das oferendas da manhã e da tarde (Lc 1, 10). O acesso efetuava-se por uma magnífica porta de bronze maciço, a chamada porta de Nicanor, que só podia ser acionada pelos esforços conjugados de vinte homens. Mais longe, corria uma balaustrada baixa de postes colocados a intervalos regulares, nos quais se haviam pendurado letreiros redigidos para os gentios em latim e grego: «Que nenhum estranho ouse penetrar no recinto sagrado. Quem for surpreendido em flagrante incorrerá em pena de morte». Por atenção para com os judeus, os romanos haviam confirmado essa lei, e também os muçulmanos, por muito tempo senhores da praça do Templo, viriam a decretar a mesma proibição: ai do cristão que se arriscasse a pisar numa sexta-feira a praça do Templo, porque a populaça fanática o despedaçaria.

Quando Paulo e os seus companheiros penetraram no pátio exterior, encheu-lhes os ouvidos um alarido indescritível de cambistas, peregrinos e curiosos de todos os países; ao barulho ensurdecedor da multidão juntavam-se os berros e os mugidos dos animais destinados ao sacrifício. Mas entre os peregrinos moviam-se também alguns indivíduos sinistros, com punhais em forma de foice sob os mantos. Alguns judeus de Éfeso reconheceram imediatamente Paulo e Trófimo, e lançaram-lhes olhares rancorosos; não tinham esquecido o que se passara no anfiteatro de Éfeso. «Que vêm fazer aqui esse renegado e seu companheiro incircunciso? Será que vai levá-lo consigo ao Templo?»

Mas Paulo teve o maior cuidado em não introduzir Trófimo no pátio interior. Reinava ali uma grande calma, e o silêncio só era interrompido pelo estertor dos animais. Sacerdotes vestidos de branco corriam de cá para lá e, empunhando as facas do sacrifício, lançavam com espantosa precisão quartos de bezerros sobre o altar, perante o pasmo dos assistentes. Vários levitas ajudavam nos sacrifícios e vigiavam a entrada. O pátio tinha um cheiro desagradável, pois desde havia séculos o odor do sangue quente se elevava ininterruptamente do altar dos holocaustos para o céu. Paulo indicou aos sacerdotes o dia em que terminaria o seu voto, uma vez que durante toda uma semana deveriam oferecer-se os sacrifícios de purificação; devia assistir diariamente aos holocaustos e às orações dos sacerdotes, e só poderia voltar para casa ao cair da tarde. Entretanto, os judeus da Ásia Menor tiveram tempo para preparar a conjura, e no sétimo dia mandaram os seus partidários concentrar-se no pátio interior a fim de desfechar o ataque.

A emocionada narrativa de São Lucas permite-nos supor que os amigos de Paulo, que andavam inquietos com o destino do Apóstolo, o acompanharam naquele dia e foram testemunhas do motim. Foi

VII. O PRISIONEIRO DE CRISTO

por volta do sacrifício matutino. Subitamente, a um sinal convencionado, os judeus da Ásia Menor começaram a gritaria: «Homens de Israel, acudi! Este é o homem que por toda parte instiga a todos contra o povo, contra a Lei e contra este lugar. Além disso, introduziu gentios no Templo e profanou este lugar santo». Como descrever a fúria diabólica de uma multidão oriental fanaticamente excitada? Estampou-se o horror em todas as faces diante do tremendo sacrilégio, os sacerdotes ficaram paralisados e uma turba vociferante e ululante acotovelou-se em torno do pequeno grupo no meio do qual Paulo era arrastado de cá para lá e golpeado por fortes braços. Os levitas fizeram soar as suas trombetas, por temerem uma profanação do santuário, e os guardas do Templo empurraram a multidão excitada na direção da grande porta e da escadaria que conduzia ao terraço inferior. As portas de bronze fecharam-se com estrépito. Paulo deve ter podido ouvir o ruído, e talvez o tenha interpretado como um símbolo: estava excluído do seio do seu próprio povo, «separado da sociedade de Israel» (Ef 2, 12).

Jazia agora no solo, no mesmo lugar para onde haviam arrastado o jovem Estêvão vinte anos antes. Uma estranha alegria inundou-lhe a alma: mais alguns instantes, e estaria junto de Estêvão e do seu Mestre. Mas a sua hora ainda não havia soado. A turba hesitava em matá-lo dentro do pátio e procurou arrastá-lo para a saída; esta hesitação dos assassinos salvou-lhe a vida. As sentinelas romanas, postadas no muro do recinto, tinham observado o incidente e prevenido o oficial de guarda. Como as tropas já se encontravam em estado de alerta, o sinal de trombeta soou imediatamente e ouviu-se uma voz de comando. O tribuno Cláudio Lísias precipitou-se com os seus soldados pela passarela que ligava o Templo à fortaleza. Vinha perseguindo havia muito tempo determinado criminoso egípcio, chefe de um bando, e julgou que chegara a ocasião de agarrá-lo. Mandou, pois, acorrentar Paulo e levá-lo à fortaleza, enquanto o povo furioso o seguia gritando: «Morra!»

Quando alcançaram a escadaria, os soldados tiveram de levar o preso aos ombros, por causa da violência do povo que os seguia. Durante todo esse tempo, Paulo não perdera o conhecimento; as suas roupas estavam rasgadas, o manto perdera-se, os olhos e a cara estavam cobertos de sangue, mas permanecia senhor da situação. Tranquilamente, perguntou em grego ao tribuno: «É-me permitido dizer-te alguma coisa?» Lísias sentiu-se desiludido ao ver que não havia prendido o bandido egípcio, mas um grego culto. Não sem um certo orgulho, Paulo identificou-se: «Eu na verdade sou um judeu, nascido em Tarso da Cilícia, cidadão dessa cidade ilustre. Mas rogo-te que me permitas falar ao povo». Estranho pedido da parte de um homem que, calcado como um verme, acabava de escapar à morte por um triz. Mas, apesar da figura extenuada do prisioneiro, Lísias ficou impressionado com a sua forte personalidade: um herói sabe sempre reconhecer outro herói. Curioso por saber o resultado desse discurso e à espera de que a situação se esclarecesse e de que assim se evitasse derramamento de sangue, respondeu-lhe secamente: «Fala».

Sem medo, Paulo contempla a turba movediça a seus pés, semelhante a um mar agitado. Reconhece entre eles os membros do Sinédrio, talvez antigos companheiros de estudo, majestosos rabinos com graves borlas e amplos filactérios. O Apóstolo faz um sinal ao povo com a mão e, quando se estabelece «um grande silêncio», começa a falar-lhes em aramaico. Que estranho púlpito para o Evangelho, que estranho pregador de pulsos algemados e que auditório mais estranho ainda!

Paulo procura demonstrar que não fora nenhum sentimento de inimizade contra o povo, contra a Lei e contra o Templo, mas somente a vontade de Deus e a sua poderosa intervenção que haviam feito dele o confessor de Cristo e o Apóstolo dos Gentios. Todo o israelita sabia que Javé era o Deus soberano da história e lia diariamente nos salmos a história das *magnalia*, *mirabilia* e *terribilia* de Deus. Como explicar, então, a súbita reviravolta que experimentara na sua vida sem uma intervenção concreta do poder de Deus? E quem ousaria resistir à vontade de Javé? A alusão a Ananias, piedoso observador da Lei, só lhe podia ser útil, bem como a evocação da lapidação de Estêvão; mas logo teve de pronunciar a palavra «gentios» — «Vai, porque eu te enviarei às nações remotas» —, e a paixão cegou os ouvintes. Os zeladores e os fariseus «arrojaram de si as suas vestes» e a cólera da multidão chegou ao paroxismo. Os romanos nunca conseguiam dominar um certo temor e incompreensão diante de semelhantes tumultos, e também agora Lísias não tinha compreendido nada, embora tivesse percebido que se tratava de uma questão religiosa entre judeus.

VII. O PRISIONEIRO DE CRISTO

Para satisfazer de algum modo o furor popular, o tribuno decidiu recorrer ao mesmo expediente irresoluto de Pilatos, e ordenou ao centurião de serviço que fizesse açoitar e torturar o preso, a fim de descobrir a causa da contenda. Paulo foi conduzido ao pátio central da fortaleza, onde anos antes a soldadesca romana tinha posto sobre os ombros do seu Mestre o manto de púrpura, colocado nas suas mãos uma cana por cetro e enterrado na sua cabeça a coroa de espinhos como diadema, entre algazarras e zombarias. A narrativa dos Atos não nos permite deduzir claramente se o conduziram à câmara de torturas onde se encontravam o cavalete e a coluna que serviam para a flagelação, infligida não com a vara (*virga*), mas com o flagelo (*flagellum*), um açoite munido de puas e de bolas de chumbo. Seja como for, sabemos que o Apóstolo foi despido e fortemente amarrado com correias ao cavalete, pelos punhos e tornozelos. Os verdugos certamente não compreendiam o grego, mas quando o centurião se aproximou para observar a operação, Paulo perguntou-lhe serenamente, não sem uma certa ironia: «É-vos permitido açoitar um cidadão romano, que nem ao menos foi condenado?»

No âmbito da legislação romana, não havia nada tão característico do exercício da autoridade policial como o respeito pelo homem que orgulhosamente podia formular esta reivindicação: «*Civis romanus sum*». Semelhante frase operava milagres. O centurião foi ter precipitadamente com o tribuno, cujo apreço por aquele misterioso personagem aumentava cada vez mais. «És cidadão romano?» «Sim», respondeu Paulo. Como o falso uso deste título era castigado com a pena de morte, ninguém ousava abusar dele. Lísias olhou com perplexidade para Paulo: «A mim, custou-me uma grande soma de dinheiro adquirir o direito da cidadania». Paulo sorriu: «Pois eu o sou de nascimento». Lísias teve medo porque, neste caso, o direito romano proibia iniciar as investigações acerca de qualquer processo por meio da tortura. Paulo foi desatado imediatamente e dali por diante permaneceu ligado só pelo punho a um soldado romano.

Que noite deve ter sido essa para o homem que tinha evocado com tanta frequência e tão vivamente a figura do divino Crucificado diante dos seus recém-convertidos! Agora, no próprio lugar da flagelação de Jesus, a sua expressão mística – «ser crucificado com Cristo» – certamente ganhou aos seus olhos um novo e completo sentido.

Diante do Sinédrio. A aparição noturna

At 22, 30-23, 25

Existe uma verdadeira *psicologia do perigo*, e é interessante observar como os diversos temperamentos se comportam diante dele. Para os espíritos românticos, tem qualquer coisa de atrativo e fascinante, que se quer ao mesmo tempo desfrutar e vencer. Essas pessoas encaminham-se para o perigo com brados de alegria, como jovens soldados que vão para a guerra, e, como costumam ser de temperamento sanguíneo, é raro que retornem da luta apenas com um olho machucado. Outros tremem à vista do perigo, os seus joelhos vacilam e caem facilmente no ridículo; assim costumam ser sobretudo os melancólicos. Outros ainda são demasiado fleumáticos para sentir medo, pois não têm fantasia suficiente para imaginar o pior.

Mas o verdadeiro herói, seja qual for o seu temperamento, conhece o perigo e não se expõe a ele por mera temeridade. Quando percebe que não é possível evitá-lo, desafia-o corajosamente, sem deixar que a imaginação o amplie indevidamente. Cavalga com plena segurança entre a morte e o demônio, como o cavaleiro no famoso quadro de Dürer. Paulo era desta têmpera. Quando a sua voz interior lhe mostrava um perigo inevitável, enfrentava-o com valor, sem perder nem por um momento a presença de espírito. Mesmo enquanto era pisado pela multidão furiosa, mesmo no cavalete do suplício, sempre refletia a sangue frio sobre a tática a adotar. Voltou a ter ocasião de dar provas desta presença de ânimo no dia seguinte, quando o comandante da fortaleza, a fim de esclarecer os motivos da contenda, o fez comparecer diante dos chefes, dos sacerdotes e dos demais setenta e um membros do Sinédrio. Cláudio Lísias acompanhou-o com uma escolta até o local da reunião, que desta vez não foi no pórtico do Conselho ou *Gazith*, no «pátio dos sacerdotes», mas numa sala do pátio exterior, provavelmente a mesma onde Estêvão fora interrogado. Entre os conselheiros, sentados em diversos grupos, Paulo reconheceu algumas caras, e sem dúvida a do antigo sumo-sacerdote Caifás. A consciência da culpa que carregava tinha endurecido ainda mais a alma desse velho celerado, e profundas rugas lhe sulcavam a face.

VII. O PRISIONEIRO DE CRISTO

Aparentemente, foi o sumo-sacerdote, que na época era um certo Ananias (47-59) nomeado por Herodes de Cálcis, quem presidiu pessoalmente ao interrogatório. Diga-se de passagem que a dignidade sacerdotal nunca se havia degradado tanto como nesta época; Ananias, da família de Anás, a que algumas fontes judaicas chamam «raça de víboras», é-nos descrito pelos contemporâneos como um homem ambicioso e glutão, de uma sensualidade proverbial, que não recuava diante de nenhum meio – nem mesmo do punhal dos sicários – para satisfazer as suas paixões. Paulo, que não mantinha relações com Jerusalém desde havia muitos anos, não o conhecia pessoalmente. Também encontrou pela primeira vez a aristocracia dos saduceus, gente de escassa cultura religiosa que se guiava por uma política de ocasião, manobrando com astúcia e duplicidade entre as oposições religiosas e políticas do seu tempo; procuravam sobretudo evitar quaisquer explosões do entusiasmo religioso ou nacionalista que pudessem ameaçar a supremacia de que desfrutavam.

Lucas, que não foi testemunha da cena, relata muito sucintamente as deliberações. É provável que Lísias tenha convidado o presidente a formular a sua acusação contra Paulo. Os saduceus denunciaram como politicamente perigosa a doutrina do Apóstolo sobre o Messias crucificado por sedição, e ridicularizaram as suas afirmações sobre a Ressurreição de Jesus e a sua aparição em Damasco. Cada vez que se pronunciavam as palavras «ressurreição», «espírito» ou «anjo», chacoteavam com sonoras gargalhadas, ao passo que os fariseus, que acreditavam nessas realidades, se ofendiam visivelmente. Num relance, Paulo percebeu o ponto fraco em que podia apoiar-se para dividir os adversários. A causa estava ganha pela metade[45].

No princípio da sua resposta, ocorreu um incidente penoso. Quando o Apóstolo invocava o pleno direito da sua boa consciência, que

---

(45) Os fariseus (separados) chamavam-se assim por se distinguirem do comum do povo pela sua escrupulosa observância da Lei. Em tempos de Herodes, formavam um grupo solidamente organizado com mais de 6 mil membros, muitos dos quais eram escribas. Eram representantes da tradição judaica, mas muitas vezes defendiam tradições meramente humanas que punham acima dos Mandamentos de Deus, coisa que Cristo lhes lança em rosto (cf. Mc 7, 8). Em oposição a eles, os saduceus rejeitavam toda a tradição, apegavam-se à letra da Sagrada Escritura, e por isso negavam a ressurreição individual, a predestinação, os anjos e os espíritos (cf. At 23, 8). O Senhor refuta certeiramente essa interpretação materialista das Escrituras na questão da ressurreição (cf. Mc 12, 18-27).

nada lhe reprovava diante de Deus, Ananias, esquecido da sua dignidade e do respeito devido ao acusado, ordenou «aos que estavam junto dele que o ferissem na boca». Uma bofetada no rosto, numa assembleia pública, representava a pior ofensa que se podia fazer a um filho de Israel, e equivalia a declarar que tinha deixado de sê-lo. É compreensível que Paulo, em cujas veias corria um orgulhoso sangue nobre, perdesse a serenidade por um momento. Enervado, disse a Ananias: «Deus te baterá a ti, parede branqueada. Tu estás sentado para julgar-me segundo a Lei, e contra a Lei ordenas que me batam?» Aqui se revela mais uma vez a deformação do senso moral dos fariseus, que apoiaram o ato do sumo-sacerdote e se indignaram com a repreensão de Paulo. A desculpa do Apóstolo – «Eu não sabia, irmãos, que é o príncipe dos sacerdotes» – pode interpretar-se de diversas maneiras. Talvez tivesse querido dizer, com uma ponta de ironia: «Não me ocorreu que pudesse ser sumo-sacerdote quem se esquece a este ponto do seu dever». A comparação com o procedimento de Jesus, exatamente na mesma situação, mostra que o discípulo não conseguiu atingir toda a grandeza moral do Mestre; por outro lado, porém, não precisava copiar letra por letra o procedimento do Senhor, pois não é nisso que consiste a imitação de Cristo.

A imagem da «parede branqueada» acertava em cheio: a expressão caracterizava perfeitamente o sumo-sacerdote como um homem em plena decadência, que procurava ainda simular virtude, decoro e retidão, quando por dentro já era todo podridão. Aliás, toda a decadência se caracteriza por essa mistura de degenerescência e rebaixamento interior, enquanto externamente se mantém a aparência de integridade. Toda a casta sacerdotal da época estava dominada pelo espírito mundano: por fora, simulavam piedade, enquanto por dentro tudo eram ânsias de poder, cobiças e vaidades. São Paulo representava a antítese total dessa sociedade decadente, como chefe da jovem Igreja cujos meios eram de índole exclusivamente espiritual: simplicidade, retidão, pobreza e humildade. A ela pertencia o futuro. A profecia de Paulo chegaria a cumprir-se também neste caso: alguns anos mais tarde, Ananias seria assassinado num esconderijo onde procurava escapar aos punhais dos sicários.

Paulo reparou que, dadas as circunstâncias e a parcialidade do tribunal, era impossível proceder com sinceridade e, numa inspiração

VII. O PRISIONEIRO DE CRISTO

súbita, lançou mão da vantagem que obtivera momentaneamente para lançar o pomo da discórdia levantando a *questão da ressurreição*[46]. Com efeito, toda a oposição do judaísmo a Cristo provinha, no fundo, da Ressurreição do Senhor, que tornava ultrapassada a religião dos hebreus, o seu Estado e a sua soberania política. O Apóstolo lançou, pois, esta simples frase no meio da assembleia: «Homens irmãos, eu sou fariseu, filho de fariseus, e sou julgado por causa da esperança na ressurreição dos mortos». Ao ouvi-la, os saduceus soltaram estrondosas gargalhadas contra os fariseus e o processo degenerou numa disputa teológica em que ambos os partidos chegaram às vias de fato, esquecendo-se do acusado. A coisa chegou tão longe que alguns dos rabinos mais qualificados se declararam abertamente a favor de Paulo, admitindo mesmo a possibilidade de um espírito ou um anjo lhe ter falado. Cláudio Lísias, que nada compreendia do debate e temia pela vida do seu prisioneiro, chamou os guardas e fez conduzir o Apóstolo a um lugar seguro. «Tive de arrancá-lo à força das mãos deles», escreve o tribuno numa carta a Félix, segundo relata o códice de Bèze.

Alguns críticos censuram São Paulo por não se ter mostrado, nesse momento, «à altura da sua própria grandeza». Falam de um *estratagema* e pensam que é grande a diferença entre a sua conduta e a atitude digna e silenciosa de Cristo diante do Sinédrio. Esquecem-se, porém, do caráter radicalmente diverso do sofrimento de Jesus, se comparado com o sofrimento puramente humano. O sofrimento de Cristo teve um valor único, que ultrapassou toda a medida e todo o fim humanos: visava a redenção do gênero humano mediante o padecimento expiatório e livre. Foi por essa razão que o Senhor renunciou aos seus direitos de defesa e a qualquer intervenção celeste ou terrena. Teria podido servir-se do mesmo subterfúgio que o seu discípulo, mas tinha diante dos olhos a humanidade não redimida, via-nos a todos nós, e reconhecia-se como o «cordeiro que é conduzido ao matadouro», como a «ovelha muda diante do tosquiador»

---

(46) A fé na ressurreição surge entre os judeus muito depois de se ter difundido entre os egípcios e os persas (Zoroastro); no começo, aparentemente significava apenas um reerguimento nacional do Povo Eleito, e foi só mais tarde, como se vê pelo segundo livro dos Macabeus, que assumiu o seu sentido próprio de ressurreição individual de todos os mortos. A ressurreição universal no fim dos tempos não era, portanto, uma doutrina conhecida antes de Cristo.

(Is 53, 7). É nesta amorosa obediência sem limites, neste admirável domínio próprio e nesta silenciosa rendição do Cordeiro de Deus que consiste, mais do que em todos os outros atos de Jesus, o valor expiatório da sua Morte dolorosa.

Paulo, pelo contrário, combatia e sofria por si mesmo. Estava disposto a morrer, mas cabia a Deus determinar o momento e as circunstâncias da sua morte. Não só podia como devia empregar todos os meios lícitos para continuar a servir a causa do Evangelho. Além disso, a crítica que referimos exige demasiado de um simples mortal; mesmo nos mais vertiginosos cumes aos quais o espírito de Deus pode às vezes elevar um homem como Paulo, esse homem deve lembrar-se de que é apenas um ser humano como nós, que a sua estatura é unicamente humana, e que só Um excede toda a medida humana.

Imaginemos agora o Apóstolo na sua cela, na Torre Antônia. Devia estar no limite das suas forças, esgotado pelos acontecimentos desses dias, mas sabia que estava chamado a associar-se ainda mais intimamente ao sofrimento do seu Mestre. A expressão «ser crucificado com Cristo», que tinha cunhado nas Epístolas aos Gálatas (2, 19) e aos Romanos (6, 6), ressoava cada vez mais nos seus ouvidos. Era a segunda noite que passava naquele cárcere sombrio, só e abandonado, vigiado, assediado por um ódio que o cercava como um oceano, e foi então que se viu acometido por um desses acessos de desalento e de pavor mortal a que os santos não são poupados, como não o foi o próprio Filho de Deus. Quando Pedro se encontrara em situação análoga, a Igreja de Jerusalém pelo menos tinha velado e orado por ele (cf. At 12, 5); agora, dá pena verificar que Lucas não pode registrar um ato de piedade semelhante por parte dos judeus-cristãos. Os fiéis da Cidade Santa julgavam ter feito muito suportando o Apóstolo sem romperem com ele. Só numa das casas de Jerusalém uma luz permaneceu acesa durante toda a noite por amor dele: os seus amigos Lucas, Tito, Trófimo, a sua irmã e a família desta tinham-se reunido para orar, e assim contribuíram como podiam para a sua salvação.

A situação era realmente delicada, e a partir desse momento só o poderoso braço romano seria capaz de salvá-lo. Chegara a hora de dar uma nova orientação à sua atitude diante do povo judaico, e certamente foi durante essa noite que tomou a decisão. Até aquela data,

VII. O PRISIONEIRO DE CRISTO

tinha-se considerado como membro da raça judaica, e por isso submetera-se diversas vezes à jurisdição hebraica. A partir de agora, tinha de afastar-se definitivamente do seu povo até no aspecto político, e submeter-se à autoridade e à jurisdição de Roma, às quais se tinha referido com tanta lealdade na sua Epístola aos Romanos. Mas os romanos olhavam com cautela os membros desse povo tão cioso das suas prerrogativas, e um longo cativeiro esperava o Apóstolo, com o que o seu projeto de levar a glória de Cristo até Roma e aos confins da terra só podia parecer-lhe irremediavelmente condenado ao fracasso.

Depositou então o seu abatimento e todos os cuidados do seu coração aos pés do Mestre, repassando todas as coisas «em Cristo» antes de a fadiga lhe fechar os olhos. Mesmo durante o sono, porém, os seus pensamentos continuaram a trabalhar e o seu diálogo com o Senhor não se interrompeu. Diz-se que as profundezas do mar permanecem tranquilas quando as vagas se revolvem com furor à superfície, e o mesmo acontecia com Paulo. Quando a sua vida exterior se agitava como um mar encapelado, a sua vida interior permanecia «escondida com Cristo em Deus» (Cl 3, 3). Este era, na verdade, o segredo da sua existência.

Quem poderá dizer alguma vez como a alma humana, livre durante o sono das ataduras cotidianas, pode tomar contato quer com os demônios das profundezas, quer com os espíritos luminosos das alturas? Subitamente, numa visão noturna, o Senhor apareceu ao Apóstolo, como lhe aparecera vinte anos antes no Templo (At 22, 17). Seria realmente o Senhor? Conhecedor da alma humana e das suas alucinações, Paulo sabe perfeitamente que o príncipe das trevas se disfarça às vezes de anjo de luz. Mas eis que vê brilhar os estigmas do Crucificado, como outrora em Damasco, e expõe-lhe as suas preocupações: teria falado bem dEle diante dos pais de Israel? – «Tem coragem», respondeu-lhe o Senhor, «porque assim como deste testemunho de mim em Jerusalém, assim importa que também o dês em Roma».

A visão dissipou-se e o Apóstolo acordou. Toda a sua tristeza se desvaneceu, e no seu íntimo experimentou uma força nova. Uma vez que o Senhor estava com ele, que lhe importava a condenação dos homens? Roma! Essa palavra voltou agora a acender-se na sua alma como a estrela da manhã.

Paulo e Félix

At 23, 12-24, 7

Entretanto, os sicários tinham resolvido chamar a si o caso. Prepararam uma conspiração, informando o Sinédrio da conjura e pedindo a sua colaboração, e este mais uma vez deu provas de estar disposto a chegar aos mais extremos limites da vileza. Mas o «serviço de informações» dos irmãos mostrou-se mais uma vez à altura das circunstâncias, e Paulo pôde sentir a sua proximidade solícita e amorosa. Um filho da sua irmã conseguiu ter notícias do plano, talvez por intermédio do pai, que certamente ocupava uma posição elevada e tinha numerosas relações, e a mãe enviou-o à fortaleza para dar a notícia. Paulo ainda estava a refletir sobre a visão que tivera à noite, quando a porta da cela se abriu e o seu sobrinho entrou.

O Apóstolo perguntou-lhe que notícias trazia. Não havia dúvida de que eram muito importantes: os membros do Sinédrio pretendiam solicitar ao tribuno que o prisioneiro fosse novamente conduzido à sua presença para poderem examinar mais a fundo a sua causa; tudo isso, porém, não passava de um pretexto. Assim que deixasse a fortaleza, seria um homem morto. Quarenta membros do partido da libertação tinham jurado não comer nem beber enquanto não o matassem, e estavam à sua espera em todas as esquinas e vielas, armados com os seus punhais.

Ouvindo isso, Paulo pediu ao centurião que fizesse conduzir imediatamente o seu sobrinho à presença de Lísias. Foi assim que, momentos antes de receber os enviados do Sinédrio, o tribuno teve conhecimento do que se estava preparando. A responsabilidade começava a pesar-lhe nas mãos e, em face do que acabava de saber, preferiu remeter o processo ao procurador. Por volta das nove horas da noite, dois centuriões, acompanhados por duzentos soldados de infantaria, provavelmente arqueiros árabes ou sírios, duzentos lanceiros e setenta cavaleiros, estavam reunidos no pátio da fortaleza para conduzir o prisioneiro a Cesareia.

Estranha cavalgada noturna sob o céu estrelado, através dos sombrios desfiladeiros e estreitas gargantas do planalto rochoso da Judeia, com as suas pedras avermelhadas iluminadas pela lua. De

VII. O PRISIONEIRO DE CRISTO

manhã, a coluna terminou a descida do planalto e chegou à fértil planície de Saron, enquanto os ceifeiros ainda se dirigiam aos seus campos e os camponeses batiam nas eiras o trigo, deixando que o vento levasse a palha. Ainda hoje se vê ali a antiga estrada romana, de grandes lajes, verdadeira obra-prima da arquitetura do tempo. Por essa via, Paulo chegou a Antipátrida, depois de uma cavalgada de doze horas, e como ali já não havia por que temer qualquer emboscada, os soldados e os lanceiros regressaram à base, deixando-o com os cavaleiros. Ao cair da tarde, o pequeno grupo penetrou na fortaleza de Cesareia, depois de ter atravessado uma zona de jardins floridos e de chácaras.

O porto de Cesareia, situado no local onde se erguera a antiga torre de Estráton, recebera esse nome de Herodes o Grande, seu construtor, em honra de César. Servia aos romanos de centro de abastecimento e de base militar para a região, e sediava uma guarnição de cinco coortes e um esquadrão de cavalaria. Essas tropas eram custeadas pelos próprios judeus, cujos impostos se destinavam em parte à manutenção do opressor. Daí provinha o ódio dos zelotes e aquela pergunta feita ao Salvador: «É lícito ou não pagar o tributo a César?» (Mt 22, 17).

A residência do procurador, no estilo imponente e faustoso da decadência, era magnífica. Tal como em Jerusalém, era um dos palácios reais construídos por Herodes, e por isso Lucas chama-lhe «pretório de Herodes». Os prisioneiros de maior importância eram conduzidos a esse «pretório do acampamento» ou, mais precisamente, ao quartel-general do pretório. Logo que chegou, o comandante do esquadrão entregou o relatório de Lísias ao procurador Antônio Félix e apresentou-lhe o prisioneiro.

Pela primeira vez encontraram-se face a face esses dois homens que personificavam dois mundos tão radicalmente diferentes. Félix, sem dúvida, inspecionou aquele prisioneiro de tão pobre figura com um olhar de superioridade. Na sua presença, leu em voz alta a carta de Lísias, que constituía um modelo de precisão romana, objetiva, breve e clara, e que depunha claramente em favor do acusado, pois considerava todo o assunto como um problema religioso entre judeus. A seguir, informou-se sobre o lugar de nascimento do prisioneiro; como a Cilícia era província imperial, e não senatorial, o seu tribunal era competente. Por fim, em tom altaneiro, dignou-se manifestar a sua decisão: «Ouvir-te-ei quando chegarem os teus acusadores». Também este novo encontro com um magistrado do poder romano encerrava para Paulo um mundo de promessas.

Foi assim que começou o *cativeiro de Cesareia*, que haveria de durar dois longos anos, muito monótonos para um homem de tão intensa atividade. O mundo de um prisioneiro não é muito variado, e por isso São Lucas nos aponta simplesmente em quatro cenas os poucos incidentes dramáticos desta reclusão. Com isso, queria também desfazer os preconceitos dos judeus-cristãos em relação ao seu herói, mostrando como o julgavam favoravelmente as pessoas de fora, os imparciais romanos. Nos Atos dos Apóstolos, os principais atores deste drama saem-se bem. Lucas, na verdade, não está interessado em traçar o retrato de uma época de decadência, como Tácito, Suetônio e Flávio Josefo, que aliás nem sempre conseguiram fazê-lo sem ódios nem partidarismos. O evangelista orienta-se por uma ética cristã mais elevada, e cobre as debilidades e a vida privada desses personagens com o manto do amor cristão. Para podermos dar-nos conta da magnitude da sua discrição, temos de conhecer o panorama histórico pintado pelas fontes contemporâneas.

Félix, procurador da Judeia de 52 a 60 d.C., e o seu irmão Palas, personagem ainda mais importante, eram gregos libertos que haviam pertencido a Antônia, mãe do imperador Cláudio. Palas fora o seu favorito todo-poderoso, ocupando o cargo de primeiro-ministro durante o reinado de Cláudio e nos primeiros tempos de Nero. Graças ao irmão, Félix fez uma carreira brilhante, mas a sua origem servil revelava-se com certa frequência: Tácito afirma que era cruel e sensual, e que exercia «poderes de rei com alma de escravo». Ora reprimia o banditismo dos sicários, ora servia-se deles para as suas baixas vinganças, por exemplo quando mandou matar o sumo-sacerdote Jônatas, que lhe recriminava a excessiva severidade contra os judeus. A alta consideração de que gozava o seu irmão assegurava-lhe a impunidade. Suetônio chama-lhe «o homem das três rainhas». Num primeiro casamento, unira-se a uma neta de Antônio e de Cleópatra, e a que agora partilhava do seu favor, *Drusila*, de dezessete anos de idade, era filha do rei Herodes Agripa I; com a ajuda do mago Simão de Chipre, tinha conseguido subtraí-la ao seu marido, o rei Aziz de Emessa. Era

VII. O PRISIONEIRO DE CRISTO

diante deste edificante casal que Paulo ia agora comparecer, e era com eles que deveria manter penosas relações durante dois anos.

O irmão de Drusila, Herodes Agripa II, que veremos mais tarde de visita a Festo acompanhado pela sua irmã Berenice, fora educado na corte imperial de Roma desde que o seu pai morrera tão horrorosamente (cf. At 12, 20-23). Como naquela época ainda era menor de idade, Cláudio não lhe confiou o reino do pai, mas apenas o principado de Cálcis, no Líbano. Com a anuência de Nero, Herodes aumentou os seus domínios pela anexação de algumas províncias da Palestina do Norte e da Transjordânia, e Berenice passou a viver à sua custa depois de algumas aventuras matrimoniais, gozando da mesma reputação de uma Lucrécia Bórgia pela sua beleza, pelos seus vícios, talento e amor à ostentação e ao luxo. Depois da destruição de Jerusalém, manteve relações de caráter duvidoso com o general Tito, que teve de separar-se dela quando se tornou imperador e o escândalo da sua ligação com uma judia passou a afetar demasiado a sua reputação. A partir daí, Berenice desapareceu entre as sombras do esquecimento, enquanto a sua irmã Drusila encontrou a morte por ocasião da famosa erupção do Vesúvio.

Paulo encontrava-se, pois, no célebre *palácio de Herodes*, testemunha de tantas tragédias. De noite, ouviam-se pelos corredores os suspiros da formosa Mariamne, assassinada por Herodes juntamente com todos os filhos. Durante as noites de insônia, o velho tirano errava pelas salas chamando por sua esposa bem-amada, que matara num acesso de ciúme. Também foi à volta dos muros desta cidadela que os judeus acamparam para suplicar ao procurador, com gritos e lágrimas, que não desse andamento ao seu plano de profanação do Templo, erigindo nele a estátua de Calígula.

Aqui se situa a *primeira cena* descrita por Lucas, a da instrução do processo. Alguns dias após a chegada do Apóstolo, o sumo-sacerdote Ananias apresentou-se em Cesareia rodeado de um grupo de anciãos e acompanhado por um advogado romano cujo nome, Tertulo, denunciava a sua condição de antigo escravo. Era um principiante inexperiente, um daqueles que iniciavam a sua carreira ocupando-se da defesa dos «aborígenes» das províncias, e essa inexperiência manifestou-se logo no começo do discurso; seguindo os cânones da escola, principiou por uma longa adulação grosseira e desajeitada. O sumo-

-sacerdote deve ter reprimido um sorriso ao ouvir o seu advogado proferir mentiras tão grosseiras como esta: «Pela tua autoridade é que nós gozamos de muita paz e pelas tuas providências se têm reformado muitas coisas. Nós o reconhecemos sempre e em todo o lugar, ó ótimo Félix, com toda a gratidão». Na realidade, Félix foi um dos procuradores mais detestados pelos judeus, que dois anos mais tarde lhe demonstraram perfeitamente o seu ressentimento acusando-o em Roma de ter conduzido mal os negócios públicos e levando Nero a exonerá-lo.

A acusação constava de indignas ofensas e de más interpretações. Dizia-se nela: primeiro, que Paulo era um revolucionário perigoso para a segurança do Estado e, por essa razão, culpado do crime de *seditia*, isto é, de alta traição; segundo, que era o chefe de uma seita não autorizada, e por isso culpado do delito de *religio illicita*; terceiro, que tinha tentado *profanar o Templo*, e assim infringira a lei romana. Cada um destes delitos era punido com a pena de morte pelo direito romano.

Félix tinha demasiada experiência para não descobrir o jogo daquele diletante ávido de sangue, e não lhe prestou a menor atenção porque sabia muita coisa acerca desses veneráveis senhores e do seu magnífico sumo-sacerdote. Sem demora, voltou-se para Paulo e quis saber o que este tinha a dizer. Pondo-se de pé, com as mãos algemadas, Paulo conquistou imediatamente a atenção do tribunal: era tido por mestre na arte de tratar com as pessoas e de se adaptar aos lugares e às circunstâncias. Falou com sabedoria e colocou o assunto no seu devido lugar, voltando a trazê-lo para o campo do direito religioso. Disse que empreendia com confiança a sua defesa, porque o procurador era juiz sobre esse povo «há muitos anos» – isto é, conhecia muito bem essa gente. A seguir, refutou a acusação ponto por ponto, insistindo no fato de que não era infiel à religião de seus pais, que culminava na fé no Messias; bem ao contrário, o seu ponto de vista religioso, diferente do dos saduceus, e a forma cristã do seu culto, situavam-se plenamente no terreno da Lei e dos Profetas e derivavam do conteúdo tradicional e revelado do Antigo Testamento. O Antigo e o Novo Testamento formavam uma unidade dogmática. Do ponto de vista do direito romano, a doutrina relativa à ressurreição movia-se assim dentro das fronteiras do judaísmo, religião protegida pelo

VII. O PRISIONEIRO DE CRISTO

Estado; desta forma, não se podia acusar o Apóstolo de ter favorecido uma «religião ilícita». O Estado romano, aliás, não fazia grande caso das divergências de opinião dentro da religião judaica, como vimos no caso do procônsul Galião.

Esta defesa de Paulo foi a primeira apologia oficial do cristianismo perante o poder romano. Os primeiros cristãos firmaram-se nesse ponto de vista, e durante muito tempo ninguém os importunou junto dos tribunais romanos, que concordaram com esse raciocínio. A diferença essencial entre o judaísmo e o cristianismo não era levada em conta juridicamente, e foi só mais tarde, por volta do ano 65, quando as autoridades souberam por intermédio dos judeus que o fundador do cristianismo tinha sido crucificado «por se ter oposto a César», que a justiça do tempo de Nero (talvez por influência de Popeia, prosélita e amiga dos judeus) passaria a sustentar a diferença essencial entre as duas religiões. Mesmo assim, o ponto de vista jurídico de Roma acerca do cristianismo não mudaria definitivamente senão no tempo de Domiciano, resultando daí as primeiras perseguições sistemáticas. Quando João escreveu o seu Evangelho, em torno do ano 100, já não tinha razão alguma para ocultar que Jesus fora crucificado como suposto inimigo de César (cf. Jo 19, 7-16); pelo contrário, sabê-lo só serviria aos cristãos como um grande consolo.

Interiormente, Félix foi obrigado a dar razão a Paulo, já que, devido à sua longa prática administrativa na Judeia e por estar unido a uma judia, conhecia melhor as dissensões religiosas dos judeus do que um funcionário romano médio. Deveria, pois, ter pronunciado a sentença de absolvição, mas não o fez, em parte por temer uma vingança dos judeus, pois tinha um temperamento semelhante ao de Pilatos, em parte por cobiça, para tentar extorquir dinheiro de Paulo. Segundo o direito provincial romano, o procurador tinha o direito de decidir se a prisão preventiva continuava ou não a ser necessária para proteger o prisioneiro. Pronunciou-se pela afirmativa. A pretexto de obter maiores esclarecimentos de Lísias, concluiu a sua deliberação pelo termo técnico *Amplius*, que significava: «O litígio fica adiado, a fim de se proceder a um inquérito complementar». Lísias não apareceu, como é evidente, e os judeus acharam melhor não mexer mais no assunto. Félix determinou que a «custódia militar» do Apóstolo na fortaleza fosse aliviada tanto quanto possível;

o prisioneiro poderia passear livremente no interior da cidadela e receber visitas à vontade. Mas a injustiça dessa prisão sem julgamento deve ter-lhe pesado duramente.

Lucas descreve-nos uma *segunda cena* da estada de Paulo em Cesareia. Segundo parece, o cristianismo nascente, ainda rodeado do atrativo da novidade e de um conhecimento muito vago, fornecia à alta sociedade uma interessante matéria de conversa. Não é raro que semelhantes meios se interessem, por tédio ou curiosidade, por novos sistemas filosóficos ou por religiões de moda, satisfazendo assim a sua nebulosa necessidade metafísica. À volta dos procuradores das províncias costumava reunir-se todo um enxame de literatos de ocasião, filósofos, *gourmets* da poesia, cantores, atores e mágicos, de conformidade com o gosto romano. Também Drusila parece ter mantido uma corte do mesmo gênero, na sua qualidade de esposa do governador, de mulher culta e de amante da música.

Alguns manuscritos sírios indicam que as numerosas conversas de Félix com Paulo foram devidas à iniciativa da sua mulher; como judia, esta certamente desejava conhecer esse homem tão célebre na sua nação, cujo nome ecoava já por todo o mundo oriental. Era filha de Herodes Agripa, que tinha querido ferir a nova religião nas pessoas de Tiago e de Pedro, e sobrinha de Herodes Antipas, que fizera decapitar João Batista. Poderia ela sentir-se feliz na situação em que se encontrava? Não suspiraria a sua alma feminina por algo mais do que as carícias de um devasso, por aquele misterioso conhecimento que tornava o pobre prisioneiro Paulo tão alegre? A alma feminina está frequentemente repleta de intuições, e Drusila sem dúvida quis penetrar esse segredo e ouvir Paulo falar da «fé em Jesus Cristo». Como resultado, Félix, no regresso de uma missão de serviço com a esposa, organizou no salão de festas da cidadela um serão no qual Paulo devia falar do cristianismo. Todos tinham ouvido referências às «forças espirituais» de que o Apóstolo dispunha, e provavelmente saberiam do incidente ocorrido na corte de Sérgio de Chipre. O serão podia, pois, tornar-se «interessante». Em resumo: era uma situação análoga à de Jesus diante de Herodes...

Deve ter custado a Paulo apresentar-se como objeto de curiosidade a essa sociedade decadente. Mas o Apóstolo queria ganhar almas; sentia-se embaixador de Cristo, e em nome de Cristo devia exortar os homens a reconciliar-se com Deus (cf. 2 Cor 5, 20). Conhecia a fundo

VII. O PRISIONEIRO DE CRISTO

essa classe social semijudaica, semipagã, pois tinha tido contato com ela na Grécia, em Éfeso e em Tarso, e sabia muito bem quais eram os seus pontos fracos. Por isso, depois de ter falado das provas históricas da fé, da maravilhosa vida de Cristo, das aparições do Ressuscitado e da sua própria experiência, deu um rumo inesperado ao seu discurso e dirigiu a atenção dos ouvintes para as consequências práticas do cristianismo no campo da moral: a retidão interior, o domínio das paixões e a responsabilidade perante o juízo vindouro. Aludiu aos extravios do instinto sexual entre os pagãos como consequência do extravio religioso, falando de modo muito claro e desembaraçado, a julgar pelo que escreve na Epístola aos Romanos. E a seguir traçou com cores apocalípticas o quadro da vinda do Juiz.

Félix sentia-se sobre brasas; mostrava-se inseguro, mudava de cor, olhava disfarçadamente para a amante que, com grandes olhos de menina curiosa, via os olhos do profeta brilharem com um santo ardor. Não sabemos o que se terá passado na alma da jovem. Paulo não lhe dirigiu qualquer palavra dura, porque sabia que era ela a seduzida; aliás, o Apóstolo sempre se mostrava respeitoso com as mulheres e, quando acusava, costumava acusar os homens. Mas, quanto a Félix, sabemos muito bem o que sentia: «atemorizado», tremia de medo, e tinha razões para tanto. A sua consciência sobressaltou-se, e diante dela reviveram tragicamente todas as sombras sangrentas do seu passado, as vítimas dos seus crimes, da sua sensualidade, da sua cupidez, o sumo-sacerdote assassinado, as mulheres seduzidas...

No entanto, Paulo não evocou as deusas pagãs da vingança, as Erínias, que torturam as almas sem as corrigir; deixou falar a afetuosa voz de Deus, que chama à penitência no íntimo da alma. Félix chegou a estar prestes a render-se à graça de Deus, mas voltou atrás. O arrependimento e a penitência não são emoções agradáveis, sensações teatrais ou excitações trágicas, mas realidades ásperas e duras, que não correspondiam aos gostos do romano. Alegando qualquer pretexto de indisposição, de fadiga ou de aborrecimento, interrompeu a sessão e comunicou a Paulo que o ouviria com gosto «noutro momento mais oportuno». Mas esse momento mais oportuno nunca chegou. Não é raro que as pessoas cheguem a vislumbrar Cristo e a vida espiritual, mas deixem a oportunidade de lado, à espera de um «momento mais oportuno» em que se sintam mais bem-dispostas. Mas na medida em que o adiam, cada vez se torna mais improvável que esse momento oportuno chegue, pois cada recusa endurece mais o coração. Nenhum gelo é tão duro como aquele que se derrete ligeiramente à superfície, e de novo congela quando o sol se põe.

Quando Félix abandonou o salão, acompanhado de sua mulher, os demônios da sensualidade e da cupidez já estavam de novo à sua espera, sussurrando-lhe que não voltasse a expor-se a uma situação tão penosa. E Félix seguiu essas vozes, apesar de também não poder recusar-se ao prazer de conversar com um prisioneiro tão cativante. Os conhecimentos que o Apóstolo possuía da vida grega, das grandes metrópoles e da sua cultura, a sua experiência de homem viajado, infundiam admiração e respeito no procurador. Mas o romano não quis ir mais longe; faltava-lhe ideal e, além disso, era um homem terrivelmente superficial. Por outro lado, fazia de vez em quando discretas insinuações ao prisioneiro sobre o resgate que esperava dele; também neste caso, por trás do pretenso interesse religioso, espreitava a cobiça, tão característica do paganismo.

Pobre Félix. A sua hora havia de soar em breve, pois dentro de alguns meses seria deposto e desapareceria na obscuridade e na vergonha, enquanto a sua jovem e bela mulher pereceria nas lavas do Vesúvio com o filho de ambos, o pequeno Agripa. E aquele médico grego que se sentava num canto, em conversa com o prisioneiro, escreveria a história do covarde e venal procurador romano, que os homens hão de ler até ao fim dos tempos.

Mas os anos de Cesareia não foram de inatividade para Paulo; ao contrário, estiveram repletos de frutos para a Igreja. Um homem como esse, que dava tanto valor ao tempo (cf. Ef 5, 16), sabia tirar proveito de todas as situações. Os seus amigos tinham-no seguido até Cesareia e encontravam-se constantemente à sua volta, e a própria saúde do Apóstolo chegou a melhorar graças a este repouso forçado. A sua vida estava agora em segurança, e os sentimentos de rancor que muitos judeus-cristãos nutriam por ele tinham-se moderado por causa do longo cativeiro a que se via submetido. Nas suas Epístolas posteriores, não se encontra quase nenhum vestígio do combate que tivera de travar até então.

A posição excepcionalmente favorável de Cesareia permitia-lhe, além disso, manter relações com as comunidades do Mediterrâneo.

VII. O PRISIONEIRO DE CRISTO

A correspondência deste período não resultou em escritos inspirados, mas o grande resultado deste cativeiro foi o trabalho preparatório, ou até a redação, de um dos mais belos livros do mundo: o *Evangelho segundo São Lucas*. Paulo certamente percebeu que a sua pregação oral, agora interrompida, deveria ser substituída pela pregação escrita. Nos seus discursos, recorria sempre aos grandes acontecimentos da vida de Jesus, mas o seu temperamento de filósofo levava-o de preferência a sondar os pensamentos divinos revelados em Cristo. Era de uma natureza profética e mística, enquanto Lucas tinha uma abundante veia de historiador, e assim os dois homens se completaram, para maior bem da cristandade.

Mateus já tinha redigido o seu Evangelho em aramaico, para os judeus-cristãos, e Marcos provavelmente tinha também concluído a sua narrativa da vida de Jesus segundo a pregação oral de São Pedro. Lucas encontrava-se, pois, na favorável situação de poder tecer a trama do seu Evangelho com base nessas duas «relações» e talvez em algumas outras, de poder compilar documentos e coleções de sentenças de Cristo ainda existentes, e de poder procurar esclarecimentos junto de algumas «testemunhas oculares da vida de Cristo e ministros da palavra» (cf. Lc 1, 1-4). Em Cesareia, teve a possibilidade de fazer recuar as suas buscas «até ao princípio», até à história da infância do Senhor, e de ter em conta nos três primeiros capítulos do seu livro os documentos mais antigos.

Talvez o Evangelista tenha tido ocasião de conhecer aqui o oficial ou funcionário romano, recém-convertido e batizado com o nome de Teófilo, a quem depois dedicou os seus dois livros. Este seu protetor ter-lhe-á fornecido os meios necessários para empreender as longas viagens necessárias para poder manusear todos os documentos disponíveis, à maneira de um historiador moderno, pois Lucas certamente fez mais de uma viagem à Terra Santa partindo de Cesareia; em Jerusalém, terá estado com Tiago, em Belém e Nazaré com os parentes e contemporâneos de Jesus, e sobretudo com Maria, a Mãe do Senhor, que teria agora perto de oitenta anos. Quem teria podido contar-lhe melhor a encantadora história do nascimento em Belém do que a fiel memória de uma mãe amorosa? Com a frase: «Maria conservava todas estas coisas, meditando-as no seu coração» (Lc 2, 19), o evangelista aponta a Mãe de Jesus como uma das fontes da tradição primitiva e do Evangelho da infância do Senhor. Depois, ao referir a sentença: «E uma espada trespassará a tua alma» (Lc 2, 35), transmite-nos a imagem da *Mater dolorosa*; e no *Magnificat* (cf. Lc 1, 46-55), bem como no humilde louvor de uma mulher desconhecida à mãe de Jesus (cf. Lc 11, 27), aponta as próprias origens do culto mariano.

Aliás, uma pergunta até certo ponto inquietante levanta-se a este propósito: por que São Paulo não fez uma única referência afetuosa a Nossa Senhora?[47] A rápida alusão dogmática na Epístola aos Gálatas – «Deus enviou o seu Filho, nascido de uma mulher» (Gl 4, 4) – não nos pode satisfazer o coração. Onde está o ponto de união entre Paulo e Maria? Na verdade, encontramo-lo aqui, em Cesareia, em Lucas, o evangelista paulino e o evangelista da infância de Jesus. A influência do Apóstolo dos Gentios no Evangelho de São Lucas é mais visível que a dos irmãos da Judeia: percebem-se os mesmos pontos de vista, as mesmas concepções, e por vezes os mesmos modos de expressão, sobretudo no relato da instituição da Eucaristia, que de tal modo se assemelha ao das Epístolas que os mais antigos escritores eclesiásticos não hesitaram em ver no terceiro Evangelho o «Evangelho de São Paulo».

Uma segunda obra parece ter sido estimulada e preparada durante este cativeiro: os *Atos dos Apóstolos*. O «evangelista» Filipe e os cristãos de Cesareia e de Jope podiam fornecer um material muito rico para a história da Igreja nascente, e o trabalho de redação provavelmente exigiu vários anos. Um outro historiador contemporâneo vivia então em Cesareia: o judeu Flávio Josefo, que fazia companhia a alguns sacerdotes que ali se encontravam encarcerados, e a quem devemos as mais abundantes informações sobre a época. Não é de excluir que estes dois homens se tivessem conhecido.

A prisão em Cesareia durava havia dois anos, e a situação de Paulo não se teria modificado se os acontecimentos não se tivessem precipitado por causa de um sangrento incidente. Cesareia era uma cidade onde judeus e pagãos gozavam dos mesmos direitos civis e onde muitas vezes se desenrolavam ferozes lutas entre os partidos. No decurso

---

(47) O primeiro a traçar o paralelismo entre Eva e Maria, no plano da Redenção que vai de Adão a Cristo, foi São Justino, no século II. No entanto, esse paralelismo já estava contido em germe no dogma apostólico da Encarnação (cf. Prümm, Christentum).

VII. O PRISIONEIRO DE CRISTO

de uma rixa, os gregos foram batidos e Félix interveio, ordenando aos judeus que evacuassem a rua. Como se recusassem, a tropa partiu para o ataque, fez um massacre e queimou muitas casas de judeus. O grito de revolta chegou até Roma, onde os judeus dispunham de grande influência, e como os protetores de Félix tinham morrido e o seu irmão Palas tinha caído em desgraça, o procurador foi destituído. Uma das suas últimas decisões foi manter Paulo na prisão, para «ser agradável aos judeus». Esta mudança de governador deu-se no ano 60 da nossa era, e é uma das datas mais seguras da vida do Apóstolo.

«Caesarem appello!»

At 25, 1-26, 32

O novo procurador, *Pórcio Festo*, que chegou a Cesareia em começos do outono de 60, descendia de uma antiga família de senadores de Túsculo, cidade próxima de Roma. Pertencia, pois, à velha nobreza romana e era um funcionário da excelente escola antiga; com efeito, Flávio Josefo louva a sua firmeza, o seu caráter e a sua consciência profissional. Depois de um descanso de três dias, Festo subiu a Jerusalém para cumprimentar as autoridades judaicas e decidir os pleitos em atraso. Os príncipes dos sacerdotes reuniram-se imediatamente à sua volta sob a chefia do novo sumo-sacerdote, Ismael ben Fabi, nomeado por Herodes Agripa II. A suprema dignidade religiosa do país tornara-se venal, e na competição entre as diversas famílias de sumos-pontífices acabara por prevalecer pura e simplesmente o direito do mais forte, como se reflete nesta lamentação do Talmud: «Ai de mim por causa da casa de Ismael ben Fabi! Ai de mim por causa da força do seu punho! Todos são príncipes dos sacerdotes, os seus filhos tesoureiros, os genros guardiões do Templo, e os criados espancam o povo a pauladas».

Dois anos de intervalo não tinham conseguido apaziguar o ódio daquela gente contra Paulo, e os sacerdotes sentiam-se agora mais esperançados, uma vez que o novo procurador não estava ao corrente das questões judaicas. Os judeus exigiram dele, como prova de boa vontade, que remetesse o Apóstolo ao tribunal religioso de Jerusalém, esperando mais uma vez desfazer-se dele durante o percurso. Mas Festo não era tão inexperiente como lhes parecia, e já havia compreendido a situação de Paulo. Não, decidiu, Paulo ficaria onde estava, porque a justiça romana não lhe permitia dar de presente a vida de um prisioneiro; e a seguir convidou os judeus a comparecerem novamente diante do seu tribunal em Cesareia. O Apóstolo teve, portanto, de submeter-se mais uma vez ao ignominioso e inútil processo judicial, que não oferecia nenhuma probabilidade de êxito.

A nova sessão, realizada dez dias mais tarde, constitui a *terceira cena* relatada no diário de Lucas. Este primeiro contato do novo procurador com o judaísmo fanático, com aquela turba ululante que rodeou o prisioneiro, ameaçando-o com os punhos cerrados, lançando-lhe imprecações soezes e exigindo a sua morte, foi para ele um espetáculo inédito e repugnante. Compreendeu imediatamente duas coisas: que se tratava de um problema da religião judaica, relativo ao seu Templo e à sua Lei, e por isso ininteligível para um romano e suscetível de ser dirimido somente num tribunal religioso; e também que não podia remeter a causa do tribunal imperial para um tribunal judaico sem o consentimento do acusado. Fez, pois, a Paulo a proposta de mudar de instância, o que punha o Apóstolo numa situação difícil: em certo sentido, o procurador tinha razão, pois o litígio era de natureza essencialmente religiosa; em contrapartida, também levantava problemas de ordem política, uma vez que a legislação religiosa romana só autorizava as religiões reconhecidas pelo Estado. Era, portanto, uma questão mista.

Ora, o Apóstolo sempre tinha adotado o ponto de vista de que os problemas religiosos deviam ser resolvidos em instâncias religiosas. Se se recusasse a ir a Jerusalém, não entraria em contradição consigo mesmo? Ou deveria consentir em misturar política com religião? Como se vê, a solução não era fácil. Para um homem de princípios como Paulo, que tudo decidia à luz da eternidade e para quem a vida pouco contava, as simples razões de conveniência não eram decisivas. Mas tinha renunciado definitivamente à jurisdição judaica em matéria religiosa, e o Sinédrio já não podia ser o tribunal competente para resolver o seu litígio, como também Jesus não pudera considerar o Sinédrio como instância autorizada por Deus para decidir sobre a verdade da sua doutrina. O lado religioso da questão entrava na esfera

VII. O PRISIONEIRO DE CRISTO

de competência de uma autoridade superior, a divina, e neste aspecto a solução já estava dada.

Para o Apóstolo, tratava-se, portanto, apenas de saber se tinha transgredido o direito do Estado romano. Se o tribunal imperial fosse dessa opinião, não se recusaria a morrer; mas morreria então pela fé, e não como vítima de um crime judiciário. Ora, o procurador romano considerava o litígio religioso como não resolvido e não se atrevia a ditar a sentença, e Paulo não teve outro remédio senão negar a sua competência, o que fez com a célebre frase: *«Caesarem appello!»* Estas duas palavras mágicas representavam o mais alto privilégio do cidadão romano que, estivesse onde estivesse, tinha o direito de se fazer julgar pelo tribunal imperial de Roma; tão logo um cidadão romano pronunciasse essa frase, todos os tribunais deixavam imediatamente de ter jurisdição sobre o seu caso. Desde Augusto, o direito romano admitia, além disso, que se interpusesse o recurso de apelação durante o próprio processo, e não somente depois do julgamento, como é normal hoje em dia, e essa apelação sustava tanto a condenação como a absolvição do incriminado.

Com essa manobra, Paulo expulsou os adversários das posições que ocupavam e permitiu a Festo respirar aliviado, pois o procurador viu enfim surgir uma saída para aquela sombria demanda: depois de uma breve deliberação com o seu conselho, anunciou o resultado segundo a forma judiciária usual: «Apelaste para César? A César irás». Assim o caso de Paulo tornou-se o protótipo de inúmeros processos análogos.

Agora, nada mais havia a fazer senão conduzir Paulo a Roma sob custódia militar, mas o procurador ainda se sentia perplexo, porque devia entregar ao prisioneiro uma carta explicativa do estado jurídico da causa, para que este a levasse consigo a Roma. A chegada de *Herodes Agripa II*, rei da Palestina do Norte, que alguns dias mais tarde lhe fez uma visita de cortesia acompanhado de sua irmã Berenice, veio tirá-lo da perplexidade. Agripa tinha grande influência em Roma e havia contribuído para a nomeação de Festo como procurador. Podia aconselhá-lo nesse assunto tão complicado melhor do que ninguém, pois era judeu de nascimento, mas romano pela educação e pela cultura. Nas moedas que mandava cunhar, chamava-se a si próprio *Filocaesar, Filoromaios* – «amigo de César, amigo dos romanos».

Com finalidades políticas, Herodes fizera estudos sobre a religião judaica e era universalmente considerado como um perito na matéria: era o representante mais típico do judaísmo requintado e elegante, culto e liberal da sua época. Cabia-lhe a prerrogativa de nomear o sumo-sacerdote, bem como o direito eminentemente lucrativo de superintender ao tesouro do Templo. Fazia-se acompanhar por toda parte da sua célebre irmã Berenice, que tinha abandonado o marido, o riquíssimo potentado ciliciano Polémon, e desde então os dois reinavam juntos como rei e rainha, o que dera origem a toda espécie de rumores. Encontravam-se agora em Cesareia, onde a sua irmã Drusila tinha sido, até poucos meses atrás, a dona da casa, e onde o seu pai havia morrido dezesseis anos antes, comido pelos vermes (cf. At 12, 23).

Os principais representantes desta dinastia tinham estado sempre fatalmente relacionados com Cristo: o bisavô fora o autor da matança dos inocentes de Belém, o tio-avô mandara degolar João Batista e injuriara Cristo, e o pai fora o assassino de Tiago e o perseguidor de Pedro. Desde que o fundador da dinastia perseguira o Menino de Belém, toda a sua descendência se envolvera numa trágica culpa e na sua família cumprira-se a palavra de Jesus: «Todo aquele que cair sobre esta pedra será despedaçado; e aquele sobre quem ela cair será esmagado» (Lc 20, 18; Mt 21, 44). Agripa tinha, portanto, fortes motivos para se ocupar de questões religiosas. Quando Festo falou aos hóspedes do seu célebre prisioneiro e mencionou os nomes de Jesus e de Paulo, o interesse de Agripa despertou imediatamente: «Eu também gostaria de ouvir esse homem», disse, e Festo alegrou-se com a oportunidade de proporcionar prazer ao seu hóspede, como noutro tempo Pilatos a Herodes: «Amanhã o ouvirás». Foi assim que teve lugar uma das cenas mais interessantes da história da religião, que corresponde à *quarta cena do cativeiro* narrada por Lucas.

Paulo foi informado de que devia apresentar-se diante deles no dia seguinte. O Apóstolo conhecia Agripa e toda a sua história, e resolveu aproveitar o encontro para fazer triunfar o Evangelho; com efeito, este é o melhor dos seus discursos apologéticos, tal como o transmitem os Atos dos Apóstolos. Não se tratava de uma audiência judicial, mas de uma festa de sociedade, organizada em honra do rei no enorme salão de mármore, a «basílica» do palácio. Encontravam-se presentes todas

VII. O PRISIONEIRO DE CRISTO

as autoridades civis e militares, bem como o conselho jurídico do procurador. Festo apareceu com a sua brilhante toga branca, e o jovem rei ostentava um manto de púrpura bordado com trancelins de prata e ouro, enquanto Berenice resplandecia em toda a sua beleza no meio das damas.

Polidamente, o procurador cedeu ao rei a presidência de honra. Os numerosos convidados e o séquito agruparam-se ao longo das paredes quando Paulo, discretamente ligado ao pulso de um soldado, foi conduzido ao salão, com o seu manto puído. Pálido, pobremente vestido, tinha diante de si uma sociedade cortesã recamada de seda e de pérolas: eram dois mundos diametralmente opostos que se encontravam face a face. O Evangelho encontrava-se no banco dos réus. Paulo sabia-o, como também sabia que as coisas permaneceriam assim até à vinda do *Kyrios* celeste, do Senhor, até à destruição do «reino deste mundo». Festo abriu a «audiência» com um discurso preliminar sobre o fim da reunião, que era facilitar ao Imperador de Roma um relato objetivo do caso; e a seguir Agripa voltou-se afavelmente para o preso: «É-te permitido falar em tua defesa».

O prisioneiro levantou-se e todos os olhares se concentraram nele, como se se tratasse de algo notável e inaudito. Tinha-se a impressão de presenciar um momento único. Paulo, com longa experiência em discursos públicos, adotou provavelmente a célebre atitude dos oradores romanos que conhecemos pelas imagens – a toga atirada para trás, o braço direito levantado e os três primeiros dedos estendidos em sinal de juramento. O homem que tinha falado diante do Areópago e que trazia em si o Espírito não conhecia qualquer espécie de timidez; com efeito, o códice de Bèze diz assim: «Começou corajosamente, como quem ganhou fortaleza no Espírito Santo». Com a nobre cortesia do homem livre que fala a um semelhante, dirigiu-se ao rei; conhecia as tristes relações daquela família com o seu Mestre, mas não se deixou influenciar pelo sentimento e, como sempre, permaneceu objetivo: baseando-se nos Profetas, expôs a herança espiritual e a fé comum do povo das «doze tribos», o grandioso conteúdo das milenares e legítimas esperanças de Israel, para depois demonstrar como todas elas se tinham cumprido em Cristo.

Ao ouvir a palavra «Ressurreição», o rei pareceu mover a cabeça em ar de dúvida, pois com certeza pertencia ao partido liberal dos saduceus. Paulo exclamou em resposta: «Porventura parece-vos incrível que Deus ressuscite os mortos?» Para um verdadeiro israelita, a Ressurreição de Cristo não podia ser nenhum obstáculo para a fé; pelo contrário, era a sua base mais segura e o seu mais belo triunfo. É como se dissesse: «Não sou nenhum crédulo fanático. Também eu outrora odiei Cristo e lutei desesperadamente contra o Crucificado e contra a sua Ressurreição». Reabria assim a antiga ferida. Para ele, pessoalmente, o acontecimento de Damasco tinha sido decisivo, mas, do ponto de vista objetivo, a harmonia entre o Novo e o Velho Testamento constituía o fundamento mais profundo da sua fé. A Cruz não era para ele um elemento extra-temporal, desvinculado da história do mundo, antes formava uma unidade com a revelação da Antiga Aliança, e nesse sentido a sua adesão ao cristianismo não constituía uma apostasia com relação ao genuíno espírito da Lei e dos Profetas, e sim o seu cumprimento. No próprio Evangelho, Cristo transfigurado aparece entre Moisés e Elias, que dão testemunho dEle.

A um profundo conhecedor do judaísmo como Agripa, Paulo podia apresentar essas provas tiradas das Sagradas Escrituras. Quanto a Festo, assistia imóvel às explicações, e certamente lhe parecia estar num mundo totalmente estranho ou numa casa de doidos, pois é assim que o homem meramente natural encara a embriaguez de Deus. Daí a pouco, porém, o Apóstolo, arrastado pelo entusiasmo, declarou apaixonadamente: «Mas, graças ao socorro de Deus, estou de pé até o dia de hoje, dando testemunho a pequenos e grandes, não dizendo outras coisas fora daquelas que disseram Moisés e os Profetas que haviam de acontecer, que o Cristo havia de padecer, que seria o primeiro a ressuscitar dos mortos e que anunciaria a luz a este povo e aos gentios» (At 26, 22-23). Essas palavras eram inauditas na Antiguidade; aos pagãos, pouco lhes importava a veracidade da religião, e era comum que participassem simultaneamente de várias religiões, como ainda hoje acontece no Extremo Oriente. Só procuravam na religião uma utilidade prática para o indivíduo – consolos quanto ao destino no além, transportes místicos – ou para o Estado, no caso do culto do Imperador. O cristianismo foi o único a levantar o problema da verdade. Assim entendemos o contexto da pergunta de Pilatos: «Que é a verdade?»

VII. O PRISIONEIRO DE CRISTO

Também Festo só via em Paulo o fanático seguidor de uma verdade ilusória, e por isso exclamou: «Estás louco, Paulo; o muito saber desorienta o teu espírito». O Apóstolo não lhe levou a mal a intervenção, e com uma delicadeza encantadora respondeu-lhe: «Eu não estou louco, ó ótimo Festo, mas digo palavras de verdade e de sabedoria. Destas coisas tem conhecimento o rei, a quem falo com toda a liberdade, pois creio que nada disto lhe é desconhecido, porque nenhuma destas coisas se passou nalgum canto escuro». E, com uma audaciosa liberdade, interpelou o rei e pôs-lhe o problema de consciência: «Crês, ó rei Agripa, nos Profetas?» Um judeu não tinha o direito de contradizer os Profetas, e Agripa viu-se diante de um dilema para encontrar uma resposta; mas Paulo veio em sua ajuda: «Eu sei que crês». Ora, todo aquele que crê nos Profetas deve igualmente acreditar em Cristo, mas não é fácil extrair as consequências práticas de uma convicção intelectual, quando esta exige um sacrifício. É muito longo o caminho que leva do cérebro ao coração!

Agripa não sabia o que lhe estava acontecendo. Algo de misterioso atingira-lhe a alma e fizera vibrar uma corda que ninguém tinha tocado até então, um antigo sino submerso. Sentiu-se mal, pouco à vontade, mas, à clássica maneira de um homem do mundo, saiu-se habilmente do embaraço com uma frase elegante, uma graça que em parte era irônica e em parte demonstrava a sua admiração pelo orador. Todos os herodianos levavam no sangue a inclinação para a ironia: «Por pouco não me persuades a fazer-me cristão», comentou, o que equivalia a dizer: «Pensas que és capaz de fazer de mim um cristão num abrir e fechar de olhos?» Não era, porém, o grito de uma alma quase convencida, mas apenas a agudeza de um espírito orgulhoso, que procurava sobretudo evitar as penosas consequências da fé.

A assembleia deve ter-se rido ao ouvir a espirituosa réplica do rei, mas Paulo não estava para brincadeiras nesta matéria. Todos voltaram ao silêncio anterior quando o Apóstolo tomou essa palavra lançada com negligência e a devolveu com uma gravidade comovedora: «Prouvera a Deus que, por pouco ou por muito, não somente tu, mas todos quantos me ouvem se fizessem hoje tais como eu sou, menos...» – e aqui Paulo levantou o braço acorrentado, fazendo ressoar pela sala as correntes de ferro – «...menos estas cadeias» (At 26, 29). Foi um momento de emoção, como se um anjo do Senhor tivesse cruzado o espaço. Os romanos sorriram ao ouvir esse desejo, pois nunca lhes fora dado experimentar a ventura interior de que a alma de Paulo estava possuída. O rei sacudiu com um gesto rápido a impressão que experimentara e, com um sorriso forçado, levantou-se com Berenice, sinal de que a sessão estava terminada.

O discurso constituiu um grande êxito para Paulo e decidiu o seu futuro. Agripa deu a Festo a sua opinião nestes termos: «Poder-se-ia pôr em liberdade este homem se não tivesse apelado para César». O procurador redigiu o seu relatório para Roma de conformidade com esses termos, o que certamente muito contribuiu para que Nero absolvesse o prisioneiro.

Lucas é um mestre na descrição dessas situações psicológicas em que se vislumbra o toque da graça e o palpitar dos corações. Aqui percebemos, mais uma vez, como um homem deixa passar inutilmente a hora do Espírito. Dois mundos se haviam encontrado face a face, o mundo sobrenatural e o natural: os dois homens e as duas leis descritos por São Paulo na sua Epístola aos Romanos (Rm 7, 1-25). Como responderam os representantes do poder mundano ao apelo da graça? O procurador Félix, predecessor de Festo, tinha manifestado uma religiosidade mórbida, interessando-se pela religião porque pensava que seria capaz de lhe dar as profundas emoções que procurava; Festo, pelo contrário, é o homem inteiramente voltado para este mundo. A religião não passava, para ele, de uma ilusão vazia de sentido. O mundo espiritual permanecia-lhe fechado, como o mundo das cores está fechado para o cego e uma sinfonia de Mozart para quem é surdo. Tudo o que ultrapassasse o concreto e o palpável parecia-lhe desprovido de precisão e clareza, e considerava tempo perdido refletir sobre esses problemas. Uma política prudente, o hábil manejo do direito romano e dos seus claros parágrafos, eis as únicas coisas que mereciam um longo estudo. Os sofrimentos e a cruz deviam ser rejeitados a todo o custo, pois eram coisas de escravos, e a ressurreição dos mortos constituía, quando muito, um problema extremamente duvidoso. Este espírito chão, de apego à terra, constituiu e continua a constituir um dos maiores obstáculos à evangelização. Esses corações assemelham-se a uma maciça caixa--forte cuja chave se perdeu, e que só pode ser forçada mediante acontecimentos muito graves.

VII. O PRISIONEIRO DE CRISTO

Já a atitude de Agripa foi bem diferente. O rei era o protótipo do homem culto e de fina sensibilidade, dedicado aos estudos de religião, que consegue «sentir» a vida religiosa dos outros sem ser ele próprio uma alma religiosa, pois adota pessoalmente uma atitude de reserva e ceticismo. Ver o ideal e observá-lo detalhadamente não basta para tornar os homens melhores: só o esforço por alcançá-lo conduz à transformação interior. Da mesma forma, o interesse pela religião e o estudo dos problemas religiosos não constituem a religião, embora possam conduzir a ela. Somente quando todo o ser interior forma um diapasão único de ressonância espiritual é que o homem se convence da verdade da nova vida, sem a qual não pode haver conversão, porque o cristianismo não é somente uma filosofia, mas uma nova vida, um renascimento. Para chegar a este ponto, Agripa teria precisado sofrer um abalo na sua personalidade, e tais fenômenos não costumam verificar-se numa reunião elegante. Estava demasiado satisfeito com a sua atitude liberal e racionalista, e faltava-lhe aquela profunda inquietação da alma que só se apazigúa pela plena entrega de si mesmo ao ideal vislumbrado.

Assim passaram o último herodiano e a última mulher daquela dinastia; e a raça dos assassinos dos Profetas soçobrou juntamente com o Estado judaico. *Periit memoria eorum cum sonitu*, «a sua memória pereceu com grande fragor» (Sl 9, 7) e sem glória alguma.

O naufrágio

At 27,1-28, 10

O capítulo vinte e sete dos Atos contém o célebre trecho da narrativa de Lucas a que se deu o nome de «capítulo náutico» e que um especialista qualificou como «o mais precioso documento náutico da Antiguidade, que só podia ter sido composto por uma testemunha ocular» (Breusing). O almirante Nelson releu-o a bordo da sua nau capitânia, a *Victory*, na manhã da batalha de Trafalgar; filho de um clérigo inglês, familiarizara-se desde pequeno com as Sagradas Escrituras, e nelas encontrava – como tantos outros heróis – consolação e força para os dias difíceis da sua vida; morreu naquela mesma tarde, com a coluna vertebral quebrada por um obuz, depois de assegurar à sua pátria a hegemonia dos mares, graças à sua vitória. Vê-se que a Sagrada Escritura é útil para tudo: é um livro extraordinariamente prático para todas as circunstâncias da vida, e é um livro heroico, escrito por heróis e para heróis.

Tinha chegado o outono do ano 60, e já passara o equinócio: não se podia demorar mais a transferência dos prisioneiros para Roma, se não se quisesse invernar no caminho. Encarregou-se desta missão o centurião romano Júlio, da «coorte augusta» – *prima augusta italica* –, isto é, das forças imperiais de polícia. A polícia era, aliás, uma obra-prima da capacidade romana de organização; além de ter a seu cargo a guarda da casa imperial, cuidava do serviço secreto, do correio e do transporte de prisioneiros. Os soldados eram chamados *frumentarii* ou, talvez por haver entre eles muitos estrangeiros, *peregrini*. O centurião escolheu um navio mercante que ia partir para Hadrumeto, na Mísia (Ásia Menor), onde esperava encontrar outro navio que se dirigisse à Itália.

Era uma manhã de setembro quando apareceram no cais de Cesareia os elmos e as lanças dos soldados romanos, que rodeavam um grupo de prisioneiros, em parte presos políticos, em parte salteadores ou bandidos da Palestina destinados à luta com as feras no Circo Máximo. Dentre a massa desses prisioneiros, distinguia-se um homem de porte nobre, levemente atado ao punho de um soldado por uma correia que lhe permitia movimentar-se com certa liberdade. Paulo também era um «gladiador», e estava-se encaminhando para a meta, para «o prêmio da soberana vocação de Deus em Jesus Cristo» (Fl 3, 14).

Júlio mostrava-se muito amável, quase respeitoso, sempre que o Apóstolo lhe dirigia a palavra; era um desses oficiais romanos de boa têmpera, semelhante ao centurião de Cafarnaum ou a Cornélio de Cesareia. Tinha tido ocasião de conhecer Paulo durante o cativeiro, e talvez estivesse de guarda quando o Apóstolo falara perante a assembleia reunida no salão real. Os amigos e os discípulos do prisioneiro compareceram todos à despedida, embora somente três deles devessem acompanhá-lo a Roma: Timóteo, Lucas e Aristarco, a quem Lucas se refere com o pronome «nós». Permitindo a Paulo levar consigo alguns companheiros, o centurião abria uma exceção, pois via de regra somente os presos eminentes pela sua posição ou crédito podiam fa-

VII. O PRISIONEIRO DE CRISTO

zer-se acompanhar por uma pequena comitiva de escravos; no caso de um *civis romanus*, admitiam-se pelo menos dois.

Quando o navio deixou a costa asiática, Paulo permaneceu pensativo no convés, vendo esfumar-se à distância a terra dos seus ancestrais, e é provável que voltassem a desfilar-lhe diante dos olhos os anos das suas viagens apostólicas, desde o momento em que dera início à sua odisseia cristã com Barnabé. É verdade que o cristianismo não teria deixado de atravessar o Mediterrâneo mesmo sem a sua intervenção, porque Deus não tem necessidade deste ou daquele apóstolo; mas quando o Senhor se serve de um homem, este imprime daí por diante o seu cunho à obra divina. Mal podemos imaginar hoje que força, audácia, clarividência e tenacidade tinham sido necessárias a este homem para não se deixar desorientar num momento em que outros vacilavam e se intimidavam diante do poder da tradição judaica. Mas a sua energia perseverante obtivera-lhe um completo triunfo, porque somente o homem de vontade forte e livre de compromissos tem nas mãos o futuro. Agora que se despedia do Oriente, o Apóstolo bem podia deixar uma santa alegria inundar-lhe o coração: todos os países do Mediterrâneo estavam semeados de fervorosas comunidades cristãs, unidas entre si em aliança permanente; só Jerusalém se aferrava obstinadamente ao passado, mas o seu isolamento frustrava-lhe qualquer possibilidade de ação externa. Que podia representar, diante de tal obra, a resistência de um punhado de judaizantes?

O Apóstolo não ignorava os perigos que ainda teria de enfrentar. Conhecia por experiência as fadigas de uma longa viagem por mar, e desta vez tinha de enfrentá-las entre grilhões, embora se visse tratado com menos rigor que os outros. Mas ter de presenciar os maus tratos infligidos aos demais prisioneiros pela soldadesca romana, observar as péssimas condições de alojamento e de alimentação a que estavam sujeitos, enquanto ele próprio gozava de um regime de exceção, constituía para a sua fina sensibilidade um tormento contínuo. O seu maior consolo consistiu em fazer bem a esses pobres deserdados, ajudando-os material e espiritualmente, aliviando-lhes as penas e compadecendo-se deles. Quantos desses homens terão encontrado ali o caminho que conduz a Cristo? Os Atos dos Apóstolos não o referem explicitamente, mas quem conhece o coração do Apóstolo, tal como o manifestam as suas Epístolas, percebe-o nas entrelinhas. Graças à sua caridade, Paulo tornou-se o ídolo dos seus companheiros de infortúnio, e a caridade cristã resplandeceu diante deles como uma «lucerna que brilha num lugar tenebroso» (2 Pe 1, 19).

Para compreendermos melhor o que se segue, é necessário termos alguns conhecimentos sobre a navegação na Antiguidade e a atitude do antigo perante o mar. A ciência náutica era ainda muito imperfeita, e navegava-se com muito poucos instrumentos. Ainda não se tinha inventado a bússola, e era preciso recorrer à observação do sol e das estrelas; o fato de os capitães antigos serem unicamente «navegantes de verão» não lhes diminui o mérito nem a audácia, pois as grandes linhas marítimas só não funcionavam no inverno porque as nuvens impossibilitavam a observação das estrelas. Além disso, no outono, o Mediterrâneo oriental é varrido muitas vezes por violentas tempestades vindas do oeste, o que impedia os pesados e largos barcos da época de se dirigirem nessa direção.

Por outro lado, os antigos detestavam e temiam os mares, que constituíam para eles o símbolo do caos primevo de onde tinham resultado o mundo luminoso, a ordem e a beleza da terra. Netuno, deus do mar, era um deus pérfido e vingativo, cujos incompreensíveis caprichos tinham de ser aplacados com incessantes sacrifícios, e a isso acrescentava-se a concepção religiosa de que um morto nunca encontraria repouso se não fosse sepultado em «terra firme». Nenhum povo estava tão aferrado ao conceito do «caos» marítimo como o judeu, e o relato bíblico da Criação fornecia-lhe os motivos. Nos Salmos, no livro de Jó e nos Profetas, as vagas são o símbolo da desordem e da revolta; a travessia do Mar Vermelho sob a chefia de Moisés era a imagem da salvação, e, no quadro do ideal futuro traçado pelo Apocalipse, «o mar já não existe» (cf. Ap 21, 2).

Paulo deixou o seu olhar vaguear demoradamente pelas montanhas da Judeia iluminadas pelo crepúsculo, atrás das quais se encontrava Jerusalém, que para ele encerrava tantas recordações santas e dolorosas. Também Cesareia desaparecia agora por trás do horizonte, com o palácio de mármore de Herodes onde o Apóstolo passara tantos dias e tantas noites maravilhosas em conversa com os seus amigos. Cesareia em breve substituiria Jerusalém como metrópole da Igreja da Palestina, tornando-se sede de uma importante escola de teologia na qual lecionariam Orígenes, o grande admirador de Paulo, e o bispo

VII. O PRISIONEIRO DE CRISTO

Eusébio, sucessor do primeiro escritor eclesiástico Lucas. Atualmente, nada mais resta do palácio nem do posterior castelo dos cruzados senão o promontório rochoso sobre o qual se situam alguns restos de muralhas e blocos de granito parcialmente mergulhados no mar e rodeados pelo pio das gaivotas, pelos uivos dos chacais e pelo bramido das vagas. Mas aos pés do rochedo continua a viver a flor do Cântico dos Cânticos, «a rosa do Saron», que nos recorda a única coisa que permanece imutável na perpétua mutação das coisas: «A palavra de Deus permanece para sempre» (Sl 116, 2).

Em luta com os ventos do oeste, o navio não pôde manter a rota normal e, aproveitando as correntes marítimas e os ventos costeiros, ladeou com muita dificuldade a ilha de Chipre até *Mira*, situada na ponta sudoeste da Ásia Menor. Para chegar até lá, gastou quinze dias. Mira era um grande porto destinado ao comércio de trigo egípcio, por onde passavam cargueiros capazes de transportar até duas mil toneladas. Aqui o centurião Júlio fez um acordo com o capitão de um navio para o transporte dos prisioneiros, e na sua qualidade de oficial da polícia imperial assumiu também o comando do barco. Havia 276 pessoas a bordo.

O navio, demasiado carregado, lutava com dificuldade contra os ventos do noroeste, e três semanas depois de terem partido de Cesareia os viajantes encontravam-se ainda nas proximidades de Gnido, também na Ásia Menor. A parte mais difícil começava agora: pretendiam contornar o cabo Matapan, ponta sul do Peloponeso, para entrar no Mar Jônico. Mas os ventos desviaram-nos da rota, e eles puderam dar-se por felizes quando conseguiram contornar a ilha de *Creta* pelo sul e avançar mais um pouco para oeste; Creta, com 220 quilômetros de comprimento, tem forma alongada, e as suas montanhas constituem uma eficaz barreira contra os ventos que sopram do arquipélago grego. Chegaram então «a um lugar a que chamam Bons-Portos, perto do qual estava a cidade de Lasaia» (At 27, 8). Era uma larga baía protegida do mar por duas ilhas, uma das quais possui ainda hoje uma pequena capela dedicada a São Paulo; ali resolveram esperar que o tempo melhorasse.

Estavam em fins de outubro, pois já havia passado a festa hebraica da Expiação, que naquele ano recaiu no dia 28 de outubro. Júlio pediu conselho ao armador, ao piloto e ao comandante, e convidou também o Apóstolo a dar a sua opinião. Paulo aconselhou-o a interromper a viagem e propôs que se invernasse naquele porto, mas esbarrou com a oposição do armador, que temia perder a carga por não haver naquele lugar nem armazéns nem celeiros; a sua proposta foi «que se passasse adiante, para ver se de alguma sorte podiam atingir Fenice, porto de Creta, abrigado dos ventos de sudoeste e noroeste, e invernar ali» (At 27, 12). Segundo o parecer de um especialista náutico, esta decisão era «um salto no vazio, uma audácia presunçosa». Paulo foi vencido por maioria de votos, mas o navio nunca alcançaria o porto de Fenice.

Uma brisa do sul levou-os para fora da baía, mas, apenas tinham dobrado o cabo Matala, dirigindo-se a seguir para o norte, observaram horrorizados que o Ida, o sagrado monte dos deuses, se ia cobrindo do seu traçoeiro toucado de nuvens brancas. Pouco depois desabou sobre eles a borrasca, um vento nordeste semelhante a um tufão. Espavoridos, os marinheiros gritaram: «É o Euro-aquilão, o Euro-aquilão». Uma onda gigantesca elevou-se até ao céu, açoitou a costa rochosa e, na ressaca, lançou a nave para o mar encapelado. Amainaram então as velas e soltaram o leme. A alguns quilômetros da costa, estava a pequena ilha de Cauda, ao abrigo da qual puderam com muita dificuldade recolher o escaler que levavam a reboque. O navio ora se encontrava na crista de uma onda, ora deslizava para o abismo sem fundo entre as vagas; como no cume desses vagalhões somente a parte central do barco ficava apoiada na água, havia o perigo de partir-se ao meio sob o peso da própria carga. Cingiram então a nau por baixo com sólidos cabos, numa operação a que se dava o nome de «cintagem». Depois, não tiveram outro remédio senão deixar-se ir à deriva. Foi uma noite de terror.

Levantou-se logo a seguir outra ameaça ainda mais terrível: como ignoravam a direção em que estavam sendo levados, temeram encalhar nos bancos de areia da costa norte da África e lançaram as quatro âncoras flutuantes para diminuir a marcha; o armador sacrificou parte da carga e todo o equipamento que não era indispensável – remos, vergas, mós de pedra e demais aparelhos de navegação – a fim de aliviar a nave. Mas o pior ainda estava por vir: em semelhantes dias de desespero, quando até os marinheiros mais experimentados perdem por completo a confiança, a escuridão passa a ser o pior inimigo do

VII. O PRISIONEIRO DE CRISTO

homem. Durante vários dias, não puderam ver nem o sol nem as estrelas, o que tornou impossível qualquer espécie de orientação. Lucas escreve na sua narrativa: «Tínhamos já perdido toda a esperança de salvação». A qualquer instante, a nau podia chocar-se contra um recife ou encalhar num banco de areia. A tripulação havia-se refugiado no porão e todos estavam lívidos como a morte; as vagas que inundavam a ponte obrigaram-nos a manter as escotilhas fechadas, e no interior do navio em breve passou a reinar uma atmosfera quase irrespirável. Durante vários dias, ninguém provou alimento; Lucas, como médico de bordo, certamente teve muito que fazer.

Paulo, porém, estava imerso em oração. Como Abraão, lutava com Deus pela vida dessas 276 pessoas, e quando por uns instantes adormeceu, de tão fatigado, apareceu-lhe um anjo do Senhor: «Não temas, Paulo, é preciso que compareças diante de César; e eis que Deus te deu todos os que navegam contigo». Viu a seguir uma ilha surgir do mar e um navio que se despedaçava contra os arrecifes; e a voz disse-lhe: «Haveis de dar a uma ilha». A visão dissipou-se e o Apóstolo acordou.

Se se tratasse de qualquer outra pessoa, consideraríamos esta visão como simples alucinação provocada pela febre, pela fome e pelo desespero; mas Paulo estava certo do que acontecera, e a sua estrela voltou a brilhar aos seus olhos: *Roma*. Uma nova força se apoderou dele e, levantando-se, foi de um a outro para animá-los. «Exorto-vos a que tenhais coragem», dizia, contando-lhes a visão noturna; «tenho fé em Deus de que acontecerá como me foi dito». Numa situação parecida, Júlio César tinha dito ao piloto da sua nau: «Navega corajosamente contra as vagas, pois conduzes César e o destino de César». Os grandes homens assemelham-se nos momentos decisivos. Também os pagãos sabiam de homens que se comunicam com a divindade, e todos os que mais trabalharam pela salvação do mundo conheceram o segredo da união com Deus através da oração. Sabiam que não podiam prescindir da oração, e Paulo também o sabia; da mesma forma, também o Senhor, antes de cada combate, se isolava para entregar-se à oração.

Haviam passado catorze noites, e o barco ainda navegava no mar que liga a Grécia à Sicília, e que os antigos chamavam *Ádria*. Repentinamente, por volta da meia-noite, ouviu-se um brado: «A terra está próxima!» O experimentado ouvido de algum marinheiro tinha escutado, por entre os bramidos da tempestade, o ruído atroador do mar a quebrar-se contra uns penhascos. Alguns manuscritos dizem: «A terra sussurrava ao longe». Lançando a sonda, encontraram vinte braças (30 metros) de profundidade, e um pouco mais adiante quinze (22,5 metros); assim, para deter a marcha do navio e impedir que se despedaçasse contra algum rochedo, lançaram da popa quatro âncoras de fundo.

Lucas não pôde esquecer a tensão de espírito quase insuportável daquela noite. A tripulação esteve a ponto de perder a coragem. Compunha-se de marinheiros contratados ao acaso, homens de todas as procedências, muitas vezes escravos fugidos, a quem pouco importavam o navio, a carga ou a vida dos passageiros. Na obscuridade da noite, Paulo ouviu um cochichar e umas vozes suspeitas: um grupo de marinheiros estava ocupado em lançar o escaler ao mar, procurando salvar-se e abandonando os passageiros à sua sorte.

O mesmo perigo faz os covardes e os heróis. O Apóstolo correu para o centurião a fim de informá-lo das traiçoeiras intenções daquela gente: «Se esses homens não permanecerem no navio, não podereis salvar-vos». Imediatamente, Júlio ordenou aos seus soldados que cortassem as amarras do bote salva-vidas, e assim conseguiu assegurar a unidade de forças necessária para a salvação de todos. Paulo tinha o senso da comunidade e odiava toda a espécie de cálculo e de egoísmo; graças à sua intervenção, foi esta a primeira vez que um navio se salvou pela solidariedade cristã, um navio que, naquele momento, foi uma imagem e um símbolo de outra nau, a nau da Igreja, essa imensa comunidade unida por um mesmo destino, em que abandonar o barco, separar-se da comunidade, significa igualmente ser traidor.

A tripulação estava enfraquecida pelas vigílias e pelos jejuns forçados. No dia seguinte, seria imprescindível contar com nervos calmos e homens sólidos, e mais uma vez Paulo foi o salvador, o único que soube manter o espírito lúcido. Correndo de grupo em grupo, teve uma palavra consoladora para todos; o seu crédito aumentara muito desde a intervenção da véspera, confirmando a máxima de que, em situações desesperadas, não são a categoria nem a posição da pessoa que valem, mas apenas o homem. E Paulo era o maior homem a bordo. O Apóstolo prometeu a salvação a todos, se cada um cumprisse

VII. O PRISIONEIRO DE CRISTO

o seu dever, e convidou-os a recobrar forças comendo alguma coisa: «Tomando o pão, deu graças a Deus em presença de todos e, tendo-o partido, começou a comer». Todos lhe seguiram o exemplo. Pela primeira vez desde o início do drama, um sorriso de esperança brilhou naqueles rostos.

Ao romper do dia, puderam avistar através da chuva cinzenta uma enseada metida entre rochedos abruptos, que tinha uma praia de areia. Propuseram-se encalhar ali o navio, ignorando que um oculto banco de areia se tinha formado à entrada da baía. A fim de aliviarem ainda mais o peso, lançaram ao mar o resto do trigo e, recolhidas as âncoras, içaram a vela dianteira, dirigindo a nau para a praia. De repente, um choque terrível sacudiu o barco inteiro; as pessoas caíram umas sobre as outras, enquanto se fazia ouvir um estalido sinistro. A proa estava profundamente enterrada na areia, enquanto a popa se abria sob a força do mar. A água invadiu o navio. Os viajantes agruparam-se ansiosamente na proa. Nada mais havia a fazer do que salvarem-se a nado o mais rapidamente possível.

Nesse momento, em que a salvação parecia tão próxima, um novo perigo, o último e o mais grave de todos, ameaçou a vida de Paulo e dos outros prisioneiros. A rigorosa disciplina imposta às tropas imperiais levou os soldados a lembrar-se, mesmo naquelas circunstâncias, do terrível dever de não deixar escapar um só dos prisioneiros; um dos oficiais apresentou-se diante do centurião e perguntou-lhe devia mandar matá-los. Entre os presos, havia muitos que Júlio teria sacrificado sem hesitar, mas a presença de Paulo salvou a vida dos seus companheiros. Mostra-se aqui em toda a sua dureza a lei romana, tal como o Apóstolo a descreveu na Epístola aos Romanos: *sine affectione*, «sem afeto»; mas mostra-se também a incipiente influência do cristianismo. Os soldados já tinham desembainhado as espadas. O centurião estava perturbado; no seu íntimo, deu-se uma breve luta entre duas obrigações.

Podemos supor que o Apóstolo se ofereceu como fiador dos outros presos, pondo em jogo a sua própria vida, porque a misericórdia humana venceu no coração de Júlio o dever do soldado. Ferido por um raio do cristianismo, mandou soltar as correntes dos prisioneiros e ordenou: «Salve-se cada qual como puder!» A imaginação recusa-se a descrever a cena: duzentos e setenta e seis homens esgotados pela fome, pelo frio e pela umidade, lutam com o mar borrascoso e a furiosa arrebentação para atingir a costa. Lançam-se todos à água, alguns com a armadura completa, e dirigem-se para terra, uns a nado, outros agarrados a tábuas soltas e a destroços do navio, outros ainda aos ombros de marinheiros dispostos a ajudá-los. Depois de uma hora de luta obstinada, «todos chegaram salvos à terra», feridos e com as vestes em farrapos. Mas a nossa admiração vai para Paulo e seus companheiros, perseguidos através de todos os mares pelo seu próprio povo, suportando todos esses desmedidos sofrimentos para não serem infiéis ao seu Mestre! O Apóstolo estava agora mais pobre do que nunca: terá ele conseguido salvar ao menos a sua caríssima Bíblia?

Felizmente, os habitantes da ilha, que acorreram de todos os lados, mostraram-se sumamente compassivos, trazendo-lhes pão, frutas e bebidas quentes. Dos membros da tripulação, cuja língua materna era o grego, ninguém compreendia nada do que os ilhéus lhes diziam. Somente Paulo e alguns marinheiros fenícios distinguiram alguns sons conhecidos no dialeto daqueles indígenas de origem cartaginesa, que Lucas chama «bárbaros» porque não falavam grego nem latim. Compreenderam então que se encontravam na ilha de *Malta*. A atual baía de São Paulo corresponde rigorosamente à descrição feita pelos Atos, que falam de uma «língua de terra, com mar de ambos os lados». Com efeito, quando se olha de terra para a entrada da baía, enxerga-se um pequeno ilhote e, para além dele, tem-se a sensação de ver um segundo mar.

Acendeu-se uma fogueira. Todos os homens, e entre eles Paulo, puseram-se a apanhar lenha e, quando o fogo começou a crepitar, uma víbora venenosa saltou de um feixe de sarmentos e enrolou-se à volta do braço do Apóstolo. Os supersticiosos habitantes imaginaram imediatamente que estavam diante de um assassino perseguido por Nêmesis, a deusa da justiça, que parecia persegui-lo em terra depois de ele lhe ter escapado no mar. Mas Paulo limitou-se a sacudir o réptil ao fogo com um movimento tranquilo. Todos pensaram que o seu braço incharia e que em poucos instantes cairia morto, mas como nada disso aconteceu, reconsideraram e passaram a dizer: «É um deus». Essa crença ingênua e supersticiosa talvez tenha fornecido ao Apóstolo um ponto de partida natural para falar-lhes

VII. O PRISIONEIRO DE CRISTO

dos que creem em Cristo, os quais «manusearão serpentes e [...] não lhes fará mal» (Mc 16, 17). Aliás, os piedosos malteses ainda hoje acreditam que, graças à oração de São Paulo, as serpentes venenosas desapareceram da ilha, como os irlandeses atribuem esse mesmo favor a São Patrício.

Malta fazia parte da província romana da Sicília. O mais alto funcionário da ilha, *Públio*, mostrou-se muito acolhedor e durante três dias albergou os náufragos em sua casa, até que encontraram um lugar adequado para passarem o inverno. Entre Públio e Paulo estabeleceram-se provavelmente relações de amizade e de confiança, pois vemos o oficial conduzir o Apóstolo até junto do leito de seu pai, que estava de cama. Num ambiente tão cordial, Paulo pôde dar livre curso aos seus dons carismáticos, curando esse e outros doentes. É difícil pensar que não tenha procurado fundar aqui uma comunidade cristã, mas o silêncio dos Atos dos Apóstolos não nos permite concluir nada; se a admiração é o princípio da sabedoria, muito provavelmente significou para essa boa gente o início do caminho que leva a Cristo. Como a ilha era um importante centro comercial e abrigava tanto prosélitos como judeus, o mais natural é que o cristianismo tenha começado a lançar raízes entre eles a partir deste episódio; ainda hoje os malteses celebram com fervor a «festa do naufrágio», no dia 10 de fevereiro.

Tudo isto mostra, uma vez mais, o que a presença de um só homem unido a Deus pode significar para os seus semelhantes. À maneira de Moisés em oração, Paulo é medianeiro entre Deus e os homens. Sempre domina a situação, quer se trate de uma assembleia excitada e vociferante, quer das furiosas ondas do mar. É bem verdade que existe um heroísmo sem religião, mas este sempre traz consigo uma certa dureza; a fortaleza cristã, pelo contrário, possui o encanto da tranquilidade interior e da paz, e infunde calor nas pessoas, porque se alimenta de fontes superiores. O heroísmo cristão é o resultado de inúmeras renúncias prévias silenciosas, de vencimentos interiores que não são presenciados por ninguém, e de insignificantes vitórias, que confluem como um rio majestoso composto por infinitas gotas pequeníssimas.

«Ecce Roma!»

At 28, 11-16

Toda a segunda parte dos Atos dos Apóstolos bem mereceria o nome de «Odisseia apostólica», em que São Paulo desempenha o papel de um Ulisses cristão. Desde havia mais de dez anos, desejava ir a Roma e estudava a maneira de lá chegar; as mais diversas circunstâncias haviam frustrado sucessivas vezes os seus planos, e agora que finalmente se julgava perto do objetivo, eis que Netuno o atirava de encontro a um recife. «Os principados e potestades, [...] os dominadores deste mundo tenebroso» (cf. Ef 6, 12), todas as forças inimigas de Deus, pareciam barrar-lhe o caminho. Mas Deus é poderoso, e a sua mão acabaria por conduzi-lo à meta. Na verdade, a sua obstinação em chegar a Roma obedecia a um instinto profundo; quem quisesse realizar grandes planos no futuro, influenciar os milênios vindouros, tinha de dirigir-se à metrópole. São Paulo foi, no dizer de um grande historiador, o homem que mais influenciou a história do mundo, e por isso o dia da sua entrada em Roma é um dos mais importantes da História. É desse dia que data a tradição, atestada já por Santo Irineu no século II, segundo a qual a Igreja de Roma é uma fundação comum dos dois Apóstolos Pedro e Paulo.

O benigno inverno maltês aproximava-se do fim. Num dos últimos dias de fevereiro de 61, o centurião Júlio embarcou com os seus prisioneiros, no porto de La Valetta, num navio alexandrino carregado de trigo que também tinha sido obrigado a invernar na ilha. Na popa do barco brilhava a insígnia dos Dióscoros, Castor e Pólux, deuses protetores da navegação porque as suas estrelas gêmeas serviam de bússola aos marinheiros de então. Arribaram primeiro a *Siracusa*, cujos habitantes conservam até hoje a lembrança da permanência de três dias do Apóstolo e da sua pregação nas catacumbas da cidade. Atrás da cidade levantava-se o majestoso e nevado cume do Etna. Depois contornaram o rochedo de Scila e Caribde e avançaram pelo estreito de Messina. Paulo certamente contemplaria pensativo todas aquelas maravilhas da natureza; não era de temperamento romântico, e por isso o seu olhar não se detinha nas coisas visíveis, mas perscrutava para além delas: via aquele mundo já marcado com o sinal do Anjo do Apocalipse para a sua próxima destruição.

VII. O PRISIONEIRO DE CRISTO

Dois dias mais tarde, passaram perto do resplandecente palácio de mármore que Tibério mandara construir na ilha de Capri, e entraram no golfo de Putéoli, ao norte de Nápoles, rodeado pelas magníficas vilas e quintas de veraneio dos patrícios de Roma, tendo ao fundo, ao pé do Vesúvio, as cidades de Pompeia e Herculano, onde moravam os comerciantes ricos. O vulcão dormitava ainda, sem ostentar nenhuma bandeira de fumo, como o faz hoje; pelo contrário, os seus flancos estavam semeados de jardins e casas de campo, aos quais concederia um descanso de mais vinte anos. No golfo de Putéoli, os barcos provenientes do Egito desembarcavam os seus carregamentos de cereais. Sêneca conta que os habitantes da região acorriam ao cais quando tinham notícia da chegada de navios alexandrinos, que eram os únicos a ter permissão de entrar na baía com a bandeira desfraldada. O navio em que Paulo estava era o primeiro a chegar nesse ano, e foi saudado com entusiasmo pela multidão. Trazia pão para a Itália, e desta vez num sentido mais profundo: trazia o «pão da vida para a vida do mundo» (cf. Jo 6, 48-52).

Foi aqui que Virgílio, na sua *Eneida*, fez desembarcar o seu herói Eneias, e foi aqui que o fez descer aos infernos com um ramo dourado na mão, pois na sua época se pensava que o Vesúvio era a comunicação com o mundo inferior. E aqui se apresentava agora o enviado daquele Menino maravilhoso cujo nascimento o grande poeta havia anunciado profeticamente na sua *Égloga IV*, como o começo de uma nova era para a humanidade:

> *Chegou a última era que a sibila de Cumes anunciava,*
> *A grande ordenação dos séculos recomeça.*
> *Já surge a Virgem, retorna o reino de Saturno,*
> *e uma nova geração desce do alto dos céus*[48].

Menos de cinquenta anos antes, tinha entrado neste mesmo porto o luxuoso navio que trazia o moribundo imperador Augusto. A multidão acorrera em grande número e oferecera-lhe, como a um deus,

---

(48) Uma lenda medieval mostra-nos São Paulo chorando diante do túmulo de Virgílio, por não ter tido ocasião de conhecer em vida o poeta: «Se te tivesse conhecido em vida,/ Como te teria amado, /A ti, que és o ornato de todos os poetas!»

flores e incenso, e ele aceitara com um sorriso pálido e cansado aquela homenagem a um governante sábio e moderado, que soubera exercer o seu poder não como déspota, mas como primeiro cidadão do Império; com ele, descia ao túmulo a Roma antiga. Agora, chegava à Itália o arauto do novo Rei dos reis. Vinha como prisioneiro, e ninguém fez caso dele. Um mundo que desmorona faz muito barulho e cai com fragor; mas um mundo novo que germina, cheio de novas ideias fundamentais, encontra poucos ouvidos bem dispostos. A Itália nem sequer tomou conhecimento da presença do Apóstolo, daquele judeu de Tarso, baixo de estatura e de modos vivazes, que tinha sido o autor da Epístola aos Romanos.

A proximidade da grande capital, da «Babilônia» descrita pelo Apocalipse, anunciava-se também pelo rugido dos leões, panteras e tigres trazidos nas naves africanas, que dominavam a gritaria dos trabalhadores das docas, dos mercadores de trigo e dos escravos, bem como o barulho que subia dos estaleiros, dos armazéns e dos telheiros. Estavam destinados aos circos de Putéoli e de Roma. Paulo deve ter podido surpreender uma expressão de desespero no rosto dos seus companheiros de cativeiro, pois aqui podiam tomar consciência do que significava o seu destino: a arena. De outros navios, descarregavam-se blocos de mármore, obeliscos, colunas monolíticas, pórfiro do Egito, *giallo antico* da Numídia, estátuas de Delfos, tudo destinado à gigantesca *domus aurea* que Nero estava construindo. Apesar de tanta confusão, porém, ao pisar pela primeira vez a terra da Itália, Paulo deve ter pressentido com toda a força a grandeza do momento. Qualquer coisa de misterioso impregnava a atmosfera deste país e desta gente consciente da sua própria importância, sobre a qual pairava a aura da Senhora do Mundo: *Haec est Italia diis sacra* – «Esta é a Itália, terra sagrada dos deuses»!

Putéoli transbordava de orientais e de judeus. A gente de Tiro tinha trazido para aqui os seus deuses, especialmente a deusa síria Atárgatis, que Nero venerava. «O Oronte sírio lançou nesta costa toda a escória da humanidade, e ela se derramará bem depressa sobre o Tibre romano», escreveu o historiador romano Juvenal. Mas também o grão de mostarda do Evangelho já tinha começado a lançar raízes na cidade. Em Pompeia, os cristãos eram motivo de conversa nessa altura, e uma inscrição mural, hoje infelizmente desaparecida, prova que o nome de

VII. O PRISIONEIRO DE CRISTO

Cristo já havia penetrado nesse meio: três testemunhos independentes uns dos outros certificam-nos que a palavra *christiani* figurava nessa inscrição, anterior à erupção do Vesúvio de 24 de agosto do ano 79[49].

O centurião Júlio permitiu de bom grado que Paulo aceitasse o convite dos seus irmãos cristãos para permanecer com eles por uma semana. Durante esse tempo, os irmãos puderam informar a comunidade romana da chegada do Apóstolo, e assim a última parte da viagem transformou-se numa verdadeira carreira triunfal.

De Putéoli a Roma, havia seis ou sete dias de viagem, cerca de 200 quilômetros. No primeiro dia, atravessaram a fértil região da Campânia, onde abundavam o vinho e o azeite, até chegarem a *Cápua*. Aqui tomaram a rainha das estradas, a *Via Appia*, que começava em Brindisi. Paulo teria agora ocasião de tomar contato com a desgraçada situação social do Império: de ambos os lados da *Via*, estendiam-se os enormes latifúndios dos ricos romanos, que chegavam a ter mais de mil escravos, submetidos a uma vigilância constante durante as horas de trabalho e postos a ferros à noite; eram os trabalhadores mais inconstantes e os

---

[49] Já o arqueólogo De Rossi supunha, em 1862, que deveria haver vestígios do cristianismo primitivo em Pompeia e Herculano. Este pressentimento parece encontrar uma curiosa corroboração num grafitto, descoberto em Pompeia pelo prof. De Corte, de um misterioso criptograma cruciforme cuja decifração continua envolta em dúvidas:

S	A	T	O	R
A	R	E	P	O
T	E	N	E	T
O	P	E	R	A
R	O	T	A	S

Cada linha horizontal e vertical, tanto se se lê da esquerda para a direita como vice-versa, fornece uma das cinco palavras do criptograma («Arepo, o semeador, segura as rodas durante o trabalho»[?]). Na opinião de F. Cumont, autoridade nestas matérias, esse quadrado mágico seria de origem judeu-cristã e poderia interpretar-se como uma ameaça de castigo sobre Pompeia (*Osservatore Romano*, 14.02.37; cf. Prümm, *Christentum*).

Em 1938, descobriu-se além disso, no reboco da parede de uma casa, em Herculano, num aposento simples outrora ocupado por escravos, uma cruz traçada a carvão com 60 x 45 cm, que segundo a opinião do diretor das escavações deve ser a cruz cristã mais antiga que se conhece (*Frankfurter Zeitung*, 25.06.1939).

mais perigosos desertores. Os filhos dos camponeses da Itália tinham ajudado a conquistar o mundo, mas poucos tinham colhido os frutos. Os pequenos lavradores tinham deixado de existir como classe social, absorvidos pelos grandes proprietários que monopolizavam a agricultura. Este era o resultado da centralização operada pela grande capital.

Por entre os vinhedos, em que se colhiam as primeiras vinhas, montes ainda cobertos de bosques, hortos de figueiras introduzidas do Oriente e olivais cujas matrizes tinham vindo da Grécia, os viajantes chegaram a Fórmia, onde puderam ver o monumento fúnebre e a casa de campo de Cícero, o *Formianum*, em que o célebre estadista tinha sido assassinado; a casa fora construída num dos pontos mais altos da estrada, de onde se desfrutava de uma vista encantadora sobre o golfo de Gaeta. Perto de Terracina, Paulo voltou a ouvir o bramido das ondas, de que tanto gostava, e pouco depois penetraram na região dos Pântanos Pontinos, onde Augusto tinha mandado escavar um canal que se dirigia em linha reta ao *Forum Appii* e que ainda hoje existe; barcaças de carga que por ali navegavam eram puxadas por mulas que andavam pelas margens do canal. Passaram a noite nesse Foro, estação de posta com pousadas para caravanas. O ar estava infestado de mosquitos e o perigo das febres rondava por ali.

Os escritores antigos não contam coisas muito agradáveis dos albergues da Antiguidade, que não se preocupavam demasiado com a comodidade dos viajantes. As estalagens apenas ofereciam alojamento e camas desguarnecidas, e os hóspedes tinham de providenciar o material de cozinha e a roupa de cama. Os estalajadeiros gozavam de péssima reputação; eram conhecidos pelas suas fraudes e favoreciam o jogo de dados; Horácio chama «vigaristas» aos do *Forum Appii* e comenta que os percevejos e o canto das rãs não deixavam os viajantes dormir. As hospedeiras tinham fama de bruxas e feiticeiras, e procuravam atrair os clientes com moças levianas; prostituíam as suas escravas, adulteravam o vinho e importunavam os forasteiros; foi numa taberna destas que Nero conheceu a amante da sua juventude e sua primeira mulher, a desgraçada Acteia.

Os hóspedes eram na sua maioria palafreneiros e arrieiros, de modos bruscos e canções licenciosas. O fumo da cozinha irritava os olhos, os colchões de palha estavam infestados de percevejos e outros insetos, e não era raro ver lagartixas e aranhas caírem do teto. Contava-se que

VII. O PRISIONEIRO DE CRISTO

certa vez se havia servido carne humana proveniente de uma pessoa assassinada, ao invés da costumeira carne de porco. A estada de Paulo e dos seus companheiros, portanto, não deve ter sido muito agradável; mas o Apóstolo a tudo se tinha habituado, conforme escreveu na Epístola aos Filipenses (cf. Fl 4, 12).

Foi aqui que Paulo experimentou uma primeira surpresa feliz: a comunidade romana enviou-lhe alguns membros para saudá-lo. Os agradecidos destinatários da Epístola aos Romanos, quando ouviram falar da sua chegada, mandaram duas embaixadas para recebê-lo, e a primeira encontrou-se com ele perto do quadragésimo terceiro marco miliar, a uns 60 quilômetros de Roma. Foi a primeira saudação da Roma cristã ao seu Apóstolo, e quanto bem não lhe fez! Lágrimas de alegria saltaram-lhe dos olhos quando trocou o ósculo da paz. Conhecia de vista alguns membros da delegação, e de outros ouvira falar. Se queremos saber os seus nomes, basta-nos ler a relação das saudações finais da Epístola aos Romanos. É provável que Áquila e Priscila se encontrassem entre eles; além disso, Marcos refere no seu Evangelho (15, 21), por volta do ano 50, que os dois filhos de Simão de Cirene, Alexandre e Rufo, eram pessoas bem conhecidas em Roma; mais ainda, Paulo saúda-os expressamente na Epístola aos Romanos, bem como à sua mãe, que foi também uma mãe para ele; não erraremos, portanto, em imaginar que também eles se encontravam entre os enviados. Como é grato pensar que o Apóstolo envelhecido pôde ter nos seus últimos anos de vida uma alma maternal que se ocupasse dele com ternura feminina!

Tudo isto permite-nos compreender a comovida observação de Lucas: «Paulo, tendo-os visto, deu graças a Deus e ficou cheio de confiança», o que também faz supor que tivesse passado uns momentos de desânimo muito duros nos últimos tempos. Na estação seguinte, chamada *Tres Tabernae*[50], esperava-o um segundo grupo, provavelmente de caráter mais oficial, composto pelos superiores da Igreja de Roma, que vinham saudá-lo em nome de toda a comunidade. O centurião Júlio e toda a comitiva devem ter ficado maravilhados ao presenciarem

---

(50) Se Horácio nos testemunha a existência do Forum Appii, Cícero informa-nos, numa das suas cartas, sobre a de Tres Tabernae: «Vindo de Antio, cheguei à Via Ápia em Tres Tabernae». O arqueólogo Nibby estabeleceu, em 1823, a localização exata deste lugar, no cruzamento das duas estradas.

aquelas saudações solenes. O seu respeito pelo ilustre prisioneiro iria aumentando cada vez mais, e as demonstrações de amor de que eram testemunhas deviam parecer-lhes mais um milagre. Por contraste, encontrava-se por ali perto, junto ao marco miliar 42, a casa de Sêneca, onde o nobre estadista dentro em breve teria de abrir as próprias veias por ordem do imperador.

Nas proximidades de Velitrae, berço da casa imperial de Júlio César, passaram perto do Monte Albano e, segundo uns Atos dos Apóstolos apócrifos, passaram a última noite em Arícia. Foi aqui que o Apóstolo pisou pela primeira vez o venerável solo do *Latium*, nome que não se pode pronunciar sem uma profunda emoção, pois dessa terra árida saiu o gênio latino de Roma que, unido ao gênio helênico de Atenas e ao gênio do cristianismo, haveria de criar a civilização ocidental. A Galileia, a Ática e o Lácio, esses três países quase iguais em extensão, proporcionaram ao Ocidente o que tem de mais elevado: a luz do Oriente, a língua e o espírito da Hélade, o talento organizador e a estrutura jurídica de Roma. E agora o portador da preciosa semente do pensamento cristão, o homem que devia forjar a aliança entre essas três forças tão diferentes entre si, mas destinadas pela Providência a unir-se, encontrava-se no limiar de Roma. «*Tendimus in Latium!*, O Lácio atrai-nos»: quem não terá sentido a verdade desta expressão que tanto agradava ao Cardeal Newman? Todo o católico pode compreendê-la perfeitamente no mais fundo da sua alma.

Na manhã seguinte, começou a última etapa da viagem. A *campina romana*, com a sua austeridade melancólica, estendia-se a perder de vista, teatro de combates e cemitério de povos como há poucos no mundo. Mas lá ao fundo, bem longe, que divisavam eles? Alegremente, estendendo o braço, os cristãos apontavam ao seu Apóstolo a gigantesca metrópole: *Ecce Roma!*

Como era diferente a Roma dos primeiros Césares da Roma de hoje! Onde atualmente se ergue a cúpula de São Pedro, elevava-se então o circo de Nero, com os seus obeliscos egípcios. Excetuando-se o esplendor do Fórum e do Palatino, Roma era então uma cidade feia, suja e mal-cheirosa, com sobrados de vários andares. De longe, graças à tonalidade amarelada das construções e à moldura que lhe teciam à volta as delicadas linhas dos montes Albano e Sabinos, não lhe faltavam nem majestade nem beleza. O Templo Capitolino e o Pa-

VII. O PRISIONEIRO DE CRISTO

lácio de Nero destacavam-se da massa uniforme pelo brilho dos seus mármores brancos. Os célebres aquedutos de *Aqua Appia*, *Claudia* e *Marcia*, glórias da cidade, e que ainda hoje são o adorno da *campina*, estendiam-se como centopeias através da paisagem, convergindo para a Urbe.

À medida que se avançava, a Via Ápia ia-se tornando mais e mais uma *via triumphalis*, que preparava o viajante para a grandeza de Roma. De ambos os lados, erguiam-se majestosos monumentos funerários, que refletiam o culto dos mortos, fundamento da vida religiosa dos antigos, mas também a vaidade das famílias nobres, dos Scipiones, dos Metelli, dos Valerii. Não se costumava então usar lugares calmos e isolados para os cemitérios: os mortos não queriam estar sós, precisavam da companhia dos vivos. Os antigos nada sabiam do repouso em Deus, da uma comunhão dos santos; o que os unia aos seus mortos era unicamente o cuidado das frivolidades de sempre. Paulo terá podido ler, de passagem, esta inscrição num monumento funerário: «T. Lólio Másculo descansa aqui, junto do caminho, para que os transeuntes digam: "Lólio, nós te saudamos"».

Onde atualmente se ergue a basílica de São Sebastião, a Via Ápia atravessava uma depressão do terreno em que se localizavam umas catacumbas, as catacumbas de São Calixto e as judaicas. Os israelitas que habitavam a Urbe devem ter olhado o seu correligionário com curiosidade e admiração. «*Hannibal ante portas!*, Aníbal está às portas!», tinham outrora gritado os romanos, cheios de terror; agora, por maioria de razão, teriam podido exclamar: *Paulus ante portas!*, quando o conquistador de Cristo apareceu diante da Porta Capena. Só mais tarde, ao que parece, reconheceram quanto o Apóstolo era perigoso, uma vez que o decapitaram nos arrabaldes da cidade, para que pelo menos depois de morto permanecesse *extra muros*.

Quando chegaram a Roma, coube ao centurião entregar os prisioneiros ao comandante da praça. Não sabemos se o fez no acampamento dos pretorianos – *castra peregrinorum* –, no Monte Célio, ou diretamente no quartel-general da Via Nomentana. Este quartel-general da polícia imperial, um edifício quadrangular de dimensões colossais, tornou-se mais tarde uma praça-forte tristemente célebre como «fábrica de imperadores» do Império romano. O chefe da polícia ou «prefeito dos pretorianos» era então o nobre Burro, um hábil general e prudente estadista, muito querido pelo povo e o homem mais poderoso depois do imperador. Era também o primeiro juiz de instrução dos casos penais dependentes da alçada do imperador; portanto, foi diante dele que Júlio se apresentou para entregar o seu prisioneiro.

O *eulogium*, isto é, a carta oficial do procurador Festo e o relatório oral do centurião foram de tal modo favoráveis ao preso que Burro ordenou que o tratassem com muita humanidade, como a um prisioneiro imperial ilustre. Durante os dez primeiros dias da instrução preliminar, enquanto se apreciava se cabia ou não o recurso ao imperador, Paulo teve de permanecer na casa do corpo da guarda. Concederam-lhe depois o privilégio da *custodia libera*, o mais benigno gênero de prisão em Roma. Teve o direito de alugar uma casa, situada provavelmente nas proximidades da caserna, e de nela habitar sob a vigilância permanente de um soldado. A Igreja romana sentiu-se com certeza muito honrada de poder prover às despesas de instalação e manutenção do seu Apóstolo.

Paulo está, pois, em Roma. O Apóstolo sabia o que essas quatro letras significavam para ele e para a cristandade. O homem que levava no coração um mundo de amor acabava de chegar àquela cidade que, nos dias de Nero, segundo a expressão de Gregorovius, suspirava por uma gota de humanidade e por uma centelha de amor.

No berço da Igreja romana
At 28, 17-29

«A monarquia universal de Roma, afirma Gregorovius, permanecerá sempre como o maior mistério da vida deste mundo, ao lado do mistério da origem e da supremacia do cristianismo. E esta religião, nascida na Jerusalém do mais cerrado nacionalismo, mas universalista por princípio, fez a sua entrada na capital do mundo como numa morada preparada para ela pela história, a fim de fazer surgir das ruínas da monarquia política a gigantesca figura da Igreja, a monarquia espiritual». O pilar de apoio dessa ideia universal, São Pedro, havia morado pouco antes no bairro suburbano do Trastevere, e aquele que iria fazer irradiar pelo orbe essa força divina, São Paulo, passou a viver numa pobre casa alugada sob a vigilância de um pretoriano.

VII. O PRISIONEIRO DE CRISTO

Segundo o seu hábito, o Apóstolo procurou em primeiro lugar estabelecer contato com os seus correligionários judeus. Não queria aparecer diante deles como um renegado, nem deixar que dissessem que tinha defraudado o seu povo arrebatando-lhe as promessas messiânicas. Desde o século II a.C., os judeus formavam uma importante colônia em Roma. Parcialmente expulsos por Cláudio, tinham voltado à cidade depois da sua morte, e o seu número logo chegara a uns vinte ou trinta mil. Devido às suas singularidades religiosas e nacionais, tinham-se fixado nos arredores da grande capital, o que não os impediu de manter intensas relações comerciais com ela e de trocar a sua língua nativa pela grega. Moravam em grupos nas desembocaduras das vias consulares, onde tinham também os seus cemitérios e catacumbas próprios, pelo menos seis. Formavam uma sólida organização de comunidades religiosas, ou sinagogas, estruturadas segundo o modelo do Sinédrio de Jerusalém, treze das quais conhecemos através de inscrições judaicas. Adotaram desde o início os nomes dos seus protetores (*augustenses, agripenses, herodianos*), dos bairros em que moravam (*suburenses, campenses*) ou dos seus lugares de origem (*palestinos, tripolitanos, libaneses* etc.). À testa do Conselho da sinagoga ou *gerusía* encontrava-se o gerusiarca, a personalidade mais importante depois do «pai da sinagoga». Havia também uma «mãe da sinagoga», um secretário, um tesoureiro, sacerdotes, ministros da sinagoga e empregados subalternos. Esta organização, comprovada pelas inscrições achadas em Roma, demonstra que a nascente Igreja de Roma não se estruturou segundo o modelo da Sinagoga judaica, mas inspirou-se fundamentalmente nos *collegia* romanos, isto é, nas associações religiosas da Roma pagã.

São Paulo certamente estava informado da influência do judaísmo em Roma, que chegava a penetrar nas esferas imperiais. O primeiro comediante da corte, tido em alta estima por Nero, que dele recebia lições de arte dramática, era o judeu Alitiro. Fora por seu intermédio que Flávio Josefo tinha sido apresentado a Popeia Sabina, a onipotente amante de Nero, de quem se dizia ser uma prosélita judia. Bastaria aos judeus canalizar o ódio dessa mulher contra Paulo para decidir o destino deste. Talvez tenha sido por esta razão que o Apóstolo considerou necessário antecipar um gesto de conciliação com os principais chefes judeus; de outro maneira, torna-se difícil explicar a pressa com que lhes pediu que viessem vê-lo, logo no terceiro dia após a sua chegada.

Mostrou-lhes as suas algemas e disse-lhes que estava em correntes unicamente por causa do mais nobre patrimônio do seu povo, a «esperança de Israel» no Messias. Os dignos anciãos comportaram-se como se ignorassem completamente a causa do Apóstolo; é possível que essa atitude fosse sincera, pois aparentemente a excomunhão pronunciada contra ele pelo Sinédrio ainda não tinha sido comunicada às sinagogas do estrangeiro. Perguntaram-lhe candidamente a sua opinião sobre Cristo, dizendo-lhe que não conheciam «dessa seita» mais do que a grande contradição de que era objeto por toda parte, e que se sentiriam muito felizes se pudesse informá-los dos pormenores. Era uma linguagem diplomática de consumada habilidade. Poderiam eles realmente desconhecer o cristianismo, se o proselitismo cristão tinha desencadeado no tempo de Cláudio os mais violentos tumultos no gueto? Fosse como fosse, fixou-se um dia determinado para um amplo colóquio religioso, na própria casa do Apóstolo.

Como tinha diante de si homens versados nas Escrituras, Paulo pôde valer-se do seu brilhante conhecimento da Bíblia e da sua virtuosidade na interpretação dos textos sagrados. A controvérsia durou da manhã até a noite. Foi como se todo o profundo conhecimento de Cristo que o Apóstolo acumulara nos longos anos de cativeiro transbordasse de repente. Mas tudo em vão! Podia a gloriosa história do Povo Eleito culminar no patíbulo de um Crucificado? Os endurecidos rabinos tropeçaram mais uma vez nessa pedra de escândalo. Foi a última ocasião em que Paulo ofereceu à Sinagoga a salvação em Cristo, foi a última hora da graça, a da resolução definitiva: ou permanecer como povo escolhido ou tornar-se um povo de reprovação. Com esta cena, o judaísmo despede-se da História Sagrada, e aqui termina a amorosa solicitude de que Deus cercou durante milhares de anos a alma desse povo tão altamente dotado. São Lucas teve plena consciência dessa desentronização definitiva do Povo Eleito, e mostra-nos os judeus descendo as escadas sem terem podido chegar a um acordo, descontentes com Deus e consigo próprios, marcados com o estigma da reprovação. Começou então para eles, como uma espécie de prova por contraste da verdade de Cristo, a mais estranha das peregrinações, a peregrinação do «Judeu Errante».

VII. O PRISIONEIRO DE CRISTO

À despedida, o Apóstolo recordou-lhes o misterioso texto da maldição do profeta Isaías, que deveriam levar por todo o mundo: «Vai a esse povo e diz-lhes: Com o ouvido ouvireis e não entendereis; e, vendo, vereis e não distinguireis. Porque o coração deste povo tornou-se insensível, e são duros de ouvidos e fecharam os olhos, para que não vejam com os olhos, e ouçam com os ouvidos, e entendam com o coração, e se convertam e eu os sare» (At 28, 26-27; cf. Is 6, 9). Tal é a linguagem enérgica de um profeta. Parece-nos dura, até mesmo escandalosa. Poderá Deus endurecer voluntariamente o coração de um povo, para que ele se perca? Mas os israelitas pensavam de maneira diversa da nossa, e a predestinação constituía parte integrante do dogma farisaico.

Paulo pregava igualmente a predestinação divina, mas mitigando-a com a afirmação da liberdade humana. Deus criou a vontade livre e a possibilidade de abusarmos dela. Ao prever esse abuso, causou por assim dizer a desobediência do homem, mas não no sentido de um destino inevitável. Em caso de recusa, porém, o oferecimento da luz e da verdade converte-se numa sentença condenatória por parte de Deus. Do ponto de vista divino, a Bíblia divide o gênero humano em duas classes: os fiéis e os incrédulos, os filhos da luz e os filhos das trevas. A luta entre a fé e a incredulidade é, nas palavras de Goethe, o tema mais profundo e mais comovente da história do mundo.

A discussão acerca de Jesus prolongou-se ainda bastante tempo no bairro judaico. Alguns hebreus acabaram por converter-se, mas na maioria deles a recusa transformou-se numa hostilidade irreconciliável que em pouco tempo haveria de conduzir os cristãos romanos à beira do abismo. Esta atitude do judaísmo parece ter também influenciado a minoria de judeus-cristãos presente na Igreja romana. Em contraste com Corinto, o liberalismo e o gnosticismo judaicos não tinham aqui qualquer representatividade, mas a seita essênia e o farisaísmo estavam bem vivos. Alguns desses judeus-cristãos estabeleceram uma contra-missão, que Paulo refere com estas palavras: «É verdade que alguns pregam Cristo por inveja e por emulação [...]; outros anunciam Cristo por faccionismo, não sinceramente, julgando que aumentam o peso das minhas cadeias» (Fl 1, 15-17).

Contudo, o principal perigo provocado pelos judaizantes já estava ultrapassado graças às grandes Epístolas do Apóstolo. Estes incidentes eram apenas as últimas refregas da retirada: «Mas, que importa? Contanto que Cristo, de qualquer modo, seja anunciado, por pretexto ou com sinceridade, não só nisto me alegro, mas ainda me alegrarei» (Fl 1, 18). Também fora este o proceder magnânimo e generoso de Jesus, quando João o informara cheio de indignação que um outro, que não era «dos nossos», expulsava os demônios em seu nome: «Não lho proibais, porque quem não é contra vós, é por vós» (Lc 9, 50). Foi a amizade dos dois príncipes dos Apóstolos que evitou a cisão da Igreja romana em dois partidos. E o sangue derramado em comum, por ocasião do incêndio de Roma, fez desaparecer as últimas discórdias.

Lucas não quis terminar o seu livro com uma aguda dissonância, mas abrindo uma ampla e consoladora perspectiva ao futuro da Igreja. A modesta casa alugada do Apóstolo tornou-se um dos focos do movimento cristão na Roma pagã. O Evangelho, que até então apenas tinha sido anunciado de maneira tímida e hesitante, por causa da oposição dos judeus, expandiu-se consideravelmente sob o impulso de Paulo. Segundo o testemunho de Tácito, a comunidade romana formava no ano 64 uma *multitudo ingens*, uma «enorme multidão». Se a população judaica chegava a 30 mil pessoas, não será demasiado estimar em metade o número dos cristãos, que além disso crescia diariamente. O próprio Paulo atribui este rápido desenvolvimento ao seu cativeiro: «Muitos dos irmãos, animados no Senhor pelas minhas algemas, têm tido maior ousadia em anunciar sem temor a palavra de Deus» (Fl 1, 14). Já na Epístola aos Romanos enumerava diversas comunidades domésticas em cujas casas se efetuavam as reuniões de culto. Numa delas, reuniam-se «Asíncrito, Flegonte, Hermas, Pátrobas, Hermes e os irmãos que estão com eles»; outros círculos agrupavam-se à volta de «Filólogo e Júlia», de «Nereu e sua "irmã" (esposa), Olímpia, e todos os santos que estão com eles», ou seja, os seus numerosos servos (cf. Rm 16, 3-16).

Os amigos de Paulo parecem tê-lo posto em contato com a *aristocracia romana*. A pá e a perspicácia dos arqueólogos cristãos têm arrancado muitos segredos do solo romano. De Rossi e Marucchi julgaram poder concluir que a casa de Áquila e Priscila se encontrava no Aventino, onde hoje se ergue a antiquíssima basílica de Santa Prisca. Esta casa estava situada num terreno pertencente à nobre família dos Cornélios, como no-lo prova uma inscrição ali descoberta, que diz

VII. O PRISIONEIRO DE CRISTO

Pudens Cornelianus. Além disso, é provável que as catacumbas de Priscila, onde os dois esposos cristãos, Priscila e Áquila, foram enterrados juntamente com as filhas do senador Pudente, Pudenciana e Praxedes, fossem primitivamente o lugar de inumação de duas famílias aparentadas, a *gens Cornelia* e a *gens Acilia*. Assim ganha corpo a hipótese de que alguns membros dos Cornélios tenham abraçado o cristianismo já antes da chegada de Paulo, e de que Priscila pertencesse a uma dessas duas famílias, quer como parente, quer como liberta. Duas das mais antigas igrejas de Roma, situadas no monte Esquilino, ainda hoje ostentam o nome de Pudenciana e de Praxedes, e a tradição refere que a casa de seu pai, o senador Pudente, serviu a Pedro para lá reunir as primeiras assembleias cristãs. Por ocasião do seu segundo cativeiro em Roma, pouco antes de morrer, Paulo recebeu a visita de um certo Pudente, que lhe pede para enviar saudações a Timóteo em seu nome (cf. 2 Tm 4, 21). Pudente era, pois, um nome familiar aos cristãos.

Ligado ao nome de Priscila, ainda emerge da obscuridade histórica um outro nome pertencente à nobreza senatorial romana: *Acílio Glabrio*. Suetônio cita-o entre os *monitores rerum novarum*, «os pregadores de coisas novas», que Domiciano fez executar no ano 95, por inovações que atentavam contra a segurança do Estado. O véu que cobria estes presumíveis mártires da Igreja primitiva ergueu-se subitamente em 1880, quando os seus nomes apareceram nas catacumbas de Priscila. Na cripta da família dos Acílios descobriu-se um fragmento de tampa de sarcófago com a inscrição: *Acilio Glabrioni Filio*. E uma segunda inscrição menciona os nomes de Mânio Acílio e da sua esposa Priscila, juntamente com o título de *Clarissimus*, que correspondia à dignidade senatorial; isso prova, entre outras coisas, que o nome de Priscila era usual na família. Se tudo isto for certo, encontramo-nos diante do quartel-general do Príncipe dos Apóstolos, pois uma indicação das atas do papa Libério (352-366) assinala que era nessas catacumbas que Pedro ministrava o batismo. Diversas outras inscrições posteriores trazem o nome de *Petrus*; aparentemente, alguns ramos dessa família batizaram os seus filhos com esse nome em memória do Apóstolo.

Por fim, pertence incontestavelmente à história o nome de um outro membro da aristocracia romana, a quem o cristianismo deve a sua primeira acolhida na alta sociedade. Trata-se de *Pompônia Graecina*, da qual Tácito dá o seguinte testemunho: «A sua firmeza de caráter e a sua perseverança tornaram-na célebre» (*Anais*, 13, 32). O próprio Renan entoa louvores a esta mulher e a considera cristã. Esposa de Aulo Pláucio, primeiro conquistador da antiga Britânia, vinha despertando suspeitas entre a nobreza romana desde havia muito tempo. Sempre vestida de preto, levava uma vida muito retirada e austera. Alguns atribuíam essa conduta a umas recordações penosas: ao que parece, foi testemunha do assassinato de uma íntima amiga sua, Júlia, filha de Druso, por ordem da imperatriz Messalina, e um dos seus filhos esteve entre as vítimas de Nero. Outros, porém, acusavam-na de «superstição exótica»[51]. De acordo com o costume romano, teve de submeter-se a um conselho de família, mas a enérgica intervenção do seu marido protegeu-a de maiores importunações. Que podiam os pagãos compreender do seu segredo? O que externamente lhes parecia melancolia era apenas «a expressão do recolhimento interior e do desprezo por uma sociedade depravada». Talvez devamos ver nela a primeira santa da alta nobreza romana[52].

Uma tradição, mais edificante do que verossímil, pretende que Paulo chegou a conversar com Acteia, uma antiga escrava de Nero, mais tarde mulher deste e depois repudiada; originária da Ásia Menor, ter-se-ia convertido secretamente ao cristianismo. Tinha servido anteriormente na família Aneia, em torno da qual, segundo a lenda, se teria formado um pequeno círculo cristão. Seja como for, o certo é que esta mulher teve um gesto cuja raiz cristã é inteiramente plausível: recolheu os espezinhados restos mortais de Nero e fê-los levar ao sepulcro de Domício. Diante disso, levantou-se entre os pagãos a suspeita de que seria cristã: «Só uma cristã teria sido capaz de mostrar sentimentos tão nobres diante de um ser tão vil e degradado». O paganismo reverenciava assim, inconscientemente, o gênio cristão.

---

(51) Não era raro que as mulheres romanas de elevada posição social se interessassem pelos «cultos orientais». Nos seus altares domésticos, no átrio, colocavam com frequência imagens de Serápis, Cibele e principalmente de Ísis, ao lado dos deuses Lares e da imagem do divino imperador.

(52) Esta suposição do arqueólogo das catacumbas De Rossi recebeu uma notável confirmação quando se descobriu, numa lápide sepulcral das catacumbas de São Calixto, uma inscrição grega do século II que faz referência a um certo «Pomponius Graecinus».

VII. O PRISIONEIRO DE CRISTO

Supõe-se também que *Sêneca* chegou a conhecer o Apóstolo por ocasião das deliberações judiciárias, a que assistia na qualidade de conselheiro de Estado. Se foi assim, terá sido uma curiosa coincidência que Paulo, libertado em Corinto por intervenção de Galião, devesse a sua liberdade em Roma precisamente ao irmão desse procônsul. Seja como for, não nos surpreende que os antigos acreditassem nas inclinações cristãs de Sêneca quando lemos o perfil do homem de Deus que ele traça numa das suas cartas: «Se nos fosse possível contemplar o espírito de um homem desses, que figura resplandecente, sublime, formosa e santa não veríamos! [...] Se alguém visse essa figura, mais elevada e brilhante do que tudo aquilo que costumamos encontrar no âmbito do humano, por acaso seria capaz de não recuar, subjugado, como se se encontrasse diante de um deus, e não recitaria em voz baixa uma oração para que essa aparição não lhe fosse nefasta? E a seguir, encorajado pela bondade desse semblante, não o adoraria suplicante, dizendo com Virgílio: "Sê-nos propício e apazigúa a nossa inquietação?"» (*Ep.* 115). Ter-lhe-ia bastado dar uns passos, até o quartel-general dos pretorianos para encontrar esse personagem ideal.

A Idade Média chegou a acreditar que Sêneca deu esses passos e que se tornou cristão; assim se procurou explicar as inúmeras analogias entre a sua moral e a moral cristã, que já haviam chamado a atenção de Tertuliano. Essa crença foi também reforçada por uma falsa correspondência epistolar com Paulo. Mas tais semelhanças explicam-se, tanto em Sêneca como em Epiteto, pelo idealismo moral dos melhores entre os estoicos, bem como pela herança religiosa que o primeiro recebeu da sua família. O pai de Sêneca, com efeito, chegou a evocar a figura de um profeta sobre-humano, que possuiria uma sabedoria e um poder capazes de assombrar o próprio Alexandre Magno; e que, além disso, teria de afirmar a sua origem divina, demonstrar o testemunho do deus em seu favor e, quanto ao fim da sua vida, subtrair-se à necessidade do destino – isto é, morrer livremente. Semelhantes pressentimentos nascem da disposição naturalmente cristã da alma humana, sem a qual nunca teria sido possível a vitória do cristianismo num mundo pagão.

O cristianismo tinha, pois, desde o início, alguns aliados naturais entre as classes superiores, nas pessoas religiosas que tinham perdido a fé nos seus deuses tradicionais em vista das burlas e zombarias dos filósofos e dos poetas. Os temperamentos superficiais e desfibrados que, depois de uma comédia lasciva ou dos combates de gladiadores, experimentavam a necessidade de um outro clima interior, voltavam-se para as assembleias das religiões orientais; mas os temperamentos mais nobres, desenganados de todas aquelas «divindades redentoras» que ali lhes eram oferecidas, aderiam às sinagogas ou às comunidades cristãs.

No entanto, o movimento cristão difundiu-se sobretudo entre as *classes baixas da sociedade*, que encontravam nele um fundamento religioso para as suas aspirações de humanidade e liberdade. Precisamente por volta desta época verificara-se em Roma um acontecimento extremamente ruidoso: o prefeito Pedânio Segundo tinha sido assassinado por um escravo, ciumento das relações do seu senhor com uma escrava. Segundo a lei, todos os escravos que, no momento do crime, vivessem sob o mesmo teto do assassino deviam ser mortos. Cerca de quatrocentos infelizes foram atingidos por essa medida. O povo sentiu-se revoltado contra essa injustiça, mas o Senado e o imperador resolveram deixar a lei seguir o seu curso. Não é de se admirar, pois, que a mensagem cristã atraísse particularmente a atenção dos escravos imperiais do Palatino, e que o nome de Paulo se pronunciasse nesse meio com veneração. Na Epístola aos Filipenses, escrita perto do fim do seu primeiro cativeiro, o Apóstolo escreve: «Todos os santos vos saúdam, principalmente os que são da casa de César» (4, 22).

Quem seriam estes cristãos do Palatino? Na lista de saudações da Epístola aos Romanos, podemos notar dois grupos: «os que são da casa de *Narciso*»[53] e «os da casa de *Aristóbulo*». É provável que pertencessem às famílias de dois nobres senhores que não eram eles mesmos

---

(53) Messalina, esposa do imperador Cláudio, havia formado com Narciso, chefe do serviço secreto, com o ministro das finanças Palas e com o bibliotecário da corte, Políbio, uma espécie de gabinete «paralelo». Quando Messalina morreu, Cláudio casou-se com a sua rival Agripina, mãe de Nero pelo primeiro casamento. Entre os primeiros que Agripina mandou assassinar figurava o seu antigo inimigo Narciso. O famoso político, já entrado em anos, recebeu a ordem de morte nos banhos de Sinuesa, e aproveitou as últimas horas para destruir o seu arquivo secreto, no qual se encontravam muitos documentos comprometedores para as principais figuras políticas romanas, e sobretudo para a mãe da imperatriz. Esse gesto nobre, contrário aos costumes pagãos, levou muitos autores a supor que Narciso teria sido atraído para o cristianismo pelos seus escravos cristãos (cf. Rm 16, 12 e A.Mayer).

VII. O PRISIONEIRO DE CRISTO

cristãos. A palavra «casa» ou «família» designava na Antiguidade, além da família em sentido próprio, todos os servos e criados; ou seja, os escravos eram considerados parte da associação familiar e o chefe da casa tinha o nome de *paterfamilias*. Para cada casa patrícia, havia uma média de vinte escravos, mas os ricos, como Narciso e Aristóbulo, possuíam centenas deles. *Nationes in familiis habemus*, «temos povos inteiros nas nossas famílias», escreve Tácito.

Mais ainda: segundo Harnack, ninguém era tão poderoso e tão íntimo do imperador Cláudio como um certo Narciso, seu liberto e secretário particular; ao mesmo tempo, também vivia em Roma um Aristóbulo, sobrinho de Herodes o Grande, que era amigo do imperador. Depois da morte destes dois senhores, os seus numerosos escravos foram transferidos para a casa imperial. Se os dois homens se identificam com as personalidades mencionadas por Paulo, temos uma nova confirmação das íntimas relações do Apóstolo com os escravos cristãos do Palatino. Entre os cortesãos de Nero, não descobrimos nenhum cristão, e os Flávios, cujas mulheres nutriam simpatia pelo cristianismo e que possuíam dois cristãos entre os da família – o cônsul Tito Flávio Clemente e sua mulher Domitila –, ainda não se encontravam no Palatino nesta época. Mas o célebre crucifixo blasfemo do Palatino é também uma prova de que o cristianismo encontrou muito cedo acolhida nesse meio. Trata-se de uma caricatura desenhada em *grafitto* numa parede da escola imperial por algum dos alunos pagãos desse estabelecimento, ridicularizando um colega cristão chamado Alexamenos, que é representado em adoração a um crucifixo com cabeça de asno[54].

De vez em quando, ouve-se hoje em dia censurar o Apóstolo por ter reunido conscientemente à sua volta, em todos os lugares por onde passava, todos os leprosos políticos e espirituais que encontrava, «os dejetos espirituais do mundo helênico e os párias de todas as nações», a fim de preparar uma revolta da escória social. Mas basta ler as exi-

---

(54) Alguns pesquisadores, como E. Meyer e Wünsch, relacionam esse *graffitto* com a seita gnóstica dos setianos ou com uma eventual confusão entre o Deus dos judeus e o deus egípcio Set-Tifón, cujo animal sagrado era o asno. No entanto, parece ter mais relação com a estúpida calúnia difundida entre os romanos de que os judeus adoravam um asno no Templo de Jerusalém, e que depois foi transferida para os cristãos (cf. E.Meyer e K.Prümm, *Christentum*).

gências morais que o Apóstolo impõe aos recém-convertidos para perceber que, se havia alguma possibilidade de a humanidade atingir uma moral mais elevada, esse progresso só podia depender da comunidade cristã. Uma pregação que comovia a alma e o corpo, a consciência de um Juízo definitivo já próximo, o poder vivificante do espírito de Cristo, só podia conduzir a valores mais puros e mais firmes. Os cristãos, exigia Paulo, deviam ser homens castos, que não se apegassem ao que possuíam nem fossem egoístas, e ao mesmo tempo pessoas sem duplicidade e cheias de coragem. Como é patente, o Apóstolo não imprimiu qualquer impulso às forças de dissolução; pelo contrário, impediu por muito tempo a dissolução que se avizinhava.

Alguns historiadores, pretendendo aludir ao cristianismo, falam do «pântano de povos e de raças em que se transformou o mundo mediterrâneo», e do qual surgiu a Igreja. Na verdade, isto só vem engrandecer a obra do Apóstolo. Com efeito, a Igreja tem a missão de santificar e de cristianizar todos os povos e civilizações, orientando-os para o seu fim espiritual e para o ideal moral. Esta foi a obra de Paulo. A queda do Império Romano não pode ser atribuída à Igreja, como já o provou Santo Agostinho; foi o próprio Estado romano o seu único causador, por não ter uma religião capaz de propor ao povo um ideal moral. Aliás, foi precisamente a Igreja que salvou do caos em que soçobrava o Império aquilo que podia ser salvo; já foi algo muito grande que tenha conseguido atrair a si homens do valor e do talento de um Agostinho.

O ambiente do prisioneiro de Cristo

Na Roma desta época, somente três classes de homens se sentiam satisfeitos: os milionários, os assim chamados «clientes», que se faziam sustentar pelos primeiros, e os obscuros indivíduos vindos do Oriente. Para todo aquele que buscasse quietude e recolhimento interiores, como Paulo, Roma era um inferno. No tempo do Apóstolo, a cidade não tinha aquela beleza que os poetas haveriam de cantar mais tarde: «Que bela não será a Jerusalém celeste, / se já a própria Roma terrestre/ resplandece com tanto esplendor!»

Nos bairros comerciais, a vida era muito incômoda e insalubre por causa das ruas demasiado estreitas, da falta de ventilação, da pestilên-

VII. O PRISIONEIRO DE CRISTO

cia das sobras de comida que diariamente se lançavam à calçada, e do constante perigo de incêndios. O curso do Tibre, inviolável pelo seu caráter sagrado, não podia ser regulado e provocava frequentes inundações, seguidas geralmente de epidemias. As casas eram altas e estavam mal construídas: o poeta Marcial fala-nos de um homem que tinha de subir 200 degraus para chegar ao seu quarto. O barulho da rua era insuportável, e o próprio Sêneca se lamenta disso numa carta: durante a noite – das sete da tarde até o nascer do sol –, os pesados carroções que traziam o abastecimento faziam um estrépito ensurdecedor sobre o pavimento desigual; durante o dia, músicos sírios, sacerdotes mendicantes de Ísis e de Cibele, e outros cortejos ruidosos enchiam os ares com o som estridente das suas matracas e dos seus guizos. Os inquilinos pobres tinham de morar nas partes da casa voltadas para a rua, ao passo que os mais ricos ocupavam os apartamentos que davam para o pátio interior, o *peristilo*. A estada de São Paulo numa daquelas casas alugadas, em pleno verão, certamente não foi pequeno sacrifício.

Da parede pendia a corrente, símbolo da sua falta de liberdade. Podia, é certo, sair e entrar livremente ou receber visitas. Mas de noite, e sempre que saía de casa, o soldado encarregado de vigiá-lo algemava-lhe o pulso esquerdo e seguia-o aonde quer que fosse. Não era pouca coisa não poder nunca estar só, nem mesmo por um instante. É difícil dizer o que será pior: se estar sozinho sempre ou não está-lo nunca. Dostoiévski, que durante anos partilhou do mesmo quarto com outros prisioneiros, descreve como um suplício horrível o fato de nunca ter podido estar a sós consigo mesmo, com os seus pensamentos. Durante todas as conversas do Apóstolo com os seus amigos ou com os mensageiros das Igrejas, estava sempre presente uma testemunha estranha.

Além disso, esses *frumentarii* muitas vezes eram mercenários estrangeiros, homens brutais que não tinham o menor escrúpulo em descarregar o seu mau humor nos prisioneiros. O pior era a constante mudança dos soldados encarregados da guarda, mas Paulo certamente soube tirar partido até mesmo dessa circunstância: assim podia conhecer um número maior de pretorianos. Talvez acompanhasse alguma vez o seu vigilante até o quartel a fim de buscar o novo legionário. Estes, por sua vez, aprenderam a conhecê-lo bem: era sem dúvida o preso mais notável que jamais haviam encontrado.

Alguns certamente gostavam de conversar com um homem tão viajado e acabavam por apegar-se fortemente a ele. Nenhum o deixava sem se sentir um homem melhor e sem receber novas luzes do seu elevado modo de pensar, porque Paulo possuía a mesma qualidade de Sócrates, que era a de fazer com que todos à sua volta vibrassem segundo o seu diapasão. Nas casernas, falava-se desse interessante prisioneiro e da sua maravilhosa religião, e algum desses guardas, num momento de isolamento com o Apóstolo, acabou certamente por ajoelhar-se diante dele para exclamar com ardor: «*Credo!*, creio» Assim o refere Paulo na Epístola aos filipenses: «Ora eu quero, irmãos, que saibais que todas as coisas que se passaram comigo têm contribuído mais para proveito do Evangelho; de modo que as minhas cadeias por amor de Cristo se tornaram conhecidas de todo o Pretório e de todos os outros» (Fl 1, 12-13).

Um homem que no decurso da sua vida semeou tanta caridade, nunca se encontra abandonado. Os seus discípulos estavam permanentemente com ele, mesmo na prisão, porque Paulo era o que os estoicos exigiam do sábio: um *amitiarum artifex*, um «artista da amizade». Nesse círculo, dois homens desempenharam um papel especial para o Novo Testamento: *São Lucas* e *São Marcos*. Um era o evangelista de Pedro, outro o de Paulo. É provável que Pedro não se encontrasse em Roma por esta época, e terá deixado Marcos como seu representante. Este já havia escrito o seu Evangelho para os cristãos de Roma, com base na pregação oral de Pedro; pela frequente repetição das mesmas narrativas, tinha-se estabelecido pouco a pouco uma forma fixa, que os ouvintes memorizavam e que Marcos reduziu a escrito. Lucas podia, agora, utilizar a narração e os comentários de Marcos como fonte do seu Evangelho, que já havia começado a redigir em Cesareia.

Quantas vezes não se terão encontrado esses dois homens na cela de Paulo, a fim de conversarem sobre a redação do *terceiro Evangelho* e para completarem os anteriores? A intenção central do novo Evangelho, a concepção da vida de Jesus como a obra-prima do amor misericordioso de Deus, revela indubitavelmente o cunho paulino. Mas também está presente nele a individualidade de Lucas, em esplêndida harmonia com a orientação do Apóstolo: Jesus é apresentado como o Médico celeste dos corpos e das almas. O Evangelho de Lucas destinava-se sobretudo às comunidades paulinas da gentilidade, como uma

VII. O PRISIONEIRO DE CRISTO

espécie de presente de despedida e memorial permanente, e parece ter saído à luz pública ainda antes do fim do primeiro cativeiro romano.

Quando Lucas descreve Cristo como o *médico celestial*, percebemos nisso um delicado traço do seu espírito grego e uma simpática vingança contra o desprezo que os romanos alardeavam a respeito da medicina. Desde tempos muito antigos, os médicos não gozavam do menor crédito em Roma. Eram equiparados aos charlatães do mercado porque, como eles, provinham do Oriente, eram gregos e não tinham residência fixa. O censor Catão temia que corrompessem a raça latina e proibiu o seu filho de consultá-los: «Se os gregos – dizia – põem tudo a perder com a sua literatura, e os filósofos com as suas charlatanices, os médicos são ainda piores. Marcos, meu filho, proíbo-te de consultar os médicos». O primeiro médico vindo do Peleponeso chegou a ser apedrejado.

Essa antipatia só começou a ceder pouco a pouco depois que Augusto foi salvo por um médico mouro, Antônio Musa. Mas Tibério ainda preferia as velhas receitas caseiras a uma consulta médica, e Plínio, que escreveu livros de medicina apesar de não praticar a arte, afirma que Roma viveu muito bem durante seis séculos sem médicos. Um romano de velha cepa não podia ocupar-se de uma arte tão desacreditada, que se deixava deliberadamente aos escravos; e, quando o fazia, pelo menos escrevia em grego... Lucas não obtve, portanto, nenhuma vantagem material com a sua mudança para Roma, mas tornou-se assim o primeiro médico cristão da Urbe. Nessa altura, a Igreja atribuía um caráter quase sacerdotal ao exercício da medicina, por analogia com a atividade de Jesus. Conheceu um sacramento e um carisma para a cura dos doentes, que administrava gratuitamente, em obediência à palavra do Senhor: «Dai de graça o que de graça recebestes» (Mt 10, 8). Os nomes dos dois mais célebres médicos cristãos, Cosme e Damião, que tratavam gratuitamente os doentes, vieram a ser inscritos no Cânon da Santa Missa. No célebre mosaico da igreja dos santos Cosme e Damião, em Roma, ambos são apresentados a Cristo por Pedro e Paulo[55].

---

(55) Do considerável número de lápides funerárias das catacumbas em que se menciona a profissão médica, pode-se concluir que a Igreja primitiva tinha em grande apreço os médicos cristãos. Uma inscrição sepulcral grega do século II diz: «Dioníso, médico e presbítero» (cf. de Waal-Kirsch).

Se quisermos fazer uma ideia, que não pode deixar de ser imperfeita, de como decorreria *um dia do cativeiro* de São Paulo, devemos recordar a maneira de viver dos romanos. O homem da Antiguidade era por necessidade um madrugador, e até o imperador Vespasiano começava a trabalhar antes que raiasse a aurora. O começo do dia e as horas eram anunciados por um escravo. Antes do nascer do sol, outro escravo abria as portas da casa. As horas do dia eram preciosas: somente se podia trabalhar durante as horas de luz, pois a iluminação noturna era muito deficiente. Depois do jantar, ninguém se ocupava de nada. O único trabalho noturno – *lucubratio*, de onde derivou a palavra «elucubração» – era o dos eruditos e de alguns políticos muito atarefados, entre o primeiro e o segundo cantar do galo, isto é, entre as três e as seis horas da manhã; aliás, Cristo prediz a negação de Pedro «antes que o galo cante» (cf. Lc 22, 61). Também neste ponto o cristianismo contribuiu para uma profunda modificação dos costumes, por força dos ofícios noturnos e da santificação da noite, cujos vestígios a Igreja romana conservou na «liturgia da luz» da Vigília Pascal.

De acordo com as tradições judaicas, Paulo habituara-se a dividir o seu dia em períodos determinados de três horas cada um, interrompidos pela oração. Também nisto consistiu em boa parte a grande força formativa do cristianismo: reconhecendo o valor do tempo, representado pela Antiguidade como um monstro que devorava os seus próprios filhos, redimiu-o da sujeição pagã, regulou o dia nas suas ocupações quotidianas pela oração das horas e imprimiu uma ordem sagrada ao ano profano. Muitos imperadores e reis medievais tinham o costume de dividir o seu dia nessas partes de três horas cada uma, entre as quais se dirigiam às suas capelas particulares para rezar as *horas*; desta forma, submetiam a força das suas paixões e dos seus negócios absorventes a uma força contrária, moderando assim as suas poderosas ações pelo freio da responsabilidade diante de Deus. Do mesmo modo, é razoável imaginar que os amigos de Paulo já se reunissem muito cedo à sua volta, para orar a Deus com salmos e hinos.

Em Roma, a manhã era dedicada ao trabalho e a tarde ao *otium*, ao repouso. Nesses momentos, calava-se enfim a cidade eternamente ruidosa, e os pórticos e foros ficavam desertos. As últimas horas da

VII. O PRISIONEIRO DE CRISTO

tarde eram destinadas à refeição em família. O homem de posição mediana vivia na Antiguidade de maneira muito simples, e frequentemente alimentava-se apenas de legumes, couves, feijões, alcachofras, queijo, frutas e uma espécie de polenta. Paulo, porém, imprimia a cada refeição um cunho mais elevado, condimentando-a com o «sal», a graça da conversação (Cl 4, 6). Devia ser um homem muito afável, um narrador brilhante e sugestivo. Possuía, como o indicam as suas Epístolas, a ironia inofensiva e a brincadeira sem maldade, o dom do trato agradável, tão querido dos gregos. Quanto não daríamos por um apanhado das suas conversas à mesa!

Sobre a mesa colocavam-se algumas lâmpadas de azeite, de barro ou de bronze, que certamente davam menos luz do que fumaça. Só na noite de sábado para domingo, quando Paulo celebrava os santos mistérios, é que não se poupavam luzes. Que impressão não produziria nos assistentes o jogo de sombras e luzes projetando-se naqueles rostos emocionados, enquanto sob a mão de mestre do Apóstolo a imagem do Senhor celeste e do seu corpo místico ia crescendo até converter-se numa figura gigantesca, de grandeza incomensurável!

Em resumo, podemos concluir que o período do primeiro cativeiro de Paulo pertence aos anos mais frutíferos do seu apostolado. Com efeito, o cristianismo penetrou cada dia mais profundamente no exército romano através dos pretorianos, que eram enviados aos quatro cantos do mundo, para o Reno, para a Gália, para a Bretanha, para a Espanha. Mas, acima de tudo, foi aqui que a teologia paulina atingiu a sua maturidade, e a visão mística de Cristo Eterno, Cabeça da Igreja Universal, o seu apogeu.

VIII. A palavra de Deus não está acorrentada

A obra unificadora de Cristo

Epístola aos Efésios

Mesmo preso em Roma, Paulo continuava à cabeça de uma organização muito ramificada, que abarcava todo o mundo de então. Por aqui se vê o que é capaz de fazer um homem da sua têmpera, mesmo encontrando-se numa situação muito desfavorável. A todas as comunidades do Oriente tinha chegado o clamor: «Paulo está prisioneiro em Roma!» Todos oravam por ele nas suas reuniões, escreviam-lhe cartas afetuosas, enviavam-lhe mensageiros para informá-lo do estado das suas comunidades, para receber diretrizes e para ampará-lo no seu cativeiro. A Macedônia estava representada por Aristarco, a Galácia por Timóteo, Éfeso enviou Tíquico, Colossas o seu fundador Epafras, e Filipos Epafrodito. O alojamento de Paulo tornou-se por assim dizer um santuário, um lugar de peregrinação para toda a cristandade.

As *Epístolas do cativeiro* marcam uma nova orientação no pensamento paulino. São Tomás de Aquino assinalou, com o seu fino espírito sintético, as diferenças entre cada grupo de Epístolas. Nas primeiras, Paulo descreve *a obra da Redenção realizada por Cristo na alma individual,* e este movimento de ideias culmina na Epístola aos Romanos. Nas Epístolas do cativeiro, em contrapartida, medita sobre a *Redenção na sua totalidade*, no organismo social da Igreja; e, por fim, nas *Epístolas pastorais*, trata da *hierarquia* da Igreja. A Epístola aos Hebreus, que, embora não tenha sido redigida pelo Apóstolo, continua o seu pensamento e o conduz à sua conclusão natural, volta-se para o centro da vida sobrenatural, para o *Sumo Sacerdote* Jesus Cristo.

Durante o seu período de Apóstolo itinerante e fundador de Igrejas, Paulo tinha de ocupar-se sobretudo dos homens e das suas necessidades pessoais. Agora, chegado ao ponto culminante da sua vida, lança um olhar sobre a obra que realizou. O espírito de luta suavizou-se. Está mais velho, mais sereno, mais amadurecido e mais esclarecido. Aqui e ali, como o trovão distante de uma tempestade que se afasta, ainda se faz ouvir um estalido de cólera (Cl 2, 16-20; Fl 3, 2-6). Mas a Roma universal fazia despertar nele outros pensamentos, voltados para o futuro. Sempre fora um homem voltado para o aspecto comunitário e universal, e essa cidade sugeria-lhe definitivamente a *visão da unidade universal*, uma visão sintética do conjunto, da sociedade, da Igreja, do gênero humano, do Universo inteiro.

Ao mesmo tempo, também a sua *concepção de Cristo* se foi desenvolvendo. Nas Epístolas aos Tessalonicenses, descrevera-o como o Verbo que há de vir para julgar os homens *no fim dos tempos*; nas outras Epístolas, como o Verbo que redime e se revela *no tempo*; agora, na Epístola aos Efésios, descreve-o como o Verbo criador *antes de todo o tempo*.

A fórmula inicial com que dirige a sua carta «a todos os santos que estão em Éfeso», tal como se lê no texto que chegou até nós, aparentemente não constava do original. Muitos eruditos, como já o havia observado Marcião no século II, veem nesta Epístola a carta dirigida à Igreja de Laodiceia, mencionada em Colossenses: «Lida que for esta carta entre vós, fazei que seja lida também na Igreja dos laodicenses, e vós lede a dos laodicenses» (Cl 4, 16). Talvez se tenha modificado mais tarde o destinatário, por causa da censura que o Apocalipse faz à Igreja de Laodiceia. Seja como for, a Epístola tem o cunho de um escrito universal, destinado a ser lido, em várias cópias, nas diversas comunidades vizinhas do território de Éfeso. Por isso, estão ausentes todas as saudações particulares, dirigidas a este e àquele, no princípio e no fim. Os antigos Padres informam-nos que nos manuscritos mais antigos desta carta se costumava deixar um espaço em branco depois

VIII. A PALAVRA DE DEUS NÃO ESTÁ ACORRENTADA

das palavras «a todos os santos», a fim de intercalar o nome de uma cidade perfeitamente determinada: Éfeso, Laodiceia, Hierápolis; é o que vemos ainda no *Codex Vaticanus*.

O fato de a Epístola aos Efésios retomar algumas das expressões empregadas na carta dirigida aos Colossenses faz supor que ambas tenham sido escritas mais ou menos ao mesmo tempo. Ora bem, como se justifica que Paulo tenha endereçado ambas as Epístolas a comunidades que não fundou pessoalmente? (cf. Cl 2, 1). É que sente pesar sobre si a responsabilidade pela unidade da Igreja universal. A escolha de Deus recaiu sobre ele, e isso confere-lhe o direito de se dirigir a todas as comunidades.

Em nenhuma das suas Epístolas Paulo utiliza um tom tão solene como nesta. Quase parece o eco de um sermão que o Apóstolo tivesse pronunciado em Roma. A saudação inicial tem a forma de um hino religioso, e Paulo parece encontrar-se sob a influência arrebatadora de uma visão mística. O Deus trino uniu a si o mundo e a humanidade por um tríplice vínculo nupcial eterno, por intermédio do *opus tripartitum* da Criação, da Redenção e da Santificação. Já não é de recear que, no futuro, o mundo possa escapar da mão de Deus para recair no nada absoluto, nem que o homem possa afastar-se definitivamente da economia da Salvação trazida por Cristo. Podemos, pois, distinguir três ordens de pensamentos na Epístola aos Efésios que, sem estarem rigorosamente separadas no plano lógico, se entrecruzam uma e outra vez: primeiro, a *consagração de todo o ser humano antes da sua criação*, na sua preexistência nos eternos desígnios amorosos de Deus; segundo, a sua *consagração pessoal em Jesus Cristo*, pela Encarnação e pela Redenção; terceiro, a sua *consagração coletiva na Igreja*, por meio do Espírito Santo.

Cristo não penetrou neste mundo por uns breves momentos, como uma espécie de brilhante meteoro, e também não veio trazer uma doutrina nova; o Pai enviou-o das profundidades da vida trinitária a este mundo, segundo um eterno plano de Salvação, a fim de «restaurar em Cristo todas as coisas» (Ef 1, 10) e criar no seu Sangue uma humanidade nova, que deve continuar, prolongar e completar a sua vida. O pensamento humano sempre oscilou entre dois graves erros: ora o de considerar o mundo como a totalidade das coisas, ora o de considerá-lo como mera ilusão, um nada; ora tendendo a fazer dele um deus, ora separando-o de Deus e ameaçando fazê-lo recair no nada. As duas atitudes, a idolatria do mundo por um lado e a fuga do mundo por outro, a negação de todo o vínculo com as criaturas, foram obra do pecado. E então veio o Filho e levou até à perfeição a grande obra unificadora. «Primogênito de toda a criatura» (Cl 1, 15), uniu de um modo novo o mundo a Deus, convertendo-se Ele mesmo em laço de união.

Paulo vê, pois, sair essa *nova humanidade* do seio de Deus Pai (Ef 1, 3-6), do coração do Filho (Ef 1, 7-12) e do Espírito Santo (Ef 1, 13-14). Ou seja, Deus não é apenas a «Ideia» platônica, nem o «Ato Puro» aristotélico, que só se conhece e se ama a si próprio, nem o «Pai original» dos gnósticos, os quais se erguem em solitária altura acima do Universo, o *pleroma* ou plenitude de todo o ser. Não, Deus abençoa o seu Universo, e o Universo canta-lhe o hino do seu louvor. O *fundamento de todas as coisas* é o Amor eterno e incriado. O Filho diz: «Pai!», e permite que exclamemos com Ele: «Pai!» Os estoicos haviam difundido um genérico sentimento humanitário, baseando-o em Zeus, pai do Universo; mas não tinham podido ir além de uma filosofia abstrata, que jamais tomou carne ou sangue em qualquer personalidade histórica. Cristo, em contrapartida, fundou uma ordem sobrenatural e celeste: o berço eterno da humanidade encontra-se no benevolente desígnio de Deus e na livre vontade com que nos escolheu a cada um. Abençoa-nos no tempo, porque nos conheceu e nos predestinou antes do tempo. Nunca fomos um puro nada, uma ideia platônica geral; sempre fomos algo de preciso e bem determinado no pensamento de Deus, algo de individual e único. Todas as bênçãos que se derramam no tempo sobre a humanidade não são mais do que a execução dessa primeira escolha amorosa por parte de Deus. Esta existência ideal em Deus, desde «antes da criação do mundo», é o primeiro vínculo de união.

Mas a ordem primitiva foi desvirtuada e deve ser restabelecida, compendiada e centrada em Cristo. Também o mundo dos espíritos recebeu, pela Encarnação de Cristo, uma nova Cabeça. Com a «redenção pelo seu sangue», começou uma nova época, uma época sobrenatural: a Encarnação é a consagração deste mundo, e a morte

VIII. A PALAVRA DE DEUS NÃO ESTÁ ACORRENTADA

na Cruz a sua santificação. Também o mundo simplesmente natural tem necessidade dessa consagração, mas Deus não encontra qualquer resistência nele; a criação é «dócil» como o barro nas mãos do oleiro. Só o homem é o grande rebelde. A Redenção é um trabalho difícil, tanto na alma individual como sobretudo nos povos, no seio das oposições raciais e nacionais (cf. Ef 2, 11-22). Porém, «a suprema grandeza do seu poder, atestado pela eficácia da sua força vitoriosa, a qual Ele empregou em Cristo, ressuscitando-o dos mortos» (Ef 1, 19-20), triunfará dessa resistência secular. E como penhor de que não lamentará a sua decisão, Deus marcou-nos também com «o selo do Espírito Santo» (Ef 1, 13-14).

Paulo apresenta agora os dois períodos da humanidade por meio de uma poderosa antítese «antes/agora», «sem Cristo/com Cristo»: antes, a humanidade dividida em judeus e pagãos – os que «estavam perto» e os que «estavam longe», gregos e bárbaros –, inquietada pelos demônios, dominada pelo espírito do mundo, como os pagãos, ou vivendo num arrogante exclusivismo orgulhoso, como os judeus; agora, o novo povo de Deus, a humanidade unida em Cristo, a nova *civitas Dei*, a cidade de Deus pressentida por Platão e descrita por Santo Agostinho, da qual Cristo é o compêndio e a pedra angular (cf. Ef 2, 20). O sangue das diversas raças divide os povos, mas o sangue de Cristo une-os: «Mas agora, graças a Jesus Cristo, vós, que outrora estáveis longe, fostes aproximados pelo seu sangue» (Ef 2, 13).

Paulo descreve esta obra de unificação como um acontecimento cósmico, supercósmico, que chega a impressionar as potestades angélicas. Cristo arrancou o mundo do desespero. É curioso que, simultaneamente com o começo do cristianismo, os povos do Norte vissem desabar a sua confiança nas divindades, pressentindo um «crepúsculo dos deuses». Igualmente curioso é observar como, nas épocas em que o mundo se afasta dEle, o desespero toma conta das sociedades. Foi em Jesus que se restabeleceu o elo quebrado da Criação. A Encarnação representou *a santificação da existência humana*.

A santificação de cada homem individualmente completa-se pela *santificação da sociedade*. Deus revelou a Paulo os seus misteriosos desígnios sobre o modo como quebraria a resistência humana. Cristo fundou um *organismo de salvação*, que abarca a humanidade inteira: é a *Igreja*, o seu Corpo Místico visível. A Redenção não se esgota no destino dos indivíduos isolados, mas diz respeito à totalidade dos indivíduos. Paulo sabe que Cristo se entregou pessoalmente por ele (cf. Gl 2, 20); porém, via em si próprio, não apenas um ser isolado, mas um membro da humanidade, integrado no seu Corpo Místico. Assim como o pecado original é, no indivíduo, somente uma participação na culpa de Adão, cabeça pecadora de toda a linhagem humana, por meio dos laços de sangue que nos unem a ele, assim também a redenção individual não pode ser compreendida senão como uma participação na Redenção universal levada a cabo por Cristo, cabeça da humanidade resgatada, graças a uma união mística com Ele. Eis--nos *no coração da teologia paulina*.

Esta ideia central do Apóstolo acerca da Igreja nada tem de judaico, e é tão absolutamente nova que em vão se tentou relacioná-la com a ideia do mundo como um organismo, própria da filosofia popular helenística, ou com a especulação indo-iraniana sobre o «homem prototípico» que, como «alma coletiva», reuniria em si todas as almas individuais. Não, para Paulo, tal como Cristo é o *pleroma*, a plenitude de Deus, assim a Igreja é o *pleroma* de Cristo, a sua integração social, mundial e temporal, a «plenitude dAquele que é tudo em todos».

Aqui percebemos o sussurro de uma dessas palavras primitivas, obscura na sua origem (talvez órfica) e que soa a panteísmo, mas que Paulo, tal como São João o faria com a palavra heraclitiana *Logos*, obriga a dar testemunho da infinita riqueza de Deus, que transbordou do Pai para o Filho. Na impressionante imagem da Igreja como Corpo Místico de Cristo, que ultrapassa as fronteiras deste mundo, funda-se a ação eficaz de Cristo e da sua Igreja sobre o mundo inteiro. Também neste ponto o estoicismo tinha preparado o caminho à eclesiologia paulina, ao ensinar que o mundo era o corpo visível de Deus, que abarca tudo. Assim como em todo o organismo a futura estatura e desenvolvimento hão de ir crescendo até chegarem à plenitude predeterminada na semente, assim a Igreja deverá desenvolver-se até chegar ao «estado do homem perfeito, segundo a medida da idade completa de Cristo» (Ef 1, 13).

A Igreja é a assembleia de todos os cidadãos de Deus, o reino de Deus, o «povo de Deus», com o seu governo efetivo e o seu direito de cidadania no céu, o seu lugar espiritual na esfera da salvação levada

VIII. A PALAVRA DE DEUS NÃO ESTÁ ACORRENTADA

a cabo por Cristo, enquanto as diversas comunidades cristãs são apenas «colônias de Deus sobre a terra». Tudo o que na terra está separado, pela raça, pelo sangue, pela língua ou pela história, merece ser mantido nessa diferenciação histórica e nos seus valores positivos. Se tivesse tido que defrontar-se com o problema, Paulo teria deixado prevalecer nas Igrejas locais, na mais ampla medida, as peculiaridades de cada nação e de cada povo, os seus idiomas e costumes. Para o Apóstolo, o essencial é uma *mesma estrutura interior* no Espírito Santo. Tal como no primeiro *fiat* da Criação do mundo, tal como no segundo *fiat* da Encarnação do Verbo, também na criação da Igreja o Espírito Santo se manifesta como a grande força vivificante, que a partir do caos da humanidade cria um novo cosmos.

Não são nem a vontade nem os projetos humanos, nem muito menos a tendência humana para a uniformidade, o que gera essa *igualdade interior*, mas somente a posse de Cristo pelo Espírito Santo: «Há um só corpo e um só Espírito [...]. Há um só Senhor, uma só fé, um só Batismo. Há um só Deus e Pai de todos, que [...] reside em todos nós» (Ef 4, 4-6). O muro de separação entre o átrio dos gentios e o dos judeus no Templo de Jerusalém, esse eloquente símbolo da divisão da humanidade entre uma casta religiosa privilegiada, um povo eleito, uma aristocracia espiritual de um lado, e a grande massa dos «intocáveis» do outro, esse muro de separação foi derrubado. Essa transformação da humanidade por intermédio de um novo modo de ser, o ser em Cristo na Igreja, é o terceiro vínculo de amor entre Deus e a humanidade.

Este é, pois, o grandioso hino de louvor dirigido por Paulo à Igreja, na qual se encontram reunidas todas as maravilhas da Redenção. De que visão penetrante do futuro e de que otimismo sobrenatural devia estar possuído este homem para poder traçar um retrato tão surpreendente da Igreja, na exiguidade do seu alojamento alugado em Roma e diante da insignificância numérica e da medíocre influência dos cristãos! É o mesmo otimismo divino que brilha na expressão de Jesus: «Não temais, pequeno rebanho, porque foi do agrado do vosso Pai dar-vos o reino» (Lc 12, 32). Nenhum teólogo que, por simples imitação, pretendesse reunir fórmulas gnósticas e pagãs, para com elas forjar um novo sistema de pensamento, teria podido escrever as palavras do Apóstolo; só podia fazê-lo um enviado de Deus que tivesse experimentado em si mesmo o processo da Redenção, esse processo que no decorrer da História da Salvação vai transformando a espécie humana em «um só homem novo» (Ef 2, 15).

No poderoso conjunto de homens que tem o nome de Igreja, nos solícitos cuidados de Deus e de Cristo pela sua Esposa, vislumbramos algo que se poderia chamar «o receio de Deus pela sua criatura»: o receio de ver malograrem-se todos os seus esforços de Salvação por força da teimosia e da rebelião do homem. É no coração do homem que se ata e desata o nó do destino. Também de nós depende o triunfo do Sangue de Cristo. Por isso, Paulo deduz da sua grandiosa visão da unidade da Igreja a necessidade de uma *prática universal da vida moral*. O homem novo, transformado, deve ter também um novo estilo de vida. Dessa mesma e idêntica vida interior, própria de todos os cristãos, deve nascer uma nova conduta moral válida para todos, uma idêntica atitude de fundo, uma identidade espiritual. Todas as prescrições do Apóstolo, na segunda parte da Epístola, baseiam-se nesta união real dos fiéis com Cristo e com a Igreja. Mais uma vez, o estoicismo aplainara-lhe o caminho, ao convidar os seus seguidores a ter sempre diante dos olhos o «grande todo universal», com o seu axioma: «Incorpora-te no todo».

Esta visão global do *Corpus Christi mysticum* parece-nos hoje, com certa facilidade, uma amável metáfora, uma expressão puramente simbólica. Para Paulo, todavia, essa unidade mística era tão real como a unidade natural do gênero humano. Existe uma *solidariedade* da humanidade, tanto no mal e no pecado como, principalmente, no bem e na graça. A ideia da unidade foi muito mais familiar à Antiguidade cristã e à Idade Média do que o é para nós. O nominalismo da baixa Idade Média, que reduziu todo o universal a puras ficções lógicas sem conteúdo real, e o positivismo, que só concedia valor aos fatos mensuráveis, afrouxaram o vínculo que estabelecia a unidade do gênero humano. Para Paulo, este vínculo de unidade no espírito é a *caridade*. Toda a Criação do mundo e toda a História da humanidade constituem, para ele, um único grande movimento de Amor que procede do coração de Deus e a Ele retorna. Todas as misérias da vida, todas as baixezas humanas só desaparecerão por força da caridade. Santo Agostinho exprime este pensamento paulino ao afirmar: *Si angustian-*

tur vasa carnis, dilatentur spatia caritatis, «se se estreitam estes vasos de carne, dilatem-se os espaços da caridade».

É partindo desta visão de conjunto que Paulo oferece a solução para o maior problema da sua época: o do *casamento*. A vida grega não podia conceber-se sem o concubinato e a pederastia. Os mais nobres pensadores e estadistas, como Sócrates, Platão, Aristóteles e Péricles, aprovavam-nos e chegavam em algum caso a atribuir à pederastia um alto valor educativo. Mas o erotismo masculino dos gregos provocou um desprezo cada vez maior pelo casamento e um rebaixamento dos direitos naturais da mulher[56]. Era necessário, pois, tornar a ligar a fonte criadora da humanidade, o casamento, à fonte primordial e divina de toda a vida. Por isso, Paulo, com a grandeza de vistas que lhe é tão própria, deduz a sua mística sacramental do matrimônio da mística da Igreja. Nas palavras do Gênesis relativas à instituição do casamento natural – «Por isso deixará o homem seu pai e sua mãe e se unirá à sua mulher; e serão os dois uma só carne» (Gn 2, 24; cf. Ef 5, 31) –, Paulo vê a profecia e a imagem de algo futuro: «Esse mistério», diz o Apóstolo, «é grande, mas eu o digo em relação a Cristo e à Igreja».

Assim como todas as coisas terrenas não são mais do que símbolos, assim também a relação humana entre os sexos, a união entre o homem e a mulher, constitui um símbolo da união mística e espiritual entre Cristo e a humanidade redimida. Na Igreja oriental, o noivo recebe no casamento uma coroa real, em representação de Cristo, e a noiva um ramo verde, em representação da vida. Não se pode figurar de maneira mais bela a relação tão cheia de graça entre Cristo e a sua Igreja, e não se pode enaltecer mais o matrimônio do que fazendo dele imagem da Encarnação e das Bodas do Cordeiro com a Igreja. O matrimônio, a virgindade e a mística da Esposa de Cristo encontram-se íntima e misteriosamente vinculados; em qualquer desses terrenos, quando se separa o que Deus uniu – homem e mulher, natural e sobrenatural –, estancam-se todas as fontes da vida.

---

(56) O poeta grego Anfis canta os louvores da hetaíra (concubina) às custas da esposa. Já não se quer ter filhos, e mais do que em outras épocas abunda o costume de abandonar na rua os recém-nascidos do sexo feminino. O ideal predominante é o do filho único varão. O historiador Políbio fala de «cidades que, como enxames de abelhas, se vão despovoando e em pouco tempo perdem toda a sua força» (cf. Festugière).

Foi mediante a íntima *comunhão de almas* entre os esposos e a glorificação mística do laço matrimonial que o cristianismo conferiu uma nova dignidade e um novo significado social ao papel da mulher. Assim se explica a facilidade com que as mulheres aceitaram a nova doutrina e o papel especialmente relevante que tiveram na sua difusão. Entre os gregos, ninguém se lembraria de cantar a esposa fiel, mas somente a *hetaíra*; no cristianismo, em contrapartida, encontramos desde cedo um novo sentimento com relação à esposa. Nas inscrições das catacumbas, ecoam pela primeira vez esse renovado sentido da família e o comovido reconhecimento do homem pela solicitude da sua mulher: *Dulcissimae uxori*, «à minha queridíssima esposa». Já não existem neuroses sexuais nem matrimônios desfeitos, porque não há falta de fé, e ambos os cônjuges se esquecem em Cristo do seu complicado «eu».

Paulo não quis «sublimar» a vida sexual a partir de baixo, segundo o método psicanalítico, mas sim «espiritualizá-la» a partir de cima. Só podia fazê-lo apoiando-se no pressuposto fundamental da doutrina da Redenção, isto é, do fato de Cristo ter assumido *toda* a natureza humana, incluindo a sexualidade, e de tê-la redimido: *Quod non assumpsit, non redemit*, «o que Ele não assumiu não foi redimido». Da sua doutrina do matrimônio cristão nasceu uma nova educação familiar, anteriormente mal pressentida por alguns estoicos: «Num apaixonado discurso, o filósofo Favorino recomendou às mães que amamentassem elas mesmas os seus filhos, e existem inscrições fúnebres romanas que falam dessa prova de amor maternal como de algo extraordinário» (W. Pater). O cristianismo procurou sempre favorecer esse sadio impulso da natureza. Nas imagens do Menino Jesus e da Mãe de Deus que se ergue como um sol nascente sobre o mundo (cf. Ap 12, 1-2) – já de alguma maneira vislumbrados por Virgílio sob a forma da criança divina que inaugurava uma nova era, e pela Sibila tiburtina que anunciara ao imperador Augusto que uma mãe divina com uma criança ao colo traria a aurora de um novo tempo –, o cristianismo recebeu uma enorme bênção, um maravilhoso convite para cumprir os deveres da natureza – a procriação e a educação dos filhos.

Era realmente uma concepção sublime da vida humana a que Paulo anunciava, numa conjuntura em que o «dragão» do Apocalipse

VIII. A PALAVRA DE DEUS NÃO ESTÁ ACORRENTADA

se preparava para arremeter contra o gênero humano (cf. Ap 12, 3-18). Hoje, diante das novas ofensivas do paganismo, quer sob a forma dos derivados do comunismo ou do nazismo, quer das doutrinas antinatalistas, a doutrina do Apóstolo cobra uma nova atualidade. Produz calafrios comparar a solicitude do Deus Trino pela sua criatura com as seguintes palavras de um célebre astrônomo e físico moderno: «Devido a uma ligeira avaria na máquina – sem qualquer transcendência para a evolução do universo –, formaram-se por acaso uns pedaços de matéria de tamanho indevido. Faltou-lhes o calor purificador das altíssimas temperaturas estelares, ou então o frio interplanetário, igualmente eficaz. O homem é um dos mais horríveis resultados dessa falha nas medidas preventivas antissépticas do Universo» (A. S. Eddington).

Felizmente, esse grande cientista não se deteve nessa hipótese física. Continuou o raciocínio e descobriu que, se o homem, visto de fora, não passa de um «fragmento de matéria estelar que errou o alvo», ainda dentro do campo das ciências experimentais – cujo objetivo é decifrar a misteriosa linguagem das experiências sensoriais do ser humano –, esse mesmo homem, o primeiro componente da nossa experiência sensorial, é também um ser em busca da verdade, um ser cuja ânsia dominante é que sejam verdadeiras as suas convicções, um ser que não se cansa de perguntar: «Será que as tuas descobertas, as tuas verificações, as tuas certezas íntimas são realmente verdadeiras?» Ora, no momento em que se reconhece a necessidade da verdade como um dos componentes mais íntimos do ser do homem, estamos de volta a Santo Agostinho, cujo anelo mais ardente era a posse da verdade. E de Santo Agostinho a São Paulo não há mais que um passo.

Para o Apóstolo, porém, esse ser misterioso, que atribui tanta importância à verdade do seu pensamento, não é senão o homem como *imago Dei invisibilis*, «imagem do Deus invisível», uma criação do Logos eterno, que recebe do Deus trino e uno a última realização do seu destino e a razão última do sentido da sua vida. E assim se encontram esses dois espíritos: o físico moderno e o Apóstolo São Paulo, ambos batendo à porta da Verdade eterna.

O pretoriano romano, que durante o ditado estivera silenciosamente sentado no fundo da sala, ofereceu ao Apóstolo uma surpreendente imagem acerca do combate espiritual, já no final da carta: «Revesti-vos da armadura de Deus, para que possais resistir às ciladas do inimigo. [...] Estai, pois, firmes, tendo cingidos os vossos rins com a verdade, vestindo a couraça da justiça e tendo os pés calçados para anunciar o Evangelho da paz; sobretudo, sobraçai o escudo da fé, a fim de poderdes apagar todos os dardos inflamados do inimigo. Tomai também o elmo da salvação e a espada do espírito, que é a palavra de Deus» (Ef 6, 10-20). É com esta evocação do soldado romano com a sua armadura que a Epístola termina.

A obra reconciliadora de Cristo

Epístola aos Colossenses

Certo dia, Paulo recebeu a visita de Epafras, fundador da Igreja de Colossas, que lhe vinha pedir conselho e ajuda. Os habitantes do Vale do Lico estavam em geral cheios de zelo religioso e de caridade fraterna, mas eram demasiado introspectivos e dados a cavilações. Gostavam de mergulhar em devaneios e sutilezas. Paulo conhecia bem a situação: a Frígia era um perigoso recanto onde se acumulavam tempestades, e em Mileto vislumbrara já nuvens sinistras que pressagiavam os mais fantásticos extravios do pensamento cristão. Esses frígios viam o mundo cheio de demônios, o céu cheio de tronos, principados e potestades (cf. Cl 2, 15), e a esfera sublunar infestada de espíritos malignos espalhados pelos ares (cf. Ef 6, 21). Aos espíritos superiores, chamavam-lhes em conjunto *pleroma* ou «plenitude»: essa era a palavra de moda em Colossas, e todos a usavam, o artífice e o escravo, sem conhecerem verdadeiramente o seu significado. Aos espíritos inferiores, chamavam-lhes *kenoma* ou «nada».

A Jônia, berço da filosofia, e a Frígia, terra natal dos devaneios e da imaginações gnósticas, encontravam-se pois em plena efervescência pseudorreligiosa. Do ponto de vista geográfico, o caráter vulcânico da região parecia favorecer essas extravagâncias. Essa terra bravia, sacudida pelos terremotos e rasgada por numerosas fendas de onde se escapavam vapores de enxofre, aparecia aos seus habitantes como um campo de combate entre os espíritos dos ares e os dos infernos. Em Hierápolis, mostravam-se aos viajantes a boca do inferno, cha-

VIII. A PALAVRA DE DEUS NÃO ESTÁ ACORRENTADA

mada *Plutonium*, onde os demônios se divertiam fazendo das suas. Tales, que aqui nascera, afirma que «o mundo é vivo e está saturado de demônios».

As breves alusões do Apóstolo não nos permitem definir os contornos das doutrinas errôneas em voga na região. Parece, contudo, que se tratava de alguma intrincada teosofia, procedente dos desvarios judaicos e helênicos, uma espécie de *primitivo gnosticismo judaico*. Os numerosos judeus estabelecidos na Frígia desde a época de Antíoco o Grande, procuravam tornar o judaísmo mais atraente sob o manto da «filosofia»; diziam saber muitas coisas acerca dos anjos e dos espíritos, que já no Monte Sinai tinham intervindo para transmitir a Lei a Moisés. Prestavam-lhes um culto imoderado e supersticioso, e – à maneira do atual espiritismo – afirmavam que Cristo era um desses anjos medianeiros, que por esse motivo teria observado a Lei, e que os cristãos deviam fazê-lo também. A heresia foi, no começo, relativamente pouco perigosa, mas logo se transformou num veneno funesto, que encheu por vários séculos a história da religião e fez perigar a vida da Igreja. Ainda não se tratava do gnosticismo ilustrado de Manes, Marcião, Valentino e Basílides, mas já estavam presentes os rudimentos das doutrinas a que eles dariam corpo.

Estava-se, pois, diante do primeiro estágio de uma fermentação espiritual, provavelmente de origem samaritana, que sofrera depois influências essenianas e sobretudo da escola de Zoroastro. Essa crença ocultista atraía extraordinariamente uma sociedade que, à semelhança do hinduísmo, experimentava um vivo desgosto pelas coisas terrenas e uma sede de libertação. Ao que parece, girava em torno dos seguintes pontos: que é o mundo material? Foi criado? É obra de um poder adverso a Deus? Que é o mal? Procede da matéria?

A resposta dos novos filósofos iluminados era esta: o mundo material é demasiado vil, demasiado afastado de Deus para ser obra dEle. Deus está demasiado elevado para ocupar-se da criação, da direção e do governo do mundo. Se o fizesse, aviltar-se-ia. Portanto, o mundo deve a sua existência a poderes secundários, a seres intermédios ou *éons*, aos «elementos do mundo» (Cl 2, 8). Se não fosse assim, teria afastado Deus da contemplação de si próprio, única ação digna dEle. Mas, por emanação, saem de Deus inúmeros seres que decaem progressivamente, à medida que se afastam dEle na hierarquia, até se chegar aos demiurgos e construtores de mundos; uma das suas obras torpes e disformes é este mundo, assaltado por todos os lados pelas potências das trevas. A alma humana é uma centelha de luz vinda do reino superior e perdida neste mundo material. Para libertá-la, um dos melhores desses *éons*, o Cristo superior, uniu-se ao homem Jesus no instante do batismo no Jordão. Porém, antes da crucificação, essa potestade superior separou-se por completo do homem. O Salvador não é Jesus, o crucificado, mas Cristo que retornou ao *pleroma*, ao «mundo espiritual».

Os iniciados nesta ciência oculta chamavam-se orgulhosamente «iluminados» (*gnósticos*), e olhavam com desprezo os simples crentes (*písticos*). A iniciação nesta doutrina era acompanhada de rigorosas práticas ascéticas, da abstinência do vinho e da carne, e da continência. Tratava-se de uma filosofia que provinha do pensamento *neoplatônico*, geralmente hostil à matéria, e da opinião aristotélica que recusava a criação *ex nihilo* por considerá-la incompatível com a perfeição divina. Aristóteles chegara a essa conclusão por causa do seu rígido conceito de Deus como «ato puro», congelado numa imobilidade eterna e desinteressado deste mundo, demasiado estreito para admitir o generoso mistério da criação.

Paulo não teria sido o grande pensador que foi se não tivesse reconhecido o perigo que este bruxuleante fogo-fátuo representava para o claro conceito da fé. O seu maior mérito foi o de ter penetrado de tal modo na vida íntima de Deus, a partir da sua visão de Cristo e da sua iniciação no «mistério oculto de Cristo» e no plano de Redenção universal, que soube compreender que o *ato da Criação* não era indigno de Deus, mas brotava da mesma fonte que o *ato da Redenção*. E esta fonte divina comum é o ato eterno da Geração, pelo qual Deus se abraça a si mesmo pela eterna corrente de conhecimento e de amor que flui mutuamente entre o Pai, o Filho e o Espírito Santo.

A Criação é, pois, como que um transbordar, uma revelação do amor de Deus *ad extra*, «para fora», uma repetição da imagem do Filho bem-amado sob formas sempre novas, em diferentes graus, desde o maior dos querubins até à mais pálida sombra do divino no limite extremo do ser, onde este confina com o nada. Este é o último porquê da Criação, de que o Filho é a causa criadora, exemplar e final: tudo foi criado nEle, por Ele e para Ele (cf. Cl 1, 16). Todas as cria-

VIII. A PALAVRA DE DEUS NÃO ESTÁ ACORRENTADA

turas encontram nEle a sua forma ideal e a sua medida interior; em si mesmas, não têm nada que determinasse Deus a criá-las. Deus só pode ser determinado por si próprio. Se esquecêssemos este ponto de partida trinitário, chegaríamos a um mistério irracional, a um salto incompreensível no vazio. O mistério permanece, sem dúvida, quer o vejamos assim ou de outro modo: a nossa razão criada não é capaz de compreender o que é suprarracional. Deus e a sua Criação são um mistério, mas um mistério de luz e de amor.

Paulo resume esta grandeza fundamental de Cristo, que abarca tanto o Universo natural como o sobrenatural, numas palavras misteriosas, tão firmes como eloquentes, e que procedem do âmbito cultural grego: «Ele é a imagem do Deus invisível, Primogênito de toda criatura, porque nEle foram criadas todas as coisas nos céus e na terra, as visíveis e as invisíveis [...]. Ele é a cabeça do corpo da Igreja, e é o princípio, o Primogênito dentre os mortos, de maneira que tem a primazia em todas as coisas» (cf. Cl 1, 15-20). Encontramo-nos diante de uma das mais belas definições paulinas de Cristo, que só se pode comparar ao hino a Cristo da Epístola aos Filipenses (cf. Fl 2, 5-11). A alma do Apóstolo, elevada numa visão arrebatadora, legou aqui ao cristianismo primitivo um hino litúrgico que não pode deixar de impressionar profundamente quem quer que tenha sensibilidade para a grandiosa arquitetura da expressão oral.

A vida terrena de Jesus Cristo aparece ao Apóstolo rodeada de uma magnificência tão luminosa que só a poderemos entender se seguirmos o rasto brilhante das pegadas que deixou sobre a terra para a frente e para trás, para dentro da eternidade. As opiniões em voga entre os colossenses tendiam a esquecer o papel de Cristo como mediador entre Deus e os homens e a sua função de supremo Sacerdote, rebaixando-o à categoria de um ser espiritual subordinado, de uma criatura entre as outras criaturas. Era deste ponto de partida que havia de nascer o erro gnóstico, que «divide Jesus», segundo uma palavra de São João (1 Jo 4, 3), um erro que encontrou o seu ponto culminante em Ário e Nestório. Todos os hereges dos primeiros séculos erraram quanto à realeza e primazia de Cristo e, consequentemente, quanto à dignidade da natureza humana restabelecida por Cristo.

Em algumas frases lapidares (cf. Cl 1, 19), Paulo afirma o *primado de Cristo*: Deus não verteu o seu poder em espíritos subalternos, mas derramou «toda a plenitude» do seu ser no Filho. A essência divina não se dissipou em milhões de centelhas; todo o ardor do sol divino concentrou-se exclusivamente em Cristo. Portanto, não estamos submetidos a espíritos ou «potestades» subalternas, mas dependemos diretamente do próprio Filho bem-amado do Pai eterno. Os anjos que teriam colaborado com a entrega da Lei no Monte Sinai, e todas as outras «potestades», «principados», «tronos» e «dominações», de que falavam os judeus e os persas, estão desarmados e devem colaborar no triunfo de Cristo. As supostas aparições angélicas em Colossas só serviam, portanto, para alimentar mórbidas manias visionárias (cf. Cl 1, 18).

Tal como no caso da Criação, o gnosticismo fracassou também na *questão do mal*. O poder diabólico do mal neste mundo é tão grande, os sofrimentos tão desmedidos, que qualquer tentativa de solução deste problema por meio de uma teodiceia natural leva necessariamente ao desespero intelectual, e qualquer solução dualista tende para um pessimismo sem limites. Nesta matéria, só existe uma solução: a Cruz de Cristo. Sem a mística do sofrimento pregada pelo Apóstolo, não se pode resolver o problema. Ele mesmo só suporta o sofrimento pela consideração de que não se trata de um sofrimento exclusivamente pessoal: padece como membro do Corpo Místico de Cristo e completa «na sua carne o que falta aos sofrimentos de Cristo», em benefício de todos (Cl 1, 24). A cada membro do corpo místico atribui-se uma medida de participação nos sofrimentos da Cabeça, medida variável segundo o seu grau de proximidade com Cristo; aos Apóstolos cabe a maior parte, pois eles são os protagonistas principais na arena de Deus (1 Cor 4, 9). Este pensamento é para Paulo uma fonte de alegria espiritual.

Numa das suas últimas obras, Harnack afirma sobre o gnóstico Marcião: «Religião é Redenção: nos séculos I e II, era para este fato que apontavam os ponteiros da história da religião. Não podia haver um deus que não fosse ao mesmo tempo um salvador. A nova religião cristã veio maravilhosamente ao encontro desta concepção, e o Apóstolo Paulo estruturou-a em torno de Cristo Redentor, ponto central de toda a doutrina cristã». Mas no pensamento grego havia sempre o perigo do exclusivismo, do exagero e da rejeição do mundo; a vida do homem antigo debatia-se num dilema insolúvel entre a tendência

VIII. A PALAVRA DE DEUS NÃO ESTÁ ACORRENTADA

de divinizar este mundo e a tendência de fugir dele, entre o desejo de redenção e o receio dos demônios. O paganismo nunca encontrou, pois, um lugar onde a alma pudesse lançar âncoras, e acabou sempre por compreender erradamente a redenção da alma, concebendo-a como uma libertação da prisão do corpo. No século II, esta concepção tornou-se tão poderosa que chegou a seduzir três dos mais importantes pensadores cristãos do Oriente: Marcião, Taciano e Bardesano.

Por volta do ano 140, apareceu em Roma um jovem e rico armador, cujas ideias ousadas tinham horrorizado de tal forma o seu próprio pai, o bispo de Sinope no Ponto, Ásia Menor, que se vira obrigado a excomungá-lo. Era *Marcião*. Apoiado na pregação paulina, anunciava uma nova religião de redenção e de interioridade. Nada podia ser equiparado à Redenção; era um acontecimento tão grande, tão sublime e tão incomparável, que o seu autor tinha de ser exclusivamente o Redentor. Esta insistência unilateral no amor redentor de Deus levou Marcião tão longe que já não concebia a possibilidade de preencher o abismo entre o Deus Criador e o Deus Redentor. Toda a história anterior à vinda de Cristo parecia-lhe um drama feio e repugnante, no qual só se podia descobrir a figura terrível do Criador, Deus dos judeus, que Paulo teria rejeitado juntamente com a sua Lei. O aspecto mais comovente da sublime ação redentora de Cristo teria consistido precisamente em libertar-nos a nós, homens, que nem mesmo éramos criaturas suas, da maldição desse Deus Criador! Marcião exclamava pateticamente: «Ó milagre dos milagres, êxtase, poder e admiração! Nada se pode dizer acerca do Evangelho, nem pensar acerca dele, nem compará-lo com coisa alguma». Que tragédia ver o pensamento paulino tão mal compreendido por este seu apaixonado discípulo!

As consequências foram devastadoras; daí nasceu o terrível extravio espiritual do gnosticismo, que foi a encruzilhada de todas as heresias da época. A última foi o maniqueísmo, concepção pessimista que pregava uma ascética de rejeição deste mundo e pretendia pôr travas à propagação do gênero humano. Já se apontou o parentesco espiritual de Marcião com o cristianismo russo de Tolstoi e Gorki, precursores da Revolução Russa. A emocionante obra de Gorki, *O albergue noturno*, bem pode classificar-se como um drama «marcionítico», pois o «forasteiro» que aparece nela assemelha-se muito ao Cristo de Marcião, e o seu «albergue noturno» representa o mundo.

Como se tivesse pressentido o erro do seu discípulo, o Apóstolo descreve Cristo como a imagem criadora do Pai, que reúne em si a plenitude da divindade, Deus de Deus, Luz da Luz, e apesar disso um homem entre os homens, que com o seu sangue preencheu o abismo que se cavara entre Deus e este mundo. O mundo não é de origem diabólica nem pertence a Satanás. Não temos o direito de abandoná-lo, considerando-o incurável, com a sua história, a sua miséria e o seu pecado; o mundo necessita ser curado, sim, mas também é capaz de curar-se. Não devemos entregá-lo à sua sorte, renunciando a trabalhar e a atuar nele. Graças a esta doutrina precisa e clara acerca de Cristo, Paulo impediu o cristianismo de soçobrar no sincretismo caótico das religiões orientais e converteu-o num dos principais agentes criadores da civilização ocidental. Sem este feito salvador, o Ocidente ter-se-ia transformado num feudo religioso da Ásia, e Zaratustra ou Maomé teriam decidido do destino da Europa sob alguma espécie de dominação mongólica. Os celtas e os outros povos do Norte começavam já a duvidar do poder dos seus deuses, de quem já não esperavam nenhuma salvação. Nessa situação, podemos imaginar que os anjos das nações teriam comparecido diante do Eterno e suplicado: «Tem piedade da esperança do gênero humano!» E Paulo recebera o poder e a missão de fortificar o Evangelho, «o qual foi pregado a todas as criaturas que há debaixo do céu, e do qual eu, Paulo, fui constituído ministro» (Cl 1, 23).

A iniciação na *religião interior*, na «vida escondida com Cristo em Deus» (Cl 3, 4), não se faz, segundo Paulo, como a queriam os filósofos colossenses, mediante uma ascese crispada, uma vida santa apenas na aparência. Aqueles que foram transferidos «para o reino do Filho do seu amor» (Cl 1, 13) já não devem deixar-se algemar pelo «poder das trevas» e pelas prescrições legais, que não passam de um estádio infantil da religião. Deus derrogou essas leis e cravou na Cruz o texto da antiga Lei, o «quirógrafo do decreto que nos era desfavorável» (Cl 2, 14), como um troféu de vitória, como uma bandeira conquistada no campo de batalha. A consciência cristã está centrada em ordenações mais santas. Ao invés de deixarem que lhes mandem «não tocar, não provar, não manusear» isto ou aquilo, de se preocuparem de que a panela de carne não toque a panela de leite, os cristãos devem empenhar-se em não fazer sofrer uns aos outros:

VIII. A PALAVRA DE DEUS NÃO ESTÁ ACORRENTADA

«Revesti-vos de entranhas de misericórdia, de benignidade, de humildade, de modéstia, de paciência, suportando-vos uns aos outros e perdoando-vos mutuamente. [...] Triunfe em vossos corações a paz de Cristo, à qual fostes chamados em um só corpo. E sede agradecidos» (Cl 3, 12-15). Em vez de evitarem tocar qualquer moeda que tenha uma inscrição pagã, despojem-se antes do homem velho, com as suas inclinações pagãs, e restaurem nos seus corações a imagem do Criador. Estimem mais a unidade em Cristo do que as diferenças de dignidade, condição social ou sangue. Esta foi a resposta do Apóstolo à tentativa de dividir o cristianismo numa doutrina secreta reservada aos «iniciados», por um lado, e numa religião genérica para os simples fiéis.

Paulo preservou o cristianismo do perigo que podia representar uma ascese hostil ao mundo. Nem Simeão o Estilita – que durante quarenta anos permaneceria de pé, apoiado num bastão, sobre a estreita plataforma situada no topo da coluna de um templo antigo, num estado extático e visionário, sem comer nem dormir, enquanto o seu corpo se ia corrompendo lentamente –, nem os outros ascetas da Igreja Oriental, que pareceriam estrelas a brilhar no céu de um mundo em vias de desmoronar-se, nenhum deles corresponderia ao ideal de São Paulo. O Apóstolo não via no corpo o sepulcro da alma, nem no nascimento terreno a morte do ser espiritual. «Não queremos ser despojados do corpo, mas revestidos, a fim de que mesmo o que é mortal em nós seja absorvido pela vida»: por estas palavras, diz São João Crisóstomo, ficam definitivamente confundidos os caluniadores do corpo, os acusadores da carne.

Paulo desejava assegurar à religião de Jesus o seu caráter universal de escola educadora de todo o gênero humano, e ao mesmo tempo abrir uma porta ao conhecimento superior, à filosofia e à mística cristãs. Essa porta devia tornar-se mais ampla de século em século, e por ela penetraria toda a luz da razão e da ciência, até se chegar à *Suma Teológica* de São Tomás de Aquino, em que a fé e a inteligência se combinam num místico claro-escuro.

Os alexandrinos foram os primeiros a experimentar essa «alegria espiritual do pensamento cristão» que o Apóstolo tornou possível. Com o entusiasmo que sentiam diante da superioridade intelectual do cristianismo, utilizaram os conhecimentos filosóficos acumulados pelos gregos como instrumento para uma compreensão mais clara do «novo Deus». O nível científico da Escola de Alexandria deve ter sido muito elevado, pois Clemente chega a exclamar: «A partir de Cristo, já não necessitamos mais das escolas humanísticas [pagãs]. Este Mestre ensina tudo. Graças a Ele, todo o orbe se converteu numa Atenas e numa Grécia».

Paulo preparou também a entrada do *Logos* de que fala São João, do Verbo ou Verdade de Deus, no mundo das ideias cristãs; permitiu até que os Padres falassem do *Logos spermátikos*, das «sementes da Verdade» que foram caindo aqui e ali à beira do caminho, entre os próprios pagãos. Um desses primeiros raios luminosos é o que se nos mostra numa antiquíssima ode do poeta Píndaro: «Que é o homem? Que é tudo aquilo que não é o homem? O sonho de uma sombra. Mas se descende de um raio de luz procedente de Zeus, então tudo é clara luz e vida pacífica entre os homens».

Todos os amigos do Apóstolo vindos do Oriente se encontravam presentes quando o Apóstolo terminou de ditar a Epístola, segundo faz supor a lista final de saudações. O seu quarto alugado transformara-se já num agradável lugar de encontro entre amigos, ou até numa espécie de capela doméstica, onde todos vinham para ter notícias dos irmãos ausentes ou para orar, cantar e «partir o pão» (cf. Cl 1, 9). Entre os que mandam saudações, ouvimos especialmente a voz de Epafras, fundador da Igreja de Colossas, que «combate nas suas orações» pela alma dos seus filhos espirituais. Paulo estava profundamente impressionado com a intensidade da fé deste homem verdadeiramente apostólico (cf. Cl 4, 12-13).

Assim vamos obtendo uma imagem cada vez mais clara do mundo desse cativo de Cristo. É um constante ir e vir; uns irmãos partem, outros batem-lhe à porta; chegam notícias, seguem cartas. Da rua sobe o confuso barulho da cidade imperial, eternamente agitada, mas no andar de cima reina uma atmosfera de paz e caridade. A um canto, assenta-se o silencioso pretoriano: começa a suspeitar que não está vigiando o perigoso cabecilha de um bando internacional de conspiradores, mas o chefe espiritual de uma organização muito vasta, que reza incessantemente pelo bem-estar do Império e que sem dúvida asseguraria muito melhor os destinos do Estado romano do que o seu senhor imperial...

VIII. A PALAVRA DE DEUS NÃO ESTÁ ACORRENTADA

Onésimo, o escravo

Epístola a Filêmon

Entre as numerosas visitas que Paulo recebia todos os dias, uma das mais interessantes e mais comoventes foi a de um jovem escravo fugitivo. Interessante sobretudo porque nos permite assistir à luta travada pelo cristianismo no plano social, e comovente porque nos mostra o Apóstolo sob um novo ângulo, extremamente simpático pela sua nobre humanidade e pela maneira como soube elevar um assunto corriqueiro ao âmbito sobrenatural. Com a Epístola a Filêmon, Paulo erigiu um monumento imortal à bondade.

Filêmon, rico comerciante de Colossas, tinha comprado num mercado de escravos um jovem esperto e inteligente. Deu a esse órfão de pai e mãe o nome de *Onésimo*, isto é, «útil». Mas este cometeu um dia uma imprudência própria dos seus anos moços: furtou alguma coisa do seu senhor e, com medo do castigo, acabou por fugir e chegar a Roma, ponto de encontro de todos os extraviados e cloaca de todos os vícios. Mas a realidade logo se mostrou bem diferente do que havia sonhado. O dinheiro acabou-se num abrir e fechar de olhos, e a polícia imperial encontrava-se nos seus calcanhares; um escravo fugitivo era considerado fora da lei, um proscrito, e assim praticamente só lhe sobrava a carreira do crime. Nessas horas, que pensamentos horríveis não assaltam a alma de um homem desesperado.

Mas a graça de Deus já tinha preparado um ponto de contato com essa pobre alma. Filêmon e a sua mulher Ápia, ambos recém-convertidos, contavam-se entre os amigos íntimos do Apóstolo, a tal ponto que Paulo se permite com toda a tranquilidade pedir-lhes que lhe preparem pousada (cf. Flm 22). A sua casa era daquelas em que se celebrava o culto e onde os cristãos entravam e saíam. Alguns supõem que *Arquipo*, que cuidava do serviço religioso, era filho do casal. Talvez Onésimo se encontrasse por acaso com Epafras ou, naquela situação desesperada, se lembrasse do bondoso Apóstolo, a quem tivera de levar anos antes algumas cartas do seu senhor. Onde encontrar melhor refúgio que no coração de um cristão? Mas encontrou ali alguma coisa mais: a maior felicidade da sua existência. Este escravo fugitivo estava destinado a ser um belo triunfo da graça divina, e a carta que no-lo revela bem merece ser considerada um monumento dessa mesma graça.

Um dia, Onésimo bateu à porta de Paulo, que lhe perguntou se trazia alguma carta do seu senhor. O escravo sentiu-se enrubescer. Podia esconder alguma coisa desse olhar que perscrutava o fundo das almas e que, apesar disso, permanecia tão bondoso? O filho pródigo fez a sua confissão. O caso era grave: quando se apanhava um fugitivo desses, era costume marcar-lhe na testa a letra F (de *fugitivus*) com um ferro em brasa. Se, além disso, se tratava de um ladrão, o seu senhor tinha o direito de mandar açoitá-lo até à morte ou de enviá-lo ao *pistrinum*, ao moinho, onde faria girar a mó enquanto vivesse. Existe ainda uma chapa metálica da primeira metade do século IV, que certo escravo pertencente a um ministro da igreja de São Clemente tinha de levar sempre ao pescoço por ter tentado fugir, e que traz a seguinte inscrição: *Tene me quia fugi et reboca me Victori Acolito a Dominicu Clementis*, «Prende-me porque fugi e leva-me de volta a Vítor, acólito de São Clemente». Na verdade, Onésimo provavelmente não precisava recear o pior de Filêmon; mas se o seu senhor o denunciasse ou a polícia o apanhasse, o caso poderia tornar-se melindroso e a situação de Paulo seria muito equívoca.

O Apóstolo era de opinião que Onésimo devia voltar para casa de Filêmon, mas o escravo tremia ante essa ideia. Ah, se houvesse alguém que o resgatasse! Paulo refletiu por um momento e disse-lhe: «Onésimo, conheço alguém que te pode resgatar. Eu sou pobre, mas a pessoa de quem te falo é tão rica que pode resgatar o mundo inteiro». Os olhos de Onésimo brilharam. Como? Seria possível? «Ainda não ouviste falar de Cristo, salvador do mundo?» Sim, Filêmon falara-lhe muitas vezes dEle, e desde que se fizera cristão tratava muito melhor os seus escravos, alguns dos quais também se tinham feito cristãos.

Paulo dispôs-se então a mostrar-lhe o seu glorioso senhor: era Filho do Deus eterno, era o mais livre entre os livres, e apesar disso tinha abandonado a sua liberdade e o seu esplendor para tomar a condição de escravo. Expusera-se voluntariamente à morte de escravos, para resgatar os homens de uma escravidão ainda mais dura. A seguir, o Apóstolo contou-lhe o que ele próprio havia sofrido sob a escravidão da Lei, e como voltara a encontrar a sua liberdade em Cristo. «Querido Onésimo, *temos um bom senhor!* Em Cristo, não

VIII. A PALAVRA DE DEUS NÃO ESTÁ ACORRENTADA

há escravos nem homens livres: todos são seus escravos. Mas que escravidão! O último dos escravos do Senhor é mais livre que o mais livre dos homens. O seu jugo é suave e a sua carga ligeira». E que não lhe falassem da liberdade dos homens: também ele julgara ser livre noutro tempo, e apesar disso fora o mais miserável dos escravos, escravo da letra e de uma triste ilusão. Julgara viver, e no entanto estivera morto.

Desde que morrera com Cristo, porém, desde que passara a estar crucificado para o mundo, conhecera a vida. Outrora, quando todos o consideravam feliz, era desgraçado e gritava, durante as noites de insónia e aflição: «Quem me livrará deste corpo de morte?» Mas depois de ter recebido cinco quarentenas de açoites por Cristo, de ter sido expulso de cidade em cidade, exposto a todos os perigos na terra e no mar, a todos os rigores das estações, a todas as privações, e de ter passado fadigas e trabalhos por Cristo durante trinta anos, então conhecera a verdadeira alegria, e agora muitas vezes repetia aos seus: «Regozijai-vos no Senhor!» Era um homem novo. Hoje, os seus cabelos tinham embranquecido, mas o Senhor sempre lhe dava, a cada instante, uma nova juventude. «Onésimo: não temas o estigma da infâmia na fronte. Aqueles que têm a alma e a consciência cauterizadas, esses são os verdadeiros estigmatizados (cf. 1 Tm 4, 2). Somente o homem interior, oculto na consciência, tem importância para nós. Como é magnífica a liberdade que Cristo nos conquistou!» (cf. Gl 4, 31).

Onésimo escutava com os olhos brilhantes. Nunca um homem lhe falara daquela maneira. Como devia ser maravilhosa a fonte da qual brotava uma vida assim, uma superioridade de espírito tão triunfante! Paulo, por sua vez, sentia nascer um vivo amor pelo jovem escravo. A juventude sempre exercera sobre ele uma atração particular, e esse jovem fugitivo tinha algo de simpático, apesar da sua leviandade. Onésimo percebeu a simpatia daquele coração. Tornou a voltar noutras ocasiões, e ambos se fizeram amigos. Um dia, quando mais uma vez estavam sentados juntos e Paulo deixava transbordar o amor de Cristo que lhe cumulava o coração, Onésimo ajoelhou-se diante dele e pronunciou o seu *Credo*. Não era a primeira nem a última vez que uma visita ao Apóstolo terminava daquela maneira. O pretoriano, sentado no seu posto, no fundo daquele quarto, teria podido referir vários casos semelhantes.

O rumo que a história de Onésimo tomou depois da sua conversão mostra uma característica própria do cristianismo: a estreita vinculação entre *doutrina e moral*. O cristianismo associa o mais elevado voo de ideias ao mais sóbrio sentido das realidades. A fé nem sempre é cômoda e pode tornar-se muito desagradável. Para os pagãos, a religião e a moral eram duas realidades completamente separadas; havia mesmo deuses imorais. A religião e a moral caminhavam paralelamente, sem nunca se encontrarem, e por vezes até se achavam em aberta oposição. Podia-se ser um piedoso devoto dos deuses e contudo ter uma vida moralmente vil. Só o cristianismo exigiu um perfeito acordo entre a conduta religiosa e a moral, porque a religião e a moral derivam da mesma fonte. A religião de Paulo era eminentemente prática e não se contentava com decisões puramente intelectuais. Onésimo teria de voltar para Filêmon, confessar a sua culpa e aceitar o castigo que Filêmon lhe impusesse. A separação seria dura, pois ambos se haviam tornado bons amigos, e Paulo bem poderia utilizar os seus serviços. Mas era preciso respeitar os direitos de terceiros.

O Apóstolo decide, pois, escrever umas linhas ao seu velho amigo; Onésimo acompanharia Tíquico, que se dirigia a Colossas, e levaria essa carta ao seu senhor. Paulo sentou-se e ditou a Timóteo um curto bilhete. É a única Epístola particular do Apóstolo que possuímos, e versa sobre um assunto exclusivamente privado, mas dá-nos a medida do seu coração mais profundamente do que todas as outras Epístolas, carregadas de ideias. Qual é o homem que, nas suas cartas particulares, ousa expandir-se tão clara e abertamente, sem temer nem muito nem pouco a publicidade e a mais severa crítica? Tudo o que Paulo escreve, todo o bilhete, toda a nota, traz o cunho do seu espírito, vem do centro do seu coração de Apóstolo, resiste à mais severa análise.

Paulo omite qualquer alusão ao seu cargo apostólico. Em contrapartida, deixa tilintarem discretamente as suas algemas – «prisioneiro de Jesus Cristo» – para introduzir o motivo religioso de fundo. Filêmon dirige uma grande casa com numerosos escravos e escravas. O Apóstolo sabe muito bem que ele não deixará de ler a Epístola em público, em alguma reunião de culto que se realize ali, e por isso saúda «a Igreja que está em tua casa». Adquiriu sobre Filêmon um

VIII. A PALAVRA DE DEUS NÃO ESTÁ ACORRENTADA

direito de paternidade espiritual, e por isso pode muito bem exigir dele alguma coisa de prático. Mas também conhece a natureza reta e nobre do discípulo (cf. Flm 5-7), que não precisa receber ordens para cumprir o seu dever, e contenta-se com recordar-lhe a lei da caridade. Um verdadeiro pastor de almas obtém mais com pedidos do que com ordens.

Além disso, Paulo agrupa habilmente, numa gradação crescente, os motivos que o levam a interceder. «Porque tu és tal como eu, Paulo, velho...»: e Filêmon vê diante de si o rosto enrugado do Apóstolo. Como é comovente a humildade do homem de idade perante outro mais novo! Lembramo-nos do quadro de Rembrandt em que se representa São Paulo sob os traços de um homem velho, encanecido a serviço de Cristo! «E atualmente até prisioneiro»: um preso que não pensa na sua própria miséria, mas na dos outros. «Prisioneiro de Jesus Cristo»: toda a cristandade se encontra sob prisão na sua pessoa.

Se Paulo apresenta o pedido nesse nome, e se além disso pede pelo seu próprio «filho», pelo seu filho espiritual, então sabe que Filêmon não lhe levará a mal o pedido, ainda que a pessoa por quem intercede se chame Onésimo! Eis por fim pronunciado o nome fatal! Paulo só o refere depois de uma longa preparação psicológica, porque sabe que esse nome evocaria sentimentos desagradáveis no espírito do seu amigo, a lembrança da ingratidão desse escravo com quem sempre tinha sido tão bom. O Apóstolo vê Filêmon franzir as sobrancelhas e dissipa-lhe a ira com uma pequena brincadeira, com um trocadilho com o nome de Onésimo: «o qual outrora te foi inútil, mas agora é útil para mim e para ti». Filêmon sente a mão do amigo pousar suavemente sobre a sua fronte.

«O qual te tornei a enviar», continua Paulo. «Recebe-o como ao meu coração». É pedir muito! Mas, para que o Apóstolo fale assim, é preciso que haja algo de grande nesse Onésimo. E agora o Apóstolo passa a fazer o elogio desse pobre escravo: «Eu queria demorá-lo comigo, para que me servisse por ti nas prisões do Evangelho» – isto é, como ele é propriedade tua, cada serviço que me presta em nome de Cristo, és tu mesmo quem o presta. «Mas, sem o teu consentimento, nada quis fazer, para que o teu benefício não fosse como que forçado, mas voluntário». Paulo reconhece portanto a antiga ordem jurídica, e consequentemente o direito de Filêmon sobre o escravo. Teria podido reter Onésimo consigo, pressupondo o consentimento tácito do seu senhor; todavia, esse procedimento lembraria uma imposição, e Paulo era acérrimo adversário de toda a violência, de toda a pressão moral, especialmente em questões materiais, para que nenhuma sombra recaísse sobre o Evangelho.

E agora vem um fino e admirável retorno ao plano sobrenatural. Mesmo o pecado, a desobediência, as violações da lei natural cometidas pelos homens são integrados por Deus nos planos da sua Providência, e o Senhor os faz entrar nas suas equações como uma espécie de incógnita, mas uma incógnita muito bem conhecida dEle. «Porque talvez ele se tenha apartado momentaneamente de ti para que tu o recobrasses para sempre, não já como um escravo, mas, muito mais que um escravo, como um irmão caríssimo». Que bela característica do cristianismo a desta comunidade de alma entre todos os que, separados exteriormente por destinos tão diversos, se reconhecem e se encontram em Cristo! Não há dúvida de que Onésimo pecou; mas onde Deus perdoa, também o homem deve perdoar. Diante de Deus, esse pecado foi precisamente o impulso para a sua conversão. Causou um desgosto a Filêmon, mas esse desgosto bem valeu a pena! Filêmon pensava ter sofrido um prejuízo, mas eis que na verdade acaba de fazer um magnífico negócio: ao invés de um escravo, recebe um irmão!

Graças à paternidade espiritual existente entre Paulo e Filêmon, reina entre eles uma espécie de comunhão de bens ou, como o exprime o Apóstolo em termos comerciais, uma espécie de participação societária: «Se me tens por íntimo, recebe-o como a mim; se algum dano te causou ou te deve alguma coisa, passa isso para a minha conta. Eu, Paulo, escrevi por meu próprio punho; eu o pagarei, para não dizer que me deves a tua própria pessoa», porque te converti, pondo-te no caminho da salvação. «Sim, irmão. Obtenha eu de ti esta satisfação no Senhor. Recreia o meu coração no Senhor».

Por mais que se vasculhe toda a literatura epistolar antiga, não se encontrará um único «documento humano» que mereça comparar-se a esta Epístola. Leia-se a carta de Plínio ao seu amigo Sabiniano, na qual lhe pede que dispense da tortura um escravo que lhe fugiu; de momento, já foi suficientemente castigado pela severa reprimen-

VIII. A PALAVRA DE DEUS NÃO ESTÁ ACORRENTADA

da que recebeu dele, Plínio, mas em caso de reincidência deverá ser tratado sem nenhuma compaixão. A comparação inclina-se, sem sombra de dúvida, em favor do Apóstolo. A grande afinidade do estoicismo com o senso ético do cristianismo manifesta-se também na conduta de Plínio para com os seus próprios escravos: quando o seu liberto Zózimo contraiu tuberculose, Plínio enviou-o ao Egito; e quando o ex-escravo, depois de retornar, voltou a cuspir sangue, preocupou-se de enviá-lo à casa de um amigo na Riviera. Permitia também que os seus escravos fizessem testamento, ato geralmente reservado aos homens livres.

Igualmente magnânimo era o comportamento de Cícero, conforme se percebe por uma carta a seu filho Marco, de 53 a.C.: «Com a manumissão de Tiro deste-me, querido filho, uma alegria muito grande, uma vez que o consideras digno de melhor sorte e preferes ver nele um amigo nosso ao invés de tê-lo como nosso escravo. Agradeço-te e felicito-te por isso». Por fim, comparemos ainda a Epístola com esta carta do pároco cristão Caor de Hermópolis, dirigida ao centurião Flávio Abíneo (346 d.C.), em que intercede por um soldado desertor: «Desejaria falar-te, meu senhor, do assunto do soldado Paulo. Perdoa-lhe uma vez mais a sua fuga. Neste momento, não disponho de tempo para ir ver-te, mas dentro em pouco ele irá voluntariamente ao teu encontro. Desejo-te bem-estar por muitos anos, meu senhor e irmão». Que diferença de tom e de conteúdo entre todas estas cartas e a Epístola a Filêmon, apesar de ser idêntico o motivo!

A Epístola a Filêmon não é somente uma obra-prima de discrição e cortesia; é também como que um germe da *declaração cristã dos direitos do homem*. São Paulo não podia sonhar em declarar simplesmente abolida a escravidão, porque a razão social, a segurança do Estado e o próprio interesse dos escravos não o permitiam. O Império Romano tinha então muito mais escravos do que cidadãos livres, e os escravos desempenhavam um papel importantíssimo na produção da riqueza. Não eram raras as casas com vários milhares de escravos, e Sêneca chega a afirmar que não os vestiam com trajes diferentes dos dos outros cidadãos para que eles mesmos não se dessem conta da sua superioridade numérica. Milhões de mãos afanosas trabalhavam nas casas, nas propriedades agrícolas, nas fábricas, nos curtumes etc.; eram os inestimáveis servidores da cultura romana, graças aos quais se tornaram possíveis todos os monumentos e todo o requinte artístico. Por essa razão, certo historiador chega a ver no escravismo «uma instituição que salvou a civilização»: «Era necessário que milhões de homens cultivassem a terra, forjassem o aço e aplainassem a pedra, para que alguns milhares de pessoas pudessem dedicar-se à pesquisa, à pintura, à escultura e à administração pública. [...] Mesmo avaliadas pela miséria dos escravos, as tragédias de Sófocles e o Zeus de Fídias não saíram demasiado caros» (Th. Birt, *Zur Kulturgeschichte Roms*).

Paulo pensava de modo bem diferente, como vimos, mas só podia intervir no sentido de suavizar-lhes a sorte. Naquelas circunstâncias, proclamar a libertação dos escravos teria desencadeado uma guerra civil e provocado uma revolução geral, ameaçando a sobrevivência da Igreja, ainda incipiente. A experiência de todos os tempos – em concreto, o exemplo da Revolução francesa – demonstra que uma transição demasiado rápida da servidão para a liberdade não constitui nenhum benefício para os que têm algo a esperar dela. Se hoje a escravidão nos parece uma flagrante violação do senso moral, é preciso não esquecer que é a razão esclarecida pelo cristianismo que fala em nós. A Antiguidade clássica e o próprio Aristóteles nada viam na escravidão que fosse contra a natureza.

Por outro lado, se é verdade que, juridicamente, a situação dos escravos era das mais penosas, e o princípio «não há atos ilegais no que diz respeito a um escravo» era admitido por todos, na prática o tratamento a que estavam submetidos era bem melhor. Os mais humanos com os escravos eram os judeus, graças às suas leis religiosas; entre eles, ninguém podia ser escravo durante mais de dez anos. Também os gregos eram mais clementes que os romanos. Podia acontecer que algum milionário desumano alimentasse os seus peixes com carne de escravo, mas não se deve generalizar esses casos. Sêneca escreveu a Nero: «Deves ser benigno com os teus servos, pois toda a cidade de Roma olha com desprezo e aponta com o dedo o senhor que usa de crueldade para com os seus escravos».

Mas quando a filosofia falhava, o problema tinha de ser considerado mais profundamente, numa perspectiva religiosa. Somente a fé na unidade mística de todos os membros de Cristo e na igualdade de todos os homens perante Deus – com a condição de esses ideais dei-

VIII. A PALAVRA DE DEUS NÃO ESTÁ ACORRENTADA

xarem o domínio da teoria e passarem a ser aplicados na realidade cotidiana – podia conduzir pouco a pouco a uma solução do problema. Como primeiro passo, o tratamento devia tornar-se mais humano; a seguir, a escravidão devia transformar-se numa servidão suave, para só depois poder desaparecer completamente. Paulo lançara os fundamentos dessa solução na Epístola aos Gálatas, ao proclamar a *magna carta* da liberdade cristã: «Porque todos vós sois filhos de Deus pela fé em Jesus Cristo [...]. Não há judeu nem grego; não há servo nem livre; não há homem nem mulher. Todos vós sois um só em Cristo» (Gl 3, 28). Apontava, pois, para uma igualdade pessoal, não meramente objetiva nem ideal.

Mesmo no âmbito religioso, os escravos eram considerados pelos pagãos como homens de segunda categoria, inferiores, sem religião. Podiam praticar o culto das divindades secundárias dos campos, dos bosques e dos prados, mas estavam proibidos de participar do culto oficial. Paulo, pelo contrário, proclama a completa igualdade religiosa de todos os homens: «Com efeito, todos nós fomos batizados num mesmo Espírito, para sermos um só corpo, quer sejamos judeus ou gentios, servos ou livres; e todos bebemos de um só Espírito» (1 Cor 12, 13). Como podia um cristão sentir-se no direito de desprezar os seus escravos, se o próprio Espírito Santo não fazia nenhuma distinção entre as pessoas ao comunicar os seus carismas?

Na primeira Epístola aos Coríntios (7, 21), Paulo insiste em que o estado de vida exterior e a situação social não mudam pelo batismo. O batismo e o cristianismo não libertam do vínculo conjugal nem da classe social, mas transformam a alma e elevam-na acima das contingências humanas e das diferenças de classe. Qualquer outra atitude teria sido muito perigosa para a Igreja: quantas conversões aparentes não teria havido se Paulo tivesse proclamado em termos gerais a liberdade social! Não seria razoável que o Apóstolo permanecesse num nível de pensamento inferior ao do filósofo cínico Diógenes, que, por assim dizer, pressentindo o cristianismo, exprimiu nestas palavras o elogio da liberdade interior da alma em face da sua condição externa: «Desde que Antístenes [o seu antigo senhor] me deu a liberdade, não voltei a fazer-me escravo».

Na Epístola a Filêmon, Paulo teve ocasião de fazer a prova pelo exemplo. Não é amigo de soluções gerais: gosta de tratar cada caso em separado, porém de tal maneira que se entreveja a solução fundamental. O problema posto no caso de Onésimo exprimia-se assim: «É permitido a um escravo, redimido pelo sangue de Cristo, libertar-se do jugo do seu senhor temporal? O senhor cristão estará obrigado a alguma coisa pelo fato de o seu escravo se ter convertido ao cristianismo?» A solução dada pelo Apóstolo é de uma magnífica coerência, e não abala o edifício do direito romano. São Paulo deseja realmente a manumissão, mas dá inteira liberdade à consciência cristã para resolver o problema como melhor entender.

Toda a Igreja primitiva conservou este respeito paulino pelo homem, ainda que na condição de escravo. Um escravo podia ter acesso a todos os cargos eclesiásticos. Como não soaria a novidade naquele mundo, a uma grande novidade, saber que a Igreja de Roma, a mais célebre de todas, era dirigida ora pelo descendente de uma *gens illustris*, como o Papa Cornélio, ora por um antigo escravo, como o Papa Calixto! Infelizmente, nem mesmo aqui viriam a estar totalmente ausentes os conflitos motivados pelas diferenças sociais: o antipapa Hipólito, como porta-voz da aristocracia romana, lançaria no rosto do seu rival Calixto, em tom de superioridade, a antiga condição desse Papa, chegando mesmo a afirmar que tinha fugido do seu senhor quando era escravo e, recapturado, fora condenado à ignominiosa pena de trabalhar no moinho e nas minas. À parte a questão do cisma, observa-se aqui um certo orgulho de classe, do qual havemos de encontrar vestígios até num São Leão Magno e em muitos bispos medievais. Que bela resposta lhes dão os documentos cristãos de alforria de escravos, em que se alude com gratidão ao exemplo de São Paulo: «Mas, como Paulo proclamou bem claramente com a sua poderosa voz: "Não és escravo, mas homem livre", vê, eis que também eu te deixo em liberdade a partir de hoje, meu escravo, a quem comprei com o meu dinheiro».

Tudo o que há de legítima liberdade no universo cristão procede de algum modo da herança espiritual de São Paulo, o fiel intérprete de Jesus Cristo. «Eu, Paulo, velho e atualmente até prisioneiro de Jesus Cristo, rogo-te pelo meu filho Onésimo, que gerei entre correntes». Seja para sempre bendita a memória deste homem que, no tempo de Nero, pôde pronunciar palavras de uma tal bondade e quebrar as algemas da humanidade, estando ele próprio algemado!

VIII. A PALAVRA DE DEUS NÃO ESTÁ ACORRENTADA

O «salto de Deus»

Epístola aos Filipenses

A primeira conquista de Paulo em território europeu, a Igreja de Filipos, sempre foi a sua predileta. O senso latino de segurança e ordem que reinava nessa colônia romana combinava melhor com a sua seriedade hebraica do que a inconstância dos gregos. Ali não havia altas especulações, mas um cristianismo muito prático.

Certo dia, um cidadão muito considerado de Filipos, *Epafrodito*, apresentou-se inesperadamente na casa de Paulo para entregar-lhe um importante donativo da comunidade. Paulo alegrou-se muitíssimo com essa prova de afeto, e com certeza adivinhou quem era o coração fiel e apostólico que estava por trás dessa dádiva: só podia ser um coração de mulher. Lídia era de uma bondade inesgotável, e sempre tinha alguém de quem ocupar-se; alguns comentaristas pensam que o Apóstolo alude a ela com a expressão «fiel companheiro» (Fl 4, 3). Não obstante, essas palavras também poderiam referir-se a São Lucas, que havia partido um pouco antes para Filipos.

Como andavam os irmãos de Filipos? Epafrodito tinha muitas coisas boas a contar. A comunidade continuava firme na fé e na caridade, combatia corajosamente pelo Evangelho e manifestava uma grande preocupação pelo Apóstolo. Contudo, uns pequenos ciúmes e querelas entre mulheres, como Evódia e Síntique, às vezes tiravam brilho a esse quadro. Além disso, uns agitadores judeus-cristãos tinham procurado alterar a paz dos discípulos e abalar a autoridade de Paulo, mas sem resultado. Tinham conseguido que fossem presos alguns fiéis, porém a comunidade unira-se ainda mais firme e estreitamente.

Epafrodito permaneceu muito tempo junto de Paulo e partilhou do seu cativeiro. Este homem desinteressado consumiu-se inteiramente e «expôs a sua vida» a serviço do Apóstolo e do Evangelho. A sua débil saúde não resistiu às febres que grassavam em Roma, e Paulo teve de passar muitas noites velando à cabeceira do amigo e lutando com Deus pela sua cura. O seu restabelecimento final é exaltado por São Paulo como uma prova da misericórdia divina para com a comunidade, que tinha receado pela sua vida, e sobretudo para consigo próprio. Foi provavelmente no termo do seu cativeiro, por volta do ano 63, que o Apóstolo se despediu do amigo, completamente restabelecido a essa altura, e o enviou a Filipos com uma Epístola muito afetuosa para a comunidade. Marcos, Tíquico e Onésimo já tinham partido para a Ásia Menor, e só Timóteo ficara com ele. Em nenhuma das suas Epístolas encontramos acentos tão ternos e tão suaves como nesta carta, que foi chamada com razão a «pérola» das Epístolas paulinas. Não devemos procurar nela uma ordem rigorosa de ideias, pois é apenas um transbordar do coração: *cor ad cor loquitur*. Paulo deixa-se guiar aqui por uma finalidade própria de um pastor de almas: deseja fazer de Filipos uma comunidade-modelo e desterrar dela as últimas sombras de dissensão. Tudo o que o rei Midas tocava transformava-se em ouro; tudo o que um gênio como Paulo toca transforma-se em algo de grande e incomum.

As mudanças do estado de alma do Apóstolo que transparecem nesta Epístola, desde a gozosa confiança ou uma dolorosa resignação, até o angustioso pressentimento de um fim próximo (Fl 2, 17), conforme as notícias que ia recebendo do seu processo e do seu presumível fim, manifestam-se nas diversas interrupções e são muito significativas para nos dar a conhecer os sentimentos que se entrecruzavam no espírito do prisioneiro. A nota dominante, porém, é a *alegria espiritual*. O único desejo do Apóstolo é que Cristo seja glorificado no seu corpo, quer pela vida quer pela morte. Vida longa ou morte iminente são a mesma coisa, quando se trata da causa de Cristo. Paulo regozija-se sobretudo por ver que o seu cativeiro não dificulta de maneira nenhuma a propagação do Evangelho, antes favorece a sua difusão. Alguns judeus-cristãos gostavam de atrair maliciosamente a atenção da opinião pública romana para o preso, a fim de caluniá-lo; mas, graças a isso, o nome de Cristo tornava-se cada vez mais conhecido em Roma. Paulo não podia saber que, já no ano seguinte, essa publicidade ruidosa viria a ser fatal para o jovem cristianismo, pois Nero daria início às perseguições depois do incêndio da cidade.

Mas a razão mais profunda da sua alegria sobrenatural está contida na proposição lapidar que brilha em letras de ouro sobre o seu túmulo em Roma: *Mihi vivere Christus est et mori lucrum!*, «para mim o viver

VIII. A PALAVRA DE DEUS NÃO ESTÁ ACORRENTADA

é Cristo e morrer é um lucro»[57] (Fl 1, 21). Paulo não conhece nenhuma felicidade puramente pessoal, nenhum interesse privado; todos os seus interesses coincidem com os interesses de Cristo. Sobre um homem desses o destino não tem poder algum. Até o carrasco se sente desarmado quando a sua vítima saúda a morte como um ganho. Mas a vida também tem o seu valor: é condição para o trabalho apostólico. Para o Apóstolo, faz-se difícil a escolha. *Non recuso laborem*, «não recuso o trabalho», quereria ele dizer com São Martinho. Finalmente, decide-se pela atitude que mais tarde haveria de ser a de Santo Inácio de Loyola: «Se tivesse de escolher entre a morte, com a garantia da entrada imediata no céu, e uma vida mais longa, cheia de trabalho e de dores por Cristo, mas sem a garantia do céu, escolheria apesar de tudo esta última, porque seria a mais heroica».

São Paulo não perde de vista nem por um instante o fim principal da carta: restabelecer a unidade de alma entre os filipenses. Encontra a razão das dissensões na falta de *espírito sobrenatural*: os fiéis não levam o cristianismo suficientemente a sério, como algo muito real. Para o Apóstolo, o mistério de Cristo não é um mero sistema de ideias, e a mística comunidade de vida com Ele não é uma mera figura de retórica; a fé não é apenas uma maneira diferente de ver as coisas, e a caridade e a fraternidade não são simples ideias que se devam praticar com moderação e prudência. «Não», diz Paulo, «a nossa comunidade com Cristo é a mais real das realidades. Se Cristo é verdadeiramente uma realidade para vós, então estais obrigados a renunciar às questiúnculas que vos separam». A atitude moral do cristão não é nenhum adorno estético, um acréscimo à fé, mas uma consequência da união com Cristo, como o fruto o é da raiz.

E agora o Apóstolo introduz diretamente os seus filipenses no centro do mistério de Cristo. Cristo é a imagem incriada do Pai, tem a mesma «figura da substância de Deus», encontra-se em plano de igualdade com Deus, e tem portanto direito absoluto à categoria e às

---

(57) Em Platão, encontramos algumas ideias afins ao modo de pensar de Paulo acerca da vida e da morte: segundo o filósofo, a vida terrena não passa de uma preparação, de uma purificação para a verdadeira vida, que se inicia após a morte. Da mesma forma, escreve Cícero (no Sonho de Cipião): «`Só vivem verdadeiramente aqueles que se libertaram das amarras do corpo como de um cárcere; em contrapartida, aquilo a que vós dais o nome de vida é morte».

honras divinas. O primeiro Adão julgou poder apropriar-se por meio de um roubo da *vida divina*. O segundo Adão nada roubava ao afirmar-se igual a Deus, porque essa dignidade lhe cabia por direito, em virtude do seu nascimento eterno no seio do Pai; no entanto, despojou-se livremente do seu esplendor externo e ocultou a sua origem divina sob «a forma de servo» (Fl 2, 7). Se o Senhor tivesse pensado como os filipenses, teria feito alarde do seu título durante a sua vida terrena, ter-se-ia vingado de todas as afrontas, teria mandado legiões de anjos combater por Ele, teria feito descer fogo e enxofre do alto dos céus e vendido a sua vida tão caro quanto possível. Mas não o fez! Por acaso deixou de ser igual a Deus por isso? Por trás da sua aparência externa, estava escondida a sua divindade. Diante disso, será que o homem deixa de ser o que é quando se humilha? A sua nobreza interior, ninguém lha pode arrebatar.

A *Encarnação* foi o primeiro «salto de Deus», segundo uma expressão de São Gregório Magno, o salto do Infinito para o finito da criatura, o primeiro passo da *kenosis*, do despojamento de si próprio. Mas Deus lançou-se ainda mais profundamente no abismo da humilhação: uma vez de posse da nossa natureza passível de sofrimento, quis privar-se de tudo o que torna a vida agradável, mais interessante, mais bela e mais digna de ser vivida. Fez-se inteiramente pequeno, pobre, obediente, sem vontade própria, aspirando literalmente à humilhação até à morte de escravo. Tudo o que o fato de ser homem significa nos seus aspectos mais terríveis, tudo isso tomou-o sobre si. Mandou encher até à borda o cálice da dor, e depois bebeu-o até as fezes. E eis que nós, pobres seres humanos, ainda ousamos insistir mesquinhamente nos nossos «direitos», permitindo-nos ser obstinados e recusar a mútua compreensão! A *redenção pela cruz* foi o segundo «salto de Deus», do Deus infinito no domínio finito do humano[58].

---

(58) Segundo Paulo, a Redenção levou-se a cabo por meio de quatro fases: 1. A negação que Deus fez de Si mesmo na Encarnação, renunciando em Cristo à plenitude do poder divino; 2. O caminho do homem-Deus, em forma de servo, através dos abismos da vida; 3. O sacrifício da morte na Cruz; 4. A consumação e eficácia desse sacrifício por meio da Ressurreição.

A importância salvífica da morte na Cruz reside na grandeza da ação amorosa de Jesus (cf. Ef 5, 2; Rm 5, 6-9 e 8, 32; 2 Cor 5, 14). Desta forma, Cristo supera todos os heróis da história, já que não morreu, como aqueles, pelo seu próprio povo, mas por toda a humanidade. Nesta ação salvadora baseiam-se a sua soberania como *Kyrios*

VIII. A PALAVRA DE DEUS NÃO ESTÁ ACORRENTADA

Mas se não nos basta esse olhar sobre a humilhação de Deus, consideremos a exaltação que se seguiu a ela. A medida da humilhação é a medida da exaltação. O Pai elevou a natureza humana de Jesus até o trono divino e conferiu-lhe o título de *Kyrios*, o mais alto de todos os nomes, que Cristo usa como Rei dos reis, Senhor de todos os senhores e Imperador dos três impérios, o do céu, o da terra e o dos infernos: «Por isso também Deus o exaltou e lhe deu um nome que está acima de todo o nome, de modo que, ao nome de Jesus, todo o joelho se dobre no céu, na terra e no inferno, e toda a língua confesse que o Senhor Jesus Cristo está na glória de Deus Pai» (Fl 2, 9-11). Aqui voltamos a encontrar o mais legítimo Paulo! Não se pode dar um fundamento mais profundo à moral; como sempre, o Apóstolo enquadra o quotidiano no marco da eternidade. Os Padres e os teólogos viram neste elogio de Cristo, neste *carmen Christi*, a mais bela expressão hímnica da alma paulina e a revelação mais profunda do mistério de Cristo. Esta passagem contém todo um tratado de Cristologia e de teologia da Santíssima Trindade.

Descendo dos cumes dogmáticos, Paulo torna-se novamente doce e terno. Os filipenses são-lhe muito dedicados de coração, atentos e dóceis aos seus ensinamentos. «Portanto, meus caríssimos, como sempre tendes sido obedientes» – diz o Apóstolo –, «trabalhai na vossa salvação com temor e tremor, não só como fazíeis na minha presença, mas muito mais agora na minha ausência» (Fl 2, 12). A vida é séria, e o que está em jogo é o que há de mais importante: a graça de Deus, que «opera em vós o querer e o agir». Se o Amor do Céu se empenhou do modo como fez no nosso destino, devemos procurar que nada falte da nossa parte. O «temor e tremor» significam para Paulo a seriedade de vida, uma consciência delicada, o santo temor de Deus. E depois lembra-lhes que os cristãos devem ser «sinceros filhos de Deus, sem culpa, no meio de uma nação depravada e corrompida» – corriam os tempos de Nero –, «onde vós brilhais como astros do mundo, conservando a palavra da vida» (Fl 2, 14-15). Bem cedo haveriam eles de iluminar o circo do Imperador, como tochas vivas! O pensamento

---

(Senhor), o culto cristão (a Eucaristia, a Missa), e mesmo toda a piedade cristã como «imitação de Cristo»: «...a fim de conhecê-lo a Ele e a virtude da sua Ressurreição e a participação nos seus sofrimentos, assemelhando-me à sua morte, para ver se de algum modo posso chegar à ressurreição dos mortos» (Fl 3, 10-11).

do terrível estado em que se encontra aquele mundo sugere a Paulo a visão do seu próximo martírio: «Mas, ainda que eu tenha de ser derramado em libação sobre o sacrifício e a oblação da vossa fé, alegro-me e congratulo-me com todos vós. Vós também alegrai-vos e congratulai-vos comigo» (Fl 2, 17-18).

Muitos exegetas consideram o capítulo seguinte um fragmento de outra Epístola aos filipenses, escrita em outra ocasião e num estado de alma diferente, mas reunida mais tarde à primeira, e pensam até poder indicar o lugar da inserção (entre Fl 3, 1 e 4, 1). Mas, para explicar a diferença de tom e de assunto, basta supor uma pausa longa e a chegada de novas notícias.

Paulo refere-se agora mais uma vez aos seus adversários judeus, presentes também em Filipos. Às vãs discussões sobre os privilégios judaicos, à ostentação das borlas, à jactância acerca de árvores genealógicas, da promessa divina e da circuncisão, à maneira pouco caridosa como os judeus ladravam como «cães» à volta do Apóstolo prisioneiro (cf. Ap 22, 15) e destroçavam como javalis a vinha do Senhor, assemelhando-se a «maus operários», o Apóstolo responde com uma ironia ainda mais cruel, com a troça dos pagãos aos judeus de prepúcio recortado: «mutilados». Encontramos a mesma palavra no poeta Horácio: *curtis iudaeis*.

A seguir, opõe-lhes o seu próprio brasão judaico, e despedaça-o à vista deles, como por morte do último representante de uma família nobre se quebra o seu escudo de armas, lançando os pedaços ao túmulo. Paulo não despreza o seu passado nem a sua ascendência judaica, mas na sua conversão encontrou um novo valor para a vida, que o leva a considerar um prejuízo tudo aquilo que antes constituía o conteúdo central da sua vida. O conhecimento de Cristo ultrapassa todo o resto. Em comparação com ele, todas as outras coisas não são mais do que «esterco».

Depois de trinta anos de uma inaudita atividade, o Apóstolo envelhecido continua a sentir um impetuoso desejo de perfeição; quereria lutar como um corredor infatigável no estádio olímpico, a fim de ganhar a coroa imperecível do céu. Assim é São Paulo: inimigo de toda a mediocridade, um representante da classe dos homens que não aceitam meios-termos, que nunca se dão por satisfeitos com o que fazem para chegar à meta que escolheram. Nesta linha de ideias, distingue dois

VIII. A PALAVRA DE DEUS NÃO ESTÁ ACORRENTADA

tipos de cristãos: os que «gostam somente das coisas terrenas» (cf. Fl 3, 19), isto é, pensam *humanamente*, representam um cristianismo aburguesado, mundano, confortavelmente instalado neste mundo e que faz política com os mesmos meios e armas dos «filhos deste século»; e os que pensam *sobrenaturalmente*, que buscam a sua força na Cruz de Cristo e procuram resolver os problemas deste mundo lançando mão dos meios sobrenaturais, sem tentarem sobrepujar os mundanos em astúcias e artes retóricas. «Nós, porém, somos cidadãos do céu»: o nosso Estado, a nossa política, a nossa cidadania encontram-se no céu.

Os cristãos daquele tempo não podiam participar ativamente da cultura helênica nem da política romana, porque ambas estavam saturadas de tendências hostis a Deus[59], e por isso tiveram de elevar a cidadania – a ideia fundamental da civilização antiga – ao plano espiritual: deviam tornar-se «membros do corpo de Cristo», «cidadãos da cidade de Deus», sem no entanto constituírem um Estado dentro do Estado. O caminho só veio a aplainar-se depois da queda do mundo antigo, quando a Igreja pôde criar novos moldes para o direito social, impregnados de espírito cristão, entre os povos jovens. Hoje, esta época parece ter-se extinguido definitivamente. Já não existe uma sociedade cristã ou um Estado cristão no sentido medieval do termo, e assim os cristãos veem-se mais necessitados do que nunca de lembrar-se das suas forças espirituais essenciais. Uma Igreja que hoje pretendesse trabalhar com métodos antigos, que quisesse apelar para privilégios caducos, transformar-se-ia num corpo estranho dentro da sociedade. Colocado numa situação análoga, Paulo diz-nos: «Buscai as coisas que são do alto» (Cl 3, 1)[60].

---

(59) Apesar da simpatia que Paulo manifestava pelo Estado romano, os primeiros cristãos tiveram de evitar determinadas funções e cargos públicos, pela sua estreita vinculação com o culto pagão. Entre esses cargos, incluía-se o de professor: «'Quando um professor se apresentava pedindo o batismo, era-lhe imposto como condição que renunciasse ao ensino, porque a matéria estudada nas escolas públicas derivava predominantemente das lendas dos deuses pagãos; é por isso que conhecemos tão poucos mártires saídos das fileiras dos mestres de escola» (de Waal-Kirsch). Uma das poucas exceções foi um certo Cassiano, assassinado por um dos seus alunos, pagão fanático, com o punção de ferro usado para escrever.

(60) A atitude do homem antigo perante o mundo e o cosmos oscilava normalmente entre dois polos, o de uma ingênua alegria de viver e o do pessimismo mais negro. Pode-se dizer que passou por quatro fases diferentes: 1. Nos estágios mais pri-

A Epístola termina com um *chamamento à alegria*. Por essa altura, e não longe dali, Sêneca, instalado na sua casa de campo, escrevia estas profundas palavras: *Res severa magnum gaudium*, «uma grande alegria é algo de muito sério»; e nós acrescentamos: não há maior alegria do que consumir-se a serviço de uma causa séria. E quem trabalha por uma causa mais séria do que o cristão? A alegria só se encontra onde se tomam a sério a fé, Deus, a eternidade, o absoluto, e onde o pequenino «eu» se apaga para se fundir na felicidade do todo. O paganismo degenerado de então desconhecia esta alegria, apesar de Sêneca a pressentir, como se tivesse sido tocado por uma centelha da luz cristã. «Alegrai-vos incessantemente no Senhor; outra vez vos digo: alegrai-vos!»: para Paulo, o Senhor é a fonte de todas as alegrias, e estas têm a sua origem no coração de Deus.

Com efeito, Deus não criou este mundo num acesso de mau humor, mas por um ato de pura alegria, de uma alegria que tinha a sua origem nEle próprio, a partir do Modelo de toda a Criação que é o seu Filho bem-amado. A alegria não é por si mesma uma virtude, mas cria o ambiente necessário para a virtude, a luz que a faz prosperar. E é também um dos motivos mais eficazes de credibilidade para aqueles que estão fora, porque, quando veem um cristão genuíno e alegre, percebem que há ali um profundo manancial de vida e podem dizer: «O Senhor está perto»; não se veem obrigados a exclamar com Nietzsche: «Se pelo menos esses redimidos tivessem o ar de redimidos!» Este é, para Paulo, o *leitmotiv*, o lema da sua existência e de toda a vida autenticamente cristã: «O Senhor está perto!»

A esperança da segunda vinda do Senhor não se enfraqueceu em Paulo com o correr do tempo. Quanto mais avança em anos, mais perto lhe parece o dia do Senhor. Esta mística tão ativa da Parusia encontra-se no polo oposto da sua mística contemplativa de Cristo e da Cruz. Põe na Parusia uma ponta de impaciência, um entusiasmo constante, e apoia nessa mística a solicitude do seu trabalho pelo Se-

---

mitivos, o homem sentia-se ligado à terra (Gaia) que o havia produzido; 2. Na época clássica, encontrava-se totalmente a serviço da pólis ou cidade-estado; 3. No período helenístico e no estoicismo, converte-se em cosmopolita ou «cidadão do mundo»; 4. Em Marco Aurélio, surge pela primeira vez a ideia da «cidade de Deus», uma «forma de Estado da qual todas as demais comunidades são, por assim dizer, meras colônias» (4, 23, 3) (cf. Festugière e Prümm, *Christentum*).

VIII. A PALAVRA DE DEUS NÃO ESTÁ ACORRENTADA

nhor. O *kairos* paulino, a ânsia de «recuperar o tempo» (cf. Ef 5, 16), nada tem que ver com a atual febre do trabalho. É a mística cristã do trabalho: «Trabalhai enquanto é dia!» (cf. Jo 9, 4); «o tempo é breve» (1 Cor 7, 29).

A alegria cristã abraça tudo aquilo que, na Criação, é belo, grande e bom. Daí resulta para Paulo um programa *de vida cristã:* o cristão é o homem inteiro que vibra em uníssono com Deus e com tudo o que é bom, aliado a tudo o que é belo, nobre e forte. Um cristianismo no qual não encontrasse cabida tudo o que de belo e de grande se pensou, se disse e se realizou no decorrer dos séculos, seria um cristianismo bem mesquinho!

A maneira nobre com que o Apóstolo agradece o dinheiro enviado pelos filipenses permite-nos por fim vislumbrar novamente as profundezas da sua alma. Não oculta quanta alegria lhe trouxe esse presente, mesmo no plano material. É possível que estivesse em atraso com o aluguel da casa, pois os preços eram muito caros em Roma. Mas, com fino tato, sabe dar ao agradecimento um rumo que faz os próprios doadores sentirem-se donatários num plano superior, como quem oferece uma «hóstia aceita, agradável a Deus» (Fl 4, 18). Este é o orgulho cristão.

Se ponderarmos toda a nobreza desta Epístola numa visão de conjunto, veremos como o hino a Cristo (2, 6-11) se assemelha a uma brilhante pedra preciosa. O moderno historiador das religiões espanta-se diante de uma cristologia tão avançada e tão clara acerca de um Cristo preexistente. Todas as tentativas de desvendar o processo de formação deste conceito de Cristo no espírito do Apóstolo malograram, porque ele já o tinha diante dos olhos desde o momento da visão de Damasco. E, contudo, não se tratava da visão de um sonhador. Cristo era o mesmo que poucos anos antes palmilhara as terras da Palestina e as ruas de Jerusalém sob a forma de servo; era concidadão e contemporâneo do Apóstolo. Aquele que fora tão odiado e que agora, depois de morto e ressuscitado, estava acima dos céus, era maior que todas as coisas, mais poderoso que a morte, e tudo iluminava e cumulava com uma torrente de bênçãos. E não se tratava de nenhuma apoteose teatral, como a cena da divinização dos imperadores, em que se fazia voar uma águia por cima da pira funerária a fim de simbolizar o gênio divino do Imperador; pelo contrário, era o fim de todas as apoteoses pagãs. Paulo arrebatou a todos os imperadores o falso atributo de deuses, e transferiu-os para Cristo; assim evitou que o divino continuasse a ser profanado pelo paganismo, e subtraiu o humano à adulação vil e degradante.

IX. Últimas viagens e cartas

No crepúsculo do mundo

«*Vergente mundi vespere...*, quando se aproxima o crepúsculo do mundo», assim começa um antigo hino vesperal para o tempo do Advento. Nos tempos de Cristo, um dos grandes ciclos da história humana se aproximava do seu fim. Foi nesse entardecer da antiga humanidade que Cristo apareceu para trazer ao mundo a nova juventude dos filhos de Deus.

Quando Paulo chegou a Roma, os primeiros sinais da morte já haviam começado a imprimir as suas rugas na face da civilização antiga. Tinham sido vãos os esforços do velho Catão, que prevenira os romanos contra o influxo desmoralizante do helenismo. Tinham sido vãos os esforços do imperador Augusto, que aceitara a dignidade de *Pontifex maximus*, renovara os antigos cultos da religião romana e levantara por meio das suas leis sobre o matrimônio diques protetores contra a crescente onda de imoralidade em todas as classes sociais. Começava já a definhar a ordem equestre, depois de a alta nobreza patrícia estar quase extinta. Tinham sido vãs as tentativas de Mecenas, descendente do sangue real etrusco, que procurara esconder a podridão interior sob o manto de purpurina do culto à beleza. O doce veneno que Ovídio injetara nas veias da juventude romana tinha-se alastrado e consumia-lhe as forças vitais; pois esse poeta acabara de publicar a sua *Ars amandi*, verdadeiro manual de todos os adúlteros daquela época e das posteriores, e cujos efeitos o imperador Augusto teve de experimentar na pessoa da sua própria filha, Júlia.

Ao mesmo tempo, Virgílio lamentava-se de ver a religião romana suplantada pelos cultos orientais. Descrevia Roma como «a deusa frígia, mãe dos deuses, coroada de torres, embriagada com a sua origem divina» (*Eneida* 6, 785), e em breve os cristãos haveriam de ver nessa cidade a Meretriz montada sobre a Besta, «a mãe das impudícias e das abominações da terra, [...] ébria do sangue dos santos e dos mártires de Jesus» (Ap 17, 5-6). A antiga fé romana em Júpiter tinha sido solapada e as massas recorriam à magia oriental babilônica e à numerologia[61]. A religião tinha sido substituída pelo culto do Estado, e procurava-se exprimir essa megalomania em construções gigantescas de uma vertiginosa suntuosidade: Nero acabava de traçar os planos da sua *domus aurea*, «casa de ouro». Roma encontrava-se numa embriaguez ininterrupta de festividades e jogos de circo. Por dinheiro, tudo era venal: os interesses do Estado, a liberdade dos cidadãos, o voto dos jurados, o juramento militar, a honra da mulher. Mas a morte das nações e das civilizações é muito lenta, e o sólido edifício romano levaria quatro séculos a desabar.

O homem que sabia da iminência da Parusia, em que Cristo apareceria em fogo e fumo sobre Roma e Jerusalém, achava-se preso havia dois anos, à espera da sentença. Semelhante demora não nos deve causar estranheza. Tratava-se de uma questão religiosa relativa a um judeu estrangeiro, e o assunto não podia despertar grande interesse no tribunal imperial. Ultimamente, o caráter do imperador, agora com vinte e seis anos, tinha sofrido uma mudança fatal: acabara de desembaraçar-se da tutela dos seus dois educadores, Sêneca e Afrânio Burro, e os instintos selvagens que herdara da mãe despertaram nele a besta sedenta de sangue. Um após outro, todos os que se encontravam no seu caminho foram afastados: Britânico, Otávia e Agripina, sua mãe. Sêneca foi convidado a ratificar com a sua autoridade o matricídio, mas preferiu retirar-se para a sua casa de campo e lá esperar, como antes fizera seu irmão, a ordem para a «morte voluntária». Burro morrera em março de 62; envenenado, dizia o povo.

---

(61) Certamente não era infundada a advertência de Horácio: «Não procures esquadrinhar qual o fim que os deuses impuseram à tua vida ou à minha; deixa de ocupar-te dos números babilônicos» (Ode 11, 1).

IX. ÚLTIMAS VIAGENS E CARTAS

Para diminuir a influência do general-em-chefe dos pretorianos, Nero dividiu as funções do cargo entre dois homens: Tigelino, o tristemente célebre companheiro de todos os seus crimes, e Fênio Rufo, um homem honesto, mas fraco de caráter. Como Tigelino andava muito ocupado com as intrigas da corte, o destino de Paulo esteve nas mãos de Rufo. O seu cativeiro terminou, aparentemente, no verão de 63, com uma declaração jurídica de improcedência da ação; desta forma, a Roma oficial reconhecia que a profissão de fé cristã não era, em si, um crime contra a segurança do Estado, e foi somente com Domiciano que esse ponto de vista se modificou. Certo dia, entrou um centurião no quarto de Paulo, tirou as correntes do prego e pendurou-as no cinturão, declarando que o prefeito de Roma tinha desistido de dar continuidade à ação judicial. Paulo poderia ir para onde quisesse. Escapava por um triz à morte: se o processo tivesse demorado mais um ano, Tigelino, então ocupado em esvaziar as prisões para encher o circo de mártires, não teria esquecido um «chefe de seita» como o Apóstolo.

Perguntar-se-á por que São Lucas não nos relata a libertação de Paulo. Seja como for, não há dúvida de que ele teve conhecimento do desfecho do processo; nos últimos tempos do cativeiro, não o encontramos mais em Roma, uma vez que a Epístola aos Filipenses não o menciona entre os que enviam saudações. Além disso, não narra a morte de Paulo, o que prova que os Atos dos Apóstolos se publicaram entre o primeiro e o segundo cativeiro. Para onde se dirigiu o Apóstolo? As Epístolas escritas no cativeiro fazem pensar que deve ter adiado provisoriamente o seu primitivo plano de ir à Espanha, pois vemos o seu olhar voltar-se exclusivamente para o leste. Timóteo partira para Filipos e Paulo pretendia encontrá-lo no caminho. Agora, depois de quatro anos de prisão, afastado finalmente o maior obstáculo para o impulso da sua energia longamente contida, parecia ter chegado para ele uma nova primavera. Na realidade, era o ardor mitigado do sol de outono, que confere ao vinho a sua última doçura e o seu último calor.

Já desde a sua viagem a Roma, quando a nave em que viajava tinha passado por *Creta*, esta ilha tinha entrado no horizonte missionário do Apóstolo como um novo campo de ação, até então por ele ignorado. Talvez tivesse ouvido dizer em Éfeso que havia lá alguns cristãos dispersos, dos quais ninguém se ocupava. Ainda havia, pois, algum trabalho no Oriente. Paulo embarcou com Tito para a célebre ilha do lendário rei Minos. Desta vez, a ilha impressionou-o bem mais agradavelmente do que três anos antes, durante a terrível tempestade.

Creta, a terra homérica das «cem cidades», com a sua antiquíssima realeza sacerdotal, permanecera isolada durante milênios e, como ponte entre o Egito e a Grécia, tinha desenvolvido uma civilização autóctone na luta contra as forças da natureza. As ruínas ainda existentes das fortalezas reais de Cnossos, Festos e Hágia Tríada constituem verdadeiras maravilhas do mundo. Mas a riqueza adquirida no comércio e a refinada cultura egípcia e asiática tinham efeminado a população insular. Quando o Apóstolo pôs os pés na ilha, os cretenses passavam por um dos povos mais dissolutos da Antiguidade. O seu antigo vidente Epimênides tornara os seus conterrâneos célebres em todo o mundo com este comentário sarcástico: «Os cretenses são sempre mentirosos, más bestas, ventres preguiçosos» (Tt 1, 12).

Mesmo aqui, porém, a semente do Evangelho tinha produzido os seus frutos. Os cretenses que haviam presenciado o milagre de Pentecostes (cf. At 2, 11) tinham sido os primeiros mensageiros da fé. Mas era um cristianismo incoerente, um tanto selvagem, sem organização comunitária estável, semelhante ao dos países germânicos antes da evangelização de São Bonifácio. Sabiam muito pouco sobre Jesus, embora conhecessem perfeitamente os heróis do Antigo Testamento e as respectivas árvores genealógicas, sobre os quais os rabinos lhes haviam contado todo o tipo de «fábulas judaicas». Um abundante campo de trabalho esperava o Apóstolo. Tito deveria levar avante a missão em Creta, enquanto Paulo estivesse levando a cabo a sua viagem às regiões extremas do Ocidente.

Paulo absteve-se conscientemente de voltar a pisar o solo da Palestina. A indisciplina e a confusão nas instituições civis e religiosas tinham atingido o auge em Jerusalém. Flávio Josefo conta que o sumo-sacerdote Anano «reuniu o Conselho Supremo e, formando com ele um tribunal, apresentou diante deles o próprio irmão de Jesus, a quem chamam Cristo, por nome Tiago, e alguns outros, e fê-los condenar à lapidação» (*Antig.* 20, 9, 1). Isto aconteceu justamente na altura em que Paulo deixava Roma.

IX. ÚLTIMAS VIAGENS E CARTAS

E que acontecia em Roma enquanto o Apóstolo se encontrava no Oriente? Uma nuvem de fumo e de fogo impede-nos de ver o panorama oferecido pela História. Por entre o lívido reflexo das chamas, distinguimos confusamente apenas umas poucas sombras. Uma delas é *Pedro*. Quando o fogo se propagou ao Aventino e às vertentes do Janículo, onde se encontravam as choupanas dos cristãos pobres, teria também ele sido arrastado por esse rio de sangue e de fumaça? Alguns pensam que sim; ninguém o sabe. O lugar da sua execução parece confirmar a hipótese, pois os jardins do Vaticano cobrem o local onde as vítimas da perseguição de Nero derramaram o seu sangue. Onde se encontraria Paulo naquele momento? Ignoramo-lo.

No dia 19 de julho de 64, o imperador Nero recebeu na sua vila de *Antium*, ao sul de Óstia, a notícia de que um enorme incêndio fazia estragos em Roma. Durante sete dias as chamas devoraram tudo o que encontraram pela frente, e dos catorze bairros da cidade somente quatro saíram ilesos. Naquela noite desafortunada, o povo tinha visto servos imperiais correrem pelas ruas com archotes. Este incêndio foi o ponto de partida para a «prova de fogo» do cristianismo, que duraria trezentos anos e na qual se poria de manifesto se a obra do «sábio arquiteto» Paulo, do seu amigo Pedro e dos seus colaboradores tinha sido edificada sobre o fundamento de Jesus Cristo, «com ouro, prata, pedras preciosas», ou «com madeira, feno e estopa» (1 Cor 3, 12). Nenhum acontecimento impressionou tanto os contemporâneos como esta selvageria do imperador incendiário, da qual nos dão testemunho cinco personagens pagãos que não podem ser acusados de parcialidade: Tácito (*Anais* 15, 44), Suetônio (*Nero* 16), cronista da corte de Adriano e amigo de Plínio, Juvenal (*Sátiras* 1, 115), poeta que pertencia ao mesmo círculo de amizades, Dion Cássio (*História de Roma* 62, 16) e Sêneca (*Ep.* 14).

Levanta-se aqui uma suspeita, que quase se tornou uma certeza histórica. Os judeus, que no tempo de Cláudio tinham sido obrigados a deixar Roma por causa da contenda acerca de Cristo, pagaram agora aos cristãos com ódio redobrado. Nero tinha necessidade de um culpado a quem atribuir a responsabilidade do incêndio, afastando de si as acusações do povo: talvez alguma seita oriental mal conceituada! Os judeus souberam fugir às mil maravilhas do laço, desviando o antissemitismo romano para os cristãos. O cristianismo tinha conseguido até àquele momento estender-se por todo o Império romano à sombra da Sinagoga, mas o preço que teria de pagar por isso seria enorme. Todo o ódio que os pagãos vinham acumulando contra os judeus desencadeou-se agora sobre as cabeças dos cristãos. Entre os que rodeavam o imperador, havia diversas personagens influentes, como Tigelino, Alitiro e a prosélita Popeia, que estavam em condições de pôr Nero na pista dos cristãos.

Foi assim que a Igreja veio a encontrar-se entre as duas pedras de moinho do judaísmo e do antissemitismo, e é um verdadeiro milagre que não tenha sido inteiramente triturada. Até recentemente, vislumbrava-se algum resquício dessa dolorosa experiência dos primeiros dias quando a Igreja rogava na liturgia da Sexta-Feira Santa: *Oremus et pro perfidis Iudaeis*. Provém da mesma fonte a sombria alusão do bispo romano Clemente na sua Epístola aos Coríntios: «Esta perseguição foi obra da inveja» (*Cor* 1, 5). E poucos anos mais tarde, no Apocalipse, São João chamaria aos maus judeus «sinagoga de Satanás» (Ap 2, 9; 3, 9).

É nesta orgia de ódio que surge pela primeira vez na literatura pagã o bendito nome de «Cristo». Assim como Cristo tinha morrido na Cruz como criminoso político entre dois criminosos políticos, também a Igreja passou a ser considerada pelo Estado romano como delinquente político, e por Tácito e outros escritores pagãos como a pior de todas as superstições e abjeções humanas. Tácito considerava que a total ausência de participação dos cristãos nos negócios da vida pública constituía prova suficiente para essa acusação; a calúnia tinha produzido os seus efeitos. Quando Apião conta no seu livro *Contra os judeus* que estes comiam, por ocasião da celebração dos seus mistérios, um grego especialmente engordado para esse fim num bosque sagrado, não sabia que essa calúnia sangrenta passaria pura e simplesmente a ser atribuída aos cristãos. Um estremecimento de pavor invadia o pagão quando escutava as palavras da celebração eucarística: «Tomai e comei; isto é o meu corpo». Também a veneração de um deus com cabeça de asno, que Apião atribuía aos judeus, passou a atribuir-se aos cristãos, como o prova o crucifixo blasfematório do Palatino.

Tácito, um romano altivo e orgulhoso, sente uma certa piedade pelos cristãos torturados por Nero, ao passo que o polido cortesão Suetónio não conhece o menor sentimento de humanidade, nem mes-

IX. ÚLTIMAS VIAGENS E CARTAS

mo perante as crudelíssimas cenas da mitologia grega que os cristãos foram obrigados a representar para diversão dos romanos: Hércules morrendo entre chamas; Íxion despedaçado na roda; Orfeu retalhado pelos ursos; a mutilação de Átis; Pasífae entregue a um devasso (talvez o próprio Nero) disfarçado de touro bravio; Dirce presa nua a um touro e arrastada pelos rochedos de Heliconte, cena que recorda as pinturas murais de Pompeia. Também São Clemente de Roma nos refere esses cruéis suplícios e horrorosos ultrajes (*Cor* 1, 6).

Sêneca, que tinha alimentado a imaginação do jovem Nero com essas imagens mitológicas, e que tinha favorecido involuntariamente a mórbida propensão do discípulo para semelhantes fantasias dissolutas, refere pouco depois estas cenas no desterro da sua casa de campo, onde pagava a falta de firmeza que tinha caracterizado a sua vida: «A tirania tem à sua disposição o aço e as chamas, grilhões e uma multidão de animais selvagens, para lançá-los sobre as pessoas. Apresentam-se diante da alma as prisões, os tormentos da cruz, e ganchos de ferro, e aquelas estacas que, enterradas no corpo do condenado, lhe saem pela boca; os membros esquartejados por carros puxados em sentidos contrários; e aquela túnica feita de matérias inflamáveis ou impregnada com elas; em resumo, tudo o que a fúria cruel foi capaz de inventar» (*Ep.* 14). São palavras de uma testemunha ocular sobre os feitos espantosos do seu mal aconselhado discípulo, agora sentado no trono imperial. E – fato extraordinário –, aos olhos do frio estoico, que vira morrer tantos gladiadores, apresentava-se agora, como uma visão de terras distantes, o inexplicável sorriso de um humilde cristão: «No meio de todos esses tormentos, havia um que nem ao menos gemeu; não, não implorou pela sua vida; pelo contrário, já que isso é demasiado pouco, até sorria, sim, sorria com o coração cheio de gozo» (*Ep.* 78).

Entre as vítimas sem nome da perseguição de Nero, encontravam-se com certeza a maior parte daqueles irmãos que Paulo havia saudado na Epístola aos Romanos e que tinham outrora vindo ao seu encontro até ao *Forum Appii*, mas igualmente aqueles que tinham anunciado Cristo sem intenção reta, apenas para afligirem o Apóstolo nas suas cadeias. Também esses se salvaram, mas «como por meio do fogo» (1 Cor 3, 15). O perigo comum e a morte comum apagaram tudo o que havia de demasiado humano nos seus corações. Só de

Áquila e Priscila sabemos que escaparam ao perigo, porque Paulo os manda saudar mais tarde em Éfeso (2 Tm 4, 19).

Esta foi a primeira vitória religiosa da Igreja romana, pela qual mereceu o seu posto de primazia entre todas as Igrejas do orbe. A perseguição deu-se em agosto de 64, no reinado da «besta» apocalíptica, no crepúsculo do mundo. Agora o fim não podia estar longe, pois o «o homem do pecado, o filho da perdição» (2 Ts 2, 3) já havia aparecido. Não se sabe se a perseguição terminou no ano 64, ou se Nero promulgou então uma lei imperial contra os cristãos. Mas o pior foi a proscrição moral do nome cristão que, relacionando os fiéis romanos com o incêndio, ficou marcado na opinião pública com a nota das mais execráveis baixezas e infâmias.

Com a perseguição neroniana, o Estado romano e toda a civilização antiga entravam em luta com uma força espiritual cuja envergadura moral os ultrapassava de longe. A desgraça de Roma foi não ter sabido reconhecer então a única força do futuro que teria podido preservá-la da ruína. Um Império universal como o romano tinha necessidade de um complemento: o vínculo universal e espiritual de uma religião comum. A antiga religião não podia desempenhar essa função, pois os sarcasmos dos filósofos a tinham destruído nos corações. O sincretismo religioso oriental também não podia entrar em linha de conta, dada a sua imprecisão e inconsistência, e tampouco as religiões baseadas em determinadas nações ou povos. A única religião que estava acima de todas as diferenças nacionais, sem deixar de respeitar o valor de todas as peculiaridades nacionais, podendo assim formar a braçadeira espiritual do Império, era a cristã.

Na sua posterior organização em dioceses e na sua administração, a Igreja acomodou-se em ampla medida ao modelo romano; estava, por assim dizer, «talhada» para ele. Mas o Estado preferiu desconhecer precisamente essa força viva, e a tensão interior que daí resultou acabou por levar a civilização antiga ao desmoronamento final. É frequente perceber no mundo romano desta época e nos seus juristas o terrível pressentimento de que algo de novo se encontrava em formação, e de que o velho totalitarismo estatal era incapaz de abarcar essa novidade com novas formas, de aceitar a formação de uma *societas perfecta* no plano espiritual, de uma comunidade jurídica religiosa independente. Com efeito, a discussão e a delimitação dos dois poderes,

IX. ÚLTIMAS VIAGENS E CARTAS

do político e do religioso, seria a tarefa capital de toda a Idade Média e do mundo moderno.

«A coluna e o firmamento da verdade»

1 Timóteo

A obra do Apóstolo no Oriente estava concluída. Retomou então o seu plano anterior e dirigiu o seu olhar para a *Espanha*. Muitas razões nos levam a pensar que Paulo se fez à vela de Éfeso para a Espanha, passando por Massília (Marselha). Como os navios faziam longas escalas em todos os portos de certa importância, é possível que pisasse também a terra dos gauleses e visitasse as comunidades cristãs de lá. Alguns supõem que se deva ler «Gálias» em vez de Galácia na segunda Epístola a Timóteo (4, 10), e se isto for verdade, parece ter sido acompanhado por Crescente.

O mais antigo escritor que fala da missão de São Paulo na Espanha é *Clemente de Roma*, que provavelmente chegou a conhecer o Apóstolo, se é que não é o mesmo Clemente referido na Epístola aos Filipenses. Na sua Epístola à comunidade de Corinto, refere que Paulo «chegou até aos confins do Ocidente», o que, do ponto de vista de um romano, só pode designar a Espanha. Pelo autorizado *fragmento de Muratori*, o mais antigo documento sobre a coleção dos escritos do Novo Testamento, podemos concluir que Lucas não se referiu ao martírio de Pedro e à viagem de Paulo à Espanha por não ter sido testemunha ocular desses fatos. Na própria Espanha não faltam *tradições locais* acerca dessa viagem missionária do Apóstolo, especialmente em Tarragona, Écija, Lezuza e, sobretudo, Tortosa, onde se diz que o Apóstolo sagrou bispo um certo São Rufo. Mas o fim e os resultados dessa viagem permanecem inteiramente mergulhados na obscuridade.

Na primavera do ano 66, voltamos a encontrar São Paulo numa *viagem de inspeção pelo Oriente*. Visita Creta, percorre a costa asiática, pede a Timóteo que persevere em Éfeso e, passando por Trôade – onde costumava ficar hospedado na casa de Carpo –, dirige-se à Macedônia. É aqui que parece ter escrito a primeira Epístola a Timóteo, receoso de encontrar algum obstáculo imprevisto que o impedisse de regressar a Éfeso.

O estilo das três *Epístolas pastorais* manifesta a avançada idade do Apóstolo. Já não é tão animado, enérgico e conciso como antes. Sabemos que, com a idade, muitas vezes mudam a maneira de escrever, a vivacidade e a escolha das palavras. Deixam-se de lado expressões favoritas, e outras tomam o seu lugar. O vocabulário do Apóstolo encontra-se agora influenciado pelas expressões idiomáticas dos países visitados, pelo meio social e pelas novas exigências de organização. É preciso acrescentar a isso a mudança de secretário, que na Antiguidade dispunha de certa liberdade na redação das cartas. Todas estas alterações percebem-se claramente na última Epístola do Apóstolo a Timóteo, escrita durante a segunda prisão em Roma, onde seria preso como delinquente político. No entanto, reconhecem-se sem dificuldade o estilo e o selo espiritual do Apóstolo. O Paulo das Epístolas do cativeiro é antes de mais nada, graças ao relativo isolamento de que gozava na sua casa alugada, o grande teólogo e o grande místico que medita sobre o plano da Redenção divina; o Paulo das Epístolas pastorais é sobretudo o prático pastor de almas.

Éfeso era, como vimos, o centro de uma nova «filosofia da iluminação», que nesta Epístola aparece já numa fase mais avançada. Tratava-se de um bizarro produto híbrido entre elementos babilônios e persas, em que se misturava alegremente a doutrina da peregrinação das almas de estrela em estrela com as fantasias do judaísmo tardio: doutrinas cabalísticas, registros genealógicos do Antigo Testamento, novelas históricas semelhantes às que apareciam na literatura judaica apócrifa desse tempo, como no *Livro dos jubileus* ou mesmo em Fílon de Alexandria. Cada personagem sagrado do Antigo Testamento tinha quem narrasse toda a história da sua família, como o fizera o velho Homero com os heróis do cerco de Troia. Um certo Himeneu ensinava, além disso, que a fé na ressurreição era apenas coisa para os fiéis ingênuos, e que o caminho para a perfeição e a iluminação consistia na abstenção do vinho, da carne e do casamento. Outro intrigante perigoso era Alexandre, o caldeireiro. Ambos tinham sido solenemente excomungados por Paulo.

Havia um outro grupo de hereges, ainda mais perigosos, a quem Paulo chama «espíritos doentes», que davam ouvidos a «espíritos enganadores e doutrinas de demônios» (1 Tm 6, 4; 4, 1). Esta gnose proliferava «como gangrena» (2 Tm 2, 17). Era dificílimo comba-

IX. ÚLTIMAS VIAGENS E CARTAS

tê-la com argumentos racionais, porque se tinha refugiado no reino do sentimento e da fantasia, e com certeza encontrou uma acolhida favorável nas reuniões sociais «piedosas» e nos salões das grandes damas, como ocorreria mais tarde com os rosa-cruzes e espíritas franceses, e com os jansenistas de Port-Royal, para cuja difusão contribuíram principalmente algumas mulheres cultas e piedosas, de vida por vezes muito austera, embora escondessem sob o manto dessa severidade muita vaidade e muito orgulho. As damas de Éfeso sentiam-se lisonjeadas por se encontrarem nas primeiras filas do novo movimento, e nunca lhes faltavam presentes e convites. Daí a referência explícita do Apóstolo aos que «pensam que a piedade é uma fonte de lucro» (1 Tm 6, 5).

Aqui começou, como vimos, aquela barafunda de elementos gnósticos, maniqueus e neoplatônicos que se desenvolveria nos séculos seguintes, cujo único elemento comum consistia em buscar a solução do problema do pecado no dualismo do mundo, considerando a matéria como o princípio e a raiz do mal. Paulo via nessas vagas lucubrações um grave perigo para o claro conceito da fé. Nunca se podia atacá-las diretamente, porque o sistema se modificava todos os dias. Havia apenas um remédio: cultivar o *pensamento da comunhão eclesiástica*. Este é, portanto, o tema central da Epístola: a comunidade cristã *na fé* (1 Tm 1, 3-20), a comunidade cristã *no culto* (1 Tm 2, 1-15) e a comunidade cristã na *estrutura hierárquica* (1 Tm 1-16). O resto deriva daí[62].

---

(62) Mais uma vez, foi um feito importantíssimo o que Paulo realizou com esta Epístola. A mais antiga pedra de escândalo da humanidade, que esta não foi capaz de digerir desde o tempo primitivo, e que desde a época de Leibnitz vem sendo chamada «o problema central da teodiceia», é o tema da origem do mal. Como é possível que, num mundo arrasado por todo o tipo de pecados e de crimes, pela guerra e pela miséria, a fé num Deus de bondade e de amor consiga lançar raízes? A gnose pretendia «justificar» Deus apresentando-o como um simples espectador imparcial de um triste drama satírico. A distinção maniqueia entre um Criador mau e um Logos redentor, entre o Poder e o Amor, preocupou grandes espíritos como Agostinho e Orígenes e, tendo perdurado por toda a Idade Média, chegou até esses «teólogos» dos nossos dias que se sentem na obrigação de sacrificar a Onipotência de Deus ao Amor de Deus, e por assim dizer buscam um «álibi» para o Deus do amor num mundo de calamidades.

Mas Paulo responde-lhes: Deus não tem necessidade de nenhuma defesa diante do mundo, não precisa do álibi que lhe ofereceis. É o homem quem está sentado no banco dos réus, e foi Cristo quem o absolveu. Porque «Jesus Cristo veio a este mundo salvar os pecadores, dos quais eu sou o primeiro» (1 Tm 1, 14).

O fim da pregação cristã não é a iniciação em devaneios cabalísticos ou na casuística judaica, mas sim a caridade de um coração puro e desinteressado, de uma fé simples e reta. A Lei é boa, na medida em que é expressão fiel da moral querida por Deus; mas agora, para os cristãos, o Sinai já não constitui a norma do comportamento, mas foi substituído pelo Evangelho da misericórdia e da graça e do Sermão da Montanha; já não estamos submetidos ao frio imperativo do dever, mas somos movidos pela caridade. Na atuação exterior, a Lei antiga e a Lei da graça estão de acordo, o que não quer dizer que a sua eficácia seja idêntica. No ocaso da sua vida, o Apóstolo volta novamente o olhar para o seu passado pré-cristão; julga-o agora com mais serenidade, e nele enxerga sobretudo o grande milagre da misericórdia divina.

Em outra passagem, lembra a Timóteo os solenes instantes da sua ordenação. Que não desmereça das esperanças e vozes proféticas que tinham feito recair sobre ele a escolha, e que não hesite em usar da excomunhão no interesse da unidade e da pureza da fé. Sem unidade de fé, não há *unidade de oração* nem *unidade de culto*. *Lex orandi, lex credendi*. A Igreja é, para Paulo, a comunidade universal da oração, para glorificação de Deus em nome de todos os seres criados. Esta é a obra sacerdotal de Cristo, descrita com palavras tão sublimes pelo autor da Epístola aos Hebreus, um dos discípulos paulinos mais profundamente impregnados do seu espírito: *por Ele, com Ele e nEle*.

Paulo distingue ainda uma categoria especial de pessoas que necessitam especialmente da oração: os *governantes e chefes políticos*, e em geral todos aqueles que desempenham cargos de responsabilidade. A exortação à oração pelos que governam era então muito oportuna. Arrastada pelo elemento judeu, inimigo violento de Roma e da *pax romana*, da ordem política imposta ao mundo, a Igreja podia facilmente resvalar para uma atitude hostil ao Estado. Na Palestina rugia a insurreição; o procurador Floro vira-se obrigado a abandonar a Fortaleza Antônia, e os sacerdotes negavam-se a oferecer sacrifícios em nome do Imperador. Jerusalém tinha-se transformado num cadáver sobre o qual em breve se precipitaria a águia romana, conduzida por Vespasiano.

Mas o cristão não tem o direito de fazer depender a sua fidelidade ao Estado da concepção religiosa ou da benevolência dos que governam. Não foram poucas as vezes que os cristãos tiveram de defender-

IX. ÚLTIMAS VIAGENS E CARTAS

-se da acusação de hostilidade ao Estado, então como mais tarde, em tempos de Tertuliano, e muitas outras vezes depois. E eis que Paulo se levanta para afirmar: «Não basta obedecer ao Estado e pagar os impostos; devemos também orar pelas autoridades». A razão é a maior responsabilidade que têm diante de Deus e a finalidade do poder político: garantir aos cidadãos uma vida pacífica, ordenada, calma (a *tranquillitas ordinis*, «tranquilidade na ordem», dos escolásticos) ao serviço de Deus, e a proteção contra as perturbações exteriores ou interiores. A própria Igreja não pode atingir o seu fim nem exercer o culto sem uma vida política ordenada. Ambos, a Igreja e o Estado, estão ao serviço da vontade salvífica universal de Deus, são colaboradores dessa obra.

Numa imagem surpreendente, Paulo vê elevarem-se em oração, por todo o Império Romano, «mãos puras» de homens e mãos de mulheres cheias de «modéstia e decoro» (cf. 1 Tm 2, 8-10). Ao invés de cortar essas mãos, o Estado romano teria feito bem em deixar-se conduzir por elas. Não se podia retratar de maneira mais bela a atitude dos cristãos em oração: é a posição das «orantes» nas pinturas das catacumbas, é a atitude suplicante do sacerdote durante a Oração Eucarística da Missa, é a posição de Cristo na Cruz[63]. Desse recolhimento interior na oração deriva tudo o mais: o amor fraterno, a ausência de ressentimentos, a submissão... a paz familiar, o cumprimento dos deveres maternais. A imagem da mãe que cuida do seu filho (cf. 1 Tm 2, 15), que também Paulo traz gravada na alma, é a perene fonte de juventude para a humanidade.

Depois do Estado e da família, o Apóstolo dirige o olhar para a *Igreja* e para a sua *estrutura social*. Antes, tinha-a descrito como a comunidade mística dos eleitos, a Esposa de Cristo «sem mácula nem ruga» (Ef 5, 27), a Igreja invisível, ainda envolta no mistério de Cristo. Agora, descreve-a do ponto de vista prático do pastor de almas,

---

(63) Os cristãos antigos rezavam elevando os braços ao céu ou mantendo-os abertos, e mais tarde cruzando-os sobre o peito. A forma de orar juntando as palmas das mãos deriva do direito feudal germânico: o vassalo colocava as mãos postas nas do seu senhor, em sinal de humilde entrega a seu serviço e proteção. Como a atitude exterior e a interior influem uma sobre a outra, é possível que esta mudança seja reflexo de uma disposição de alma diferente diante de Deus.

como a «casa de Deus», a grande comunidade terrestre, a Igreja organizada e dirigida pela experiência, a Igreja da autoridade doutrinal, a Igreja concreta e visível, na qual há também apóstatas. Ambos os conceitos formam uma unidade, sobrepõem-se numa mesma visão: a Igreja é o mistério de Cristo realizado no tempo e caminhando para a eternidade, é a revelação permanente de Deus. Nela, Deus fala continuamente ao gênero humano; a Igreja é o fundamento inabalável e o farol da verdade, «coluna e firmamento da verdade» (1 Tm 3, 15); a partir do momento em que existe, a verdade já não se pode perder. Todavia, «no sopé do farol há sombras», como diz um profundo provérbio oriental. O mundo é um cortejo carnavalesco, confuso e miserável, à testa do qual a mentira e a falta de princípios agitam o estandarte da estupidez. A única coisa que torna a vida digna de ser vivida é a fidelidade de Deus à palavra dada, fidelidade que culmina em Cristo e na sua Igreja.

Por causa da sua pouca idade e do seu temperamento propenso à timidez, Timóteo tinha necessidade da vontade firme e do impulso vigoroso do seu paternal amigo, que parecia dispor de um inesgotável caudal de energia. Os dois homens eram de caráter muito diverso, mas apesar disso nenhum outro companheiro do Apóstolo foi tão afetuosamente querido por este, nem mesmo Tito. Paulo mostra-lhe, na segunda parte da Epístola, o único modo verdadeiro de adquirir influência sobre os outros: ser modelo na palavra, na fé, na caridade, na dignidade e simplicidade pessoais.

Quanto ao *modo de tratar com o próximo*, deve tomar em consideração a idade, a posição social e o sexo. Quanto às *mulheres*, que seja cordial, fino e sobrenaturalmente prudente: Paulo, que dirigiu tantas obras de caridade, aconselha-o especialmente a ter cuidado com as viúvas jovens, desejosas de voltar a casar, não as empregando em obras de zelo. Quanto aos *presbíteros*, que honre os zelosos, «principalmente os que trabalham em pregar e ensinar» (1 Tm 5, 17), pois já nessa época não era raro que se caluniasse um presbítero diante do seu bispo; por outro lado, avisa-o de que é preferível um número reduzido de sacerdotes bons a uma abundância de medíocres. Quanto à *comunidade*, que evite toda a aparência de cobiça, que não tenha pretensões de enriquecer-se nem de levar uma vida superior à média. Pelo contrário: frugalidade. Por outro lado, «não continues a beber só água, mas toma um pouco de vinho, por causa do teu estômago e das tuas frequentes indisposições»: nada de ascetismos melancólicos! Como se vê, não há «duas edições» dos Evangelhos: uma para os leigos, outra para os eclesiásticos, uma para a gente simples e outra para as classes elevadas.

A Igreja de Creta
Epístola a Tito

Paulo tinha concluído a sua viagem pastoral pelo Oriente. De Creta, onde tinha deixado Tito, dirigira-se à Macedônia passando por Corinto, onde deixara Erasto; por Mileto, onde Trófimo ficara enfermo; por Éfeso, onde nomeara Timóteo seu legado; e finalmente por Trôade. No outono de 66, encontramo-lo com um grupo de amigos, entre os quais podemos supor que estivesse Lucas, a caminho de Nicópolis, na costa do Adriático. *Nicópolis* era a cidade e colônia romana mais importante do Épiro, a «cidade do vencedor», como lhe chamara Augusto em memória do triunfo que obtivera ali perto sobre Antônio, na batalha de Ácio (31 a.C.). Era ali que Paulo pretendia passar o inverno, para talvez visitar a Ilíria e, a seguir, na primavera de 67, retornar à Igreja de Roma, dizimada e necessitada de consolo. No caminho, escreveu uma carta a Tito, pedindo-lhe que viesse ter com ele a Nicópolis, assim que o seu substituto chegasse a Creta; provavelmente foi Artemas, porque Tíquico foi enviado pouco depois a Éfeso (cf. Tt 3, 12).

Da solene alocução com que se inicia a Epístola a Tito dimana uma enérgica consciência de missão perante a gravidade dos acontecimentos. Creta era a Igreja mais jovem; faltava-lhe ainda solidez, uma estrutura interna, pelo menos um colégio de anciãos. Sem uma autoridade doutrinal sólida, e sem tradição, a luta contra a heresia não teria probabilidades de êxito. As falsas doutrinas que se difundiam ali eram as mesmas de Éfeso, e à frente do movimento voltamos a encontrar judeus semicristãos, que faziam da religião um negócio lucrativo (cf. Tt 1, 11). Mas a sede do mal não reside na matéria: tudo o que foi criado é bom e puro, contanto que também o seja a intenção do homem. «Se o teu olho for puro», afirmara o Mestre, «todo o teu corpo e toda a criação serão para ti um mundo divino de luz» (cf. Lc 11, 34). Toda luz, toda bondade, toda beleza vêm do interior. Com efeito, foi este ensinamento do cristianismo que produziu um mundo novo (cf. Tt 1, 15-16).

Os discípulos de Espártaco tinham suscitado entre os escravos alguns impulsos de libertação e de revolta contra a autoridade civil (Tt 3, 1). O ensinamento estoico da igualdade de todos os homens e do valor do próprio *eu* começava a produzir efeito, e o mundo dos escravos estava em ebulição. Se também os cristãos se pusessem a atiçar o fogo, facilmente se chegaria a um desmoronamento social que acabaria por sepultar o próprio cristianismo. Por isso, Paulo situa o problema num plano mais elevado, onde toda a diferença social é secundária: a graça de Deus e a misericórdia divina manifestaram-se em Jesus Cristo e abriram-nos os olhos para a verdadeira dignidade da natureza e para a sua perfeição futura no novo *éon*. Paulo gosta de exprimir a nova ética mediante contraposições: «antes/agora», pois é assim que vê a sua própria vida. Uma grande transformação se produziu, e agora já não se pode viver como se Cristo não tivesse vindo ao mundo. A nova nobreza cristã deve atuar a partir do interior e transformar a sociedade à maneira de fermento.

As Epístolas pastorais mostram-nos, ao contrário do estágio primitivo das comunidades, onde – sob a direção dos Apóstolos – os dons carismáticos eram suficientes, *um estado mais avançado de organização hierárquica*. Ainda não há o episcopado monárquico, que se encontra virtualmente incluído na função apostólica; ainda não há bispos com residência fixa, e Tito e Timóteo são apenas delegados do Apóstolo, que agem em seu nome e julgam e impõem as mãos em seu nome a presbíteros e diáconos. Sob as ordens desses delegados, existe um colégio de presbíteros, também chamados superintendentes ou «bispos», de onde sairá mais tarde o bispo com caráter monárquico. O que caracteriza o episcopado monárquico é a residência fixa, a autonomia, a duração vitalícia do múnus e a dedicação a uma determinada província. Curiosamente, a palavra «bispo» é mais antiga que a função; encontra-se já em Homero e nos clássicos gregos, no sentido de zeladores dos templos ou das colônias.

Paulo, em contraposição, não deu às suas comunidades uma autonomia completa. Os seus representantes viajavam constantemente,

IX. ÚLTIMAS VIAGENS E CARTAS

para receber dele instruções e poderes. Ele era, pois, o único chefe supremo dessa gigantesca «diocese», em que ainda não havia regiões geograficamente delimitadas. Por toda parte, tudo é «território de missão», e a função episcopal completa só aparecerá alguns decênios mais tarde, nas cartas do bispo mártir Inácio de Antioquia.

X. O fim

O segundo cativeiro em Roma. O testamento

Segunda Epístola a Timóteo

Em Nicópolis, Paulo encontrava-se no caminho de Roma. Sentia-se irresistivelmente impelido a regressar a essa cidade, ao lugar do seu sangrento fim, sem que ele mesmo soubesse por quê. Entretanto, chegou Tito para passar o inverno com ele, e foi depois enviado para a Dalmácia (2 Tm 4, 10).

Não sabemos onde e quando Paulo voltou a ser preso. Alguns historiadores supõem que foi em Nicópolis, outros na casa de Carpo, em Trôade, onde teria tido que abandonar as suas bagagens; outros ainda, em Éfeso, visto que Paulo fala da infidelidade dos irmãos da Ásia Menor (cf. 2 Tm 4, 14); outros, finalmente, na Espanha. Parece-me mais provável que se tenha dirigido a Roma por sua livre iniciativa na primavera do ano 67, e trabalhasse ali durante algum tempo na reconstituição da comunidade. Esta hipótese é favorecida por uma antiga tradição romana, de que se fez eco a *Passio Petri et Pauli*, atribuída a São Lino, sucessor de São Pedro.

Segundo essa tradição, Paulo encontrou pousada na margem esquerda do Tibre, no décimo primeiro distrito *ad Arenulam*, perto da Ilha Tiberina; aqui teria pregado num armazém de forragens vazio, não longe da Porta Ostiense, tendo entre os ouvintes diversos soldados. No local desta sua última residência, ergue-se ainda hoje uma antiquíssima capela dedicada à sua memória, *San Paolo alla Regola*, que conserva o encanto da sua antiguidade e onde escavações mais recentes puseram a descoberto as fundações de um antigo estabelecimento comercial: era um bairro de pequenos comerciantes, de marinheiros, curtidores, oleiros e jardineiros, e na Idade Média foi sede de numerosas corporações. Talvez tenha sido aqui que Paulo veio um dia a ser preso pela polícia romana, acusado de chefiar uma seita.

No lugar onde, junto ao Foro romano, se erguia o marco miliário de ouro para o qual convergiam todas as estradas romanas, ficava também, aos pés do Capitólio, o cárcere Mamertino ou *Tullianum*, hoje entulhado na sua maior parte. Segundo uma tradição não confirmada, foi aqui que Paulo foi mantido preso. O segundo cativeiro mostra-nos o Apóstolo numa situação muito menos favorável do que no primeiro. Teve de arrastar os grilhões «como um malfeitor» (2 Tm 2, 9). A Antiguidade clássica, e sobretudo a Antiguidade cristã, estão cheias de protestos acerca dos maus-tratos e das péssimas condições de vida a que se submetiam os prisioneiros, bem como do terrível estado em que se encontravam as prisões romanas, com a sua «ausência de luz e imundície insuportável». Os próprios imperadores consideravam a pena de prisão como um terrível sofrimento – *cruciatus immensus* –, e as queixas relativas à elevada mortalidade dos prisioneiros não tinham fim.

Agora este ancião cansado encontra-se despojado de tudo. Queixa-se do seu isolamento. Os amigos de Roma não conseguem visitá-lo facilmente; Êubulo, Pudente, Lino e Cláudia só podem procurá-lo com muitas precauções. Esta cautela, segundo uma antiga tradição, explica-se pelo fato de conhecerem o esconderijo de São Pedro e de não pretenderem, por isso, atrair as atenções sobre eles próprios e sobre o Príncipe dos Apóstolos. Uma bela lenda – mais bela do que provável – supõe que os dois Apóstolos estiveram juntos na mesma prisão; o sentido dessa tradição era sem dúvida este: uma vez que Paulo sofria, Pedro não queria fugir.

O Apóstolo sentiu dolorosamente a apostasia de Demas, que o desamparou com receio de ter de partilhar da sua sorte. Também os irmãos da Ásia Menor o abandonaram, isto é, nenhum deles foi visitá-lo, apesar da sua insistência; Paulo refere expressamente Fígelo e Hermógenes. Só o fiel Lucas estava junto dele. Em contrapartida, um cidadão de Éfeso, *Onesíforo*, que já em Éfeso lhe havia prestado

X. O FIM

grandes serviços, acabou finalmente por descobri-lo, depois de revolver longamente as listas de prisioneiros. Que conversas não devem ter tido esses três amigos na prisão!

O caso de Paulo devia ser julgado pelo tribunal imperial. Nero, que nessa época percorria a Grécia disfarçado de comediante, tinha nomeado como substituto o terrível Élio, digno do seu senhor. O *primeiro interrogatório* deve ter ocorrido numa das grandes basílicas, amplos tribunais judiciários que se erguiam sobre o Foro. Na ábside sentava-se o tribunal, e diante dele, na nave central, agrupavam-se os réus, as testemunhas e os advogados; nas naves laterais e nas galerias, o público assistia com curiosidade a esses processos excitantes. Havia de ser nessas basílicas que, nos séculos seguintes, tantas vezes uns estenógrafos cristãos tomariam nota dos interrogatórios a que eram submetidos os mártires. É provável que o Apóstolo tenha sido acusado de cumplicidade no «crime dos cristãos romanos», o incêndio da cidade. A sua descrição da cena é breve, mas dramática (2 Tm 4, 16-17). Não teve defensor nem testemunhas de defesa, pois todos o haviam desamparado; mas parece ter-se defendido brilhantemente, pois a audiência foi suspensa e ainda desta vez conseguiu escapar «da boca do leão».

Durante o longo intervalo entre a primeira e a segunda audiência, o Apóstolo teve tempo de orar e de refletir. Os seus pensamentos giravam principalmente em torno de dois assuntos, um terreno e outro sobrenatural: por um lado, *Timóteo*; por outro, a *pureza da Igreja*. Mais uma vez o ancião experimenta uma viva saudade de Timóteo, e reúne as suas últimas forças para redigir a sua última Epístola. É uma palavra de adeus a esse discípulo caríssimo, a quem nomeia por assim dizer seu executor testamentário. Quereria voltar a vê-lo antes de morrer, mas receia que seja demasiado tarde. Pede-lhe que traga Marcos consigo: nele reconhece e abraça o seu antigo amigo de juventude, Barnabé. Naquele calabouço frio, úmido e subterrâneo, o velho Apóstolo certamente sentiria muito frio; o rei africano Jugurta, aprisionado uns cem anos antes pelos romanos, teria exclamado, quando o conduziram àquela masmorra cheia de água subterrânea: «Por Hércules, como são frios os vossos banhos!» Assim, o Apóstolo pede a Timóteo que lhe traga a velha capa desgastada que deixara em Trôade. Mas, apesar de todas as aflições, o seu espírito permanece infatigavelmente ativo: sente falta das suas Escrituras, «os livros, principalmente os pergaminhos» (2 Tm 4, 13). Quereria pô-los em ordem antes de morrer, e talvez confiá-los a Lucas, para que continue a retocá-los.

O seu olhar já está concentrado quase que exclusivamente no fim celestial, mas mesmo na prisão a consciência do seu apostolado não o deixa. Durante a velhice, os homens costumam lembrar-se mais facilmente da sua infância, e uma oração de intensa *ação de graças* brota dos lábios do Apóstolo quando evoca com emoção os seus pais e avós, que o tinham instruído no conhecimento de Deus (cf. 2 Tm 1, 3). Qualquer outro teria visto um fracasso, uma catástrofe, numa vida que, depois de inumeráveis sofrimentos, terminava no cadafalso; mas o Apóstolo só enxerga nela a obra da Providência!

A seguir, uma outra imagem substitui as recordações da infância: a figura pura e clara de *Timóteo*, tal como o vira pela primeira vez. Paulo não esquece o modo como aquele tímido adolescente o tinha olhado, com aqueles seus grandes olhos de criança, ao encontrá-lo estendido e coberto de sangue sob um montão de pedras (cf. 2 Tm 3, 11). Pensa com emoção na mãe e na avó de Timóteo, na quente cintilação daquele lar. Que tesouro não é uma família religiosa, uma generosa linhagem de antepassados! Há famílias cujas nobres tradições espirituais, cultivadas no decurso dos séculos, constituem para o povo um benefício constante. O chefe de uma casa assim em nada é inferior, em categoria, mérito e ação apostólica, aos fundadores das Ordens religiosas. Timóteo tinha um temperamento suave, carinhoso, com uma leve propensão para a melancolia, mas isso somente o tornava mais amável aos olhos do Apóstolo, que fez dele objeto da sua solicitude paternal. A graça da ordenação, que o Apóstolo lhe conferira impondo-lhe aquelas suas mãos cobertas de cicatrizes, corrigiu com certeza a sua natureza demasiado branda, conferindo-lhe um suplemento de energia. Porque recebera então o Espírito de fortaleza, o mesmo Espírito que, pela «santa vocação de Deus», o transformara também a ele próprio, Paulo.

Mesmo agora, encerrado naquelas prisões, volta a tremer mais uma vez o sismógrafo daquela vida tão agitada por terremotos de todo o tipo. Mas o Apóstolo eleva-se novamente ao plano sobrenatural e abre-se a essas amplas perspectivas da fé que dão paz e segurança à alma em todas as tribulações. A nossa felicidade eterna não se encontra nas nossas débeis mãos, nem se mede pelos nossos méritos, por demais insig-

X. O FIM

nificantes, antes procede de um ato de amor eterno e de uma escolha da graça divina. Deus escolheu-nos, não fomos nós que o escolhemos; escolheu-nos a cada um de nós desde a eternidade, e essa escolha guardou-a por assim dizer como um segredo, *in pectore* – no seu peito –, até o dia em que nos chamou à existência e à luz da fé. Por esse ato eterno, Paulo é Apóstolo e Timóteo seu discípulo. Deus tinha-lhe confiado a bandeira, mas eis que está velho e a bandeira lhe cai das mãos. É hora de que Timóteo a empunhe e a levante bem alto, transmitindo-a a homens que sejam dignos de confiança. Deve ser um destemido soldado de Cristo, um combatente segundo as regras de Cristo, um agricultor diligente e fiel à gleba que o alimenta (cf. 2 Tm 2, 1-7).

O inquebrantável fundamento da fé contra as heresias gnósticas é o dogma da dupla natureza de Cristo: a sua verdadeira humanidade, como descendente de Davi, e a sua divindade, graças à qual ressuscitou. Por esta doutrina, Paulo quer sofrer e morrer, como um malfeitor, e participar do sofrimento de Cristo. O aspecto místico dos problemas é sempre mais real para o Apóstolo do que o aspecto visível. Para longe a negação de Cristo, para longe a traição, para longe a infidelidade! A *fidelidade* é o traço característico mais pronunciado do Apóstolo.

Novamente volta a erguer-se diante dos seus olhos a *Igreja*, como a poderosa e divina obra dos séculos futuros. Sobre a fachada brilha esta inscrição: «O Senhor conhece os seus». A Igreja é uma grande família, e nela também se encontram filhos mal orientados. Uma Igreja que não estivesse exposta a perseguições, que se instalasse comodamente neste mundo e buscasse os êxitos desta terra, não poderia ser a esposa do Crucificado. A verdadeira Esposa de Cristo recebeu do Senhor o tesouro da Sagrada Escritura e a vocação missionária, e este consolo basta-lhe (cf. 2 Tm 3, 1-17).

Estamos no outono de 67, e a segunda sessão do tribunal está prestes a realizar-se. Paulo sabe que essa sessão terminará com a sua entrada «no reino celestial». Já não tem ilusões: «Quanto a mim, estou já para ser oferecido em libação e o tempo da minha dissolução avizinha-se» (2 Tm 4, 6). E redige o seu próprio epitáfio: «Combati o bom combate, concluí a minha carreira, guardei a fé. De resto, está-me reservada a coroa da justiça, que o Senhor, justo Juiz, me dará naquele dia» (2 Tm 4, 7-8). É a imagem do lutador na arena e do corredor no estádio de Deus. O Apóstolo recorda a hora do seu chamamento na estrada de Damasco, quando lhe fora imposto o fardo da vocação para o apostolado; tinha então prestado o seu juramento a essa bandeira e prometido fidelidade até a morte. E guardou essa fidelidade, desde o dia em que inclinou humildemente a cabeça sob a mão de Ananias, até aquele em que a inclinará sob a espada do carrasco.

«Apressa-te a vir ter comigo antes do inverno». Não sabemos se Timóteo conseguiu chegar a Roma a tempo de encontrar com vida o seu mestre. Se a Epístola aos Hebreus foi escrita em Roma, a hipótese é verossímil. «Sabeis que o nosso irmão Timóteo foi posto em liberdade» (Hb 13, 23). Neste caso, o discípulo desprezou o perigo para permanecer junto do seu pai espiritual e compartilhar com ele o cárcere. Que imagem não se apossa, neste momento, da nossa imaginação: o pai e o filho na cadeia, administrando um ao outro a Sagrada Comunhão! Quem nos dera que Lucas tivesse registrado este pormenor!

Na morada celestial

Da Epístola de São Clemente aos coríntios, escrita cerca de trinta anos depois do acontecimento, conclui-se que Paulo não foi executado como São Pedro, sem formalidades e unicamente como «inimigo do bem público» *(hostis publicus),* mas como cidadão romano, condenado a morrer honrosamente pela espada depois de um processo judicial conduzido com toda a formalidade. A correspondente passagem dessa epístola, que nos mostra um conhecimento muito próximo dos acontecimentos, produz o efeito de um grandioso resumo da vida de São Paulo:

> *Sete vezes entre cadeias, desterrado, apedrejado,*
> *arauto de Cristo no Oriente e no Ocidente,*
> *colheu a magnífica glória da sua fé.*
> *Pregou a justiça em todo o mundo,*
> *chegou até os confins do Ocidente.*
> *E deu testemunho diante dos potentados:*
> *assim deixou este mundo*
> *e chegou ao lugar santo.* [...]
> *Sublime modelo de paciência.*

X. O FIM

O segundo interrogatório terminou com a *sentença de morte*. O melhor e o pior homem daquele século encontraram-se frente a frente: o direito coberto de ferros, o crime sentado no trono. Paulo não era nenhum desconhecido para a morte, nem ela o era para Paulo; havia-a encontrado tantas vezes sob formas tão diversas, como escreveu aos seus coríntios, que de lá para cá aprendera a olhá-la ainda mais profundamente nos olhos, a contemplar o seu descarnado esqueleto, a sopesar o seu pétreo coração. Desde há muito aprendera «a morrer antes de morrer», com o arroubamento do místico. E agora ia encontrá-la pela última vez, num duelo decisivo e irrevogável.

Não se pense que Paulo aceitou a morte como coisa fácil. O homem da Antiguidade temia a morte: Sócrates teve de recorrer a toda a sua dialética para enfrentá-la, e Epiteto tentou discutir com ela e pô-la em ridículo, como se fosse um espantalho para crianças. Mas nenhuma dessas saídas deixa de lembrar-nos o estratagema do menino que, ao atravessar de noite uma floresta sombria, começa a assobiar para espantar o medo. Paulo encarou a morte com gravidade; para esse grande realista, ela era «o último inimigo» a defrontar. Mas o Apóstolo não recua; tinha-lhe já arrancado o «aguilhão» (1 Cor 15, 55), dirigindo toda a sua vida para Cristo; agora, despojado dos últimos restos da sua personalidade antiga, jaz na noite escura da sua masmorra e a sua alma reflete como um espelho límpido a imagem do Crucificado. A oferenda sagrada e litúrgica da sua carreira apostólica ganhava agora o seu último e supremo significado.

Certa manhã, o velho Apóstolo foi levado por um grupo de litores ao longo da Via Ostiense, passando pela Porta Trigemina e depois pela pirâmide de Céstio. No ponto onde hoje se ergue a Basílica de São Paulo Extramuros, deixaram a estrada à esquerda, avançando pelas pastagens. Uma lenda romana – paralela à da Verônica – conta que nesse momento se aproximou do Apóstolo uma cega, chamada Petronila, que lhe ofereceu o seu véu para vendar-lhe os olhos[64]. Com um derradeiro olhar, Paulo contemplou o vale do Tibre, à sua direita, e à esquerda a *Via Appia,* que percorrera seis anos antes para entrar em

---

(64) Numa antiga porta de bronze da Basílica de São Pedro, em Roma, observa-se um relevo que mostra São Paulo devolvendo à cega Petronila o véu que ela lhe havia oferecido quando era conduzido ao lugar do suplício. Quando a jovem o coloca sobre os olhos, recobra repentinamente a vista. (Cf. de Waai-Kirsch).

Roma. Pela Via Laurenciana, chegaram depois de aproximadamente meia hora de marcha a um vale úmido, o pântano Salviano, denominado *Aquae Salviae,* perto do terceiro marco miliar, onde hoje se ergue o convento trapista de *Tre Fontane,* entre altos eucaliptos.

Se não houvesse uma forte tradição nesse sentido, ninguém teria tido a ideia de fixar a execução num lugar tão deserto, apesar de a decapitação fora dos muros da cidade corresponder a um antigo uso romano. Delicadamente, a lenda põe na boca de Paulo uma derradeira oração em voz alta, na mesma língua com que o Ressuscitado chamara o perseguidor de Damasco. Foi aqui que a sua cabeça tombou e a sua boca se fechou para sempre, essa boca que só tinha pronunciado palavras ungidas por Cristo.

Outra lenda antiga, que pretende mostrar-nos o local onde os dois Príncipes dos Apóstolos se despediram um do outro antes de serem levados para o lugar do suplício, exprime a união que a morte de ambos estabeleceu entre os judeus-cristãos e os cristãos vindos da gentilidade, bem como a união definitiva da Igreja sob a direção de São Lino, o novo Papa.

Mãos cristãs enterraram o corpo do Apóstolo a duas milhas do lugar do suplício, numa propriedade agrícola da matrona romana *Lucina,* onde se ergue a atual Basílica de São Paulo Extramuros. Significativamente, não há sepulturas cristãs, mas apenas pagãs, nas proximidades do cemitério onde repousou o corpo do Apóstolo dos Gentios. A arqueologia mais recente confirmou essa antiga tradição; aliás, que outro motivo poderia ter levado os cristãos a construir essa igreja num local tão afastado das moradias da comunidade e exposto às inundações do Tibre?

O corpo do Apóstolo permaneceu enterrado numa sepultura singela até a perseguição do imperador Valeriano, no século III, quando o Estado procurou pilhar os tesouros dos cristãos e destruir os seus cemitérios. Os cristãos romanos transferiram então os corpos dos dois Apóstolos, Pedro e Paulo, para as catacumbas de São Sebastião, na Via Ápia, e a Igreja sentiu-se de tal modo reconhecida pela salvação dessas preciosas relíquias que comemora esse dia, 29 de junho, com a festa litúrgica dos dois Apóstolos. O Papa São Silvestre trasladou novamente as duas relíquias para as suas sepulturas primitivas, nas igrejas construídas sobre os seus antigos túmulos por Constantino.

X. O FIM

Cinquenta anos mais tarde, os três imperadores Valentiniano II, Arcádio e Honório edificaram, no lugar da pequena basílica constantiniana, a célebre Basílica de São Paulo Extramuros, concluída no ano 395, que ultrapassou em audácia e em grandeza qualquer outra edificação da Antiguidade.

O poeta cristão Prudêncio dedicou-lhe estes versos:

Ali ao longe, no caminho de Óstia, ergue-se o túmulo de Paulo,
onde pela esquerda o rio rodeia os prados.
O lugar resplandece com régio ornato. Um príncipe bondoso
                                          erigiu o templo
e adornou-lhe o recinto com ouro precioso.
Recobriu as vigas com lâminas de ouro, para que no seu interior
toda a luz seja dourada, como os raios· do sol ao amanhecer.
Colunas de mármore de Poros, distribuídas em quatro fileiras,
sustentam a áurea filigrana.

O trágico incêndio de 1823, ateado à mesma hora em que morria o Papa Pio VII, no palácio do Quirinal, destruiu esta última grande Basílica de Roma anterior ao século IX, mas deixou intacto o túmulo de Paulo, bem como o mosaico de Gala Placídia, filha do imperador Teodósio. O edifício atual, construído com as ofertas de toda a cristandade, respeitou as antigas dimensões e por isso produz uma impressão de grandeza, mas é incapaz de comunicar a suave seriedade e beleza do templo antigo.

A inscrição gravada no altar da *Confissão* resume de um modo admirável, com as próprias palavras de Paulo, a natureza e o segredo do Apóstolo dos Gentios:

Para mim o viver é Cristo,
e morrer é um lucro.

(Fl 1, 21)

O fino alento do primeiro amor ainda recobria a alma do Apóstolo moribundo como a delicada penugem o pêssego maduro. As desgraças mais duras, as experiências mais cruéis não puderam azedar esta grande alma. O seu povo rejeitou-o e vê nele um enigma insolúvel até os dias de hoje. Desde a primeira metade do século II, vem-se transmitindo por tradição uma sentença que soa a uma maldição oficial, a uma *damnatio memoriae* do Apóstolo: «Aquele que profana os santuários e despreza os dias de festa dissolve a aliança do nosso pai Abraão e descobre o rosto perante a Torá [...]. Mesmo que possa vangloriar-se de conhecer a Lei e de ter acumulado boas obras, não terá nenhuma participação no mundo futuro» *(Mishná, Sentenças dos pais,* 3, 12).

«Todo aquele que planta cedros e carvalhos deve consolar-se pensando que darão sombra sobre o seu túmulo; ele próprio não verá outra coisa senão os seus fracos rebentos». Assim diz um belo provérbio que se pode aplicar ao Apóstolo. Os seus adversários não deixaram mais do que libelos de calúnia sobre ele, e foram tragados com os seus escritos pelas areias da história. Mas da riqueza e da profundidade do pensamento do Apóstolo, condensado nas suas Epístolas, brotou o majestoso bosque de cedros e carvalhos da teologia cristã, cujas raízes mergulham no fecundo solo das realidades sobrenaturais da Redenção, e cujas copas estão banhadas pela luz do céu. Sobre o túmulo do Apóstolo levanta-se uma basílica inundada de luz, enquanto a procissão dos Papas de todos os séculos que ornamenta toda a cúpula o contempla gravemente do alto.

Epílogo

Eis que surge agora diante dos nossos olhos, como uma imensa paisagem heroica, toda essa vida singular, repleta de uma paixão ardente, sulcada por raios do mais claro conhecimento, marcada por visões arrebatadoras: no centro, percebemos contornos nítidos, enquanto o princípio e o fim se esfumam nas brumas da história ou no lívido fulgor tempestuoso de um mundo que desaba. No horizonte, porém, ergue-se um novo dia, o dia de Cristo, que fará nascer a nova ordem no mundo cantada pelo poeta romano:

Magnus ab integro saeculorum nascitur ordo[65].

O homem que escrevia as suas Epístolas cheias do Espírito no ruidoso tear de Éfeso ou de Corinto, ou à luz de uma pobre candeia na sua prisão romana, tinha, em certo sentido, o direito de afirmar de si próprio:

*No tear do tempo trabalho, ativo,
e teço à Divindade um vestido vivo.*

Se algum homem teve o direito de gloriar-se por ter tecido a artística tapeçaria da civilização ocidental com a trama de Deus, esse foi por certo o tecelão e fabricante de panos de Tarso.

Paulo pertence, sem sombra de dúvida, ao reduzido número dos homens verdadeiramente grandes e ao dos principais fundadores do Ocidente cristão. Em que consiste a sua *grandeza pessoal*? Tudo o que

---

(65) «A grande ordenação dos séculos recomeça» (Virgílio, Écloga IV).

é grande é simples e simplifica os variados aspectos da vida. O mundo judaico e helênico em que Paulo viveu soçobrou há muitíssimos anos no esquecimento; os problemas e as circunstâncias em torno dos quais girou a grande luta pela libertação da sua vida estão ultrapassados há muitos séculos. Mas o *espírito* com que atacou esses problemas e os resolveu permanece idêntico e converteu-se no próprio espírito da cultura cristã e europeia.

Porque tudo o que é terreno e transitório não passa do martelo da Providência, que arranca da rocha a centelha divina. Tudo o que está condicionado pelo tempo desfaz-se como um velho manto, ao passo que o intemporal se renova diariamente e resiste a todas as mudanças. O homem, por si só, não tem nenhuma grandeza; só se torna grande pela sua vocação e pela sua consagração total a uma obra sobre-humana. Ninguém, sob este aspecto, foi maior do que Paulo. A completa absorção e extinção do próprio *eu* em Cristo: este é o segredo da sua grandeza.

Tudo o que é verdadeiramente grande faz sentir os seus efeitos até o mais distante porvir. Nisto reside a *importância histórica* do Apóstolo. Quando Alexandre Magno colocou o manuscrito da *Ilíada* no magnífico cofre de joias do rei persa Dario, que acabava de vencer, estava levando a cabo, sem o perceber, uma ação profundamente simbólica, como as que os homens realizam somente nos momentos em que cumprem uma elevada missão: ao engastar o espírito helênico na riqueza do Oriente, deu origem ao helenismo. E o helenismo foi a ponte de ouro pela qual Paulo e os seus seguidores puderam passar, trazendo para o Ocidente as pérolas do Oriente.

Também nós não podemos perder de vista que o homem que deu forma ao novo espírito social, nele fundindo a doutrina do seu divino Mestre e o que havia de nobre na herança da humanidade antiga, não foi outro senão Paulo de Tarso. A *ética* cristã paulina foi o elemento de ligação entre o tempo passado e o atual; quase dois mil anos de história cristã e ocidental se moveram dentro dos seus parâmetros.

Ao tirar as últimas consequências do pensamento do seu divino Mestre, Paulo significou também nada menos que a superação definitiva do judaísmo como religião universal. Quando lhe caíram as escamas dos olhos, em Damasco, descobriu o elemento absolutamente novo e renovador do cristianismo. Portanto, não recebeu o impulso decisivo «da carne nem do sangue», mas do alto. Quem não tiver em conta este elemento intemporal, universal e sobrenatural de Paulo, jamais encontrará solução para o problema do Apóstolo e da sua obra. Este problema não pode resolver-se nem com a fórmula de «Paulo o Judeu» nem com a de «Paulo o Helenizante», mas somente com esta outra, superior às duas: *Paulo o Cristão*. O Apóstolo não é o produto híbrido de duas culturas. «Se alguém, pois, está em Cristo, é uma nova criatura; passaram as coisas velhas; eis que tudo se fez novo» (2 Cor 5, 17). Foi somente como cristão que o Apóstolo pôde fazer-se «tudo para todos».

Se o seu caminho o tivesse levado à Germânia, ter-se-ia feito germano para os germanos, como se fez grego para os gregos. Assim o compreenderam todos os grandes santos e missionários da Igreja. Este é o *espírito de Paulo*, a sua mensagem para todos nós, o legado que deixou ao apostolado cristão de todos os tempos.

Quadro cronológico

Nota preliminar. O único ponto de partida historicamente seguro para datar os acontecimentos da vida de São Paulo é uma carta do imperador Cláudio dirigida à cidade de Delfos, em que o imperador se refere ao seu «amigo Galião, procônsul da Acaia». A cidade mandou-a cinzelar em pedra e expô-la publicamente. Desta carta deduz-se que Galião deve ter tomado posse do cargo de procônsul da Acaia (a província da Grécia) em junho de 51 ou de 52. O autor decidiu-se pelo ano de 52, porque permite explicar melhor a sucessão de eventos até o primeiro cativeiro do Apóstolo. Como Paulo compareceu pouco depois diante do tribunal do procônsul (talvez em agosto de 52), e nessa ocasião levava dezoito meses em Corinto, torna-se possível calcular aproximadamente a data dos acontecimentos anteriores e posteriores da vida do Apóstolo. Um segundo ponto de referência, menos certo, é a nomeação de Festo como procurador da Judeia, em substituição de Félix, ocorrida em 59 ou 60.

Para a conversão de São Paulo, há dois limites extremos: o inferior é o ano da morte do Senhor (mais provavelmente o ano 30); o superior, o ano de 37. Contra a primeira hipótese (Harnack, Blass, O. Holtzmann e outros estudiosos mais antigos), levanta-se o fato de não deixar tempo suficiente para o desenvolvimento da Igreja entre a Ressurreição do Senhor e a morte de Santo Estêvão. A segunda hipótese (Prat, Vitti e outros) torna difícil, senão impossível, datar o Concílio dos Apóstolos e os «catorze anos» que separam a primeira da segunda viagem de Paulo a Jerusalém. Optamos, pois, por uma data intermédia: o ano 33 ou 34. A partir daí, torna-se fácil encaixar os «três anos» da estada de Paulo na Arábia, bem como os catorze anos do intervalo mencionado. Consequentemente, o Concílio dos Apóstolos terá tido lugar por volta do ano 48 ou 49, data que se impõe porque veremos Paulo em Corinto já três anos mais tarde.

No momento da morte de Estêvão (33 ou 34), Saulo é considerado «jovem», mas ao mesmo tempo é já uma personagem eminente. Teria, portanto, pelo menos cerca de trinta anos. Assim, o seu nascimento terá ocorrido entre os anos 1 a 5 d.C. Esta hipótese concorda com o fato de, trinta anos após a sua conversão – na altura da redação da Epístola a Filêmon (por volta do ano 62) –, Paulo se dizer «velho». Podemos supor que tivesse nessa época pelo menos uns sessenta anos.

Data	Acontecimento da vida de São Paulo	Império Romano
1 a 5 d.C.	Nascimento de Paulo	Augusto, †14 d.C. Tibério 14-37
30	Morte de Cristo	
33 ou 34	Lapidação de Santo Estêvão e *conversão de São Paulo*	
33-36	Estada na Arábia	
36 ou 37	Primeira viagem a Jerusalém	Calígula 37-41
37-42	Estada em Tarso	
42	Chegada a Antioquia	Cláudio 41-54
44	Ano de fome: viagem de São Paulo a Jerusalém	
45-48	*Primeira viagem missionária*	
48 ou 49	Concílio dos Apóstolos; conflito com São Pedro em Antioquia	
49-52	*Segunda viagem missionária*	

QUADRO CRONOLÓGICO

49-50	Filipos	
50-51	Tessalônica e Bereia	
51-52	Atenas e Corinto. *Primeira e Segunda Epístola aos Tessalonicenses*	
53-58	*Terceira viagem missionária*	
54-57	Éfeso	
54-55	*Epístola aos Gálatas*	Nero 54-68
56	*Primeira Epístola aos Coríntios*	
57	Fuga de Éfeso. *Segunda Epístola aos Coríntios*. Viagem à Ilíria	
57-58	Inverno em Corinto. *Epístola aos Romanos*	
58	Última viagem a Jerusalém	
58-60	Cativeiro em Cesareia	
60-61	*Viagem a Roma*	
61-63	Primeiro cativeiro em Roma. *Epístolas do cativeiro (Col, Ef, Flm, Fil)*	
63-66	Viagens pelo Oriente. Visita a Creta.	
	Viagem à Espanha	
66-67	Regresso de Espanha. Inverno em Nicópolis. *Primeira Epístola a Timóteo* e *Epístola a Tito*	
67	Segundo cativeiro em Roma. *Segunda Epístola a Timóteo*. Martírio de São Paulo	

Notas bibliográficas

Fontes

As informações extraídas de autores clássicos, como Flávio Josefo, Epiteto, Tácito, Suetônio, Virgílio e outros, podem facilmente ser encontradas em qualquer edição das suas obras pela numeração tradicional, apresentada entre parênteses após a referência correspondente.

Para os textos da Sagrada Escritura e outros escritos relacionados com São Paulo e o cristianismo antigo, o autor recorreu principalmente às seguintes obras: B.Orchard, E.F.Sutcliffe, R.Fuller e R.Russel, *Verbum Dei: a commentary to the Sacred Scriptures*, London, 1953; E.Kautsch, *Die Heilige Schrift des Alten Testamentes*, Tubinga, 1909; id., *Die Heilige Schrift des Neuen Testamentes*, 10 vols., Bonn, 1931 s.; Konstantin Rösch, *Das Neue Testament*, Paderborn, s.d.; J.M.Bover, *Die Episteln des Heilihen Paulus*, Freiburg, 1950; G.Ricciotti, *Los Hechos de los Apóstoles*, Barcelona, 1957; A.Wikenhauser, *Einführung in das Neue Testament*, Freiburg, 1950; H.J.Vogels, *Novum Testamentum Graece et Latine*, Freiburg, 1955; L.Grollenberg, *Atlas de la Bible*, Paris, 1955; E.Henneke, *Neutestamentliche Apokryphen*, Tubinga, 1924; C.Schmidt, ed., *Praxeis Paulou (Acta Pauli)*, Hamburg, 1936; L.Vouaux, *Les Actes de Paul et ses lettres apocryphes*, Paris, 1913; P.Riessler, *Altjüdisches Schrifttum*, Augsburg, 1928.

Referências

Da imensa bibliografia exegética e de história da religião consultada pelo autor, apresentam-se a seguir apenas as obras mais significativas. No texto, as citações explícitas apontam-se pelo nome do autor entre parênteses, acompanhado do nome da obra quando houver possibilidade de confusão.

Sobre a vida e a personalidade de São Paulo: E.Baumann, *Der heilige Paulus*, Munique, 1927; P.Barnikol, *Personenprobleme der Apostelgeschichte*, Stuttgart, 1931; C.Clemen, *Paulus*, Giessen, 1904; A.Deissmann, *Paulus*, Tubinga, 1925; von Dobschütz, *Der Apostel Paulus*, Halle, 1926; P.Feine, *Der Apostel Paulus*, Gutersloh, 1927; C.Fouard, *Saint Paul*, 2 vols., Paris, 1925; O.Kietzig, *Die Bekehrung des Paulus*, Leipzig, 1932; J.Leipoldt, *Jesus und Paulus*, Leipzig, 1936; H.Lietzmann, *Petrus und Paulus in Rom*, Berlim, 1927; H.F.B.Mackay, *The adventures of Paul of Tarsus*, London, 1931; K.Pieper, *Paulus*, Münster, 1929; E.Renan, *Saint Paul*, 2 vols., Paris, 1869; A.Schlatter, *Paulus, der Bote Jesu*, Stuttgart, 1934; O.Schmitz, *Aus der Welt eines Gefangenen*, Berlim, 1934; L.Schneller, *Paulus*, Leipzig, 1935; P.Smyth, *The story of Saint Paul's life and letters*, London, s.d.; Steiger, *Die Dialektik der paulinischen Existenz*, Leipzig, 1931; R.Steinmetz, *Die zweite römische Gefangenschaft des Apostels Paulus*, Leipzig, 1897; T.van Tichelen, *Paulus, der grösste Christusjünger*, Steyl, 1926; A.Wikenhauser, *Die Apostelgeschichte*, Ratsbonn, 1938.

Sobre as Epístolas e o pensamento de São Paulo: *Auerbacher Bibelumschreibung*, Neudietendorf, s.d.; P.Bardenhewer, *Miscellanea*, Stuttgart, 1931; P.Delatte, *Les Épîtres de St. Paul*, 2 vols., Tours, 1928; P.Grandmaison, *Jésus-Christ*, Paris, s.d.; A.Hausrath, *Jesus und die neutestamentlichen Schriftsteller*, Berlim, 1908; A.Juncker, *Die Ethik des Apostels Paulus*, 2 vols., Halle, 1904-1919; G.Kittel, *Theologisches Wörterbuch zum Neuen Testament*, Stuttgart, 1933 e segs.; Prat, *La théologie de Saint Paul*, 2 vols., Paris, 1929; O.Roller, *Das Formular der paulinischen Briefe*, Stuttgart, 1933; O.Schmitz, *Das Lebensgefühl des Paulus*, Munique, 1922; J.Schneider, *Die Verkündigung des Paulus*, Berlim, s.d.; J.Schneider, *Der kommende Tag*, Berlim, 1932; Strack-Billerbeck, *Kommentar zum Neuem Testament*, 1954-56; S.Tomás de Aquino, *Comentário à Epístola aos Romanos*, in *In omnes Sancti Pauli Apostoli Epistolas commentaria*, Turim, 1929; L.Tondelli, *Il pensiero di San Paolo*, Milão, 1928; A.Vitti, *Vita Sancti Pauli*, vols. I-III, Roma, 1932-35; F.J.de Waele, *Der Einfluss der paulinischen Theologie im Markusevangelium*, Giessen, 1923; A.Wikenhauser, *Die Kirche als der mystische Leib Christi nach dem Apostel Paulus*, Münster, 1937; A.Wikenhauser, *Die Christusmystik des heiligen Paulus*, Münster, 1928; H. Windisch, *Paulus und Christus*, Leipzig, 1934; H.Windisch, *Paulus uns das Judentum*, Stuttgart, 1935.

Para a geografia dos locais visitados por São Paulo: Baedeker, ed., *Konstantinopel und Kleinasien*, Leipzig, 1914; Baedeker, ed., *Griechenland*, Leipzig, 1908; Cabrol-Leclercq, eds., *Dictionnaire d'archéologie chrétienne*, Paris, 1903 s.; B.Meistermann, *Durch das Heilige Land*, Munique, s.d.; K.Miller, *Die Peutingersche Tafel*, Augsburg, 1929; H.V.Morton, *In the steps of Saint Paul*, London, 1936; Pauly-Wissowa, *Realenzyklopädie*, 1920 s.; W.M.Ramsay, *Saint Paul the traveller*, London, 1898; W.M.Ramsay, *Cities of St. Paul*, London, 1922; de Waal-Kirsch, *Roma Christiana*, Ratsbonn, 1925.

Sobre o cristianismo primitivo: W.Bousset, *Kyrios Christos*, Göttingen, 1921; J.Dillersberger, *Der neue Gott*, Salzburg, 1935; F.J.Dölger, *Ichthys*, 2 vols., Münster, 1922; J.von Döllinger, *Christentum und Kirche*, Ratsbonn, 1868; S.von Dunin-Borkowski, *Die junge Kirche*, Hildesheim, 1932; A.Ehrhard, *Urkirche und Frühkatholizismus*, Bonn, 1935; A.von Harnack, *Die Mission und Ausbreitung des Christentums*, Leipzig, 1924; A.von Harnack, *Apostelgeschichte*, Leipzig, 1928; H.Lietzmann, *Geschichte der alten Kirche*, Leipzig, 1932; E.Meyer, *Ursprung und Anfänge des Christentums*, 3 vols., Stuttgart, 1921 s.; J.Pickl, *Messiaskönig Jesus*, Munique, 1934; K.Pieper, *Urkirche und Staat*, Paderborn, 1935; K.Prümm, *Der christliche Glaube und die alte heidnische Welt*, 2 vols., Leipzig, 1935; K.Prümm, *Christentum als Neuheitserlebnis*, Freiburg im Breisgau, 1939; T.Schermann, *Allgemeine Kirchenordnung des zweiten Jahrhunderts*, Paderborn, 1914; C.Schneider, *Einführung in die neutestamentliche Zeitgeschichte*, Leipzig, 1934; J.Schneider, *Die Einheit der Kirche*, Berlim, 1936.

Sobre a cultura e a vida na Antiguidade: T.Birt, *Aus dem Leben der Antike*, Leipzig, 1918; T.Birt, *Zur Kulturgeschichte Roms*, Leipzig, 1911; T.Birt, *Alexander der Grosse und das Weltgriechentum*, Leipzig, 1925; H.Bölig, *Die Geisteskultur von Tarsus*, Göttingen, 1913; Fustel de Coulanges, *La cité antique*, Paris, 1885; L.Friedländer, *Darstellungen aus der Sittengeschichte Roms*, 4 vols., Leipzig, 1921-23; J.Geffcken, *Aus der Werdezeit des Christentums*, Leipzig, 1909; H.Grisar, *Geschichte Roms und der Päpste*, Freiburg im Breisgau, 1901; A.Mayer, *Imperium*, Freiburg, 1937; A.Steinmann, *Die Welt des Paulus im Zeichen des Verkehrs*, Braunsberg, 1915; E.Stemplinger, *Die unbekannte Antike*, Leipzig, 1936; P.Wendland, *Die hellenistisch-römische Kultur*, Tubinga, 1912.

Sobre o judaísmo em tempos de São Paulo: A.Allgeier, *Biblische Zeitgeschichte*, Freiburg, 1937; W.Bousset, *Die Religion des Judentums im neutestamentlichen Zeitalter*, 1906; E.Kalt, *Biblisches Reallexikon*, Munique, s.d.; G.Kittel, *Rabbinica*, Stuttgart, 1920.

Sobre as principais correntes religiosas e filosóficas e os personagens contemporâneos do Apóstolo: A.Bonhöffer, *Epiktet und das Neue Testament*, Giessen, 1911; A.Deissmann, *Licht vom Osten*, Tubinga, 1923; K.Deissner, *Paulus und Seneca*, Gutersloh, 1917; A.J.Festugière, *L'idéal religieux des grecs et l'Évangile*, Paris, 1932; A.von Harnack, *Marcion*, Leipzig, 1924; M.-J.Lagrange, *Les mystères: l'orphisme*, Paris, 1937; O.Schmitz, *Der Freiheitsgedanke bei Epiktet*, Gutersloh, 1923; E.Norden, *Agnostos Theos*, Stuttgart, 1956.

Direção geral
Renata Ferlin Sugai

Direção editorial
Hugo Langone

Produção editorial
Juliana Amato
Gabriela Haeitmann
Ronaldo Vasconcelos
Roberto Martins

Capa
Gabriela Haeitmann

Diagramação
Sérgio Ramalho

ESTE LIVRO ACABOU DE SE IMPRIMIR
A 29 DE ABRIL DE 2024,
EM PAPEL IVORY SLIM 65 g/m^2.